한국역사연구회 30년

1988~2017

한국역사연구회 30년 1988~2017

한국역사연구회 편

경인문화사

머리말

30년! 꼭 한 세대가 지났습니다. 풋풋하던 20~30대 청년은 노숙한 50~60대 장년이 되었습니다. 사회변혁에 대한 열정은 민주화와 그 반동의 곡절을 거치며 원숙한 책임감으로 변모했습니다. 우리는 30년 동안 무엇을 어떻게 해 온 것일까요?

우리 연구회의 창립은 1980년대 10여년에 이르는 학술운동의 귀결입니다. 역사학 분야만이 아니라 인문사회과학 전 학문분야가 같은 열기에 휩싸여 있었습니다. 역사학 분야가 더욱 활발하여 역사문제연구소, 구로역사연구소(역사학연구소), 그리고 우리 한국역사연구회가 '역사 3단체'로 정립되어 오늘에 이르기까지 학문적 실천적 활동을 연대해 오고 있습니다. 우리 연구회는 망원한국사연구실, 한국근대사연구회, 고중세사연구자 등과 통합하여 1988년 9월 3일 창립되었습니다. 사학사적으로 보면 1960년대 이후 민족사학의 발전을 바탕으로 1980년대 민중사학의 제기를 넘어 '과학적 실천적 역사학'이라는 기치를 내걸었다고 평가할 수 있겠습니다.

사실 창립 10주년이 되었을 때 "한국역사연구회 10년지" 편찬위원회를 구성했고, 20주년 때도 그랬지만 완성하지는 못했습니다. 역사를 구성하는데 주저한 것은 '과학적 실천적 역사학'을 어떻게 해석할지 역사적 평가를 내리기 어려웠기 때문입니다. 당시 연구회원들은 창립선언문을 시대상황에 맞게 수정하여 '재창립선언문'을 만들자는 제안도 했고, 깃발을 내리자는 회의론도 제기했습니다. 그런 상황에서 역사책을 만들기는 어려웠습니다. 이제 되돌이켜 보면 '과학적 실천적 역사학'이라는 아젠다가 거대담론으로서 가지는 포용성, 그리고 그 해석의 다양성이 우리 연구회의 생명력의 원천이 아니었겠는가라는 생각이 듭니다. 마르크시즘에서 실증적 태도에 이르기까지, 학문적 실천에서 사회·정치적 행위에 이르기까지 그 해석의 편차가 적지 않았음에도 불구하고 연구회를 중심으로 한 과학적 실천적 활동은 중단 없이 계속되어 이제 역사학계에서 주도적인 역할을 감당하는데 이르렀다고 자부하게 됩니다.

그래서 우리 편찬위원들은 우리 연구회 '역사 30년'을 설명하는 핵심 개념을 "과학적 실천적 역사학을 찾아서"로 설정했습니다. '역사 30년'을 과학적 실천적 역사학을 찾아서 학술연구와 실천활동을 병행한 모습으로 구성하고자 했습니다. 과학적 실천적 역사학의 '깃발을 휘날리며' 전진하던 시절에서부터, '깃발을 어찌할 것인가' 내려야 할 것인지 고민하던 시절, '내릴 수 없는 깃발'임을 확인하고 새로운 다짐으로 전망하는 우리의 활동상을 정리했습니다. 창립과정 외에 10년 단위로 세 시기로 나누었는데, 묘하게 정치세력·정치이념의 변동과도 잘 맞아 떨어졌습니다. 우리 연구회가 군사정권에서 문민정부로 이양되던 10년, 진보정권 10년, 보수정권 10년으로부터 직접적인 영향을 받은 것은 아니지만 시기에 따라 열정과 냉정 또는 냉소가 교차되는 흐름을 설명하고자 했습니다. 다만 창립 외에 10년씩 세 시기의 역사를 분담하여 집필한 편찬위원들의 주관적인 평가를 존중했으며, 특별히 조율하지 않았습니다.

일반 기관사의 방식을 탈피하고자 다양한 방식으로 역사를 구성했습니다. '역사 30년' 외에 '기억 30년', '자료 30년', '현장 30년', 그리고 '부록'과 '연표'로 엮었습니다.

우리 연구회는 연구회원이 주인인 단체이므로 연구회원 주체의 역사를 구성하는 것이 바른 방향이라고 보고 연구회원의 목소리를 담고자

'기억 30년'을 설정했습니다. 지면의 제한이 있어 많은 회원의 목소리를 들을 수는 없었으므로, 앞으로 웹진을 통해 다양한 음성을 들을 수 있는 기회가 지속적으로 마련되었으면 좋겠습니다.

역사가들의 모임이면서 우리들의 역사기록에 소홀했던 점을 반성하면서 가능한 많은 자료를 수집하여 디지털화하는 작업을 병행했는데, 그 가운데 매년 두세 건의 문건을 뽑아 '자료 30년'을 구성했습니다.

조직적으로 남기지 못했지만 많은 행사를 진행하면서 촬영한 사진들을 이번 기회에 수집했습니다. 그 가운데 일부를 엄선하여 '현장 30년'에 담아 시각적으로 30년을 돌아볼 수 있는 기회를 마련했습니다.

그 외에 창립 이전 문건들, 창립선언문을 비롯한 역대 임원과 회원조직, 학술활동, 대중강좌 등의 활동상을 부록에 넣고, 마지막으로 연표를 작성하여 연구회의 편년을 이해할 수 있도록 했습니다.

이번에 역사를 정리하면서 편찬위원들은 우리 연구회가 세계사적으로 유례를 찾기 어려운 조직이라는 자부심에 가슴이 벅차오르기도 했습니다. 자화자찬이 아니라 다음과 같은 점은 우리 연구회의 독특한 특징이자 장점이라고 생각됩니다. '연구회원'을 중심으로 한 조직적 특징을 지니고 있습니다.

주로 연구회원의 자발적인 정기회비와 특별회비로 공간을 마련하고 재정을 꾸려왔습니다. 공동연구를 위해 학회규모에 버금가는 5~6개의 분과를 비롯해 각종 연구반과 학습반을 활성화해 왔습니다. 공동의 연구공간과 사무실을 운영하면서 한때는 사무원도 두었고 상임제도를 계속 운영하고 있습니다. 회장과 부회장 등 임원진이 1~2년의 짧은 임기로 끊임없이 교체되면서도 '구태' 의연함을 잘 유지하고 있습니다. 이제 30년을 맞이하여 사단법인 조직을 마련하여 연구회 운영의 안정성을 도모할 수 있게 되었습니다.

편찬위원회는 2017년 3월부터 2018년 8월까지 1년 6개월간 활동했습니다. 이영호(위원장), 도면회, 김인호, 김보영, 이규철(총무), 박광명이 편찬위원으로 수고했습니다. 이전 10년사, 20년사 편찬에 참여했던 위원들 중 일부가 다시 합류하여 그때의 경험을 활용했습니다. 연구회 자료의 조사 정리 및 디지털화하는 작업은 김은진, 나유정 회원이 담당하여 애썼습니다. 편찬위원들은 한달에 한번씩 빠짐없이 연구회 30년을 회고하는 시간을 가졌습니다. 연구회 30년을 다시한번 압축적으로 경험한 것 같습니다. 연구회원의 열정적인 활동을 기억하고 반추하면서 우리는 잊을 수 없는 새로운 추억을 만들었습니다. 힘들었지만 행복한 시간이었습니다.

시대가 바뀌고 학술운동의 열기가 식고 새로운 담론이 분출하고 있는 지금, 우리는 포용성과 다양성, 그리고 유연성으로 시대를 다시 읽고 새로운 일들을 모색해야 할 시점이라는 것을 인식하고 있습니다. 30년 한 세대를 넘으면서 새로운 또 한 세대의 도래를 기다립니다.

2018년 8월
한국역사연구회 30년 편찬위원회

차 례

제1부

역사 30년 : 과학적 실천적 역사학을 찾아서

제1장 깃발을 세우다

1. 전사(前史)

1988년 9월 3일 출범한 한국역사연구회는 1980년대 변혁운동에 동참하고자 한 역사학자들의 몇 년간에 걸친 조직활동의 최종적 결실이었다. 1980년대 중반 진보적 소장연구자들은 학술과 사회적 실천을 감당할 소규모 조직들을 창출했는데, 역사학 분야에서는 1984년 말 망원한국사연구실(이하 '망원'으로 약칭)이 처음 발족하였다. 이후 1986년 역사문제연구소(이하 '역문연'으로 약칭), 1987년 한국근대사연구회(이하 '한근연'으로 약칭) 등이 조직되었다.

연구실, 연구소, 연구회 등은 각각 독자적인 발전전망을 가지고 활동했지만 진보적 한국사 연구자들이 3단체에 분산되어 활동함으로써 각 단체의 활동이 상당 부분 중복되고, 수공업적 고립분산적 양상을 지니고 있다는 문제인식이 확산되기 시작하였다. 이러한 인식은 연구자들에게 분립을 극복하고 과감한 대중운동을 전개할 것을 요구한 당시의 사회정세와 맞물리면서 보다 증폭되었다. 이에 따라 한근연과 망원을 중심으로 한국사 연구자들이 조직적으로 통합하는 문제, 즉 새로운 한국사 연구자 단체를 건설하는 문제가 1987년 11월경부터 제기되기 시작하였다. 한근연에서 먼저 제안한 통합논의는 역사과학자의 역할과 임무, 연구자단체의 조직문제 등을 둘러싸고 1988년 2월까지 깊이 있게 진행되었지만, 몇 갈래로 나뉜 이견을 좁히지 못하였다.

1988년 5월 망원이 한근연에 한국사 전시기를 포괄하는 한국사연구자 대중조직의 건설을 새로 제의함으로써 논의는 급진전되기 시작하였다. 이에 따라 1988년 7월 8일 새 연구단체 건설추진위원회가 결성되어 한국사연구자 대중단체의 건설에 박차를 가하였다. 8월 초 서울 시내 각 대학의 고중세사 연구자들은 별도로 '고중세사연구자협의체'를 구성하여 새로운 학술단체 결성에 동참하기로 하였다. 1988년 8월 17일 망원, 한근연, 고중세사연구자협의체 등 세 그룹을 중심으로 창립준비위원회가 구성되었고, 1988년 9월 3일 오후 3시, 동숭동의 학술진흥재단 대강당에서 역사적인 한국역사연구회 창립총회가 개최되었다.[1]

1) 망원한국사연구실의 발족과 활동

망원한국사연구실은 1984년 12월 8일 대체로 각 대학원 석사과정에 몸담고 있는 젊은 연구자들이 주축이 되어 창립되었다. 1980년 서울의 봄과 광주민중항쟁을 직접 체험하고 이를 학술운동차원에서 실현하고자 한 새로운 세대들이었다. 일제강점기사, 한국민중사의 소그룹을 통해 학술운동을 모색하던 구성원들이 중심이 되어 연구실을 만든 것이다. 5공 독재정권의 엄혹한 탄압 속에서 출범했기 때문에 창립과정을 공개적으로 진행할 수는 없었다. 많은 문건들도 사용한 후 파기하거나 작성하지 않은 경우가 많고 작성된 자료도 인멸되어 망원 초창기의 사정을 정확하게 확인하기 어렵다.

망원은 회칙 제2조에서 보듯이 "과학적 인식과 방법에 입각하여 새로운 한국사학의 방향을 모색하고, 회원 상호간의 공동연구를 추진하며,

---

1 이상은, 『한국역사연구회 편람』, 1993년 6월, 1~2쪽.

그 연구결과를 보급하는 것을 목적"으로 하였다. '새로운 한국사학'은 민중사학을 의미하였다. "민중사학은 변혁주체로서 파악된 민중의 입장에 서서 역사를 연구하는 경향이다. 민중사학은 주체성, 실천성, 과학성, 도덕성이 한국의 현재사회의 특수조건에서 실현된 사학이다. 이러한 민중사학의 조직적 생산을 위하여 연구실은 존재한다"라고 하였다.[2] 민중사학은 망원의 한국사 인식의 틀이자 민중이념의 한 부분이었다.

이렇게 망원은 한국사학의 방향을 민중사학으로 분명하게 제시하였지만, 그 1년 뒤인 1986년 여름에는 이러한 지향에 기초한 연구실의 조직을 과학운동의 조직으로 전환할 것을 제안하고 있다. 즉 망원은 과학운동론을 제기하여 연구실이 변혁운동에 동참하는 실천적 운동체로 변신하여야 한다는 지향을 내세우고자 하였다.[3] 그러나 그 선언이 회원의 자발성 속에서 제시된 것이 아니라 선험적으로 선도되었다는 점, 회원 간의 시각의 편차를 메우려는 인식의 제고와 공유에 이르지 못한 점 등의 한계를 지녔기 때문에 뚜렷한 성과를 거두지는 못하였다. 학술활동과 실천운동 중 어디에 중점을 두어야 할 것인가에 개인적 편차도 있었고 객관적 조건의 제약도 있었다.

그럼에도 불구하고 망원은 과학운동의 부문운동으로서 꾸준히 실천성를 지향하는 활동을 전개하고자 노력하였다. 학술활동보다 실천운동 쪽으로 활동력을 강화하려는 움직임이 계속되었다. 인적 구성원의 재생산은 대학원에 두면서 활동은 실천현장을 향하고 있었다.

이렇게 볼 때 망원은 민중운동사의 연구방향을 설정하고, 과학운동의 구도 속에서 현장을 지향하는 실천활동을 목표로 했다고 평가할 수 있을

---

2 1985년 7월 6일 제2차 정기총회의 주제발표문, '새로운 한국사학의 방향모색을 위하여'.

3 1986년 7월 26일 제4차 총회 일반보고 '과학운동의 새로운 지평에 서서'.

것이다.

망원의 운영은 총회와 간사회(후에 운영위원회)가 중심축을 형성하였다. 1년 2회 개최되는 총회는 모든 권한을 가지는 최고의 의결기구이며, 총회에서 선출된 대표간사, 총무간사, 편집간사, 섭외간사, 연구간사로 구성된 간사회가 일상 활동을 집행하는 체제로 되어 있었다. 초대 대표간사는 홍순권이었다. 연구활동을 추진하는 기본단위로는 연구분과를 설정하여 학술 및 실천활동의 기본조직으로 삼았다. 창립 시에는 근대사 분과, 식민지시대 분과로 시작하여 1985년 9월 식민지시대 학습팀을 추가하고, 1985년 12월 제3차 수련회에서 이를 개편하여 1986년 3월 이후 연구분과(민란, 의병, 식민지시대 운동사), 학습분과(근대사, 식민지), 그리고 방법론 연구분과를 두었다.

망원의 창립회원은 48명이며 1987년 7월 현재 61명에 이르렀다. 최초에는 서울특별시 서대문구 망원동에 소재한 연구실에서 시작하였는데 1986년 11월 28일 사무실을 봉천동으로 이전하였다.

망원의 활동에 대한 자체평가를 살펴보면 다음과 같다.

> 창립 이래 연구실의 발전방향, 민중사학의 건설 방안 등을 놓고 내부에서 논의를 거듭해 왔다. 이에 대해 "논의는 길고 실천은 짧았다"는 자체 반성도 있었다. 그러나 회원들 사이의 문제의식의 접근과 제고, 연구실에의 귀속감, 상당한 정도에 이른 합의수준, 초보적인 조직훈련 등은 일면 지리하고 소모적으로 보이기까지 한 그러한 과정을 거치면서 획득된 성과물이라 여겨진다. 반면에 출범 이래 3년여 동안 무언가 끊임없이 학습하고 고민해 왔지만 구체적인 조직적 성과물을 내지 못했던 점도 지적할 수 있겠다.[4]

---

4 이애숙, 「새로운 연구단체들의 현황과 과제」 『창작과 비평』 복간호, 1988년 봄.

망원의 조직이 진보적 역사연구단체의 결성과 활동을 추동하고 학술운동의 가능성을 보여주었지만 연구와 실천 사이의 동요로 말미암아 충분한 성과를 거두지 못한 한계도 인정된다.

망원과 관련하여 언급해야 할 것은 『한국민중사』 사건이다. 망원의 회원들이 무기명으로 저술한 『한국민중사』는 1986년 풀빛출판사에서 출판되었다. 검찰은 이 책의 출판을 문제 삼아 국가보안법 위반으로 풀빛출판사 나병식 사장을 기소하였다. 이를 계기로 학문자유에 대한 탄압이라고 학계에서 거센 반발이 일어났다. 『한국민중사』 필화사건은 정부가 추진한 『대한민국사』 서술작업과 밀접한 관련이 있다. 『대한민국사』 서술계획은 군사정권의 정통성을 옹호하려는 작업이었고 그 서술계획이 발표된 직후 『한국민중사』 사건이 터진 것이다. 『한국민중사』는 1970-80년대 한국사학이 거둔 성과를 민중적 관점에 입각해 소장연구자들이 공동작업을 통해 정리해 낸 학문적 성과물이었다. 그런데 검찰은 총론적으로는 사관의 문제, 민중의 개념을 문제 삼고, 구체적으로는 반란, 사회주의 운동, 좌익활동, 4·3제주폭동, 6·25전쟁, 노동운동, 민중운동 등을 문제시하였다. 이에 대해 1987년 3월 서울대 대학원생 400여명이 성명을 내고, 5월 29일 역사학대회에서 550여명의 역사학자들이 서명하고, 5월 이후에는 재판이 열려 정창렬·강만길·김진균 교수의 법정 증언 등 학문의 자유를 수호하기 위한 운동이 활발하게 전개되었다.[5]

---

5 도진순, 「법정의 역사와 역사의 법정」 『한국역사연구회회보』 1, 1987.6.30 ; 한홍구, 「역사주체들은 자신의 역사를 요구한다」 『망원한국사연구실회보』 2, 1987.2 ; 『역사비평』 창간호, 자료 '한국민중사 사건 증언기록', 1987.9 참조.

2) 한국근대사연구회의 발족과 활동

한국근대사연구회는 과학적, 실천적 역사학의 수립에 뜻을 모은 젊은 한국사 연구자들이 1987년 4월 5일 창립한 단체이다. 1980년 광주민중항쟁 이후 대학의 젊은 지식인들은 사회민주화와 남북통일의 실천적 방법을 모색하고 있었고, 대학원에 진학한 연구자들은 이를 학문적 차원에서 실현할 수 있는 방안을 찾았다. 각 대학의 사정이 유사한 상황에 처해 있었다.

1984년 12월 망원이 진보적인 역사연구단체로서는 최초의 조직적 결집을 이루고, 뒤를 이어 1986년 2월 역사문제연구소가 출범하였다. 역사문제연구소는 역사학 뿐만 아니라 한국근현대사에 관심을 가지고 있는 사람들이 회원으로 참여하여 역사대중화에 앞장서고자 하였다. 망원과 역문연의 창립은 한국근대사연구회의 창립에 큰 자극제가 되었다.

창립과정을 살펴보면 다음과 같다. 1986년 8월 12일 망원 회원, 서울대 근대사연구회 회원,[6] 그리고 각 대학 대표들이 모여 1980년대 사회현실 상황에 대한 공동적인 인식을 전제로 하면서 역사학계의 활동을 비판하고 새로운 연구회의 창립을 모색하는 모임을 가졌다(연세대의 오일주 방기중, 고려대의 하원호 지수걸, 망원의 홍순권 도진순, 서울대 근대사연구회의 이영호 박찬승). 연구회 구성의 원칙, 과학적 실천적 역사학의 수립, 공동작업의 필요성 등에 인식을 같이하고 근현대사연구자를 중심으로 조직하기로 합의하였다. 그리하여 1987년 4월 5일 한국학술진흥재

---

6 서울대 근대사연구회는 망원한국사연구실이 창립된 지 4개월 뒤인 1985년 4월 8일 발의된 후 5월 4일 창립된 서울대 출신 창립회원 19명의 소그룹 연구회로서, 1987년 1월에 이르기까지 총 17회의 연구발표회를 통하여 조선후기사의 연구사 정리를 실시하였고, 그 결과는 후에 『한국중세사회 해체기의 제문제』(상·하, 한울, 1989)로 정리되었다.

단 소강당에서 창립대회를 열고 회장으로 김인걸을 선출하고 임원진을 구성하였다. 창립회원은 69명이었다.

연구실은 1987년 4월 18일 동작구 노량진동 261-4 상아빌딩 102호(814-4746)에 마련하고, 이후 1988년 3월 27일 관악구 봉천7동 1601-7 한일빌딩 202호(884-4728), 1988년 6월 30일 관악구 봉천11동 1657-21 청산빌딩 2층(884-4728)으로 이전하였다.

한근연의 지향을 살펴보면 회칙 제3조에서 보듯이 "한국근대사연구의 활성화를 통하여 한국사의 체계화에 기여하고 그 연구성과를 보급하며 나아가 과학적 실천적 역사학을 수립하는데 그 목적을 둔다"는 것이었다. 창립취지문에서 보듯이 "사회의 민주적 변혁과 분단의 자주적 극복이라는 근본과제 해결을 위한 전제로서 현 사회의 제반 모순에 대한 구조적인 인식과 그 기초로서 한국사의 체계적인 이해가 절실히 요청되고" 있는 상황에서 "한국사연구자들은 한국사를 주체적 과학적 입장에서 올바르게 체계화하고, 특히 한국근대사의 구조를 중점적으로 해명하여 현 전환기가 요구하고 있는 역사발전의 논리와 그 주체를 제시함으로써 우리 사회의 근본과제 해결에 동참해야만 할 것"이라는 것이다. "이러한 한국사연구의 당면과제를 구체적으로 수행해 나가기 위하여 연구자들의 올바른 자세확립과, 연구자들의 역량을 통일적으로 결집시킬 수 있는 공동연구체계, 그리고 이를 담아낼 수 있는 공간의 마련이 시급"하고 이를 한국역사연구회가 담당하겠다는 것이다.

한근연의 조직은 총회, 상임위원회, 연구위원회를 주축으로 하였다. 상임위원회는 연구 및 사업활동에 관한 최고의 심의, 의결, 집행기관이었다. 연구위원회는 제반 연구활동(공동학습, 공동작업, 연구발표회, 학술토론회 등)을 관장하고 연구위원회 산하에는 분과를 설치하는데 이것이 연구조직의 근간을 형성하였다. 연구회원은 연구분과에 소속되어 공동학습, 공동작업, 사업활동에 참여하는 것으로 함으로써 연구회의 활동이 연구회원 중심으로 움직이도록 조직되었다.

한근연의 사업은 공동학습 및 공동작업, 연구성과의 대중화와 보급, 이 두 가지를 기본축으로 설정하였다. 특히 공동연구를 핵심으로 하는 조직적 특성을 뚜렷하게 드러냈다. 공동연구활동의 기본단위는 분과였다. 분과는 창립 당시에는 정치·사상사, 사회·경제사, 운동사의 3개 분과였는데 운영과정에서 정치사와 사상사, 사회사와 경제사를 분리하여 5개 분과체제로 운영하였다.

한근연 연구활동의 성과로 공동연구 형식의 정착을 주목할 만하다. 분과 및 작업반을 통한 공동연구활동은 회원 간의 유대를 높이고 이 유대를 바탕으로 지속적으로 활동할 수 있는 기반을 확보하였다. 끊임없는 반성과 자체 비판은 발전의 동력이 되었다. 그러나 공동연구의 주제선정 과정에서 공동연구의 기본목적, 구체적 실행 방법론 등에 대해 회원들 간에 충분한 토론이 이루어지지 못한 문제가 남았다. 본래 공동연구는 과학적 실천적 역사학의 정립에 내포되어 있는 전문성과 운동성의 확보 및 통일을 담보해내는 하나의 형식으로 제시된 것이었다. 전문성은 충분히 강조되었지만 운동성은 확보되지 못하였다는 평가도 당시에는 나왔다.[7]

언급할 사건은 학문과 사상의 자유를 위한 공동대책위원회 결성에 관한 것이다. 1988년 6월 3-4일에는 제1회 학술단체 연합심포지움이 한양대학교에서 개최되었다. 한근연, 망원, 역문연을 비롯하여 문학예술연구회, 사회철학연구실, 여성사연구회, 여성한국사회연구회, 한국농어촌사회연구소, 한국산업사회연구회, 한국정치연구회 등 10개 인문사회과학

---

7 임경석, 「한국근대사연구회의 과제」『한국근대사연구회회보』 제3호, 1987.12.31.

연구단체가 공동주최한 연합심포지움이었다. 연인원 3천여명이 참석하여 규모, 내용에 있어서 학계의 이목을 집중시킨 대회였다. 주제는 '80년대 한국인문사회과학의 현단계와 전망'이었다. 기조발표는 김진균의 「민족적·민중적 학문을 제창한다」였으며, 한근연에서는 이세영(현대 한국사학의 동향과 과제), 지수걸(1930년대 초반기 사회주의자들의 민족개량주의 운동 비판)이 발표하였다. 그런데 연합심포지움이 끝난 뒤 발표자 중 한사람이었던 서관모가 발표내용과 관련하여 검찰의 소환을 받게 되었다. 이에 대해 학문과 사상의 자유를 위한 공동대책위원회가 꾸려졌다. 한근연에서는 6월 30일 상임위원회에서 학문과 사상의 자유를 위한 공동대책위원회 활동 보고와 대책을 논의하고 이에 적극 참여하였다. 이를 계기로 1988년 9월 10일 학술단체협의회가 창립되었다. 망원과 한근연도 이에 참여했으나 곧 통합되어 한국역사연구회의 조직으로 참여하게 되었다.

2. 새로운 진보 역사단체 설립 논의

1) 한국근대사연구회에서의 설립 논의

한근연에서는 창립 단계에서부터 망원과의 통합 가능성을 염두에 두고 있었다.[8] 한근연 조직에 망원의 적극적인 참여 또는 전면적인 동참을 원했다. 그러나 당시 망원에서는 '한근연=제도권내의 학회', '망원=제도권 밖의 연구실'이라는 형태로의 발전을 주장하면서 조직적인 참여는

---

8 한국역사연구회 교육부, 「한국역사연구회 창립 약사」, 『회원교육자료(1)』, 1988.11. 06. 참조.

거부하고 개별적인 참여를 허용하였다. 이에 따라 망원에서는 회원 일부 (8명)가 개인자격으로 한근연에 참여하였다.

이러한 사정으로 말미암아 한근연의 창립 이후에도 통합을 위해 여러 가지 방안을 모색하고 노력하였다. 그러다가 한근연의 활동 결과가 망원 의 활동내용과 상당부분 중복되고 또 전체적인 연구단체들 내에서의 위 상이 크게 구별되지 않아 차별성보다는 동질성이 보다 많이 확인됨에 따 라 1987년 하반기부터 양 단체의 전면적인 통합문제가 다시 제기되기 시작하였다. 또한 현단계 사회정세에서 주어진 과제를 수행하기 위해서 는 진보적 한국사연구자 진영의 조직 역량이 강화될 필요가 있다는 의견 이 본격적으로 제기되었고, 차츰 이 논의가 확산되어 가는 속에서 현 시 기 조직역량의 강화는 기존의 망원, 한근연의 통합의 형태로 이루어져야 한다는 여론이 형성되었다.

이에 한근연 집행부인 임원회는 1987년 11월 초 이래 1987년 11월 4일, 11월 30일, 12월 23일, 1988년 1월 11일 네 차례에 걸쳐 통합문제 에 대한 자체토론회를 열었다. 토론의 결과 임원회는 다음과 같은 방침 을 결정하였다. "양 단체의 통합은 현재의 제반 조건상 진보적 한국사연 구자 진영을 강화하는데 있어서 적극적으로 강구되어야 할 문제이다. 그 러나 이에 대한 한근연의 입장은 회원 전체의 대중토론과 민주적 결정에 따르며 우선 망원임원진과 만나 공개논의의 추진에만 합의한다"는 것이 었다.

한근연 임원회는 1988년 1월 17일 망원 운영위원회와 연석회의를 열 고 통합문제에 관한 양측의 사정과 입장을 상호 확인하면서 다음과 같은 합의점에 도달하였다. "첫째 통합논의의 필요성이 인정되므로 양 단체는 이 안건을 각기 수련회에서 전 회원의 대중토론에 붙이며, 모든 결정은 그 결과에 따른다. 둘째 양 단체의 집행부는 통합논의에 있어 비주체적인 태도를 버리고 적극적인 자세로 임한다. 셋째 통합은 전근대사 연구자를 포함한 새로운 연구회의 창립형태를 취해야 하므로 이후 공식표현은 '새 연구회 창립'으로 통일하여 사용한다. 넷째 만약 양측이 새 연구회 창립에 동의하게 되면, 양측은 각기 자신의 시안을 문건으로 만들고, 5명씩 실무위원을 선정하여 10명의 추진위를 구성한다."

이상의 합의에 기초하여 한근연은 1988년 1월 23~24일 동계수련회에서 이 문제에 관해 연구자 회원이 공개적으로 토론하였다. 첫째 새 연구회 건설 및 망원과의 통합 필요성, 둘째 양 단체의 활동평가, 셋째 새 단체의 위상과 과제 등을 주제로 토론이 진행되었다. 토론참석자들 사이에 약간의 논란이 있었으나 첫째 새 연구단체 건설을 위한 일차적 사업으로서 망원과의 통합을 해야만 하는 현실적인 필요성, 둘째 망원과 한근연에 현존하는 차이점의 해결방안, 셋째 새 단체의 활동의 구체상 제시 등의 문제점이 지적되었다. 그러나 대체로 망원과의 통합을 전제로 하는 새 연구회 건설에 원칙적인 합의가 이루어졌다. 그 내용은 다음과 같다. 첫째 현단계 주객관적 조건과 관련하여 진보적 역사연구자 진영의 강화가 요구되고 있는데, 이는 과학운동적 관점에서 대중적 한국사 연구 조직의 건설이 관건이 된다. 현재의 실정으로 볼 때 대중적 역사연구자 조직의 건설은 망원과 한근연의 결합에 기초한 새 연구단체의 모색이 중심이 되어야 한다. 따라서 기능적 역할분담론에 입각한 조직적 분립은 극복되어야 한다. 둘째 양 단체 회원 구성의 차이, 내부 통합력의 차이 등이 존재하나 이것은 본질적인 차이가 아니다. 그러나 그러한 차이를 극복하기 위해서는 신뢰 획득의 과정이 필요한데, 한근연 회원들은 투쟁이나 의식 면에서 앞서 있는 후배의 의견을 존중하는 자세를 갖도록 한다. 셋째 새 연구단체의 위상과 활동에 대한 구체상은 토론자료에서도 충분히 제시하지 못하였으므로 향후 새 연구단체 건설을 위한 추진위가 구성되었을 때 구체적으로 논의하도록 한다.

수련회의 논의에 기초하여 1988년 2월 10일 확대임원회가 개최되었다. 여기에서는 새 연구단체 건설에 관한 제반 업무를 전담할 5인의 추진위원회(위원 : 한상권·주진오·임경석·이지원·박찬승)를 구성하였고, 나아가 이 문제에 관한 한근연의 공식적인 입장을 확정하기 위하여 임시총회를 소집하기로 의견을 모았다.

추진위원회는 1988년 2월 12일 이후 3차례의 모임을 갖고 임시총회에 상정할 '새로운 진보적 한국사연구자 조직의 창립을 위한 일 모색'이라는 통합안을 작성하였다. 통합안은 한근연 다수 의견인 전면적 통합론(한근연과 망원의 전면적 통합에 기초해서 새 연구단체를 건설하자는 방안)의 입장에서 새 연구회 창립문제를 공식 거론한 것이다. 전면적 통합론은 망원, 역문연, 한근연의 분립된 조직 가운데 특히 조직의 기반이 일치하는 망원과 한근연의 전면적 통합을 통한 명실상부한 본격적 대중조직으로의 전환을 촉구하면서 그동안 미조직된 전근대사 연구자와 지방의 연구자까지 포함하여 새 연구회를 창립할 것을 제안하였다. 망원에서 논의된 망원강화론(역할분담론)은 말할 것도 없고 점진적 통합론에 대해서도 비판하면서 전면적 통합의 필요성을 강조하였다. 그리하여 새로 결성될 연구회는 과학운동의 한 주체임과 동시에 진보적 한국사연구자 단체로서의 위상을 가지고 진보적 한국사 연구자대중의 조직화, 과학적 실천적 역사학의 수립, 지배이념과 관변·보수사학에 대한 비판과 극복, 역사의 대중화, 과학운동의 장 개척을 주요임무로 설정하였다. 이러한 임무를 수행하기 위한 주요사업으로서는 공동연구, 학계활동, 회원대중의 조직화, 대중에 대한 역사교육, 과학운동 대열에의 적극 참여 등을 제시하였다.

1988년 2월 22일 통합문제를 다룰 임시총회가 개최되었다. 총회에서는 추진위측이 제출한 통합안을 토대로 열띤 토론 끝에 "망원과의 전면적 통합에 기초한 새 연구회 창립추진"을 안건으로 상정하여 투표에 들어간 결과 찬성 40, 반대 3, 기권 2표로 가결시켰다. 또한 총회에서는 이 문제가 상대가 있는 문제이므로 망원의 논의 결과를 지켜본 다음 3월 말 개최 예정인 정기총회에서 한근연의 해소 여부를 최종 결정하기로 의견을 모았다.

2) 망원한국사연구실에서의 설립 논의

망원 운영위원회에서는 1987년 11월 말경부터 세 차례에 걸쳐(1987년 11월 28일, 12월 5일, 1988년 1월 10일) 양 단체의 통합안을 검토하였다. 논의의 결과 한국사연구자 진영의 조직 재편이 필요하다는 점에 대해서는 합의를 보았으나, 재편의 형태와 방법문제에 대해서는 운영위원들 간에 합의를 이루지 못하였다. 운영위원회는 이 통합문제가 망원의 조직상의 존폐와 관련되는 중요한 사안임을 감안하여 전체 회원들의 광범한 참여에 기초한 대중적 토론을 조직하기로 결정하였다.

양 단체 통합문제는 1988년 1월 18일부터 2월 5일까지 부서별 토론에 부쳐졌고, 여기서 여러 가지 논점에 걸쳐 많은 의견이 제출되었다. 여기서 제출된 견해들은 1988년 2월 6일 개최된 망원 겨울수련회에서 많은 회원들의 참여하에 재차 개진되었다. 수련회에서는 한국사연구자 조직문제에 관한 세 가지 상이한 관점과 입장이 드러났다. 세 가지 입장은 토론의 진행과정에서 이론적 현실적 근거를 다져 나간 결과 망원강화론, 선결속후통합론, 전면적 통합론으로 정리되었다.[9] 그 내용을 소개하면

---

9 세 가지 입장은 망원과 한근연의 부분적 통합으로 한국역사연구회가 창립된 직후, 연구회에서 세 가지 입장을 비판적 시각으로 분석 평가함으로써 연구회 운영의 방

다음과 같다.

망원강화론 : 이 입장은 '역할분담론', '망원유지론'으로도 불렸다. 이 입장을 취한 회원들의 논거는 다양했지만 여기서는 이론적 중심을 점한다고 볼 수 있는 경향을 소개한다.

이 입장은 기존의 망원과 한근연 두 단체는 짧지만 서로 다른 역사적 경험을 가지고 있으며, 두 단체는 조직의 기반과 위상, 그리고 그간의 활동성과 및 역할이 상이하다는 판단에 입각하고 있다. 따라서 이 주장에 의하면 망원은 근로대중에 대한 문화선전사업을 자기 활동의 중심축으로 삼는 반합법, 반공개 영역의 연구자 활동가 조직으로 발전시켜 나가고, 한근연은 비판적 아카데미즘 수립과 연구자의 일상적 이해관계를 옹호하는 학계 내부사업에 중점을 두는 합법 공개 영역의 연구자 조직으로 분화 발전시켜 나가자는 것이다.

이 주장에 입각한다면 기반, 위상, 역할, 임무가 상이한 두 단체를 평면적으로 통합하는 것은 바람직하지 않은 것이 되며, 오히려 현 조건하에서는 양 단체간의 통합에 중점을 둘 것이 아니라, 제각기 역할을 분담한 기초 위에서 인적 교류와 공동사업의 범위 확대 등 상호 연대관계를 긴밀히 맺어나가는 것이 중요하며 그를 위해 양 단체의 공동협의기구를 정례화하자는 것이다.

이 견해는 역사연구자의 사회적 책무를 학계 내에서 연구성과의 생산을 통해서만 수행하는 것으로 제한하는 '연구주의적' 경향의 오류를 올바로 지적하였다. 또한 조성된 정세에 조응하는 의미있는 연구성과를 공동작업을 통해서 기동성있게 생산해내고 나아가 근로대중에 대한 대외

향을 모색할 목적으로 정리된 것이다. 그것을 여기에 그대로 제시하였다. 한국역사연구회 교육부, 「한국역사연구회 창립약사」, 『회원교육자료(1)』, 1988.11.06. 참조.

교육, 선전사업의 필요성을 강조하여 과학운동의 한 영역을 제시했다는 의미에서 많은 한국사연구자들의 공감을 얻었다. 그리고 연구자 조직의 내부 규율 수준을 높이고 구성원간의 사상, 의식의 통일을 기해야 할 필요성을 강조함으로써 연구자의 쁘띠부르우아적 보수성, 개인주의적 작풍에 경종을 울리는 등 연구자 조직운동의 방향을 올바로 제시했다는 점에서도 옳았다고 볼 수 있다.

이 주장은 연구자들이 자칫 범하기 쉬운 우경적 편향을 비판하고 연구자의 실천적 임무를 옳게 제시했음에도 불구하고 과학운동의 임무를 기능주의적으로 이해한 점, 근로대중 의식화의 주체를 선진적인 연구자들로만 구성되는 독자적이며 자기 완결적인 조직으로 설정하는데 있어서의 문제, 소그룹주의 조직관을 벗어나지 못한 점 등의 한계를 보여주었다.

선결속후통합론 : 이 주장은 '결속 속의 건설론', '점진적 통합론'으로도 불렸다. 이 주장은 망원과 한근연의 통합에 기초한 새로운 연구자 대중조직이 건설되어야 한다고 보는 점에서는 전면적 통합론과 궤를 같이하지만 그를 위해서는 선차적으로 전제조건을 성숙시켜야 한다고 보는 점에서 구별된다. 즉 "새 단체건설의 당위성과 현실적 필요성을 이미 인정한 위에서 새단체의 위상과 조직적 편제, 일꾼의 양성 및 활동내용 문제를 중심에 두고" 사고하자고 제안했던 것이다.

이 입장은 당시까지는 아직 그 전제조건들이 충분히 갖춰져 있지 않다고 보았으며 따라서 당장 전면적으로 통합을 추진해서는 안되며, 핵심 대오의 선차적 결속을 포함한 각종 전제조건들을 성숙시키고 그 연후에 통합을 완성시켜야 한다고 주장하였다. 이때 전제조건이란 무엇을 일컫는 것인가? "새로운 조직이 건설될 수 있는 기본 관건은 그 조직의 사상적, 조직적 기초가 얼마만큼 형성되어 있는가와 이것이 얼마만큼 주체적 역량에 부합되어 그 필요성에 의해 건설되는가"라고 설명한다. 즉 그것은 첫째 핵심대오를 꾸리는 것, 둘째 핵심대오의 주도성을 높이는 기초 위에서 조직 내부의 지도, 피지도 관계를 관철하는 동시에 결속력을 높일 것이라는 두가지이다.

그래서 이 주장은 전제조건을 성숙시키기 위한 당면 행동방침으로서, "양 조직의 발전수준에 맞게 가능한 부분부터 행동통일, 공동사업"을 벌일 것을 제안하였다. 예컨대 회원교육사업, 회지의 공동발간, 월례발표회의 공동개최 등을 일정 기간 수행하는 과정에서 핵심대오를 결속할 수 있게 될 것이며, 바로 이것이 당면 조직사업에서 가장 중요한 핵심고리라고 파악하였다.

이 주장은 연구자 대중조직 내부에 과학적 전위의 지도가 관철되어야 하며 새단체의 활동에서도 노동계급의 지도적 역할이 실현되어야 함을 강조하는 등 조직 노선상의 주요원칙을 굳게 견지한 점에서 많은 회원들의 지지를 받았다. 또한 두 단체가 통합이 되면 양 단체의 기존 조직역량이 산술적으로 합산되어 자동적으로 질적 비약을 가져다 줄 것이라는 일부 안이한 견해에 경종을 울리고 자각적, 목적의식적 노력을 기울여야만 새 연구단체의 올바른 조직적 발전이 있을 수 있음을 지적한 점에서 정당하였다.

그러나 이 주장은 첫째 과학운동에 있어서 '핵심대오' = 선진연구자 = 과학적 전위의 존재형태와 형성과정을 잘못 이해하여 전위와 대중을 분리시켜 버리는 오류, 전제조건 형성을 위한 준비기를 설정할 수 있는 객관적 지표가 없기 때문에 무한정 준비만 하다가 말지도 모른다는 우려, 당장 실현 가능한 공동사업을 통해서 핵심대오가 단련되어 나온다고 보기 때문에 손쉽게 양 단체가 공동으로 할 수 있는 낮은 수준의 사업에만 활동력 있는 연구자의 역량이 집중될 수밖에 없는 등의 한계를 지닌다.

전면적 통합론 : 이 주장은 과학운동의 성격과 임무를 다음과 같이 이해한다. 과학운동이란 연구자 대중이 주체가 되어 수행하는 운동이며 자기 자신의 협소한 계급적=소부르주아적 이익을 위해서가 아니라 변혁운동의 승리를 위해 복무하는 운동이다. 따라서 과학운동은 연구자 대중을 조직화, 의식화, 투쟁역량화한 기초 위에서 제국주의 지배 이데올로기를 분쇄하고 광범한 민중에 의해 향유되는 새로운 진보적 문화를 수립, 보급함으로써 전체 변혁운동의 전선에 배치하는 것을 주된 과제로 삼는다. 그러므로 연구자 조직화의 기본 방도는 연구자 대중을 과학운동의 주체로 나서게 하기 위하여 그들을 조직화, 의식화, 투쟁역량화 하는데 있다고 주장한다.

따라서 종래 뜻 맞는 사람끼리의 소규모 모임을 만들어 임의적으로 활동해오던 것에서 불가피하게 파생되었던 수공업적 분산적 작업방식을 극복하고 광범한 진보적 연구자 대중을 결집하여 노동계급의 이념과 지향의 지도하에 당면 시기의 최소 강령적 요구(반외세 반독점)를 수행하는 각종 형태의 투쟁에 주체로 나서도록 할 수 있는 조직형태가 필요하다고 보았다. 그리고 그를 일컬어 '연구자 대중조직'으로 정식화하였던 것이다.

이 주장에 따르면 당시의 연구자 조직노선에서 발생한 주요 편향은 다음의 두 가지라고 본다. 첫째 민중 이데올로기의 생산만을 위한 조직을 만들자는 의견으로서 연구실에 앉아 민중적 입장에 선 연구성과만 만들어내면 그것으로 사회적 책무를 다하는 것처럼 보는 연구주의적 편향, 둘째 전체운동에 대한 이데올로기적 참모기능 수행만을 위한 조직을 만들자는 기능주의적 편향이 그것이다. 이 두 편향은 과학운동의 성격과 과제를 잘못 설정하고 있다는 점에서 공통된다.

한편 이 입장은 당시의 조건하에서 한국사연구자 대중조직을 건설하는 방법은 망원과 한근연의 전면적 통합을 기축으로 하고 고중세사 연구자와 미조직 연구자들까지 포괄하는 새로운 연구자 단체를 창립하는 것이라고 제안하였다. 1980년대 이래 한국사연구자들의 조직운동의 경험이 대학원 내부의 소그룹, 대학원 외부의 소그룹으로 발전해 왔음을 감안해 볼 때 새로운 연구자 대중조직은 과거 소그룹 조직활동의 성과를 수용 계승하고 그 한계를 극복해가는 과정에서 비로소 건설될 수 있다고 보았기 때문이었다. 요컨대 망원 및 한근연의 통합에 기초한 새단체의 건설과정은 연구자 대중이 스스로 과학운동의 주체로 나서는 과정이며, 종래 여러 형태의 소그룹으로 분산되어 있던 연구자들의 정치사상적, 조직적 통일의 수준을 높여나가는 과정으로 인식했던 것이다.

이 입장은 논쟁과정에서 과학운동의 성격과 임무를 명확히하고, 1980년대 조직운동의 경험을 총괄한 후 '연구자 대중조직'의 건설 전망을 밝혔던 점에서 많은 연구자들의 지지를 얻었다. 그러나 일부에서는 새로운 형태의 조직을 구성하고 운영할 주체적 조건이 아직 무르익지 않았다는 판단하에 즉극적인 통합 노력을 철회할 것을 요구하는 연구자들도 있었다. 즉 "연구자 대중단체는 우리 현실에 비추어서 너무나 큰 이상입니다. 그것이 높은 이상이기 때문에 일견 당위성이 있어 보이기도 합니다만 바로 거기에 가장 치명적인 허점이 있습니다." 다시 말하여 "구성원의 다양성, 회원수의 대규모 등 때문에 이를 운영 관리하는 것이 그리 용이할까?"라는 주저와 우려의 시각이 없지 않았던 것이다. 그리하여 일부 연구자들은 "수심도 모르는 강물을 무작정 건널 것인가?"라는 말에서 극명하게 드러나듯이 통합에 반대하고 그 대신에 과거와 같은 소그룹 형태의 다양한 조직을 나름대로 유지 강화하는 노선을 굳게 견지하였다.

요약해 본다면 전면적 통합론은 새 단체를 가능한 한 빠른 시일 내에 건설하고 조직을 정비해 나가야 한다는 입장이다. 선결속후통합론은 양 단체 그리고 그 구성원 간에 상당한 차이가 존재하므로 양 단체가 공동 사업 등을 전개하여 그 차별성을 최소화한 뒤 새 연구회를 건설해야 한다는 입장이다. 그리고 망원유지론은 지금은 새 연구단체 건설이 꼭 필요한 시점이 아니며 현재로서는 각 단체 간의 협의체 등을 구성하여 상호 협조체제를 구축하고 이에 기초하여 훗날 새 연구회를 구성하자는 것이다.

이상의 세 가지 조직개편안을 중심으로 심도 있게 토론을 진행했음에도 불구하고 합의에 기초한 단일안을 채택하는 것이 어려워지자 망원 수련회에서는 논의과정에서 제기된 세 가지 입장을 재정리해서 다시 회원들 사이에 토론하게 하는 것으로 방침을 정하였다. 이에 따라 1988년 2월 12일에는 선결속후통합론, 2월 13일에는 전면적 통합론, 2월 14일에는 망원강화론에 대한 토론회가 열렸다.

토론과정에서 각 주장의 논점을 분명히 하고 이견을 좁히고자 노력한 결과, 선결속후통합론과 전면적 통합론의 입장은 양 단체의 통합을 전제로 하는 점에서 공통됨을 인식하여 상호간의 의견 차이를 해소하였다. 그리하여 전체적으로 볼 때 양 단체의 통합인가 아니면 양 단체의 독자적 발전인가라는 두 가지 입장으로 의견이 양분되기에 이르렀다.

일련의 논의과정을 통해 망원 운영위원회는 조직문제에 대한 최종안을 마련하였다. 그것은 기본적으로 망원강화론의 입장에서 작성된 것으로서 양 단체의 통합을 전제로 하는 새로운 연구단체를 건설하는 한편 망원은 체제를 전면 개편하여 기동성 있는 공동연구작업과 대외교육사업을 전담할 소수의 선도적 연구자들만의 조직으로 전환시킨다는 방안이었다. 나아가 양 조직의 상호관계를 돈독히 하기 위해 첫째 사업의 공동

입안 및 특화, 둘째 역량 재배치, 셋째 연 1회의 합동 수련회 등을 공동으로 논의할 정례적인 공동협의기구를 구성할 것을 주된 내용으로 담고 있었다.

운영위원회가 작성한 최종안은 1988년 2월 24일에 개최된 망원회원 간담회에 제출되어 회원들 간에 열띤 논란을 불러 일으켰다. 그러나 역시 조직문제에 대한 통일된 합의에는 이르지 못하였다. 조직문제를 둘러싼 견해 차이는 정기총회에 상정할 안건 제출방식에 관한 문제에까지 연결되었다. 즉 총회안건으로서 첫째 운영위 시안을 상정하자는 안, 둘째 수련회에서 제기된 세 가지 안을 모두 상정하자는 안, 셋째 이 문제의 관건이 되고 있는 망원 해소 여부를 안건으로 상정하자는 안 등이 제기되어 논란이 되다가 결국 표결에 부쳐져 셋째 안이 다수결로 채택되었다.

1988년 2월 28일 제7차 망원 정기총회에서는 해소 여부를 둘러싼 두 입장의 제안 설명으로서, 망원의 유지를 주장하는 입장을 대표하여 「연구실은 왜 유지되어야 하는가」라는 문건이 제출되었으며, 망원의 해소를 주장하는 입장을 대표하여 「가열찬 해소투쟁의 전개를 제안한다」라는 문건이 제출되었다. 투표 결과 해소 찬성 19표, 반대 33표, 기권 5표로 되어 망원한국사연구실은 유지되는 것으로 결정되었다.

그리하여 망원 운영위원회는 총회 결정에 기초하여, "현재의 조건으로 볼 때 양 단체의 통합보다는 그간의 활동에 대한 올바른 평가와 반성 위에서 상호 더욱 다양한 실천적 경험과 활동을 쌓아가야 한다", "새단체 건설의 필요성은 기본적으로 인정하나 양 단체의 전면적 통합을 통한 새 단체 건설은 현실적으로 불가능하다", "만일 한근연 및 기타 주위에서 새 단체 건설을 추진한다면 망원측에서는 역량의 재배치 등 가능한 모든 방법을 동원하여 협조한다"는 망원의 기본 입장을 정리하여 한근연에 통보하였다.

3. 한국역사연구회의 창립과정

망원과 한근연의 통합논의는 좌절되었다. 좌절된 이유는 여러 가지가 있겠지만, 양 단체 역량의 중복 손실을 우려하는 입장과 제도권 내의 학회와 제도권 밖의 연구실로의 분립을 주장하는 입장, 통합 이후 학술운동의 역량이 결집될 것으로 보는 입장과 학회활동의 수준으로 제한될 것이라고 보는 입장, 그리고 연구회의 건설방법 및 시기 등에 관한 의견 차이에서 비롯된 것이었다.

이 시점에서 그동안 양 단체의 활동내용을 평가해보면 망원의 경우 회원 내부의 결속력 강화, 대중에 대한 역사교육, 대학원생 교육 등에서 성과를 보였는데 특히 회원 간의 결속력 강화가 최대의 성과로 꼽혔다. 한근연의 경우에는 연구발표회, 학술토론회 등으로 학계 내에서 활발히 활동을 펼쳤으며 공동연구를 통해 새로운 연구풍토를 조성한 점이 성과였다. 문제점으로는 망원의 경우 학계 내에서의 활동의 한계성, 조직을 결속할 목적의 불명료성 등에 대한 문제제기가 있었고, 특히 앞으로의 진로가 불투명한 점이 지적되었다. 한근연의 경우 조직적 결속력이 크게 취약하고 또 신입회원의 충원구조를 거의 마련하지 못했다는 점이 큰 약점으로 지적되었다.

통합은 좌절되었지만 성과도 있었다. 역사연구자 대중단체로서 전근대사까지 포괄하는 새 연구회의 창립이 반드시 필요하다는 점에 인식을 같이하였다. 또한 양 단체 회원 간의 상호 이해를 증진시킬 수 있는 성과도 얻었다. 그러나 논의수준이 높지 못했다는 점은 반성해야 할 점으로 지적되었다.

한근연과 망원은 변화된 정세에 대응하여 각각 내부 조직개편을 단행하였다. 한근연은 1988년 3월 19일 제3차 평의원회, 3월 26일 제1차 정기총회를 개최하여 양 단체의 통합에 기초한 새 연구단체의 건설은 현시기에 있어서 일단 좌절된 것으로 보고 차후의 진로를 결정하였다. 즉 새 연구단체 창립의 필요성을 재확인하면서 이를 현실적이고 실질적으로 추진해 나가기 위해 모든 노력을 경주할 것을 다짐하였다. 내부적으로는 한근연 스스로 연구자 대중단체로서의 활동을 강화하여 그동안 유보한 대중에 대한 역사교육 등 사업을 본격적으로 추진하며, 신입회원의 충원구조를 확보하고, 회원 간의 결속력 강화를 도모하여 새 연구회 건설의 주체역량을 확보하고, 외부적으로는 창립취지문에 제시한 것처럼 '한국사 전체의 과학적인 체계화'를 위해 전근대사 연구자들과의 연대를 꾀함으로써 새 연구회 창립의 기반을 조성한다는 것이었다. 망원과의 통합 실패가 새 연구회 건설의 좌절로 보지 않고 오히려 한근연이 주체적으로 해결해야 할 당면과제로 수용한 것이었다. 새 연구회 건설의 토대를 마련하기 위해 한근연의 기존 역량을 강화시킬 뿐 아니라 외부의 새로운 역량도 주체세력으로 묶어세우기 위한 조직개편을 단행하였다.

망원은 1988년 3월 임시총회를 열어 차후 진로모색과 조직개편을 논의하였다. 조직논쟁을 선도적으로 치열하게 전개해온 망원 회원들은 논의과정에서 파생된 부작용을 치유하고 이완된 내부 결속력을 높이기 위해 새 집행부를 구성하는 등의 조치를 취하였다. 망원의 새 집행부는 다각적인 노력을 기울여 회원 간의 응집도를 강화하고 일상활동을 활성화시키기 위해서 진로를 모색하였다.

이와 같이 망원은 망원유지론의 입장에서 역사단체 사이의 역할분담과 망원의 활동강화를 추구하였다. 그러나 새로 선임된 집행부는 한근연과의 통합에 기초한 새 연구단체 건설의 필요성을 새롭게 확인하고 마침내 1988년 5월 한근연에 대해 새 연구단체 건설안을 제안하기에 이르렀다. 이러한 제안에 대해 망원유지론 및 강화론의 입장에 선 회원들은 통합논의가 이미 총회에서 부결되었음을 들어 통합제안을 비판하면서, '제도권 외곽 연구자들의 활동 및 생활공간'이며 '대중선전활동을 전면적으로' 수행할 새로운 연구실을 창설하는 사업에 착수하였다.

망원 새 집행부의 새 단체 건설 제안은 한근연에 의해 수용되었다. 그리하여 양 단체의 통합에 기초한 새로운 연구단체 창립운동은 본 궤도에 올랐다. 1988년 6월 망원과 한근연은 새 단체 건설을 위한 추진위원회를 구성하고[(망원측 도진순 이윤상 정용욱 김광운 안준범, 한근연측 남지대 방기중 박찬승 오종록 오수창(이애숙)], 양측 추진위원은 수차례의 연석회의를 열어 구체적인 준비에 착수하였다.

7월 8일, 7월 15일의 연석회의에서는 과거 조직활동의 경험을 보전 계승한다는 취지에서 새 단체는 망원, 한근연 회원을 주축으로 하지만, 동시에 고중세사 연구자와 현대사 연구자를 또 하나의 축으로 하는 새로운 연구자 대중조직을 건설할 것을 합의하였다. 그리하여 7월 21일에는 전근대사 연구팀을 포함한 회의가 열려 새 단체의 위상과 임무, 건설 경로와 일정, 조직기구 및 시안을 작성하였다. 새 연구단체의 위상은 "진보적 한국사 연구자가 중심이 되는 연구자 단체로서 자주적 민주적 변혁운동에 기여"하는 것으로 하였다. 회원의 범주를 확대하고자 기존의 세미나 그룹, 연구모임 또는 각 대학을 접촉하여 망원, 한근연과 같은 수준의 조직활동을 원하는 연구자를 수용하기로 하였다. 고중세사 연구자 대표들은 7월 23일 망원·한근연 합동수련회에 참석하고, 7월 30일 추진위원회 제4차 회의에도 참여하여 고중세사연구자협의체를 구성하기로 합의하고, 8월 8일 협의체의 첫 모임을 가졌다[(고려대의 김갑동 한희숙, 서울대의 김기흥 채웅석, 성균관대의 박한남 임연숙, 연세대의 남원우 이인재(이상춘 하일식), 이화여대의 강성원 이남숙(강지언 김영미)].

8월 10일 제5차 회의에는 망원, 한근연, 고중세사연구자협의체의 추진위원 및 대표가 연석회의를 열어 새 연구단체건설 추진위원회가 그 내용을 명실공히 갖추게 되었다. 이 회의에서 새 연구단체의 창립취지문, 회칙초안, 예상 회원의 파악, 진행사업 정리와 교육방안, 고중세사연구분과, 창립준비위원회 구성, 창준위 일정, 활동보고서 작성, 분과편성안 등의 업무를 분담하여 창립준비위원회에 제출하기로 하였다.

1988년 8월 17일 새 연구단체 창립준비위원회를 결성하였고, 가칭 한국역사연구회 창립준비위원회는 8월 17일, 8월 24일, 8월 31일 세 차례 모임을 갖고 새 단체 창립에 필요한 준비업무에 착수하였다(창립준비위원회는 한근연 11인, 망원 7인, 고중세사협의체 9인, 합하여 27인). 그리하여 마침내 1988년 9월 3일 오후 3시 서울 동숭동 학술진흥재단 대강당에서 123명의 한국사 연구자들이 모여 한국사회의 자주, 민주, 통일에 복무하는 과학적·실천적 역사학을 수립 보급할 것을 자임하면서 '한국역사연구회'의 힘찬 첫발을 내디뎠다. 창립 취지의 핵심은 "올바른 세계관에 입각한 과학적 역사학을 수립하고 끊임없는 실천을 통해 우리 사회의 진정한 민주화와 자주화에 적극 동참"하자는 것이었다. 초대 회장으로는 안병욱이 선출되었다.

한국역사연구회가 출범하던 9월 3일 참여 의사를 표한 창립회원은 총 186명이었다. 고중세 연구자 93명, 근현대 연구자 93명 총 186명이었다. 연구회 사무실은 서울 관악구 봉천11동 1657-11 청산빌딩 2층에 자리를 잡았으며, 초기 재정은 전적으로 연구회원들의 기금 출연과 회비 납부에 의존하였다.

한국역사연구회의 창립은 1980년대 이래 역사과학자의 조직운동 발전선상에서 중요한 한 획을 긋는 사건이었다. 각종 소그룹 활동의 경험을 총괄하여 그 성과를 계승하는 한편 수공업적 분산적 학풍의 제한성을 돌파하는 연구자 대중조직을 건설함으로써 연구자 자신이 과학운동의 당당한 주체로 나서야 한다는 관점을 수립하였다. 또한 역사과학자의 임무를 연구주의적, 기능주의적으로 파악하는 것이 아니라 한국사회 변혁 운동의 전망에 입각하여 전면적으로 이해하는 관점을 세우게 되었다.

집필_이영호

제2장 깃발을 휘날리며(1988~1997)

1. 과학적 역사학의 수립과 사회적 실천 방향 모색

1) 한국역사연구회의 창립과 『한국역사』의 출간

1988년 9월 3일 오후 3시 서울 동숭동 학술진흥재단 대강당에서 123명의 한국사 연구자들이 모여 한국역사연구회를 창립하였다. 창립 취지의 핵심은 "올바른 세계관에 입각한 과학적 역사학을 수립하고 끊임없는 실천을 통해 우리 사회의 진정한 민주화와 자주화에 적극 동참"하자는 것이었다. 1987년 하반기부터 망원한국사연구실, 한국근대사연구회, 각 대학의 고중세사 연구자 등이 새로운 한국사 연구단체 창립을 모색한 결과였다. 이들 중 상당수는 1970~80년대 민주화운동에 직·간접적으로 참여한 경험이 있었기에 '학술운동'의 기치 하에 연구 활동을 수행한다는 대명제에 찬동한 것이다.

망원한국사연구실(이하, '망원'으로 약칭)는 학술 운동이 전체 민중·민주 운동에 대한 이데올로기적 참모 기능을 수행해야 한다는 기능주의적 지향을 지니고 있었다. 반면, 한국근대사연구회(이하, '한근연')는 학술운동의 민중 지향성에는 동의하지만 민중운동 자체에 복무해서는 안 되며, 한국사를 주체적·과학적 입장에서 올바르게 체계화하고 전환기가 요구하고 있는 역사 발전의 논리와 주체를 제시하는 선에 그쳐야 한다는 연구주의적 지향을 지니고 있었다. 각 대학의 고중세사 연구자와 미조직

연구자들도 대체로 위 양 조직의 창립 취지에 동의하는 인물들로 구성되어 있었다. 따라서 한국역사연구회는 이후 연구자 대중이 스스로 학술운동의 주체로 나서되 위의 두 가지 지향을 변증법적으로 지양해 나갈 수밖에 없는 행로를 걸어야 했다.

한국역사연구회가 출범하던 9월 3일 참여 의사를 표한 창립회원은 총 186명이었다. 고중세 연구자가 93명, 근현대 연구자가 93명 등 총 186명이었다. 연구회 사무실은 서울 관악구 봉천11동 1657-11 청산빌딩 2층에 자리를 잡았으며, 초기 재정은 전적으로 연구회원들의 기금 출연과 회비 납부에 의존하였다. 모든 연구회원은 기금 30만 원을 분납하고 월회비로 전임교수 2만 원 이상, 시간강사 1만 원, 대학원생 3천 원을 납부하였다. 이밖에 연구회에서 발간하는 회지, 회보 등 정기간행물을 구독하는 일반 회원을 모집하여 연 2만 원의 회비를 받았다.

초기 연구회의 활동 방향은 창립 취지문 말미에 있는 문장을 요약하여 회칙 제3조에 '과학적 실천적 역사학의 수립을 통해 민족민주운동에 기여함을 목적으로 한다'고 명시하였다. 그러나 '과학적 실천적 역사학'의 구체적인 내용에 대해서는 연구자들마다 '민족주의 역사학' '마르크스주의 역사학' '민중주의 역사학' 등 각기 다른 지향을 가지고 있었다. 연구회는 이러한 실정을 감안하여 첫째, 회원들의 구체적 현실을 인정한 위에서 통일적인 역사 인식을 공유하도록 하되, 연구 및 활동 내용을 현 단계 한국사회가 요구하는 역사학에 맞추어 기획하도록 하며, 모든 대외적 실천 활동의 기획과 성과가 회원 대중에게 귀속될 수 있도록 해야 한다는 원칙을 세웠다.[1]

창립 직후인 1988년 10월 1일 『한국역사연구회 회보』 창간호를 발간

---

1 제2차 총회 문건, 44쪽

하였다. 회보는 연구회 회원 간의 '내적 연결력을 강화하고 개별 분산적인 한계를 극복함으로써 실천력을 증대"시키기 위해 1년에 4회 발간하기로 하였다. 회보에는 연구회의 주요 활동 내용과 학계 동향, 서평, 역사시평, 회원 발언, 기타 중요한 정책 결정 사항을 담아 연구회를 포함하여 한국 역사학계의 추이를 대략적으로 짐작할 수 있도록 하였다.

연구회의 연구 활동 결과를 대외적으로 공표하는 회지 『역사와 현실』은 회보보다 좀 늦은 1989년 6월 10일에 창간호를 발간하였다. '역사와 현실'이라는 제호는 여러 차례의 논쟁과 아슬아슬한 투표 과정까지 거쳐 정해졌다. 회지는 망원한국사연구실, 한국근대사연구회 두 단체 모두 발간하려 했었으나 한국역사연구회가 출범한 이후에야 발간하게 된 것이다. 회지는 연구회의 모토인 과학성과 실천성을 채워가는 전문 학술지로 규정되었기에 회원들의 공동 연구 결과를 중심으로 편집위원회가 권위를 가지고 충분한 토론을 거쳐 기획 심사하여 발행하기로 하였다.

연구회의 연구 활동은 처음에는 분과 전체의 월례발표회를 중심으로 시작하였으나 분과 활동이 부진해짐에 따라 1989년 3월부터는 분과 산하의 연구반·학습반 중심으로 진행하도록 하였다. 그러나 분과보다 연구반·학습반을 강조한 나머지 몇 가지 문제점이 발생하였다. 1990년 1월 20일~21일 경기도 장흥 국제 캠프장에서 열린 겨울 수련회에서는 ① 연구주의의 만연, ② 연구반·학습반 활동에의 매몰 현상, ③ 연구반에 대한 연구위원회의 의식적 통제 결여 및 연구반 신설 노력 결여 현상, ④ 연구반이 '사회적 요구' '변혁 운동에서의 의의'보다 회원들의 관심사를 바탕으로 구성되는 현상이 지적되었다.[2]

---

2 수련회보고문 작성팀, 「학술운동의 현황과 연구회의 진로」『회보』 제5호, 32-36쪽.

이에 대한 대책으로, 1990년 여름 경기도 팔당 하남캠프에서 열린 수련회에서 연구위원회는 차후 활동계획의 중점을 ① 사상적 통일과 정치의식의 강화, ② 연구위원회의 기획·지도 역량 제고, ③ 연구반 신설시 신고제를 지양하고 허가제 실시 등 연구위원회의 지도 통제를 강화하겠다는 방침을 제시하였다.

구체적으로는 역사이론과 방법론을 체계적으로 재학습하는 한편 쟁점이 되는 연구과제와 성과를 논쟁화한다든지, 파쇼 권력 및 보수 사학계와 첨예하게 대립하고 있는 분야나 주제의 연구반 또는 연구 공백 분야의 연구반들을 최대한 전략적으로 편제하겠다고 하였다. 이를 위하여 하반기에 『한국사강의』 개정 준비반, 1894년농민전쟁 심포지움 기획 연구반, 기타 워크샵 등을 추진하겠다고 제시하였다.

이어서 1980년대 중반 이후 등장한 민중사학 등 진보적 역사연구의 성과를 되돌아보려는 의식적 노력이 경주되었다. 1991년 1월 "민중사학론의 성과와 과제"라는 주제 하에 개최된 겨울 수련회에서는 민중사학과 과학적·실천적 역사학은 다른 범주이며, 지금 와서 다시 1970~80년대 민중사학의 부활을 꾀하는 것은 오류라는 지적이 대세를 주도하였다. 뿐만 아니라 그때까지 공공연하게 연구 활동의 기준으로 생각되어 왔던 사적유물론에 대해서도 유보적인 태도를 보이는 모습이 나타났다.

그러나 이 시기 연구회는 한국사 개설서 『한국사강의』를 출간하고 이어서 두 가지 획기적인 사업을 출발시켰다. 『한국사강의』 편찬사업은 연구회 창립 이전 한근연에서 기획했던 것으로, 창립 이후에 연구회의 공식 사업으로 추인되었고 1989년 2월 25일에 출간되었다. 『한국사강의』의 출간은 개인 집필자 1명이 아니라 12명의 공동집필에 각 분과의 검토 수정을 받으면서 이루어졌다는 점에서 이전까지의 개설서와 차별성을 지닌 것이었다. 게다가 내용면에서 당시까지 남한과 북한에서 축적되어

온 연구성과를 최대한 진보적 시각에서 반영하려고 노력했다는 점이 획기적이었다.

출간과 동시에『한국사강의』는 출판계의 비상한 주목을 끌며 베스트셀러가 되었고, 연구회의 취약한 재정을 보충하는 데 크게 기여하였다. 또한 각 대학에서 교양과목인 '한국사' 강의를 담당하고 있던 교수와 강사들로부터, 강의 교재 및 참고서로서 호평을 받았다.

이어서 1894년농민전쟁 100주년 기념 연구사업과 한국사 개설서『한국역사』출간사업이 추진되었다. 전자는 역사비평사의 장두환 사장의 연구비 지원에 힘입어 1989년 12월에 총 5개년간에 걸친 종합적인 연구계획을 세우고 농민전쟁의 전과정을 새로운 시각에서 확인함과 동시에 한국 변혁운동의 역사를 전면적으로 재검토하자는 기획이었다. 이 계획은 1990년 6월 수정이 가해져서 향후 4개년간의 주제가「19세기의 농민항쟁」(2차년도),「갑오농민전쟁 전후의 정치사상적 동향」(3차년도),「갑오농민전쟁의 전개과정」(4차년도),「갑오농민전쟁의 역사적 성격」(5차년도)으로 결정되었다.

『한국역사』출간사업은 기존의 한국사 개설서『한국사강의』를 개정하기 위하여 구성된 준비반이 전면 수정하는 차원으로 결정함으로써 출발하였다. 각 분과에서 1명씩 차출된 준비반원은 1991년 5월까지 체제와 목차를 확정하고 1991년 6월까지 각 장과 절의 상세한 서술지침을 마련하였다. 이후 각 분과에 필자 선정을 의뢰하여 총 50여 명의 필자를 확정하고 그해 하반기부터 기존의 한국사 개설서의 수준을 뛰어넘는 대장정을 시작하였다.

1991년 8월 12일~14일 여름수련회에서 신임집행부는 그간의 연구회 활동이 진보적 학술단체 중 가장 모범적인 정형을 창출해왔고 한국사학계에서 차지하는 비중과 역량도 다른 연구단체에 비길 바가 아니며 앞으로도 변혁운동과 함께 하며 가장 올바른 입장과 관점을 견지한, 그리고 가장 선진적인 과학적 실천적 역사학을 수립 보급하는 전국적 구심이 될 것이라고 전제하고 그간 제기된 조직·연구상의 문제점과 해결책 몇 가지를 제시하였다.

① 연구반·학습반 운영은 다분히 개인적인 연구관심이나 소재주의를 벗어나지 못한다.
② 각 분과차원에서는 해당시기에 관한 한 제도권 사학의 한계와 연구 공백, 북한 역사학과의 이질성을 극복하고 전국적 차원에서 과학적 실천적 역사학을 주도해 나가기 위한 중장기 계획을 세우고 연구반과 학습반을 목적의식적으로 개조해 나가야 한다.
③ 이를 위해 분과장·연구반장은 분과원들의 학위논문과 최근 연구성과에 대해 조사·분석하고 그 결과를 연구회의 운영에 반영하여야 한다.
④ 『한국역사』 집필작업을 그동안 고립분산적으로 진행되어온 개별 연구성과와 분과별 연구활동을 점검하는 계기로 삼아야 한다.

그러나 이러한 대책은 당시 연구회 활동을 지배하고 있던 『한국역사』 집필 작업으로 인하여 곧바로 실천으로 옮겨지지 못하였다. 1992년 전후 연구회 활동을 전적으로 지배한 것은 『한국역사』의 출간과 그 후속작업의 검토였다. 1991년 7월부터 53명에 달하는 연구회원들이 집필자로 선정되어 집필에 들어가 그 해 12월까지 원고 수합이 대부분 이루어졌고 1991년 12월 말과 다음 해인 1992년 1월 초 두 차례의 합숙을 거치면서 교열작업을 하였다. 교열과정에서 각 분과간의 시대상에 대한 차이, 집필자간의 시대상 및 역사적 평가에 대한 차이 등이 존재하여 이를 조정하는 데 많은 논란이 있었고, 원래 구상했던 목차가 마지막 과정에서 줄어들고 조정되는 우여곡절도 겪었다. 그러나 집필자들의 양해와 교열위원 및 준비반원들의 헌신적인 노력에 힘입어, 마침내 1992년 3월 2일자로 간행되었다.

『한국역사』출간은 우리 연구회의 위상 확립과 연구회 내부의 유대관계, 향후 연구 방향을 이끌어내는 데 획기적인 사업이었다. 우선, 한국역사연구회는 역사연구자들로부터 관심의 초점이 되었고, 연구회의 위상도 단순한 소장 연구자들의 모임에서, 한국사를 개척해 나가는 중심 연구단체라는 인식을 심어주게 되었다. 그러나 한국사를 사적 유물론의 사회구성체 개념에 의해 발전단계를 설정하였기 때문에 제도권 학계로부터도 더욱 많은 경계의 눈길을 받게 되었다.

한편 근 8개월 이상 연구회는 극히 일부의 연구반을 제외하고는 모두 『한국역사』집필 및 교열에 매달렸고 이 과정에서 전개된 수많은 논쟁과 토론을 통하여 연구회원들이 대단히 높은 유대감을 형성하게 되었고, 이 것이 향후 연구회 조직을 이끌고 가는 견인차로 기능하게 되었다.

연구회는 곧 이어 이 책이 안고 있는 내용상의 문제점과, 책을 집필하는 과정에서 나타났던 문제점을 검토하는 작업을 벌이면서 향후 연구 방향을 도출하였다. 가장 큰 문제점으로 지적된 것은 기존의 개설서와 달리 '역사의 발전과정을 논리적으로 설명한다'는 데 치중했기 때문에, 이해하기 어려운 추상적인 서술이 많다는 것이었다. 이와 아울러 집필과정에서 느꼈던 많은 문제점들, 시대구분의 방식이나 기점과 종점, 기존 한국사 연구에서 공백으로 남겨진 주제나 분야가 밝혀지면서 향후 『역사와 현실』에 연재된 한국사 시대구분 논의를 유발시키고, 연구반 신규 구성시의 추진동기로 작용하게 되었다.

2) 과학적 실천적 역사학의 모색

『한국역사』 출간으로 자신감을 얻은 연구회는 1992년 6월 제5차 총회 이후부터 과학적 실천적 역사학의 내용을 채울 역사이론의 개발을 시급한 사업으로 설정하였다. 기획실 보고에 의하면 연구회 전체의 연구 방향을 설정하고 이를 각 반과 회원들에게 보급하기 위해서는 연구회 차원에서 과학적 실천적 역사학의 구체적 내용을 채울 현대사학사나 시대구분론, 역사이론 창출을 위한 특별연구반을 조직할 필요성이 절실하다고 하였고, 이는 그해 9월 역사이론연구반 구성으로 이어졌다.

이때까지 연구회는 신입회원들이 제기하는 상식적인 질문, 즉 '과학적 실천적 역사학의 구체적 내용이 무엇인가'라는 질문에 대하여 명확한 답을 제시하지 못하였다. 1992년 8월 7일~9일 전라북도 장수군 천천면의 여름수련회에서도 '남북역사학자회담의 전망과 과제' 발표 이후 이에 대한 열띤 논의가 전개되었지만, 민족문제를 포괄한 사적유물론이라든지, 역사이론연구반과 전체 회원간의 상호논의를 통해 해결해야 할 문제라든지 등의 논의 정도로 귀결되었다.

이에 대한 대중적인 접근은 1993년 2월 13~14일 경기도 대성리에서 열린 겨울수련회에서 본격적으로 이루어졌다. 기획실에서는 "연구반의 활동과 과학적 실천적 역사학"이라는 주제 하에 연구회 창립 이후 활동한 모든 연구반을 대상으로 실시한 설문조사 결과를 분석 보고하였다. 총 25개 연구반에 대한 조사 결과, 모든 연구반들이 나름대로 근거를 들면서 '과학적 역사학'을 하고 있다고 대답하였으나 뚜렷한 사론을 표명한 연구반은 거의 없었다. 대체로 사회구성체론, 사적유물론, 총체적 역사상 파악 등에 중점을 둔 연구를 함으로써 '과학적 역사학'의 내용을 채우고 있다고 응답하였다.

명확한 결론을 내리지 못하였지만 '과학적 실천적 역사학'의 함의가 무엇인가에 대한 연구회 전체 회원의 의사가 공개적으로 분석 보고된 적은 이때가 처음이었다. 이날의 대중토론 과정에서 과학적 실천적 역사학이 확실한 실체로 떠오르지는 않았지만 최소한 어떤 모습일까에 대한 공유가 조금씩 이루어지기 시작한 것이다.

'과학적·실천적 역사학' 모색은 1993년 6월의 제6차년도 정기총회에서 연구위원회가 복설되면서 본격적으로 추진되기 시작하였다. 연구위원회는 1993년 8월 13~15일 충북 수안보에서 열린 하계수련회에서 향후 연구회가 추구해야 할 과제로 크게 두 가지를 제시하였다. 첫째는 과학적 역사학의 모색이고 둘째는 개별 연구자와 연구반들의 역량을 연구회 전체 차원에서 조직화하는 것이었다.

첫째 문제와 관련하여 연구위원회에서 제기한 해결책은 역사이론과 방법론 검토 과정을 확대 조직화하는 것으로서, 1960년대 이후 세계 역사학의 일반 역사 이론과 연구방법론 이해, 이에 기초한 한국사 연구 경향 분석을 들었다. 이를 위하여 '역사이론연구반'의 확대 강화와 '한국근현대사학사 연구반'을 재구성하고, 역사이론·연구방법론을 관련 분과나 해당 연구반들끼리 공동으로 검토하는 등의 작업을 해야 한다고 하였다.

둘째 문제와 관련하여 그간 연구반의 구성이 연구회원들의 자발적 취향에 의하여 이루어지는 데다가 활동기간이 장기간에 걸쳐 연구반 활동을 침체시키고 필요한 연구반의 신규 구성을 어렵게 하고 이로 인하여 신진 연구자들을 효율적으로 편성할 수 없게 만들었다고 하였다. 이를 해결하기 위해서 현실의 연구반 외에 시기별 연구사적 중요도가 높은 분야와 주제를 설정하여 연구반을 신규 구성하는 한편, 모든 연구반들을 연구대상 시기와 주제별로 나누어 분과를 재조정하자는 안을 제시하였다. 구체적으로는 6개 분과 체제를 8개 분과 체제로 늘리고 여기에 한국사의 과학적 체계화를 위해 필요하다고 생각되는 연구반을 신규 구성하겠다는 것이었다.

이에 덧붙여 연구회의 중장기 연구과제 및 사업계획으로 해방50주년 기념사업, 민족문제연구, 근현대사학사연구 등 특별연구반의 구성, '한국정치사' 등 분야사 편찬, 시대사 편찬, 『한국역사』의 객관적 검토 등을 제기하였다.

연구위원회안은 1994년 6월의 제7차 정기총회가 열리기까지 많은 논란을 불러 일으켰다. 우선 분과 개편안을 둘러싸고 가장 많은 논란이 일어났다. 분과개편안은 1994년 1월 29~30일 경기도 가평군 새터 호반에서의 겨울수련회에 '분과와 연구반의 위상'이란 제하에 본격적으로 상정되었다. 이날 토의의 결과 분과가 행정 기능뿐만 아니라 연구 기능까지 가진다는 점, 분과 개편이 필요하다는 점에 대해서는 전반적으로 합의에 도달하였다. 그러나 현재 연구회 상황은 분과 개편을 위한 준비가 충분하지 않다는 점, 연구회 성원들이 현재의 6개 분과 체제에 만족하고 있다는 점 등으로 인하여 분과개편안은 문제가 있다는 쪽으로 논의가 이루어졌다. 분과를 개편하기 위해서는 현재 분과의 연구 기능을 더욱 강화하고 연구회의 전체 조직을 개편하는 연장선에서 분과개편안을 만들어야 한다는 등의 논의로 귀결되었다.

이로써 분과개편안은 백지화되었다. 그 후의 평의원회에서 다시 한번 연구회 조직 개편 문제와 연관하여 논의하자는 안은 있었지만, 실현되지 못하였다. 그러나 연구반 신규 구성 문제는 연구위원회안이 사실상 관철되었다. 즉, 분과 개편과 더불어 신규 구성되어야 한다고 주장한 9개 연구반은 그후 2년 이내에 거의 그대로 조직되었다.

한편, 연구위원회가 제기한 첫 번째 과제, 즉 과학적 실천적 역사학의 모색작업은 그간 활동하던 역사이론연구반이 1994년 8월 이후 활동을 정지함으로써 논의의 단초도 마련하지 못한 채 무산되어 버렸다. 그와 더불어 제기되었던 근현대사학사연구반 조직은 논의 자체로만 끝나고 말았다.

이렇듯 연구위원회가 제기한 과제는 사실상 연구회원들의 반대와 무관심 속에서 더 이상 추진될 수 없었지만, '과학적 실천적 역사학'의 모색을 공개적으로 천명하고 작업을 시도했던 점, 연구조직을 보다 합목적적으로 지도하려 했던 점은 연구회가 창립된 이후 초유의 일이었다.

한편 이 시기부터 연구반·학습반의 구성과 활동 및 해체에 이르는 전 과정에 대한 지침, 연구발표회의 조직적 편성과 감독 등 연구활동 전반에 대한 재조정 작업을 시도하여 이 점에서 많은 성과를 낳았다.

연구회는 이 시기를 전후하여 또 한 차례 학계 내 위상을 정립하는 작업을 추진하였는데,『한국역사입문』편찬이 그것이다.『한국역사입문』은『한국역사』편찬의 후속 작업으로 1992년 8월부터『한국역사입문』기획위원회·편집위원회, 그리고 편찬위원회 등 명칭을 달리 하는 팀들에 의하여 추진되었다. 1992년 말까지 서술항목을 총 7편 87개 주제로 편제하고 1993년 5월에 최종 항목과 서술 체계, 집필 원칙 등 기본 골격을 확정하고 7월까지 필자로만 총 89명을 선정하였다.

그러나『한국역사』편찬과정에서 역량이 소진된 탓으로 이 작업은 대단히 부진하여 당초 계획보다 1년이나 늦은 1995년 2월에 이르러서야 고대와 중세편 원고가 거의 수합되어 교열에 들어갈 수 있었다. 그후에는 필자들과 교열위원 사이에 수많은 의견 충돌과 논쟁이 진행되면서 원고가 다듬어져 갔다. 근현대분과에서도 늦게나마 본격적으로 원고 독려 작업에 나서기 시작하였다. 이렇게 하여『한국역사입문』의 고대·중세편인 1권과 2권이 1995년 8월에 출간되었고, 반년이나 더 늦게 1996년 근·현대편인 제3권이 출간될 수 있었다.

연구위원회에서는 『한국역사입문』이 출간된 후 처음에는 분과별로 평가를 하게끔 했으나 분과에서의 작업이 지지부진함에 따라 별도로 평가반을 구성하였다. 평가반의 보고에 의하면, 『한국역사입문』은 책의 성격을 둘러싸고 혼선이 있었지만 결국 대중적 입문서가 아니라 전문적 입문서가 되었고, 1980년대 이후의 연구성과를 일정한 원칙에 따라 충실히 정리한 점에서 한국사 연구 입문서로서의 구실을 충실히 할 수 있게 되었다. 게다가 기획위원·편집위원·편찬위원·필자 총 100여 명의 연구회원이 3년여의 공동작업 끝에 만들어냈다는 점에서 『한국역사』와 함께 연구회의 대표적인 성과로 자리잡았다. 또한 이 일을 계기로 회원들은 자기 연구시각을 가다듬고 문제의식을 공유할 수 있었기에 연구회 내적 역량의 강화에도 지대한 공헌을 하였다.

3) 과학적 실천적 역사학에 대한 분과별 접근

1995년 전후 연구회는 『한국역사』와 『한국역사입문』 편찬과정에서 축적된 역량을 바탕으로 연구회 전체 차원과 각 분과 차원의 중장기 연구 계획을 모색하기 시작하였다. 그러나 이미 연구회는 더 이상 중장기 연구계획을 추진하기에 어려울 만큼 내적 역량이 소진되어 있었다.

우선 첫째로, 1991년 소련 등 사회주의 진영이 해체된 이후 사적 유물론이 역사이론으로서의 가치를 상당히 상실한 점, 이와 더불어 문민정부의 출범 이후 민중운동 진영의 전반적 침체 등이 연구자들로 하여금 새로운 모색을 강요하고 있었다.

둘째, 창립 이후 적극적으로 활동하던 선배급 회원들이 서울과 지방의 전임교원·연구원 등으로 취직함에 따라 공간적·시간적 제약으로 인하여 연구회 활동에 소홀해질 수밖에 없게 되었다. 이는 연구회의 주요 공식적 회의기구를 대단히 형식적으로 만들게 한 주요 원인이 되었다. 그간 연구회의 많은 성과는 사실 시간강사로 활동하면서 상대적으로 활동 여유가 있는 박사과정 또는 비전임 회원들에 의해 추진되어 왔었다.

셋째, 대단위 인력을 동원한 사업이 두 차례 계속됨으로써 회원들의 공동연구 의욕이 매우 낮아진 데다가 한국사 연구자로 대우받으려면 제도권 학계 내에서의 박사학위 취득이 필수적인 것으로 바뀜으로써 연구회 차원에서 진행되는 중장기 기획에 부응하기 힘들었다.

중장기 사업계획은 대부분 기획 단계 또는 초기 출발 단계에서 중단되는 운명을 맞이하였다. 연구위원회가 기획한 중장기 발전계획은 크게보면 ① 한국사 연구성과에 대한 체계적 분석과 향후 전망 모색 ② 분야사, 시대사류의 한국사 강의 교재의 편찬 ③ 분과별 중장기 발전계획의 수립 ④ 생활사·문화사·지방사 등 연구 영역 확대 등으로 정리할 수 있다.

1995년 전후 연구위원회는 연구위원회 중점 사업으로 한국사학계의 성과를 네 가지 측면--국사학계의 구조, 역사이론과 방법론, 연구 분야와 주제의 변화, 연구 대상 자료의 문제--로 나누어 분석 연구한다는 방침을 정하였으나 중도에서 무화되었다. 이후에도 특별연구반을 구성, 1단계 작업으로 '한국사연구의 전망'이란 주제하에 『한국역사입문』 간행 과정에 대한 평가를 하고 2단계 작업으로 '한국사회의 발전방향과 한국사연구의 전망'으로 설정하여 1996년 상반기까지 결과를 산출하기로 하였다.

그러나 특별연구반은 제1단계 작업인 『한국역사입문』 평가 작업 결과를 1996년 여름수련회에서 발표하고 활동을 마쳤다. 이는 같은 시기에 역사이론연구반을 재구성하고자 한 시도가 불발한 것과도 연관되었다. 이로써 한국사 연구성과의 체계적 분석 연구와 향후 전망 모색은 사실상 중단되었다. 이 점은, 한근연 시기에 구성된 현대사학사연구반이 연구회 창립 이후 활동을 중지한 것과 유사한 현상이라고 볼 수 있다. 한국사

연구의 본질적 부분인 국사학계의 구조나 역사관·이론의 문제 등은 연구자 개개인으로서 볼 때는 자신의 역사학계에서의 생명을 건 작업이기 때문이다.

한국사 교재 편찬 문제는 이와는 다른 문제이지만, 역시 같은 운명을 걸었다. 이 문제는 1995년 10월경부터 논의되기 시작하였는데, 대학 교과과정에서 교양필수 과목으로 되어 있던 한국사가 대부분의 학교에서 폐지되고 그 대신 시대사나 분류사로 바뀜에 따라 기존의 『한국역사』와 같은 통사 체제의 단행본으로는 강의를 진행시키기 어렵다는 판단이 있었기 때문이다. 연구위원회는 우선적으로 『한국민족운동사』와 『한국의 역사인식』을 편찬하여 1996년 2학기부터 사용할 수 있게끔 한다는 방침을 결정하였다.

그러나 『한국의 역사인식』은 초안을 구성하고 집필진을 대략 선정한 단계에서 중단되었고, 『한국민족운동사』는 기획 단계에서 중단되었다. 전자는 연구회 내부에 근현대 사학사에 대한 공감대가 갖추어져 있지 않은 점 때문에, 후자는 현실적으로 긴박한 필요성의 결여, 필자 선택의 어려움 및 새로운 문제의식을 바탕으로 집필할 수 있겠는가라는 점 때문이었다.

분야사·시대사 등 한국사 교재 편찬 작업을 모색하는 한편, 연구위원회는 1995년 12월경부터 각 연구분과에 대해 중장기 발전계획을 수립하도록 권유하였다. 각 분과에서 수립한 기획안은 대체로 시대사 편찬, '회고와 전망'류의 정기적 연구사 정리, 『문답으로 엮은 한국고대사 산책』과 같은 대중용 역사서 편찬 등이었다. 그러나 이들 기획안 중 실제로 작업에 착수한 것은 주지하다시피 『조선시대 사람들은 어떻게 살았을까』와 같은 대중용 역사서 편찬이었고 나머지 기획안들은 대체로 기획 단계에서 중단되고 말았다.

이처럼 1995년을 전후하여 연구활동의 바탕을 이루는 근현대 사학사에 대한 분석 정리 작업이 중단되고, 분류사·시대사 편찬이 기획 단계에서 머물었던 것은 우리 연구회가 역사 연구 방법론이나 역사이론상에서 새로운 활로를 찾지 못하고 있었기 때문이다. 이는 대체로 1993년 7월 연구위원회에서 정리한 대로 '사회구성체론'에 입각한 정도였을 뿐, 그 자체의 이론적 심화나 발전적 극복 노력을 기울이는 분위기가 없었던 것이 가장 직접적인 원인이었다고 할 수 있다. 또,『한국역사』『한국역사입문』편찬 과정을 거치면서 기존의 정치·사회·경제사 중심 연구 경향에 새로운 전기가 필요하다고 인식했기 때문이기도 하다.

1995년 10월 연구위원회에서는 생활사·문화사 연구반 구성이 필요하다는 문제가 제기되었고, 11월에 생활사 관련 특별연구반을 구성하기로 합의하였다. 그러나 이 합의는 더 이상 구체적으로 전개되지 못하였고, 또 다른 돌파구로서 지방사 연구가 모색되기도 하였다. 그리하여 연구위원회에서는 지방사 연구를 나름대로 개척해온 회원들을 발표자로 하여 '지방사 연구방법에 대한 워크샵'을 개최하고 지방사 강의교재 작성을 장기적 목표로 하여 연구반을 구성할 필요가 있다는 정도의 합의에 도달하였다.

창립 초기에 내걸었던 '과학적·실천적 역사학'의 기치는 서서히 내려가기 시작하였다. 1994년 7월 중순 기획실에서 주관한 설문조사 결과를 보면 이미 그 징후가 현저하게 나타나고 있음을 알 수 있다. 응답한 설문지 131매는 대부분 연구반·학습반 등에서 연구활동을 하고 있는 활동회원들이 작성한 것이었다.

연구회의 성격을 학술운동단체로 생각한다는 응답이 54%, 일반적인 학술단체로 여긴다는 응답이 44%로 나타났다. 즉, 연구회가 스스로 내세운 목적·이념을 충실히 수행하고 있느냐는 질문에 대해서 44% 정도의 회원이 부정적인 답변을 하고 있는 것이다. 다만, 연구회가 기존 학회들과 다른 이유로서 진보적 이념을 내세운다는 대답(37%), 이념뿐만 아니라 사회 참여에도 열심이다는 대답(29%)을 보면 이념까지 포기한 단계로는 인식하고 있지 않음을 알 수 있다.

이러한 인식은 물론 연구자 자신과 주변 선후배·동료들에 대한 성찰의 결과일 수도 있다. 따라서 수련회·연구발표회·한국역사특강 등 연구회 전체 행사에 대한 참여도나 관심은 매우 낮게 나타날 수밖에 없었다. 게다가 운영위원회·연구위원회 등 연구회 집행부가 회원 대중의 의사를 반영하면서 제대로 운영하고 있다고 응답한 비율은 8%에 불과하고, 매우 독단적으로 이루어지고 있다(14%), 반영하려고 하지만 현실적으로 잘 되지 않는다(76%)는 응답이 대다수를 이루고 있었을 만큼 연구회 집행부와 연구자 개인의 관계는 상호 괴리되었다. 이러한 응답 결과는 연구회 창립 직후의 분위기와는 매우 대조적인 것이었다.

따라서 연구회원들이 연구회에서 자기 정체성을 느끼는 계기는 거의 연구반 활동이나 분과 활동을 통해서라고 할 수 있다. 그러나 이러한 현상은 결코 부정적인 현상이 아니라 연구회 조직의 특성상 지극히 합법칙적인 것이라고 할 수 있다. 이미 연구회는 300여 명 이상 되는 석사과정 이상의 지식인들을 끌어안고 있는 거대 공룡이 되었다. 이들에게 과거 1970~80년대 동아리적 공동체 윤리를 요구한다는 것은 시대착오라고 볼 수밖에 없었다.

이러한 회원들의 응답을 감안해 볼 때, 1995년 이래 연구회의 중장기 발전계획 수립의 문제가 해마다 반복 논의되면서도 가시적인 성과를 낳지 못한 것은 매우 당연한 결과였다. 이 점은 연구회 10주년 기념사업이 용두사미격으로 끝난 것으로도 알 수 있다.

연구회는 10주년 기념사업의 추진과 함께 그 성과를 수렴하면서 중장기 계획을 수립한다는 방침을 세우고 1996년 7월부터 10주년 기념 사업 준비 활동을 시작하였다. 10주년 기념사업은 연구회 활동 10년의 성과를 점검하고 연구회가 지향해야 할 방향을 새롭게 모색하는 기회로 삼는다는 목표 하에 심포지움과 약사 발간을 중점 사업으로 추진하기로 하였다. 1996년 9월 기획위원회가 구성되고 이듬해 5~6월에 걸쳐 기념사업 준비위원회를 구성하였다.

심포지움은 전체 발표와 분과 발표로 2일간에 걸쳐 진행하기로 하였다. 제1부 전체 발표 주제는 '20세기의 역사학, 21세기의 역사학' 하에 동서양사를 포함하여 현대사학사를 점검하고 전망을 제시하는 것으로 하였다. 제2부 분과 발표는 분과별로 소주제를 선정하여 연구회의 성과를 평가하고 기존 연구성과와의 차이점을 반성하며, 새로운 연구방향과 미래에 대한 전망을 제시할 수 있는 주제를 선정하여 발표하는 것으로 결정하였다.

그러나 전체 발표 준비는 물론, 분과 발표 준비도 난항을 겪기 시작하였다. 10월말에 이르러 준비위원회는 심포지움안을 재검토하고 제2부 분과 단위의 주제 발표를 폐기하고 행사를 하루에 진행하는 방안으로 수정안을 만들었다. 1998년 초부터 여름까지 준비위원들과 발표자 사이에 수차례의 회의와 예비 발표를 거친 결과 심포지움을 몇 달 앞둔 1998년 8월경 최종적인 심포지움 진행안이 만들어졌다.

원래 기획안에 제2부 분과발표를 둔 의도는 각 분과로 하여금 연구 대상 시기에 대한 연구사를 종합적으로 검토하게 하여 향후 새로운 역사 연구의 바탕을 마련하려는 데 있었다. 이러한 기획이 수정될 수밖에 없었던 원인은 역량을 갖춘 회원들 중 상당수가 지방으로 내려갔거나 이미 상당 정도 학번 차이가 벌어져 공동연구가 실질적으로 어려워진 데에도 있었다.

연구회에서는 이러한 사정을 감안한 끝에 학술심포지움 계획안을 수정한 이후인 1998년 1월 각 분과별로 「분과 연구활동 10년의 성과와 과제」라는 주제하에 연구반·학습반 활동, 회원 개인의 연구성과, 분과의 사업 등을 종합적으로 검토하여 반성하고 이후 활동을 위한 동력으로 삼게 하고자 하였다. 그러나 10주년 기념 학술 심포지움 독려에 연구회 임원진이 전력 가담하여 연구위원회로서는 이 작업의 진행 추이를 보고받고 추진할 여유를 가질 수 없었기에 일부 분과에서만 내부적으로 진행했을 뿐이었다.

10주년 기념사업 준비가 난항을 겪으면서 진행되는 한편에서는 기존 연구반의 활동 부진과 신설 연구반의 감소, 본격적인 연구보다 학습을 전제로 한 각종 학습반·자료연구반의 증가 현상이 주목할 만한 현상으로 나타나고 있었다. 이러한 현상의 원인으로는 연구회 초창기에 공유하였던 문제의식이나 열정의 상실, 공동연구 소재의 고갈이라는 측면 외에도 연구반 구성시 연구위원회의 승인과 관리 점검을 받고 의무적으로 연구발표회를 해야 한다는 부담 등이 지적되었다.

9차년도 연구위원회에서는 이 문제를 해결하기 위하여 다양한 수준의 연구반·학습반 구성 방식을 개발하고 연구위원회와 연구반의 관계를 지도 점검의 관계가 아니라 상호 보완적이고 협조적인 관계로 재정립해야 할 것이라는 대책을 결정하였다. 이러한 방안들에 의하여 각 분과에는 학습반 또는 자료연구반이 대폭 증가할 수 있었지만 정작 연구반 수는 감소 또는 정체 상태를 보였다. 또 광범위한 개인별 기초조사도 실시하였지만 연구회 전체 방향을 설정하거나 분과의 주력 연구반을 구성하는 데까지 나아가지 못하였다.

이는 공동연구라는 형식이 이제 와서는 자료 정리나 학습 외에는 불필요한 존재로 인식됨을 의미한다고도 볼 수 있으나 다른 한편으로 볼 때에는 공동연구를 할 만한 연구주제의 결핍, 또는 연구주제를 찾아내고 충실하게 연구해 내는 데 필요한 새로운 연구방법론의 결여 때문이기도 하다. 연구 외적인 조건으로 볼 때에는 연구반을 이끌어 갈 만한 회원들이 외부기관의 연구비에 묶여 있거나 학위논문을 준비하는 경우가 초창기보다 많아졌고, 이 경우 자료 이외에 내용적인 부분까지 연구회에서의 공동연구를 통하여 진행시킬 수 없기 때문이었기도 하다.

연구반의 부진 현상은 곧바로 연구발표회 일정 진행에도 차질을 가져왔다. 9차년도의 경우 대부분의 연구반들이 일정을 연기하여 발표하였고, 10차년도 연구발표회는 대부분 중세1분과 연구반에서 개최하였다. 내용적으로도 소재주의적 주제 선정으로 인한 논점의 부재, 논쟁을 회피하는 안이한 자세 등이 문제점으로 지적되었다.

2. 회원 구성과 조직

1) 회원 구성

연구회의 회원은 공동연구, 공동학습, 연구회의 대외 사업에 참여하는 연구회원과 정기간행물 구독회원인 일반회원으로 나뉜다. 연구회 창립회원은 186명으로 창립총회에 참가한 123명과 1988년 9월 중 연구회에 가입한 63명 등이었다. 다음 표에서 보듯이, 연구회원 수는 1990년 7월 현재 284명, 1993년 329명으로 증가하여 1997년 10차년도 총회 시에는 349명이 되었다.

〈표 1〉 한국역사연구회 회원의 분과별 편제(1988~1997)

분과 연월	고대사	중세사 1	중세사 2	근대사 1	근대사 2	현대사	합계
1988.9	고중세사 1 60		33	35	49	9	186
1989.7	13	51	33	44	48	18	240
1990.7	27	59	40	56	76	24	284
1991.6	16	47	36	46	56	26	227
1992.6	20	46	46	49	현 대 사 94		255
1993.6	31	47	63	45	122		308
1994.6	33	52	76	47	131		308
1995.6	33	52	76	47	131		339
1996.6	26	45	80	46	83	55	335
1997.6	30	48	91	48	74	58	349

연구회원의 증대와 함께 연구회원의 학력별·직업별 현황 역시 변화했다. 창립 당시 연구회원은 석사과정 81명, 석사이상 105명으로 구성되었다. 1992년에는 학력 면에서 박사 19명(7%), 박사과정 81명(32%), 석사 58명(23%)으로 석사 이상이 전제의 61%를 상회하였다. 직업별 분포로는 교수 30명(12%), 강사 89명(35%), 연구직 36명(14%), 교사 5명(2%) 등이 도합 63%였다. 1997년에 이르러 연구회원은 377명, 박사학위 이상 91명 박사과정 139명, 석사 44명, 석사과정 74명으로 박사과정 이상만 해도 200명이 넘게 되었다.

창립한 지 10년도 되지 않아 연구회는 회원 규모가 대규모화하였을 뿐 아니라 회원 내부 구성에서도 복잡 다양한 조직으로 변모했다. 이 같은 규모의 성장으로 인하여 대외적 이슈에 대해 민첩하게 반응하는 실천성은 다소 약화되었으며, 회원 구성의 다양화로 인해 창립 초기에 지녔던 강렬한 운동성나 이념성도 무뎌지기 시작했다. 그렇지만, 연구회는 더 이상 젊은 역사 연구자 또는 소장 연구자들의 역사연구 단체가 아니라 한국 역사학계를 주도하는 위치에 도달하고 있었다.

2) 연구회 조직의 변화 양상

(1) 전체 조직 체계의 변화

연구회 조직 체계의 변화는 10년 동안 크게 세 단계로 나누어 볼 수 있다. 제1단계는 연구위-운영위 이원체제(1988년 9월~1991년 6월), 제2단계는 회장-운영위원회-사무국의 일원 체제(1991년 7월~1993년 6월), 제3단계는 회장-운영위원회-사무국 체제를 유지하는 가운데 연구 활동을 총괄하는 연구위원회를 부활시켜 사무국, 편집국과 병치시킨 변형된 일원 체제(1993년 7월~1997년 6월)이다. 이하, 각 단계별 내용을 살펴보기로 한다.

제1단계 시기 연구위원회는 연구 활동의 방향 수립과 지도 임무를 담당하고, 운영위원회는 연구실 운영, 회원 관리와 조직 강화, 대외 사업을 담당하였다. 연구위원회는 고대사, 중세사1, 중세사2, 근대사1, 근대사2, 현대사 등 6개 시대사 연구 분과로 구성하였으며, 연구회의 제반 연구 활동(공동연구, 공동학습, 연구발표회, 학술대토론회)을 관장했다. 6개의 연구 분과 산하에는 연구반과 학습반을 편성하였다. 운영위원회는 총무, 사업, 섭외, 교육, 조사, 편집부를 산하에 두고, 회원 관리와 재정, 교육 및 자료관리, 회보·회지 출판, 대외 활동을 관장하였다. 이 같은 조직 외에 과학적 실천적 활동을 담보하기 위한 연구자의 전형을 창출하기 위하여 양 위원회에 각각 상임위원을 두었다. 상임위원은 연구회 사무실에 상근하면서 연구 및 사업에 관한 주요 업무를 담당하며, 연구실을 관리하도록 하였다.

그런데 운영 과정에서 몇 가지 문제가 나타났다. 연구위원회는 연구분과라는 기반을 통해 연구회의 실정을 파악할 수 있는 위치에 있음에도 각 분과장이 분과 차원에만 관심을 가질 뿐 연구위원으로서 연구회 전체의 방향에 대한 관심과 기획은 하지 못했다. 마찬가지로 운영위원회는 적극적으로 사업을 기획할 의사가 있더라도 각 분과의 협조가 없어서 사업 기획안을 실현하기 어려웠다. 운영위원회 산하의 각 부 부장이 상근하지 않는 점도 업무의 연속성을 확보하지 못하게 하였다.

이러한 문제를 해결하기 위하여 1991년 7월부터 연구회 조직기구를 회장-운영위원회-사무국의 일원화 체제로 바꾸었다. 연구위원회와 운영위원회를 운영위원회로 통합하고 각 분과장이 운영위원을 겸하게 하였다. 분과를 장악하고 있는 분과장이 가장 현실적인 기획안을 내놓을 수 있다고 판단한 것이다. 그리고 그 집행에 대해서는 사무국을 두어 실무를 전담케 하였다. 분과장의 기획이 지나치게 분과 사정에 제약을 받을까 우려하여 기획만 전담하는 기획실도 두었다. 연구위-운영위 이원체제의 비효율성을 제거하고 조직 체계를 일원화함으로써 집행력을 높이고자 한 것이다.

조직 개편의 의도에 의하면, 각 분과장은 분과 내부의 일은 분과에서 자율적으로 처리하고 운영위원회에 와서는 연구회 전체의 사업 방향에 대해 책임지고 심의, 결정하는 운영위원으로서 자신을 위치지워야 했다. 그러나 연구위원회 내규에 명시된 월1회 분과총회를 개최하지 못하는 분과도 있었으며 분과장, 분과총무, 연구반·학습반 반장으로 이루어지는 분과운영회의도 제대로 소집하지 못하는 분과도 있었다. 분과 활동이 조직적으로 이루어지지 않음으로써 분과장 역시 분과를 넘어서 연구회 전체의 운영위원으로서 역할할 수 없게 되었다. 그리고 분과총무가 집행부와 분과를 연결시켜 연구회원 일반에게 집행부의 의도를 전달하는 역할도 효과적으로 수행하지 못하여 분과장은 분과장대로 실무에 매달리고, 사무국은 사무국대로 업무 과중에 시달리게 되었다.

1993년 7월부터는 연구위원회를 부활시킨 것이 가장 큰 변화였다. 이는 연구회의 연구 활동을 총괄할 수 있는 연구위원장 없이 각 분과장의 활동 보고만 접수해온 운영위원회 회의 방식에 대한 반성으로부터 나타난 결과였다. 연구위원회 구성원은 연구위원장, 각 분과장, 특별연구반장, 연구위원회 상임간사로 구성되었다. 아울러 이 해부터 그동안 역사교사모임과의 협력 관계 속에 지속해 왔던 <한국역사교실>이 중단되어 사무국 소속 섭외부를 폐지하였다.

이러한 조직 체제가 2년간 유지되다가 1995년 7월부터 자료국이 신설되었다. 이 시기는 한국 사회의 IT산업이 발전하면서 모든 사료들과 논문들을 데이터베이스화하는 추세에 있었다. 연구회에서도 이에 부응하여 연구회원들의 석박사논문은 물론 연구회 모든 기록을 전산화하려는 전망 하에 자료국을 신설하였다. 자료국에는 문헌자료부와 전산자료부를 두었다. 문헌자료부는 회원들에게 필요한 문헌 자료의 수집과 관리 및 제공을 담당하고 전산자료부는 한국사연구성과의 상업용 디베이스 작업에 참여하는 한편 연구회의 CUG 구축, 인터넷 홈페이지 개설 등 연구회의 정보화에 기여하였다.

이같은 조직 체계의 변화를 도표화하면 다음과 같다.

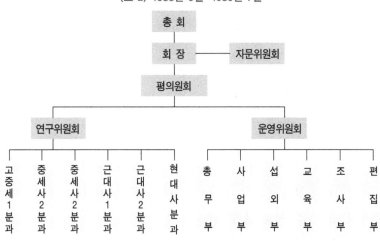

〈표 2〉 1988년 9월~1989년 7월

연구위원회: 고중세1분과, 중세사2분과, 중세사2분과, 근대사1분과, 근대사2분과, 현대사분과

운영위원회: 총무부, 사업부, 섭외부, 교육부, 조사부, 편집부

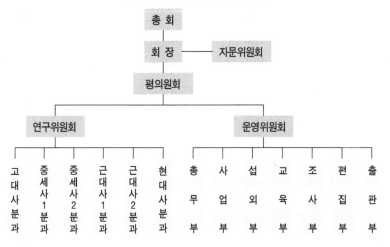

〈표 3〉 1989년 7월~1991년 6월

연구위원회: 고대사분과, 중세사1분과, 중세사2분과, 근대사1분과, 근대사2분과, 현대사분과

운영위원회: 총무부, 사업부, 섭외부, 교육부, 조사부, 편집부, 출판부

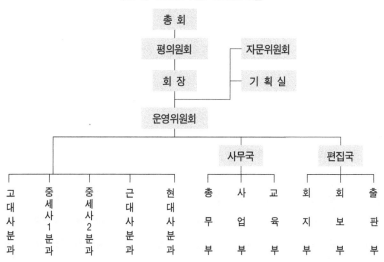

〈표 4〉 1991년 7월~1992년 6월

총 회

평의원회 ─ 자문위원회

회 장 ─ 기 획 실

운영위원회

사무국　　편집국

고대사분과　중세사1분과　중세사2분과　근대사분과　현대사분과　총무부　사업부　교육부　회지부　회보부　출판부

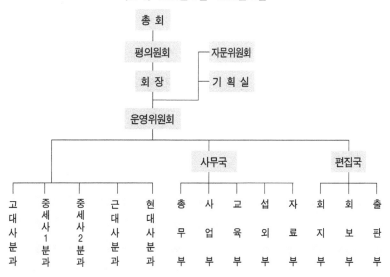

〈표 5〉 1992년 7월~1993년 6월

총 회

평의원회 ─ 자문위원회

회 장 ─ 기 획 실

운영위원회

사무국　　편집국

고대사분과　중세사1분과　중세사2분과　근대사분과　현대사분과　총무부　사업부　교육부　섭외부　자료부　회지부　회보부　출판부

〈표 6〉 1993년 7월~1993년 6월

〈표 7〉 1995년 7월~1997년 6월

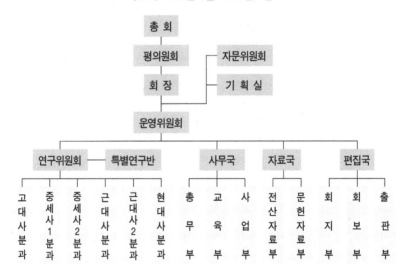

(2) 분과조직

분과는 연구회의 기간조직으로서 시대별로 구분하여 편성하였다. 창립 당시 연구회의 분과는 고대사, 중세사1, 중세사2, 근대사1, 근대사2, 현대사분과 등 총 6개 분과의 편제였다. 고대사 분과는 원시사회를 포함해 고조선~3국시기, 중세사1분과는 신라통일기·발해~15세기, 근대사1분과는 19세기(중세사회해체기, 개항기, 한말), 근대사2분과는 20세기 전반(식민지시기), 현대사분과는 20세기 후반(1945년 이후 남북한)을 대상 시기로 설정했다.

초기에는 고대사 분과의 구성원 수가 적정 규모에 이르지 않아 당분간 중세사 1분과로 연합하여 고중세사 1분과로 편성하였다. 근현대사 분과는 근대사1, 근대사2 분과, 현대사 분과로 편성되었는데 이는 다른 분과의 경우도 그렇지만 엄밀한 시대구분의 의미는 아니었다. 당시의 전공별 연구자의 분포에 따라 그리고 현대사 분과는 연구회 차원의 지원과 육성이 필요하다는 논의가 있었다. 따라서 이후 연구회 활동을 통하여 근대2분과와 현대사 분과는 통합되어 운영되기도 하였다.

분과 편성에서는 몇가지 원칙이 제시되었는데, 그것은 다음과 같았다. 첫째 분과는 연구회의 기간조직으로서 공동연구와 공동학습이 효율적으로 수행되고 원활히 민주적으로 운영될 수 있도록 짜여져야 한다. 둘째, 이 원칙의 관철을 위해 분과 구성원수가 적정 규모를 유지해야하며 분과 구성원의 연구 대상 시기가 작위적으로 구분되지 않아야 한다. 셋째, 분과의 시대별 구분은 연구회의 장기적 발전 전망을 고려해야 하며 분과 구성원의 지속적 확보라는 변수가 고려되어야 한다.

이같은 원칙 하에 편성된 6개 분과는 현재까지 부분적 변화를 겪으면서 연구회의 기간 조직을 이루고 있다. 창립 1년 후인 1989년부터 고대사 분과가 독립해 나가면서 연구회의 6개 분과가 기본적으로 유지되었다. 다만, 1991년 7월 근대사2분과와 현대사분과가 (통합)현대사 분과로 통합되면서 고대, 중세1, 중세2, 근대, 현대 등 5개 분과 체제가 되었다. 현대사분과로의 통합에는 두 가지 명분을 내세웠다. 첫째, 1945년을 분기로 하여 근대사2분과와 현대사분과로 구분한 것은 두 시기 역사가 연속된 측면을 볼 수 없게 만든다는 점이다. 둘째, 해방 이후를 전공하는 연구자들이 상대적으로 연소하고 소수라 독립 분과로 운영하기 어렵다는 점이었다.

이렇게 출발한 통합현대사 분과는 회원 수가 점차 늘어나 1993~4년경 130여 명이라는 거대 조직이 되어 분과로서의 활동과 연구 역량 편제를 하기 어렵게 되었다. 1994년 7월부터는 분과총무를 2명 두어 일제강점기와 해방 이후사 전공회원을 나누어 분담케 하였다. 그러나 통합 이전이나 이후나 분과 총회에 참여하는 회원은 그다지 증가하지 않았다. 통합 명분의 하나였던 일제강점기 연구자와 해방 이후사 연구자의 공동 연구도 이루어지지 않았다. 여기에 해방 이후사 연구자들이 더욱 많이 가입함에 따라 분과를 분리시키자는 논의가 시작되었고 결국 1995년 7월부터는 다시 근대사2분과와 현대사분과로 각각 독립하였다.

3. 연구 활동과 성과 출판

1) 연구반·학습반

한국역사연구회를 다른 연구단체와 구별짓는 가장 중요한 특징은 공동 연구이다. 공동 연구란 연구자 개인이 혼자서 기존 연구성과의 정리, 새로운 사료의 수집, 분류, 해석 등을 하던 통상적인 방식에서 벗어나 공통의 관심을 지닌 연구자들이 모여 위의 작업을 공동으로 수행하는 방식을 말한다. 이 과정에서 역사관을 둘러싼 토론과 공유, 다양한 각도에서의 사료 해석이 이루어질 수 있었다.

한국역사연구회는 각 분과마다 일정한 주제에 관심갖는 연구자들이 구성한 연구반, 아직 독자적 연구를 수행하기 어려운 연구자들끼리 모여 공동학습하는 학습반을 기본으로 하여 연구 활동을 수행해 왔다. 아울러 연구회 전체 차원에서 전략적으로 수행해야 할 주제를 연구하거나 두 개 이상 분과에 걸친 연구자들이 포함된 경우에는 특별연구반 등의 연구 단위를 조직하여 매주 또는 격주로 활동해 왔다. 일정한 연구 기간이 경과한 후에는 그 성과를 전문 연구자 대상으로 연구발표회를 개최해 왔다.

먼저 특별연구반부터 보자면 3.1운동연구반(1988년 초~1989년 4월), 농민전쟁100주년기념연구반(1990년 9월~1995년), 『한국사강의』 개정준비반(1990년 9월~1992년 3월), 『한국사학입문』 기획위원회 및 편찬위원회(1992년 8월~1996년 2월), 역사이론 연구반(1992년 9월~1998년 6월), 조선시기 사회사 연구반(1994년 6월~1995년 9월), 한일관계 연구반(1996년 3월~1998년 6월), 토지대장연구반(1988년 12월~현재) 등이 조직되었다.

각 분과별로 보자면, 고대사분과는 중세사1분과와 통합되어 있다가 1989년 9월 분과로 독립한 후 분과원간의 역사인식의 편차를 조정하고 공통인식의 기반을 마련하기 위해 한국고대사학사학습반을 운영하였다. 1990년 1월부터 7월까지는 그 연장선상에서 북한 고대사학사학습반을 운영하였다. 소속 연구반으로 중세사1분과와 공동으로 고·중세1기민의 존재형태연구반을 운영하였다. 학습반활동이 마무리된 1990년 8월 고대 신분제연구반(~1995년 6월)을 구성하였으며, 1992년 2월에는 국가형성사연구반(~1995년 10월)을 새로 조직하였다. 이어서 7세기연구반(1993

년 4월~1996년 9월), 고대인물연구반(1993년 4월~1998년), 4세기연구
반(1997년 4월~2001년 3월), 국정교과서검토반(1997년 1월~1998년 초)
등을 조직하였다. 학습반으로는 신입회원학습반, 삼국사기열전강독반,
중국동이전학습반 등을 조직하였다.

중세사1분과는 고대사분과와 통합하여 공동학습반을 운영하다가 1989
년 3월부터 고·중세1기민의존재형태연구반과 14세기고려사회연구반(~
1993년 4월), 고려말조선전기사회연구반을 결성하였다. 이어 1990년 8월
나말여초연구반(~1995년 8월)과 12세기고려사회변화연구반(~1993년 6
월)을 조직하였다. 14세기고려사회연구반의 작업이 마무리됨에 따라 고
려말기정치와사상연구반(1993년 3월~1995년 5월)과 무신집권기연구반
(1993년 5월~1995년 2월)을 조직하였다. 또 고대사, 중세2분과원과 함
께 왕권연구반(→전근대국왕연구반: 1993년 초~1995년 12월)을 조직하
였으며, 11세기정치사연구반(1995년 10월~1997년 3월), 고려후기정치
체제와이념연구반(1996년 4월~1998년 5월), 여말선초수공업사연구반(→
15세기수공업사연구반: 1994년 8월~1999년 9월) 등의 연구반을 조직하
였다. 학습반으로는 농서학습반, 고려시대묘지명강독반, 통일신라연구반,
개경사기초학습반 등을 조직하였다.

중세사2분과는 초기에 정치사와 사회사 연구자들이 주류를 이루고
있었다. 이들이 주도한 한국근대사연구회 시절의 공동연구가 이어져 19
세기정치사연구반과 17세기 사회사 연구반을 조직하여 연구를 해왔다.
19세기정치사연구반은 공동연구의 결과를『조선정치사 1800-1863』(상)·
(하)로 출간하였으며, 이후 17세기정치사연구반(1991년 1월~1996년 6
월)이 결성되어 정치사 연구의 역량이 이어졌다. 사상사와 경제사 분야
는 연구자들이 대개 근대사1분과를 선택하여 분과의 역량이 부족한 편
이었으나 이후 점차 보충되면서 조선후기유학사상사반과 사회경제사연

구반을 조직하였다. 1991년 하반기 고려말조선전기사회연구반은 15세기 농민생활사연구반으로 개칭하였다. 아울러 정치사, 사상사, 사회경제사 분야별 연구자들을 재배치하여 17세기유학사상사연구반, 17세기사회경제사연구반 등을 구성하였으며, 1993년에 들어 16세기연구반(1993년 2월~1994년 10월) 18·19세기지역사연구반(1993년 초~1997년 6월), 대전회통연구반(→법전연구반: 1993년 5월~2001년 말)을 조직하였다. 17·18세기사회경제사연구반(1994년 9월~1997년 가을), 18·19세기상공업사연구반(1995년 4월~1997년)을 조직하였으며, 학습반으로는 이론학습반, 자료학습반, 신입회원학습반 등의 명칭으로 신입회원들의 학습 활동을 지도 또는 보조하였다.

근대사1분과에는 한국근대사연구회 시기부터 활동하던 한말유교지식인의사상과행동연구반이 이월되었으나 연구회 창립 이후에는 활동을 중단하였다. 창립 직후 토지대장연구반이 조직되어 지금까지 30년 동안 연구를 해오고 있다. 이 외에도 19세기향촌사회권력구조연구반(1987년~1990년 7월), 개항기재정사연구반(1989년 5월~1991년 6월), 19세기부세제도연구반(1990년 7월~1992년 7월), '광무개혁'연구반 → 대한제국기연구반(1991년 9월~1996년 6월), 갑신정강연구반(1995년 11월~1999년 2월), 통감부시기(자료)연구반(1996년 7월~2001년) 등이 조직되었다. 근대사1분과에는 이밖에도 기초학습반, 개항기경제사연구반, 논문작업반, 개화사상학습반, 신입회원학습반, 사료학습반, 민족주의학습반, 고순종실록학습반, 개화기정치사상사학습반 등 다양한 형태의 학습반이 구성되었다.

근대사2분과는 한국근대사연구회 시절에 조직되었던 개항기일제하경제사연구반이 1989년 2월까지 활동하고 종지부를 찍었다. 이어서 원산총파업연구반(1989년 2월~1989년 9월), 1930년대 공산주의운동사 연구반(1989년 4월~1991년 5월), 민족해방운동론연구반(1990년~1991년), 한국자본주의발달사연구반(1990년~1991년 12월), 사회주의운동사연구반(1991년 4월~1995년 2월), 식민지시기지배정책사연구반(1992년 9월~1993년 12월), 청년운동사연구반(1993년 12월~1995년 가을), 1940년대경제사연구반(→한국현대경제사연구반 또는 자본주의사연구반: 1993년 11월~1996년 6월), 미군정기경제사자료강독반(1994년 8월~1995년 중반), 근대정치사상사연구반(1995년 2월~2003년 초), 코민테른과조선연구반(1995년 7월~1999년 6월), 일제하통계자료연구반(1995년 12월~1998년 말) 등이 활동하였다.

학습반 및 석박사논문을 쓰기 위한 작업반으로는 망원한국사연구실 시기에 조직되었던 식민지운동사반이 활동하다가 1988년 12월 발전적 해산을 하였다. 이어서 공동논문작업반, 신입회원학습반(또는 전공학습반), 자료검토반, 신입회원학습반(해방이후 연구자들과 통합), 식민지시기현대사학습반, 일제하신문사설학습반, 근대사료학습반 등이 명멸하였다.

현대사분과는 창립 이듬해 해방직후대중단체연구반(1989년 5월~1990년 6월)을 조직하여 1년여 활동하다가 마무리하였다. 이어서 분과원 중 3명을 제외한 전 역량을 총동원하여 『한국현대사의 길잡이』작업반(1990년~1991년 초)을 구성하였다. 이들의 활동 결과 『한국현대사』 1~4권을 출간할 수 있었다.

이어서 해방8년정치사연구반(1990년 8월~1991년 말), 1950년대정치사연구반(1992년 2월~1993년 6월), 해방3년사자료강독반(→해방8년사자료강독반 또는 한국현대사자료강독반: 1992년 후반~1995년 2월), 한국현대정치사연구반(→해방후정치사연구학습반→해방후사회운동자증언채록반→현대사증언반: 1993년 9월~1996년 5월), 1940년대경제사연구반(→한국현대경제사연구반 또는 자본주의사연구반:1993년 11월~1996

년 6월), 미군정기경제사자료강독반(1994년 8월~1995년 중반), 1948~ 50년대연구반(→한국전쟁연구반: 1995년 3월~1997년 6월), 1950년대연 구반(1995년 3월~1996년?), 해방후민족국가건설론연구반(1995년 3월~ 1995년 8월), 해방후우익연구반(1995년 3월~1997년 1월), 해방전후사회 사연구반(1998년 3월~2000년 4월), 한국군연구반(1997년 8월~2001년 5월) 등이 활동하였다. 학습반으로는 현대사학습반, 해방3년사학습반, 해 방8년사학습반, 해방후현대사학습반 등을 지속적으로 조직하여 신입회 원들의 학습 활동을 도왔다.

2) 학술대토론회·학술심포지움

학술대토론회는 역사에 관심을 가진 일반 시민을 대상으로 연구회의 진보적 연구 성과를 알린다는 목적 하에 기획된 프로그램이었다. 제1회 학술대토론회는 1988년 10월 22일 연세대 장기원 기념관에서 개최된 <한국근대의 변혁운동과 민족문제>였다. 이 토론회는 연구회가 출범한 지 불과 1달 반만에 개최된 최초의 대규모 행사였고 3백여 좌석을 꽉 채울 만큼 대중의 관심도 뜨거웠다. 자주적 근대화와 반침략 투쟁이라는 근대사의 과제가 서로 동떨어져 있는 것이 아니라 결합되어 있는 과제라 는 입장 하에서 근대 민족의 형성, 집권세력·재야유생·민중 등 각 세력 의 근대화와 외세 침략에 대한 대응 양식을 상호 연관 하에 검토하였다.[3]

토론회의 성공적 개최 이후 자체 평가 과정에서 향후 학술대토론회의 방향과 위상에 대한 방침이 결정되었다. 즉, 학술대토론회가 연구자·대 학생·일반인을 대상으로 한 과학적 실천적 역사학의 장이기 때문에, 향

---

3 학술대토론회 준비위원회, 「한국근대의 변혁운동과 민족문제」 『한국역사연구회회 보』 제1호, 1988, 2쪽.

후 학술대토론회 주제는 논쟁성·시의성이 있어야 한다는 점, 연구회 전체 사업이란 점에서 시대별 포괄성이 추가되어야 한다는 점이 합의되었다.

그러나 이후에 개최된 학술대토론회는 논쟁성·시의성보다는 연구회의 연중 기획사업의 하나로서 학술성에 점차 중점이 두어졌다. 제2회 학술대토론회는 <한국중세사회의 지배구조와 '민'의 성장>이란 주제로 1989년 12월 9일 홍익대에서 개최되었다. 역사의 주체로 '민'(民)을 설정하고, 국가의 지배 구조와 민(民)의 성장·저항이라는 관점에서 역사를 재구성해 보려는 시도였다. 지배층 위주의 역사 연구에 익숙한 상황에서 이 주제는 많은 영향을 미쳤다. 특히 피지배층의 역동성에 대한 관심이 상대적으로 소홀했던 중세 사회를 분석 대상으로 삼았다는 점에서 더더욱 의의가 컸다.

제3회 학술대토론회는 <식민지시대의 지식인과 민족해방론>이란 주제로 1991년 11월 7일 학술진흥재단에서 개최되었다. 안재홍, 여운형, 안광천, 이재유 등을 다룬 이 학술대토론회는 2백여 명이 참석한 가운데 성황리에 진행되었다. 제3회 학술대토론회를 총화하는 과정에서 토론회 기간을 이틀로 연장하여, 첫째 날은 공동 주제를, 둘째 날은 각 분과의 연구성과를 발표 토론함으로써 역사학계 내에서 연구회의 위상을 제고하자는 제안이 채택되었다. 그러나 공교롭게도 학술대토론회는 이후 4년간 한 번도 개최되지 않았다.

제4회 학술대토론회는 1996년 3월 23일에 이르러서야 비로소 열렸다. <세계화시대의 역사교육>이라는 주제로 세종문화회관 대회의실에서 성대하게 개최되었다. 한국의 OECD 가입 이후 국가간의 문호개방이 강조되자, 정부는 '세계화'를 추구한다는 구호 아래 대규모적인 개방정책을 추구하였다. 그 결과 초등학교 학생들에게까지 외국어 교육이 권장되는 반면, 중고등학교에서는 역사교육을 축소시키는 방향으로 교육과정

개편방안이 제기되었다. 이에 대응하기 위해 개최된 이 토론회에서는 우리나라의 한국사교육 현황을 점검한 뒤, 외국(미국, 일본, 독일)의 역사교육 사례를 검토하고, 역사교육의 방향에 대한 모색을 시도하였다. 토론회의 주제 못지 않게 주목할 점은, 발표자와 토론자로 참여한 사람들 가운데 한국사연구회 회장(김정배, 고려대 교수)과 역사학회 회장(김영한, 서강대 교수) 등 다른 연구단체의 대표를 초빙함으로써 역사교육 문제를 역사학계 전체의 관심사로 제기하였다는 사실이다. 또한 논의에 참가한 사람을 한국사연구자로 한정하지 않고 동양사나 서양사를 전공하는 연구자들까지 적극적으로 끌어들임으로써, 역사교육의 문제를 모든 역사연구자들의 공통 관심사로 제기하였다.

학술대토론회보다 위상은 좀 낮지만 과학적 실천적 역사학이 지향하는 바를 보여주는 연구 활동은 주로 학술심포지움을 통해 나타났다. 최초의 심포지움은 <3·1운동 70주년 기념 학술심포지움>(1989. 2. 25 프레스센터)이었다. 이 심포지움은 '민족해방운동사에서의 3·1운동'이라는 주제로 역사문제연구소와 공동주관하고 한겨레신문사가 주최하였다. 16명의 연구자가 1년간 준비 끝에 개최한 이 심포지움은, 이보다 20년 전 동아일보사가 기획했던 '3·1운동 50주년 기념논문집'의 연구 수준을 실증적·과학적으로 한 단계 높이는 내용들이었다. 또한 매스콤의 선전에 힘입어 일반 대중을 계몽하는 데 크게 기여하였으며 공동연구의 전형을 보여주었다.

이어서 1990년부터 1994년까지의 학술심포지움은 2년에 1회씩 갑오농민전쟁 100주년 기념 연구사업의 성과를 발표하였다. 1990년 5월 12일 연세대 장기원기념관에서 열린 '갑오농민전쟁 100주년 기념연구사업 1차년도 심포지움'은 <갑오농민전쟁의 사회경제적 배경>이라는 제목으로 개최하였다. 4백여 명 이상이 참관한 이 심포지움은 갑오농민전쟁에 대한 대중적 관심을 불러일으키는 데 성공하였다는 평가를 받았다.

이어 1992년 5월 16일 '갑오농민전쟁 100주년 기념연구사업 3차년도 심포지움'을 <1894년 농민전쟁의 정치·사상적 배경>이라는 제목으로 연세대 장기원기념관에서 개최하였다. 연구회원 10여 명의 공동연구 결과를 발표한 이 심포지움은 19세기 말 국제정세 속의 한반도를 살피고 지배층의 정치·사상적 동향을 살핀 후 민중세력의 정치·사상적 동향을 동학 교리, 동학 교단, 농민군 지도부로 나누어 검토함으로써 농민전쟁의 정치·사상적 배경을 과학적으로 규명했다는 평가를 받았다.

1994년 5월에는 갑오농민전쟁 100주년 기념 5차년도 심포지움을 <1894년 농민전쟁의 역사적 성격>이라는 주제로 이틀(5.20-5.21, 세종문화회관)에 걸쳐서 진행하였다. 5차년도 심포지움은 5개년에 걸친 갑오농민전쟁 100주년 기념사업을 총괄적으로 마무리하는 성격을 지녔다.

1995년 4월 29일에는 <해방 50년 ; 분단의 역사, 통일의 역사>라는 주제로 '해방 50주년 기념 심포지움'을 연세대 장기원기념관에서 개최하였다. 많은 언론사와 학회들도 해방 50주년을 기념하는 학술대회를 개최하였지만, 연구회의 기념사업은 이들과는 달리 오래 전부터 치밀하게 공동 연구를 통해 준비해 왔다. 따라서 심포지움 개최 일자도 굳이 8월 15일을 전후하여 정하고자 연연하지 않고 해방 50주년의 분위기를 선도적으로 고양시키기 위해 4월에 개최하였다.

1996년 6월 7일에는 <식민지 근대화론의 비판적 검토>라는 주제로 한국사회사학회와 공동으로 심포지움을 개최하였다. 식민지 시기의 사회경제적 변화를 어떠한 관점에서 바라볼 것인가를 둘러싸고 이전부터 격한 논쟁이 전개되어 왔다. 이 심포지움은 경제학계를 중심으로 전개된 식민지근대화론을 역사학계와 사회학계에서 정면으로 반박하고자 한 것이었다.

1997년에는 학술심포지움을 두 차례 개최하였다. 10월 10일 대한제국 수립 100주년 기념 심포지움을 문화재관리국 강당에서 진행하였다. <대한제국의 역사적 성격>이라는 주제 하에 대한제국의 성격이 개혁적이었는지 여부를 둘러싸고 발표자와 토론자, 발표자 상호간에 열띤 논쟁이 전개되었다. 학술 심포지움 다음날 진행된 <대한제국 수립 100주년 기념 역사현장 답사>는 대한제국 100주년을 일반인에게 홍보하는 데 크게 기여하였다. 「'97 문화유산의 해 조직위원회」가 주최하고 한국역사연구회가 주관한 이 행사는, 300여 명에 가까운 참석자가 강연을 들은 뒤 강사의 인솔하에 덕수궁과 인근에 남아 있는 대한제국 당시의 역사적 흔적을 답사하였다.

　　이어서 11월 23일에는 <한국의 역사기록 보존, 어떻게 할 것인가>라는 주제로 문서기록 보존에 관한 심포지움을 개최하였다. 미국, 프랑스, 독일, 러시아, 일본 등 세계 각국의 역사기록 보존 실태를 살펴본 뒤, 한국의 역사기록 보존 실태와 앞으로의 방향에 대해 토론하였다. 이 심포지움을 계기로 문서기록 보존에 관한 관심이 확산되고 정치권에서도 많은 관심을 기울였다. 특히 연말의 대통령 선거에 뒤이은 정권 교체와 IMF의 지원을 받는 경제난국이 동시에 전개되면서 역대 정권의 통치행위에 대한 진상규명에 관심이 고조되었다. 이에 따라 문서기록 보존을 위한 법적 제도적 장치가 마련되어야 한다는 인식이 널리 확산되었다.

3) 연구 성과의 출판

　　연구회의 연구성과는 1차적으로 매월 개최하는 연구발표회를 통해 검토받고 수정 보완 후 회지 『역사와 현실』에 게재됨으로써 학계에 공표되었다. 『역사와 현실』은 여타 역사학계 학술지와는 달리, 매호마다 특집을 기획하여 연구발표회 또는 학술대토론회에서 발표된 연구 성과를 게재하였다. 한국역사연구회가 다른 연구회나 학회와 구별되는 특징은 연구과정에서의 공동 작업과 학술지에서의 특집 기획이었다. 물론, 『역사와 현실』에 게재된 특집 논문들 전체가 일관된 기준과 계획에 의해 집필된 것은 아니었지만, 이들 특집은 타성에 젖은 한국사 연구 경향을 개혁하고 새로운 방향을 보여준 글들이 많았다.

회지 『역사와 현실』에 실린 특집을 주제별로 분류해 보면 한국역사연구회가 지향했던 학문적 지향을 확인할 수 있다. 첫째, 한국사의 시대구분과 사회 성격을 규명함으로써 한국사 연구의 새로운 경향을 추동하였다. '한국 근대의 시작은 언제인가'(『역사와 현실』 제9호, 이하 회지명 생략), '식민지 조선사회를 어떻게 볼 것인가'(제12호), '신라통일기 사회를 어떻게 볼 것인가'(제14호), '16세기 조선사회의 역사적 성격'(제16호), '조선사회를 어떻게 볼 것인가'(제18호) 등이 그것이다.

둘째, 사적 유물론에 입각한 연구를 추동하였다. 사회구성체의 토대를 다루는 주제로서 '한국중세사회의 지배구조와 민의 성장'(제3호), '통일 전후 시기 신라의 국가와 민'(제4호), '15세기 사회와 농민'(제5호), '14세기 민의 동향과 개혁정치'(제7호) 등이 실렸다. 상부구조의 동향을 다루는 주제들로 '12세기 전반기 정치세력과 정치운영'(제9호), '17세기 전반 조선사상계의 동향과 그 성격'(제8호), '17세기 후반 조선사상계의 분화'(제13호), '고려말 정치상황과 신흥유신'(제15호), '고려 무인집권기의 정치구조'(제17호), 대한제국기 권력구조의 성격(제19호), 한국고대의 국가 형성(제21호) 등이 있다. 근현대에 특화된 주제들이지만 새로운 사회를 개척해 나가는 변혁운동 관련 특집들도 다수 게재되었다. '1920-30년대 노동운동과 원산총파업'(제2호), '식민지시기 지식인과 민족해방운동'(제6호), '한국근현대사에서의 제국주의와 지식인'(제10호), '세계대공

황기 민족해방운동'(제11호), '해방50년! 분단의 역사, 통일의 역사'(제16호) 등이다.

셋째, 역사교육에 관련된 연구성과들이 있다. 중학교 국정 국사교과서를 분석한 '분단된 조국, 분단된 민족사 교육'(제1호), '대학에서의 교양 한국사 교육', '국사 전공교육의 전개과정과 교과과정의 문제점'(이상 제4호), '중등학교 역사교육의 실태와 개선방향', '대중역사교육의 전개과 과제'(이상 제6호), 세계 각국의 역사교육 동향(제7~8호), ''세계화' 시대의 역사교육'(제20호) 등이 있다.

이외에도 그때그때의 이슈에 맞추어 특집을 구성하거나 연구반의 꾸준한 연구 기획에 따라 연구 성과를 게재하기도 했다. 예컨대 1980년대 후반 '북한 바로 알기 운동'이 일어날 때 '북한 역사학의 연구 동향'(제1~2호)이 실려 북한 역사학을 대중에게 알리는 역할을 하였다. 이외에도 '미군정의 물자 수급 정책'(제22호), '7세기의 사회와 경제'(제23호), '신라통일기 사료의 논쟁적 해석'(제24호), '해방 직후 대한민국 임시정부의 대중·대미 관계'(제24호), '조선 숙종대 사회경제정책'(제25호) 등의 주제로 연구성과가 게재되었다.

연구회는 개설서로서의 『한국사강의』와 『한국역사』, 한국사 입문서로서의 『한국역사입문』 ①②③을 출간하는 중에도 각 연구 분과나 연구반원들을 중심으로 여러 권의 연구서들을 출간하였다. 근대사2분과원들이 중심이 되어 역사문제연구소와 공동작업하여 출간한 『3·1민족해방운동연구』가 1989년 9월 공동연구의 효시로 출간되어 3·1운동에 대한 새로운 시각을 개척하였다. 1991년『일제하 사회주의운동사』는 이념이 서서히 퇴조해가기 시작하던 1991년 시점에 나왔다는 점, 연구사적으로 공백이었던 1930년대 조선공산당 재건운동을 중심으로 역사에 묻혀버린 사회주의운동을 복원했다는 점에서 기념비적 업적이라 할 만하다.

중세2분과에서는 1987년 한근연 시절에 조직된 공동연구반이 『조선 정치사 1800~1863』 (상)·(하)를 1990년 말에 출간하였는데, 상대적으로 공백 상태였던 정치사를 개척한 점, 기존의 '세도정치론'을 극복하였다는 점 등에서 높은 평가를 받았다. 현대사분과에서는 1991년 8월 『한국현대사』 1~4를 출간하였다. 이는 선배급 석사졸 분과원과 6개월간의 학습과정을 거친 석사 전후의 현대사 분과원들이 함께 1년 반 남짓 작업하여 출간한 현대사 입문서이다. 이 책은 작업에 참여한 분과원들이 현대사 연구자로 성장하는 디딤돌 역할을 했을 뿐 아니라, 역사학계에서 현대사를 본격적으로 연구하는 계기를 마련하였고, 연구회의 대외적 영향력을 파급시키는 데도 적지 않은 기여를 하였다.

근대사1분과는 앞의 농민전쟁 100주년 기념 연구사업의 일환으로 진행한 연구 결과를 『1894년농민전쟁연구』 5권으로 출간하였다. 각권의 부제목은 제1권 <농민전쟁의 사회경제적 배경>(1991년), 제2권 <18, 19세기의 농민항쟁>(1992년), 제3권 <농민전쟁의 정치사상적 배경>(1993년), 제4권 <농민전쟁의 전개과정>(1995), 제5권 <농민전쟁의 역사적 성격>(1997년)이었다.

1994년에는 중세사1분과 14세기고려사회성격연구반에서 『14세기 고려의 정치와 사회』, 1995년에는 근대사1분과 토지대장연구반에서 『대한제국의 토지조사사업』, 근대사2분과 근현대청년운동사연구반에서 『한국근현대 청년운동사』 등의 연구서들이 쏟아져나왔다.

연구서 외에 특기할 만한 것은 일반 시민 대중들이 교양서로 읽을 수 있는 대중용 역사서를 출간한 점이다. 최초의 작업은 고대사분과에서 1992년 가을부터 준비를 시작하여 1994년 3월 출간한 『문답으로 엮은 한국고대사 산책』이다. 이 책은 사이비 역사학자들이 주장하는 '환상적인 고대사'의 확산을 막고, 대중들에게 변화·발전하는 역사의 긴 흐름

속에서 고대사에 대한 올바른 인식을 갖도록 하는 목적에서 기획한 것으로, 연구회 학술지『역사와 현실』을 계간화하는 데 상당한 기여를 하였다.

이러한 성과를 바탕으로 하여 다른 분과에서도 중장기 연구계획의 일환으로 그와 같은 단행본을 연속적으로 출간하는 작업에 착수하였다. 제일 먼저 중세2분과의『조선시대 사람들은 어떻게 살았을까』가 1996년 10월에 출간되었는데, 이 책은 연구회의 명성을 대중적으로 널리 알리는 데 성공하였고 연구회 재정에 여유가 생길 만큼 많은 수입을 가져 왔다. 이어서 1997년 4월 중세사1분과에서『고려시대 사람들은 어떻게 살았을까』를, 1998년 3월 고대사분과에서 다시『삼국시대 사람들은 어떻게 살았을까』를 출간하였다. 근대1·2분과와 현대사분과는 뒤늦게 출발하여 합동으로 1998년 하반기에『우리는 지난 100년동안 어떻게 살았을까』를 출간하였다.

이들 대중용 역사서는 모두 각 분과 단위로 기획하고 집필, 교열하였다는 점에서『한국역사』『한국역사입문』과는 차이점을 갖는다. 즉, 연구회 집행부에서 추진하지 않더라도 개별 분과 차원에서 사업을 추진할 만큼 연구자들을 동원할 수 있는 조직 역량이 존재하고 있음을 보여주고 있다. 이와 더불어 분과 단위의 작업을 통하여 분과 내부의 유대관계와 응집력이 증가하고 있음을 보여주는 것이다.

또 한 가지, 3년 남짓 이들 대중용 역사서를 발간하는 과정에서 생활사나 문화사에 관심을 갖는 회원들이 증가하기 시작하였다. 그 결과 중세사2분과, 근대사2분과, 현대사분과 내에서 생활사·사회사 이론 학습 또는 사료 검토를 진행하고 이를 한국사 연구에 적용시켜 보려는 시도가 나타났다.

이외에도 후술하는 한국역사특강의 결과를 책으로 묶은『한국사상사의 과학적 이해를 위하여』(1997년),『한국역사 속의 전쟁』(1997년) 등을 출간하여 연구회의 성가를 올렸다.

이외에도 각 연구반의 공동연구 작업을 묶은 책들로『끝나지 않은 여정』(한국현대사증언록 1, 1996년)『역주 나말여초금석문』(상)·(하)』(1996년)『황성신문 기사색인집』 1·2(1998년) 등이 있다.

4. 대외 실천 활동

이 시기 연구회가 학술운동 차원에서 전개한 사회적 실천 활동을 분류하면 일반 시민과 대학생·역사교사 대상의 한국역사특강, 역사교사와의 연대 활동, 학술단체협의회에 대한 주도적 참여, 노동·민주운동 단체에 대한 강사 파견, 그리고 남북 역사학 교류의 모색 등을 들 수 있다.

한국역사특강은 연구회 창립 이후 1998년 7월까지 모두 19회 진행되었다. 1989년 여름을 제외하고는 매년 여름과 겨울 2차례씩 열렸다. 강연의 명칭도 제10회까지는 <한국사특강>으로 불리다가, 11회부터 <한국역사특강>으로 변경되었다. 한국역사특강을 주제별로 분류하면 크게 6가지로 구분할 수 있다.

〈표 10〉 한국역사특강 개설 상황 1989~1998

연도	회차	주 제	수강인원	결과 보고
1989	1회	현단계 한국사인식의 과제와 전망		
1990	2회	한국사인식의 성과와 과제	16	
	3회	한국 근·현대사의 쟁점	81	회보6호
1991	4회	한국사의 과학적 이해를 위하여	158	회보8호
	5회	변동기를 통해 본 한국사	78	회보9호

연도	회차	주 제	수강인원	결과 보고
1992	6회	근현대 변혁운동과 국가건설론	57	회보11호
	7회	역사 속의 권력과 민		회보13호
	(부산특강)	한국사의 과학적 이해를 위하여	약 200명	회보13호
1993	8회	한국사상사의 과학적 이해 - 우리의 삶·사회·사상		회보15호
	9회	한국 역사에서의 개혁	60	회보17호
1994	10회	한국 고대사를 다시 본다	98	회보19호
	11회	국제관계속의 한국역사	52	회보21호
1995	12회	한국역사에서의 전쟁	70	
	13회	해방 50년! - 이승만과 박정희	42	회보25호
1996	14회	한국역사 속의 쿠데타	75	회보25호
	15회	조선시대 생활사 산책	65	회보26호
1997	16회	또하나의 전통, 고려사회	92	회보28호
	17회	권력의 그늘 - 한국 역사 속의 정치공작	47	회보30호

첫째, 특정 주제에 대한 통사적 접근을 통해 한국사에 대한 새로운 인식을 정립하려는 방식이다. 제1회(현단계 한국사인식의 과제와 전망), 제2회(한국사인식의 성과와 과제), 제4회(한국사의 과학적 이해를 위하여)가 그것들로서, 이를 통해 연구회의 역사연구 방향을 정립하고 적극적으로 대외 홍보하는 효과도 거둘 수 있었다. 이러한 접근 방식은 이후 한국역사특강의 주제와 세부 강의를 정하는 기준이 되었다.

둘째로 근현대사 및 고대사의 쟁점을 통해 시대적 성격을 부각시킨 것들로서, 제3회(한국 근현대사의 쟁점), 제6회(근현대 변혁운동론과 국가건설론), 제10회(한국 고대사를 다시 본다) 등이다.

셋째로 한국사의 구체적인 전개과정을 사회변동과 연관시켜 파악하려는 시도로서, 제5회(변동기를 통해 본 한국사), 제7회(역사 속의 권력과 민), 제8회(한국사상사의 과학적 이해) 등이다.

넷째로 현실의 정치·사회적 이슈와 직접 관련된 문제를 긴급하게 역사학적으로 정리함으로써 올바른 여론을 형성하는 데 기여한 방식이다. 제9회(한국 역사에서의 개혁), 제13회(해방 50년! - 이승만과 박정희), 제14회(한국 역사 속의 쿠테타), 제17회(권력의 그늘-한국 역사 속의 정치 공작) 등이 그것이다.

다섯째는, 생활사에 관련된 주제로서, 제15회(조선시대 생활사 산책), 제16회(또하나의 전통, 고려사회) 등이다. 이들 특강은 연구회에서 출간한 생활사 시리즈들을 특강으로 기획하여 수강생들로부터 매우 호의적 반응을 얻었다.

여섯째 국제관계 및 전쟁과 관련된 주제로서, 제11회(국제관계 속의 한국역사) 제12회(한국역사에서의 전쟁) 등이다. 1993년 문민정부 등장 이후 국제 관계가 중요시되고, 북한 김일성 주석의 사망을 계기로 남북한 간의 대립이 격화되면서 대외관계와 전쟁이 긴박한 문제로 다가왔기 때문에 기획된 것이었다.

역사교사와의 연대 활동은 연구회가 초창기부터 많은 관심을 기울인 부분이었다. 한국사 연구 성과를 가장 대중적으로 확산시킬 수 있는 계층이었기 때문이다. 창립 직후인 1988년 겨울부터 연구회는 역사교사들과 함께 중학교 국사교과서 개정본 분석발표회를 준비하여 1989년 2월 17일 발표하였다. 1991년에는 역사교사들만을 대상으로 <한국사 인식의 쟁점>이라는 주제로 총6회에 걸친 한국사강좌를 개최하고, 1992년 7월에는 전국역사교사모임과 공동으로 사흘에 걸쳐 <교사와 연구자가 함께 찾는 올바른 역사교육>이라는 주제로 강좌를 진행하였다. 고등학교 국사교과서를 중심으로 교육과정 상의 문제점, 교과서 내용의 문제점을 분석하고, 마지막 날에는 시범수업까지 실시하였다. 이후에는 역사교사모임에서 월례적으로 실시하고 있던「월례강좌와 시범수업」에 강사를 개별적으로 파견하는 정도에 그쳤다.

학술단체협의회에서 차지하는 우리 연구회의 비중은 회원의 규모 면에서 가장 크며 그런 만큼 학단협의 창립 이래 집행부에 가장 많은 인원을 파견하였다. 다만, 연구회의 특성상 진행되고 있는 사회문제에 대해서 재빨리 대응하고 대안을 제시하는 데 한계가 있었기 때문에 해마다 정기적으로 개최하는 학단협 심포지움에 주도적인 주제를 맡아 발표하기는 힘들었다. 발표를 맡더라도 대체로 근현대 분과에서 인원을 파견하는 문제점을 안고 있었다. 그럼에도 불구하고 초창기 연구회에서는 학술운동의 실천의 장으로서 학단협과의 연대 활동을 대단히 강조하고 주도적으로 참여하였다.

1988~1990년 간은 대중운동의 파고가 대단히 높은 시기였기 때문에 이들이 자기 운동의 역사적 정통성을 확인하는 과정에서 한국 역사, 특히 근현대 민중운동 부문에 대한 학습이 매우 중요하였다. 이 기간 동안 수많은 노동운동·민주화운동 단체들에서 개별적으로 또는 단체 차원으로 강사 파견을 의뢰해 왔고 연구회는 일부 회원의 헌신에 힘입어 이들 대중 상대의 강좌를 가능한 한 담당하였다. 예를 들어 1989년과 1990년 연속하여 안양 청년학당의 한국사 강좌를 연구회가 단체 차원에서 담당하였고, 1989년에는 노동자대학의 창립과정에도 한국사 부문을 담당할 회원을 파견하기도 하였다. 그밖에 사회민주주의청년연맹, 광주시민학교 등이 그런 예에 속한다. 그러나 소련과 동구권의 붕괴, 노태우 정권 후반의 공안통치 강화로 인하여 여러 사회단체의 활동이 미약해짐에 따라 연구회에 강사를 요청하는 단체 수도 급격히 감소하게 되었다.

마지막으로 비록 불발로 끝났지만 1989년과 1992년 두 차례에 걸쳐 남북 역사학 교류 운동이 전개된 사실이 있다. 1989년 5월 말 북한의 대표적 역사학자 3인이 남한 역사학자 3인에게 공개 서한을 보내 미국 역사교과서의 한국사 왜곡에 대한 공동항의문을 작성하는 회담을 하자고 제안한 사건이다. 남한측 3인으로는 박영석 국사편찬위원회 위원장, 김원룡 서울대학교 교수, 안병욱 한국역사연구회 회장이 지목되었다. 한국 정부의 거부로 인하여 이 회담은 성사되지 못하였지만, 북측에서 우리 연구회 대표를 지목한 사실을 통해 연구회의 위상이 단지 남한 내의 진보적 연구자 대중단체일 뿐만 아니라, 북한 역사학계에까지 남한을 대표하는 연구단체로 인식되고 있다는 점을 확인할 수 있었다.

이후 1992년 초 서울대 규장각에서 을사조약·정미조약 등이 날조된 진상을 규명한 즈음, 6월 24일자로 북한 역사학회 회장 전영률이 을사5조약과 정미7조약 등의 진상을 밝히기 위해 한국역사연구회와 남북역사학자회담을 하자고 제안해 왔다. 연구회는 7월 6일 북한측의 제안을 수락하고 7월 18일 오전 10시 판문점 중립국감독위원회 회의실에서 남쪽 실무자 3명과 북한실무자 간의 회담준비를 위한 실무회담을 제안했다. 그러나 이 제안도 전달 창구인 통일원이 접수를 거부함으로써 불발로 끝나고 말았다.

연구회는 7월 18일 <정부당국은 남북한 역사학의 자유로운 교류를 즉각 보장하라>는 성명서를 발표하고 향후 남북 역사학자 회담을 비롯한 교류 가능성에 대비해 몇 가지 원칙을 수립하였다. 첫째, 남북 교류는 민족 동질성 회복의 계기가 되며, 원칙적으로 통일 지향의 원칙 위에서 이루어져야 한다. 둘째, 역사학 교류의 의미는 민족사의 왜곡 시정에 있으며 이를 통해 통일될 민족공동체를 위한 역사인식을 마련한다. 셋째, 교류는 기본적으로 민간주도로 자주·평화·민족대단결의 원칙 속에 이루어져야 하며 창구의 단일화는 배격해야 한다. 넷째, 교류의 절차와 방식은 역사교육 공유 → 연구성과 인정 → 자료교환 → 역사학자 상호교류 등이 되어야 한다.

집필_도면회

제3장 깃발을 어찌할 것인가(1998~2007)

1. 연구회 운영방향

1) 연구회 10년, 새로운 도약을 위하여

한국역사연구회 두 번째 10년이 시작되는 1998년, 한국 사회는 거대한 지각 변동의 한 가운데 있었다. 1997년 경제위기와 정권교체, 신자유주의 물결 속에서 연구회는 조직의 정체성과 실천성을 고민하며 나름의 해법을 찾아 적극적으로 대처하고자 하였다.

이제 연구회는 조직에서나 회원 수에서 엄청나게 성장하여 역사학계에서 가장 큰 연구단체가 되었다. 창립 이래 회원을 늘리려다 보니 느슨한 조직 방법을 취하게 되었고, 회원이 많아지면서 생각과 연구도 다양해졌다. 초기 회원들이 2선으로 물러나고 새로 들어오는 회원들과의 교류가 끊기면서 재교육도 원활히 진행되지 못하여 조직의 정체성에 대한 문제의식이 높아진 시기였다.

두 번째 10년이 시작되는 시기에 연구회는 '새로운 도약을 위하여'라는 기치 아래 조직과 활동을 재정비하고자 하였다.[1] 첫째, 조직을 재정비하기 위해 회원 가입을 엄격하게 하고, 연구회의 새로운 중심을 건설하고자 하였다. 신입회원은 '선진회원'의 지도 아래 학습과 연구과정을 통

---

[1] 이세영, 「연구회 10년, 새로운 도약을 위하여」, 『한국역사연구회회보』(33), 1998. 9

해 정회원으로 될 수 있게 하며, 80년대 중반 학번 회원들을 중심으로 연구회의 제2의 중심을 건설하여 '과학적 실천적 역사학'의 내용도 풍부하게 하고 나아가 조직 재생산의 기틀을 만들고자 하였다. 둘째 연구회의 관리 조직인 사무국을 축소하여 회원 관리보다는 연구 활동을 지원하는 작은 사무국으로 조정하고자 하였다. 셋째 연구회 활동을 회원들의 연구에 중심을 두고자 하였다. 그러기 위해 연구위원회를 강화, 활성화하고, 분과장과 반장을 중심으로 연구역량 강화에 힘을 기울이도록 하는데 중점을 두었다. 넷째 연구회원들의 연구성과가 게재되는 연구회지가 역사학계 최고의 학술지가 되도록, 분과장을 편집위원회에 결합시켜 회원들의 연구과정, 발표, 회지게재 등 일련의 과정에 책임지고 개입하도록 하였다. 이것은 곧 편집위원회를 강화하는 것으로 귀결되는 바, 분과장과 선진회원들로 편집위원회를 구성하고, 이 편집위원회를 회원들의 연구활동을 총괄하는 기구로 위치 짓는 것이었다. 편집위원들은 '과학적 실천적 역사학'의 내용을 끊임없이 고민하고 학습하고 연구하며, 그에 입각해서 공동연구 성과와 개별연구 성과들을 선별하고 모아서 회지를 발간하는 방식이다.

이러한 구상의 핵심은 연구회 창립회원 선임회원들과 신입회원들 간에 20년의 차이가 나면서 서로간의 물리적 교류가 어렵다는 객관적 조건을 인정하면서, 1980년 이후 현실을 보면서 고민하고 연구자의 길을 택한 80년대 중반 학번 회원들을 새로운 중심으로 삼아 연구회 조직 재생산의 틀을 만들고자 했던 것이었다.

두 번째 10년을 시작하면서 심기일전하여 조직과 활동을 재정비하고자 하는 이러한 시도는 여러 여건의 변화에 따라 현실적 대안을 찾는 방식으로 나타났고, 그것이 이 시기 조직과 운영의 변화를 좌우하는 틀이었다. 회원 관리와 연구회 재정 문제는 비켜갈 수 없는 현실이었고, 연구회의 정체성과 실천성을 담보하고자 하는 이상은, 현실의 벽을 넘기 어려웠다. 그럼에도 불구하고 두 번째 10년 시기 연구회는 '과학적 실천적 역사학'의 내용을 채우고 그에 걸맞는 활동을 하기 위한 모색을 게을리 하지 않았다.

2) '깃발을 어찌할 것인가?'

연구회의 두 번째 10년이 시작되던 즈음 우리 연구회에 던져진 화두는 '깃발을 어찌할 것인가?'였다.[2] 깃발을 내릴 것인가, 유지할 것인가에 대한 성급한 결론보다는, 보다 구체적으로 '과학적 실천적' 깃발의 실체, 조직의 정체성을 고민하는 목소리가 많아졌다. 연구회 구성원들이 규모가 커졌고, 성분도 다양해졌다. 선배 그룹은 '제도권'에 편입되어 중견이 되어 있고, 후배 그룹은 점점 그럴 가망이 희박해지고 있는 상황에서 수효는 계속 늘어나, 서로 처지가 달라지고 따라서 생각도 상당히 달라진 것이다.

1999년 2월 원주 겨울수련회에서는 60여 명의 회원이 참석하여 연구회 10년을 평가하며 열띤 토론을 벌였다.[3] '10년사 평가팀'의 「실천을 위한 연구로부터 연구를 위한 학습으로-한국역사연구회 10년 활동의 평가-」(도면회)와, 임시로 만들어진 '연구회 평가위원회'의 「연구회의 일보전진을 위한 제언」(김정인)을 발표하고, 그에 대한 토론을 이어간 것이다. 당시 '평가서'는 10년이 지난 연구회의 현재를, 이념과 조직의 완화, 연구회 집행부로 사업 과부하, 학습반의 증가로 상징되는 공동연구 활동의 약화, 생활사·문화사 등 다양한 연구영역의 확대, 대외적 실천의 축소와

---

2 홍순민, 「깃발 바람 물결」, 『한국역사연구회회보』 36호, 1999. 7
3 은정태, 「수련회 참관기 : 이념과 욕망의 충돌」, 『한국역사연구회회보』 35호, 1999. 4

연구주의 확대 등으로 진단하였다.

그리고 '연구회 평가위원회'라는 이름으로 각 분과의 80년대 중·후반 학번 8명이 한 달여 동안 모여 논의한 결과를 토대로 작성한 '제언'은 연구회의 정체성, 조직문제를 중심으로 진단과 대안을 제시하였다. 내용은 '과학적 실천적 역사학'이 풍부해지지 못하고 관성적 권위가 되고 있다고 평가하고, 연구회의 '어떻게 살았을까' 시리즈의 연구사적 의미에 대한 진지한 검토, 연구회의 즉자적 사회실천의 재검토, 연구모임의 개방·다양화, 타 분과학문과의 교류 등을 제기하였다. 이를 토대로 6개의 분과를 3개조로 만들어 연구회의 이념, 조직, 공동연구, 대외활동 및 대중화 문제 등에 관해 분임토의를 벌였고, 그 결과를 전체 토론에 부친 후 난상토론을 진행하였다. 수련회에서 제기된 과제는 연구회가 바뀌어야 한다는 것과 다양한 연구방법론의 모색, 회원들 간의 의사소통, 연구역량의 강화 등이었다.

당시 연구회는 내부 통신망(CUG)을 통해 서로 소통하고 있었다. 1999년 2월의 겨울 수련회에서 보고된 평가서를 중심으로 통신망에서 뜨거운 논쟁이 이어졌다. 정체성을 비롯하여 의사소통, 조직에 이르기까지 연구회 전반에 걸친 논쟁은 가히 연구회 창립 이후 최대 규모라고 평가되었다.[4] 깃발을 내리는 것이 아니라, 깃발의 색깔을 분명하게 하고 구체적인 실천 방법을 개발해야 한다는 데로 의견이 모아졌다. 연구회가 창립되던 1980년대 말과는 달라진 정세에 대응하여, "연구를 통해 실천하고, 실천을 통해 역사서술을 풍부히 하며 사회를 변혁하려는 학술운동단체"로 자리매김하며, "조직적 실천"을 강조하였다. "연구가 곧 실천이지만, 연구를 통한 결과를 대중에 선전하는 것도 실천"이라는 생각으로

---

4 안병우, 「깃발을 내릴 것인가」, 『한국역사연구회회보』35호, 1999. 4

대중서 발간과 대중강좌에 힘을 쏟았다. 요컨대 학술운동단체로서의 연구회의 정체성을 분명히 하고, 조직적 실천을 위해 연구와 역사대중화를 고민해야 한다는 것이다. 새로운 세기, 2000년을 맞으며 연구회는, 사회 민주화와 민족통일에 기여하는 '과학적 실천적 역사학'의 수립, 진보사학을 대표하는 연구단체로 자기 정체성을 분명하게 규정하고, 학술연구 조직으로서 학문적 생산과 구체적 실천을 강조하였다.[5]

그에 따라 이 시기에는 '실천적 역사'의 중요한 방법으로서 출판물을 통한 역사 대중화에도 많은 노력을 기울였다.[6] 역사 대중화가 역사 연구자의 책무가 되어야 하며, 역사 연구가 역사 교육의 밑바탕을 이루는 한편 역사 연구자는 동시에 역사 교육자이기도 하다는 점에서 대중적 역사서의 발간에 힘을 모아야 한다는 취지에서, 시대사를 본격적으로 다룬 대중서를 발간하려는 기획이 시도되었다. 대중적 역사서, 대중적인 한국사 및 시대사 개설서 발간 작업이 그것이다. 그에 따라 한국사의 발전과정을 체계적으로 정리하는 작업을 추진하고자 하였다. 지난 10년 동안 연구회에서 활동하다 해체되었거나 추진되다 무산된 역사 이론과 한국사 시대구분 문제를 다루는 연구반의 재활동 필요성도 제기되었다. 또한 생생한 역사 재구성을 위한 부분 연구의 활성화 필요에 따라 문화사, 생활사, 지방사 연구반 등에 대한 요구도 제기되었다.

우리의 역사 연구방법론과 과학적 실천적 역사학을 새롭게 이해하기 위해서 인접 학문, 분과학문과의 교류와 토론이 필요하다는 인식도 확산되었다.[7] 한국의 동양사 서양사 학계의 동향은 물론, 경제사 사회사 여성사 문학사 과학사 등의 학문분야에도 눈을 돌려야 하며, 학술단체협의회

---

5 방기중, 「새로운 세기, 연구회의 과제」, 『한국역사연구회회보』38호, 2000. 1
6 오종록, 「역사 대중화에 대한 제언」, 『한국역사연구회회보』31호, 1998. 1
7 박종진, 「지금은 교류와 토론이 필요한 때」, 『한국역사연구회회보』40호, 2000. 7

에 속한 단체들과의 교류, 공간을 뛰어넘어 북한학계, 해외 한국사 연구자와의 교류도 생각할 때라는 것이다. 다방면에 걸친 교류가 우리의 한국사 연구 방법론의 '다양화'와 총체적 인식 획득에 도움이 될 것이라고 보았다.

연구회 20주년을 바라보는 2005년, 우리 연구회의 지난 18년간의 활동을 점검해보고 향후 전망의 출발점을 삼기 위해 의식을 가지고 대안을 제시할 수 있는 분과와 연구반 활동을 고민하기 시작하였다. 연구위원회에서는 역사연구자로서 자기 자신을 점검하고 성찰하는 차원에서 "역사연구 20년을 성찰한다"라는 주제로 각 분과에 논의를 붙였다. 분과마다 편차가 있었으나, 연구사 정리를 자기문제화하려는 노력을 시도하였다는 것만으로도 의의가 있었다. 그 결과 중세 1분과에서는 '고려시대 연구사 연구반'이 결성되었고, 2006년 역사학대회에서는 연구사정리를 자기문제화 해가는 <근현대 역사학의 유산과 과제>라는 주제로 연구발표회를 갖기도 하였다. 이것은 80년대 학번을 중심으로 연구회가 표방하였던 '과학적 실천적 역사학'과 개인의 연구, 한국역사학계의 연구 풍토, 방법을 점검하고 향후 개인, 연구회, 역사학계의 비전을 세대적 체험에서 나오는 진지함을 바탕으로 모색하기 위한 것이었다.

2007년에는 연구회 20주년 기획안이 마련되었다. 기획의 방향은 연구회의 변화를 염두에 두고 비판적 성찰의 기회가 되어야 한다는 것이었다. 20주년 기념 학술대회 주제를 회원공간에 공지하여 회원들의 관심과 참여를 유도하였다. 20주년 기념 학술회의는 연구회 창립 이래 한국사학계의 연구동향을 배경으로 한국역사연구회의 성과를 비판적으로 반성하고 앞으로의 과제를 전망해야 하며, 특히 연구회가 내건 '과학적 실천적 역사인식'이 구체적으로 어떻게 구현되었으며, 앞으로 연구회의 정체성 내지 특성을 실현하기 위해 어떻게 해야 하는가를 고민하는 자리여여 한다고 보았다.

3) 역사 대중화와 웹진

연구회 사이버 활동은 1996년 9월 27일부터 시작되었다.[8] 국내 4대 통신망 중 하나인 나우누리에 CUG(Closed User Group)를 개설한 것이 최초의 사이버 활동이었다. 처음에는 연구회원들만의 활동 공간을 마련하는 것이 주된 목적이었다. 이것을 매개로 연구회원들 간에 자료를 서로 공유하고 소식을 교환할 목적으로 시작된 것이다. 메뉴도 분과 활동과 연구회 활동을 사이버 공간으로 확대시킨 형태로 구성되었다. CUG 개설은 연구회 운영에도 영향을 미쳤다. CUG 개설 이후 여기에 운영위원회, 연구위원회 회의록을 요약 발표하여 연구회의 중요한 사업과 결정을 직접 확인할 수 있었고, 각 분과와 연구반의 진행 상황도 게시판을 통해 그대로 공개하여 연구회의 개방적 민주적 운영에 큰 역할을 하였다.

일반인들의 연구회 접근성 제고와 연구회의 대중적 사이버 활동은 1998년 9월 1일 인터넷 공간에 홈페이지를 개설하면서 시작되었다. CUG는 연구회원들을 위한 폐쇄 공간인데 비해, 홈페이지는 일반인들을 위한 열린 공간이었다. 홈페이지를 통해 연구회에서 생산한 자료들 중 일부를 공개하기 시작하였다. 그러자 일부 회원과 회보부에서 웹진을 만들자는 의견을 제시하였다. 즉 기존에는 '회보의 웹진화'라고 하여 회보를 인터넷상에서 열람자하는 뜻에서 웹진화 논의가 시작된 것이다.

2000년에 접어들면서 한국사회가 급속하게 인터넷 공간이 확산되면서 사무국에서도 사이버 공간의 중요성을 새삼 깨닫게 되었다. 인터넷

---

8 이승일(자료부장), 「'홈페이지'에서 '역사교양웹진'으로」, 『한국역사연구회회보』41호, 2000. 10

인구의 폭발적 증가뿐만 아니라 고속통신망이 확대되면서 인터넷 접속이 급속히 개선되었다. 인터넷 공간이 확대되면서 연구회도 적극적으로 대응해야 한다는 인식이 폭넓게 자리 잡았다. '역사학의 대중화'라는 목표에 상대적으로 쉽게 대응할 수 있는 곳이 인터넷 공간이기도 하였다.

자료부와 사무국에서 홈페이지 개편 논의가 시작되었다. 회원 토론을 거쳐 CUG와 홈페이지를 통합하는 형태로 구성하고, 웹진을 새로 추가하는 것으로 결정되었다. 웹진은 단순히 회보를 인터넷을 통해 공개하거나 CUG에 있는 자료를 이관하는 정도의 차원이 아니라, 홈 구성과 체제에서 '역사교양잡지'의 역할을 하도록 변경되었다. 전문역사연구단체 중에서 웹진을 발행하는 곳은 연구회가 아마 최초일 것이라고 보았다. 웹진 발행의 목적은 '건전하고 바른 역사를 일반인들과 함께 공유하고자'하는 데 두었다.

회보는 2000년 10월에 발간한 41호를 끝으로 웹진으로 전환되었다. 운영위원회 산하에 비공식 기구로 웹진기획팀이 설치되었고, '웹진기획위원회' 설치를 제안하였다. 웹진은 2001년 3개월 간기로 발행되기 시작했고, 연구회의 역사대중화 사업의 주요한 축으로 자리 잡았다. 홈페이지와 회원공간, 웹진, 회지인 『역사와 현실』, 단행본 등 연구회의 여러 매체들이 상호보완관계를 갖도록 해야 한다는 제안에 따라, 홈페이지는 연구회와 대중이 대화하는 공간으로, 회원공간은 종전에 발행되던 회보를 대체하는 회원들의 의사소통 공간으로, 웹진은 인터넷을 통한 역사잡지로, 『역사와 현실』은 활자로 된 전문학술지로 각각 특성을 갖는 것으로 자리매김 하였다. 그러나 웹진을 운영하면서 여러 문제가 드러나기 시작하였다. 웹진의 정식 명칭도 없고, 3개월마다 발간되는 간기가 너무 길다는 점, 일반인들에게 다양한 볼거리와 흥미를 제공하지 못하며, 연구회원들의 사랑방 역할을 하지 못해 참여도와 관심이 저조하다는 점 등이 그것이다. 그러나 이러한 한계에도 불구하고 역사 특강 폐지 이후 연구회의 역사대중화 책임은 웹진이 담당하고 있었다. 웹진 접속 횟수가 미미하다는 이유로 지속 여부에 대한 논란도 있었다.

이후 웹진 안정화를 위해 상임위원을 비롯한 웹진 간사와 사무국 간의 업무분장을 명시하여 운영을 체계화하고자 하였다. 2001년 처음 출범한 웹진팀은 회보부장과 부원 3명, 각 분과 총무(6명)로 구성되었다. 그러나 전체적인 기획과 필자 선정, 원고 검토를 효과적으로 수행하기 위해 2001년 3월 운영위원회 회의를 거쳐 운영위 산하의 비공식기구로서 '웹진기획팀'을 두기로 하였다. 2001년 한 해 동안 웹진기획팀의 활동 평가 결과, '역사의 대중화'라는 웹진의 본래 목적을 체계적으로 보장하기 위해 기획팀체제를 위원회 체제로 개편할 필요성을 제기하였다. 이에 2001년 총회에서 웹진기획팀을 연구회 산하의 '웹진위원회'로 격상시키고, 2002년 새롭게 웹진위원회 체제로 활동을 시작하였다. 웹진의 기본 방향은 역사대중화라는 기본 취지를 유지하면서 역사학의 전문적 내용을 보완하고자 하였다.

웹진 개편과 함께 홈페이지 상에서 연구회원, 일반회원을 관리하며, 회원들에 대한 보다 적극적인 정보전달과 의사소통 방안을 모색하기 시작하였다. 그러나 회보가 없어지고 웹진이 간행되면서 기존에 회보가 가지고 있던 기능 가운데 일부가 실종되었다. 즉 연구회 활동상황 정리, 역사학계 동향과 논쟁 등이 사라짐에 따라, 역사 대중화를 위해서도 연구회와 역사학계의 최근 동향을 소개할 필요가 있다는 의견이 제기되기도 하였다.

연구회 재정이 출판계 불황으로 인한 인세 수입 감소로 적자를 면치 못하면서, 웹진 활성화를 통한 대중서 간행과 그로 인한 인세 수입에 기대를 걸기도 하였다. 웹진을 발간하면서 역사 대중화를 내세웠지만 그 연결고리가 취약하고 활성화되지 못한 한계는 여전하였다.

2. 연구회 조직과 구성

1) 조직 개편

이 시기 연구회는 내외의 변화에 맞춰 중장기 전략을 세우고 연구회 역량을 집중하고자 하였다. 초기에는 연구위원회와 편집위원회를 중심으로 기획 기능을 강화하여 연구회의 지향성과 실천력을 높이고자 하였다면, 중반 이후 연구회의 중추가 되는 연구반 활성화를 통해 분과 활동을 강화하고자 하였다.

역사학의 위기는 일시적으로 해결될 수 있는 것이 아니고 한국사의 과제 또한 지속적인 작업을 통해 해결될 수 있는 것이었다. 이 시기 연구회는 연구반 조직과 활동이 약화되는 추세를 해결하고자 다양한 해결 방법을 모색하였다. 역사학의 위기라는 연구회 외적 요인뿐만 아니라 사회 교육 연구 환경의 급변과 학계 내외의 도전에 적극적으로 대응하지 못했던 내부 요인도 있었고, 연구회 초기와는 달리 관성적인 연구반 조직과 활동도 문제의 한 원인이었다. 때문에 다양한 유형의 연구반 및 학습반 조직을 장려했는데, 분과를 넘나드는 분과간 주제별 연구반 조직도 역사 연구 추세에 비추어 적극 장려되었고, 각 연구반의 문제의식과 연구목적을 분명히 설정할 필요가 있다는 점도 지적되었다.

이 시기 연구회 회원은 매년 증가 추세로, 두 번 째 10년이 시작된 1998년 377명에서 2007년에는 530명까지, 매년 15명 내외로 증가하였다. 이 시기 연도별 분과 인원 현황은 다음 표와 같다.

연도 분과	1998	1999	2000	2001	2002	2003	2004	2005	2006	2007
고대사	37	46	53	56	65	59	65	69	74	78
중세사1	52	54	59	67	67	75	70	74	76	78
중세사2	101	96	99	106	112	114	117	118	120	122
근대사1	54	50	50	51	51	53	49	50	54	58
근대사2	78	75	80	85	89	86	93	93	96	100
현대사	55	61	70	75	78	81	81	84	92	94
계	377	382	411	440	462	468	475	488	512	530

1998년 임시총회를 열고 총회를 매년 12월 개최하기로 결정함에 따라 11차 년도 회기가 6개월로 끝나고 12차 년도가 시작되었다. 이 시기 임원진 구성은 회장, 감사, 연구위원회, 사무국, 편집위원회, 평의원회 등이었다. 연구위원회는 연구위원장, 상임간사, 각 분과장 및 총무로 구성되었고, 사무국은 사무국장, 총무부장, 회보부장, 사업부장, 자료부장, 사무간사로, 편집위원회는 편집위원장, 편집위원, 편집간사(2인)으로 구성되었다.

이 시기 초기에는 연구회 조직에서 분과장이 차지하는 비중과 역할이 컸다. 분과장은 연구위원회를 비롯하여 편집위원회에도 당연직으로 참가해야 했으며, 분과를 책임지는 막중한 임무를 맡았다. 그러나 연구위원회와 편집위원회의 연구 기획 기능이 강화되고 분과별 회원수가 증가하면서, 분과장은 분과 차원의 조직사업과 기획에 주력하면서 이것을 토대로 분과를 강화하도록 하였다. 대신에 연구회 장단기 연구기획을 담당할 2~3인의 기획담당 연구위원을 별도로 연구위원회에 두는 방식으로 기

---

9 각 연도별 한국역사연구회 총회 자료집, <활동회원 현황> 참조.

획 능력을 높이고자 하였다.

연구위원회는 연구 분위기 진작을 위한 연구반, 학습반, 연구팀 구성을 독려하였다. 연구회의 방향성과 관련된 기획을 모색하기도 하였다. 연구반 신설이 저조하고 활동하는 연구반이 부족하여 연구발표회 조직에 어려움을 겪었다. 이에 대한 해결방안으로 '연구팀'을 구성하자는 제안이 나왔다. 전임급 연구자 한 두 명과 박사과정 이상 연구자 두 세 명, 자료수집 담당 석사과정 이상 연구자로 팀을 구성하며, 외부의 연구지원(비)을 받는 것을 전제로 하고, 이 팀을 연구와 더불어 선배가 후배를 교육하는 장으로 활용하려는 의도였다. 연구회가 필요로 하는 주제를 기동성 있게 조직하는 것 외에도 전임급 회원의 참여를 독려하고, 후배 연구자들에게 교육과 생활의 장을 제공하는 장점이 있다고 평가하였다.

편집위원회는 분과 편집위원을 전임 이상으로 충원하고, 각 분과장을 당연직 편집위원으로 선임하여 편집위원회의 자체 기획과 편집기능 강화에 상호 보완적 역할을 하도록 배려하였다. 편집위원회 자체 기획물을 모색하는 한편 원고 심사를 강화하였다. 분과 편집위원과 당연직 편집위원(분과장)의 긴밀한 협의 하에, 분과 현황을 충분히 고려하여 편집위원회의 자체 기획력을 강화할 필요가 있다고 보았다. 당시 감사 결과 연구반 활동 부진을 해소할 특단의 대책이 필요하다는 제언과 함께 편집위원회가 편집위원과 분과장 연합체제로 구성되어, 이러한 조직이 운영위원회 또는 연구위원회의 기능 약화를 초래할 것을 우려하기도 하였다.

편집위원회 역시 기획 기능을 강화하고자 하였다. 1999년부터 지방의 비회원 연구자에게 투고기회를 개방하고, 심사를 거쳐 게재되면 일반회원으로 등록케 하여 연구회의 전국적 저변확대를 도모하였다. 특히 연구회의 전반적인 활동수준 저하 속에서 나타나는 연구반 성과물 부족을 보완하는 한편 연구회의 지향도 실현할 수 있는 방안이 편집위원회의 자체

기획이라고 보고, 연구회가 지향하는 바람직한 연구방향 제안, 실현, 새로운 연구경향의 소개 등 학계에서 객관적으로 요구되는 것들을 선도적으로 수행하기 위해 기획기능 강화가 필요하다고 보았다.

그러나 기본적으로 분과 역량을 강화해야 연구회의 조직적 기초를 튼튼히 할 수 있었다. 분과는 연구반과 더불어 연구회 존립을 좌우하는 핵심 단위이다. 연구회 외형이 확대되고, 연구회원들의 사상적 의식적 편차가 커짐에 따라 공동연구가 예전처럼 여의치 않은 만큼 연구회원들을 분과단위로 묶어낼 필요가 있었다. 하지만 외형적 성장과 함께 분과의 자체 구심력도 상대적으로 약화되었다. 분과 총회 참석률 저조, 연구회와 분과의 연계성 약화도 문제로 드러났다. 때문에 연구회 집행부(운영위원회, 편집위원회, 연구위원회, 사무국)-분과-연구(학습)반-연구반원으로 이어지는 연계망을 밀접하게 형성하기 위한 노력이 필요하였다. 연구위원회는 모든 연구반(학습반)을 연구위원회에 보고하도록 하는 등, 조직 원칙에 입각하여 연구반을 관리하고자 하였다.

한편 조직적 측면에서 연구회 운영에 어려움도 발생하였다. 이 시기 연구위원회는 연구회 장단기 연구기획을 담당할 특별연구위원 3인으로 특위를 구성하여 연구기획이라는 공동 업무 외에 교과서 문제, 해외학술교류 등의 특별 업무를 부여하였다. 그러나 특별 업무가 유보되고 위원들의 회의 참석이 저조하여 특위를 설치한 연구회의 의도가 제대로 관철되지 못하였다. 1999년 총회에서 개정된 규정에 의거하여 분과장이 연구위원과 운영위원을 겸함에 따라 양쪽의 회의 내용이 중첩되는 경우가 발생하고, 이에 따라 연구위원회에서는 최종 결정을 운영위원회로 미루는 일이 종종 발생하였다. 이는 운영위원회가 연구회 상설 최고기구이고 연구위원회에서 논의되었던 안건이 운영위원회에서 재론되기도 했기 때문이었다. 때문에 양자의 업무 분담을 명확히 하고, 연구위원회 결정 사항

에 대해 운영위원회에서 중복 논의되는 일이 없도록 해야 한다는 주장이
제기되었다.

연구회의 두 번째 10년이 중반을 넘어서면서 연구회 활동의 전반적
침체를 우려하는 목소리가 커졌다. 연구회 행사에 회원들의 참여율이 저
조하고, 회원들의 개인주의적 경향도 드러났다. 당시 논의 중인 다양한
역사 담론에 대한 모색 내지 대응방안도 미약하다는 지적이 많았다. 이
는 연구회의 정체성에 대한 문제의식이 희박하다는 지각으로 이어져, 과
학적 실천적 역사학의 개념을 정립해야 할 필요성이 제기되었다. 한국사
학 및 민족주의 역사학 관련 다양한 논의에 대한 연구회의 입장 정리,
신·구 회원 간 다양한 입장 차이 확인 및 조정, 연구회 대규모 사업을
효율적으로 관리할 필요가 있었다.

2003년 연구위원회에서는 보다 적극적으로 기획발표회를 조직하였
다. 조선후기사회를 어떻게 볼 것인가, 고대사회를 어떻게 볼 것인가 등
학계의 담론을 주도하기 위한 기획을 늘리는 한편 '사회, 교육 환경의 변
화와 대학 한국사 교육의 진로' 등 역사 교육 관련 논의를 주도하기 위한
기획을 적극적으로 조직하기 시작하였다. 이 시기 연구위원회는 중장기
기획안을 마련하기 위해 기획담당 특별연구위원을 선정할 필요가 있다
고 보았다. 동아시아 인접국과의 역사이해의 차이(한중, 한일), 남북학술
교류, 여성, 역사교육, 역사이론 등의 문제에 대한 학술적 대응과 정책적
대안을 강구해야 한다는 것이다. 연구의 시야도 한국사의 범위를 넘어서
동아시아, 세계사의 관점으로 확대하고, 인접 학문의 연구방법론도 수용
해야 한다는 것이다.

연구발표회는 연간 8회로 그 중 3회는 기획발표에 할당되었다. 기획
발표회 취지를 보완하여, 한국사 연구의 주요 쟁점을 둘러싸고 활발한
논의를 불러일으키는 데 역점을 두었다. 그에 덧붙여 사회적 현안에 대

한 학문적, 역사학적 개입을 시도하였다. 민주주의 내면화, 전쟁 위험 고조에 반대하고 평화와 남북 화해 기운 고양, 한미간 불평등 관계 청산 등에 대해 역사학자들이 논문을 통해 어떻게 기여할 수 있는가 등과 같은 문제의식을 기획발표회에 담기로 하였다. 연구발표회는 연구반의 공동연구 성과라는 점에서, 한국사 연구의 당시 지평에서 의제 설정과 쟁점 제시 등을 통해 우리 연구회의 학문적 영향력을 강화하는 데 주안점을 두었던 것이다.

기획발표회는 회원들의 공동연구에 의존하지 않으며, 학문적 사회적 현안에 기동성 있게 대처할 수 있다는 두 가지 특징을 갖고 있었다. 기획발표회가 더 늘어난 데는 '공동연구발표회'를 뒷받침하는 연구반, 학습반의 활력이 떨어진 데도 한 원인이 있었다. 연구반 제도는 우리 연구회의 자부심으로, 창립 이래 막강한 공동연구의 전통을 갖고 있다. 뜻깊은 연구 성과가 거기서 나왔고, 역사학자들의 건강한 우애도 공동연구에서 형성되었다. 공동연구의 전통은 다른 여느 연구단체도 모방하기 어려운 우리 연구회의 내적 전통이라 할 수 있다. 그러나 연구반과 학습반의 가동률이 50% 정도로 활력이 떨어져 있었고, 공동연구 결과 생산되는 연구논문들이 문제의식의 무미건조함 탓에 학계에서 주목받지 못하고 사장되는 경우도 적지 않다는 비관적 분석도 나왔다. 공동연구의 전통을 살리기 위해 다양한 유형의 연구반과 학습반을 장려할 필요가 있다고 보았다. 장기 전략적 연구반, 쟁점과 토론 연구반, 분과 울타리를 넘는 연구반과 학습반, '사료 속에서 뒹구는' 장기적 호흡의 연구반, 학제간 소통에 기초한 연구반 등이 그것이다.

연구회 20년이 되는 2007년 총 연구회원 수는 530명으로, 그 중 박사학위 소지자가 48%, 전임 이상이 23%였다. 당시 연구위원회는 연구반과 학습반이 줄어드는 추세를 우려하는 평가와 전망을 내놓았다. 그 전 10

년 사이 역사를 전공하려는 학문 후속세대가 급감한데다가 학교를 중심으로 연구비가 배분되는 환경 때문에 이들마저 학회 가입의 필요성을 그다지 느끼지 않게 되었다고 평가하였다. 그러나 당시에도 19개 연구반과 5개 학습반이 활동 중이고 연구반 구성도 선배와 후배 회원이 고르게 참여하여 외형상 세대교체가 원활히 이루어지는 것으로 보았다. 그러나 급변하는 연구 환경 속에서 연구회와 후배 세대들이 그 뜻을 펼치려면 충실한 사료비판, 참신하면서도 합리적인 문제의식, 간명한 스토리 구성 등에 대해 더 고심해야 하며 구태의연한 발표 방식도 탈피하여 비주얼 시대에 부응하려고 노력해야 한다는 평가가 나왔다.

2) 사무국 조직 변화와 연구회 재정

1998년부터 사무국 상임활동이 연구회의 중추로 자리매김할 것을 요구받았다. 연구회 창립 이후 입회하여 활동을 시작한 연구자군이 사무국 상임의 중심을 형성하였다. 객관적 존재조건이 변화한 것으로, 연구회 창립회원들이 가졌던 문제의식과 경험을 공유하고 비판하면서 이전과는 구별되는 새로운 패턴의 사고와 활동이 가능해졌다. 30대 초반의 박사과정 연구자들로 구성된 상임들이 연구회의 방향성과 연구회 활동에 대한 적극적인 문제제기를 통해 자신들의 위상을 연구회의 중추로 자리매김할 것을 요구받았던 것이다. 그러나 상임에게 실무적인 일이 너무 집중되면서, 연구회의 중간층에 해당하는 상임이 일은 많으면서도 결정권은 없는 바람직하지 못한 상태가 지속되었다. '상임의 관료화'를 우려하기 시작한 것도 이 시기였다.

이 시기 연구회 조직의 가장 큰 특징은 분과총무가 상임을 겸하는 체제였다. 상임이 종래 분과장의 조직관리 역할을 포괄한다는 전제 하에,

분과총무가 운영위원회의 구성원으로 참여하는 등 상임의 위상과 역할을 강화하였다. 연구회의 중심축을 형성하기 위한 새로운 시도였다. 상임들 개개인에게 상당한 부담으로 작용하는 동시에 실무적인 역량에 주력하던 상임의 위상을 연구회의 중추로 전변시켜야 한다는 인식을 공유하게 하였다는 측면도 있었다.

그러나 다음 해인 1999년 연말 총회에서는 분과총무가 상임을 겸하는 체제의 문제점이 노출되었다. 상임들이 사무국과 분과의 제반 기능과 기획 기능을 담당할 것을 요구받았는데, 층위가 다른 업무가 상임 개인에게 집중됨으로써 원래의 취지와 달리 상임들은 더 실무적인 집행기능 위주의 활동에 치중하게 됨으로써 악순환이 반복된다는 것이었다. 그에 따라 다음해인 13차년도에는 사무국 운영의 많은 부분이 10차 년도의 구조로 회귀하게 되었다. 연구회의 특징 가운데 하나인 상임제도 자체에 대한 과감한 인식전환과 다양한 논의가 필요한 시점이라는 데 의견이 모아졌다. 역점 사업은 연구회 조직관리였다. 지난 10년 동안 엄청난 양적 팽창을 이뤘지만, 연구회원의 '허수화'를 동반함으로써, 1년 6개월에 걸친 조직관리 사업으로 조직 내실화를 통해 연구회 활동을 활성화하고자 하였다.

2000년 들어서 사무국 조직과 운영은 '상임 중심의 실무형' 운영체계로 변모하였다. 12차년도의 분과총무가 상임을 겸하는 체제에서 상임과 분과총무를 분리하였고, 상임은 운영위원회 구성원에서 제외하고 연구위원회, 편집위원회, 자료부, 회보부, 사업부의 실무간사 역할을 하도록 하였다. 그러나 사무국 상임들은 연구회의 제반 행사 준비에 대부분의 역량을 소진하게 되어 연구회의 운영과 기획 기능을 담당하지 못하고 있었다. 분과총무가 사무국과 연계하여 연구회 운영에 참여하지 못하여 연구회 구성원 전체의 의견을 수렴하는 역할을 하지 못하는 문제가 드러났다.

2001년 사무국은 그 전해와 마찬가지로 상임중심의 실무형 운영체계로 이어졌다. 상임은 기본 업무 외에 연구회 행사 준비와 진행, 각종 신문사 방송국, 사회단체 및 일반시민들의 문의를 직접 해결하거나 연구회원에게 연계하는 역할을 수행하였다. 상임은 그야말로 '연구회 운영의 첨병'이었다. 이 시기 사무국 업무는 크게 두 가지로, 첫째는 총무부장과 사무간사를 축으로 연구회 재정을 확충하고 관리하는 행정업무, 둘째 웹진기획팀과 사업부를 중심으로 하는 역사대중화 업무였다. 그 중에 사무국장-총무부장-사무간사를 중심으로 하는 행정업무를 정비할 필요가 있었다. 재정 확충 대책이 절실했기 때문이다. 이 시기부터 연구회 감사보고서는 적자 재정의 구조적 요인으로서 인세 수입이 격감하고, 회비 수입이 57%로 저조하다는 지적과 함께 지출을 줄이는 방안을 검토할 필요성을 지적하였다. 사무국에서는 회비 수납율을 높이는 것이 중요하며, 그러기 위해서는 회비 자동이체율을 높일 필요가 있다고 보았다. 당시 자동이체율은 70%, 회비 완납률은 50% 미만이었다. 재정 확충을 위해 일반회원을 늘리기 위한 노력도 필요하다고 보았다. 연구회원의 수가 증가하고, 연구회 재정과 사업규모가 커지면서 필연적으로 '상임의 관료화'10 현상도 야기되었다.

2002년 운영위원회에서는 연구회 개편방안을 논의하였다. 사무국 등의 조직 개편이 필요하다는 인식 하에 연구회의 전체적인 개편방향(조직과 활동 방향)에 대한 문제를 여름 수련회 토론 주제로 다루고, 그에 따라 연구회 홈페이지를 통한 회원들의 의견 개진 공간을 마련하여 개편안을 준비하고자 하였다. 사무국은 재정 적자를 줄이는 것에 중점을 두었

---

10 '관료화'라는 표현은, 조직의 발전을 저해하는 역기능을 우려한 표현으로 보인다. 관료제의 특성에 따른 역기능은 매너리즘, 사기 저하, 의사소통 저해, 경직성, 변화에 둔감한 점 등이 꼽힌다.

으며, 상대적으로 회원관리는 소홀하였다고 자평하였다. 연구회 운영이 '상임 중심의 실무형' 운영체계가 더 강화되면서, 상임의 관료화 경향이 두드러지는 문제를 극복하기 위해 상임의 위상과 활동성에 대한 방향 제고도 필요하였다. 이 시기 상임은 각 분과별로 1인씩 추천받는 방식으로, 6개 분과에서 1인의 상임을 추천하고, 이들 상임이 위원회나 사무국 부서에 배치되어 활동하였다. 주 6일에 따른 연구회 공간 근무를 전제로 짜여진 것인데, 상임들 간에 업무량이 불균등하게 배분될 수밖에 없는 구조였다. 그런데 1990년대 말 이래 한국사 전공자의 대학원 진학 감소, 학술진흥재단 기초학문육성과제에 따른 각 학교 내 업무 증가로 인해 상임 지원자가 크게 감소하였고, 그 여파로 인해 신입회원의 연구회 활동이 줄어들었다. 이는 연구반 활동은 물론이고 상임 수급에도 영향을 미쳤다. 한편 연구회 재정 수입은 인세와 회비로 충당되는데, 적자 재정이 이어지면서 학진 등과 같은 외부 연구과제 수행에 따른 수입을 기대하게 되었다.

다음 해에 일시적으로 적자는 면했지만 전망은 밝지 않았다. 재정원이 회비와 인세에 치중되었고, 학진 연구비를 활용하고자 했으나 연구회 구속분에 대한 영수증 처리 문제로 그마저 원활하지 못하였다. 회비수입을 늘리기 위해 연구회원의 회비 자동이체율을 높이고 일반회원을 늘리고 인세 수입을 창출하기 위해 기획 출판을 시도할 필요가 있다는 제안이 다시금 제기되었다.

그에 따라 2003년에는 또다시 사무국 조직에 큰 변화가 있었다. 사무국 조직 개편에 따라 사무국장과 3인의 상임위원, 1인의 사무간사 체제로 구성하고, 각 상임위원은 총무부, 연구위원회 및 웹진 간사, 편집위원회 간사를 겸임하도록 하였다. 상임위원 직제로 개편하여 상임의 위상을 강화하고, 실무적인 차원을 넘어 연구회 운영 방향과 관련된 기획 능력을 강화하자는 취지였다. 그러나 상임의 업무 부담이 줄어들지 않아 여전히 실무적인 차원을 벗어나지 못하였다. 상임위원 수가 줄어들면서 조직적 대응이 필요할 때나 다수의 인원 동원이 필요할 때 효과적 대응이 어려웠다. 또한 상임간의 유기적 연계가 약화되었고, 사무간사 교체시 업무 공백이 우려되기도 하였다. 결과적으로 사무국은 상임 숫자가 그전에 비해 반으로 줄어들어 필연적으로 업무상 공백을 야기할 수밖에 없었다. 자료 정리 미비로 인한 미관상의 문제는 물론이고, 부수적이기는 하지만 연구회 공간사용의 비효율성의 간접적 원인으로 작용하기도 하였다. 적절한 원칙을 세워 효율적으로 관리해야 한다는 것은 분명하지만, 현실적 제약 요소를 해결하기는 쉽지 않았다.

2004년 이후 사무국장과 3인의 상임위원, 사무간사 체제가 안정적으로 자리잡아 운영되었다. 그러나 여전히 사무간사의 비중이 커지는 데 따른 우려가 있었고, 연차별 사무국 인수인계도 명확하게 이루어질 필요가 있었다. 특히 사무국의 역할이 재정관리, 사무관리 등으로 축소된 데 대한 문제점도 제기되었다. 여전히 분과와의 연계나 분과 활동상황을 파악하는데 어려움이 있었으며, 상임 업무가 증대되는 문제가 있어 장기적으로 연구회 조직 개편 및 조정이 필요하였다. 웹진 위상이 강화됨에 따라 간사들의 업무 조정과 사무국 업무의 보다 유기적 협조 방안을 마련할 필요도 있었다.

3) 법인 설립 검토

2000년부터 연구회 법인 설립 제안이 나오기 시작했다. 법인화의 장단점을 검토한 결과, 장점으로는 사단법인으로서 사회적 공신력 제고, 재정적 기여, 공식적으로 조직 위상 강화 등의 효과가 있을 것으로 기대하였다. 반면 단점으로는 제도권 편입과 이중적 운영구조, 이사진의 역할 등의 문제가 있을 수 있으며, 특히 연구회 조직과 법인조직과의 이중성 여부, 법인화추진위원회 및 추진방식과 일정에 여러 문제점이 있는 것으로 보고, 당분간 법인화는 어렵다고 결정하였다. 그러나 차후 시행당위성 및 확실한 전망 자료가 제시된다면 재논의는 가능하다고 여지를 남겨 두었다.

재정 적자로 인해 법인 설립에 대한 장단점이 또다시 논의되었고, 여러 해 동안 총회 준비과정에서 주요 쟁점으로 다루어졌다. 2003년 제16차 평의원회에서는 그간의 논의를 정리하여 법인설립 문제에 관한 명확한 판단을 내릴 필요가 있다고 보고, 법인 설립이 갖는 장단점을 검토했다. 장점은 조직 운영에 필요한 인력 보충의 어려움을 장기적으로 전임 사무원 체제로 전환할 필요가 있다는 점, 효율적이고 투명한 회계 처리(인세, 연구비 정산, 연구회 공간 전세 명의 등 각종 자금 관련 업무를 법인 명의로 처리할 수 있음), 대외적 공신력을 높여 연구비 수주에 유리하다는 점, 각종 기부를 유도하여 재정 확보에 유리하다는 점 등이 지적되었다. 반면 단점으로는 예결산 보고시 관할 관청의 관리를 받게 됨에 따라 전담 인력이 회계 처리를 해야 하고 경우에 따라서는 감사를 받거나 극단적인 경우 해산 명령 또는 임시이사 파견 가능성도 있으며, 연구회가 연구소 방식으로 운영됨에 따라 회장과 운영위원이 이사회 역할을 겸임함으로써 이사회가 전권을 쥐게 되면 설립취지와 달리 운영될 가능성이 있다는 점, 논의구조가 이원화될 가능성(총회와 평의원회, 운영위원회의 위상 및 기능 변화 등), 재산 처리의 어려움, 사무국 인수인계시 업무 어려움, 각 분과 회원들의 반대 의견, 법인 설립 자체의 어려움 등이 지적되었다. 토의 결과 법인 설립을 하지 않는 것으로 결론지었으며, 향후 법인설립과 관련한 환경이 변하기 전에는 법인 설립 관련 논의를 제기하지 않기로 결정하였다.

4) 남북역사학교류추진위원회 구성과 활동

2000년 6.15공동선언이 발표된 후, 남북역사학자들은 2001년 2월 평양에서 '일제 조선강점의 불법성에 대한 남북공동 자료전시회 및 학술토론회'를 개최한 것을 시작으로, 매년 공동학술행사를 진행하였다. 이런 과정에서 서로 간에 쌓인 신뢰를 바탕으로 2003년 8월 행사기간에 남북이 남북 역사학자의 상설 조직체로서 '남북역사학자협의회' 구성에 합의하는 등 결실을 맺었다. 이 시기 우리 연구회는 남북역사학 학술교류를 적극적으로 준비하고 추진하는 데 앞장섰다.

2000년 연구회는 장기적인 안목과 일관된 원칙을 가지고 남북 학술교류를 준비할 특별기구를 만들기로 결정했다. 그에 따라 2001년 8월 '남북역사학교류추진위원회'를 구성했다. 위원회는 회장단 교체와 관계없이 장기적 안목에서 사업을 준비할 수 있도록 회장 산하 특별기구로 하며, 위원장에 안병욱 선생을 추대하고, 회장은 준비위원회에 배석하며 연구위원장과 사무국장이 당연직으로 참여하도록 했다. 위원회 내에는 정책, 학술, 교류소위원회를 두고, 매달 정기적으로 회의를 개최하여 남북역사학교류를 위한 다양한 방안을 모색하였다.

위원회는 1차 사업으로 연구회 자체뿐만 아니라 역사학계 전체 차원에서 남북역사학 교류를 위한 논의와 준비를 활성화시키는 계기를 마련한다는 취지로, '평양남북정상회담의 역사적 의미와 한국사학계의 과제'라는 주제로 8월 25일 대한출판문화협회 강당에서 학술토론회를 개최했다.[11] 9월 25일에는 현대아산의 개성공단 조성에 따른 문화재 훼손 방지 대책을 마련하기 위해 한국사 및 고고학 관련학회와 공동으로 '개성지역

문화유산 대책협의회'를 결성, 11월 10일 학술보고회를 개최했다. 11월 8일 위원회에서 마련한 '남북역사학학술회의 기획안'을 가지고 국사편찬위원회 이성무위원장과 면담하였으며, 12월 20일 국사편찬위원회 주관하에 역사학계 중진 및 역사학 관련학회 대표들로 '남북역사교류자문위원회'를 구성(안병욱 위원장과 방기중 회장 참석)하였고, 이후 국사편찬위원회와 공동으로 남북역사학교류를 추진하였다.

위원회는 2001년 1월 31일 남북역사학교류 학술회의 제안서를 북한에 전달하였고, 2월 27일 북한 사회과학원 력사연구소에서 그에 대한 답신을 보내왔다. 학술회의의 구체적 일정과 일부 주제별 토론 의제에 대해 협의·조정할 실무접촉을 3월말~4월초 금강산에서 갖자는 내용이었다. 그러나 이 답신을 받아보지 못한 상태에서 2001년 3월 1일 평양에서 열린 '일제의 조선강점 비법성에 대한 남북공동자료전시회 및 남북공동학술토론회'에 참석하였던 안병욱 위원장이 다시 학술회의 제안서를 전달하였으나, 3~4월에 갖기로 한 실무접촉은 남북한 양측의 사정으로 연기되었다. 8월 22일 북한 측이 다시 연락해 옴에 따라 9월 13~14일 방기중 회장이 금강산에서 열린 실무회담에 참석하여, 10월 하순 '일본의 역사 왜곡과 우경화 비판을 위한 남북학술대회 및 자료전시회'를 개최하기로 합의했다. 그러나 북한의 사정으로 학술회의는 연기되었다.

한편 2001년 6월 22일에는 남북역사학교류를 위한 준비 작업의 일환으로 '북한 역사학의 어제와 오늘'이라는 주제로 연구회 정기학술심포지움을 개최하였다. 남북정상회담 1주년이라는 시기에 부합하면서, 남북역사학이 만날 수 있는 계기를 모색하는 데 의미가 있었다. 남북 역사학의 공통성과 상이성을 확인할 수 있는 자리였다.

---

11 『역사와 현실』37호(2000. 9) 참조

2003년 우리 연구회를 비롯한 역사학계에서 남북학술토론회 및 남북 역사학자 협의회 구성문제를 토의하였고, 2004년 2월 28일 평양에서 남북역사학자들이 남북역사학자협의회 구성에 합의하였다. 그해 4월 23일 남북역사학자협의회 남측 위원회가 공식 발족하였다. 위원장은 강만길 교수가 맡았고, 우리 연구회의 남북역사학교류추진위원회 위원장인 안병욱 선생이 공동 부위원장에 선출되었다.

3. 연구 활동과 대중화 작업의 변화

1) 연구 활동 및 대중화에서의 변화 배경

연구 활동은 많은 연구반의 신설과 해체에서 보듯이, 이 시기 연구중심주의의 확산을 특징으로 한다. 연구중심주의란 학문연구 위주의 활동으로 전환함을 의미한다. 이 시기에는 연구회 회원 내에서의 사회적 실천과 역사연구 방식을 둘러싼 고민이 확산되던 시점이었다. 말하자면 연구 활동은 연구 그 자체에 매몰되면서 논문과 개인 저작 출간이 양적으로 확산되었다.

연구중심주의는 1990년대 이후 소련의 해체 등을 통한 사회주의권의 약화, 군사정권에서 문민정부로의 변화 속에서 예고된 일이었다. 과학적 실천적 역사학의 방향에 대한 논의가 연구회 내부에서 확대되고, 직접적 사회참여보다 연구 자체에 몰두하려는 경향이 강해졌다. 그야말로 '역사학을 위한 역사학'이 되어가는 경향이 강해졌다.

연구자들의 연구 환경 변화도 이 경향에 일조하였다. 당시 한국학술진흥재단의 인문학 연구지원이 본격화되었다. 재단 지원으로 프로젝트

위주의 연구주제의 공모가 이루어졌고, 이것은 공동연구를 해왔던 연구회의 방식에 적합하였다.

그러나 연구회는 제도적으로 재단의 연구비를 수령하기 어려웠기에, 학교 연구소 단위로 공모가 이루어졌다. 따라서 연구회의 공동연구 참여만큼이나 학교 내의 연구프로젝트의 비중이 커졌다. 연구자들은 생계와 인적 네트워크 때문에 재단 프로젝트에 적극적으로 참여하였다.

이런 프로젝트는 신진 연구자들의 상당수를 흡수하였고, 그들의 역량이 여기에 집결되었다. 그 결과 프로젝트는 연구반 결성에도 영향을 미쳤으며, 연구자들이 학술연구프로젝트 자체에 매달리도록 부채질하였다. 그 결과 연구를 위한 연구 경향은 더욱 심화되어 갔으며, 많은 연구역량이 소모적 프로젝트 결과에 투여되었다. 연구회 회원들의 프로젝트 참여 증가에 따라, 연구회의 공동연구의 활동성이 약화되는 경향을 낳았다. 그럼에도 공동연구라는 형식은 연구자들에게 익숙한 방식의 연구형태가 되었다. 즉 연구기획, 공동자료 수집과 체계화, 공동성과화 방식 등이 보다 체계적인 방식으로 자리잡게 되었던 것이다.

또한 '진실·화해를 위한 과거사정리위원회'(2005년)와 같은 정부사업 기관이 만들어지거나 활성화되면서 연구자들의 참여가 상당히 이루어졌다. 이러한 연구외적 환경은 연구회의 연구 활동에 직간접적으로 영향을 미쳤다.

아울러 90년대 교수 취업 조건의 변화가 연구회의 활동에 영향을 주었다. 90년대 이후 교수 취업에서 연구논문 업적에서 양적 조건이 중요한 요인이 되었다. 즉 취업에 따른 연구논문이나 책의 숫자가 중시되어 갔다.

1980년대 급격하게 팽창했던 교수의 취업 숫자는 이 시기에 줄어들었고, 연구자들 내부의 취업을 둘러싼 경쟁이 격화되었다. 이 현상은 공동연구의 참여 이상으로 개별적 연구논문 양산이란 분위기를 낳았다. 그 결과 연구회에서의 대중서 출간은 연구자들 사이에서 점차 기피하는 일이 되어 갔다. 그보다 개인적으로 책을 펴내는 것이 업적 평가와 취업 등에 유리하였기 때문이다.

또한 연구회는 늘어난 회원숫자와 함께 대중화를 위한 책의 편찬에서 기획부터 출간까지의 시간 소요가 훨씬 증가하였다. 그리고 이전보다 연구회원을 모집하여 대중서를 출간하는 일이 점차 어려워졌으며, 참가한 회원들에 대한 대우 문제도 등장하였다.

대중화활동과 사회참여에 대한 문제는 연구회가 양적인 성장과 함께 새로운 방향을 모색하는 과정에서 등장할 수밖에 없었다. 이 시기는 연구주의 편향에 따른 사회적 실천의 문제가 제기되었다. 그 결과 연구 활동의 지향을 둘러싼 다양한 논의가 제기되었지만, 연구회의 연구자들 대부분이 동의하는 과학적 실천적 역사학의 이론화나 체계화는 쉽게 이루어지지 못하였다.

2) 활발한 연구반의 신설과 해체

연도	연구반 신설	학습반 신설	연구반해체	학습반해체	연구반통합	연구반명칭변경
1998	2	5	3	3		
1999	2	4	4	5		3
2000	6	3	2	2		1
2001	2	6	4	4		
2002	1	6	4	4		1
2003	2	4		3		2
2004	1	2		1		1
2005	3	2		2		3
2006	1	1	4			
2007	3		4	3		
합계	23	33	25	27		11

연구반은 연구회의 중추적인 신경조직이다. 연구반은 개인적 발표가 아닌 공동연구의 결과를 산출하고, 이를 연구발표회를 통해 평가받는다. 연구회 회원 대부분은 연구반 내지 학습반을 통해 공동연구를 수행하고, 이를 체계화하는 연구발표회의 경험을 갖는다.

이 중에서 공동연구는 한국역사연구회가 과거 한국사 연구단체와 다른 특징이다. 따라서 연구반은 연구회를 뒷받침하는 가장 우선적인 조직일 것이다.

위의 표에 따르면 1998년 이후 10년간 신설된 연구반은 23개이다. 하지만 기존 학습반에서 이름을 바꾼 연구반은 연구반신설로 표시하지 않았다.

한편 특별연구반은 특정 분과에 소속되지 않고, 통 시대적인 주제나 회원의 참여로 인해 구성되었다. 또는 특별한 목적을 위해 일시적으로 조직된 연구반이었다. 예컨대 한국전쟁 50주년 연구반의 경우에는 2000년이 한국전쟁 50주년이란 시점에 맞추어 1999년에 조직되었다. 이런 경우에 학술심포지엄을 거치면 연구반은 결성목적을 달성했기 때문에 해체되었다.

이 시기 연구반의 신설은 향후 1~2년 이내에 연구발표회를 갖게 되는 것을 의미한다. 따라서 연구반을 곧바로 만드는 것은 연구반 참여자들에게 발표에 대한 부담이 될 수 있었다. 학습반의 구성은 연구발표회에 대한 직접적 부담감을 줄이고, 자료와 연구주제에 대한 탐색을 통해 새로운 연구방향을 찾을 수 있는 방법이다. 그 결과 당시 연구반보다 학습반의 신설이 33개로 많았던 이유가 여기에 있다.

학습반 신설이 10년간 연구반의 23개보다 10개가 많은 것이다. 그 결과 학습반의 해체 역시 연구반보다 많게 되었다. 학습반에서의 연구탐색은 새로운 연구반의 신설로 이어지기도 하였다. 10년간 매년 1개 정도가 연구반으로 변화하였다.

학습반의 특징 중 하나는 분과별 신입회원 학습반이 약화되어 갔다는 점이다. 이전에는 회원으로 가입한 후에 신입회원 교육을 이수해야만 회원 자격을 인정받았다. 그런데 신입회원 교육이 약화되어가는 추세에 있었다. 하지만 신입회원의 숫자는 증가하고 있었고, 이들이 연구회 내에서 활동할 수 있는 학문적 공간의 필요성이 제기되었다.

그 결과 대안으로 신입회원 학습반이 각 분과별로 활성하려는 노력이 있었다. 물론 이전에도 신입회원학습반이 있었다. 대개 신입회원의 경우에는 1년 정도 학습반에 있다가, 이후 본인이 선택하는 학습반이나 연구반으로 옮겨갔었다.

이 시기의 특징은 분과별 신입회원 학습반이 존재하였지만, 운영되지 않는 분과도 있었고 임시적 성격이 강하였다. 이후 신입회원 학습반은 점차 약화되는 추세를 겪게 된다. 그에 따라 신입회원의 학습 문제는 연구회에서 계속적인 문제가 되었다.

3) 학술발표회

학술발표회는 연구발표회와 심포지움, 특별학술토론회, 기념학술대회 등으로 구성된다. 그 중 연구발표회는 연구반의 공동연구성과를 발표하는 대표적인 장이다. 1988년부터 2007년 10년 동안 제 58회부터 109회까지 총 52회가 진행되었다(부록 참조). 이 성과는 주로 회지에 반영되었고, 일부는 학술단행본으로 간행되었다. 이 시기 연구발표회는 원래 3, 4, 5, 6, 9, 10, 11, 12월에 개최되던 것에서, 이를 채우지 못하게 되면서 점차 횟수가 줄어들었다.

연구발표회를 분과별로 했던 횟수로 살펴보면 다음과 같다. 고대사분과 5회, 중세사 1분과 12회, 중세사 2분과 12회, 근대사분과 13회, 현대사분과 9회, 기타(여러 분과 참여) 1회이다. 이 시기 여러 분과가 참여하여 연구발표를 하려는 시도는 상당히 약화되었다. 분과를 넘어서는 연구기획이 그만큼 미흡해져가는 추세를 반영한다.

연구발표회는 각 분야의 연구사부터 기초자료에 대한 것, 또는 현실과 관련된 주제 등 다양한 분야를 담았다. 그 중에서 이 시기에 드러나는 새로운 특징이 있다.

우선 연구발표회 중에서 지역 연구자들과 연계하여 공동 발표한 경우이다. <지역사연구와 사료>(2002년 6월 29~30일, 강원대)가 그것이다. 이를 통해 연구회는 지역과의 연대를 강화하여, 중앙에서의 연구발표 집중을 완화시키고 지역연구자들과의 연대를 강화하려 하였다. 하지만 이런 시도는 이후에 자주 이루어지지는 못하였다.

둘째, 2000년에 연구회는 인접학문과의 교류로 학문적 외연을 넓히려고 시도하였다. 제 1회 인접학문과의 만남(5월 12일, 숙명여대)에는 서양사의 곽차섭 교수(부산대), 제 2회(11월 4일, 대우재단), 김기봉 교수(성균관대)를 초빙하여 발표를 듣고, 이를 토론하였다. 이 기획은 새로운 한국사 연구방법론에 개발에 대한 도움을 인접분야에서 얻으려 한 것이다. 다만 학문적 외연확대 노력이 한국사 연구에 도움을 주었는지 여부는 확실치 않다. 왜냐하면 이후 타학문 분야와의 연관을 맺으려는 시도는 점차 없어지게 되었다.

셋째, 연구회는 정기심포지움과 그 밖의 기념학술대회, 토론회와 같은 기획을 통한 학술발표회를 많이 가지려 노력하였다. 이런 발표회는 특정한 주제나 목적을 위해 이루어진 것이었다. 연구회의 외연이 확대되고, 사회적 요구에 따른 학술활동의 일종이다. 연구주의의 결과이면서, 연구를 통한 사회 참여라고 할 수 있다. 이 발표회의 결과물은 대개 학술

단행본으로 이루어졌다.

특히 1998년은 연구회 창립 10주년이 되는 해였기에, 이를 기념하는 학술심포지움이 있었다(10월 26일, 서울교대). 총 4부로 진행된 이 심포지움은 제1부 현대역사학의 점검과 전망, 제2부 역사교육과 역사대중화, 제3부 21세기 근현대사연구의 새로운 모색 제4부 종합토론으로 진행되었다.

그 밖에 특별한 주제와 시기에 대응하여 이루어진 연구발표회는 다음과 같다.

우선 1999년 서울(10월 23일, 세종문화회관)과 광주(10월 28일, 전남대)에서 <광주학생독립운동 70주년 기념학술심포지움>을 개최하였다.

2000년에는 시의적절하게 한국전쟁 50주년 학술심포지엄(10월 16일, 세종문화회관)을 개최하였다. 주제는 <한국전쟁의 재인식-분단을 넘어 통일로->이다. 또한 그 해에는 특별학술토론회로 <평양남북정상회담의 역사적 의미와 한국사학계의 과제>(8월 25일, 대한출판문화협회)가 열렸다. 이를 통해 연구회는 통일을 실천하기 위해 역사학이 나아가야 할 방향에 대한 모색을 하였다. 그 밖에 <단재 신채호 선생 탄신 120주년 기념학술대회>(12월 1일, 세종문화회관)과 같은 기념학술대회도 있었다.

또한 연구회는 기획발표회를 통해 학계의 쟁점이 되는 문제를 다루었다. <조선후기 사회를 어떻게 볼 것인가>는 두 차례(2002년 7월 20일, 2003년 3월 8일)에 걸쳐 집중적으로 다룬 대표적 기획발표회이다. 이를 통해 경제사학자들과의 논쟁점을 부각시키고, 그에 따른 심도 있는 토론이 진행되었다. 그렇지만 이와 같은 기획발표회는 이후에 크게 확대되지는 못하였다. 이 시기 연구발표회는 10년 동안 양적으로 크게 성장하였지만, 점차 분과 중심의 학문적 주제에 매몰되어가는 경향이 확대되었다.

4) 회지 간행의 안정화

회지는 1994년 2회에서 4회 간행으로 바뀐 이후 간행주기와 횟수가 안정화되었다. 1998년 3월 27호가 발간된 이후 2007년 12월 66호까지 간기(3, 6, 9, 12월)에 맞추어 간행되었다.

이 시기 회지는 공동연구의 '총론'을 다시 강화하자는 논의가 있었다. 원래 '총론'은 『역사와 현실』 3호부터 특집에 같이 게재된 형식이다. 주지하듯이 공동연구는 공동의 연구목표를 지향하면서 각 개별연구자의 연구를 기반으로 한다.

'총론'은 공동연구의 문제의식과 목표, 그리고 연구 성과를 집약적으로 보여주는 형식이다. 공동연구에 충실하기 위해서는 '총론'이 당연히 필요하였다. 이 때문에 회지 간행 이후 다른 한국사 학술지와 달린 '총론'이라는 형태를 만들었던 것이다.

그런데 90년대 중반 이후 공동연구의 성과인 '특집'에 '총론'이 빠지는 경우가 있어왔다. 또한 '특집'의 연구성과가 개별적이고 분산적이라는 지적이 대두되기도 하였다. 이에 따라 '총론' 강화론이 제기되기도 하였다. 그 결과 '총론'이 가끔 빠지는 경우가 있었지만, 대개는 총론을 게재하였다.

그러나 이후 모든 특집에 '총론'이 게재된 것은 아니다. 1998년도에 수록된 특집 「여말선초 정치세력과 정치운영론」(『역사와 현실』 29호, 9월)에는 '총론'이 없다. 이처럼 연구반 내에서 연구사정 등에 의해 들어가지 않기도 했다.

이 시기 회지에는 현실 문제를 다루는 '시론'을 다시 게재하기 시작하였다. 원래 '시론'은 『역사와 현실』이 발간되기 시작한 1989년에 2차례 (2호, 3호) 게재된 적이 있었지만, 그 간 중지되어 왔다. 이후 '권두논평'

이 잠깐 등장했지만 계속되지 못하였다.

'시론'은 한국사회의 현실 문제를 역사적 시각에 입각한 주장을 펼침으로써, 연구회의 학술적 현실참여의 역할을 하였다. 이 '시론'의 경우에도 매 호마다 게재되지는 못하였다. 그럼에도 매 해 현실문제에 대한 시사점을 줄 '시론'이 수록되었다.

'시론'은 「기록물관리법 제정과 학계의 협력과제」(『역사와 현실』 31호, 1999.3)에서 다시 시작되었다. 이후 「역대 대통령기념관 설립을 제안함」(34호, 1999. 12), 「평양남북정상회담의 역사적 의미와 한국사학계의 과제」(37호, 2000. 9), 「의문사와 의문사 진상규명의 의의」(39호, 2001. 3), 「21세기 한반도와 동북아 평화를 어떻게 주체적으로 만들어 갈 것인가」(51호, 2004. 3), 「한국사회의 변화와 2004년 총선」(52호, 2004. 6), 「동아시아의 평화와 역사교육」(53호, 2004. 10), 「국보법 폐지와 북한인권법 제정의 시대정신」(54호, 2004. 12), 「문서공개 파동 속에서 한일문제와 과거청산을 생각하며」(55호, 2005. 3), 「동북아에서 역사교과서 협력이 갖는 의미와 진로」(56호, 2005. 6), 「6·15남북공동선언 5주년과 남북관계 전망」(57호, 2005. 9), 「과거는 짐이자 힘이다」(58호, 2005. 12), 「사학과 사립학교법」(59호, 2006. 3), 「한일 독도영유권 논쟁과 미국의 역할」(60호, 2006. 6), 「역사교육이 가야 할 길」(61호, 2006. 9), 「중국의 동북공정이 남긴 것」(62호, 2006. 12), 「2·13 합의의 국제적 의미」(63호, 2007. 3), 「불안전하지만 의미 있는 '역사 정리'의 첫걸음」(64호, 2007. 6), 「평화체제로의 이행을 위한 힘찬 도정-남북정상회담에 부쳐」(65호, 2007. 9), 「인문한국 프로젝트와 연구자의 고민」(66호, 2007. 12)등이 수록되었다.

아울러 시론 중에 연구와 관련된 '연구시론'으로 「한국 근현대 정치세력의 분류론」(42호, 2001. 12)이 한 번 게재되었다. 연구 분야에 새로운 시도를 위한 시론(試論)이라 할 수 있다.

한편 '특집'을 통해 연구회의 연구경향에 대한 흐름을 살필 수 있다. 우선 10년간의 '특집' 내지 '기획'은 모두 43회가 수록되었다. 그 중에서 기획은 총 11회가 게재되었다. '특집'이나 '기획'이 『역사와 현실』 각 호마다 1회씩 수록되었다면 40회(40권)가 되어야 할 것이다. 그런데 '특집'과 '기획'이 실리지 않는 경우도 있었고, 때로는 한 호에 5개가 수록되기도 하였다. 또한 회지에 수록되지 않은 경우에 학술단행본으로 발간되는 경우가 있다.

'특집'이나 '기획'이 실리지 않았던 회지는 총 4회였다. 이 경우는 『역사와 현실』 31호(1999. 3), 34호(1999. 12), 44호(2002. 6), 46호(2002. 12) 등이다. 통상 공동연구발표는 1년에 5~6회 정도가 이루어진다. 공동연구발표가 '특집'으로 다루어진다고 보면, 회지에 수록될 횟수는 공동연구발표 횟수와 대개 일치한다.

그러나 연구발표회 이후 연구반에서 수정 보완 과정이 늦어지는 경우나 다른 사정으로 인하여 '특집'의 원고수록이 제때에 이루어지지 못하기도 하였다. 이렇게 회지에서 한번 '특집'이 빠지게 되면, 다음 호에 한꺼번에 특집이 몰리게 된다. 따라서 한 호에 특집을 최소 한 개 수록하는 원칙이 지켜지지 못하는 경우가 있었다.

『역사와 현실』 50호는 '특집' 총 3개, '기획' 2개가 한꺼번에 수록되었다. 이것은 회지 50호를 기념하기 위해 개별논문보다 가능한 '특집', '기획'으로 구성하였기 때문이다. 50호 '특집'에는 「한국 근대국민국가 형성과 왕권」, 「1960년대 한반도와 국제정세」, 「토지조사사업 연구」 등을, '기획'으로는 「한국고대사회를 어떻게 볼 것인가」, 「일제의 조선인 강제연행」 등을 수록하였다. 이를 통해 공동연구성과를 중시하는 연구회의 기획력을 보여주었다.

아울러『역사와 현실』에서 '기획'논문의 경우에는 논문만을 수록하지 않았다. '기획'은 연구회가 특별하게 연구주제를 선정, 기획하여 발표한 경우에 이름을 붙였다. 이것은 주로 정기 학술심포지움 등의 형식을 빌렸다. 그 결과 '기획'에는 논문 수록편수가 적다. 아울러 학계의 쟁점이나 특별 주제에 관한 통사적 접근을 하는 경우가 많다.

학계 쟁점에 관련된 주제는 발표할 당시의 토론을 중시하였고, 이를 회지에 그대로 수록하였다. 이를 통해 새 연구방향에 대한 시사를 주도록 노력하였다. 예컨대 회지 45호(2002. 9)의 기획주제는 「조선후기 사회를 어떻게 볼 것인가-소농사회론을 중심으로」를 수록하면서, 이영훈·최윤오의 발표논문을 통해 양자의 논쟁점을 제시하였다. 그리고 「조선후기 사회를 어떻게 볼 것인가」에 대한 토론을 수록하여, 보다 풍부한 논쟁내용을 보여주었다.

이 논쟁은 그 다음해에도 계승되어 「조선후기 사회를 어떻게 볼 것인가(2)-조선후기 신분제·신분변동의 재검토」(2003. 6)으로 이어졌다. 이처럼 연구회는 중요한 학술쟁점에 대해 연속적으로 기획하였다.

'기획'이 두 개가 한 번에 실린 경우는 회지 50호(2003. 12)이다. 하나는 「한국고대사회를 어떻게 볼 것인가」를 통해, 고대사회의 통치와 지배구조에 대한 성격을 규명하려 하였다. 이 경우에도 진지한 학술토론이 진행되어 같이 수록되었다.

반면 두 번째인 「일제의 조선인 강제연행」은 차이가 있다. 이 기획은 2003년 2월 12일 평양 인민문화궁전에서 열린 '일제의 조선인 강제연행의 범죄성에 대한 남북공동자료전시회 및 학술토론회'를 지면으로 수록한 것이다. 그에 따라 이 기획에는 토론문이 없다. 이 대회는 대일(對日) 배상촉구를 위해 남북역사학의 공조가 구체화된 것이다. 앞서 2년 전인 2001년 2월 '일제 조선강점의 불법성에 대한 남북공동자료전시회 및 학술토론회'에 이어서 평양에서 열린 두 번째 공동학술대회이다. 따라서 50호에 수록한 논문은 원래 발표자의 요지를 논문형태로 바꾼 것이어서 토론문이 존재하지 않는다.

'기획'의 경우는 통사적 주제를 선정하기도 하였다. 「한국사상 전쟁 기억과 기억전쟁」(51호, 2004. 3)은 통사적 주제를 다룬 기획이다. 이 기획은 '기억'을 통한 역사인식 내지 일상사에 가까운 주제를 다룬 것이다. 여기에서는 임진왜란, 19세기말 동아시아 전쟁, 2차 세계대전 시기, 6.25 전쟁 등을 소재로 하여 그에 해당하는 전쟁의 기억문제를 다루었다.

전쟁이란 주제는 같은 해 54호(2004. 12)에 실린 「민간인 학살 초기 연구에서 제기된 몇 가지 문제」와 연관이 된다. 이 '기획'은 한국전쟁기에 민간인 학살 연구에 대해 집중적으로 다룬 것이지만, 총론에서는 동학농민전쟁기의 문제를 별도로 취급하였다. 하나의 주제를 시기를 달리하여 보편성과 개별성을 파악하려는 시도였다.

또한 「사회, 교육환경의 변화와 대학 한국사 교육의 진로」(52호, 2004. 6)의 경우에는 대학의 전공 및 교양 한국사 교육의 문제가 부상하던 시기에 새로운 방향을 제시하기 위해 기획된 주제이다. 이 주제는 당시 역사교과서 문제와 함께, 교양과목으로 필수인 한국사가 개편되는 상황 속에서 나온 것이다.

이 시기 문제로 부각된 중국의 동북공정과 관련해, 한국과 중국의 역사인식을 통사적으로 접근하는 기획도 이루어졌다. 「한-중 역사인식의 접점 ; 고구려사를 어떻게 볼 것인가를 기획하며」(55호, 2005. 6)는 고구려, 발해에 대한 인식을 고대와 근현대에서 각기 어떻게 이루어졌는가를 밝혀보려는 시도 속에서 기획되었다.

「식민지시대 조선의 자화상」(57호, 2005. 6)은 일제 식민지시기에 우리와 타자에 대한 인식을 주로 잡지 『개벽』을 통해 추출해 내려 한 기획이다. 이 기획은 우리 연구회와 민족문학사학회 식민지시대 연구자들이 공동연구의 산물이다. 역사와 문학이란 두 분야를 인문학적 소통을 위해 어떻게 결합시킬 것인가를 고민한 결과물이다.

「한·미 지식인의 상호 인식」(58호, 2005. 12)는 개화기부터 해방 이후까지 시기를 묶어서 한국과 미국 지식인들이 각각 어떻게 인식했는가의 문제를 다룬 기획이다. 이 기획은 친미=반북이라는 냉전적인 인식을 넘어서 새로운 한국과 미국의 상호인식을 위한 계기를 마련하기 위해 마련되었다.

이처럼 2005년도에는 기획편이 3차례나 이루어졌다. 그만큼 1990년대 후반 이후 변화해갔던 연구 환경 속에서 새로운 문제의식과 연구방법론의 모색, 그리고 현실문제와의 접점에 대한 고민이 커져가고 있음을 볼 수 있다.

「인제군을 통해 본 해방 이후 북한사회」(2006. 6)는 북한사 연구에서 특정 지역 즉 강원도 인제군 관련 노획문서에 주목하여 이루어진 기획이다. 이를 통해 현대사에서 특정 지역 문서를 통해 지역사회의 생생한 모습을 보여주려 하였다. 현대사, 그 중에서도 북한사회에 대해 구체적인 문서에 근거한 기획이다.

한편 '특집' 가운데 통사적인 주제를 통해 전 시기를 다루어, 사실상 '기획'과 차이가 없는 경우가 있었다. 예컨대 「한국사 속의 세계화와 민족의식」(37호, 2000. 9)와 「한국 현대역사학의 성과와 과제」(62호, 2006. 12)가 대표적이다.

전자는 1990년 중반 이후 '세계화'라는 화두가 등장한 후에, 한국사에서 세계화와 주체성, 그리고 개혁 문제를 접근하는 방식에 대해 고대부터 해방 전후까지 다룬 것이다.

후자는 고대, 고려, 조선후기, 일제강점기 하에서 이루어진 각 시대별 특정 주제, 예컨대 『삼국사기』, 토지소유관계, 호적대장, 민족해방투쟁 등과 같은 주제에 대한 연구 성과를 살펴보고, 그에 따른 과제를 제기하였다.

이런 '특집'은 오히려 '기획'에 가까운 성격을 지녔다고 볼 수 있다. 이처럼 1998년부터 2007년까지 연구회는 학문적 논쟁을 부각시키고, 현실문제에 대한 역사적 답을 요구하는 문제에 대해 학문적 대응을 하기 위해 노력하였다.

10년간 수록한 '기획' 및 '특집'을 살펴보면, 이를 담당했던 분과(현 연구회 분과 기준)는 다음과 같다. 총 43개의 '기획'과 '특집'에 대해 고대사분과 3회, 중세사 1분과 7회, 중세사 2분과 6회, 근대사 분과 11회, 현대사 분과 5회이고, 여러 분과가 같이 참여한 공동성과는 총 4회이다.

5) 학술 단행본 출판의 다양화

학술 단행본은 양적으로 크게 성장하였다. 우선 단행본 중에 자료집의 성격을 띤 것이 있다. 자료집은 역사자료를 수집, 분류하여 그 분야 연구에 편리하게 이용하기 위한 것이다.

당시까지 자료에 대한 데이터베이스나 엑셀 등을 이용한 전산화작업이 이루어지지 않았다. 그 결과 역사연구의 기초가 되는 자료의 정리, 분류가 필요하였다. 자료집은 해당 분야의 연구에 기초라는 점에서 학술적으로 의미가 있다. 또한 자료정리는 연구회가 이념적 지향만을 외치고 기초적 연구에 소홀하다는 일부 기성학자의 비판에 대응할 수 있는 근거였다.

특히 공동연구는 한 사람의 연구자가 정리하기 힘든 자료정리를 공동으로 이루어낼 수 있는 강점이 있다. 당시 자료에 대한 공동작업 중 대표적 성과는 『황성신문 기사 색인집』 1·2(1998, 경인문화사)이다.

이 책은 대한제국기연구반에서 1898년 9월부터 1910년 8월 29일까지 발행된 「황성신문」 중에서, 1898년 9월부터 1904년 8월까지의 『황성신문』 기사를 색인 작업한 것을 출판한 서적이다. 이를 통해 근대사 연구에 기초가 될 수 있는 자료를 분류, 정리하였다.

자료와 관련해 기초적인 연구는 자료의 발굴과 그에 따른 번역이다. 이를 통해 해당 연구자들이 보다 편리하게 자료를 활용할 수 있게 된다. 이에 대한 10년간의 성과는 다음과 같다.

우선 법전에 대한 번역, 주석 작업이 있다.

① 『신보수교집록』(2000, 청년사) : 이 책은 숙종에서 영조 초기까지의 수교를 모아 법전의 역할을 하도록 만든 책이다. 따라서 당시 사회의 실상을 이해하는데 중요하지만, 번역되지 못한 탓에 잘 이용되지 못하였다. 이 책은 불충한 기존 번역을 수정하고, 주석과 용어를 첨부함으로써 제대로 된 번역을 시도한 책이다.

② 『수교집록(조선중기 새 법령 모음)』(2001, 청년사) : 이 책은 1698년(숙종24)에 왕명으로 1543년~1698년 사이에 각 도 및 각 관청에 내려진 수교(受敎)·조례(條例) 등을 모아 편집한 법전이다. 1543년에 『대전후속록(大典後續錄)』이 편찬된 이후로 바뀐 법령이 많아 법의 시행에 어려움이 많았으므로 이를 해결하기 위해 만들어졌다. 『경국대전』 체제를 준용하여 내용이 비슷한 조문들을 함께 모았는데, 이 책은 이를 번역, 주석하였다. 따라서 이 책은 조선 중기사회 연구에 중요한 기본 자료이다.

③ 『각사수교(조선중기 새 법령 모음)』(2002, 청년사) : 조선시대 법전인 『신보수교집록』, 『수교집록』을 잇는 연속 작업의 마지막 결실이다. 조선왕조는 『경국대전』 이외에도 여러 법전들을 편찬하

였고, 이것은 수교(受敎)를 모은 법령 모음집으로 편찬되었다. 이 시리즈 중에서 가장 늦게 번역, 주석하여 낸 책이다. 이를 통해 법전 번역 및 주석 작업 가운데 일부가 완결되었다.

한편 현대사 자료집도 출간되었다.

④『한미관계 20년사(1945~1965년)』(Donald Stone MacDonal 지음, 2001, 한울아카데미) : 이 책은 1950~1960년대 미국 관료의 눈으로 본 한국현대사라는 점에서 유용한 자료이다. 풍부한 자료와 미국의 정책 흐름, 한국 내의 굵직굵직한 사건들에 대한 미국의 시각과 간섭 및 개입방식, 그리고 그에 대한 한국인들의 대응 등을 볼 수 있다. 외국어 자료에 대한 개인적 접근의 한계를 극복하고 공동번역으로 번역상의 오류나 결점들을 시정하고자 한 책이다.

한편 학술서로 출간된 대부분은 기획발표 논문을 집대성하거나, 또는 특집을 확대 개편한 학술논문집의 성격을 지녔다. 이를 들어보면 다음과 같다.

①『한국 고대의 신분제와 관등제』(2000, 아카넷) : 신라뿐만 아니라 고구려까지 확대하여 한국 고대 사회의 전반적인 신분질서와 계층구조를 폭넓게 조명한 책이다.

②『조선은 지방을 어떻게 지배했는가』(2000, 아카넷) : 중앙정부 차원에서 마련된 다양한 지배정책들이 실제 지방에서 어떻게 구현되고 있는지를 지방 지배이념, 제도, 풍속과 교육, 지방 실정 파악, 지방 세력 포용에 이르기까지 다양한 측면에서 고찰한 책이다.

③『광주 학생운동 연구』(전남사학회 공편, 2000, 아세아문화사) : 1929년 발생한 광주학생운동에 대한 발발 배경을 깊이 있게 검토

하고, 운동의 역사적 의의를 재조명한 책이다.

④ 『20세기 역사학, 21세기 역사학』(2000, 역사비평사) : 한국사학이 처한 상황에 대한 인식과 전망을 확보하기 위하여 발간한 책이다. 동·서양사의 현대 역사학을 점검하고 역사 교육과 대중화의 문제를 다루고 있으며 앞으로 다가올 21세기의 역사학을 전망하도록 기획되었다.

⑤ 『4·19와 남북관계』(2001, 민연) : 4월 민중항쟁의 성격을 민족민주운동, 민족통일운동으로 새롭게 재조명한 책이다. 이 책은 민중항쟁의 주체, 남북관계, 통일문제에 대해 풍부한 역사적 사실에 기초해 연구영역을 넓힌다는 취지에서 집필되었다.

⑥ 『북한의 역사 만들기』(2003, 푸른역사) : 이 책은 1980년대 후반 이후 북한의 역사학 연구를 중점적으로 검토하였다. 앞부분에서는 북한 역사학계의 구성과 활동 및 시대 구분론, 단군릉 발견 이후의 상고사 연구와 대동강 문화론, 그리고 전근대와 근현대 반침략 투쟁사를 다루었고, 북한의 정치사, 사상사, 생활풍속사 연구 성과를 정리하였다.

⑦ 『조선중기 정치와 정책(인조~현종 시기)』(2003, 아카넷) : 17세기를 중점적으로 다룬 책이다. 임진왜란과 인조반정은 17세기 이후의 정치세력과 국가 운영의 방향에 결정적 영향을 끼쳤다. 이 책은 17세기 중반 정치의 구조와 내용을 이해하고 이후 사회 변화의 방향과 성격을 가늠하려는 목적에서 출판되었다.

대중서는 10년 동안 '어떻게 살았을까' 시리즈의 완결과 함께, 새 개정판을 내기도 하였다. 그런데 대중서는 주로 전근대시대를 다룬 책에 집중되는 경향을 보인다. 원래 대중서는 연구회가 「한국역사특강」등을 바탕으로 한 대중서 발간으로도 이어졌다. 대중서는 역사학의 대중화뿐만 아니라, 연구회 재정확충에도 큰 도움이 되어 왔다. 당시 출간된 대중서는 다음과 같다.

① 『우리는 지난 100년 동안 어떻게 살았을까』 1·2·3(1998, 역사비평사) : 그간 연구회가 펴낸 '어떻게 살았을까' 시리즈의 완결편이다. 근현대의 사회와 문화를 생활사라는 방식으로 다룬 것이다. 특히 이 책은 <제 40회 백상출판문화상 저작상>(2000. 2)을 수상하였다.

② 『역사문화수첩』(2000, 역민사) : 당시 문화유산답사가 증가하면서 이에 대응한 책이다. 이 책은 답사에 필요한 가이드북으로 기초적 자료를 정리하였다.

③ 『모반의 역사』(2001, 세종서적) : 승자의 기록에서 폄하된 모반사건을 테마로 접근한 역사서다. 이 책은 지금까지 소외된 17명의 모반자를 새로운 시각에서 조명하려 하였다.

④ 『고려의 황도 개경』(2002, 창비) : 고려 수도인 개경의 전모를 대중에게 알리기 위해 만든 책이다. 개경의 풍수, 성곽, 궁궐과 관청, 사찰, 축제 등으로 나눠 고려사람의 흥미로운 의식세계와 황제국의 수도 개경에 살던 사람들의 생활을 알 수 있다.

⑤ 『고대로부터의 통신(금석문으로 한국 고대사 읽기)』(2004, 푸른역사) : 한국 고대사의 중요한 금석문들을 통해 고대사를 이해하도록 만든 것이다. 청동기시대의 문양 자료부터 광개토왕릉비, 칠지도, 냉수리비와 봉평비, 무령왕 지석 등 다양한 금석문을 통해 고대사 이해를 돕도록 하였다.

⑥ 『(개정판) 삼국시대 사람들은 어떻게 살았을까』, 『(개정판) 고려시대 사람들은 어떻게 살았을까』, 『(개정판) 조선시대 사람들은 어

떻게 살았을까』 1·2(2005, 청년사) : 연구회가 냈던 '어떻게 살았을까'의 시리즈에 대한 개정판이다.

⑦『개경의 생활사 : 고려 500년 서울』(2007, 휴머니스트) :『고려의 황도 개경』(2002, 창비)의 후속편이다.

이 시기 대중서 발간의 특징은『우리는 지난 100년 동안 어떻게 살았을까』를 제외하고 주로 전근대시대를 대상으로 한 책이다. 그렇지만 이후 시리즈로 간행되는 대중서는 줄어들게 되었다. 이 시기 대중들의 역사서에 대한 욕구가 다양화해지고, 회원 개인적으로 출간하는 대중서가 많아지게 되었다. 그 결과 연구회의 대중서 발간하는 작업은 이전보다 어려워졌다.

4. 대외활동의 변화

이 시기 대외활동은 이전과 다르게 변화하였다. 즉 연구회가 학술연구 쪽에 연구중심주의적인 경향이 강해지고, 2000년대 이후 대외적 환경의 변화에 따라 사회적 참여활동의 횟수가 줄게 되었다. 그래서 대외활동 역시 학술적인 참여, 예컨대 교과서 문제와 같은 방향으로 전환하였다.

연구회는 김대중·노무현정권 하에서 현실참여보다 오히려 학술연구에 집중하는 경향을 보이게 된다. 즉 연구회는 전체적인 사회운동의 분화라는 흐름 속에서 학술연구에 보다 천착하는 경향이 강해진다. 그럼에도 대외활동 가운데 종전에 해왔던 역할도 계속하였다. 다만 일부 활동이 사회적 환경 변화로 인하여 중지되거나 약화되었다.

이 시기 연구회의 대외활동은 크게 대중강의, 학술단체협의회 등의 참가와 현실문제에 대한 의견표명 및 집회 참여 등에서 찾을 수 있다.

1) 한국역사특강

우선 대중강의는 연구회가 역사대중화를 위해 직접 대중들과 접했던 대표적 활동이다. 특히 <한국역사특강>은 매 해 2회 정도 개최되었지만, 이 시기에 결국 대중들의 수요변화 등의 요인으로 중지되었다.

1998년도 <제 18회 한국역사특강 : 근현대의 자화상>(1월 12~23일, 대우재단빌딩)은 매주 월, 수, 금요일에 오후반(2~4시)과 저녁반(7~9시)에 따라 하루 2회, 총 6개의 강의(총 12회)에 걸쳐 열렸다. 등록수강자는 68명이며, 주로 학생과 교사 등의 참여가 많았다. 강의 내용에 대해서는 주제와 맞지 않다는 비판도 있었지만, 등록인원의 70%정도가 수강하였다.

같은 해 열린 <제 19회 한국역사특강 : 삼국시대 생활 엿보기>(7월 13~22일, 대우재단빌딩)는 월, 화, 수에 걸쳐 하루 두 차례(오후 3시와 7시, 총 12회) 개최되었다. 수강자들은 하루 51명~72명이고, 수강률은 등록자 기준 80%수준이다. 이 특강은 대중성에서 성공적으로 평가되었지만, 이후 강의의 효율성을 위해 하루 1차례만 실시하기로 하였다.

1999년 <제 20회 한국역사특강 : 한국과 일본, 새로운 만남을 위한 올바른 역사인식>(1월 3~22일, 대우재단빌딩)은 1998년 10월에 열린 한일 정상회담을 계기로 과거사 문제 등에 대한 사회적 관심에 대한 대응으로 마련되었다. 매주 수, 목, 금요일 오후 7시 총 6회에 걸쳐 열렸으며, 수강인원은 등록수강자 23명이다. 이후 특강에서는 전국역사교사모임 등과 같은 사회단체와 연계하여 준비하는 방안이 제기되었다.

2000년 <제 21회 한국역사특강 : 국사교과서의 민족이해>(1월 25~27일, 용산전쟁기념관)는 전년도에 제의한 것처럼 역사교사모임과 공동으로 개최하였다. 이 특강은 총 6회(오전 10시, 오후 1시, 1일 2강좌)로 구성하였고, 그 중에서 4개 강좌는 한국역사연구회가, 2개 강좌는 역사교사모임이 담당하였다.

2000년 <제22회 한국역사특강 : 20세기의 분열, 21세기의 통일> (7월 19~23일, 숙명여대)은 총 6회로 구성하여 이루어졌다. 그런데 대중강좌의 인기가 떨어지고 있던 시기였기에 수강생들의 참여가 저조한 편이었다.

2001년 <제23회 한국역사특강 : 권력과 인물>(1월 8~12일, 오후 4시와 6시, 2회 한양대)은 총 6개의 강좌로 진행되었고, 수강생으로 현직교사를 중심으로 설정하였다. 고대시대의 장보고부터 현대의 박정희까지 인물을 시대와 함께 다루었다. 수강인원은 20명이다.

같은 해 <제24회 한국역사특강 : 일본역사교과서, 무엇이 문제인가> (5월 21~24일, 세종문화회관)는 교보문고로부터 장소대관을 후원받았고, 강좌당 평균 160명이 수강하였다. K-TV에 방영된 이 특강은 큰 대중적 호응을 얻었다.

같은 해 <제25회 한국역사특강 : 전쟁, 외세, 그리고 한반도>(10월 29~11월 1일, 영풍문고)는 총 4개의 강좌로 구성하였고, 수강생들은 100~180명이었다.

2002년 <제26회 한국역사특강 : 영상으로 역사읽기>(5월 13~16일, 세종문화회관)은 총 4개의 주제로 이루어졌다. 이 특강은 연구회 내의 '영상역사연구반' 활동이 종료되어 가는 시점에서 마련된 것이다. 수강인원은 70명~180명이었지만, 일반인들이 아닌 대학생 참여가 많았다.

<한국역사특강>은 역사학과 대중과의 만남을 위한 공개강의로 개최되어 왔지만, 총 26회를 마지막으로 종료되었다. 이 특강은 2000년대 이후 다양한 대중서의 출간과 대중매체의 이용, 그리고 사회적 환경의 변화에 따라 지속되기 어렵게 된 것이다. 그럼에도 이 특강은 한국역사연구회의 이름을 대중에게 알리고, 학문적 성과를 대중화하는 것에 기여한

바가 크다.

2) 사회참여활동

연구회의 직접적인 사회참여활동은 점차 감소하였다. 특히 90년대 중반 이후부터 연구 중심활동의 비중이 높아감에 따라 사회참여활동이 줄 수밖에 없었다. 앞서 말했듯이 90년대 정세변화 등은 직접적인 참여를 감소시켰던 것이다.

그 결과 노동운동에 대한 지원이나 연계활동과 같은 유형은 점차 약화되었다. 하지만 연구회의 목소리를 낼 수 있는 학술활동으로 사회참여를 대신하려는 경향이 강해졌다. 그럼에도 이 시기에 직접적인 사회참여활동이 없었던 것은 아니다. 연구회가 10년간 행했던 활동은 다음과 같다.

1998년 4월 29일 '한상권선생님복직을 위한 시민학생 한마당 행사'(덕성여자대학교)에 참가하였다. 연구회 회원이고 덕성여대 한상권 교수의 부당한 해직에 항의하기 위해 올린 행사였다.

1999년 경기동부지역 노동운동협의회 노동대학에 강사를 파견하였다. 즉 7월 23일부터 5주간(매주 금요일) 노조위원장을 대상으로 한 역사강좌를 사업부가 주관하였고, 총 5명의 강사를 파견하였다.

같은 해 5월 20일 역사문제연구소, 역사학연구소와 함께 <역사적 반성없는 박정희기념관 건립에 반대한다>는 성명서를 발표하였다. 그리고 11월에는 역사 3단체를 중심으로 '박정희 기념관 건립 및 국고지원 반대'를 위한 역사학자서명운동과 함께 심포지움을 개최하였다.

2000년 7월 10일 연구회는 남북한 역사학교류 추진위원회 구성을 결정, 회장으로 안병욱을 추대하기로 하였다. 이 위원회는 남북학술교류를 장기적 안목과 일관된 원칙으로 추진하기 위해 만들어졌다. 그에 따라

학술토론회와 심포지엄을 개최하였다.

2001년 <일본역사교과서 문제와 역사교육강화>에 대한 공동대처를 위한 역사유관단체간의 회의에 회장이 참석하였다. 연구회는 일본역사교과서에 대한 공동성명서와 역사교육강화책건의서를 작성하였다.

2002년 1월 '일본교과서 바로잡기 운동본부'의 참여요청에 대해 연구회는 조직적인 참여가 아닌 개별적인 형태로 할 것으로 결정하였다.

2003년 한일역사관련학회 공동학술회의를 개최하였다. 이는 일본교과서 왜곡문제를 배경으로 하여 한일 양국의 진보적인 역사관련단체를 중심으로 이루어졌다. 한국 측에서는 한국역사연구회, 역사학회, 한국사연구회, 역사교육연구회, 일본사학회, 일본 측은 역사학연구회, 역사교육자협의회, 일본사연구회, 조선사연구회, 역사과학협의회가 참석하였고, 6월 21일 공동학술회의(총 4개 주제, 서울대 호암교수회관)를 개최하였다.

8월 18일부터 26일까지 평양에서 '국호명칭문제에 대한 남북학술회의'를 개최하였으며, 남북역사학자 협의회 구성에 대한 토의가 있었다.

12월 28일 학술단체협의회 소속단체 대표자들이 모여 공동사무실 마련을 위한 제안과 소속단체의 연합심포지움 제안을 검토하였다.

2004년 3월 16일 '노무현대통령 탄핵 비판'에 따른 성명서 발표에 참여하였고, 전국역사학자 서명을 받기로 하였다. 성명서는 <수구 거대야당의 대통령 탄핵을 비판한다>라는 제목으로 대통령 탄핵을 한국 민주주의를 위협하는 폭거로 규정하였다.

8월 23일 과거사 청산을 위한 민간공동위원회에 참여하기로 하였다.

9월 6일 역사과목 독립을 위한 6개 학회가 모여 교육부를 방문하는데 참여하였다. 이때 역사교육발전위원회의 설치를 합의하였으나 이후 국사교육발전위원회로 개편되면서 연구회는 제외되었다. 이후 10월 14일 역사교육연구회·한국사연구회와 함께 연합심포지엄('한국근현대사 고등학교 검정교과서 편파성 시비를 따진다')를 개최하고, 10월 20일 다른 단체와 같이 <한국근현대사 교과서 편향성 시비에 대한 역사연구단체들의 의견서>를 냈다.

2005년 1월 29일, 30일 제3회 한일합동역사연구심포지엄에 참가하였다. 이를 통해 일본교과서 문제와 역사과 교과독립 대책 마련을 위한 활동을 논의하였다.

2월 15일 올바른 과거청산법의 2월 제정을 촉구하는 지식인 선언 발표의 기자회견 참여하였다.

3월 31일 범역사단체 대책위원회 참석하여 일본 역사교과서 문제에 대한 대책과 향후 활동 방안을 논의하였다.

4월 5일 아시아평화와 역사교육연대(교과서운동본부) 개최하는 기자회견, 4월 7일 역사연구단체협의회 주최하는 기자회견에 참석하였다. 4월 11일 아시아평화와 역사교육연대(교과서운동본부) 개최하는 학술행사 참여하였다.

2006년 3월 29일 한미 FTA저지 범국민운동본부 발족하였고, 연구회가 참가하였다.

4월 7일 <과거사진상규명 어떻게 할 것인가>(국가인권위원회 배움터), 2006년 5월 20일 <교과서 논쟁, 이렇게 하자>(세종문화회관 컨퍼런스홀)에 연구회 외 5개 단체가 참여하였다.

연구회는 이 시기 다양한 활동에 참여하였다. 특히 일본역사교과서와 한국근현대과서 문제가 학술활동과 연관되어 당시에 크게 부각되었다. 일본역사교과서 문제는 여러 차례의 학술행사를 개최하면서 참여하여, 학술적 접근으로 사회활동의 격을 높였다.

또한 이 시기 사회참여활동은 성명서 등과 함께 타 단체와의 공동보조를 맞추는 경우가 많았다. 결국 사회참여활동은 학술적인 측면으로 이루어지는 경향이 강화되었고, 이를 통해 사회적 행위로서의 지속가능성을 모색하는 방향으로 전환하게 된 것이다.

집필_1·2절 : 김보영 / 3·4절 : 김인호

제4장 내릴 수 없는 깃발(2008~2017)

한 시대를 풍미했던 어떤 가객의 노래 제목처럼, "서른 즈음에" 연구회는 어떤 모습과 역할을 하고 있는가? 30년, 부모와 자식 간의 격차, 1세대의 기준이 되는 시간 기준이다. '과학적 실천적 역사학'이라는 기치 아래 한국사 연구자들이 모여 함께 연구하고 활동하며 지낸 시간이 30년이 되었다. 규모의 성장이 지속적으로 진행된 연구회는 국내 역사연구 단체로는 최대 규모의 학회라 할 수 있다. 특히 연구 목적만이 아닌 '과학적·실천적 역사학'의 실현이라는 기치 아래 한국사 연구자들이 이만큼 집결하고 활동해왔다는 점에서 학술운동사에서 일정 부분 큰 의미를 갖는 단체라고 자부할 수 있다.

그럼에도 연구회 구성원들은 계속적으로 질문을 하고 있고 답을 구하고 있다. "본회는 과학적 실천적 역사학의 수립을 통해 우리 사회의 자주화와 민주화에 기여함을 목적으로 한다"는 연구회의 목적은 실현되었는가?[1] '과학적·실천적 역사학'은 연구회 구성원들에게 어떤 의미인가? 현재 연구회가 이에 합치하는 연구를 수행하고 사회적 역할을 하고 있는가? 이는 성취 가능한 목표인가?

---

1 "제1장, 제3조(목적), Ⅰ. 한국역사연구회 회칙", 『한국역사연구회 회보』 1, 1988, 37쪽.

1. 20주년 이후 연구회의 운영과 변화

창립 당시 비슷한 '또래' 연구자들이 모여 새로운 연구 단체를 만들고
자 했을 때는 구성원 간의 연령이나 학번 격차가 크지 않았다. 같은 문제
의식을 공유하는 가까운 '선후배' 관계 정도의 차이였다. 현재 창립 30주
년을 맞이한 연구회의 회원현황은 785명이다.[2] 1988년 창립총회 당시의
186명[3]에 비하면 인원 규모만으로도 지난 30년간 4배 이상으로 증가하
였다. 증가한 회원들만큼 구성원의 연령대와 학번, 관심 연구 영역 역시
확대되었다.

창립 20주년을 맞이한 연구회는 내외부적으로 두 가지 과제에 직면하
였다. 내부적으로는 '과학적·실천적 역사학'의 체계적 실현에 대한 구성
원들의 요구가 계속적으로 증대되었다는 점이다. 이는 연구회 구성원 세
대가 다변화됨에 따른 변화이기도 했다. 또 하나, 외부적으로는 1998년
부터 2007년까지 이어졌던 국민의 정부와 참여 정부 이후 다시 재집권
하게 된 자칭 보수정권의 등장을 맞이하게 되었다는 점이다. 이와 더불
어 한국연구재단을 중심으로 한 대학 학과별, 연구소별 연구 수주 경향
이 심화되었다는 점이다.

이러한 상황 속에서도 연구회의 회원들은 연구반과 학습반을 중심으
로 한 공동연구발표와 이를 통한 연구 성과 창출에 지속적으로 노력하였
다. 더불어 2000년 초반까지 운영되었던 신입회원 학습과정의 부재를
'한국사 교실' 운영을 통해 보완하려 노력하였다. 이러한 과정 속에서 효
율적인 운영을 위해 연구회 조직과 운영 방향을 수정하였다. 근 10년간
의 대표적인 조직 변화는 평의원회의 폐지, 법인의 설립과 운영, 그리고

---

2 『제31차 정기총회 자료집』, 2017, 1쪽.
3 『한국역사연구회 창립총회 자료집』, 1988, 15쪽.

연구회 재정 안정화를 위한 사무국 조직의 재정비이다. 이와 더불어 대표적인 소통 공간으로서의 연구회 웹진과 회원공간에 대한 꾸준한 수정 작업을 진행하다 최근에는 웹진위원회의 영향력 강화를 위한 미디어위원회로의 확대 개편을 단행하였다. 연구회는 시대적 요구에 따른 내부적 자주화와 민주화를 위해서도 조직과 운영의 변화를 기하였다. 2009년의 성희롱 등의 예방 및 금지규정 신설은 이러한 내부적 변화의 시작점이라고 할 수 있다. 최근 2017년에 이르러서는 회칙 개정을 통해 인권위원회를 명문화하고 상임인권위원을 구성하였다.

1) 20주년 이후 연구회의 변화상

(1) 20주년 이후 연구회의 규모 변화와 주요 회칙 개정

2008년 11월 14일 금요일, 건국대학교 새천년관 국제회의장에서 '한국역사연구회 창립 20주년 기념 학술심포지움'을 진행하였다. 주제는 "과학적 실천적 역사학의 과거와 미래"였으며, 국사편찬위원회와 한국학술진흥재단(현 한국연구재단)의 후원으로 진행되었다. 20년 동안의 각 분과별 연구회의 연구 성과와 한계, 그리고 과제와 전망에 대한 발표가 진행되었다. 이후 발표문들은 수정 보완 작업을 거쳐 단행본으로 출간되었다. 발표와 토론 이후에는 연구회와 내빈 150여명의 참여 하에 20주년 기념행사를 진행하였다.

20주년 기념행사는 '과학적 실천적' 역사학의 시대적 유효성과 성과를 정리하는 것을 목적으로 하였는데, '과학적 실천적' 역사학의 외연 확대에서 방법론이 부족하였고 이는 연구회의 자기 정체성에 대한 고민이 부족했던 것에 원인을 두었다 평가하였다. 더불어 20년지 편찬팀이 구성되어 『연구회 20년사』를 2009년 봄에 초고를 완성하려고 하였으나 관련

자료들을 수집하는 단계에서 와해되었다.[4] 20주년 이후 연구회는 어떤 변화를 꾀하였는가? 우선 아래 도표인 연도별 분과 인원 현황을 통해 회원 구성의 변화를 살펴보자.

〈표 1〉 연도별 분과 인원 현황(2008~2017)[5]

연도 분과	2008	2009	2010	2011	2012	2013	2014	2015	2016	2017
고대사	78	79	82	90	97	97	109	115	129	133
중세사1	80	83	87	91	99	98	103	108	115	119
중세사2	129	130	135	139	145	154	162	177	185	194
근대사	165	165	169	177	182	188	192	194	197	204
현대사	95	93	98	102	113	115	119	121	131	132
불명	-	-	-	-	-	-	-	-	-	3
계	547	550	571	599	636	652	685	715	757	785

2008년부터 2017년까지 매년 20명 내외의 신규 회원 가입하였고 연구회의 외연은 꾸준히 확대되었다. 더불어 특정 분과에 치중하지 않고 전 분과 모두 지속적인 증가세를 보였다. 물론 기존 1998년부터 2007년까지의 회원 증가 현황에 견주어 보면 가파른 증가세를 보였다고 판단할 수 없지만, 당시 경제성장 및 현실 경제가 강조되고 인문학을 기피하던 상황에서 꾸준한 회원 증가 추세를 보였다는 점에서 의미를 갖는다.

---

4 "Ⅶ. 한국역사연구회 창립 20주년 기념사업 보고", 『제22차 정기총회 자료집』, 2008, 49~52쪽. 20년지 편찬팀의 와해가 사업의 결과물이 없었다는 의미는 아니다. 당시 편찬팀이 수집한 자료와 문서는 지금도 충분히 활용할만한 가치들이 많은 것들이다. 대다수의 자료는 선별작업을 통해 금번 30년사 편찬 사업으로 전자문서화(pdf화)할 예정이다.

5 『제22차 정기총회 자료집』부터 『제31차 정기총회 자료집』의 "분과별 연구회원 현황"을 정리.

연구회 설립 20년 이후 가장 큰 연구회의 조직 변화는 평의원회의 폐지와 법인의 설립이다. 평의원회는 기존 다른 학회들이나 연구단체에도 구성되어 있는 조직이지만 우리 연구회의 평의원회 운영방식은 직접민주주의 강화 취지를 가장 강하게 보여주었다. 연구회 평의원회는 운영위원과 선출직 평의원으로 구성되었는데, 연구회 창립 당시에는 회장, 연구위원장, 운영위원장, 각 부의 부장, 분과장, 상임의원 및 연구위원회에서 추천하는 10인 이내의 평의원으로 구성되었다. 회의는 분기별로 개최하였으며 의장은 회장이 역임하였다. 연구회의 운영 및 예산 결산, 주요 사업의 심의 의결하는 기능을 하였다. 또한 운영위원 이외에도 여러 분과에서 다수의 연구회원들이 참여한다는 측면에서 다양한 의견을 수렴하고 연구회 운영에 반영하기 위한 조직이었다.

운영위원회의 역할이 강화되면서 자연스럽게 평의원회의 위상과 역할은 감소되었다. 더불어 각 분과별 평의원 선출이 형식적으로 진행되어 실질적으로는 대부분 분과 자체 인원 선정으로 진행되었기에 평의원의 위상 자체가 많이 약화되었다. 평의원회 회의도 당초 분기별 1회에서 연 2회로 축소되었다. 결국 2001년 12월 8일에 진행된 15차 정기총회에서 회기를 연 1회로 축소 조정하게 되었다.[6]

회의 개최 횟수가 축소되던 평의원회의 위상은 온라인 회원공간의 활성화에 따라 변화를 맞이하였다. 2008년 12월 5일, 제21차년도 평의원회가 진행되었고 마지막 토의 안건으로 "평의원회 폐지에 관한 건"이 상정되었다. 온라인 회원공간에 운영위원회의 의결 사항이 신속하게 게시되고, 연구회원들 간의 의견이 제시될 수 있는 여건이 마련되면서 평의원회의 기능이 대체 가능하다 판단되었고 이에 따라 평의원회 폐지를 22차

---

6 「Ⅸ. 안건심의」, 『제22차 정기총회 자료집』, 2008, 10쪽.

정기총회에 심의 안건으로 제출할 것을 의결하였다. 결국 연구회 평의원회는 시대적 여건과 현실에 맞추어 2008년 12월 20일자로 폐지되었다.[7]

이 외에도 시대적 변화에 따른 연구회의 회칙 개정은 계속 되었다. 대표적인 회칙 개정으로는 연구윤리위원회의 설치와 운영, 성희롱 등의 예방 및 금지규정 신설, "상호 존중을 위한 약속"의 제정과 인권위원회의 구성 등이 있다.

학술지 평가와 등재를 주관하는 한국학술진흥재단(현 한국연구재단)에서 학술지 평가와 관련하여 '연구윤리규정' 마련을 의무화하였다. 이와 관련하여 2008년 5월 31일 임시총회를 개최하고 연구윤리위원회의 설치에 관한 회칙개정 안건을 만장 일치로 통과시켰다. 이후 평의원회의 폐지에 따라 기존 연구윤리위원이 평의원회의 자문을 거쳐 회장이 선임이 된다는 규정을 운영위원회의 자문을 거쳐 회장이 선임한다는 것으로 개정하였다(2009.12.15.).[8] 연구윤리위원회 설치의 명문화는 한국학술진흥재단의 주도 하에 기타 학회들에서도 함께 진행된 것이라면, 이 당시 총회에서는 성희롱 등의 예방 및 금지규정을 신설하는 회칙 개정도 함께 진행되었다. 이는 기타 연구 단체들 보다는 한걸음 빠른 변화였다.[9]

최근에는 "상호 존중을 위한 약속"의 제정과 인권위원회의 구성에 대한 회칙 개정이 진행되었다. 회칙에 "회원 상호 존중 의무"를 추가하고 회원 상호 존중 의무 위반을 심의하기 위하여 인권위원회를 설치, 추가로 의무를 위반한 회원에 대해 총회가 아닌 운영위원회 의결에 따라 징계할 수 있도록 개정하였다.[10]

---

7 「Ⅸ. 안건심의」, 『제22차 정기총회 자료집』, 2008, 10~13쪽.
8 『제23차 정기총회 자료집』, 2009, 87~90쪽.
9 『제23차 정기총회 자료집』, 2009, 91~92쪽.
10 『제31차 정기총회 자료집』, 2017, 68~72쪽.

(2) 연구회의 '거울', 웹진의 변화

평의원회의 폐지 논의에 가장 큰 영향을 주었던 웹진의 변화상은 어떠했을까? 연구회의 웹진은 홈페이지의 성격을 가지며 회원공간에서는 회원 소개와 분과별 게시판, 연구반별 게시판이 개설되어 연구회원 간의 소통 공간으로 활용되었다. 웹진을 통해 일반 대중에게 공개되는 글들은 연구발표회나 연구회원들의 학위논문 및 연구 논문에 대한 소개글 이외에도 다양한 역사적 흥미를 유발할 수 있는 글 중심으로 게재되었다. 또한 별도의 로그인이 필요한 연구회 회원공간에는 분과별 게시판을 통해 총회나 각종 행사 공지, 논의 사항 등을 게시하였으며 이를 통해 연구회원들 간의 소통을 원활히 하고자 하였다. 이러한 웹진은 연구회 웹진위원회에서 운영과 관리를 담당하였는데, 웹진위원회는 2012년과 2016년 대대적인 개편작업을 진행하였다.

2012년 개편 웹진

2016년 개편 웹진

〈그림 1〉 연구회 웹진의 변화

2012년의 웹진 개편은 SNS의 플랫폼과 같이 웹진 방문객들이 쉽게 최신 글을 확인할 수 있는 방향으로 진행하였다. 웹진 구축 10년이 지난 시점에서 기존의 메인화면은 너무 많은 정보·세부 메뉴·중복 코너로 정리가 안 된 느낌을 주었다. 또한 연재가 중단되거나 마감된 원고들에 대한 정리의 필요성도 부각되었다. 또한 연구회 홍보와 연구자간 소통이라는 웹진의 역할 강화를 위해서 웹진 개편 논의가 진행되었다.[11]

개편의 방향과 목표는 '역사대중화'·'연구자간 소통'·'연구회 소개 및 홍보'라는 웹진의 성격에 따라 웹진의 간소화·체계화·이미지화로 설정하였다. 간소화를 위해 중복 코너의 통합과 카테고리화를 진행하였다. 대중역사와 관계된 글들은 '함께 읽는 역사'라는 최상위 메뉴 하에 세상 읽기·역사속으로·사진으로 보는 역사·답사는 즐거워·시민강좌 등으로 구성하였다. 회원들의 연구성과에 대한 소개는 '역사연구노트'라는 최상위 메뉴 아래에 나의 책을 말한다·나의 학위논문·연구발표회 후기 등으로 구분하여 구성하였다. 마지막으로는 연구회와 기존 간행물, 회원공간을 하나의 메뉴로 구성하였다. 또한 기존 웹진 좌측부의 세부 메뉴를 없애고 상단의 상위 메뉴를 통해 모든 컨텐츠에 접근할 수 있도록 이미지화하였다.

웹진 자체 개편 이외에도 세부적 업무 내용의 개편도 진행하였다. 기존 유선상 통화나 개별 접촉을 통한 원고 청탁 방식에서 벗어나 공식적인 연구회의 '원고청탁서'를 필자에게 송부하는 방식을 도입하였다. 또한 웹진의 내용을 더욱 많은 독자들에게 전달하기 위해 SNS 소통 강화를 위한 연구회 Facebook 페이지(facebook.com/okh1988)를 개설하였다. 이를 통해 웹진 신규 게시물을 페이스북을 통해 공유하고 연구회 공지사

---

11 『제26차 정기총회 자료집』, 2012, 63쪽.

항도 더욱 손쉽게 알릴 수 있는 장치를 마련하였다. 또한 웹진 원고 하단부에도 페이스북·트위터·이메일 등의 퍼가기 버튼을 장치하여 누구나 쉽게 웹진의 글을 온라인상에 전파할 수 있는 기능을 설치하였다. 최소한의 비용으로 진행된 2012년의 웹진 개편은 비록 외형상으로는 부족해 보였을지 모르지만 웹진 창설 목적에 충실히 따른 것이었다.

2016년 웹진은 전면적 개편을 단행하였다. 시대적으로 낙후되었던 페이지의 디자인부터 카테고리의 재배열까지 기존 웹진의 세부적인 내용을 모두 수정하였다. 특히 기존 웹진에서는 구현하지 못했던 모바일 사이트까지 지원함으로써 기존 PC용 홈페이지용으로만 제공되던 서비스가 스마트폰이나 태블릿 등의 모바일 기기에서도 작동하도록 하였다. 시각적으로는 메인메뉴 상단의 대형 slider를 배치하여 공지사항이나 주요 원고의 노출도를 높였다. 특히 기존에 완결되어 방치되었던 원고들을 다시 메인에 랜덤으로 노출함으로써 신규 접속자들에게 더욱 다양한 원고를 전달할 수 있도록 하였다. 또한 전메뉴의 카테고리화를 통해 메뉴 이동이 용이하게 재구성하였다.

기술적으로는 브라우저의 플러그인 기능을 활용하여 다양한 방식의 웹진 활용이 가능하도록 '변동형 웹진'으로 구현했다는 점에 특징이 있다. 또한 웹진 자체의 미디어 기능 강화를 위해 SNS-웹진 간 계정 연동을 시도하였고, 첨부 파일이나 미디어 파일의 용량을 증설하였다. 아직 본격적인 활동이 진행되지는 못하고 있지만 웹진과 페이스북 이외의 다양한 소통 공간 마련을 위해 트위터, 인스타그램 등에 연구회 계정을 만들었으며, 추후 연구회의 자체 컨텐츠 제공을 위해 유튜브 채널 역시 생성하였다.[12]

---

12 "웹진위원회 보고", 『제30차 정기총회 자료집』, 2016, 62~67쪽.

연구회의 대중 소통 및 회원 간의 소통 공간으로서의 웹진의 위상은 재론할 필요가 없다. 학술지 이외에도 대중과 연구자 모두를 대상으로 한 다양한 글들을 게재하는 네트워크상의 공간은 드물다. 특히 기존 웹진에 게재된 원고 중에서 단행본으로 출간된 것들도 다수이다. 네트워크상의 원고이기에 신진 연구자들 역시 부담감 없이 원고를 게재할 수 있는 공간이었다. 이러한 부분에서 연구회 웹진은 또 하나의 얼굴이자 소통 공간으로 활용되고 있다. 그렇기에 연구회의 연구역량을 일반 대중에게 전달할 수 있는 통로로서의 역할에 대해 회원들의 기대는 크다. 하지만 웹진은 '통로'이고 '거울'이다. 웹진 자체를 활성화하는데 집중할 필요는 없다. 연구회의 연구활동과 이를 통한 역사대중화 역량을 활성화한다면 연구회의 웹진은 자연적으로 넓은 통로로 기능할 것이다. 웹진은 연구회의 현재를 보여주는 '거울'이다.

(3) 연구 환경의 변화와 법인 설립 논의

2000년대 들어서 연구자들의 활동 기반에 큰 변화가 발생하였다. 연구 활동 기반의 변화와 밀접한 관련이 있는 기관은 한국학술진흥재단(현 한국연구재단)이었다. 2000년대부터 인문학 분야는 한국학술진흥재단의 지원을 중심으로 연구 활동이 진행되었다. 특히 대규모 연구 프로젝트가 한국학술진흥재단을 중심으로 진행되면서 연구자들의 연구 활동이 재단의 지원 사업을 중심으로 급격하게 재편되었다.

한국학술진흥재단을 중심으로 한 각종 국가연구지원 사업은 각 대학 사학과와 대학 연구소의 연구활동에 활력을 불어 넣어준 것이 사실이다. 하지만 한편으로 공동연구 활동을 위해 자발적으로 모였던 연구자들의 주요 활동 공간이 소속 대학으로 한정되는 상황이 벌어졌다. 이 같은 상황은 학회와 같은 학술단체에 큰 영향을 주었다. 신진연구자들이 소속

대학에서 진행하는 학술진흥재단의 지원 사업에 참여하느라 외부 활동에 적극적으로 참여하기 어려운 상황이 조성되었다. 연구회 설립 초기와는 크게 다른 연구 환경 속에서 한국역사연구회 역시 신진연구자들과 소통하기 위한 새로운 길을 모색하게 되었다.

이러한 외적인 연구 환경 변화가 진행되었던 2008년부터 2017년간 연구회 조직의 가장 큰 변화 중의 하나가 바로 연구회 법인 설립이었다. 재정이나 세무 회계 문제, 또한 연구회원의 적극적 활동을 위한 방안으로 제시된 법인화는 이 시기 주요한 논의 사항이자 과제였다. 한국학술진흥재단 등의 국가 연구지원 기관에서 주관하는 사업에 연구회 자체가 참여할 수 있는 방안과 공간 마련, 회계 처리 문제 등의 방안으로 연구회의 법인화 논의는 제법 오래되었다. 1990년대 말부터 일부 회원들을 중심으로 논의되었다가 2000년대 초반 운영위원회 차원에서 논의가 되었다. 이후 2009년 공론화 되어 임시총회 등을 통해 한국역사연구회의 법인설립을 본격적으로 추진하게 되었다. 다만 실제 법인 추진 과정에서 나타났던 다양한 문제들을 하나하나씩 처리하면서 일을 진행했기 때문에 많은 시간이 소요될 수밖에 없는 일이었다.

법인 설립과 함께 진행된 1차 사업은 바로 연구회 소유 공간 마련이었다. 이전 양평동 시기의 임대 형식을 끝으로 공식적인 연구회 법인 자체 공간 마련 사업을 진행하였다. 연구회는 2007년 오랫동안 머물렀던 서초동에서 건물주의 재계약 거부로 양평동으로 이사하게 되었다. 당시 연구회 재정이 어려웠던 상황 속에서 역세권 사무실을 구하기 어려워 임대료가 비교적 낮았던 양평동 사무실로 이주하게 되었다. 하지만 양평동 사무실의 위치가 주변에 숙박시설이 많거나 야간의 조명 등이 어둡고 당시 개발이 되지 않았던 상황과 접근성 문제 등이 제기되어 2009년 연구회 공간 마련을 위한 노력이 시작되었다. 그리고 2009년 운영위원회의 노력 속에 현재 도화동 사무실을 구입해 연구회의 새로운 보금자리를 마련하였다.

2) 연구회의 조직과 구성 변화

(1) 법인설립 과정과 연구회 공간 마련

연구회는 2000년대 초반부터 법인화 여부를 논의하였다. 기존에도 법인화 논의는 있었으나 이를 통해 국가기관의 통제 문제 등이 우려될 수 있기에 법인화 논의는 보류되었다. 하지만 2007년 서초동 사무실 재계약을 거부당하고 새로운 연구회 공간을 찾는 문제와 재정 문제가 중첩되면서 법인화 문제가 다시 논의되기 시작하였다. 2004~2005년을 전후로 연구회는 재정 적자에 시달리게 되었고, 결국 2007년부터는 재정 부족으로 '어떻게 살았을까' 시리즈 판매 등을 통해 조성한 기금을 사용할 수밖에 없게 되었다. 아울러 사무실 월세와 관리비, 사무국 인건비 등에 대한 부담이 가중되었다. 동시에 연구회 공간 유지와 사무국 인원들의 업무 과중 문제로 인해 비용을 쉽게 경감할 수 없는 상황이었다. 더불어 한국학술진흥재단(현 한국연구재단)의 지원정책 영향으로 학술활동의 중심이 학회에서 대학으로 전환되는 현상이 나타나기 시작하였다. 이에 다시 연구회 법인화 문제가 논의되었다.

법인 설립을 통해 가장 시급히 해결하고자 했던 문제는 바로 안정적인 공간 마련이었다. 연구회 회원들의 활동이 활발할 수 있었던 이유는 공공기관이나 학교 단체에 속하지 않은 연구회 자체 공간을 갖고 있었기 때문이었다. 연구회의 자체 공간은 학습반이나 연구반 모임을 활성화 할 수 있는 기반이었고, 분과총회 또는 다양한 기획회의가 진행될 수 있는 공간이었다. 회원들이 기타 기관이나 단체의 간섭 없이 자연스럽게 모임을 이어갈 수 있는 공간, 이를 바탕으로 한 다양한 논의는 연구회가 성장할 수 있는 가장 기초적 여건이었다.

2008년 12월 20일에 진행된 22차 정기총회에서 법인설립의 필요성이 제기되었다. 이에 2009년 3월 28일, 민족문제연구소·역사문제연구소 관계자(방학진, 이태훈)을 초빙하여 법인 설립에 대한 공청회를 실시하였다. 이후 4월 25일 법인 설립을 위한 임시총회를 개최하여 다음의 내용을 결정하였다. 첫째, 연구회 산하에 사단법인을 설립한다. 둘째, 법인의 위상은 연구회 활동을 보조하는 역할을 한다. 셋째, 법인 이사회 논의 구조에 연구회 운영위가 참여할 수 있도록 한다. 넷째, 법인 이사회와 연구회 운영위의 관계를 정관과 회칙에 명시한다. 다섯째, 연구회 산하에 법인 소유 건물을 구입한다. 해당 결정사항은 이후 5월 27일 전임회장단과 운영위원 연석회의를 거쳐 최종 추인하고 실무를 진행하였다. 그렇지만 실제 법인 설립을 위해서는 많은 문제를 해결해야만 했다. 여러 가지 복잡한 문제 중 제일 큰 것은 당시 설립 승인을 받는 자체가 결코 간단한 문제가 아니었다는 점이었다. 결국 법인을 직접 설립하는 대신 '2020희망의역사공동체'라는 법인을 인수해 한시적으로 운영하면서 장기적으로 연구회를 법인화 하는 것으로 방침이 결정되었다. '2020희망의역사공동체'(2006년 9월 25일 문화체육관광부 허가 비영리사단법인)의 동의를 얻어 12월 10일 이사진과 소재지 변경 등기를 완료하였다.[13]

이와 동시에 연구회는 2009년 2월 18일 운영위의 논의를 통해 '공간마련 추진위원회'를 구성하였다. 동시에 연구회는 공간 마련을 위한 기금 모금을 진행하였다. 2009년 12월 16일 기준으로 회원 중 233명이 기금 납부를 약정하였고, 약정금액은 131,830,000원이었고 실제 입금액은

---

13 "Ⅶ. 특별보고: 법인, 기금, 공간마련 보고", 『제23차 정기총회 자료집』, 2009, 80~81쪽.

122,680,000원이었다.[14] 당시 530명의 회원이 가입된 상황에서 44%에 이르는 회원들이 연구회 공간 마련을 위해 기금을 납부했던 당시의 상황은 일반적인 학회들에서는 쉽게 보기 어려운 모습이었다.

결국 회원들의 정성으로 모인 건물 기금을 바탕으로 마포구 도화동에 현재의 연구회 공간 마련에 성공하였다. 현재 공간은 원래 태권도장으로 사용되던 곳으로 내부 공사를 통해 남아있던 흔적을 제거하고 공간 배치를 논의해야 했다. 사무실은 원래 태권도장 사무실로 쓰이던 공간을 그대로 사용하기로 해 내부 시설물만 연구회 물건으로 교체하였다. 그리고 연구 공간은 처음 서초동 사무실을 기준으로 대회의실 1, 세미나실 3개를 계획하였다. 양평동 시절 재정 문제로 기존 사무실에서 쓰던 파티션을 유지하면서 세미나 공간이 부족했기 때문에 이 문제부터 해결하고자 하였다.

운영위원회에서 논의를 거듭한 결과 대회의실을 조금 넓게 배치하는 대신 세미나실을 2개만 배치하기로 결정하고, 파티션 공사를 시작하였다. 대신 서초동 사무실에서는 있었지만 양평동 사무실에서는 없었던 로비 공간을 확보하는 동시에 필요에 따라 로비 공간에서 소규모 세미나나 회의를 진행할 수 있도록 집기를 배치했다.

당시 연구회는 재정 부족으로 공간 정비와 환경 미화 작업을 모두 끝마칠 수 없었다. 하지만 매년 운영위원회가 교체되면서 회장을 중심으로 연구회 공간의 정비 작업이 조금씩 진행되었다. 온풍기 구입·연구회 전기 공사·태권도장 유리창 스티커 제거·도배 등의 작업이 1년마다 진행되어 현재의 연구회 공간을 조성하였다.

2017년부터 다시 운영위원회와 사무국을 중심으로 연구회 법인화 사

---

14 "건물기금 납무현황", 『제23차 정기총회 자료집』, 2009, 20~21쪽.

업을 추진하게 되었다. 현재 연구회 재정 구조 상 은퇴 회원의 증가와 인건비를 비롯한 운영비를 더 이상 감축하기 어렵다는 사정 등을 고려했을 때, 연구회 법인화 작업을 늦출 수 없다는 의견이었다. 현재 연구회는 운영위원회와 사무국을 중심으로 법인 문제를 해결하기 위해 노력하고 있는 상황이다.

(2) 연구회 재정 문제와 사무국 조직 변화

연구회원의 회비와 각종 저작물을 통한 인세 등의 부수입을 통해 운영했던 연구회는 만성적 적자 재정을 겪어왔다. 아래는 지난 2007년부터 2017년 까지 연구회의 수입·지출 현황을 나타낸 도표이다.

표에서 알 수 있는 바와 같이 2010년과 2014~2016년을 제외한 재정

〈표 2〉 연구회의 2007~2017년간 수입·지출 현황

연도	수입	지출	수지
2007	89,033,103	108,518,104	-19,485,001
2008	111,000,000	119,000,000	-8,000,000
2009	111,169,797	116,261,580	-5,091,783
2010	197,300,000	175,500,000	21,800,000
2011	113,364,953	126,060,600	-12,695,647
2012	124,868,795	126,997,676	-2,128,881
2013	105,963,222	110,578,490	-4,615,268
2014	117,624,570	105,511,525	12,113,045
2015	107,945,539	97,827,010	10,118,529
2016	110,818,128	107,683,460	3,134,668
2017	92,375,556	93133555	-757,999
누적 수지			-5,608,337

연도들에서 대부분 적자 재정이었던 것을 알 수 있다. 2010년의 경우 상당히 많은 수입과 지출 증가분이 두드러지는데, 연구회 이전에 따른 리모델링 비용과 이사 비용·공간 매입·법인 운영 비용 등으로 인해 전년 대비 약 77%에 이르는 지출 증가가 있었다. 그럼에도 불구하고 양평동 건물 보증금과 사무국장, 웹진위원장 활동비 반납 등으로 큰 폭의 흑자 재정으로 마무리 되었다.[15]

하지만 이는 일시적인 현상이었으며 이후의 재정은 계속적으로 적자 재정을 면하지 못하였다. 물론 연구회 기금 납부와 특별 회비 납부 등의 회원들의 노력이 있었지만, 법인 설립과 공간 마련 이후 연구회 재정은 대부분 적자를 기록하였다. 이러한 적자 재정은 현임 회장을 통한 운영비 대여를 통해 보완하였다. 하지만 이러한 적자 운영과 회장 운영비 대여를 통한 운영을 지속할 수는 없었으며, 이에 대한 논의로 사무국 조직 변화 및 축소에 대한 논의가 진행되었다. 이에 연구회 재정 안정화를 위한 계속적인 운영위 차원의 노력을 기울였으며 이는 사무국 조직 변화로 이어졌다. 아래는 2013년 전후 사무국 조직 변화를 나타낸 그림이다.

2013년의 사무국 조직 변화 원인은 기본적으로 연구회의 만성 적자

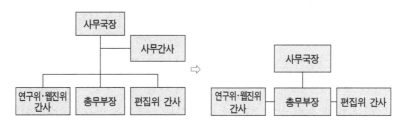

〈그림 2〉 2013년 전후 사무국 조직 변화

---

15 『제24차 정기총회 자료집』, 2010, 23~24쪽.

재정의 영향을 받아 진행하였다. 기존의 사무국 조직은 사무국장을 중심으로 총무부장과 편집위 간사, 연구위·웹진위 간사가 각자 사무국 업무와 해당 위원회의 업무를 전담하면서 상호 보완하는 구성이었다. 이를 사무간사가 행정적 지원을 하면서 유기적인 연구회 사무국 운영을 목표로 하였다. 연구회 지출에서 비중이 큰 부분 중 하나가 바로 사무국 상임의 활동비와 사무간사의 급여 부분이었다.

2013년 기존의 사무국 조직을 개편하였다. 기존의 사무간사를 폐지하고 사무국장 총괄 하에 총무부장, 연구위·웹진위 간사, 편집위 간사 체제로 간소화하였다. 기존 사무간사의 역할이었던 연구회의 회원관리와 회계, 기타 경상업무 및 법인 회계 관련 실무는 총무부장에게 이관하였으며,[16] 증가된 업무량에 대한 보상으로 활동비를 소액 증액하는 하는 방향으로 진행하였다. 이를 통해 2014년부터 2016년까지는 연구회의 적자 재정이 다소 해소되는 형상을 보였지만, 이는 실질적인 흑자 재정으로의 전환으로 이어지지 못하였다. 또한 연구회 유일의 상근 근무자였단 사무간사 제도의 폐지에 있어 연구회 회원 전체의 논의가 충분히 진행되지 못했던 점은 많은 아쉬움으로 남는다.

2013년의 사무국 조직 개편은 연구회 적자 재정 완화를 위한 조치였으나 한편으로 사무국 상임들의 업무량 증대로 이어질 가능성이 있었기에, 사무국 상임들의 연구회 근무 시간을 기존보다 축소하는 방향으로 진행되었다. 그렇기에 사무국 업무 전반의 업무 공백은 발생하지 않았다. 하지만 계속적으로 사무국 상임의 업무에 대한 재분배 논의가 진행되었고, 이에 대한 논의 끝에 2017년 다시 사무국 조직을 아래와 같이 개편하였다.

---

16 『제27차 정기총회 자료집』, 2013, 20쪽.

〈그림 3〉 2017년 이후 사무국 조직

위 조직 변화는 기존 연구위·웹진위 간사를 연구위 간사와 미디어위 간사로 구분한 것으로 웹진의 대대적 개편과 온라인 미디어의 중요성 증대에 따른 변화였다. 이에 웹진의 기획 및 편집, 제작, 간행 및 기타 미디어 관련 업무를 관장하는 미디어위원회의 간사직을 운영하게 되었다. 현재는 사무국장 1인, 상임 4인 체제로 사무국이 운영되고 있다.

또한 연구회 재정 감소에 대한 대책으로 2014년부터 『역사와현실』 회지 게재료를 신설하였다. 2013년 당시에는 2년간 미납 회비가 없는 연구 회원에 한정해 별도의 게재료 없이 논문을 투고할 수 있도록 해왔다. 하지만 연구회 재정 악화에 따라 부득이 하게 박사학위취득자·취업자의 경우 일반논문 150,000원, 연구비지원 대상 논문 400,000원, 박사학위 미취득자·미취업자의 경우 일반논문 100,000원, 연구비지원 대상 논문 300,000을 부과하기로 결정하였다.[17] 이외에도 2017년 3월, 회원들을 대상으로 한 『역사와현실』 전자책 발송 사전 조사를 통해서 160 여명의 전자책 발송 동의를 받았으며, 이에 2017년 6월 발간한 104호부터는 동의한 회원들에 한해 전자책으로 발송을 시작하였다. 장기적으로는 회지를 전자책으로만 발행하는 것을 염두에 둔 조치였다.[18]

---

17 『제27차 정기총회 자료집』, 2013, 76쪽.
18 "회지 <역사와 현실> 전자책 발송", 2017년 3월 22일 연구회 전체 공지 메일.

3) 연구회 구성 세대의 다변화와 연구회의 역할 증대

(1) 연구회 구성 세대 다변화와 한국사 교실 운영

정부의 교육 및 연구지원 정책으로 각 대학 학과나 연구소를 중심으로 한 연구 활동이 중심이 되는 풍토가 조성되었다. 이러한 풍토 속에서 자연스럽게 기성 학회들은 신규 회원의 가입이 감소되는 현상을 겪게 되었다. 이러한 연구풍토의 변화는 우리 연구회에도 직간접적으로 영향을 주었다.

타 학회 또는 학술단체 모임에 비해 우리 연구회에서 가장 강한 장점이 바로 역동적인 연구반과 학습반의 활동이다. 연구회 창설 이후에 개별 분과와 연구위원회의 지원 하에 다양한 학습반과 연구반이 운영되고 있으며 이를 통해 공동연구발표회와 학술대회를 주기적으로 진행하고 있다. 즉 연구회 학술활동의 요체는 다양한 연구반과 학습반의 구성이라 할 수 있다.

〈표 3〉 연구반 및 학습반 변화상(2008~2017년)[19]

연도	연구반 신설	학습반 신설	연구반 해체	학습반 해체	연구반 통합	연구반명칭변경
2008	1	4	1			
2009	1	4	5	2	1	
2010	1	2	1			2
2011	3	2	2			1
2012	2	2	4			1
2013	2	1	3	2		
2014	5		1	1		

---

19 『제22차 정기총회 자료집』부터 『제31차 정기총회 자료집』의 "연구반 및 학습반 현황" 총괄표를 정리.

연도	연구반 신설	학습반 신설	연구반 해체	학습반 해체	연구반 통합	연구반명칭변경
2015	2	1				
2016	1					1
2017	1	1	1	1		
합계	19	17	18	6	1	5

　10년간 신설된 연구반은 19개 반이며, 해체된 연구반은 18개 반이다. 신설과 해체는 거의 비슷한 수치이고, 이는 시기적으로 요구되는 연구 주제의 변화에 따라 연구반의 교체가 진행된 것으로 보인다. 『역사와현실』이라는 연구회의 얼굴처럼, 시대가 필요로 하는 연구들에 접근하기 위한 연구회원들의 노력으로 볼 수 있다.

　10년간의 연구반, 학습반 변화상에서 주목할 부분은 이전 시기에 비견하면 연구반의 구성보다는 학습반의 신설이 증가하였다는 점이다. 연구반 활동은 연구회 활동의 중심축이라고 할 수 있다. 하지만 신입 회원이 연구회에 가입하고 바로 연구반에 합류하기에는 큰 부담감이 갈 수밖에 없다. 연구회 창립 초기에는 개별 학교 및 연구 분야의 선후배 관계로 구성되었던 연구회원 구성이 20주년 이후 구성이 다변화되었다. 학번의 간극이 넓지 않았던 초기에 비해 2000년대에 들어서면서 30년의 학번 간극이 생기기도 하였다. 이러한 구성원 연령과 학번의 간극 차이로 석사나 박사 과정의 신입 회원들이 연구회 가입과 동시에 기존 연구반에 가입하여 적극적으로 활동한다는 것은 실질적으로 부담스러운 상황이다.

　또 다른 이유로는 신입회원의 정기 모집과 교육이 분과별 상시 모집으로 변화되었기 때문이다. 2000년대 초반 신입 회원 가입의 부진을 타개하기 위해 분과별 상시 모집으로 변경된 이후 자연스럽게 연구회 차원의 신입회원 교육(특강) 역시 폐지되었다. 이를 보완하기 위해 각 분과별 학습반이 신설되기 시작하였다. 즉 신입회원의 안전한 연구회 정착을 위한 분과별 자구 노력이라고 할 수 있다.

신입회원의 가입과 관련된 이유 외에도, 한편으로 연구반은 공동연구 발표회를 의무적으로 진행해야 하는데, 학습반은 우선 이러한 공동연구 발표회의 압박감에서 자율적 측면이 있었다. 우선 구성원의 관심이 집중될 수 있는 학습반을 구성하고 기초적인 학습을 진행한 이후에, 구체적인 연구성과를 도출할 수 있는 여건이 조성되면 연구반으로 재구성하는 방식을 밟는 것이다.

이와 함께 연구회는 2011년부터 학부생과 석사과정 대학원생을 대상으로 한 초보 역사학자를 위한 한국사 교실을 기획·운영하였다. 2000년대 초반 신진연구자 학습이 폐지된 이후 신진연구자를 위한 연구회 전체 차원의 기획 사업이었다. 물론 연구회 가입을 필수 사항으로 하지 않았기에 그 대상은 학부생까지 확대하였으며, 주된 강의 내용은 각 분과별 '최신 연구동향' 및 '연구자료와 연구방법론'으로 하였다.[20]

참고로 2015년부터 2017년까지 신규 연구반 및 학습반의 신설이 기존보다 저조해 지는 경향이 두드러지고 있다. 연구회원들의 연구활동 위축이라는 평가보다는 지난 보수정권과의 역사교과서 전쟁의 결과물이라고 할 수 있다. 우리 연구회의 회원들뿐만 아니라 역사학 전공자의 99%가 지난 보수정권의 역사교과서 전쟁에서 자유로울 수 없었고 이는 자연스럽게 박근혜-최순실 국정농단 사태에서 역사학자들의 연구활동 이외의 사회 변혁 활동 참여로 이어졌기 때문이다. 이런 과정 속에서 자연스럽게 그간 연구활동에 새로운 의제가 상정되지 못 하였고, 이러한 경향이 그대로 우리 연구회의 연구반 및 학습반 운영 과정에 녹아들었다고 할 수 있다.

---

20 『2010년도 연구회 활동 백서』, 2010, 4-1-7, 1~2쪽.

(2) 전국역사학대회 불참 통보와 순회 개최 협의

전국역사학대회는 역사연구자는 물론 일반 대중에게도 가장 많이 알려진 역사학 관련 대회이다. 1년간 한국역사학계의 학술적 성과에 대한 연구자간의 공유와 발표를 통한 연구 성과의 대중화를 도모할 수 있다. 또한 역사학계의 논의와 의지를 모아 대한민국의 현안에 관계된 문제에 대해 공동의 아젠다를 제시할 수 있는 장이 될 수도 있다. 그렇기에 전국역사학대회를 주관하고 개최한다는 것은 일정한 권한을 갖는 것이며, 권한의 행사를 위해서는 다양한 학회의 의견이 바탕이 되어야 한다.

기존 역사학대회는 1999년까지 협의회의 논의를 통한 주관 학회의 순환이 원칙이었다. 하지만 2000년 이후 기타 학회들의 업무 과중을 사유로 역사학회에서 전국역사학대회를 전담하여 주관하는 상황이 되었다. 이러한 상황이 장기화되자 역사학대회의 주제 선정과 역사관련 학회들의 공동 단체 활동 논의가 자유롭게 진행되지 못하는 경우가 발생하였고 이것이 한국사연구회와 연구회의 49회(2009) 전국역사학대회 불참 통보로 이어졌다.

물론 이는 전국역사학대회 주관만이 문제가 된 것은 아니었다. 이는 보수정권의 재집권과 동시에 시작된 역사전쟁의 시작지점에서 벌어진 하나의 사건이었다. 당시 전국역사학대회를 둘러싼 역사학계 내의 문제는 언론에서도 주목할 만한 사건이었다.[21] 2008년 당시 교육과학기술부의 근현대사 교과서 수정 압박이 지속되었고 이에 연구회를 중심으로 한 역사학 20여 단체들은 반대 성명을 발표하였다. 이 과정 속에서 전국역사학대회의 주관 단체이자 가장 오래된 역사단체인 역사학회 측에서 역

---

21 "전국역사학대회 반세기만에 분열 기로", 『연합뉴스』 2009년 5월 11일자; "역사학대회 '반쪽 잔치' 위기", 『경향신문』 2009년 5월 11일자; "'전국역사학대회' 반세기만에 분열 위기", 『문화일보』, 2009년 5월 11일자.

사단체들의 성명서에 서명을 보류하였다. 한국사연구회와 연구회는 이러한 역사학회의 서명 보류에 대해 문제를 제기하였고, 이는 두 연구 단체의 전국역사학대회 불참 통보로 이어졌다.

당시의 전국역사학대회 불참 통보는 전국역사학대회 행사 개최의 민주적 절차에 대한 논쟁을 촉발하였고 이를 통해 수차례의 전국역사학대회 협의회에서 주관학회 순환에 대한 논의가 진행되었다. 결국 3년을 주기로 첫 해에는 역사학회가 주관을 하고 나머지 2년은 주관을 원하는 학회의 신청을 받아 협의회를 통해 주관 학회를 선정하는 것이 결정되었다.

이후 2012년 52회 전국역사학대회는 연구회 주관으로 진행되었다. 당시 이명박 정부 집권 5년차이고 대선이 예정된 시기였기에 대회의 주제는 "역사 속의 민주주의"로 협의회의 논의를 통해 결정하였다. 연구회에서 주관한 전국역사학대회는 서울과 수도권 소재 대학이 아닌 충청권소재 대학인 KAIST에서 진행되었다. 또한 역사관련 학회를 이공계 전문대학에서 진행했다는 부분에서도 상징적인 의미의 대회 진행이었다고평가할 수 있다.

(3) 지속적 공동 연구활동과 시기적 의제 상정을 위한 공동학술토론회의 개최

연구회 연구활동의 가장 근간은 연구반과 학습반의 공동 연구 활동을통한 공동연구발표회이다. 이전 차수 연구위원회에서 각 분과별 연구반의 사전 신청을 통해 발표 일정을 조율하고 연간 발표회를 기획하여 행사를 진행하는데, 특히 시기적 필요성과 기획력이 필요한 발표회의 경우기획발표회나 공동주관 학술회의로 진행하기도 한다. 이와 함께 사회적현안에 대해서는 타 학회나 기관과 함께 공동학술대회나 토론회 등을 진행함으로써 여론의 방향을 조정하는 역할도 한다. 다음은 2008년부터

2017년까지 연귀회 발표회 진행횟수를 나타낸 도표이다.

〈표 4〉 2008~2017년간 연구회 발표회 진행횟수

연도	공동연구발표회	기념발표회	타기관공동발표	기획발표회	기타	소계
2008	5	1	1	1	-	8
2009	4	2	-	-	-	6
2010	5	3	1	-	-	9
2011	4	-	1	1	-	6
2012	5	-	1	-	-	6
2013	3	-	3	-		6
2014	1	4	-	3		8
2015	3	-	3	-		6
2016	2	-	1	3		6
2017	-	-	2	4		6
소계	32	10	13	12	0	67

※ 공동연구발표회 : 공식으로 회차가 부여된 연구반의 발표회
※ 기념발표회 : 역사적 사건에 대한 기념 학술대회
※ 타기관공동발표 : 연구회 이외 기관과 공동으로 연계하여 진행하는 발표회
※ 기획발표회 : 연구위원회 자체 기획이나 연구반의 특별 기획발표회, 공공기관의 후원을 통해 기획·진행한 발표회

공식적 회차가 부여되는 공동연구발표회의 경우 10년간 평균적으로 연3~4회 정도 진행되었으며, 이는 지난 20년간 109회차를 진행한 것에 비하면 다소 감소한 것으로 볼 수 있다. 하지만 연구반 또는 학습반의 증가에도 불구하고 공식적인 공동연구발표회 개최 횟수가 감소한 것을 단순 연구회의 연구역량 약화로만 볼 수 없다. 이는 시기적 의제 상정을 위한 기획발표회나 타기관 공동 주관 학술회의 개최 횟수 증가로부터 받은 영향이 크다. 다음은 지난 10년간 분과별 공동연구발표회 횟수를 나타낸 것이다.

<표 5> 2008~2017년간 분과별 공동연구발표회 횟수

구분	고대사	중세사1	중세사2	근대사	현대사	기획 및 합동	합계
횟수	4	9	8	5	3	3	32

대체적으로 공동연구발표회는 중세사1·2분과의 횟수가 타 분과에 비해 2배정도 많은 것을 알 수 있다. 이는 중세사분과에 비해 고대사·근대사·현대사분과의 공동연구활동이 미약하다는 것을 보여주는 것이 아니다. 한국연구재단이나 한국학진흥사업단의 연구사업 공모와 진행이 활발해지면서, 국사편찬위원회·동북아역사재단 등 역사관계 공공 기관의 학술회의 지원 사업 공모 역시 활발히 진행되었다. 기존 공동연구발표회는 연구회 자체 예산으로 진행하는 경우가 많았으나, 기관의 지원을 통해 발표회 자체를 진행하는 경우가 늘어나면서 공식적인 회차가 부여된 공동연구발표회 횟수가 줄어든 것으로 볼 수 있다. 특히 고대사나 근현대사의 경우 시기적 환기성과 여론 주목도가 높은 주제들이 많았기에 이러한 역사관련 기관의 학술회의 지원에 선정된 것들이 많았다.

공동연구발표회에서 특기할만한 것들 중에 하나는 분과나 연구반을 넘어선 기획발표회들이 진행되었다는 점이다. 인접 분과이기는 하나 중세사1·2분과 중세국제관계사연구반의 "한반도를 찾아온 중국사신"·"외교의례를 통해 본 11~15세기 한중관계" 등이 그것이다.

또한 연구반 운영 방식으로부터 기인한 공동연구발표회의 특징이 있다. 일반적으로 공통 관심 주제와 관련된 자료를 중심으로 연구반을 운영하기 때문에 공동연구발표회의 주제들은 특정 사료를 중심으로 한 연구반원들의 부문별 관심 주제 발표로 구성되어 있다. 대표적으로 "고문서로 본 조선사회"·"당론서를 통해 본 조선후기 정치사 인식" 등의 공동연구발표회가 있다.

보수정권기였던 2008년부터 2017년은 역사교과서 국정화 현안이 사회문제화 되면서 타학회 및 역사단체들과 함께 공동학술회의 및 토론회가 진행되었던 경우가 많았다. 위 표에서 살펴볼 수 있는 바와 같이 연구회에서 진행했던 발표는 연간 평균 7회였으며, 공동연구발표회 횟수가 줄어든 연도에는 기념발표회·타기관공동발표·기획발표회의 횟수가 증가하였음을 알 수 있다. 다음은 2009년과 2016년 사이 타기관 공동 주최 학술회의 목록이다.

〈표 6〉 타기관 공동 주최 학술회의

학술회의	일시
'역사 교육 위기' 대응책 마련을 위한 역사단체 공동 기자회견 및 공동토론회 : 역사교육의 위기, 어떻게 대응할 것인가 - 교과부의 역사교육 정책을 비판한다	2009년 9월 25일
4.19 50주년, 광주항쟁 30주년 기념 공동주관 대토론회 "열광과 좌절의 싸이클을 넘어"	2010년 4월 17일
4월 혁명 50주년 기념 학술회의 "한국 민주화운동의 논리와 지향성의 재평가"	2010년 7월 9일
공동학술회의 "역사교육의 위기와 검정한국사 교과서"	2010년 10월 21일
매장문화재법 토론회/기자간담회 : "2011 매장문화재법 시행규칙과 발굴조사 규정에 나타난 두 가지 현안과 해결방안"	2011년 4월 17일
공동토론회 : "초중고 역사교과서의 현대사 서술과 민주주의"	2011년 10월 7일
유신선포 40년 역사4단체 연합학술회의 : 역사가, '유신시대'를 평하다	2012년 9월 15일
뉴라이트 교과서(교학사 고등학교 한국사) 검토설명회	2013년 9월 10일
한국사교과서논란결산: 7개학회공동검토회	2013년 12월 16일
한국사 교과서 검정파동 분석과 한국사 교과서 국정화 시도 대비 공동 심포지엄 기획과 주최 : "한국사 교과서 검정 파동과 발행(검정) 제도 개선방안"	2014년 4월 19일
한국역사교육학회, 한국역사연구회 공동 주최 기획 발표회 : "한국사 교과서 국정화, 무엇이 문제인가"	2014년 8월 28일
한국역사연구회 기획 발표회 : "대학에서 역사(한국사) 교육"	2015년 6월 22일

학술회의	일시
해방70주년기념 역사3단체 공동학술회의 : "역사학과 민주주의, 그리고 해방"	2015년 8월 13일
연구위원회 기획발표회 : "시민을 위한 새로운 한국사, 어떻게 쓸 것인가"	2016년 7월 2일
역사교육연대회의 긴급토론회 : 국정농단과 최순실 교과서	2016년 11월 11일

위 표에서 알 수 있는 바와 같이, 타기관 공동 주최 학술회의의 반은 역사교육과 관련된 의제를 중심으로 진행하였다. 2008년부터 시작된 이명박·박근혜 정권의 역사교과서 이념 논쟁과 역사교과서 국정화 파동은 타기관과의 주요 공동주최 학술회의의 주제가 되었다. 정부의 역사교과서 이념 공세와 국정화 강행 저지를 위해서는 연구회 단독만이 아닌 역사학 전반의 공동 대응이 필요했고 이에 따라 이명박 정부 시기에는 뉴라이트의 주장에 근거한 정부의 역사교과서 이념 논쟁(이른바 '자유민주주의 논쟁'과 '건국절 논란')에 대응하기 위한 타기관 공동 주최 학술회의를 진행·참여하였다.

박근혜 정부 시기에 들어서는 역사교육의 국유화에 대한 노골적인 정책 방향이 수립되었고, 뉴라이트 교과서인 교학사 교과서가 발행되기에 이르렀다. 이에 따라 연구회와 역사문제연구소·한국사연구회·역사학연구소 등의 공동 대응으로 교학사 교과서 검토회의부터 교과서 검인정 제도·한국사교과서 국정화에 대한 문제 제기까지 다양한 주제를 시기적 의제로 상정하여 학술회의를 진행하였다.

2. 실천적 역사학의 가능성

자칭 보수정권의 집권 기간 동안 연구회의 사회적 역할 역시 꾸준히 증대되어 왔다. 한국사 시민강좌의 확대 역시 이 시기의 주요 변화상 중 하나라고 할 수 있다. 또한 전국역사학대회의 학회별 순회 개최도 한국사연구회와 함께 연구회가 만들어낸 역사학계의 주요한 풍토라고 할 수 있다. 보수정권의 권력 사유화에 대해서도 연구회는 꾸준히 비판의 목소리를 내왔다. 시국선언을 비롯하여 사회적 연대의 강화를 위해 세월호 사건 등에 대한 연구회 구성원들의 목소리를 한 곳으로 모으기도 하였다. 이러한 사회적 실천은 뉴라이트 교과서 파동과 역사교과서 국정화 강행 국면에서 더욱 강화되었다. 기존 뉴라이트의 왜곡된 사관을 비판함과 동시에 역사교과서 국정화라는 정부 정책에 대한 비판과 구성원들의 작업 참여 거부 등은 보수정권의 몰락을 가져온 하나의 계기가 되었으며 박근혜-최순실 국정농단 사태와 더불어 연구회 구성원들은 함께 거리로 나섰다.

1) 시민강좌의 확대와 간행물 발간 부진

연구회는 연구자들의 모임이기에 구성원 모두 각자의 영역에서 연구를 수행하고 이에 대한 성과를 만들어 서로 간에 공유하는 부분에서는 큰 어려움을 겪지 않는다. 하지만 이러한 연구 성과의 공유 대상이 동료 연구자가 아닌 일반 민중이라면 강의 주제 선정부터 강의 내용의 수준 조정까지 단순 강의의 수준을 넘어 많은 어려움을 내포하게 된다. 초창기부터 연구회는 민중을 대상으로 한 강연 기획과 진행에 공을 들였다. 이러한 노력은 이후 다양한 시민강좌로 발전하였다. 아래는 2009년부터 2017년까지 연구회에서 진행한 시민강좌 현황을 정리한 도표이다.

연도	순번	강좌명	주제	횟수	공동 주관
2009	1	노원도봉강북지역 시민단체주관 인문학 강좌(1)	사극 그 상상력과 역사적 진실의 사이	12강	노원도봉시민사회단체
	2	노원도봉강북지역 시민단체주관 인문학 강좌(2)	지역 사람들은 근현대를 어떻게 살았을까?	8강	노원도봉시민사회단체
	3	청년통일문화센터푸른공감 주최 인문학 강좌	조선의 꿈, 오늘을 말하다	4강	청년통일문화센터푸른공감
	4	의왕문화원 공동주최 인문학강좌	사극, 그 상상력과 역사적 진실의 사이	6강	의왕문화원
2010	1	노원도봉시민단체와 함께하는 시민강좌(1)	(New) 조선시대 사람들은 어떻게 살았을까	9강	노원도봉시민사회단체
	2	노원도봉시민단체와 함께하는 시민강좌(2)	우리가 알아야 할 100년의 역사이야기	8강	노원도봉시민사회단체
	3	의왕문화원 시민강좌	조선시대 사람들은 어떻게 살았을까?	7강	의왕문화원
	4	성북구청 인문학강좌	사극, 그 상상력과 역사적 진실의 경계 사이에서	6강	성북구청
	5	서초구청 관내 초등학교 역사특강	쉽게 이해하는 한국사 특강교실	9강	서초구청
2011	1	노원도봉시민단체와 함께하는 시민강좌(1)	문학작품으로 만나는 우리 역사	8강	노원도봉시민사회단체
	2	노원도봉시민단체와 함께하는 시민강좌(2)	라이벌을 통해 읽은 우리 역사이야기	8강	노원도봉시민사회단체
	3	성북구청 상반기 시민강좌	역사 속 인물, 그들이 살았던 세상	10강	성북구청
	4	중랑구청 시민강좌	역사 속 인물, 그들이 살았던 세상	5강	중랑구청
	5	의왕문화원 시민강좌	사극으로 보는 역사	5강	의왕문화원
2012	1	2012년 상반기 성북구청 시민강좌	우리 역사 속의 라이벌	10강	성북구청

---

22 2008년부터 2016년간의 총회 자료집 사무국 보고에서 내용을 발췌 정리하였다.

연도	순번	강좌명	주제	횟수	공동 주관
	2	2012년 하반기 성북구청 시민강좌	지난 100년간의 우리 역사 이야기	5강	성북구청
	3	2012년 상반기 노원도봉 시민강좌	여성, 역사속에서 만나다	8강	노원도봉시민 사회단체
	4	2012년 하반기 노원도봉 시민강좌	살아있는 과거, 한국 현대사를 말한다	8강	노원도봉시민 사회단체
	5	2012년 상반기 중랑구청 시민강좌	설화와 문학 속의 역사 이야기	5강	중랑구청
	6	2012년 하반기 중랑구청 시민강좌	한국 역사 속의 여성, 그녀들의 이야기	4강	중랑구청
	7	2012년 상반기 동대문구청 시민강좌	사극, 그 상상력과 역사적 진실의 경계	8강	동대문구청
	8	2012년 하반기 동대문구청 시민강좌	우리 역사 속의 라이벌	5강	동대문구청
	9	2012년 부천시 여성회관 시민강좌	역사 속에서 만난 여성들 1	4강	부천시 여성회관
2013	1	2013년 상반기 성북구청 시민강좌	우리 선조들의 생활사 이야기	10강	성북구청
	2	2013년 하반기 성북구청 시민강좌	승자의 역사에 가려진 영우들의 이야기	5강	성북구청
	3	2013년 노원 시민강좌	그들이 꿈꾸었던 세상	8강	노원도봉시민 사회단체
	4	2013년 중랑구청 시민강좌	사극, 그 상상력과 역사적 진실의 경계	5강	중랑구청
	5	2013년 교하도서관 시민강좌	문학작품으로 만난 우리역사	5강	교하도서관
2014	1	2014년 상반기 성북구청 시민강좌	역사의 흐름을 바꾼 결정적 순간들	10강	성북구청
	2	2014년 하반기 성북구청 시민강좌	사극, 그 상상력과 역사적 진실의 경계 사이에서	5강	성북구청
	3	2014년 파주 가람도서관 시민강좌	조선시대, 역사 속의 라이벌	8강	가람도서관

연도	순번	강좌명	주제	횟수	공동 주관
	4	2014년 중랑구청 시민강좌	역사의 흐름을 바꾼 결정적 순간들	4강	중랑구청
	5	교원직무연수 특별 강좌	교과서가 담지 못한 한국사 연구의 새동향	5강	
2015	1	2015년 상반기 성북구청 시민강좌	그들의 선택이 역사를 바꾸다	5강	성북구청
	2	파주가람도서관 주간 특강	시대의 책을 읽다 - 징비록	1강	가람도서관
	3	교원직무연수 기획 특강	헌법으로 읽는 대한민국사	5강	
	4	2015년 하반기 성북구청 시민강좌	역사 속의 라이벌	5강	성북구청
	5	2015년 하반기 중랑구청 시민강좌	사극, 그 상상력과 역사적 진실의 경계	8강	중랑구청
	6	2015년 하반기 송파구청 시민강좌	역사 속의 라이벌	6강	송파구청
	7	부산인재개발원 특강	조선왕실의 영혼이 깃든 곳, 종묘	1강	
2016	1	2016년 상반기 성북구청 시민강좌	사극, 그 상상력과 역사적 진실 사이	10강	성북구청
	2	2016년 하반기 성북구청 시민강좌	주제를 통해 본 조선시대의 풍경들	10강	성북구청
	3	푸른역사아카데미 역사 강좌	『조선시대사』 - 정치, 외교, 의학, 일상	7강	푸른역사 아카데미
	4	중랑구 구립정보도서관 역사강좌	사극, 그 상상력과 역사적 진실 사이에서	3강	중랑구청
2017	1	2017년 상반기 성북구청 시민강좌	유물이 들려주는 한국고대사 이야기	10강	성북구청
	2	성북구청 하반기 시민강좌	고려시대의 다양한 문화 이야기	8강	성북구청
	3	노원청소년 수련관 역사 강좌	지하철 史호선	12강	노원청소년 수련관

2009년 2017년까지 연구회는 매년 3~7기관, 평균 5기관 이상과 연계하여 시민강좌를 진행하였다. 지역 노원도봉시민단체인 마들주민회와 시작하였던 시민강좌의 성공적인 개최가 계속되면서 기초지자체들에서 시민강좌 진행과 관련된 문의를 하기 시작하였다. 성북구청을 시작으로 시작된 지자체 시민강좌는 중랑구청과 동대문구청·송파구청 등으로 확대되었다. 인문 강좌에 대한 사회의 요구가 늘어나면서 각 지자체의 호응이 이어졌고 다양한 방면의 역사학 전공자들이 속해있는 우리 연구회에 시민강좌를 요청하는 경우가 많아졌다. 기존 연구회 자체적으로 진행했던 시민강좌 운영 경험이 있었기에 이러한 사회적 요구에도 응할 수 있었다. 이외에도 각 지역의 도서관과 지방 문화원 등의 자체 시민강좌로 확산되었다.

시민강좌의 확대에도 불구하고 강의 주제 기획과 강사 선정에 대한 부분에서는 아직도 미흡한 점이 있다. 기존 시민강좌 운영은 연구위원회에서 담당하였다. 강의주제 기획부터 강사 섭외, 실무 현장 진행까지 모든 것이 연구위원회의 업무였던 것이 시민강좌의 증가에 따라 실무 현장 진행은 사무국으로 업무가 인계되었다. 그럼에도 불구하고 많은 기관에서 시민강좌 요청이 있었고 이에 따른 강의주제 기획에는 한계가 있을 수밖에 없었다. 그러다보니 기존 기획되었던 강의주제를 다른 기관에서 활용하는 현상이 발생하였으며, 자연스럽게 주제별 강사 역시 기존 섭외되었던 회원으로 진행하게 되었다. 이는 연구회 자체의 기획력 부족 자체보다는 단시간의 시민강좌 확대에 원인이 있다.

기획력이 시민강좌 개최 횟수를 보완하지 못 하는 상황이 계속된다면 자연스럽게 시민강좌 요청은 감소할 수밖에 없다. 위 표에서 알 수 있는 바와 같이 2016년 이후부터 시민강좌의 개최 횟수가 감소한 것을 알 수 있다. 이러한 상황을 반전시키기 위해서는 연구위원회와 사무국 이외의 별도의 시민강좌 기획을 위한 기구의 설치나 이에 대한 논의가 필요하다. 또한 기존 수동적인 입장의 시민강좌 진행보다는 적극적인 시민강좌 주제의 기획과 강의 진행 기관의 확대가 필요하다. 연구회 자체적인 시민강좌 진행도 필요한 시점이라 생각한다.

지난 10년간 연구회의 간행물 발간 현황은 어떠했을까? 아쉽게도 지난 20년의 출판물 발간 실적에 비추어 본다면 해당 기간 동안의 출판물 발간 현황은 매우 저조한 실정이었다. 연구서로는 『역사학의 시선으로 읽는 한국전쟁』(휴머니스트, 2010), 『과학적 실천적 역사학의 과거와 미래』(청년사, 2011) 2권이 출간는데 그치고 말았다. 교양서적 부문에서도 『한국 고대사 산책 : 한국 고대사에 관한 38가지 팩트 체크』(역사비평사, 2017)가 출간되었는데, 이는 기존에 발간되었던 내용을 개정증보한 것이었다. 그나마 지난 10여년의 기획과 집필을 거쳐 『한국고대사』1·2 (푸른역사, 2016), 『조선시대사』1·2 (푸른역사, 2015), 『고려시대사』1·2 (푸른역사, 2017), 『한국근대사』1·2 (푸른역사, 2016) 시리즈가 발간되었는데, 아직 현대사 부분의 출간이 남아있는 상황이다.

물론 지난 10년간 연구회 간행물 발간에 대한 기획이 없었던 것은 아니었다. 2009년부터 연구위원회를 중심으로 한 중장기 사업 기획단에서 출판사업을 위한 논의가 진행되었고 이후의 연구위원회에서 계속적으로 사업을 진행하였으나 뚜렷한 성과물은 도출하지 못하였다. 이러한 출판물 간행의 부진 현상의 원인은 어디에서 기인하였을까? 다양한 원인이 있을 수 있겠으나 대체적으로 기존 시민강좌 주제 기획 부진과 같은 이유라고 생각한다. 시민강좌의 경우 그 내용이 강의로만 마무리되었고, 공동연구발회나 기획발표회의 성과는 발표와 논문 게재의 수준에 머물렀다. 연구회 차원에서 출판물 발간을 위한 적극적인 기획과 사업 진행이 필요한 시점이다.

2) 역사전쟁 사태에 직면한 연구회

지난 2008년부터 2017년은 진보연구단체를 표방하는 우리 연구회에게 연구에만 몰두할 수 있는 정치적 상황이 아니었다. 이명박·박근혜 정부는 보수를 자칭하였지만 현상황에서 밝혀진 바와 같이 일부 자본세력의 국가경제 독점과 미선출 세력의 국정농단부터 많은 국가적 손실을 안겨준 정부였다. 이러한 상황에서 연구에만 몰두한다는 것도 우리 연구회의 설립 취지와 배치되는 일이었다. 자칭 보수정권기에는 사회적으로도 국가 정상화와 거악 일소를 위한 연대의 요구가 강하게 발생하였고 이는 다양한 시국성명과 기자회견으로 이어졌다.

지난 10년은 말 그대로 연구회 설립 이후 가장 많은 시국선언과 성명서 발표 및 기자회견을 진행했던 기간이었다. 아래는 지난 2008년부터 2017년 사이의 시국선언과 성명서 발표 및 기자회견을 정리한 것이다.

〈표 8〉 2008~2017년간 연구회 시국성언, 성명서 발표 및 기자회견

일자	내용
2008.06.10	역사연구단체 6.10 시국성명 발표 : "이명박 대통령은 거국내각을 구성하여 국민의 뜻을 수용하라" 주관
2008.11.11	교과부 교과서 수정 작업에 대한 전국 및 해외 역사학자 선언문 및 한겨레 신문 광고 주도
2009.04.20	역사학자시국선언문 발표 : "이명박 정부는 독재정권은 반드시 붕괴된다는 역사적 교훈을 잊었는가?
2009.09.25	역사 교육 위기 대응책 마련을 위한 역사단체 공동 기자회견 및 공동토론회 : 역사교육의 위기, 어떻게 대응할 것인가 - 교과부의 역사교육 정책을 비판한다
2009.11.30	친일 진상규명 작업에 관한 역사학계의 견해 기자회견
2010.05.28	광복 65주년 역사학계 공동성명서 발표 : 일본의 한국 강점 100주년, 광복 65주년을 맞이하는 역사학계 공동성명서 발표 주관

일자	내용
2011.04.17	매장문화재법 토론회/기자간담회 : "2011 매장문화재법 시행규칙과 발굴조사 규정에 나타난 두 가지 현안과 해결방안"
2011.11.02	2011 역사교육과정 및 집필 기준 개악에 대한 역사학계 공동성명
2011.11.29	2011역사교육과정·중학역사집필기준재고시(再告示)요청 및 이주호 교육과학기술부장관 해임 건의
2012.10.26	교육과학기술부와 한국연구재단은 왜곡된 우수학술지 지원정책을 즉각 중단하라 성명서 발표
2013.06.20	'유영익 국편위원장 내정 철회를 요구하는 성명서' 발표
2013.07.04	국정원 선거개입을 규탄하는 전국역사학자 시국선언 : '전국의 역사학자가 국민께 드리는 글' 발표
2013.09.10	뉴라이트 교과서(교학사 고등학교 한국사) 검토설명회
2013.09.12	'교육부의 뉴라이트 교과서 비호에 대한 역사단체의 입장' 성명서 발표
2013.12.16	한국사교과서논란결산: 7개학회공동검토회
2014.04.19	한국사 교과서 검정파동 분석과 한국사 교과서 국정화 시도 대비 공동 심포지엄 기획과 주최 : "한국사 교과서 검정 파동과 발행(검정)제도 개선방안"
2014.08.13	'수사권 및 기소권을 보장한 세월호 특별법'을 위한 광화문 단식농성 부분 참여
2014.08.28	한국역사교육학회, 한국역사연구회 공동 주최 기획 발표회 : "한국사교과서 국정화, 무엇이 문제인가"
2014.08.28	한국역사학계 7개 대표학회의 기자회견과 성명서 발표 : 한국사 국정화 저지를 위한 기획발표회 기획과 주최 : 한국사교과서 국정화의 문제점과 부작용
2015.08.05	전국역사학대회협의회 소속 20개 학회 공동성명서 발표 : 광복 70주년, 한일수교 50주년을 맞아 일본군 '위안부' 문제 해결을 촉구한다
2015.09.09	"한국사 교과서 국정화에 반대하는 역사·역사교육 연구자 선언" 기자회견
2015.10.30	전국역사학대회협의회 소속 학회 및 역사학 관련 28개 학회 공동 성명서 발표 : 역사교과서 국정화 철회를 엄중히 요구하며 국정 역사교과서 제작 불참을 촉구한다
2016.04.06	역사3단체 공동성명 : '옥바라지 골목'을 보존하라!
2016.08.22	역사학계 시국성명 발표 : 위기의 대한민국, 현 시국을 바라보는 역사학계의 입장
2016.11.01	역사학계 시국성명 발표 : 박근혜 최순실 국정농단 관련 : 현 시국에 대한 역사학계의 요구
2016.11.11	역사교육연대회의 긴급토론회 : 국정농단과 최순실 교과서

일자	내용
2017.05.30	백제풍납토성·삼표레미콘 소송 관련 시국성명
2017.11.06	역사학계 적폐청산(블랙리스트 규탄)을 위한 성명 : "반헌법, 반국민, 반학문적 역사학계 블랙리스트 엄정 수사와 엄중 처벌만이 미래를 연다"

참여 정부 이후 과거로 퇴행하는 정치권의 행태 비판으로부터 시작된 연구회 구성원들의 시국선언이 있었다. 특히 2008년 정권 초기 '광우병' 소고기 수입 조치와 관련된 반대 집회와 정부의 강경 진압은 시민사회단체의 결집을 불러왔고 그 해 여름 광화문 등을 비롯한 민중이 모일 수 있는 공간은 항상 집회 인원들로 가득 찼다.

2008년 당시의 미국산 소고기 수입 조치는 우리 국가의 검역주원에 대한 포기선언과 다름없었다. 이에 시민 단체를 중심으로한 인원들이 광장으로 모이기 시작하였고, 현재의 한국 민주주의를 상징하는 '촛불집회'가 시작되었다.[23] 당시의 촛불집회는 날이 갈수록 규모가 확대되었는데, 이는 자정을 기점으로 한 경찰의 강경진압이 원인이 되었다. 기존의 언론에서는 주목하지 않았던 집회 현장의 강경진압 장면을 '아프리카'와 같은 개인 미디어가 중개하기 시작하였고, 이는 SNS를 통해 민중들에게 더욱 넓게 전파되었다. 집회는 매일 진행되었고 집회 참여 인원은 날이 갈수록 증가하였다. 경찰차벽과 물대포가 설치되었음에도 인원은 더욱 증가하였고, 결국 '명박산성'이라는 컨테이너 구조물이 광화문에 설치되었다.

연구회 구성원들도 직접 연구회 깃발을 높이 들고 광화문에 섰다. 특히 이 날은 6.10 항쟁 21주년이 되던 날이었다. 2008년 한 여름의 투쟁이

---

23 촛불집회가 본격적인 형식으로 시작된 것은 2002년 효순이·미선이 추모집회와 2004년 노무현 대통령 탄핵 소추안 통과 반대 집회 등이 있지만 본격적인 우리나라의 촛불집회의 시작지점은 이 시기로 볼 수 있다.

끝났다. 비록 미국산 소고기 수입 조치는 철회되지 않았으나 미국과의 재협상이 진행되었고 수입 연령 및 품목에 대한 강화 조항이 추가되었다.

정치 문화의 퇴행과 더불어 이명박 정부의 주요 인사들은 본인들의 정치적 이념에 합치된 역사관을 준거로 역사 교육의 퇴행을 초래하였다. 기존 검인정 체제의 교과서 중에서 보수, 특히 뉴라이트의 주장과 배치되는 내용들에 대한 강제 수정 조치를 취하려 하였고 이는 역사전쟁을 촉발하였다.

급기야 검인정 체재 하에서 뉴라이트의 입장을 대변하는 교학사 교과서가 출간되었고, 역사관련 학회와 단체들은 교학사 교과서의 사실 오류와 이념적 편향성에 대해 비판하였다. 이러한 역사학회들과 관련 단체들의 비판이 가속화되는 과정 속에서 박근혜 정부는 역사교과서 국정화를 발표하기에 이르렀다. 역사교과서 국정화를 둘러싼 정부와 역사 연구자 간의 본격적인 전쟁이 시작되었다.

연구회는 각종 공동 주최 학술회의와 성명 발표 이외에도 실질적인 실력행사에 돌입하였다. 국정교과서 집필·편찬·심의 등 일체의 행위에 우리 연구회 회원들은 관여하지 않고 정책 철회를 위해 끝까지 저항할 것을 선언하였다.[24] 이와 함께 각 대학의 역사 연구자들도 국정교과서 집필·편찬 거부를 선언하였다. 이러한 상황 속에서 박근혜 정부는 국사편찬위원회를 중심으로 한 국정교과서 집필 작업을 강행하였다.

2016년 10월 24일, 한 방송사에서 태블릿PC에 대한 뉴스가 보도되었다. 박근혜-최순실 국정농단 사건의 전환점, 아니 대한민국 역사의 전환점이 되는 순간이었다. 국민이 선출하지 않은 인물이 권력의 최상부에서 국정을 농단한 이 사건은 결국 보수정권 재집권 9년의 역사를 마무리 짓

---

24 "최대 규모 한국역사연구회도 "역사 모독" 집필 거부 선언", 『한국일보』 2015년 10월 16일자.

는 기폭제가 되었다. 민중들은 다시 광장에 모이기 시작하였고, 겨울의 시작에 타기 시작하였던 촛불은 한 겨울 동안 불 타 올랐다. 국정농단뿐만 아니라 박근혜 정부시기에 진행되었던 비상식적인 정책들에 문제 제기가 줄을 이었다. 세월호 사건, 이화여대 입학비리와 학사부정, 개성공단 폐쇄, 문화예술계 블랙리스트, 미르·K스포츠 재단을 둘러싼 정경유착 등, 그간의 문제 이외에도 역사교과서 국정화 강행에 대한 문제 역시 제기 되었다. 이 과정에서 연구회 역시 적극적으로 촛불집회 참여와 역사교과서 국정화 강행 진상 규명에 대한 문제를 제기하였다. 결국 그 해 겨울이 지난 박근혜는 대한민국 정부 수립 이후 탄핵된 최초의 대통령이 되었다.

국가와 사회의 문제점과 개선점들에 대한 비판과 대안 제시라는 측면에서 지난 30년간 우리 연구회와 구성원들은 충분한 역할을 해왔다. 물론 연구회의 자체적인 영향력만으로 지난 10여년간 보수정권 하의 부정과 적폐가 일소되었다고는 할 수 없다. 그럼에도 불구하고 보수정권의 권력 사유화 저지와 역사교과서 국정화 사태, 박근혜-최순실 국정농단 사태에서 발휘되었던 연구회와 구성원들의 활동력은 분명히 우리가 추구하는 목표인 '과학적 실천적 역사학'의 실현 과정 중의 하나였다.

〈그림 4〉 2017년 촛불 집회 당시 현장의 연구회(2017년 2월 25일)[25]

3) 과학적 실천적 역사학의 실현 가능성

한국역사연구회가 창립 후 30년을 맞이했다. 신진연구자들이 주축이 되었던 연구회는 이제 역사학계에서 몸집이 가장 큰 연구자 단체로 성장하였다. 한국역사연구회 소속 회원들의 연구 분야는 전시대를 포괄하고 있으며, 각 시대별로 활발한 연구활동을 이어가고 있다. 연구회의 가장 큰 특징이라고 할 수 있는 공동연구발표회 역시 지속적으로 이어지며 새로운 연구주제들을 제시하고 있다. 비록 예전만큼의 참여율은 아니지만 분과총회를 통한 발표와 토론 역시 각 분과를 중심으로 유지되고 있다. 신진회원을 가입시키는 가장 큰 힘이 되는 연구반·학습반 역시 설립과 해체를 반복하면서 활동을 이어나가고 있다.

연구회는 지난 30년의 활동을 통해 연구회원과 일반회원의 수를 모두 합치면 1,000여 명에 달하는 사람들이 모이게 되었다. 동시에 비슷한 연령대의 연구자들이 모여 공부하고 활동했던 조직은 이제 창립회원과 신진회원의 나이 차가 40여 년에 달할 정도로 멀어졌다. 동료 연구자들이 모여 함께 공부하고 활동하던 조직은 다양한 연령과 직업을 가진 연구자들이 활동하는 조직으로 확대되었다. 이 속에는 지도교수와 지도제자가 함께 연구회 활동을 하는 사례도 쉽게 찾을 수 있게 되었다.

'서른 즈음'의 연구회가 다시 생각해 봐야 할 것들은 아직도 많다. 한국역사연구회의 외형은 창립 초기와 비교하기 어려울 정도로 커졌지만 새로운 과제들을 만나게 되었다. 가장 중요한 문제는 연구역량의 문제이다. 한국역사연구회 연구 활동의 중심은 '공동연구발표'라고 할 수 있다. 학습반으로 시작한 연구모임을 연구반으로 승격 시켜 함께 공부하고 공

---

25 사진출처 주소 : http://www.koreanhistory.org/연구회와-함께한-제17차-촛불집회-참여-후기/

유했던 연구성과를 발표하고 토론했던 자리가 연구발표회였다. 연구회 초장기의 연구발표는 학계에 새로운 연구주제를 제시하고 연구 경향을 주도하는 역할을 수행하였다.

지금도 연구반 중심의 연구활동과 연구발표회는 지속적으로 진행되고 있다. 하지만 공동연구의 취지에 부합하는 연구가 예전에 비해 줄어들었다는 평가가 많아졌다. 특정 주제에 대한 종합적 연구보다는 개별 연구자의 연구들을 주제에 맞춰 발표하는 사례가 많아졌기 때문이다. 다만 대학별 연구과제 진행과 실적 중심의 대학구성원 평가제도 속에서 연구자들이 예전처럼 충분한 시간을 가지지 못한 채 연구활동을 진행하고 있는 현실에 대한 고민도 필요하다.

또한 지난 역사교과서 국정화 사태와 박근혜-최순실 국정농단 사태에서 주목할 점은 '만인만색연구자 네트워크(이하 '만인만색')'의 설립과 활동이다. 2015년 10월 16일, 국정교과서 반대 공동대응 대학원생 단체 대화방에서 시작되어 2016년 1월 23일 공식 창립된 이 모임은 국정교과서 반대 행동에서 어떤 학회나 연구회보다도 강한 실천력을 보여주었다.[26] 역사교과서 국정화 사태가 끝난 현재 만인만색은 시민강좌 및 팟캐스트 운영, 역사학 이외 단체와의 연대사업 진행, 대중서 출판 기획 등의 다양한 활동을 이어가고 있다.

만인만색은 흔히 신진이라고 통칭되는 젊은 연구자들의 모임이다. 특히 만인만색의 초창기 활동 구성원 중에는 연구회의 젊은 연구자들이 많이 포함되어 있었다. 이는 연구회 젊은 구성원들의 사회적 활동 저변 확대라는 측면에서 긍정적으로 평가할 수 있다. 하지만 한편으로는 지금의 연구회가 젊은 구성원들의 사회적 참여와 활동을 위한 '마당' 역할을 충

---

26 "<만인만색 연구자 네트워크> 연혁"(http://10000history.tistory.com/22, 검색일 : 2018.7.4.).

분히 하지 못 한 것은 아닌지 생각해 보아야 할 문제이다. 만인만색의 창립과 활동은 우리 연구회가 다시 한번 각성할 수 있는 기회를 주었다고 생각한다.

'서른 즈음'의 연구회가 다시 생각해 봐야 할 것들은 아직도 많다. 30년 동안 달라진 몸집과 내외의 기대에 따라 분명 연구회는 비워야 할 것도 있고 채워야 할 것도 있다. 창립 초기에 내세웠던 "과학적·실천적 역사학"의 수립과 한국의 "자주화·민주화"에 대한 기여는 어느 정도 달성되었을까? 정권 교체가 진행되었고 적폐청산에 대한 대중의 열망이 높은 지금 이 시기에 우리 연구회의 역할은 무엇일까? 30년 동안 지속된 연구회의 꾸준한 활동에 대한 찬사와 호의적인 평가도 중요하지만, 설립 초기의 마음으로 앞으로의 30년을 내다볼 수 있는 지금이 되었으면 한다.

집필_박광명

제2부
기억 30년

제1장 공동연구의 추억

1. 도화동 언덕을 오르며

2012년 1월 추운 겨울날에 처음으로 한국역사연구회를 방문했다. 공덕역에 내려 먼 길을, 심지어 급격한 경사를 자랑하는 그 길을 추위에 덜덜 떨면서 걸어갔던 그 때는 알지 못했을 것이다. 내가 연구회에 가입하여 이렇게 회고록까지 쓰게 될 거라고는 말이다.

본격적으로 회고를 하기에 앞서 말씀드리고 싶은 것이 있다. 30주년에 이르는 연구회의 역사 중 내가 직접 경험한 것은 고작 5년에 지나지 않는다. 더욱이 나는 연구회의 운영이나 대소 사건의 진행에 대해 아는 바가 전혀 없다. 이런 내가 회고록을 써도 되는지, 나의 회고가 연구회 30주년을 기념하는 책자에서 어떤 의미를 가질 수 있을지 고민이 되었다. 생각 끝에 내가 어떤 과정을 거쳐 연구회에 들어오게 되었고 어떻게 활동하고 있는지 담백하게 서술하기로 했다. 이를 통해 연구회가 내게 어떤 의미를 가지는 곳인지 말씀드리고자 한다.

맨 처음에 연구회와 인연을 맺게 되었던 것은 예비·초보 전문가를 위한 한국사교실 덕분이었다. 선배들이 한국사교실에 함께 가자고 권유해 당시 대학원 진학을 준비 중이었던 선배들과 함께 한국사교실에 등록했다. 굉장히 추운 날이었음에도 불구하고 한국사교실 강의를 수강하러 온 학생들이 대회의실을 꽉 채우고 있었다. 강의 내용은 솔직히 거의 기억나지는 않지만 매우 유익했을 것이라고 믿어 의심치 않는다. 그렇게 한국사교실을 수강하고 난 이후 학점을 채우고 대학원 입시 준비를 한다고 바쁜 나머지 연구회의 존재는 한동안 내 기억에서 잊혀졌다.

회고록을 쓰기 위해 과거에 내가 참석했던 행사가 무엇이 있는지 어떤 활동들을 했는지 쭉 검색해 보았다. 그러다 한국사교실이 종료된 후 당시 간사님이 보내주었던 메일을 발견하게 되었다. "연구회에서 진행하는 한국사 교실의 취지는 '예비-초보 전문가의 길에 들어선 역사학자들에게 최신의 연구동향과 방법론을 알려드리는 것'도 있지만 또 하나의 중요한 목적에는 '동료(또래) 연구자들과의 연대'가 있었습니다. 비록 5회차라는 짧은 기간 동안 서로의 얼굴과 이름을 다 기억하지는 못하였을지라도 다음을 기약하며 이렇게 서로서로의 연락처들을 선생님께 보내드립니다!^^"는 메일이었다. 한국사교실이 끝난지 무려 6년 만에 첨부 파일을 열어보았다. 한국사교실에 참여한 35명의 명단이었다. 아는 이름이 한둘이 아니었다. 연구회의 이런 저런 활동에서 만났던 선생님의 이름도, 현재 학습반에서 같이 공부하는 선생님의 이름도, 그리고 같은 대학원에서 공부하는 선배의 이름도 있었다. 뒤늦게 반가운 마음이 들었다. 한국사교실의 진행 목적이 달성되는 순간이었다.

나의 연구회 회고에 절대 빼놓을 수 없는 것은 중세국제관계사반이다. 중세국제관계사반, 이하 국관반은 나의 연구회 활동에 절대적인 지분을 차지하는 것 뿐 아니라 나의 공부, 연구활동에도 상당한 비중을 가지고 있는 곳이다.

2013년 2학기, 대학원에 입학했다. 나는 대학원 모임 자리가 있을 때마다 여몽관계사를 공부하고자 한다고 자기소개를 했었다. 이를 기억해 주셨던 선배 한 분이 국제관계사반 세미나에 같이 가자고 권유해 주셨다. 처음 국관반 세미나에 참석했던 날짜는 정확히 기억나지는 않지만 10월경이었던 것 같다. 사실 대학원에 적응되지도 않은 상황에서 외부

세미나에 참석는 것이 부담되지 않았던 것은 아니었다. 하지만 다양한 시대의 국제관계를 전공하는 선생님들이 모여 함께 공부하는 곳이라는 설명을 들으니 일단 한번 가고 싶은 마음이 들었다. 이에 선배를 따라 국관반 세미나라는 곳에 가게 되었다. 도착하고 보니 예전에 가보았던 한국사교실이 열렸던 바로 그 곳이었다.

처음으로 참석했던 세미나의 주제는 청 사신에 대한 빈례였던 것으로 기억한다. 참석자의 수는 많지 않았다. 모두 박사 수료하신 선생님들이시라 석사과정 1학기에 갓 입학한 어린 학생이 같이 앉아있어도 되는 건가 약간 걱정되는 마음도 있었다. 다행히 선생님들께서는 나를 환대해 주셨고 감사한 마음으로 세미나에 참여할 수 있었다. 조용한 분위기에서 발제자 선생님께서 준비해온 글을 읽어나갔다. 나는 발제를 들으며 거하게 졸았다. 열심히 공부하려는 의지를 보여드려도 부족할 판에 처음부터 조는 모습을 보여드려 너무나 부끄러웠다. 그래도 여러 선생님의 격려 덕분에 무사히 국관반에 정착할 수 있었다.

국관반 세미나는 정말 유익했다. 고려, 조선을 둘러싼 국제관계에 대해 언제나 깊이 있는 토론이 이루어졌다. 박식한 선생님들의 설명을 듣다보면 감탄이 절로 나왔다. 공부가 부족한 나로서는 매번 새로운 사실을 알아갈 수 있었고 종종 좋은 아이디어를 얻을 수 있었다. 가장 좋은 것은 토론 시간에 언제나 핵심을 찌르는 코멘트를 주고받는다는 것이다.

국관반에 가입하여 세미나에 열심히 참석하면서 나는 국관반 뿐 아니라 연구회에도 자연스럽게 소속감을 느끼게 되었다. 이에 반장님이 연구회에도 정식으로 가입하는 것이 어떻겠느냐고 권유해 주셨을 때 아무런 고민 없이 바로 연구회에 가입할 수 있었다. 그러나 국관반 외의 연구회 모임에 참여하는 것은 사실 쉽지 않았다. 총회에 참석하면서 국관반에 처음 왔을 때 느꼈던 마음, 내가 있어도 되는 자리인가 하는 두려움을 다시 겪을 수 있었다. 더구나 선배 뻘의 선생님들이 대대수인 국관반에 비해 총회 등에는 교수님들이 다수 참석하셔서 더 어색하고 민망했다. 첫해에는 대학원 선배들을 따라 분과 총회에 겨우 한두 번 참석할 수 있었고 한참동안은 대학원 선배가 참석하는지 물어본 이후에야 연구회로 출발하고는 했다.

마지막으로 연구회를 통해 여러 선생님들과 교류를 가질 수 있었다는 점을 꼭 이야기하고 싶다. 연구회가 아니면 타교 선생님들과는 정말 만날 일이 없다. 친분을 쌓기는 더더욱 힘들다. 하지만 연구회는 국사학도라는 공통분모를 지닌 여러 선생님들과 친분을 쌓을 수 있는 기회의 장이 되어 주었다. 내가 연구회 활동을 적극적으로 하려고 노력하는 이유라고 할 수 있겠다.

서은혜_ 중세1분과

2. 한국역사연구회 분과 연구반 - 학술적인 것, 그 이상을 얻을 수 있던 곳

한국역사연구회는 나에게 "열심히 공부하고 잘 놀고 꾸준하게 쓰자"라는 모토를 가지는 계기를 만들어주었고, 현재까지도 공부에 큰 영향을 주고 있는 곳이다. 시간을 거슬러 올라가 대학원에 진학한 후 석사과정 1,2학기 동안은 연구자로서의 기본적 소양을 채워가느라 정신없이 1년을 보냈다. 이 때문에 석사학위논문주제는 정작 진지하게 생각하지 못했고, 연구실의 다른 석사과정생들이 논문주제를 잡고 사료들과 씨름하는 모습을 보면서 부러워하고 초조해 하고 있었다. 개인적으로 당시 나에게 있던 가장 큰 문제는 미군정기로 논문을 써야하는데 미군정기 전공자가 학교 내에 없었다는 것이었다. 틈틈이 근대사전공 선배들과 세미나를 했지만, 현대사를 중심으로 하는 것이 아니었기 때문에 현대사 공부에 대한 갈증이 늘 자리하고 있었다. 그러던 중 한국역사연구회에 가면 각 학교의 현대사 전공자들이 모여 세미나를 하는 반이 있다는 소식을 들었고, 석사 3학기가 개강하자마자 연구회에 가입하고 분과총회에 나가기 시작했다. 한 달에 한번이었지만, 현대사 분과 선생님들의 발표와 토론을 들으면서 그동안의 갈증이 해소되기 시작했다.

하지만 그렇다고 해서 논문주제가 갑자기 튀어나온 것도 아니었다. 분과총회에서 여러 선생님들의 논문발표를 들으며 사료를 찾는 법, 해석하는 법 등등을 배웠지만, 정작 주제에 대한 고민은 답보상태에 머물러 있었다. 그러던 와중에 이러한 나를 안타깝게 여긴 학교 내 유일한 현대사 전공자였던 선배가 함께 북한사반 세미나라도 같이 해보지 않겠냐고 제안을 했다. 북한사라는 주제 자체가 나에게는 너무 생소한 주제였고, 내 관심사 자체가 정치사도 아니었기 때문에 북한사연구반인원들에게 피해가 가지는 않을까 조심스러웠지만 일단 연구반에 들어가 함께 공부하기로 결정하였다. 누가 나에게 20대에 제일 잘한 결정이 무엇이냐고 묻는다면 "북한사연구반에 들어간 것"이라고 할 정도로 이후 연구적으로나 연구 이외 적으로 많은 도움을 받았다.

연구반에서는 주로 현대사 박사학위논문이나 단행본을 읽었고 논문에 활용된 사료에 대하여 논평하였으며, 현재 관련연구들이 어떻게 형성되어 있는지 국내학계 뿐만 아니라 해외학계의 성과도 함께 공유하였다. 이렇게 몇 시간씩 세미나를 마치고 나면 뒷풀이 또한 열심히·재미있게 즐기고 헤어졌다. 논문주제에 대한 고민을 선배들과 나눈 자리도 이 뒷풀이 자리였다. 모든 역사연구자들이 마찬가지겠지만 당시 내가 제일 고민하고 있었던 것은 연구하고 싶은 주제에 마땅한 사료가 없는 것이었다. 내 고민을 듣고 있던 선배가 내 문제의식에 맞는 사료가 북한자료에는 있는 것 같다고 말해주었고, 다음날 메일을 확인해보니 선배가 보내준 사료파일이 수신되어있었다.

하루 종일 자료를 읽으면서 논문을 구상하니 어느 정도 논문에 대한 구체적인 상이 그려졌다. 이것이 내가 '연구적 월북'을 하게 된 이유였다. 석사학위논문을 만들어 가는 과정에서도 선배들은 지도교수님만큼 많은 도움을 주었다. 중간심사와 본 심사 전에는 세미나 반에서 내 석사학위논문 초고를 읽는 세미나자리를 가졌고 그 과정에서 보완해야할 점이나 추가로 봐야할 자료들에 대해 조언해주셨다. 내 석사학위논문의 팔할은 선배들의 도움이라고 말할 정도로 많은 도움을 받고 졸업할 수 있었고, 박사과정에 진학해 무사히 수료까지 하게 되었다. 박사과정 진학을 결정할 때에도 연구회에 있는 여러 선배들에게 상담을 했고 덕분에 현재의 시점에서 되돌아 봤을 때 가장 효율적인 선택을 할 수 있게 되었다.

박사학위논문 주제를 정하고, 개별 연구논문들을 계속 생산해내고 있는 현재의 시점에서도 북한사연구반은 매달 세미나를 통해서 월례발표회 형식으로 논문에 대해 토론하고 서로의 의견을 나누고 있다. 선배들은 느끼지 못하는 부분이겠지만 나는 매번 세미나를 갈 때, 세미나에서 오고가는 이야기를 들을 때, 잘 먹고 잘 노는 북한반의 뒷풀이 자리에 참여할 때마다 이렇게 좋은 연구자들과 함께 공부하고 있음이 늘 벅차다. 후배에게 마음써주는 좋은 학교선배를 만났고, 서로서로 공부를 나누려고 하는 연구반에 들어간 나는 운이 참 좋다고도 생각한다.

이러한 이유 때문에 나에게 한국역사연구회는 애정이 가는 공간이다. 그래서 가입한지 얼마 되지 않았지만, 현대사분과 분과총무를 할 만큼 연구회 일에도 적극적으로 참여한 편이었다. 번거롭다면 번거로울 수 있는 일이었지만, 1년 동안 많은 현대사연구자들을 만날 수 있었고 연구회 활동을 하면서 타 시대, 타 학교 과정생들과의 친분도 쌓을 수 있었다. 석사 2학기를 마치고 학회에 가입하겠다는 이야기를 했을 때 주변에서 "왜 벌써 그런 곳에 나가느냐", "논문도 없이 학회에 나가면 안 된다"라는 우려의 목소리가 많았다. 나 또한 이러한 우려를 가지고 연구회에 나가기 시작했지만, 결론적으로는 연구회에 나갔기 때문에 연구자로서 거듭날 수 있었다고 생각한다. 특히 한국역사연구회는 시대별로 분과가 분리되어있고, 분과 내에서도 연구반이 세분화 되어있기 때문에 비슷한 연구주제를 가진 사람들끼리의 세미나를 꾸릴 수 있다는 장점이 있는 곳이다. 그리고 회원의 층위와 나이, 소속 등이 다양하게 분포되어있어 전공시대를 불문하고 여러 연구자들의 목소리를 들을 수 있는 곳이면서 한편으로는 여러 연구자들에게 내 의견을 효율적으로 전달할 수 있는 곳이기도 하다. 그래서 박사학위 논문주제를 정하는 과정에서도 북한반·현대사 분과 뿐만 아니라 타 분과 선생님들에게 여러 조언을 구할 수 있었다.

지금까지의 글이 '연구회 30주년 글'이기 때문에 칭찬일색을 적은 것처럼 보일 수 있겠지만, 실제로 연구회 활동을 하면서 내가 느낀 감정을 그대로 서술한 것이다. 나는 연구회에서 주로 연구반 세미나에 집중해 활동을 진행했다. 분과총무로서 연구회의 행사에 참여했지만, 늘 간사님들과 운영위원 선생님들께서 준비한 행사에 참여만 한 정도이기 때문에 연구회에서의 모든 일이 좋은 기억으로 남게 되었던 것 같다. 그래서 이 기회를 통해 연구회에서 늘 수고해주시는 간사·운영위원 선생님들의 노고에 감사의 말씀을 전하고 싶다.

마지막으로 향후 연구회의 활동과 방향성을 위해 연구회 활동을 하면서 아쉬웠던 점을 이야기 하고 글을 마무리 하고자 한다. 첫 번째로 20대 회원들이 적다는 것이다. 나는 20대 중반부터 연구회활동을 시작했는데 간간히 연구회에서 또래의 연구자를 만나면 서로 신기해하면서 금방 친해졌던 기억이 있다. 내가 활동하고 있는 북한사반도 현재 모든 반원이 박사과정을 수료한 상태이고, 각 분과도 총회 때마다 석사과정생의 연구회 가입 문제를 논의했던 것으로 기억한다. 나 역시 이 문제에 대한 뾰족한 방도가 있는 것은 아니지만, 적극적인 홍보가 아직까지는 부족하지 않았나 생각한다. 개인적인 경험에 비추어오면 "나가도 될까?" 라는 걱정 때문에 선뜻 가입하지 못하는 경우가 있는데, 이러한 석사과정생들을 위해 진입장벽을 낮추는 홍보활동이 각 학교별로 필요할 것 같다. 그리고 나의 이런 경험담이 젊은 연구자들의 유입에 일말이나마 도움이 되었으면 좋겠다는 바램이다.

나에게 한국역사연구회는 학교에서는 배우지 못한 여러 가지를 배운 곳이다. 역사학을 대하는 태도를 배웠고, 토론시간이 얼마나 중요한지도 배웠다. 그리고 사료와 책에서는 배울 수 없는 역사연구와 현실문제에 대한 고민도 시작할 수 있게 되었다. 무엇보다도 내가 연구회에 애정을 가지는 이유는 언제나 내 연구를 함께 걱정해주는 선배들을 만났고, 그들을 통해 성장하는 나 자신을 봤기 때문이다. 연구회가 30주년을 맞이한 현재, 이후 나와 같은 경험을 하는 석·박사과정생들이 늘어가기를 바라며 이 글을 마친다.

김태윤_ 현대사분과

3. 한국역사연구회, 사료강독반에서의 4년

지난 1월 말부터 2월 초까지 필자는 재학 중인 단국대학교 사학과를 중심으로 한 답사팀과 함께 중국 답사를 다녀왔다. 일주일이라는 일정은 몸을 고되게 하였지만, 공부를 시작한 이래로는 처음 방문하는 중국인만큼 피로함보다는 기쁨이 훨씬 컸다. 그러나 예기치 않은 일은 항상 발생하는 법이다. 필자에게는 창사(長沙)에서 걸려온 한통의 전화가 바로 그것이었다. 발전한 현대과학문명은 황해라는 자연 해자 정도는 손쉽게 뛰어넘을 수 있다는 것을 실감하였다.

전화의 내용은 한국역사연구회 창립 30주년을 기념하기 위한 30년사 편찬 작업의 제3부, 즉 '회고로 본 30년' 파트의 한 꼭지를 작성해주었으면 한다는 부탁이었다. 주변에서 시끌시끌하게 들려오는 중국어의 홍수 한가운데서 '거절해야겠다'라는 생각이 먼저 들었다. 그렇지만 공부를 시작한 이래 연구회를 통해 얻은 많은 것들, 그리고 직접 전화를 주신 이규철 선생님께 분과총무 시절 받았던 많은 도움을 떠올린 뒤 한 꼭지를 작성하기로 하였다.

이제 문제는 '어떤 내용의 회고를 작성해야하는가'였다. 흔쾌히 글을 쓰겠다고 하였지만 연구회에 제대로 나가기 시작한지 5년도 채 되지 않았으며, 나이도 이제 갓 서른을 조금 넘긴 만큼 '회고'라는 표제어가 주는 무게감은 적지 않은 부담이었다. 나름의 고민 끝에 회고라 하기에는 부적절하지만, 필자가 연구회에서 활동을 시작한 고대사분과의 사료강독반에 대한 짤막한 소감을 적어보고자 한다.

사료강독반은 필자가 한국역사연구회에 가입한 이후 처음 참여한 학습반으로서, 현재는 반장을 맡고 있는 곳이다. 사료강독반은 학습반이라는 특성상 주로 대학원에 갓 진학하였거나, 연구회에 처음 가입한 연구자 선생님들이 많이 참여하고 있다. 필자 역시 모교의 후배들에게 연구회를 소개함과 동시에 사료강독반을 추천하곤 했다. 그럴 때마다 돌아오는 질문 중에는 "선배는 어떤 이유로 참여하게 되었나요?" 가 있었다. 필자는 이에 대한 대답을 항상 그럴듯하게 꾸며서 말했다. 예컨대 "공부를 함에 있어서 가장 기초가 될 수 있는 사료를 연구하는 방법을 배우고 싶어서였지"라는 식이었다. 그러나 돌이켜보니 이는 선배로서의 체면을 지키고 싶었던 것에 기인한 미화였다.

사료강독반에 참여하게 된 것은 2014년도다. 당시 필자는 2013년도의 "한국사교실"을 시작으로 연구회에 나가기 시작했다. 다만 재학 중이던 단국대학교에 소재한 석주선기념박물관 조교도 겸하고 있었던지라 거의 대부분의 연구회 활동에 참석치 못하였다. 이후 박물관 조교 업무가 끝나감에 따라 시간적 여유가 생겨 연구회 분과총회에 참석하였다. 왕래를 거의 하지 않았던 터라 아는 사람이 전무하다시피 한 상황 속에 참석한 뒷풀이 자리에서 모 선생님의 옆자리에 앉게 되었다. 그때나 지금이나 필자는 말주변이 없고 낯가림도 있는 편이라 그 자리에서도 소심하게 맥주잔만을 홀짝였었던 기억이 난다. 그런데 선생님께서 반갑게 인사를 건네시며, 연구회 내 학습반과 연구반에 대한 이야기를 친절히 설명해주셨다. 그 중 사료강독반에 대해 끌렸었는데, 특히 두 가지 점이 그러했다. 첫 번째로는 필자와 비슷한 상황, 즉 연구회에서의 본격적인 활동을 막 시작하려는 연구자들이 주로 모이는 학습반이라는 점, 두 번째로는 기존에 활동하신 선생님들께서도 참여하여 여러모로 도움을 준다는 점이었다. 아무래도 그때까지는 낯설게 느껴졌던 연구회 내에서의 첫 활동을 시작하기에는 사료강독반이 적합할 것 같다는 생각에 참여 의사를 밝혔다. 어쩌면 어색한 자리에서 어물쩍 어물쩍대는 필자에게 손을 내밀어준 모 선생님도 해당 학습반에 참여하고 있다는 말에 더 끌렸을지도 모르겠다. 결국 후배들에게 했던 거창한 이야기는 허상에 가까웠던 것이라고도 할 수 있겠다.

이상과 같이 필자의 지극히 개인적 사심(?)에 의해 시작된 강독반에서의 활동은 지난 5년여간 많은 경험을 할 수 있게끔 해주었다. 사료강독반에서의 활동 이전까지는 모교 안에서만 공부를 하였는데, 안타깝게도 당시 단국대학교에는 한국 고대사를 전공하는 연구자가 지도교수님을 제외하면 없다시피 하였다. 이러한 상황에서 자유로운 분위기 속에 연구의 기본이 되는 사료를 읽고 토론할 수 있는 사료강독반에서의 활동은 부족한 점이 많은 필자가 공부를 지속할 수 있도록 해준 원동력이 되었다.

다만 사료강독반에서의 활동이 마냥 즐거웠다고만은 할 수 없을 것 같다. 자유로운 분위기와는 별개로 강독반에서의 세미나는 늘 치열했다. 물론 지금도 그렇지만, 사료강독반을 나가기 시작하였을 무렵은 본격적으로 학업을 시작한지 얼마 안 되었던 때인지라 부족한 점이 많았다. 그런데 생업이라든가 그 외의 개인적인 시간과 학업을 위한 시간 사이의 조율에 서툴렀던 당시의 필자는 세미나에서 오고 가는 많은 이야기를 따라가기에도 벅찼다. 이 글을 쓰면서 돌이켜보아도, 그럴 때만큼은 세미나에 나가는 날이 스트레스로 다가오기도 했던 것 같다. 다른 반원들은 다들 잘하고 있는데 나 혼자 아무것도 못 따라가는 느낌이 들어서였을 것이다. 그러나 기존 반원 선생님들의 조언 및 함께 공부하기 시작한 반원 선생님들의 격려가 필자의 부족함을 조금이나마 메우는데 큰 도움을 주었고, 점차 세미나는 스트레스를 주는 곳이 아닌 기대감을 갖게 하는 장소로 변해갔다. 물론 여기에는 세미나가 끝난 후 진행되는 뒷풀이에서 허심탄회한 이야기를 나눌 수 있었다는 점도 한몫을 했을 것이다.

연구회의 많은 선생님들을 알게 된 것 역시 이곳을 통해서였다. 사료강독반에서의 만남은 물론이고 이후 분과총회에의 참여나 발표, 그리고 타 학습반에의 참여 등을 통해 다양한 분야에서 각양각색의 시각을 가진 선생님들과 교류함에 따라 넓은 시야에서 공부할 수 있는 최소한의 소양을 갖출 수 있었다. 특히 석사학위논문을 작성함에 정말 많은 도움을 받을 수 있었다. 이렇듯 필자에게 사료강독반은 연구자로서의 기초적인 능력을 기를 수 있게끔 해주었을 뿐만 아니라, 한 개인으로서의 삶의 태도 역시 돌이켜 보는데도 도움을 준 소중한 공간이었다.

어느덧 사료강독반에 참여한지 4년여의 시간이 흘렀다. 첫머리에는 짧은 것처럼 말하였고 실제로도 그렇지만, 20대 중반을 거쳐 30대 초반으로 들어선 기간이니만큼 많은 일들이 있었다. 박사과정으로의 진학도 이루어졌으며, 분과 총무로서의 일도 거쳤다. 그리고 현재는 강독반의 반장을 맡고 있다. 왜 사료강독반에 참여하게 되었냐는 후배의 물음에, 멋있게 보이고 싶어 적당히 꾸며내었던 대답이 강독반에서의 활동을 통해 조금씩이나마 이루어져왔던 것은 아니었을까 라는 생각이 든다. 이렇듯 필자와 같이 부족한 사람이라도 연구회 내의 모임을 통해 조금이나 성장할 수 있었듯이, 한국역사연구회라는 큰 나무가 30년을 넘어서 50년이 되어서라도 흔들림 없이 존재하고 발전하여 더 많은 이들에게 도움을 주었으면 한다.

여기까지 올 수 있도록, 그리고 앞으로 더 나아갈 수 있도록 언제나 도움을 주는 사료강독반의 모든 반원 선생님들, 나아가 한국역사연구회의 모든 분들께 감사를 표하며 짧은 소회를 마치고자 한다.

P.S: 덧붙여 해당 원고를 작성할 사람으로 필자를 추천하였다고 추정되는 N모 선생님께도 진심으로 감사를 표한다. 처음에는 살짝 원망스럽기도(?) 하였는데, 소중한 기억을 떠올릴 수 있게 해주었다. N모 선생님이 이제 사료강독반의 새로운 반장으로 선출되기도 한 만큼 힘찬 격려 역시 함께 보낸다.

나용재_ 고대사분과

4. 책, 그리고 글이 '내 편'이 아닐 때

한국역사연구회는 학부 때 대학원 선배들이 '일하는 곳'이었다. 지금 '일하는 사람'이 될 줄은 꿈에도 몰랐지만... 이립(而立)을 맞이한 연구회에서 필자가 활동한 기간은 반의반도 되지 않는다. 다만 앞으로 그 배, 배의 배를 있을 것만 같아 한 구석을 차지해보고 싶은 마음에 짧은 '추억팔이'를 풀어보고자 한다.

지금 생각해보면 2013년 봄 대학원에 가겠다고 결정하던 순간, 참 막연한 생각만을 가지고 있었다. 그저 선배들 틈바구니에 껴서 듣고 보는 것이 좋았고, 말 한마디라도 거들면 기쁜 일이었다. 그렇게 좋은 일만 있겠구나 싶었다. 하지만 대학원에 진학하고 나서 배우는 사람보다 연구하는 사람이 된다는 일이 쉬운 일은 아니었다. 보고 싶은 책만 볼 수도 없었고, 엉덩이와 의자가 하나가 된 것 같은 지난한 작업들도 해야만 하였다. 가장 큰 문제는 "무엇을 공부 또는 연구해야 하는가?"를 고민하는 것이었다. 늦은 감이 없지 않았지만 대학원에 입학해서 처음 한 일이 연구사가 정리되어 있는 책, 논문을 보는 일이었다. 그렇게 조금씩 좁혀나가고 있던 무렵, 지도교수님 수업 시간에 경제사는 참 어렵다는 이야기를 듣게 되었다. 그리고 "네가 한 번 해봐라."라고 하시던 지도교수님 말씀이 아직 기억에 남는다. 그랬다. 그렇게 난 "아, 나는 경제사를 해야 하는구나." 하였다.

하지만 마음먹기와 현실은 달랐다. 처음 구입한 책은 지방경제에 관한 것 - 책의 저자 선생님은 지금 직속(?) 위원장님이시다. - 이었다. 그런데 책 속에는 생소한 보는 용어들이 쏟아져 나왔고, 숫자들은 책 속에서 이리저리 흩어지고 있었다. 말 그대로 책은 '내 편'이 아니었다.

대학원에 들어온 지 1년 남짓이 될 무렵, 한국사 발표회 소식을 전하던 사이트에서 '조선후기 재정운영과 시장의 변화 양상'이라는 주제의 학술회의가 있다는 사실을 알게 되었다. 한국역사연구회- 사실 연구회라고 한다면 '선배들이 일하는 곳'이라는 이미지만 있던 곳이었다. - 주최의 발표회였다. 뭐라도 하나 배워보자는 생각에 그날 회의장 맨 뒤에 앉아 글로만 보던 선생님들을 신나게 지켜보던 기억이 난다. 돌이켜보면 그 때 발표와 토론을 들으며 제대로 이해한 것은 '일'도 없었다. 그런데 연구회 간사였던 선배의 강요가 담긴 속삭임에 발표 후기를 쓰게 되었고, 이해하지 못한 티를 내지 않기 위해 밤새도록 발표문을 읽고 읽으며, 후기를 작성하기도 하였다. 이래저래 그것이 연구회와 인연의 시작이었다.

그 일이 있은 지 얼마 되지 않아 후기라는 '고역(苦役)'을 전달해준 선배의 소개로 '중앙재정사반'에 참여하게 되었다. 연구반은 지금도 마찬가지이지만 소논문이나 연구 주제를 발표하는 방식으로 진행되었다. 처음에는 연구반에 참여하여서도 알아들을 수 있는 내용은 극히 적었다는 것이 문제였다. 같은 학교 사람도 없었고, 처음 뵙는 분들이었기 때문에 본인만 느끼는 소외감 같은 것도 있었다. 그래도 왜인지 빠질 수가 없었다. 그곳에 가면 '내 편'이 되어 줄만한 사람들이 있는 것 같았기 때문이다. 사실 소외감은 아주 잠시였다. 연구반 선생님들과 선배들은 내가 무엇을 공부하는지를 항상 물어봐 주셨고 이 자료는 봤는지, 안 봤으면 무엇인지를 알려주셨다. 정말 아낌없이... 그렇게 어렵고 하나 둘씩 주워(?) 들으며 지루하던 책읽기와 글쓰기가 왠지 모르게 조금씩 열리는 것만 같은 느낌이었다. - 2015년 썼던 석사학위논문도 연구반 도움이 없었다면 쓰기 힘들었을 것이다. -

박사과정에 진학할 무렵 '중앙재정사반'은 '국가와 사회반'이 되었고, '19세기 학습반'도 만들어지게 되었다. 선생님들은 선배들에게 새로운 기운을 불어넣으라며, 연구반 운영을 모두 맡기시고 떠나셨다(?). 그저 일개 반원이었던 난 어느새 학습반 총무가 되었다. - 사실 학습반 운영 논의에 참석하지 못하였는데, 그 다음 주에 '총무'라는 역이 일방적으로 찾아왔다. - 얼마 지나지 않아 '국가와 사회반' 총무 선생님께 전화가 한 통이 왔다. 그 분의 성격에 맞추어 단도직입적으로 연구반 총무를 해 볼 생각이 없냐며, 의중을 물으셨다. 필자는 배운 사람끼리 '첩역(疊役)'은 아니라며, 완곡한(?) 거절을 하였다. 하지만 제조(提調)는 겸직하는 것이라 는 더 배우신 선배의 가르침에 그렇게, '국가와 사회반' 총무가 되었다.

'국가와 사회반'은 2014년부터 한 해도 거르지 않고 공동학술회의를 진행하였다. 모두 선배들의 노력이 빚어낸 결과이다. 작년에는 필자도 한 몫을 거들었다. '19세기, 그림자의 시대' 무엇인지 의문부터 생길 이 표현이 공동학술회의의 주제였고, 현재 연구반의 연구 목표이기도 하다. - 파주에 답사를 가서 새벽까지 장고의 논의 끝에 나오게 된 표현이었다. 화이트보드에 딱 하니 쓰여 있던 '그림자의 시대'라는 문구가 카페 어딘 가에 사진으로 남아있다. - 30년 전 연구회 선배 선생님들이 『조선정치 사』라는 책을 통하여 한 시대를 논의하였듯, 우리도 '그림자의 시대'로 한 시대를 이야기해보고자 하는 마음이다. 개인적으로는 준비를 하면서 좌절도 여러 번하고, 발표회에 피해가 되는 것 같아 그만하겠다는 이야 기도 몇 번 했던 적이 있다. 그러한 와중에 놓지 않고 조언해주고, 격려 해준 선배들에게 다시 한 번 감사하다. 학술회의 전 마지막으로 발표자 들끼리 모여 몇 시간을 쉬지 않고 세미나를 한 후에 어둑해진 저녁에 내 려오던 길, 막내인 내가 주제넘지만 "우리 참 오늘 공부 열심히 했네요." 라고 말했던 기억이 난다. 그렇게 함께 호흡하던 시간이 참으로 반갑고 즐거웠다.

현재는 연구회 편집간사를 맡고 있다. 물론 '제조'는 겸직이라는 선배 님의 가르침을 따라 연구반 총무도 같이 하고 있다. 한 달에 한두 번 모임이지만 사실 거의 매일 연구반 사람들과 이야기한다. 다음 과제는 무엇인지, '우리'만의 연구는 어떠해야 하는지. 지금까지 그래왔지만, 앞으로도 연구회의 연구반 많은 선후배들이 '내 편'이 되어 주리라 믿어 의심치 않는다.

끝으로 '오늘의 사족(蛇足)'을 붙이자면, 필자가 느끼기에 자료의 횡적인 확대는 늘어나는 한편, 종적인 높낮이는 점차 줄어드는 것 같다. 결국 한 사람의 획기적 연구라는 것은 사실 상 힘들어질지도 모른다는 생각이 든다. 이 느낌과 생각이 옳다면, 아니 옳다고 생각하기에 다양한 사람들과 협업을 통한 '공동' 연구가 필요하다는 의견이다. 그리고 이를 실현 시켜주는 것이 한국역사연구회의 연구반이 아닐까.

엄기석_ 중세2분과

5. 공동연구발표회와 기획발표회에 관한 사사로운 기억
   - 2000년대 공동연구발표와 기획발표회 -

1) 첫 발표의 기억 - 2011년 4월 공동연구발표회

대학원에 들어와 석사 2학기를 보내던 2009년 가을, 아마도 고대사분과의 총회가 있는 날이었던 것으로 기억한다. 그때 처음으로 선배 손에 이끌려 연구회를 찾게 되었다. 당산역에서 내려 한 블록 정도 걸어가면 좁은 골목 안으로 보이는 조금은 허름한 빌딩건물 4층, 영등포구 양평동에 사무실이 있던 시절이다. 처음 연구회를 찾은 사람이라면 누구나 그럴 것이라 생각한다. 연구회에 대한 첫인상은 약간 실망스러웠다. 한국사학계를 대표하는 연구회 사무실이라기에는 외관이 너무 초라하다고 느껴졌기 때문이다.

하지만 연구회에 처음 발을 디딘 그날, 이제 막 연구자의 길로 들어서던 난 그 자그마한 연구공간이 가지는 매력에 푹 빠지게 되었다. 글로만 접하던 선배 연구자의 발표를 들으며 자유롭게 상호 토론하는 과정도 흥미로운 경험이었지만, 그보다도 관심이 갔던 것은 당시 고대사분과의 다양한 학습반·연구반 활동이었다. 공통의 관심 분야를 함께 연구하고 그 과정에서 고민과 문제의식을 공유한다. 함께 연구한 공동의 연구 결과물은 공동연구발표회를 통해 학계에 제시한다. 이 간단명료한 연구 과정에 나는 크게 매료되었다.

과거의 언젠가는 당연하게 받아들였을지 모르는 '공동 연구'가 오늘날 대학원생에게는 하고는 싶으나 쉽사리 참여하기 어려운 일이 되어버린 것이 사실이다. 각 학교 별·시대별로 다양한 학회와 학술지가 존재하고, 소속 대학원 안에서도 의무적으로 소화해야할 많은 강좌와 개별 스터디가 존재한다. 거기에 학과나 학회로부터 강요되는 그리 달갑지 않은 노동의 책무가 더해진다면, 대학원 석사과정생으로서 '공동연구'에 신경을 쏟을 여유는 사라진다. 당시 나 또한 그렇게 '내 공부'하기 바쁜 대학원생이었고, 또 '공동 연구'란 개념 자체가 생소했던 새내기였다.

그런데 당시 내가 찾은 연구회라는 공간의 분위기는 조금 특별했던 것 같다. 이곳에서 선후배 연구자들과 함께하는 시간 동안만큼은 나도 '학생'이 아닌 '연구자'로서 '공부'가 아닌 '연구'를 할 수 있겠다는 생각이 들었다. 그렇게 연구회 활동을 시작했고, 자연스레 연구반에도 가입하여 고대사분과 '문자자료 연구반'의 일원이 되었다. 당시 문자자료 연구반에서는 고대 금석문 자료와 관련한 연구사를 시대별로 정리해나가는 한편, 각 자료에 대한 재판독 작업을 진행하고 있었다. 그리고 그 성과는 이듬해인 2011년 4월에 공동연구발표회를 통해 발표될 예정이었다. 2010년 한 해 동안 석사 3~4학기 과정을 보내면서도 연구반 활동에 정말 열심히 참여했던 것 같다.

그때 문자반 스터디가 조금 특별했던 것은 석사과정생이었던 나와 내 동기에게도 다가오는 공동연구발표회에서의 발표를 전제로 한 개별 연구 주제를 주문했다는 것이다. 오늘날 학계의 풍토 상 막 대학원에 들어와 아직 석사학위도 없는 대학원생이 공개적인 발표의 기회를 얻는다는 것은 쉽지 않은 일이다. 때문에 나와 내 동기는 반원들과 함께 스터디를 하면서도 우리에게까지 발표 기회가 주어질 것이라 기대하지 않았다. 하지만 지난 1년간 함께한 공동 연구의 결과물을 정리하는 취지의 공동연구발표회이기에, 스터디에 참여한 반원 전원이 발표를 준비하는 것이 당연하다는 연구반의 분위기였다. 연구회에서는 정말 나를 '학생'이 아닌 '연구자'로서 바라봐 주었다. 연구회는 발표를 하고 논문을 투고하는 나와 내 동기에게 학위가 있는지 묻지 않았다.

그렇게 찾아온 생애 첫 발표, 학위논문도 제쳐두고 오로지 연구반 스터디에 몰두할 정도로 발표 준비에 열중했다. 지금 돌이켜보아도 하루하루가 정말 즐겁고 또 격렬했던 시간이었던 것 같다. 그렇게 2010년 문자자료 연구반의 공동연구 성과는 2011년 4월 공동연구발표회 "문자자료를 통해 본 한국 고대의 정치와 사회"라는 주제로 발표되었고, 같은 해 9월 『역사와 현실』 81호에 특집으로 갈무리되었다. 당시 석사학위도 없던 내게 주어진 발표 기회와 논문을 가다듬고 투고하기까지의 과정 모두가 소중한 경험이자 자산이 되었음은 물론이다. 나의 연구자로서 출발은 그렇게 학교가 아닌 연구회에서 시작되었다.

2) 2014년의 기획발표회를 돌아보면서

석사과정을 마치고 박사과정에 들어가게 된 2012년 무렵 부터는 고대사분과 총무를 맡게 되었고, 거의 1주일에 한 번 꼴로 연구회를 찾을 정도로 연구회 활동에 열심히 참여하였다. 연구회 안에서 정말 좋은 선후배 동기들을 만났고, 그때는 술도 정말 많이 마셨던 것 같다. 그러다가 우연한 기회에 선배의 권유로 연구위원회·웹진위원회 상임간사직을 맡게 되었다. 그렇게 2013년부터 2년간 상임간사로 활동하면서 연구회의 공동연구발표회와 기획발표회 진행을 도왔다. 한국사 교과서를 둘러싸고 말도 많고 탈도 많았던 2013년과 2014년, 연구회의 진정한 역량을 확인할 수 있는 때였다.

2013년 박근혜 정권이 들어서면서 권력은 역사로 시선을 돌리기 시작했다. 국정 역사교과서 폐지 절차가 마무리된 2017년 5월 31일까지 이어진 기나긴 싸움도 그 무렵 시작되었다. 발단은 잘 알려져 있듯 '교학사 교과서 파동'으로부터 촉발되었다. 연구회에서는 이에 즉각 대응하여 그해 9월에는 4개 역사단체 '교학사 오류 공개 설명회'를, 12월에는 7개 역사단체 공동 '교학사『한국사』검토' 내용 설명회를 주도한 바 있다. 많은 논란을 빚었던 교학사 한국사 교과서는 결국 채택률 0%대라는 전무후무한 대기록을 달성한 채 역사의 뒤안길로 사라졌다. 당연한 귀결이었지만, 그로부터 밀려올 더 큰 파도도 이미 당시부터 예견되었다.

교학사 교과서 파동이 있은 이후 박근혜 정권은 역사교과서 국정화 방침을 굳혔던 것 같다. 힘든 싸움이 계속될 것이 예상되던 2014년 초 연구회에서는 그해에만 무려 3차례에 걸친 기획발표회를 준비하였다. 그렇게 2014년 4월에는 "한국사 교과서 검정 파동과 발행(검정)제도 개선 방안"을 주제로 하여 한국역사교육학회와 공동 학술심포지엄을, 5월에는

"한국 역사에서의 매카시즘"라는 주제로 기획발표회를, 그리고 8월에는 다시 한국역사교육학회와 "한국사교과서 국정화, 무엇이 문제인가"라는 주제로 공동 발표회를 연이어 진행하게 된다.

각 발표회의 주제가 말해주듯 3차례의 기획발표회는 2013년부터 역사 교과서를 둘러싸고 촉발된 여러 문제에 대해 '연구회의 어조'로 대응한 것이라 할 수 있다. 먼저 4월의 심포지엄에서는 교학사 교과서 파동이 잠잠해진 분위기 속에서 교과서 발행 제도에 대한 학계의 고민과 개선 방안을 제시하였다. 5월 기획발표회에서는 역사학계를 겨냥한 종북 프레임에 대응하여 한국 사회에서 작동해온 매카시즘의 역사적 궤적을 분석하였다. 그리고 8월의 발표회에서는 이미 예견된 한국사 교과서 국정화 책동에 앞서 국정화가 가지는 문제점을 지적하였다.

당시 연구위원회 간사로서 거의 매달 진행되었던 공동연구발표회와 3차례에 걸친 기획발표회 준비와 진행을 보조하면서 정말 바쁜 시간을 보냈던 기억이 난다. 어떤 때는 한 두 차례 회의만으로 기획학술회가 일사천리로 정해지고 진행되기도 하였다. 옆에서 보고 있다 보면, 당시 연구회의 기획력이 무슨 도깨비 방망이 같이 느껴지기도 했다. 그만큼 권력의 횡포 속에 역사 문제가 터져 나올 때마다 연구회가 적시적소의 대응력을 보였다고 생각한다. 그리고 그 한편에서 작게나마 힘을 보탰던 것에 나름의 자부심도 느끼게 된다.

각 분과에 포진하고 있는 학습반·연구반을 중심으로 진행되는 공동연구발표회가 연구회의 연구 역량을 반영하는 것이라면, 기획발표회는 당면한 현실에 대한 연구자들의 문제의식을 연구회 차원에서 담아내는 과정이라 할 수 있다. 그리고 이렇게 매달 개최되는 공동연구발표회와 기획발표회는 한국역사연구회를 '연구회'로서 존속하게 해주는 밑거름이라 믿는다. 앞으로도 공동연구발표회가 새내기 대학원생에게 신진 연구자로 나아갈 수 있는 통로로서의 역할을 해주기를 바라며, 사회 문제에 대한 날카로운 시선과 목소리를 던지는 기획발표회도 끊임없이 이어지기를 기대한다.

이승호_ 고대사분과

6. 공동연구의 빛과 그늘 - 중세 1·2분과 국제관계사 연구반

2009년 봄, 중세 1·2분과의 6명이 조촐하게 모여 중세 국제관계사 학습반을 결성했다. 중세 1분과의 이승민, 정동훈 선생님, 중세 2분과의 이동인 선생님, 이규철 선생님, 구도영 선생님, 김창수 선생님이 초기 반원이었다. 모두 박사 과정생과 박사 수료생들로서 신진 연구자의 풋풋함과 패기를 가지고 의기투합한 것이었다. 당시 국제관계사 연구는 '일국사'의 관점을 벗어나야 한다는 비판적 견해가 지배적이었으며, 이에 국제관계사에 대한 시야를 확장하고, 나아가 고려와 조선에 걸쳐 이루어지는 국제관계에 대한 변화와 연속적 역사상을 살펴보겠다는 뜻을 모은 것이었다.

첫 모임은 양평에 있는 연구회에서 이루어졌다. 서로 인사를 나눈 후, 잠시 어색한 분위기가 감돌았지만, 잠시 후 평소 국제관계에 관해 가지고 있던 문제의식과 관심 분야에 대한 활발한 대화가 오고갔다. 연구 대상은 한국사 기준에서는 고려와 조선이지만, 중국 왕조를 기준으로는 송·요·금·원부터 명·청까지 다양했기 때문에 기존 연구 성과에 대한 각자의 이해와 관점이 달랐고, 일본까지 두루 다루어봤으면 좋겠다는 야망을 내놓는 사람도 있었다.

모임의 결과, 각 전공 외의 시대에 대해서는 일부 선입견을 갖고 있었다는 것을 깨닫게 되었고, 전 시대에 대한 개괄적인 연구 성과를 재검토할 필요성에 모두 공감하게 되었다. 고려 전기부터 조선 후기까지 살펴볼 수 있는 작업으로 기존 국제관계 연구 성과, 특히 국제관계를 설명하는 틀인 조공책봉관계에 대한 정리 작업을 시작하기로 했다. 그래서 조공책봉관계에 관한 한국의 연구부터 일본과 중국의 연구들을 발제하고, 열띤 토론을 벌였다. 그 과정에서 기존 외교관계에 관한 설명에 문제를 제기하기도 하고, 국제관계를 규정하는 시대적 성격에 대해 다시 검토할 필요가 있다는 것에 반원의 공감대가 형성되었다.

연구 성과 검토를 중심으로 학습반을 운영하는 사이 반원 구성에도 점차 변화가 생겼다. 초대 반장이었던 이동인 선생님에 이어 2010년에는 이규철 선생님을 반장으로 선출했다. 이규철 선생님은 지금에 와서 헤아려 보면 무려 7년이라는 시간 동안 반장으로 활동하고, 두루 친화력을 발휘하면서, 국제관계사반의 확장에 공을 세웠다. 2018년에는 김창수 선생님이 배턴을 이어받아 반장이 되셨고, 또한 오래도록 반장을 맡아 주시길 반원들이 염원하고 있다.

그리고 어느 덧 하나 둘씩 반원들도 늘어났다. 처음에는 중세 1분과와 2분과 회원들이 모여 시작했지만, 시대와 분야에 상관없이 국제관계에 관심 있는 연구자라면 누구나 환영한다는 모토를 내세웠고, 정식 반원은 아니라 하더라도 참석할 수 있는 열린 연구 모임을 지향하기 때문에, 고대 국제관계사 연구자는 물론 중국사 연구자들도 합류하여 연구를 함께했다. 2018년 현재에는 또 2명의 신입 반원이 합류하여 총 27명의 연구자들이 명부에 이름을 올리고 있다. 지방이나 해외에 있으면서 상당 기간 참석하지 못하는 분들도 있으나, 기회가 닿는 대로 먼 길을 마다하고 참석하시는 경우도 있다. 또한, 결혼과 출산이라는 인생의 큰일을 치르면서 육아라는 행복한 늪에서도 지치지 않고, 2세까지 대동하여 연구 모임에 참여하면서, 연구에 대한 불타는 열정을 보여주는 선생님도 계시다. 이러한 분위기가 반원 전체의 연구 열정을 꺼지지 않게 만들고 있다.

현재 반원들의 연구 분야는 동아시아 국제관계의 외교 제도 및 정책, 경제적·인적 교류, 영토 및 전쟁, 의례, 무역과 같은 경제, 사회사 등으로 다양하다. 학기와 방학의 구분 없이 2주에 한 번씩 주제별로 발제를 하고, 토론이 이루어진다. 이에 자연스럽게 시대와 공간을 불문하고 다양한 주제들을 논의하는 장이 마련되고 있으며, 여러 시대와 분야를 망라하는 연구자들 덕분에 국제관계를 이해하는 폭과 깊이가 더해지고 있다.

한편, 다시 초창기의 연구로 돌아가 보자. 2009년부터 차근차근 연구사 검토가 쌓이자 2011년에는 본격적으로 주제를 가지고 사료와 연구를 살펴보기로 했다. 반원들의 전공과 관심사가 각각 달랐기 때문에 고려와 조선을 관통할 수 있으며, 반원 모두가 공감할 수 있는 주제여야 했다. 그래서 선택한 것이 바로 중세 외교 관계의 기본이 되는 사신들의 행로였다. 자칫 지루하게 느껴질 수 있는 주제였지만 그 동안의 연구사 검토를 통해 외교의 움직임을 제대로 살펴보아야 한다고 생각했다. 특히, 사신의 문제는 가장 기본이 되는 것인데도, 대개는 형세적이고 정치적인 성격이 강조되어왔다. 그 때문에 자칫 형식과 외교의 구조적 측면은 소홀하기 쉬웠다. 고대에서부터 조선 후기까지 사신이 오고가는 길이나 기간은 공통적인 면도 있었으나 크고 작게 변화하는 측면들도 있기 때문에 통시대적인 흐름을 살펴보기에 적합했다. 신라-당부터 고려-송·요·금·원, 조선-명·청까지 사료와 연구를 두루 살펴보고 정리하면서 사신의 행로에 대한 전근대 외교의 통시적 구조를 확인할 수 있었다.

이렇게 사신의 움직임에 대해 사행로, 사행 기간, 사신의 성격 등 여러 방면으로 주제를 잡아 약 1년간 공부를 했고, 그 결과가 쌓이면서 반원들의 논문으로 그 성과를 내보자는 뜻을 모으게 되었다. 2012년 봄 즈음에 오랜 기간 학습반으로 운영되었던 것을 연구반으로 전환하는 것이 어떻겠느냐는 의견이 반 내부와 외부에서 나왔다. 반원들이 모여 수차례 논의의 끝에 중세 국제관계사 연구반으로 전환했고, 이듬해 봄 연구발표회를 계획하게 되었다.

연구발표회 주제는 그동안 공부했던 사신으로 정했고, 기존 고려와 조선에서 파견되었던 사신이 아닌 '한반도를 찾아온 중국 사신'을 주제로 정했다. 신라에 온 당 사신은 고미야 히데타카 선생님, 거란의 고려 사신은 이승민, 원의 고려 사신은 김윤정 선생님, 명의 고려 사신은 정동훈 선생님, 청의 조선 사신은 김창수 선생님이 발표하게 되었다. 2013년 3월의 연구발표회가 진행되었고, 성황리에 마무리 되었다. 3월 연구발표회였기 때문에 개장 효과가 있었을 것이라는 생각이 들기도 했지만, 국제관계사반의 첫 연구발표회라는 점에서 반원들의 이후 연구에 고무적인 효과를 주었다.

이후 고려·조선과 중국 왕조 사이의 빈례(賓禮) 사료를 강독하고 분석하는 연구와 책봉 체제에 대한 통시적 분석을 시도했으며, 그 결과 2015년 3월에는 '외교 의례를 통해 본 대중국의식'이라는 주제로 공동연구발표회를 진행했다. 거란의 고려 사신에 대한 의례는 이바른 선생님, 고려의 빈례는 박윤미 선생님, 고려 사신영접의례의 변동과 국가 위상에 대해서는 정동훈 선생님, 조선 문종대 책봉의례 논의에 대해서는 윤승희 선생님, 조선 성종대 외교 의례와 대명의식에 대해서는 이규철 선생님께서 발표를 맡았다. 이때 둘째를 낳는 바람에 참석하지 못한 것은 두고두고 아쉬움으로 남지만 발표문을 읽으면서 외교 의례에 대해 되짚어보는 계기가 되었다.

외교 관계에서 형식적인 측면은 사료를 통해 재구성하고 분석하기 어렵지 않지만, 인식은 역사 인물의 개인 차 혹은 집단의 차이가 존재할 수밖에 없다. 사료도 제한적인데 특히 외교적 수사를 사용하는 상황에서 상호 간의 인식을 읽는 것은 쉬운 작업이 아니다. 그럼에도 국제관계사반에서는 끊임없이 외교 인식을 읽는 연구를 진행하고 있다. 2015년에는 인구와 영토를 둘러싼 고려·조선과 중국 왕조 간의 인식문제를 다루었으며, 특히 한중의 국경지역을 둘러싼 영토와 인구의 문제는 예나 지금이나 민감한 주제이다.

또한 국제관계사반에서는 그동안 외교 문제에서 그 중요성에도 부차적 요소로 다루어졌던 주제에도 주목했다. 2016년에는 요동지역에 대해 전반적으로 살펴보았다. 그동안 요동에 대해 정치·외교적 이슈로만 이해하고 정작 지리적·지역적 특성과 그 지역의 정치체에 대한 유기적 이해는 부족했던 것을 반성하며, 요동에 대한 지배원리, 행정체계, 요동 지역을 기반으로 하는 정치체 및 국가의 성격, 혼란기의 요동의 정세에 대해 두루 확인하는 연구를 진행했다. 그 결과 2017년 5월에는 '한중관계사에서 요동'이라는 주제로 공동연구발표회를 열었다. 조선-청 관계의 중층적 구조에 대해서는 김창수 선생님, 조선 초 조선-명 사이의 정보 교류에 대해서는 이규철 선생님, 여원 관계에서 요양행성의 역할에 대해서는 오기승 선생님, 고려-거란 관계에서 요동을 매개로하는 세 층위의 소통 구조에 대해서는 정동훈 선생님의 발표가 이루어졌다. 이 연구 작업을 통해 요동의 역사지리적 의미와 경제적·문화적 교류에 대한 문제의식을 갖게 되었다.

작년 요동을 주제로 공동연구발표회를 한 이후, 하반기에는 한·중 간의 외교 문서를 살펴보았고, 2018년에는 중국 사료에 기록된 고려·조선 인식에 대해 연구를 진행하고 있다. 국제관계사 반은 2009년부터 거의 매년 새로운 주제를 잡고 사료와 연구 성과를 살펴보는 작업을 지속적으로 하고 있다. 9년간 중세 국제관계사 연구반 활동을 함께 하면서, 초창기 박사 과정생과 수료생의 풋풋함은 마음에만 간직하게 된 것 같지만, 연구를 위한 패기와 열정은 아직까지 충만하고, 반의 공동 연구 성과를 연구발표회를 통해 알리는 것도 쉬지 않고 이어갈 예정이다.

이승민_ 중세1분과

7. 사학사를 통해 연구의 오늘과 내일을 생각하다
-사학사연구반 활동, 2000년대 연구반 활동의 일면-

2009년 겨울 무렵이었다. 고대사분과 몇몇이 새로운 연구반을 결성하기 위해 모였다. 강성봉, 김근식, 김종복, 김지영, 고현아, 이준성, 이정빈 등이었다. 우리가 "일제시기 고대사 연구 검토반"의 창단 멤버였다. 우리는 일제시기의 한국고대사 연구를 검토해 가면서 그에 담긴 식민주의를 다시 읽고자 했다. 일제시기 한국고대사에 대한 사학사를 공부하고자 한 것이다.

2000년대 중반부터 한국의 역사학계에서는 일제시기 사학사 연구가 활발해졌다. 중국의 東北工程에 자극된 까닭이었다. 동북공정의 반향으로 지금의 한국사 체계를 성찰하였는데, 이와 관련하여 일제의 滿鮮史 내지 滿洲史가 참고되었던 것이다. 우리 연구반은 만선사 등을 공부를 해 나가면서 일제시기 한국고대사 연구가 내용 면에서는 무미건조한 실증의 연속처럼 보이지만, 어떠한 실증적 연구라고 할지언정 시대의 산물이란 점에서 그 안에도 역사성이 담겨져 있다고 생각했다. 따라서 일제시기의 연구 내용과 시대적 배경까지 면밀히 검토해 본다면, 이면의 식민주의를 새로이 읽어낼 수 있을 것으로 전망했다.

우선 식민주의를 폭넓게 이해하고자 했다. 역사학만 아니라 다양한 학문 분야에서 연구된 식민주의, 이른바 포스트콜러니얼리즘 등의 이론과 사례를 학습했다. 그리고 2010년 여름부터 『滿洲歷史地理』를 검토하기 시작했다. 반원의 관심사마다 주제를 나누어서 번역했고, 인용 자료와 해석을 짚어나갔다. 하지만 처음의 생각보다 공부의 양은 많았고 시간은 넉넉지 못했다. 더욱이 반원의 대부분이 박사과정생으로 각자의 학위논문 작성이 시급했다. 연구반의 학습은 주업이 아닌 부업이었고, 소액의 장기 적금과 같았다. 진도가 더딜 수밖에 없었다. 다만 번역의 성과는 『만주연구』, 『고구려발해연구』 등의 학술지에 나누어 게재하여 그때그때 약간의 성취감을 얻는 정도였다.

어느덧 몇 년이 지나서 2013년 즈음부터는 공동연구회발표회를 책임질 순서가 다가오고 있었다. 반원들의 마음은 조급해졌지만, 실력이 갑자기 늘기 어려웠다. 반원 대부분은 근대사 전공자의 도움이 절실하다고 여겼다. 그러던 차에 고현아 선생님의 소개로 근대사분과의 장신 선생님을 섭외할 수 있었다. 실력자의 영입으로 느리던 공부에 약간의 속도를 더할 수 있었고, 방향을 잡아갈 수 있었다. 전임 고대사 분과장이었던 박준형 선생님도 참여해 각종 신자료를 제공해 주었다. 이로써 우리 연구반의 활력은 한층 높아졌다. 밤을 새워가면서 토론하고(물론 음주를 동반하여) 아침에서야 귀가하는 일도 몇 차례였다.

2013년 12월 초대 반장이었던 필자가 2014년도의 고대사 분과장을 맡으면서 이준성 선생님이 새로운 반장으로 위가야 선생님이 총무로 선출되었다. 우리반의 공동연구발표회는 2014년 봄으로 결정되었고, 이준성·위가야 선생님의 주도로 발표 준비를 시작하였다. 이준성 선생님은 연세대학교 역사문화학과 BK21+사업팀의 후원과 함께 공동개최를 주선해 주었고, 장신 선생님은 마침 서울에 머물 예정이던 이석원 선생님

(미국 로즈대학교, 한국근대사 전공)을 발표자의 한 명으로 섭외해 주었다. 그리고 우리 학계에서 연구활동이 왕성한 중견 연구자 분들로 토론자를 구성하였다. 발표 주제나 연구자의 인적 구성 면에서 구색이 잘 갖추어졌다는 평가를 들었다.

2013년 박근혜 정부가 출범한 이후부터 우리 사회에서는 '유사역사' 내지 '사이비역사학' 문제가 불거지기 시작했다. 유사역사 추종자들의 목소리가 커지면서 역사학계에도 위기감이 생겨났다. 특히 정부와 정치권 일각에서는 역사교과서 국정화를 시도하면서 유사역사 추종자들과 공모하고 있었다는 점에서 문제가 심상치 않았다. 그들은 검정 8종의 역사교과서 서술이 모두 좌편향되었다고 매도하는 한편으로 한국의 역사학계 대부분이 식민주의 역사학을 추종하고 있다고 비난하였다. 비난은 여론몰이에 그치지 않고 현실로 다가왔다. 주요 정책 연구가 정당하지 못한 이유로 좌초되었고, 유사역사 추종자들을 중심으로 한 단체에 거액의 연구비가 배정되었다. 유사역사 문제는 2017년 현재도 끝났다고 할 수는 없지만, 당시는 역사학계가 여론의 공격을 받아 수세에 놓여 있었다.

우리반은 식민주의 역사학을 정면으로 다루는 만큼 그에 대한 비판적 검토가 한국의 역사학계에서 일찍부터 제기되어 왔음을 상기시키고자 하였다. 그리고 그에 관한 연구가 학계에서 지속되고 있음을 보여주고자 했다. 구체적으로 정체성론과 타율성론으로 규정된 식민주의 역사학에 대한 고정관념(stereotype)에 균열을 내고자 했다. 고정된 식민주의의 상(像)만으로는 일제시기 역사학의 실상을 온전히 파악하지 못한다고 주장했다. 학문과 식민권력의 차이, 연구자마다의 학문과 배경의 차이를 고려해야 선행연구를 뛰어넘어 식민주의 역사학의 면면을 다시금 읽어낼 수 있을 것으로 전망했다.

일단 문제의식은 거창히 던졌지만, 막상 공동연구발표회의 기일이 다가오자 초조해졌다. 발표회의 취지가 제대로 전달될까 걱정되었다. 2014년도 연구회의 첫 공식 사업이기도 했기에 흥행에 대한 부담도 없지 않았다. 발표회장(연세대학교 교육과학관)도 너무 넓은 데를 잡아둔 것이 아닌가 싶었다. 그런데 시작 시간이 다가오자 발표회장이 촘촘히 차기 시작했다. 그 넓어 보이던 발표회장이 150명이 넘는 청중으로 비좁았다. 우리의 공동연구발표회는 적어도 외형 면에서는 대성공을 거두었다. 100부 정도 준비했던 발표자료집도 금세 동이 나서 급히 수십 부를 다시 찍어야 했는데, 이마저 곧 소진될 정도였다. 발표의 내용 면에서도 만족스러웠다고 본다. 중견 토론자 분들께서 신진 발표자들의 문제의식을 너그러이 받아주었을 뿐만 아니라 차후 완성도를 높일 수 있도록 여러 가지 조언을 해 주었기 때문이다. 청중석에서의 날카로운 질문도 발표회의 긴장감을 높이고 발표자의 학문적인 성장에 큰 도움이 되었다.

공동연구발표회를 마치고 우리는 긴장이 풀린 탓인지 한동안 늘어졌다. 발표문은 머지않아 학술지에 게재했지만, 후속 연구를 바로 추진하지는 못하였다. 일제시기 역사학의 생산과 유통, 그리고 소비의 제과정을 구분해 살펴보자는 의욕은 있었지만, 그것이 공부의 성과로 바로 나타나지는 못하고 있다. 다시 이전과 같이 소액의 장기적금을 붓고 있다는 마음이다. 다만 현대사분과 신주백 선생님 등 근현대사 전공자의 참여가 이어지면서 연구반의 동력은 전보다 커지고 있다고 생각한다.

얼마 전부터 우리는 "사학사연구반"으로 명칭을 바꾸고자 결의했다. 이제 일제시기만 아니라 고대부터 현대까지의 사학사 전반을 폭넓게 살펴보기로 했다. 지금은 고대사, 근현대사 전공자 중심이지만 앞으로는 중세사 분야의 전공자도 여럿 참여해 함께 공부했으면 한다. 역사학의 역사를 통해 지금 우리의 공부를 돌아보고 공부를 통해 성취할, 또는 성취하고자 할 미래를 같이 고민해 보았으면 한다. 분과 안의 세부 전공

분야를 넘어서 역사학 전공자로서, 인문학자로서 보다 큰 문제의식을 공유하고 싶다는 것이 우리의 욕심이다.

이정빈_ 고대사분과

8. 한국역사연구회 창립 30주년 기념, 현대사분과 북한사연구반 회고담

1) 1기 북한반(2003년~)

한국역사연구회에 북한반이 만들어진 계기는 2003년으로 거슬러 올라갑니다. 당시 한역연은 이른바 '방배동시절'이었습니다. 그때만해도 연구회에 가입하려면 신입반에서 일정한 기간 동안 교육을 받아야 가입할 수 있었습니다. 그 해에도 현대사분과에 신입반이 조직되었습니다. 신입반 반장은 한양대학교의 박동찬 선생이었습니다. 신입반원은 김선호(경희대), 권오수(동국대), 김태우(한중연), 류승주(한양대), 박지현(중앙대), 김하나(가톨릭대), 이주리아(가톨릭대) 등으로 기억됩니다. 현대사분과 신입반은 교육과 답사의 과정에서 긴밀해졌는데, 교육이 종료된 후에 반의 진로에 대해 여러 방향을 고민했습니다. 당시 신입반원 중에는 특히 북한사에 관심이 있는 반원들이 많았습니다. 그래서 2004년 신입반원 중의 김선호, 권오수, 김태우, 류승주와 북한사를 주제로 석사학위논문을 제출한 한모니까(가톨릭대)가 결합하여 북한사학습반을 결성(반장 한모니까)했습니다. 이후 몇 명의 회원이 추가로 가입했는데, 이주환(동국대), 김재웅(고려대), 예대열(고려대), 조수룡(경희대), 변지윤(성균관대) 등입니다.

북한의 공식문헌들을 살피는 것으로 시작한 북한사학습반은 북한사연구반으로 개칭하여『북한관계사료집』을 강독하면서 본격적인 북한사연구를 진행했습니다. 이때 강원도 인제군을 답사하기도 했습니다. 이후 연구발표회를 갖고, 2006년『역사와현실』에「특집 : 강원도 인제군을 통해 본 해방 이후 북한사회」를 게재했습니다. 방배동시절의 마지막 시즌쯤에는 러시아어 강사를 초빙해 함께 러시아어를 학습한 기억도 있습니다.

북한사학습반이 진행되는 과정에서 반원들의 개인 신상도 많이 변했습니다. 일부 반원들은 결혼과 이민 등으로 반을 떠났고, 일부 반원들은 학위논문 작성에 들어가게 되었습니다. 자연스럽게 모임이 뜸해졌습니다. 그즈음 1990년대 중반·후반 학번의 연구자들 중에서 북한사를 공부하려는 사람들이 생겨났습니다. 공덕동시절이 막 시작될 쯤으로 기억합니다. 기존에 북한사반을 했던 반원들도 참여하였고, 새로 가입한 반원들도 있었습니다. 이것이 현재까지 이어지고 있는 북한사연구반입니다. 반에서는 내부적으로 제1기 북한반과 제2기 북한반으로 구분합니다.

2) 2기 북한반(2008년~)

지난 10년간의 북한사연구반(2기)에 대해 돌이켜 생각해봅니다. 처음 3명으로 시작했었는데, 어느덧 20명에 육박하는 풍성하고 다채로운 연구반이 되었습니다. 거쳐 간 사람들까지 하면 서른 명에 이릅니다. 그동안 연구사 세미나, 사료 강독, 상호 연구 검토, 연구발표회, 엠티 등 여느 연구반과 다를 바 없는 활동을 전개해 왔습니다. 그 과정에서 일어난 해프닝과 에피소드도 상당했습니다. 거기에 술이 빠지면 섭섭하겠지요. 아무튼 저 개인적으로 모여서 함께!! 공부하는 게 마냥 좋았습니다.

아무래도 함께 하고 있는 사람들의 이야기를 쓰는 게 좋겠습니다. 지난 10년 동안 연구반은 규모가 커졌을 뿐만 아니라 반원 구성도 무척이나 다양해졌습니다. 처음의 석·박사과정 연구회원이 중심이던 연구반에 1기 북한사연구반의 박사 선배들이 결합하였습니다. 또한 한역연과 역사학의 경계 안에 머물지 않고, 북한은 물론 냉전 및 사회주의 연구로 시야를 넓히면서 국제정치·냉전·소련사를 전공하는 선생님들과도 더불어 공부하고 있습니다. 미국과 캐나다로 유학을 떠난 이들도 있습니다. 우리끼리는 북한사반 '북미지부'라고 부르기도 합니다. 이러한 다양한 구성은 향후에도 지속하려 합니다. 개인적인 의견입니다만, 반명을 '사회주의 북조선 연구반'으로 바꾸면 어떨까라는 생각도 해봅니다.

반원들의 학문적 역량도 많이 성숙해졌습니다. 서로의 공부에 관심을 가지고 쉬지 않고 만남을 가져온 10년의 성과입니다. 자랑스럽게 생각합니다. 석사과정이던 반원들은 모두 박사과정(수료)이상이 되었고, 박사논문을 향해 나아가고 있습니다. 동시에 연구주제도 다양해졌습니다. 기존 북한사연구의 절대중심이던 정치사에서 벗어나 경제(재정, 산업, 상업, 지역경제), 도시사(평양), 보건의료, 북·중관계(연안파), 조선인민군(창설과정, 군대-사회의 관계), 북·소관계(소련계, 조소문화협회), 사회문화(계급정책, 노동조합, 천리마운동, 문화혁명, 언론 및 문학예술, 개인자서전)에 대한 연구를 진행하고 있습니다. 향후 수년 내에 그 성과들을 연달아 선보일 수 있을 것 같습니다.

연구회와 북한사연구반의 관계에 대해 생각해봅니다. 북한사연구반이 1기에 이어 2기까지 이어져 올 수 있었던 데는 연구회의 관심과 지원이 중요한 역할을 하였습니다. 분과활동지원금은 자료를 공유하는 데 쓰였습니다. 연구발표회를 준비하고 성사시키는 데에도 연구회는 도움을 주었습니다. 무엇보다도 연구회를 통해 맺어진 선배님들의 애정이 담긴 물심양면의 지지는 연구회의 30년 역사와 전통이 빛을 발한 점이라고 생각합니다. 다른 한편으로는 30년이 지나면서 발생한 선후배간의 뭔가 어색한 관계도 안타깝게 여겨집니다.

회고담을 빌어 북한사연구반 동학들께 "덕분에 정말 즐거웠습니다.(^ ^)"라는 마음을 전하면서 글을 마치렵니다.

김선호·박창희_ 현대사분과

9. 나를 길러 준 연구회 공동연구

한국역사연구회는 공동연구 수행을 표방하며 창립되었고 그 원칙은 많은 회원들에게 큰 영향을 끼쳤다. 필자 또한 젊은 연구자로서 장래 연구 주제를 설정하고 학위 논문을 작성하는 것은 물론 그 이후 연구성과의 산출에 이르기까지 연구회 공동연구의 궤적을 따라가야 했다.

필자는 첫 논문인 석사학위 논문을 17세기 인조대의 정치사를 주제로 하여 작성하였다. 따라서 그 이후로도 17세기, 길게 잡아 조선중기의 정치사를 더욱 폭넓게 해명하려는 생각을 품고 있었다. 그러는 중에 두 번째로 작성한 논문은 『한국 중세사회 해체기의 제문제』(상)에 실린 「조선후기 정치운영 연구의 현황과 전망」이었다. 이 작업은 서울대 대학원 국사학과 출신들이 1985년에 창립된 '근대사연구회'의 공동작업으로서 도서출판 한울에서 1987년에 간행되었다.

근대사연구회는 이 책이 출간되기 전인 1987년 3월 해체되고 그 회원들은 여러 대학의 구성원들이 모인 '한국근대사연구회'에 새로 자리를 잡았다. '한근연'이라는 약칭이 훨씬 자연스러웠던 그 연구회에서 처음 공동작업으로 기획된 것이 19세기 정치사였다. 남지대, 홍순민, 오종록 회원 등 조선시대 정치사를 전공하는 선배 회원들이 주도한 논의에서 조선시대 정치사에서 시급히 연구역량을 투입해야 할 시기를 따져보니 19

세기에 의견이 모아졌다. 오랜 세월 '세도정치 망국론'이 지배하는 상태로 새로운 설명이 거의 없는 19세기 전반기 세도정치를 해명하는 것이 급선무라고 판단한 것이다. '19세기 정치사 연구반'이라는 명칭을 내세워 진행된 이 작업에는 위의 인원과 함께 박광용, 최이돈, 한명기 선생과 필자가 본문 작성에 참여하였고 구덕회 선생과 지금은 고인이 된 연갑수 선생이 연표 등 부속 작업을 담당하였다. 필자는 그때까지 19세기 정치사에 별다른 관심이 없었지만 따지고 보면 연구반원 중 본래 19세기 정치사 논문을 썼거나 장래 그것을 전공하겠다고 말한 사람은 아무도 없었다. 남지대·오종록 선생처럼 조선초기를 연구하겠다는 선배들부터 나서는 판이니 필자 같은 사람은 한 마디 당혹감을 표시할 여유조차 없이 힘을 모으게 된 것이다. 1988년에 한국역사연구회가 창립되면서 한근연의 '19세기 정치사 연구반'은 자연스럽게 한역연의 연구반이 되었고, 1990년 청년사에서 두 책으로 펴낸 『19세기 정치사: 1800~1863』은 한국역사연구회 최초의 공동연구 실적이 되었다.

19세기 정치사의 공동연구를 끝냈으니 필자는 다시 17세기 정치사 연구로 돌아갈 계획이었다. 하지만 바로 이어 연구회의 호출이 있었다. 1894년 농민전쟁의 100주년을 맞아 연구회에서 5개년 연구사업을 펴는데 그 중 제2차년도 공동연구의 목표로 설정된 것이 갑오농민전쟁을 전후한 시기의 농민항쟁을 검토하는 것이었다. 공동연구 추진팀에서는 필자에게 19세기 전반 홍경래의 난을 맡으라고 하였다. 앞서 그 사건에 대한 논문을 쓴 바 있는 고석규 선생은 공동연구를 총괄하기로 하였으므로, 19세기 정치사 공동연구에서 정치운영 부분을 담당한 필자가 그 주제에 가장 근접한 연구자라는 이유에서였다. 필자는 19세기를 계속 연구할 계획도 없었고 그때까지 운동사를 연구한다는 생각 또한 해 본 적이 없었으므로 처음에는 펄쩍 뛰었으나 결국 연구회의 제안을 거부할 수 없었다. 공동연구를 표방하고 창설된 한국역사연구회의 당시 상황에서 그 제안은 제안이라기보다 '지시' 내지 '명령'에 가까웠던 기억이다. 기왕 맡기로 한 주제이니 필자는 공동연구의 취지를 따라 홍경래의 난을 일반 참여 세력에 초점을 맞춰 해명하고자 하였다. 고석규 선생이 총론을 담당하고 홍순민·한상권·배항섭 선생 등이 참여한 이 연구 결과는 1992년 한국역사연구회 지음,『1894년 농민전쟁연구 2 – 18·19세기의 농민항쟁-』이라는 제목으로 간행되었다.

　이렇게 되자 필자는 전공에 대한 계획이 달라지기 시작하였다.『조선정치사: 1800~1863』에 세 단원을 작성하였고, 19세기 초반 민중운동사에 대한 논문을 썼으니 19세기 정치사를 박사논문 주제로 정하려는 생각이 커졌다. 특히 중앙정계를 중심으로 한 정치운영 연구에 집중하던 기존 작업에서 벗어나 지방 정치세력의 정치적 실천을 해명한다면 정치사의 외연을 넓힐 수 있겠다는 목적이 생겼다. 홍경래의 난을 다루면서 접하게 된 조선후기 평안도의 역동성은 정치사 연구자에게 아주 매력적인 연구주제로 다가왔다. 그러나 이번에도 연구회의 공동연구 계획은 필자의 복안과 방향이 빗나갔다. 당시 한역연에서 조선시대 정치사를 전공하는 회원들은 17세기를 전후한 시기에 집중되었으므로 그 역량을 최대한 발휘하고, 조선전기와 조선후기의 연결양상을 해명하기 위해 인조-현종 연간의 17세기 정치사에 대한 공동연구반을 구성한다는 것이었다. 겨우 19세기에 마음을 붙이게 된 필자는 다시 17세기로 끌려올라갔다. 엎친 데 덮친 격으로 필자는 새로 구성된 '17세기 정치사연구반'의 반장까지 맡아야 했다. 반원으로 구덕회·오종록·김세봉·한명기·배우성 선생이 참여하였다. 발족한 지 얼마 안 되어 대우재단의 연구비를 따내는 등 출발은 좋았으나 이 공동연구는 매우 힘들게 진행되었다. 필자가 유능한 반장이 못 되었던 것이 주된 이유였지만, 필자를 포함한 반원들이 모두 박사학위 논문을 작성하느라 공동작업을 하기 힘든 것도 큰 장애가 되었다. 결국 17세기 정치사연구반은 10년도 더 지난 2003년에 이르러서야 아카넷에서 『조선중기 정치와 정책 –인조~현종 시기-』를 간행할 수 있었다. 대우재단의 결과물 독촉까지 겹쳤으니 필자의 30대 중반 이후 10년은 17세기 공동연구반의 무게에 짓눌린 시기였다.

그러는 동안 필자는 또 하나의 공동연구반 활동을 하였다. 필자는 조선후기 평안도의 사회발전과 정치사를 학위 논문 주제로 결정했고 함경도를 연구하려는 강석화·고승희 선생이 있었으므로 차미희·노대환 선생 등과 함께 '조선후기 지역사연구반'을 구성하였다. 1993년 당시에는 공동연구를 연구회원의 의무로 강조하면서도 공동연구반의 구성과 활동은 연구위원회의 엄격한 심사를 받아야만 했다. 필자 또한 연구위원회에 나아가 기획안에 대한 신랄한 질문과 지적을 받아야 했다. 그 우려대로 이 연구반은 공동의 성과물을 배출하지 못하였다. 하지만 필자는 공동연구반이 꼭 일관된 체제의 성과물을 산출해야만 한다고는 생각하지 않았다. 개인연구를 통해서든 어떻게든 학계에 의미 있는 성과를 제출하면 된다는 판단이었다. 결국 필자는 평안도 연구로, 강석화·고승희 선생은 함경도 연구로 박사학위를 받을 수 있었다. 하지만 이런 저런 인연으로 이 연구반에 발을 걸쳐야 했지만 그 활동이 개인 연구에 직접 연결되지 않은 반원들께는 지금도 미안함을 느끼고 있다.

소장 연구자들 사이에 학술운동이라는 개념이 설정된 이후 필자의 연구활동은 위와 같이 한국역사연구회의 공동연구와 궤적이 일치한다. 필자는 40대 전후에 지방대 근무를 핑계로 연구회의 공동연구로부터 멀어졌지만, 20대 후반에서 30대에 걸쳐 매우 치밀하게 공동작업을 하였고 그 시기에 연구자로서의 정체성을 갖추었다고 생각한다.

오수창_ 중세2분과

10. 사회주의운동사 연구반의 추억 : 『일제하 사회주의 운동사』(한길사, 1991)를 내기까지

사회주의운동사 연구반을 처음 만든 것은 낙성대역 시절이었다. 한국 역사연구회 창립 초창기였다. 그때는 사무실이 지하철 2호선 낙성대역 근처에 있었다. 이면도로에 면해 있는 상가건물 3층의 연구회 사무실은 꽤 넓고 깨끗했다. 햇살이 잘 드는 넓은 창을 가진 사무실에서 세미나를 하던 게 생각난다.

1989년 2월 1일이었다. 근대 2분과(식민지시대사) 총회에 사회주의운 동사 공동연구반 설립 계획안이 상정됐다. 「1930년대 조선공산당 재건 운동 연구」 계획안이었다. 연구회가 창립된 지 5개월이 되던 때였다. 이 런 시간 간격이 생긴 데에는 이유가 있었다. 연구반 발의자들이 연구회 창립 직후의 번다한 공무를 여럿 맡고 있었기 때문이다. '코미싸르'(정치 위원)라고 별칭되던 '상임'을 맡거나, '교육부장'이 되거나, 3.1운동 70주 년 심포지움 팀에 묶여 있었다. 하지만 더 이상 지체해서는 안 된다는 공감대가 형성됐던 것 같다. 사회주의운동사 연구를 결심한 이들은 바쁜 와중에도 공동연구팀 구성을 서둘렀다.

연구팀은 자신의 연구 대상이 "대단히 첨예하고 예민한 주제"라고 생 각했다. 두 가지 의미에서 그러했다. 하나는 수십년간 공고한 지위를 누 리고 있는 반공이념 때문이었다. 냉전과 분단체제 한 가운데에서 과연 사회주의 운동에 관한 학문 연구가 가능할까? 의구심을 떨치기 어려웠 다. 다른 하나는 민주화를 지지하는 사람들 내부의 견해 차이 때문이었 다. 1930년대 항일무장투쟁의 지위를 어떻게 보느냐에 따라서 사회주의 운동사를 둘러싼 격한 논쟁이 일어날 터였다. 연구팀은 기꺼이 감수하기 로 했다. 예상되는 어려움과 논란을 한국역사연구회가 조직적으로 감당해야 한다고 생각했다. 어렵더라도 이런 거 하자고 연구회 만들었던 것 아닌가? 이렇게 각오를 다졌다.

연구반 계획안은 그해 3월 중순에 근대 2분과 야유회에서 다시 한 번 심의를 받았다. 계획안이 역사학계의 내부 요구에는 물론이고 사회적 요청에도 부합한다는 긍정적인 평가가 있었다. 팀의 명칭은 「1930년대 국내공산주의운동 공동연구반」으로 정했다. 다만 세부주제 구성안에 대해서는 논란이 일었다. 최초 초안은 총론 1편과 시기별 사례연구 7편으로 짜여 있었다. 각 소시기별로 가장 대표적인 역할을 했다고 판단되는 운동 사례를 배치했다. 그런데 비판자들은 이 초안이 단조롭다고 지적했다. 당재건운동의 복잡성과 다채로움을 충분히 반영하기 어렵다는 비판이었다. 토론 끝에 초안 작성자들은 이 비판을 수용했다. 시기별 전개과정, 대중운동과의 관계, 국제당과의 연계 등을 다각적으로 연구하는 방식으로 재구성하기로 동의했다.

지금 되돌이켜 보면 안타깝다는 생각이 든다. 초안 작성자들이 좀 더 고집을 부렸어야 했다. 1930~1945년 시기 사회주의 운동사는 지금도 그렇지만 그 당시는 더더욱 미개척의 처녀지였다. 주목할 만한 선행 연구는 드물었다. 어느 누구도 전모를 그릴 수 없었다. 그러한 조건이었으므로 가장 주된 경향들을 추출하는 데에 먼저 관심을 기울였어야 했다. 중추를 파악한 이후에 지엽과 말단으로 확장하는 것이 더 바람직했다. 수정안을 통해서는 1930년대 사회주의 운동이 다양하고 복잡하다는 이미지를 만들 수 있을 뿐이었다. 체계를 잡는 데에는 역부족이었다.

연구반은 성과 생산에 목표를 두었다. 글을 써서 학술지에 나누어 게재하거나 단행본을 출판하는 것을 상정했다. 그래서 연구반원을 모을 때에도 집필 책임을 지기로 약속한 사람들을 중심으로 했다. 10여명 연구자들이 모였다. 각 대학원에서 석사학위를 받았거나 박사과정에 재학 중인 젊은 연구자들이었다. 1-2개의 논문을 집필한 경험을 가진 20대말 30대초 연령층에 속한 신진 학자들이었다. 처음부터 참가한 이는 이애숙, 오미일, 강정숙, 지수걸, 임경석, 신주백 등이었고, 약간 뒤늦게 김인덕, 우동수, 변은진, 김은자, 나정숙, 이준식, 이종민 등이 합류했다. 이지원도 최초 논의에는 참여했는데, 비슷한 시기에 발족했던 민족주의 연구반 쪽으로 활동 중점을 옮겼다.

연구반은 4월 11일에 발족됐다. 그 사이에 연구위원회로부터 공식 승인도 받았다. 그날 회의에서 내가 연구반장으로 선임됐다. 선배 연구자들이 여럿 있는데도 그랬던 까닭은 아마도 연구반 설립 과정에서 회의 자료 만드는 일에 게으름을 부리지 않았기 때문이었던 것 같다. 나는 개인적으로 당분간 사회주의운동사를 깊이 천착할 계획을 갖고 있었다. 그래서 기꺼이 즐거운 마음으로 반장 임무를 수행했다.

공동연구 프로세스를 네 단계로 설정했다. 1.당건설론에 관한 이론 학습, 2.민주화운동권 내부의 조직 건설 논쟁, 3.사회주의운동사 연구사 정리, 4.사료 분석 및 중간발표 등이었다. 작업 시한은 1년으로 상정했으나, 좀 더 연장될 수도 있다고 생각했다.

연구사 정리와 사료 분석에 앞서서 이론 학습과 현실 분석을 상정하고 있는 점이 이채롭다. 그때 수행했던 이론학습 목록이 남아있다. 『고타강령 비판』을 비롯한 맑스 저작 4편, 『무엇을 할 것인가』 등 레닌 저작 4편, 파트니츠키의 『조직론』 등 코민테른 관련 2편, 그 이후에 생산된 각국의 주요 저작 4편 등을 선별했다. 전부 다 읽은 것은 아니지만 그중 상당수를 밑줄 그어가며 읽었던 기억이 난다. 오쓰키쇼텐(大月書店), 도호쇼텐(東方書店) 등에서 발간한 일본어본을 구하여 읽었다. 더러 한글 번역본도 있었다. 해방공간에 출간됐던 고서나, 복사본으로 유통되는 미간행 번역본 등도 입수되는 대로 돌려 봤다.

1년이 지났다. 준비는 부족했지만 원고 집필에 착수했다. 12편의 글을 쓰기로 했다. 1편당 원고지 200매를 배정하여 2백자 원고지 2,400매 규모의 단행본을 내기로 합의했다. 출판사 선정 과정에는 연구회 출판부장 양상현의 주선이 큰 역할을 했다. 이름있는 사회과학 출판사인 한길사로 정했다. 계약서를 작성하고 선인세도 받았다. 원고 집필을 서둘러야 했다.

우리는 여름방학 중에 윤독회를 개최하기로 했다. 구성원의 원고를 상호 교차하여 비평하는 모임이었다. 그때까지 원고를 완성해 오라는 무언의 압박이었다. 윤독회는 1990년 8월 2일과 23일에 두 차례 열렸다. 오전 10시에 만나서 하루 종일 초고를 읽고 토론했다. 끼니 때가 되면 같이 밥 먹고 저녁 늦게까지 모임을 계속했다.

글이란 게 쉽게 나오던가? 다시 구성원들의 집필을 독려할 필요가 있었다. 윤독회는 그 이후에도 계속됐다. 당시 메모가 남아 있길래 들여다봤다. 11월 3일, 11월 24일에도 윤독회가 열렸음을 확인할 수 있다. 급기야 그해 12월에는 마침내 클라이맥스에 이르렀다. 우리는 2박 3일간 합숙에 들어갔다. 종로구 연지동에 있는 여전도회관이었던 것 같다. 거기에 방을 빌려 숙식을 같이하며 원고를 검토했다.

일련의 윤독회를 통해서 크고 작은 논쟁이 벌어졌다. 진귀한 경험이었다. 신진기예의 소장 연구자 10여명이 2년간 열성을 다하여 공동연구를 진행한 과정에서 만들어낸 논쟁이었다. 그 자리에서 오고간 논의들은 사회주의운동사에 관한 한 가장 심도깊은 것이었다고 지금도 자부할 수 있다. 그때 논쟁 가운데 잊히지 않는 것은 조직문제였다. 『일제하 사회주의운동사』 서문에 적힌 표현에 따르면, "당재건운동의 전 과정에서 조직노선의 변모양상을 어떻게 이해할 것인가 하는 문제"였다. 조직론에 깊은 관심을 기울인 연구자는 신주백이었다. 그는 네 개 유형의 조직론이 출현했다고 보았다. 1.중앙선포식 전위조직 건설론, 2.지역단위 혁명적대중단체 우선 건설론, 3.지역단위 전위조직 우선 건설론, 4.전국적 정치신문 매개 조직론이 그것이다. 그 견해는 구체적인 사실 속에서 조직론을 추상해 낸 점에서 유의미하다는 평을 들었다. 하지만 당재건운동의 역사를 그것으로 일반화하는 데에는 무리가 있다는 게 다른 구성원들의 판단이었다. 찬반 논란이 일었다. 때로는 언성이 높아지기까지 했다. 이때 발굴된 논쟁점들은 그 이후 사회주의운동사 연구를 전진시키는 박차가 됐다고 생각한다.

책은 1991년 7월 2일자로 간행됐다. 644페이지 분량의 두툼한 양장본이었다. 겉모습이나 편집 디자인 등이 만족스러웠다. 다만 제목 문제로 출판사측과 승강이가 벌어졌다. 우리는 연구대상을 잘 표현할 수 있는 제목이면 좋겠다고 생각했다. 예컨대 『1930년대 조선공산당 재건운동의 역사』 같은 것이었다. 그러나 김언호 사장은 생각이 달랐다. '공산당'이라는 표현이 출판 시장과 사회 심리에 비춰 지나치다고 보았다. 또 1930년대라고 한정하면 너무 협소한 인상을 준다는 것이었다. 그가 제안한 제목이 바로 『일제하 사회주의운동사』였다. 한동안 옥신각신 다퉜지만 우리가 양보하기로 했다. 책 제목 표기는 출판사 뜻에 따르기로 했다. 지은이 표기도 바뀌어야 했다. '한국역사연구회 1930년대 연구반'으로 표기하기로 타협이 됐다. 불만스러웠지만 눈 밝은 독자라면 알 수 있게끔 판권지 페이지에 연구반의 원래 이름을 표기해 두는 것으로 만족하기로 했다.

이 책은 한국역사연구회 창립 이후 소속 연구반이 출간한 초창기의 공동연구 성과였다. 연구회 울타리 안에서 2년 남짓 연구반 구성원들이 갈고 닦아서 만들어낸 작품이었다. 한국연구회 창립 정신을 가장 잘 반영했다는 평가를 들었다. 그런 점에서 공동연구의 한 전형을 창출했다고 생각한다. 책이 출간된 뒤에도 연구반 구성원들은 결속력과 전문성을 흩어버리지 않았다. 후속 연구반을 조직하기로 결정했다. 그리하여 더욱 활기차고 강력한 새로운 연구반이 나왔다.「사회주의운동사 연구반」이 그것이다. 이 연구반에 의해서 시즌 2가 막이 올랐다. 사회주의운동사 연구의 전성시대라고 불러도 좋을 새로운 시대가 도래했다.

임경석_ 근대사분과

〈사진〉

1. '1930년대 조선공산당재건운동 연구반' 설립 기획안 첫 페이지, 1989년 2월 1일

오늘의 사상신서 147

일제하 사회주의운동사

한국역사연구회 1930년대 연구반

한길사

2. 『일제하 사회주의운동사 표지』(한길사, 1991)

11. 고맙고 그리운 〈왕(王)반〉과 〈영상역사학습반〉 구성원들

1) 연구반 활동

한국역사연구회 활동의 핵심은 각 분과 총회와 연구반 활동이다. 전국의 시기별 연구자들이 한 달에 한번 모여서 함께 토론하는 분과총회는 '같은 시기를 전공하는 연구자들의 소통'을 수행했다는 점에서, 그야말로 연구회 결성의 가장 커다란 선물이었다고 생각한다. 물론 이러한 각 분과가 모두 모여서 이루어지는 총회 및 전체 모임은 보다 크게 전국의 한국사연구자들의 전체 모임으로서, 한국역사학의 올바른 방향을 모색하는 시대적 사명을 수행하였다.

이러한 연구회 전체 모임과 각 시기 분과총회 모임을 밑에서 뒷받침한 것이 다양한 연구반 모임이었다. 주제를 같이 하는 연구자들이 함께 공부하고 토론하고 성과를 내는 연구반은 한국역사연구회의 핵심 활동이었다고 할 수 있을 것이다.

내가 주로 했던 연구반은 <원(元)반>, <개경반>. <왕(王)반>, <영상역사학습반> 등이 있다. 이 중 <원(元)반(정식명칭: 원간섭기 사회성격 연구반, 1989~1991)>과 <개경반(정식명칭: 12세기 개경사 연구반, 1999~2003>은 대체로 잘 진행되었고, 연구발표회 및 단행본 출간 등 많은 성과가 있었으며, 내가 아니라도 누군가 회고 글을 남길 것으로 생각한다.

그러나 내가 또 참가했던 <왕(王)반(정식명칭: 국왕연구반, 1993~1998)>과 <영상역사반(정식명칭: 영상역사학습반, 2001~2002)>은 가시적인 연구성과를 연구회에 확실히 제출하지 못했으며 다소 독특했다는 점에서, 이 자리를 빌어 내가 회고의 글을 남기는 것이 좋을 것이다.

2) 〈왕(王)반, 1993~1998〉

(1) <왕(王)반>은 처음 시작에서는 대단히 의욕이 컸고, 구성원도 만만치 않았다. 임기환, 강봉룡(고대), 김기덕, 이익주(중세1), 남지대, 홍순민, 백옥경, 김돈(중세2) 등이 참가하였다.

　전근대시대 왕의 중요성은 당연히 가장 컸지만, 정작 '왕'이라는 주제를 각 왕조별로 구조적으로 이해해 보자는 시도는 다소 무모할수도 있었다. 그러나 구성원에서 보듯이 나름 내로라 하는 정예인력이 도전해 본 것이다. 처음에는 너무 재미있었으며, 각각의구라와 같은 여러 담론으로 시간가는 줄 몰랐다.

(2) 당시 남지대 교수는 청주에서 올라왔고, 백옥경 교수는 집이 수도권으로 좀 멀었다. 마침 나는 간호사였던 집사람을 픽업해주어야해서 연구회에서는 일찍 차를 가진 편이었다. 연구반이 끝나면 항상 하는 애프터를 끝내면 늦은 시간이 된다. 그러면 내 차로 남지대 교수 시외버스 타는 곳이나 백옥경 교수 집을 데려다 준 기억이 난다. 심지어는 아예 남지대 교수에게 서비스를 한다고 청주까지 갔다온 적도 있다. 내가 반장이었기 때문이기도 했지만, 구성원들과 이런 저런 이야기를 나눈다는 것이 너무 좋았기 때문이다.

(3) 왕반은 1997년에 <한국 정치사의 흐름과 왕권의 위상>이라는 주제로 월례발표회를 한 바 있으나, 아쉽게도 그 이후에는 가시적인 성과물 없이 연구반 활동이 종료되었다. 그런 점에서 사실상 왕반은 실패한 연구반이라고 할 수 있을 것이다. 이것은 구성원들의 개개인의 능력은 뛰어난 반면, 앞서 말했듯이 왕이라는 주제를

구조적으로 이해하고 정리해본다는 것은 매우 지난한 작업이었다는 변명을 할 수 밖에 없을 것이다. 그럼에도 불구하고, 왕을 주제로 한 여러 담론과 시각을 공유하며 즐거운 연구반 모임을 했다는 기억은 모든 구성원들에게 남아 있을 것이다. 이런 것을 갖고 결과로만 모든 것을 평가하지 말라는 얘기가 아닐까 한다. 연구반 활동에서 나누었던 많은 이야기들이 뒤에 각자의 개별연구에서 피가 되고 살이 되었을 것으로 믿는다.

(4) 내 개인적으로는 이후 역사비평에서 각 왕조별 왕을 다룬 기획특집에서 <고려시대 왕>을 집필하였다(「고려시대의 왕」, 『역사비평』 54, 역사문제연구소, 2001). 그 때 역사비평 기획처럼 왕반 연구회 발표도 그러한 식으로 기획하여 진행하였다면 좀더 편안하게 각 구성원들의 능력이 발휘되었을 것이고, 단행본이라는 결과물도 출간되지 않았을까 생각해 본적이 있다. 다소 안타까운 일이다. 그리고 나의 개인적인 행운으로 고려시대 성원록을 발견하고 그에 대한 글을 남기게 된 것(「고려시대 왕실선원록의 복원시도」, 『역사와 현실』 43, 한국역사연구회, 2002) 또한 간접적이나마 왕반 작업의 결실이라고 생각한다. 이처럼 연구성과를 내는데는 다소 실패했지만, 나는 왕반 시절을 대단히 즐겁게 회상하고 고마워 하는데, 우리의 대단했던 왕반 구성원들은 어떻게 생각할지 모르겠다.

3) 〈영상역사학습반, 2001~2002〉

(1) 새로운 밀레니움의 시작이라는 2000년은 나에게도 커다란 전기를 가져온 해였다. 나는 그때 대략 5년전부터 고려시대 연구에서 오

행사상, 풍수사상에 새롭게 매진하고 있었다. 그리고 그러한 오행사상과 풍수사상의 핵심으로 나 나름대로 '관계'라는 키워드를 추출해냈다.

'관계'를 화두로 사색하고 있던 2000년 1월의 어느날 오후, 나는 인터넷을 하려고 컴퓨터 버튼을 누르려다가 갑자기 인터넷이라는 용어에 꽂혔다. 인터넷이란 '주고받는(interactive) 관계망(net-working)'이 아니던가? 나에게는 저 오래된 오행과 풍수사상의 화두인 '관계'와 '인터넷'의 용어가 함께 만나는 순간이었다.

아 인터넷이 그냥 나온 도구가 아니구나? 그러한 작은 깨달음 속에서 바로 시내 교보문고로 달려가 21세기 인터넷, 정보, 디지털, 영상 관련 책들을 보이는데로 사가지고 와서 통독했다. 그리고 내가 느낀 것을 초고로 작성했고, 그 해 2000년 5월 전국역사학대회에서 발표하고 학회지에 게재하였다(「정보화시대의 역사학, 영상역사학을 제창한다」, 『역사교육』 75, 2000).

(2) 나는 21세기 디지털시대를 맞아 역사학에서 영상의 문제를 좀더 천착할 필요가 있다고 주장하였으나, 실상은 나의 영상 지식은 별것이 없었다. 그래서 새로운 디지털영상을 이해하기 위하여, 한겨레신문사의 VJ과정을 이수하는 한편, 연구회에서 영상에 관심있는 회원들을 모아 영상역사반을 결성하였다. 당시 참여자는 김기덕(중세1), 박광용(중세2), 주진오(근대1), 김덕영(근대2)이었으며, 외부에서 경기대 김기봉교수가 참가하였다. 처음 1년은 외부의 영상전문가들을 초청하여 특강을 듣고 토론하는 방식을 취하였다. 이 자리에서 꼭 밝히고 싶은 것이 있다. 당시 외부 초청자에게 특강료를 전혀 주지 못하였다. 그런데 "선생님의 얘기를 듣고 저희가 '역사적 관점'에서 토론을 해 본다면 선생님에게도 다소 도움

이 되지 않겠습니까?"라고 하면 그들은 전부 수락해 주었다는 사실이다. 영상전문가라도 '역사적 관점'을 대단히 중시하고 그 점을 검증받고 싶어 한다는 점을 알게 되었고, 다른 면에서는 역사학자의 또다른 책임감을 강하게 인식하는 계기가 되었다.

(3) 2년차에서는 TV사극과 역사다큐멘터리를 리뷰하는 작업을 수행하였다. 같이 공부한 회원들은 비록 연구반의 이름으로 성과를 내지는 못했지만, 각자 개별적으로 역사와 영상분야에서 많은 성과를 냈다. 나의 경우에도 인문학과 영상의 다양한 만남을 살펴보는 단행본을 출간했고(『우리 인문학과 영상』, 푸른역사, 2002), 영상역사물을 리뷰한 글을 모은 책(『영상역사학』, 생각의나무, 2005)을 출간하였다.

(4) 영상역사반은 2년간의 활동 후, 진로를 모색하는 과정에서 발전적으로 해체되었다. 김기봉교수는 이후 주된 연구분야를 영상역사로 전환했으며, 주진오 교수는 학과를 영상을 위주로하는 '역사콘텐츠학과'로 전환하기도 했다. 나는 영상역사 보다 더 큰 개념인 文史哲 인문학과 문화산업을 연결하는 '문화콘텐츠' 분야로 관심이 확장되었다. 그 결과 2002년 10월에 '인문콘텐츠학회'를 결성했으며, 역사학의 새로운 변화와 관련된 글을 연구회에 기고하기도 했다(「전통 역사학의 응용적 측면의 새로운 흐름과 과제」, 『역사와 현실』 58, 2005). 이후 나의 주된 연구과제는 역사학을 포함하여 인문학의 활용을 고민하는 문화콘텐츠학 분야를 정립하는 방향으로 나아갔다. 이러한 나의 여정에서 연구회의 영상역사반은 너무나 소중한 과정이었음을 감사하고자 한다.

4) 하나의 희망사항

(1) 아마도 내가 계속 연구회 활동을 적극적으로 했다면 '디지털인문
학연구반'을 시도했을 것이다. 디지털인문학의 핵심은 역사학이
될 수 있다. 이 점에 대하여 연구회 젊은 세대들의 관심이 증대되
기를 희망한다. 이에 대한 기본 글은 다음을 참조할 수 있다(김현,
「디지털인문학」, 『인문콘텐츠』 29, 2013; 김기덕, 「2014 세계디
지털인문학 학술대회 및 한국의 디지털인문학」, 『인문콘텐츠』 34,
2014).

(2) 전국의 역사학 관련학과 및 역사학 연구자의 편차는 대단히 크다
고 할 수 있다. 역사학의 본령을 지키되, 각자의 상황에서 보다 새
로운 실험이 필요하다고 생각한다. 특히 연구회라는 것은 단지 한
국사 관련 학과의 상황에만 매몰되어서는 안되지 않을까 생각한
다. 이 경우 외람되지만, 항상 제로섬의 시각이 아니라 시너지의
입장에서 접근하는 것이 필요할 것이다. 즉 역사학의 '확장'이라
는 관점이 중요하다고 본다.

(3) 1988년 연구회는 한국역사의 흐름에서 커다란 이정표를 세웠다.
이제 연구회 30주년을 맞이하여 역사학의 본령을 지키면서도, 새
롭게 제기되는 여러 변수와 변화들을 보다 큰 그림에서 사고하고
토론하는 연구회가 되었으면 한다.

김기덕_ 중세1분과

12. 개경연구의 터를 닦다 - 지난 20여년 동안의 개경반 활동을 돌아보며

개경사연구반(이하 개경반)에 대한 논의는 1995년 3월 24일 홍영의 선생이 중세 1분과총회에서 '개경연구반'을 신설하자고 제안한 데서 시작되었다. 다만 그 때는 중세1분과에서 신입회원 학습반으로 '고려묘지명학습반"이 진행되고 있었기 때문에 개경반은 묘지명학습반이 마무리된 1996년 중반부터[1] 학습반의 형태로 운영되었다. 개경반이 시작될 때나는 연구회 창립 이후 참여하였던 '원간섭기 연구반'에 이어 '무인집권기 연구반'을 마무리한 상태였다. 지금까지 20여 년 동안 활동을 한 개경반이 거의 불모지에 가까웠던 개경사 연구의 터를 닦았다고 자부한다.

개경반 첫 모임에 누가 참석했는지는 정확하게 기억나지 않지만 처음부터 활동한 회원으로는 반장을 맡은 홍영의를 비롯해서 김기덕, 박종진, 서성호, 신안식, 정학수 등 6명이었는데, 김기덕은 계속해서 개경반 활동을 함께 하지는 못하였다. 그해 가을 중세1분과 신입회원인 윤채영이 개경반에 들어와서 활동하였고, 그 다음해 쯤 윤채영과 동기인 중세2분과 장지연이 개경반에 들어왔는데, 이들이 초기 개경반의 구성원이었다. 초기 개경반의 활동은 다른 학습반이나 연구반과 마찬가지로 관련자료를 정리하여 읽고, 선행 연구 성과들을 검토하였다. 그 활동을 토대로 1999년에 「개경사연구동향」을 정리하였고,[2] 2000년 5월에 「고려시기 개경의

---

1 1996년 7월 26일 예비모임이 있었고, 그 때 9월 26일 '개경사기초학습반'의 첫 모임을 가지기로 하였다. 학습반으로 시작한 개경반은 1999년 연구반으로 전환하여 공동연구발표를 준비하기 시작하였다.

2 이 글은 개경반의 첫 번 째 공동작업의 결과이다. 그 때 개경반원은 박종진, 서성호, 신안식, 윤채영, 장지연, 정학수, 홍영의였다. (박종진, 1999 「고려시기 개경사 연구동향」『역사와 현실』34)

구조와 기능」이라는 주제로 첫 공동연구 발표를 하였다.[3] 이어서 강호선, 정요근이 합류하여 2002년 초에 첫 번째 책『고려의 황도 개경』(창작과 비평사)을 마무리하였다. 이때는 개경반원이 아닌 도현철과 처음 연구반을 만들 때 활동하였던 김기덕이 개경반원의 부족한 부분을 메워주었다.

『고려의 황도 개경』을 출판한 후인 2002년부터는『고려도경』역주작업을 하였는데, 이때 이혜옥, 오영선, 임명주가 개경반에 새로 들어 왔다. 그 때『고려도경』강독은 2003년 중반쯤 마쳤지만 역주작업은 아쉽게도 마무리하지 못하였다.『고려도경』강독을 진행하면서 틈틈이 도시사 이론서와 새로 나온 개경관련 연구 성과를 같이 읽는 한편 개경 관련 자료도 찾아서 공유하였다.

일본 연수 후 개경반에 합류한 한정수의 도움으로 2004년 1월 일본의 오사카·나라 등을 방문하여 일본 고대 도시유적을 답사한 것도 개경반 활동에서 빼놓을 수 없는 일이다. 이 때 쯤 개경반에서는 새롭게 개편된 한국역사연구회 웹진에「개경과 개경사람」이라는 주제로 글을 연재하기 시작하였고, 동시에 두 번째 연구발표회를 준비하였다. 개경반의 두 번째 연구발표회는 2005년 9월 3일 대우재단빌딩에서「고려시대 개경의 공간기능과 시설」이라는 주제로 열렸고,[4] 연구회 웹진에 연재한 글들은 2007년에 개경반의 두 번째 책인『고려 500년 서울, 개경의 생활사』(휴

---

3 연구발표회는 2000년 5월 숙명여대에서 박종기의 사회로 진행되었고, 신안식·홍영의·박종진·서성호가 발표하고, 김창현·한기문·박평식이 토론하였다. 발표문은 2000년 12월『역사와 현실』38호에 특집으로 실렸다. 장지연이 총론을 쓰고 개경 지도를 그렸다.

4 2차 연구발표회는 대우재단빌딩에서 박종진의 사회로 진행되었고, 정학수·한정수·강호선·정요근이 발표하고, 정은정·김철웅·한기문·김종혁이 토론하였다. 이 때 발표문은『역사와 현실』에 특집으로 실리지 못하고, 일부가『역사와 현실』59호와 60호에 나뉘어 실렸다.

머니스트)로 결실을 맺었다.

개경반 활동을 하면서 가장 큰 추억은 2005년의 개성답사이다. 2005년 11월 18일부터 3박 4일의 일정으로 「개성 역사지구의 세계문화유산 등록을 위한 남북공동 학술토론회와 유적답사」가 있었는데,[5] 그 때 남쪽 주최를 맡은 남북역사학자협의회 안병우의 배려로 개경반에서 박종진, 신안식, 서성호, 홍영의, 정학수가 참여하는 감격을 누렸다. 개경연구를 시작하면서 꾸던 꿈이 이루어진 셈이었다. 특히 개성답사 때 개경반의 책 『고려의 황도 개경』의 인기가 좋아서 개성 답사의 즐거움은 더 컸다. 물론 이 때는 일부 반원만 개성를 방문했지만 그 후 개성관광 때 개인 자격으로 또는 만월대남북공동발굴의 자문위원 자격으로 많은 개경반원 들이 개성을 방문하였다.

개경반은 2007년 「개경생활사」를 마무리한 후 한 때 지역사학습반[6] 과 통합운영하면서 새로운 방향을 모색하였지만 큰 성과는 거두지 못했다. 현재 개경반은 2010년부터 조선시대에 쓰여진 개성유람기 역주작업 을 진행하고 있는데, 워낙 큰일이어서인지 아직 마무리를 하지 못하고 있다. 지금 개경반에서 활동하고 있는 회원은 반장인 박진훈을 비롯해서 이혜옥, 안병우, 박종진, 서성호, 신안식, 김순자, 홍영의, 정학수, 전경숙, 정요근, 장지연 등 모두 12명이다.[7] 지금은 개경반에서 활동하고 있지 않

---

5 학술토론회는 11월 18일 자남산 려관에서 열렸는데, 이 때 남측에서는 박종진·서 성호·김영미·황기원, 북측에서는 리기웅·김인철·리창언이 발표하였다. 답사는 3 박 4일로 진행되었는데, 18일 선죽교와 표충비, 19일에 고려박물관(성균관)·만월대 (고려궁궐터)·남대문, 20일에 고려태조왕건릉(현릉)·숭양서원·공민왕릉(현릉과 정 릉), 21일에 영통사를 답사하였다.

6 최종석, 이승민, 정동훈 등이 참여하였다.

7 안병우는 개성답사 후 개경반에 합류하여 『개경생활사』 집필에 참여하였고, 박진 훈, 전경숙, 김순자는 『개경생활사』가 나온 이후 개경반에 들어 왔다.

지만 개경반에 참여하였던 많은 회원들이 있다. 초기부터 함께 활동했던 김기덕, 윤채영을 비롯해서 강호선, 김대식, 한정수, 안지원, 임명주 등이 개경반에서 활동하였다. 특히 얼마 전 세상을 뜬 오영선은 지방근무 할 때를 빼고는 개경반 모임에 참석한 회원이었기에 이 글을 정리하면서 그에 대한 여러 가지 생각이 났다.

개경반 활동을 하면서 개경연구에 관심이 있는 건축사학자, 역사지리학자, 일본 연구자들과 교류한 것은 개경반 활동의 폭을 넓히는 데 도움을 주었다. 또 연구반 초기에 안지원의 주선으로 개성출신 작가 박완서를 방문한 것은 여러 곳을 답사한 것과 함께 개경반 활동을 더욱 즐겁게 하였다. 다만 개성 관련 인사들을 폭넓게 만나려던 처음 뜻은 더 이상 이루어지지 못했다.

직접 개경반 활동으로 넣을 수는 없지만 넓은 범주에서 개경반 활동에 넣을 수 있는 것도 있다. 먼저 2000년 6월 남북공동선언이후 개성에 공단이 들어서게 되면서 한국역사연구회는 역사민속학회, 역사학회, 한국고고학회, 한국고대사학회, 한국사연구회, 한국중세사학회 등 모두 15개 학회와 함께 「개성지역 문화유산 대책협의회」를 만들어 2000년 9월 25일 정동 세실레스토랑에서 「개성공단 예정지의 문화재 보존에 관한 학계의 의견서」를 발표하였고, 11월 10일에는 대우재단빌딩에서 「개성공단 예정지의 문화재 현황과 보존방안」이라는 학술보고회를 가졌다. 이때 나는 한국역사연구회 연구위원장의 자격으로 개경반원의 도움을 받으면서 실무에 참여하였다. 또한 개경반원이 주축이 되어 「한국사상 개경 관련 기초자료 정리와 경관 연구」(2008년 - 20011년, 한국연구재단)와 「개성사기초용어사전」(2014년-2017년, 한국학진흥원) 편찬 사업을 지원 받은 것도 개경반 활동의 폭을 넓히는 데 기여하였다. 개경관련 기초자료 정리과제를 수행하면서 2차례의 연구발표회를 열었고, 개성관광에 다녀왔으며, 서안·낙양·개봉 등 중국고대도시유적 답사를 다녀왔다. 그 과제를 수행할 때 개경반원이 중심이 되어서 「개경사연구동향2」도 정리하였다.[8] 또 개경사기초용어사전의 원고는 대부분 개경반원들이 집필하였다.

앞으로 개경연구가 개성답사와 함께 활발하게 이루어지기를 바란다. 아울러 지금까지 개경반에서 활동한 모든 분들께 감사한다.(2017년 12월 15일, 중세1분과 박종진)

박종진_ 중세1분과

신설 "開京研究班" 문제

1995. 3. 24(금) 홍영의

연구목적: 고려시대 근 500년의 국가 수도로써 운영되던 개경에 대한 연구는 전무한 실정. 따라서 고려시대 개경의 역사에 대한 전반적인 검토가 필요함.

연구방법: 1차적으로 현존 문헌에 나타난 고려시대의 개경에 대한 지명, 구역, 시설, 자연, 영역별로 조사하여 정리함.
2차적으로 개경의 행정구조, 수취구조 등에 대하여 검토함.

1차분류 기준:

1) 地名: 1) 坊 2) 洞 3) 里, 村

2) 區域: 1) 宮闕 2) 社廟 3) 官署, 官衙 4) 壇 5) 寺院 6) 陵園 7) 公館 7) 學校

3) 시설: 1) 城, 門 2) 橋, 池, 亭, 3) 院, 驛 4) 軍事施設

4) 자연: 1) 山, 峰 2) 岩, 峴 3) 道路 4) 川

5) 영역: 1) 저자 2) 浦口 3) 遊廓 4) 숲, 景勝

2차 연구기준:

1) 개경의 행정구조

2) 개경의 수취구조

3) 개경의 지리적 구조

1995년 개경반 신설제안 문건

---

8 박종진, 2010 「고려시기 개경사 연구동향2(2000~2009)」『역사와 현실』 75, 이 글은 박종진, 신안식, 전경숙, 정학수, 홍영의의 공동작업이었다.

2002년 강화도 답사(배경은 홍릉)

2018년 7월 현재 개경연구반 회원(모임장소는 숙명여대)

13. 30년 연구반 활동의 빛과 그늘

'토지대장 연구반'은 연구반 활동을 한 지 30년이 되었다. 한국역사연구회의 창립과 같이 해 왔다. 아니 그 연원을 따지면, 한국근대사연구회 (1987년 창립) 경제사연구반에서 시작하였다. 그 활동이 한국역사연구회의 근대1분과 경제사연구반으로 이어졌다. 그 후 경제사연구반의 연구범위와 목적이 너무 넓어 농업과 토지문제를 중심으로 연구하자는 의견이 모아져 1989년에 '토지대장반'으로 명칭을 개정하여 활동을 하면서 지금까지 이어져왔다.

1989년부터 2년간은 고대사회부터 해방후까지 농업과 토지제도사의 연구현황을 검토하는 작업을 진행하였다. 이때는 고대부터 현대까지 농업사와 토지제도사에 관심을 가진 연구자들이 참여하였다. 연구반 구성원은 한국경제사를 연구하는 20대 말 30대 초의 연구자들이 대부분 모였다. 고대사의 윤한택, 고려사의 안병우, 박종진, 이병희, 조선시대사의 박준성, 송찬섭, 염정섭, 오인택, 이영학, 이영호, 최윤오, 개항기의 왕현종, 최원규, 박진태 등이 참여하였다. 고대부터 현대의 농지개혁까지 연구현황을 검토하면서 문제의식을 다듬고, 한국경제사를 어떻게 바라보아야 하는가를 고민하였다.

당시는 세계사에 큰 변화가 몰아치고 있는 시기였다. 소련의 고르바쵸프가 페레스트로이카를 주창하면서 소련이 붕괴하고 동유럽 사회주의가 붕괴하면서 동독과 서독의 통일이 일어나는 격변기였다. 한국의 역사학계에서는 내재적 발전론이 우위를 점하고 있었지만, 경제사학계에서 식민지근대화론을 점차 주창해가는 시기였다.

한국의 역사학계에서도 새로운 이론적 모색이 필요한 시기였다. 그러한 움직임 속에서 활로를 모색해가고자 하였다. 연구현황에 대한 검토가 끝나자, 개항 이후 토지문제를 먼저 검토하기로 하였다. 규장각에서 대한제국시기의 광무양안을 복사하여 분석하면서 전국에 남아 있는 개항 이후의 토지 자료를 찾으러 다니기 시작하였다. 경기도 이천, 장호원, 충청도 논산 등에 남아 있는 일제시기 문서 등을 복사하기도 하였다. 개인적으로는 1990년에 박사학위논문을 제출한 후, 충청도 논산에 가서 수리조합 문서를 복사하면서 무리를 하다가 와사중에 걸리기도 하였다. 그런 과정에서 대한제국의 광무양안을 중심으로 공동연구를 행하여 『대한제국의 토지조사사업』(1995)을 발간하였다. 대한제국이 양전지계사업을 통해 토지소유권자를 확정짓고 관계(官契)를 발급하면서 근대국가의 기틀을 마련해가려는 점에 의의가 있다고 주장하였다.

그 후 개항 이전의 토지문제를 연구하자고 의견이 모아져 경자양안을 연구하기 시작하였다. 1998년 2월에 조선후기 경자양전팀이 만들어졌고, 2년 동안 공동연구를 행하여 2000년에 공동연구의 결과물을 『역사와 현실』 36집 특집호에 게재하였다. 그 후 후속의 결과물을 모아 『조선후기 경자양전 연구』(2008)를 간행하였다. 조선후기 양안을 둘러싼 정치세력의 동향, 경자양안의 내용과 기능, 토지소유와 성격 등을 규명하였다.

2002년 이후에는 일제시기에 행해진 토지조사사업에 집중하게 되었다. 이 시기에는 전국의 면사무소를 방문하여 일제의 토지조사사업 당시 행한 토지대장 등의 자료를 찾으러 다녔다. 경상남도의 마산, 김해, 하동 등에서 일제시기의 과세지견취도 및 토지대장 등의 자료를 찾을 수 있었다. 특히 마산에서는 일제가 토지조사사업을 실시하면서 만든 일련의 자료를 발견하면서, 그 자료를 정리하는 일로부터 시작하였다. 그것은 지난한 작업이었다. 그 자료를 바탕으로 공동연구를 행하고, 발간한 책이 『일제의 창원군 토지조사와 장부』(2011), 『일제의 창원군 토지조사사업』(2013) 이었다.

그 작업을 끝낸 후에 『한국토지제도사』 등의 개설서를 작성하기로 계획하였지만, 각 개인들의 연구들이 밀려 있어 진행하지 못하고 있다. 현재는 공동 답사를 하면서 개인적인 연구작업을 발표하고 토론하는 형식으로 연구반을 운영하고 있다. 현재 연구반원 각 개인들은 개인 저작을 발표하느라고 여념이 없다. 현재 연구반의 활동 인원은 김경남, 김현숙, 남기현, 박진태, 배석만, 왕현종, 이승일, 이영학, 이영호, 최윤오, 최원규, 허원영 등 12명이다.

30년의 연구반 활동을 회고해보면 아쉬운 점이 많다. 조금 더 긴 호흡으로 연구를 행하지 못한 점이 아쉽다. 먼저 일제의 토지조사사업을 공동 연구한 이후, 해방 이후 농지개혁 문제를 연구하고자 하였지만 실현하지 못하였다. 나아가 농업과 토지제도사의 개설서인 『한국토지제도사』를 발간하고, 아울러 토지에 관한 대중서를 발간할 계획을 세웠지만 연구반원들이 개인 작업에 바빠 추진할 수가 없었다. 이 부분은 공동연구 활동에서 아쉬운 점이다.

연구반 활동의 초창기에는 이 연구반의 연구가 1순위였다. 그러나 각자 대학에 자리를 잡게 되면서 자신의 연구환경에 우선 순위를 두게 되면서, 연구반 활동이 2순위 혹은 3순위가 되었다. 그리하여 연구반 활동에 목표를 세우고 공동연구를 행하는 것이 쉽지 않았다. 또한 학교 혹은 한국연구재단의 프로젝트에 연루되다 보면, 공동연구의 우선 순위는 뒤로 밀릴 수밖에 없었다. 아울러 경제사 연구 및 공동연구의 특성상 2~3년에 논문 1편을 작성할 수밖에 없기 때문에, 연구성과를 위주로 하는 대학사회에서 인정받기 어려운 점이 있었다. 그리하여 농업사 및 토지제도사에 몰두하기 어려웠다.

30년 동안 연구반 활동을 해 왔으니, 각 반원들의 사정을 잘 안다. 고운 정 미운 정이 모두 들었다. 서로 친하다는 것은 장점이지만, 서로의 사정을 헤아려주다 보니 부담이 되는 주제를 요구하기 힘들다. 그리하여 힘든 주제를 맡기는 것을 꺼려하게 된다. 연구반 활동을 오래 하다 보면 타성이 생긴다. 그러한 점은 개선할 점이다.

이제 몇 년 안에 연구반원의 다수는 교직에서 물러나게 된다. 연구반 구성원들이 건강한 모습으로 답사를 다니면서 자신의 전공분야를 이야기할 수 있을까? 그것이 궁금하다.

이영학_ 근대사분과

제2장 사회적 실천의 기억

1. "끝났으되, 끝나지 않은 싸움"

지난 2014년 9월 25일 오전 대법원 2부(주심 대법관 조희대)에서는 국가보안법, 집회 및 시위에 관한 법률(이하 '집시법') 위반 혐의로 2011년 6월 27일 자로 불구속 기소되었던 해군사관학교 국사 교관 중위 김효성에 대해, 무죄 취지로 파기자판[1]하였다.

김효성이라는 개인 스스로도 쉽지 않은 재판이었지만, 이 재판이 한국사학계에서 각별한 관심과 주의를 가지게 된 이유는 바로 친북, 혹은 종북으로 표현되는 현 한국사회 일부의 편향된 역사 인식의 결과물이었다는 점이다. 분단과 한국전쟁, 그 이후의 이념 대립으로 고착되었던 한국사회가 끊임없는 민주화 투쟁을 통해 현재에 이르렀다는 '자화자찬'이 무색하게, 한 쪽에서는 친북이라는 '딱지'로 모든 것을 재단하고 규정하는 모습을 여실히 보여줬다는 점이다.

따라서 이 글은 '김효성 사건'의 과정을 돌이켜본다는 본래의 의미 외

---

1 일반적으로 2심을 담당하는 고등법원, 최종심을 담당하는 대법원은 하급심의 판단에 대해 이의를 제기하거나 판결 내용을 환송할 때, '파기환송'과 '파기자판'으로 선고한다. '파기환송'이란 말 그대로 환송하여, 하급심 재판부에서 다시 제대로 판단하라는 결정이다. '파기자판'은 하급심에서의 법리적 판단에서 상급심이 직접 판단하여 결정하는 것을 말한다. 경향적으로 '파기자판'의 비율은 '파기환송'에 비해 월등히 적다. 이에 대해서는 별도로 논의하기로 하고, 용어상의 설명을 첨부한다: 집필자 주

에, 여전히 한국사회 내부에 자리하고 있는 '냉전적 사고'가 과거를 '실재했던 그대로' 탐구하는 역사학에게 어떠한 재갈을 물릴 수 있는 지를 보여줄 것이다.

1) '김효성 사건' 재판의 쟁점

(1) 계룡대 해군 보통군사법원(1심)

기존의 국가보안법 상의 찬양, 고무, 이적표현물 소지는 국가보안법 위반자가 기소될 때, 그 자체로서 '따라가는' 조항이었다. 그러던 것이 2009년 대법원 전원합의체에서 판례가 바뀌게 된다. 요지는 "이적표현물을 소지했다 할지라도 그것이 취득하게 된 경위와 피고인의 목적, 사용 등 제반 상황을 종합하여 실제로 이적표현물을 사용하였는지를 검사가 입증하여야 하고, 그렇지 않았을 경우에는 이적표현물 소지가 성립되지 않는다(집필자 발췌)."고 대법원에서 명시하였다. 따라서 이 부분에 대한 검사의 입증이 충분하지 않는다면, 당연히 국가보안법은 무죄가 될 수 있었다.

(2) 용산 고등군사법원 (2심)

1심 때 해군사관학교 이전의 경력을 주로 문제 삼았던 재판부와 달리, 2심에서는 기소되었던 계기가 된 '강의노트'의 이적성 유무가 쟁점이었다. 집행유예 판결에 불복하여 똑같이 항소하였던 해군 고등검찰부는 '강의노트'의 내용과 배경 논문이 이념적으로 편향되었다고 주장하였다. 상술하였지만, '강의노트'는 <한국사연구회>에서 편찬한 『새로운 한국사 길잡이(상, 하)』의 내용을 상당부분 차용하였던 부교재였다.

그리고 항소심에서 또 하나 쟁점은 바로 '강의노트' 내용이 한국사학계가 '통설'로 파악하고 있다는 점을 학문적으로 증명해야 한다는 점이었다. **이에 당시 한국역사연구회 현대사분과 회원들은 '강의노트'의 세부적 내용을 하나하나 학계의 통설과 비교, 대조하면서 내용 증명을 진행해나갔다. 특히 한국역사연구회 소속 회원들은 강의노트의 각 주제를 시중에 나와 있는 한국사 개설서 및 연구서와 비교 대조한 표를 재판부에 제출하여 내용 증명에 큰 힘을 보탰다.**

항 소 심 주 문 (일부 내용 발췌)

'국사강의노트'에 대한 이적표현물 해당 여부

① 위 국사강의노트가 앞서 적시한 두 서적(한국사연구회 저, 『새로운 한국사 길잡이(下)』, 역사학연구소 저, 『함께 보는 한국근현대사』)의 해당 부분을 거의 그대로 인용하여 편집한 점, ② …(중략)… 특히 '한국사 길잡이'를 간행한 한국사연구회는 1967년에 창립되어 해방 이후 일제 잔재로 남아 있던 식민주의 사학을 극복하고 민족주의 사학의 전통을 다시 세우는데 큰 역할을 한 오래되고 권위 있는 학회로서 오늘날 역사학계의 원로들과 중견 연구자 대부분을 아우르고 있으며, 이들 서적의 저술에 참여한 학자들은 역사학을 전공하는 연구자라면 누구나 해당분야에서 그 전문성을 의심치 않는 권위 있는 연구자들이고, 저자들 모두 주요 대학 등에서 근무하며 활발히 연구 및 강의활동을 하고 있는 점, ③ 위 문건의 전체적인 내용이 북한의 주장을 적극적이고 직접적으로 찬양하거나 이에 동조하는 것으로 보이지 않고, 그 표현방식 역시 북한의 표현방식을 그대로 추종하거나 폭력적인 표현이 사용된 바 없는 점, ④ 위 문건이 북한의 주장을 적극적이고 직접적인 방법으로 찬양하거나 선전하기 위한 편집 또는 발췌라고는 보이지 않는 점, ⑤ '동북항일연군', '조국광복회', '보천보 전투' 등은 이미 학계에서 인정된 역사적 사실인 점, ⑥ 비판을 허용하는 것이 자유민주주의의 이념적 정당성을 제고하는 것이며, 나아가 반국

가단체인 북한과는 달리 표현과 사상의 자유 등을 헌법상 기본권으로 보장하고 있는 우리 사회는 이미 사상의 시장에서 다양한 주장과 사상 등을 수용·비판·여과해 내는 사회체제의 건전성과 성숙성을 확보하고 있는 점 등에 비추어 보면, 이 사건 표현물의 전체적인 내용을 볼 때 그 내용이 국가보안법의 보호법익인 대한민국의 존립안전과 자유민주주의 체제를 위협하는 적극적이고 공격적인 것임을 인정하기에 부족하고 달리 이를 인정할 만한 증거가 없다.

2) 결론

'김효성 중위 사건'에 있어 내용 증명을 위해서 한국역사연구회 현대사분과 반원들은 몇 달간 한국사 개설서와 학위논문 등을 포함해 여러 자료들을 분석하여 군 검찰단의 국가보안법 상 이적표현물 제작, 배포를 반박하기 위해 적극적으로 활동하였다. 이러한 노력으로 창군 이래 현직 군 간부가 그것도 군사법원에서 국가보안법 혐의에서 무죄 판결을 받은 것은 전례가 없는 일이었다.

그것은 단순히 군 검찰의 무리한 기소라는 점을 반증하는 것일 수도 있겠지만, 다른 한편으로 1980년대 후반 조직된 한국역사연구회가 그동안 축적해왔던 수많은 한국사 연구의 성과들을 반증하는 것이었다. 또한 냉전적 사고에 갇혀 이적표현물로만 간주했던 군 검찰단에 비해 한국역사연구회가 연구회 자체의 역량으로 국가기관의 범법 행위를 합리적이고 전문적인 영역에서 반박함으로써, 분단 체제로 인해 이데올로기적 고통을 받을 수 있는 문제에 대해 역사학이 실천적으로 한국 사회의 민주화에 한층 기여했다는 점도 지적할 수 있을 것이다.

따라서 이러한 사건이 재발할 수 있는 가능성이 상존한 현재 한국 사회에서 한국역사연구회 현대사분과가 보여준 '학문적 공동체'의 실천적인 모습은 '김효성 중위 사건' 이후에도 유효하다 할 수 있겠다. 실제로 이 사건 이후에도 박근혜 정권이 시도한 역사교과서 국정화 시도와 이를 강행하는 과정에서 보여준 국가기관의 범법 행위는 알고 있는 대로다. 박근혜 정권의 탄핵으로 현재 정국이 이전 정권보다 낫다고 할 수 있지만 분단 체제가 상존하고 있는 한국 사회는 여전하다. 그리고 이데올로기적 공세에 맞설 수 있는 '학문 공동체'는 여전히 한국 사회의 민주주의를 위해 유효하다고 할 수 있다.

김효성_ 현대사분과

2. 정권을 뒤흔든 역사 투쟁, 국정교과서 반대 운동

2004년에 뉴라이트가 등장하면서 『한국근현대사』 교과서에 친북·좌편향 프레임을 씌우며 역사전쟁을 도발했다. 이후 연구회는 역사전쟁의 결정적 시기마다 무기로서의 역사적 논거를 제공했고 연대적 실천 활동에 적극 나섰다. 2008년 건국절 파동이 일어났을 때였다. 연구회를 포함한 역사학계가 내놓은 한 장의 성명서가 뉴라이트의 주장을 일거에 무너뜨렸다.

> 1949년 9월 국회에서 국경일 제정을 검토할 때에 정부는 독립기념일을 제안하였으나, 국회는 이를 광복절로 명칭을 바꾸어 법안을 통과시켰다. 이는 1945년 8월 15일 일제로부터 해방된 날과 1948년 8월 15일 대한민국 정부를 수립한 날을 동시에 경축하기 위한 것이었다. 즉 광복절의 명칭은 해방과 정부 수립을 동시에 경축하는 의미를 갖고 탄생한 것이다.

이 성명서에 뉴라이트가 한 발 물러서는 것을 지켜보면서 역사 논쟁에서는 과도한 해석이 명백한 사실을 이길 수 없다는 걸 확인할 수 있었다. 2011년 교육과정 개정 과정에서 일어난 자유민주주의 파동 때는 자유민주주의의 역사성을 꼼꼼히 따지며 싸웠고 2013년에 교학사 교과서 파동이 일어났을 때는 해당 교과서가 낡은 학설에 오류 투성이라는 점을 만천하에 드러냈다. 2004년 이래 10여년에 걸친 역사전쟁에서 연구회는 학자로서, 학회로서 할 수 있는 소임을 다하고자 노력했다.

그리고 2015년 박근혜 정부가 역사교과서 국정화를 강행하자 연구회와 연구회원들은 학문의 울타리를 넘어 거리에서 국정 교과서 반대를 외치며 시민들과 함께 촛불을 들었다. 정권의 일방적 독주가 결국 역사학자들을 거리의 정치투쟁의 장으로 끌어낸 것이었다.

국정화 반대 국면에서 연구회의 기민한 대응과 적극적인 활동은 세상의 주목을 받았다. 2015년 10월 15일 연구회는 일반 회원들도 참석한 가운데 전·현직 회장과 운영위원들이 비상회의를 개최했다. 이 회의는 JTBC 뉴스룸을 통해 생중계되었다.

정부가 역사교과서를 국정화하겠다고 발표한 지 오늘(15일)로 닷새가 지났습니다. 오늘 이 관련 소식의 키워드는 '불참'이 될 것 같습니다. 그동안 각 대학과 학회 소속 역사학자들이 국정 교과서 집필에 참여하지 않겠다는 선언이 잇따랐는데요, 현재 국내 최대 역사학회인 한국역사연구회가 국정 교과서 집필 참여 거부를 놓고 회의를 하고 있습니다. 오늘 결론이 나더라도 그 결과는 내일 발표한다는 것인데, 그 결과에 따라서는 파장이 클 것으로 보입니다. 현장에 나가 있는 윤정식 기자 연결해 보겠습니다.

이 자리에서는 "정부 여당이 끝내 국정화를 강행한다면 연구회는 국정 교과서 제작과 관련된 연구 개발, 집필, 수정, 검토를 비롯한 어떠한 과정에도 참여하지 않을 것"을 결의했다. 예상대로 파장은 컸다. 이후 전국적으로 집필 거부 선언이 이루어지면서 국정화에 반대하는 역사학자들의 결의를 시민에게 알릴 수 있었다. 한국사교과서국정화저지네트워크가 집계한 집필거부 선언 역사학자의 숫자가 매일 언론에 소개되었고 나중에는 집필 거부 선언에 참여하지 않는 소수의 역사학자를 추려 분석한 기사까지 등장했다. 다급해진 정권은 10월 30일 역사학대회장에 우익단체를 보내 난동을 부리도록 조장했다. 며칠 후인 11월 3일에 박근혜 정부는 국정화 강행을 발표했지만, 이미 여론은 싸늘했다.

위기가 기회라고 했던가. 2015년 가을의 국정화 반대 운동은 연구회에 있어 조직적 역량을 다시금 확인하고 배양하는 기회로 작용했다. 만인만색의 등장이 상징하듯 세대별로도 다양한 활동을 펼쳤다. 나아가 연구회의 학계 내 위상과 사회적 명성은 한층 높아졌다. 2015년 총회 자료집에서는 국정화 반대 운동을 다음과 같이 정리하고 있다.

> 한국사 전문 연구자 단체인 저희 연구회는 그동안 다른 역사 연구 및 교육 전문가들과 힘을 합쳐 정부와 여당의 한국사 교과서 국정화 기도를 저지하기 위해 노력했습니다. 연구회가 역사교과서 국정화에 반대한 것은 그것이 헌법이 보장한 교육의 자주성, 전문성, 정치적 중립성을 침해할 뿐만 아니라 역사 교육의 목적, 그리고 UN 인권이사회 보고서가 명시한 역사교육의 세계 보편적 기준에 어긋나기 때문이었습니다. 그러한 저희의 노력에 대해 역사학계, 역사교육계는 물론 시민사회도 지지와 성원으로 화답해주었습니다.

개인적으로는 두 가지 기억이 새롭다. 하나는 강원도 지역에서 집필 거부선언을 조직한 일이다. 누구랄 것도 없이 서로 기민하게 연락하고 빠진 사람 없나 챙기고 혹시나 하며 미리 성명서를 써놓은 학자가 있어 불과 이틀 만에 강원지역 대부분의 역사학자를 포괄하는 집필거부 선언이 이루어질 수 있었다. 역사학대회에서는 주관단체인 역사교육연구회 연구이사로서 행사 당일 아침까지 여러 학회와 성명서 내용을 조율해야 했다. 그리고 대회장에서 난생 처음 입에 담을 수 없는 욕설을 퍼부으며 학자들에게 달려드는 사람들을 목도해야 했다. 당황하거나 분노하기보다는 서글픔이 앞섰다. 정치가 학문을 능멸하면 학자들도 테러를 피할 수 없는 세상이 되었다는 생각이 들어서였다.

박근혜 정부는 국정화 강행 이후 1년 간 서서히 무너져갔다. 일본군 위안부 문제 졸속 합의, 개성공단 폐쇄, 사드 배치 강행 등의 행보를 이어가면서 민심이반은 더욱 심해졌고 마침내 국정농단이 폭로되면서 시민들이 거리에서 촛불을 들고 '박근혜 퇴진'을 외쳤다. 연구회는 '박근혜의 국정농단 규탄과 역사교과서 국정화 철회를 위한 역사학계 공동성명'을 제안했다. 국정 교과서 검토본이 나올 즈음에는 전열을 가다듬고 국정화 반대를 위한 연대 활동에 적극 나섰다. 국정교과서 제도의 반민주성과 반역사교육성을 부각시키는 일에 중점을 두고 "역사 국정교과서를 즉각 폐기하라!"고 요구했다.

역사교과서 국정화가 처음부터 정권의 정치적 목적에서 추진된 것임은 당시 교육부 장관이 공언한 바와 같다. 그럼에도 우리는 국정화 문제의 해결을 애써 역사학과 역사교육의 테두리 안에서 요구하고 있다. 이 요구가 받아들여지지 않는다면 우리는 역사교사 및 시민들과 더불어 국정교과서에 대한 불복종운동을 전개할 것이다. 정부 여당은 즉시 역사교과서 국정화 폐기를 선언하고 그에 다른 법률적 행정적 후속조치를 마련하라.

마침내 2017년 1700만 촛불시민혁명의 성과로 국정교과서가 폐기되었다. 시인과 촌장이 부른 '풍경'이라는 노래의 '모든 것들이 제자리로 돌아가는 풍경'이라는 가사처럼 연구회도 다시 일상의 풍경으로 돌아왔다. 하지만 국정화 반대 운동이 남긴 숙제를 안고 돌아왔다. 국정화 반대 운동이 일단락된 이후 역사 대중화 현상이 더욱 확산되는 양상을 보이고 있다. 이제 본격적으로 역사학이 민주주의 사회를 살아가는 시민을 위한 역사교육을 고민해야 할 때가 온 것이다. 영국의 역사학자 다수는 역사 대중화를 비판하면서 전문성의 골방에 틀어박혔다는 얘기를 읽은 적이 있다. 하지만 거리에서 시민과 함께 국정화 반대를 외친 한국의 역사학자들은 전문성과 대중성의 길을 동시에 고민하고 모색할 수밖에 없다.

김정인_ 근대사분과

3. '파사현정'의 시점에서 돌아본 '혼용무도' 시기의 연구회 활동 - 역사 교과서 국정화 반대운동과 한역연 -

1) 학문적 실천과 학문적 자율성

'지록위마(指鹿爲馬)', '혼용무도(昏庸無道)', '군주민수(君舟民水)', '파사현정(破邪顯正)'. 새해를 앞두고 매년 그 해를 돌아보며 사자성어를 발표해 온『교수신문』이 2010년대 중반에 선정한 성어들입니다. 그 시기에 한국 사회가 어떤 지경에 이르렀고, 또 어떻게 그것을 극복했는지 잘 보여줍니다. 제가 회장으로 재임한 2015년은 '혼용무도'가 선정되었습니다. 박근혜 정부와 집권 여당의 국정 농단과 그로 인한 사회적 혼란이 절정을 향해 치닫던 시점이었고, 그것을 비판하는 사회적 여론도 점차 고조되었지만 민주 진영과 상식 있는 사람들의 대응이 크게 효과를 보지 못한 채 적폐세력의 발호가 자심할 때였습니다.

'지록위마'가 '혼용무도'로 나아가던 시점에 회장으로 나선 터라 심사는 조금 복잡할 수밖에 없었습니다. 연구자라면 누구나 자신의 연구업적이 학계에서 널리 인정받고 또 학계에 기여하며, 나아가 그것이 자신이 속한 사회의 역사적 상상력을 넓히는 데 기여하기를 바랄 겁니다. 그러한 바램은 연구자 단체도 예외는 아닐테고, 회장으로서 해야 할 가장 중요한 일은 무엇보다 연구회가 그러한 바램을 실현할 수 있도록 여러 회원들과 같이 노력하는 일이었습니다. 이미 한해 전부터 연구회는 역사학계의 선두에서 교학사 한국사 교과서 검정 승인을 둘러싸고 정부의 불법·무법한 행동에 반대하는 투쟁을 벌였지만 여전히 국정농단 세력의 역사 교과서 국정화 시도가 은밀하게 계속되었던 만큼 그 문제가 다모클레스의 칼처럼 눈앞에서 흔들거리고 있었습니다.

그 문제의 심각성과 향후 전개방향에 대한 예측을 전임 회장님들로부터 사전에 충분히 전달받으면서 임기를 시작했습니다. 그러나 가급적 연구회의 역량을 그 일에 많이 소모하지 말고 일상 활동을 강화해서 연구회의 연구를 활성화시키고, 대신 회장과 운영위원들이 연구단체, 학계, 시민사회와의 대외적 연대 활동을 강화해서 그 문제에 대처해야겠다는 방침을 세웠습니다. 다른 한편으로 어차피 교과서가 문제라면 학계의 그간의 연구 성과를 종합하고 한국 사회의 역사적 발전방향을 제시할 수 있는 가칭 "시민 한국사 교과서" 형식의 대중서를 연구회가 편찬해야 하지 않을까 하는 생각을 했고, 그 아이디어를 연구회에 제출했습니다. 어쨌든 역사 교과서 문제가 점차 사회적 이슈로 부상했고, 여론전 형식의 싸움이 전개되면서 처음 예상과는 달리 연구회 회원들을 조직적으로 동원하는 일이 잦아졌으며, 시간이 갈수록 역사 교과서 국정화 저지 투쟁에 전념할 수밖에 없게 되었습니다. 그 모든 과정을 이곳에서 자세히 옮길 수는 없고, 역사학계의 대표로서 연구회가 그 문제의 해결을 위해 전개했던 투쟁 방향과 투쟁 과정에서 체험한 두세 가지 에피소드를 기록으로 남기고 싶습니다.

연구회는 역사 교과서 국정화 반대투쟁 방향을 첫째, 연구회가 역사학계 전체, 나아가 학계 일반의 반대투쟁을 주도하거나 선도하고, 둘째, 역사교육계, 특히 역사 교사들과 연대하여 학교 현장의 반대투쟁을 지원, 강화하며, 셋째, 국정화저지네트워크 등 시민·사회단체들과 연대하여 일반 대중들의 반대투쟁을 활성화하는데 동참하고, 야당의 반대활동도 지원하여 정치권의 반대 목소리를 결집하고 그를 응원하는 것에 두었습니다. 그리고 정부와 집권 여당의 역사 교과서 국정화 기도를 저지, 파탄시키는 것이 목표이지만, 설사 온갖 무리수를 통해 그것이 실행되더라도 국민들 사이에 압도적 비판 여론을 조성하여 국정농단 세력이 의도하는 바를 제대로 실현하지 못하게 함으로써 사실상 그들의 기도를 무력화하는 데 목표를 두었습니다.

이러한 목표와 방향 하에 연구회는 다양한 차원에서 수차례에 걸쳐 역사 관련 연구단체 또는 연구자 명의의 반대성명과 선언을 조직했고, 회원들의 주도적 역할로 각 대학 또는 지역 연합의 교수 반대성명을 조직했습니다. 2015년 가을 전국역사학대회 주제가 "역사학과 역사교육의 소통"이었는데, 주관학회인 역사교육연구회와 긴밀히 협의하여 역사학대회협의회 참여단체 명의의 반대 성명서를 배포했습니다. 대회장에 난입해서 성명서 발표를 저지하려는 극우단체들과의 불필요한 마찰을 피하기 위해 급히 발표 장소를 변경했고, 대회장이었던 서울대 문화관 앞에서 여타 연구단체 회장단과 회원들이 극우단체 회원들과 몸싸움을 벌이는 와중에 주관 학회 회장이 성명서를 낭독했습니다.

또 '역사교육 연대회의'를 통해서 역사교사모임, 시민단체 등과 공동 활동을 조직했습니다. 이 단체를 매개로 한 활동 가운데 특별히 기억에 남는 것은 2013년 제69회 UN총회에서 유엔 인권위원회가 발표한 "역사 교과서와 역사교육에 관한 문화적 권리 분야의 특별조사관 보고서" 내용을 분석하여 이를 한국의 교과서 편찬 제도와 비교한 토론회입니다. 박근혜 정부의 역사 교과서 국정 발행 추진 시도가 역사 교과서 발행의 국제적 기준과 정반대의 길을 걷고 있음을 확인하는 자리이자 동시에 그러한 시도가 학생과 학부모의 인권을 침해하는 것이라는 점을 거듭 확인하는 자리였으며, 다른 한편으로 역사 교과서 편찬의 국제적 동향을 확인할 수 있는 기회가 되었습니다.

여론전의 효과적 수행을 위해 대언론 활동을 효과적으로 펼치는 것 또한 주요한 과제였는데 이와 관련해서 특기할 것은 우리 연구회가 역사교사들을 도와 정부가 준비하던 교육과정 개편시안이나 국정교과서 원고의 문제점에 대한 깊이 있는 분석을 제공함으로써 여론전을 위한 논리와 모멘텀을 제공하는 데 주도적 역할을 한 것입니다. 개인적으로는 언론매체들과 접하면서 JTBC '뉴스룸'에서 손석희 씨와 가진 인터뷰가 인상적이었습니다. 기계적 중립성을 내건 인터뷰나 토론에는 응하지 않겠다고 기자들의 전화 인터뷰를 거절했더니 뉴스룸에서 10분간 단독 인터뷰를 제안했습니다. 정부와 여당이 역사 교과서 국정화를 반대하는 학계 전체를 색깔론으로 몰아가던 터라 인터뷰에서 국정화를 지지하는 연구자들은 사실상 학계에서 지적 권위를 인정받지 못하는 극소수이고, 정부와 여당의 그러한 주장은 사실상 역사학과 역사교육을 권력의 시녀로 만드는 일이자 민주주의를 부정하는 파시스트 사회에서나 가능한 것이라는 점을 강조했습니다. JTBC 기자들은 언론기관 중 유일하게 정부의 국정화 추진 공개 선언 후 개최된 우리 연구회의 비상회의 경과를 연구회 앞에서 현장 취재하며 이른바 '뻗치기'를 했는데, 의제 설정이나 취재 태도에서 다른 언론사들과 차별성을 보여주었습니다. 여론전의 전개 과정에서 국정화 반대 여론이 확대되는 데에는 우리 연구회와 역사교육연대회의, 국정화저지네트워크의 협력이 중요한 역할을 했고, 특히 의제의 설정과 콘텐츠의 제공에서 연구회 회원들의 전문적인 역량이 큰 힘을 발휘했습니다.

역사 교과서 국정화는 결국 2016년 가을 이래의 촛불혁명의 결과 무산되었고, 그러한 결과를 초래하는 데에 연구회가 일정하게 기여했습니다. 그것이 가능했던 것은 무엇보다 연구회가 그동안 학계와 시민사회에서 이룩해온 신뢰와 명성, 그리고 반대투쟁 과정에서 드러난 우리 회원들의 헌신적 노력 덕분이었습니다. 조지 오웰이 설파한 대로 '거짓이 만연하는 시대에는 진실을 말하는 것이 곧 혁명적 행동'이고, 연구회 구성원들이 다같이 힘을 모아 행동함으로써 촛불혁명의 여건을 조성하는데 미력이나마 일조할 수 있었습니다.

2) 한국사학의 세계화

이 글을 쓸 무렵 마침 베를린에 체류하면서 특강이랍시고 독일의 몇 대학에서 강연을 했습니다. "미국에서 전쟁을 얘기하면 남한은 전율한다"는 제목으로 소설가 한강이 지난 해 가을에 『뉴욕타임스』에 투고한 칼럼으로 특강들을 마무리했습니다. 지난 해 여름과 초가을에 북한이 대륙간탄도미사일(ICBM) 발사 실험을 수차례 실시하고, 그에 대응해 미국이 선제공격과 전쟁을 운운하며 북한을 압박하던 무렵에 기고한 글입니다. 음미할만한 글이라 일부를 인용합니다. 그는 어떻게 전쟁 위험이 날로 고조되고 있는데 남한 사람들이 그리 무덤덤할 수 있느냐는 미국인들

의 질문에 대한 답변으로 칼럼을 시작합니다.[2]

오히려 수십 년 동안 축적해온 긴장과 공포는 우리 안에 깊이 내면화되어 있고, 그것은 평범하고 단조로운 대화에서도 문득문득 떠오르곤 한다. ……

1980년 광주항쟁을 다룬 소설 "Human Acts"("소년이 온다"의 영역본)를 집필하기 위해 광주항쟁을 조사하면서 그것뿐만 아니라 제2차 세계대전, 스페인 내전, 보스니아 인종청소 및 아메리카 원주민 학살도 조사했다. 왜냐하면 내가 궁극적으로 초점을 맞추려고 한 것은 특정한 시간과 장소가 아니라 이 세상의 역사에서 드러나는 보편적 인성의 얼굴이었기 때문이다. 나는 무엇이 인간으로 하여금 다른 사람들에게 그리 잔인하게 상처를 주게 만드는지, 다른 한편으로 폭력에 직면해서도 결코 인간성을 잃지 않은 사람들을 어떻게 이해해야할지 묻고 싶었다. 나는 야만과 존엄 사이에 깊고 넓게 갈라진 틈 사이를 가로지르는 다리를 더듬어보고 싶었다.

이 칼럼을 읽은 순간 나보다 젊은 소설가가 나의 고민을 대변해준 듯하여 무척 반가웠습니다. 한국학의 세계화가 한국사학계에서도 구두선처럼 통용되고 있으나 결국 한국사학의 세계화는 한국 학계의 연구 성과와 축적된 지식을 해외의 한국학계와 해외 역사학계에 부지런히 전파하거나 또는 그를 위해 단순히 해외 학계와 교류하는데 달린 것이 아니라 한국사 연구자로서 타인의 고통, 또는 세계사적 고민에 동참하면서 한국적 고민의 역사성과 세계사성을 보편적인 개념과 방법을 동원해서 타인들과 '공유'하는 데 달려 있을 겁니다. 인공지능이 인간의 일자리를 빼앗고 있는 21세기에도 아프리카로부터 유럽으로의 노예무역이 공공연하게 자

---

2 Han Kang, "While the U.S. Talks of War, South Korea Shudders," New York *Times*, 2017. 10. 7

행되고, 지구적 차원에서 양극화가 진행되는 가운데 세계 도처에서 여전히 인간시장이 개설되고 있습니다. 일본군 '위안부'에 응축된 고통의 역사와 그에 대한 연구를 과거 역사뿐만 아니라 동시대 현실 속에서 반추하며 그 과정에서 선취한 우리의 역사의식을 그 문제들의 해결을 위해 미래로 투사할 때 한국사학의 세계화도 자연스럽게 이루어질 것입니다. 역사학의 세계에서도 중요한 것은 해설과 계몽의 능력이라기보다 공감의 능력이 아닐까 합니다.

연구회 창립 30주년을 앞두고 연구회와 한국사학계의 미래의 발전방향을 놓고 진지한 논의와 고민이 거듭되는 것으로 알고 있습니다. 적폐인지 부역인지, 아니면 이해관계의 일치인지 구분하기도 모호한 것들이 청산과 극복의 대상으로 거론되는 한편으로 인류의 평화의 제전인 제23회 동계 올림픽이 이 땅에서 진행되고 있지만 한반도에서 그 평화의 실현은 여전히 강대국의 관여와 개입을 무시하고서는 이루어질 수 없는 것이 현실입니다. 연구회의 새로운 미래는 30년 전에 내걸었던 기치를 교체하는데 있는 것이 아니라 그 깃발에 더욱 다채로운 그림을 그려 넣고, 기수들의 손목을 더욱 강건하게 만드는 것에서부터 시작해야 할 것입니다.

정용욱_ 현대사분과

4. 우리 연구회와 남북 역사학 교류

한국역사연구회는 창립 때부터 북한 역사학에 대해 큰 관심을 기울였다. 40여 년 전에 분단된 반쪽의 역사와 역사학에 대한 호기심과 연구 욕구는 대단히 컸다. 현실적으로 북한의 역사 연구 결과는 쉽게 접하기 어려워 그에 관한 연구는 제한적으로 수행될 수밖에 없었지만, 연구회 창립과 소장 현대사 연구자의 대거 등장은 북한의 역사와 역사학 연구를 활성화하는 계기가 되었다.

연구회의 북한 역사학에 대한 높은 관심은 회지 『역사와 현실』 창간호(1989. 6)에 '북한역사학의 동향 I'을 기획하고 시대구분에 관한 글 두 편을 실은 데서 단적으로 볼 수 있다. '북한역사학의 동향 II'는 3호에 게재되었다.

우리 연구회는 북한으로부터 남북 역사대화의 파트너로 지목되어 두 차례 제안을 받았다. 한국사 연구 단체와 학회들이 많이 있는데도 불구하고 창립한 지 얼마 되지 않은 우리 연구회가 교류의 대상이 된 것은 한편으로는 의외라고 할 수 있고 한편으로는 연구회가 창립 직후부터 내외의 주목을 받았다는 사실을 증명하는 것이라고 볼 수 있다. 두 차례의 남북역사학자 회담 제안과 관련된 자료는 회보 3호와 13호에 실려 있다.

첫 번째 남북 역사학 교류의 기회는 1989년 5월에 찾아왔다. 북한의 조선력사학회 회장 전영률, 조선사회과학원 원사 김석형, 김일성종합대학 원사 박시형 세 사람이 국사편찬위원회 박영석 위원장, 우리 연구회 안병욱 회장, 서울대학교 김원룡 교수 앞으로 공개서한을 보내온 것이다. 미국 고등학교 교재에서 한국민족이 혼혈족이고, 한국은 고유한 문화를 갖지 못하였고, 임나일본부설을 서술하여 한국사를 왜곡하고 있는 데 대하여 공동으로 대응하자는 내용이었다. 구체적으로 6월 15일에 판문점에서 공동항의문 발표 등의 대책을 논의하자고 제안하였다.

남북의 학자들이 만나서 다루자고 한 주제가 일제의 침략과 식민지배에 관한 문제가 아니라 미국 고등학교 역사 교재의 내용이었다는 점에서, 이 제안은 뜻밖이었다. 북한은 미국의 이러한 서술이 "다른 민족을 렬등시하고 멸시하는 미제국주의의 민족배타적인 침략적 본성으로부터 나온 것이라고" 판단하였다. 그렇지만 미국에서는 다양한 역사교과서가 사용되고 있으므로 특정 교과서가 그러한 내용을 담고 있다고 하여도 그것이 미국에서 한국사를 바라보는 일반적인 역사관이라고 하기는 어려운 상황에서, 이러한 문제를 제기하는 것은 미국을 비판하기 위해 남북 역사대화를 활용하려는 것으로 받아들여질 수 있다.

그러한 점을 고려하면서도 제안을 받은 세 사람은 가능한 한 이 교류를 성사시키기로 합의하고, 북한이 제안한 문제를 포함하여 남북 역사학자들 사이에 산적한 과제들을 풀어나가는 전기를 마련하자는 취지의 답신을 작성하였다. 이를 북한에 전달해달라고 당국에 의뢰하였으나, 이 답신은 전달되지 않은 것으로 보인다. 정부는 당사자들에게 아무런 연락도 하지 않았고, 연구회는 북한이 제안한 회담일인 6월 15일 남북역사학자회담의 주선을 촉구하는 성명서를 발표하였다. 남북 역사학자의 첫 교류 기회는 이렇게 속절없이 무산되었다.

회담이 무산된 직후 남지대 교수는 『역사와 현실』 2호에 '역사학의 남북교류를 위하여'라는 시론을 게재하여, 역사학 교류는 남북이 상대방을 긍정하고 서로를 '민족의 절반'으로 만드는 지름길이 될 것이므로, 자주·민주 원칙에 따라 남북 교류를 추진해 한다고 역설하였다. 그러면서 교류가 성공하기 위해서는 분단에서 얻어지는 자기 이익을 민주적인 방법으로 민족 앞에 양보하는 자세로 추진해야 한다는 원칙도 제시하였다.

두 번째 남북 교류의 기회는 1992년에 왔다. 6월 24일 조선력사학회 전영률 회장이 "과거 조선에 대한 일제의 침략과 강점의 날강도적 죄행을 공동으로 재확인하고 외곡된 우리민족의 역사를 바로잡을 데에 대한 문제"를 다루기 위한 남북역사학자회담을 갖자고 우리 연구회에 제안한 것이다.

조선력사학회가 이 제안을 하게 된 배경은 규장각에서 을사조약과 정미7조약 문서가 국제조약으로서의 요건도 갖추지 못한 것이라는 점을 밝혀낸 것이다. 한 달여 전인 5월 11일, 이태진 관장은 고종 황제의 위임장과 국새(國璽)그리고 수결이 없는 '을사보호조약 원본'을 공개하고, "조약 원본에 국제조약상 반드시 필요한 당시 통치권자인 고종 황제의 서명 등이 없는 점을 볼 때 을사보호조약이 대한제국과의 합의 아래 체결됐다는 지금까지의 일본측 주장은 모두 허위인 것으로 드러났다" 고 밝혔으며, 또 함께 발견된 丁未7조약의 '위임장 등본' 역시 고종의 국새와 작성자의 서명이 없어 국제조약으로서의 형식 요건을 제대로 갖추지 못한 것으로 확인되었다고 주장하였다. 이들 조약이 '원인무효'에 해당하는 결정적 흠결을 가진 점을 밝힌 것이다.

이런 사실이 밝혀지자 6월 20일, 북한의 연형묵 총리는 남북고위급회담 북측대표단장의 자격으로 남측 수석대표인 정원식 총리에게 서한을 보내 이 문제를 고위급회담 협력·교류분과위원회에서 긴급 의제로 토의하고 공동결의문을 채택하자고 제안하였다. 공동결의문에서는 일제의 조선침략과 식민통치에 대한 사죄와 보상, 일본의 을사5조약과 정미7조약의 비법성 인정과 무효화 선언, 이들과 관련된 불법문서들의 개정 또는 폐기를 요구하자고 하였다.

전영률 회장의 제안은 두 가지 점에서 특징이 있다. 첫째는 연형묵 총리의 제안에 대하여 남한이 답신을 보내기 전에 우리 연구회에 편지를 보낸 점이다. 정 총리는 6월 25일자로 답신을 보내 조약 날조 사실과 항일의병, 독립운동 등에 관한 사료의 발굴과 교환, 공동조사와 연구를 위한 남북역사학자간 학술회의 개최를 제안하고, 이 문제를 앞으로 발족될 사회문화교류협력공동위원회가 주선 지원할 수 있도록 교류협력에 관한 부속합의서를 조속히 작성하자고 하였다. 남북역사학자들의 학술회의 개최를 제안하면서도 당장 논의되고 있는 두 학회의 회담은 사실상 허용하지 않은 것이다.

둘째로는 제안자와 대상이 각기 한 곳으로 축소된 점이다. 조선력사학회는 한국역사연구회와의 1:1 회담을 제안하였다. 조선력사학회는 북한을 대표하는 사실상의 유일한 학회이지만, 우리 연구회는 여러 학회 중의 하나인데다 신생 학회였는데도 불구하고 우리 학회를 회담의 파트너로 삼은 것은 상당히 의도적인 선택이었다고 볼 수밖에 없다. 우리 연구회의 지향과 성격, 안병욱 회장의 적극적인 교류 의지 표현, 그리고 지난번 회담 제의 때 보인 적극적인 대응 등을 고려한 것으로 보인다.

제안을 받은 연구회에서는 회담을 성사시킨다는 입장을 정하고, 안병욱 안병우 고석규 지수걸 도면회 주진오 교수로 대책위원회를 구성하였다. 나는 초대 회장이자 이 편지의 수신인으로 되어 있는 안병욱 선생과 함께 통일부 교류협력국장을 만났다. 양측의 입장은 안 선생과 국장이 이야기하고, 담당 과장과 나는 배석하는 형식의 만남이었다. 통일부 책임자와 만나는 자리였지만 형식이나 분위기는 남북 회담 같았다. 회담 성사를 주장하는 안 대표와 허용하지 않으려는 국장의 대화는 조심스럽게 평행선을 달렸다. 정부는 우리 연구회가 북측과 접촉하는 것을 허용할 의사가 없었고, 그것은 이미 만남 이전에 결정된 것이었다. 서로의 입장을 이야기하는 회담은 성과 없이 끝났다. 당시에는 이미 남북 기본합의서가 채택되어 남북의 학술교류를 비롯한 제반 교류가 원칙적으로 합의되었음에도 불구하고 실제 접촉은 승인되지 않은 것이다. 끝 무렵에 통일부 공무원이 커다란 흰 사각봉투에서 우리에게 온 서신을 꺼내 보여주었다. 그렇지만 원본을 넘겨주지는 않았다.

한편 역사 관련 학회들과 이 제안의 발단을 제공한 규장각, 국사편찬위원회 등을 안병욱 선생과 나누어 접촉하였다. 나는 역사학회 회장, 규장각 관장 등을 만나 편지의 내용을 설명하고 대응에 관해 의논하였다. 역사학회장은 함께 참여하겠다며 제안을 받은 우리 연구회가 주도하는 것이 마땅하다는 의견을 주었고, 규장각 관장은 학계의 원로들이 회담에 나서야 한다는 입장을 피력하였다.

연구회는 7월 6일자로 전영률 회장에게 보내는 답신을 작성하여 18일에 판문점에서 실무회담을 갖자고 제의하였으나, 이 편지를 북한에 보내지는 못하였다. 당시로서는 정부를 통하지 않고는 보낼 방법이 없었는데, 정부가 접수를 거부하였기 때문이다. 결국 실무회담은 성사되지 못하였고, 연구회는 18일에 남북 역사학의 자유로운 교류를 보장하라는 성명서를 발표하는 것으로 이 회담에 대한 대응을 종결하였다.

비록 성사되지는 못하였지만, 북한으로부터 두 차례 회담 제의를 받은 연구회는 남북 교류 가능성이 가장 높은 학회로 인식되었고, 회원들 사이에서 북한 역사학에 대한 관심이 높아졌다.

연구회가 다시 남북역사학 교류에 적극 나선 것은 2000년 6·15남북정상회담 이후였다. 정상회담은 남북 사이의 관계를 일변시켰다. 다방면에서 남북 교류가 활발해질 것으로 전망하면서, 연구회는 7월 29일 남북역사학교류추진위원회를 구성하였다. 위원장은 안병욱 선생이 맡고, 상임위원은 채웅석, 위원으로는 김광운, 김도형, 김인걸, 남지대, 박종린, 박종진, 안병우, 오종록, 왕현종, 임기환, 정용서, 정용욱, 정창현 등이 참여하였다. 이 위원회는 회장단의 교체와 관계없이 장기적으로 남북 역사학 교류를 위한 논의를 지속할 수 있도록 회장 산하의 독립기구로 결성하였고, 산하에 정책소위원회, 학술소위원회, 교류소위원회를 두었다.

추진위원회는 8월 25일 "평양남북정상회담의 역사적 의미와 한국사학계의 과제'라는 주제로 학술토론회를 개최하였다. 노경채 3대 회장이 발표자로 나섰고, 김인걸 교수 등이 토론에 참여하였다. 노 교수는 발표에서 평양정상회담을 세계사적 변화에 조용하면서 남북한 통일운동의 연장선상에서 이루어진 것이라고 규정하고, 그 의의로 분단 민족에게 동질성을 갖게 하는 전기를 마련해 준 점, 회담이 내재적 추동력에서 비롯되었다는 점, 남북이 상대방의 실체를 명시적으로 인정한 점, 통일정국으로 이끈 기폭제가 된 점을 들었다. 회담 이후 한국사학계에는 개방적이고 자유로운 연구 분위기가 형성될 것으로 전망하고, 통일지향의 역사인식 정립과 객관적 과학적 역사학의 수립, 이념과 사상의 다양성 인정 위에서 민족과 인류의 미래 모색, 연구의 현실화를 연구 방향으로 제시하였다. 마지막으로 시대적 민족적 요구에 부응하는 역사학이 되기 위해서는 지속적인 교류가 필수적이라고 강조하였다.

이 토론회에서 나는 현대가 추진하는 개성공단 조성사업에 따른 문화유산 조사의 필요성을 제기하였는데, 이에 대한 대책이 필요하다는 공감대가 형성되었다. 9월 2일 연구회의 고려시대사 전공자와 서울대 노명호 교수 등이 참석하여 개성공단 조성에 따른 문화재 훼손을 우려하는 모임을 갖고, 의견서 발표와 학술보고회 개최를 결정하였다. 이어 우리연구회와 한국사연구회, 한국고고학회, 한국중세사학회, 역사학회 등 15개 학회가 참여하여 '개성지역문화재대책협의회'를 구성하였다. 협의회에서는 우리 연구회의 중세1분과원들이 중심적 역할을 수행하였으며, ㈜현대아산과 정부, 국회, 청와대 등에 의견서를 전달하는 한편 기자회견을 개최하는 등 활발하게 활동하였다. 또 11월 10일에는 학술보고회를 개최하여 국민의 관심을 불러있으켰다. 이러한 노력의 결과인지 1단계 개성공단 조성시 한국토지공사의 토지박물관이 북한과 공동발굴조사를 수행하였다.

한편, 추진위원회에서는 정상회담 1주년을 맞이하는 2001년 6월 경에 우리 연구회와 사회과학원 역사연구소가 주최하는 '평양 남북역사학자토론회'를 개최하고, 그 후 서울이나 제주에서 2회 토론회를 개최하는 교류 방안을 마련하였다. 또한 역사유적 공동 발굴과 토론회도 추진하기로 하였다. 한편 북한사학사연구반은 2003년 『북한 역사학 50년』이라는 공동저서를 발간하여 북한역사학에 대한 관심을 이어갔다.

그러나 이후 우리 연구회는 독자적으로 북한과의 교류망을 확보하지 못하였고, 교류는 가시적으로 추진되지 못했다. 연구회원들은 국사편찬위원회를 비롯한 다른 기관의 남북 교류에 동참하기도 하고, 2004년에 창립된 남북역사학자협의회에 중요한 멤버로 참여하여 고구려고분군 조사, 개성 만월대 공동발굴조사 등에 기여하였다.

연구회는 창립 당시부터 남북 역사학 교류에 관심을 가졌고, 교류의 계기도 경험하였으며, 남북정상회담 이후에도 적극적으로 교류를 추진하였다. 그럼에도 연구회 차원에서 교류의 성과를 축적하지 못한 점과 북한 역사학에 대한 관심이 낮아지는 점은 매우 아쉽다. 남북 학술 교류가 북한의 파트너뿐 아니라 교섭 창구의 확보, 전문적 식견과 북한의 신뢰, 자금 등 여러 가지 요건을 필요로 하는데, 연구회로서는 이를 갖추기 어려웠던 점이 중요한 원인이라고 할 수 있겠다. 그렇더라도 북한의 역사와 역사학 연구, 그리고 교류는 통일 과정에서 반드시 수행해야 할 과제임이 분명한 만큼 앞으로 적절한 방안을 모색하고 실천해야 할 것이다.

안병우_ 중세1분과

5. 1989년 남북역사학자 회담 논의

1989년 5월 24일 북한 역사학자 3인이 남한 역사학자 3인 앞으로 공개편지를 보내 판문점에서 만나 역사학자 회담을 개최하자고 제안했다. 그들은 우리나라 역사에 대한 미국 역사교과서의 심각한 왜곡을 시정하기 위해 회담을 열어 공동으로 대응하자고 했다.

이 공개서한의 남북역사학자 회담 제기는 매우 이례적인 일이면서도 또 의미 있는 제안이어서 큰 주목을 받았다. 당시는 40여 년간 지속되던 남북한의 대립과 적대관계를 뚫고 남북교류 운동이 다각도로 모색되던 때였다. 하지만 남북한 간의 접촉은 매우 드물고 제한적이었다. 어쩌다 제기되는 남북교류와 만남은 큰 관심사였으며 어떠한 접촉이든 통일로 향하는 희망의 메시지로 여겨지던 때였다.

그때 역사학자회담을 제안한 북한학자 3인은 조선력사학회 회장 전영률, 조선사회과학원 원사 김석형, 김일성종합대학 원사 박시형이었다. 그들은 공개서한에서 미국고등학교에서 사용되고 있는 교재가 "조선민족은 인종적으로 기원전에 조선반도에 이주하여 원주민들을 지배하여 온 이웃나라 종족과의 혼혈족이며 조선은 자체의 고유한 문화를 가지지 못하고 다른 나라의 문화권에 속해 있었으며 이웃나라의 사상과 문화, 종교를 모방해 왔다고 외곡 서술하고 있습니다"라고 설명하면서 심각한 역사왜곡의 문제점을 지적했다. 이어 "더우기 참을 수 없는 것은 이 책에서 일본은 고대로부터 조선에 영향을 미쳐왔으며 기원 200년경부터 조선의 남부를 점령하여 700년이나 통치하였다고 하면서 허황한 임나경영설을 설교하고 있는 사실입니다" 라고 모욕적인 왜곡에 대한 분노의 감정을 숨기지 않았다.

북한 학자들은 그처럼 미국이 역사를 왜곡하는 목적은 다름이 아니라 '오늘날 하나의 민족'이라는 명분으로 통일을 주장하는 논리를 부정하고 또 '예로부터 남의 통치와 영향 밑에서 살아왔기 때문에 오늘도 외세의 지배를 받는 것이 응당하다'는 주장을 펼치기 위한 것이라고 했다.

회담을 제안한 3인 가운데 박시형선생은 1910년 경북 출생으로 당시 김일성종합대학 교수였으며, 김석형선생은 1915년 경북 출생으로 당시 조선사회과학원 교수로서 두 분은 민족이 분단되기 이전부터 우리 역사를 연구해 오신 역사학계 최고 원로이다. 남북한 학계를 아우르는 최고 원로로서 묵과할 수 없는 역사왜곡을 두고 길지 않은 서한의 문장을 통해 민족사에 대한 깊은 성찰과 높은 식견을 간명하게 표현하여 전달했다. 일찍이 김석형 신생은 『초기조일관계연구』에서 소위 임나일본부설의 허구를 통박하고 오히려 일본에 '삼국의 분국'이 존재했음을 밝혀낸 바 있다.

북한이 회담의 상대자로 거명한 남한 역사학자 3인은 국사편찬위원회위원장 박영석, 한국역사연구회회장 안병욱, 서울대학교교수 김원룡 등이었다. 남측 역사학계는 북한의 갑작스런 회담 제의가 의아스럽다고 하면서도 반갑고 설레는 반응을 보였다. 한국역사연구회 회장으로서 회담 제안을 받게 된 나는 우선 그 회담의 남측 당사자로 거명된 연유가 궁금했다. 학계 원로이신 김원룡교수나 국사편찬위원회 박영석위원장이 회담 상대로 요청받은 점은 충분히 이해되는 일이었다.

그러나 한국역사연구회는 창립한 지 일 년이 채 안 되었고 창립회장을 맡고 있던 나는 겨우 40세를 넘긴 말석의 소장 연구자였으며 북한 또한 그런 사항은 파악하고 있었을 것이다. 당시 한국에는 이미 오랜 연륜의 여러 학회들과 높은 학덕을 지닌 저명한 학자들이 많았다. 나는 학계의 여러 원로들을 찾아 언론에 보도된 내용을 설명하고 자문을 구했다. 그런 상황에서 북한이 보낸 서한에 거의 무명인 내 이름이 거론된 것에 많은 분들 또한 갸우뚱거리는 표정이었다.

하지만 거명된 연유를 추론해 짐작해볼 수는 있었다. 곧 그해인 1989년 3월 『사회와 사상』이라는 사회과학 대중잡지에서 특집기획으로 남한의 각계 인사들이 북한의 저명한 인사들에게 남북한 화해와 교류왕래를 주장하는 「북한 학술문화계 인사들에게 보내는 6인의 공개편지」를 게재하여 출간했었다. 그 기획에 나는 역사학 분야의 필자로 참여하여 북한의 허종호박사에게 보내는 편지형식의 논설을 게재하였다. 당시는 꽁꽁

얼어붙었던 남북관계가 해빙되고 교류가 이루어질 것 같은 분위기에서 남북한 간의 접촉과 대화가 큰 관심사였기 때문에 그 특집기사는 일간지에 크게 소개되었다. 그 기획 기사를 살펴본 북한 당국이 회담의 한 당사자로 나를 지목했을 것으로 짐작했다. 이는 뒷날 남북역사학자들의 접촉이 처음으로 이루어진 2001년 북한을 방문해서 허종호선생을 만났을 때 간접적으로 확인할 수 있었다.

결과적으로 나에게 역사학자 회담을 추진할 임무가 맡겨진 셈이었다. 북한 학자들은 그 서한에서 우리 세 사람과 6월 15일 판문점에서 만나자고 요청했지만 당시 시대상황에서 아무런 사전 논의 없이 당장 만나는 일은 불가능했다. 하지만 이번 기회를 장차 남북교류와 학술회담을 이끌어내는 계기로 적극 활용하고 싶었으며 무의미하게 허비해서는 안 된다고 생각했다. 우선 이름이 거론된 세 사람 당사자들의 회합을 주선했다. 3인 회합에서 다른 두 분은 경륜이 높은 학계 원로로서 적절하게 논의를 이끌어 주셨으며 오히려 조심스러워하는 나보다 더 적극적이고 강력한 의지로 회담 추진을 위해 노력하셨고 정부 당국에게 회담 성사를 위해 적극 협조하도록 강력히 요청하였다.

그러나 북한이 제안한 급박한 날짜에 맞추기도 어렵거니와 당국의 허락 없이 판문점으로 향할 수도 없기 때문에 우선 북한에 수정 제의하는 서신을 보내기로 했고 나에게 답장을 작성하도록 했다. 이에 한국역사연구회에 남북학술회담 대책위원회를 조직하여 관련된 사항들을 논의했다. 여러 의견을 모아 답신을 작성했는데 먼저 '우리들은 북측 학자들이 남북 역사학자 회담을 제의한 것을 진심으로 환영하며 북측에서 제의한 과제와 더불어 나아가 이번 기회에 남북역사학자들 간에 산적한 그 밖의 과제들을 풀어가는 중요한 전기를 마련하자'는 뜻을 담았다. '한 핏줄로 태어난 7천만 동포가 갈라진 조국에서 겪어온 단절을 극복하고 통일의

길을 열어가는 데 있어 역사학의 교류만큼 적절한 것은 달리 없을 것'이
라고 그 의의와 중요성을 강조했다. 그리고 '앞으로의 본격적이고 효과
적인 회담을 추진하기 위해서 우선은 회담 날짜를 6월 15일에서 얼마간
연기하자고 했으며 앞으로 서로의 당국자들 협조를 받아 조속한 시일 내
에 격의 없는 회담이 이루어지기를 바란다'는 의견을 담았다.

　문제는 남한당국이 우리의 답신을 북측에 전달해주도록 하는 일이었
다. 남북관계가 아무리 경색되었다 하더라도 북한에서 제안한 날짜에 우
리들이 참석할지 여부는 통보해주는 것이 최소한의 도리라고 생각했다.
그래서 우리는 제안된 날짜에 참석하기 어렵다는 답장을 작성하여 당국
에게 북측으로 전달해달라고 요청하였다. 당시의 여러 시대 상황을 고려
해 단순하고 간단한 내용으로 회신문을 작성했음에도 당국은 묵살하고
북한에 전달해 주지 않았다. 북한학자 세분은 예정된 6월 15일 판문점
회담장에 나와 우리들을 기다리다가 나타나지 않자 단독으로 미국의 역
사왜곡에 엄중히 항의하는 성명을 발표했다.

　우리 세 사람이 가장 고심했던 일은 역사학계 최고 원로들에 대해 실
례가 되지 않도록 하는 것이었다. 어찌 보면 학계의 최고 원로가 중요한
문제제기를 하였고 후학들은 그것에 적절하게 대답해야 하는 일이었다.
나는 그렇지 못한 것에 몹시 마음이 걸리고 송구스러웠다. 얼마 후 한겨
레신문의 안정숙기자가 국내 언론기자로서는 최초로 평양을 방문했는데
그 편에 김석형선생께 『규장각도서목록』 등 몇 권의 서적을 전하면서 송
구스러운 마음도 함께 전하도록 했다. 1991년에는 연변에서 10여명의 북
한 소장학자들과 학술토론회를 개최하였는데 참석한 북한학자들에게 또
김석형선생에게 추사글씨 비문 탁본을 선물로 전하면서 나의 인사도 더
불어 전해드리도록 부탁했다.

　이후 2000년 방북에 이어 2001년 2월 강만길 성대경 교수님등과 함

께 평양에서 최초로 남북역사학자 회담을 가졌는데 방문했을 때는 이미 5년 전 김석형선생이 작고하신 후였고 또 허종호선생으로부터 방금 박시형선생 장례를 치르고 오는 길이라는 안타까운 소식을 들어야 했다.

1990년대에 세상은 냉전을 끝내고 동서독은 통일을 이루었다. 하지만 한반도는 그 좋은 전환시대를 멀리하고 대신에 일촉즉발의 전쟁위기에 몰렸다. 비로소 민주정부가 성립 되고나서야 남북정상 회담을 비롯해 남북교류와 다방면의 협력사업이 추진되었다. 더불어서 남북의 학술교류와 역사학자들의 여러 접촉도 활발하게 진행되었다. 그후 보수정권이 집권하자 그 모든 교류가 일시 중단되기는 했지만 민주정부 시기에 수많은 역사학자들이 북한을 방문해 여러 유적지들을 다녀왔고 개경의 공동발굴과 일부 북한 학자들의 남쪽 방문도 이루어졌다.

안병욱_ 현대사분과

제3장 연구회와 나

1. 함께 모여 '같음'과 '같지 않음'을 확인하다
- 정기총회의 추억

1.

"가령, 총회가 12월 셋째 주라면 우리는 10월 셋째 주부터 준비하기 시작할 거야" 한국역사연구회의 창립 이후 한동안 정기총회는 6월이나 7월에 개최되었지만, 2000년 임시총회 이후에는 계속 12월 중순에 개최되고 있다. 매년 늦어도 10월이 되면 '총회준비위원회'가 꾸려지고, 총회 준비를 시작하자는 총회준비위원장님의 말씀에 따라 그렇게 한 해를 마무리하고 다음 해를 준비하는 연구회의 총회는 이미 시작된다. 오후 네 시에 온다는 어린왕자를 세시부터 기다리는 여우처럼 기다림의 시간이 온통 설레임으로 가득차지는 않지만, 총회를 기다리고 준비하는 두 달은 연구회에 대해 더 많이 고민하고 생각하는 시간이다.

필자는 총무부장으로 일하며 지난 2011년과 2012년 두 차례의 총회를 준비하는 경험을 하였다. 두 차례 총회 중 유난히 추웠던 것으로 기억되는 2011년 12월 제25차 정기총회를 회상하고자 한다. 필자에게 그 해의 정기총회는 '같음'과 '같지 않음'을 확인하는 자리였다.

2.

2011년 12월 17일 토요일. 오후 1시가 가까워지면서 대략 60~70명의 선생님들이 자리를 채우셨다. 당시 회원이 600명 내외였으니 대략 열명 중 한 명의 회원이 정기총회가 열리는 연세대학교 학술정보원까지 매서운 바람을 뚫고 참석하신 것이다. 이들 중에는 1987년 6월 항쟁으로 표출된 열기 안에서 학계의 기존 질서를 거부하며 '한국역사연구회'라는 연구자단체를 만들어낸 창립회원부터, 그 창립회원들의 자녀 나이쯤 되는 석사과정 신입회원까지 다양한 연령대의 연구자들이 포함되어 있었다.

정기총회가 진행되는 과정을 지켜보면서 필자는 이 날 참석한 선생님들이 서로 '같음'을 확인하기 위해 모였다고 생각했다. 마치 강물을 거슬러 어릴 때 살던 곳으로 돌아오는 연어들처럼, 같은 지향점을 가진 선생님들이 한파를 뚫고 정기총회 장소에 모인 것처럼 보였다. 창립회원들에게 정기총회에 오는 길은 고향 가는 길처럼 느껴졌을 것이고, 신입회원들에게도 정기총회는 함께 모인 선생님들과의 동일한 정체성을 확인할 수 있는 곳이 되었을 것이다.

2011년 25차 정기총회의 이슈는 두가지였다. 먼저 '자유민주주의' 용어와 관련한 역사교육과정 수정 과정에 대한 대응이 큰 문제였다. 2011년 7월 「역사교육과정 개발정책 연구위원회」와 「사회(역사)과 교육과정 심의회」가 채택한 '민주주의' 용어가 한 달 후인 2011년 8월 교육과학기술부 장관 고시에서는 '자유민주주의'로 직권 변경된 일이 있었는데, 이로 인해 초중고 역사교과서에서 아직까지도 문제가 되는 '자유민주주의' 용어를 처음으로 사용하게 된 것이다. 모두가 기억하는 바와 같이 이 문제에 대해 가장 주도적으로 대응한 것은 역시 우리 연구회였다. 관련 토론회를 개최하고, 근현대사 전공자들에게 교육과정과 집필기준에 대한검토를 요청하는 동시에 교육과학기술부에 연기 권유안, 성명서 및 질의서를 발송하고 장관 해임을 요구한 과정이 총회에서 보고되었다.

다른 하나는 이듬해인 2012년 진행될 제 55회 전국역사학대회 주관

문제였다. 우리 연구회가 처음 주관하는 역사학대회에서 어떻게 기존과 다른 연구회만의 색깔을 드러낼 수 있을 것인가에 대한 논의가 다양하게 이어졌다. 결국 제55회 전국역사학대회는 '역사 속의 민주주의'라는 공동주제 하에 대전 카이스트에서 열렸다. 2012년이 유신 40주년이 되는 해이기도 했기에 선정된 주제였는데, 앞서 이야기한 교육과정 문제까지 함께 생각해보면 당시의 화두는 역시 '민주주의'였고, 우리 연구회는 여전히 가장 앞에 있었다.

3.

그렇지만 모두가 '같다'면 사실 시간을 내어 먼 길을 오는 사람이 많지 않을 것이다. 같은 지향점을 가지고 있음에도 그 사이에서 '같지 않음'을 확인하고 논의하고 토론하며 대안을 찾기 위해 노력하는 것이 시간을 내어 모이는 더 큰 이유겠다. 2011년 그날의 '같지 않음'은 연구회가 창립되고 25년이 지난 상황에서 젊은 한국사 연구자들이 처한 연구환경에 대한 것이었다. 해방 이후 1950년대 한국사학회가 만들어지고 10여년 후 한국사연구회가 만들어졌으며, 한국사연구회가 만들어진 후 20여년이 지나 한국역사연구회가 만들어진 것과 같이, 한국역사연구회가 만들어진 후 25년이 지난 2011년 현재 30대 중반~40대 초반의 연구자들은 새로운 한세대의 고민을 담아낼 또 다른 연구공동체를 만들어야 하는 것 아닌가 하는 것이 논의의 주제였다.

한역연 내에서 새로운 연구공동체를 모색할만큼 '같지 않음'에 동의하는 회원들이 꽤 있었던 것이었는데, 이후 논의는 새로운 연구공동체를 만들 필요가 있는 것인지에서부터 그럴 역량이 있는지에 관한 쪽으로 밤을 지나 새벽이 될 때까지 이어졌다. 실제 실행에 이어지지는 않았지만 뒷풀이 자리에서는『(가칭)Y(oung)-Why 한역연』의 결성이 제안되기도 하

였다. 필자를 포함한 상대적으로 '젊은Y(oung)' 회원들이 '왜(Why)' 한역
연에서 활동하는지를 함께 고민하자는 취지였다.

지금 와서 생각해보면 당시 필자를 비롯한 우리 세대 연구자들은, 많
은 것들을 포기하고 유예하면서 살아가면서 선배세대들이 만들어놓은
집에서 떠나지 못하고 얹혀사는 것처럼 느꼈던 것이 아닌가 한다. 한역
연이 내 집이 아닌 것 같은 그 마음은 지금도 조금 남아있지만, 그래도
시간이 지나 필자는 이제 정기총회에 가면 고향을 찾아가는 것 같은 느
낌을 받기도 한다. 예전보다 연구회가 불편해지지 않았다는 것을 기뻐해
야 하는지 경계해야 하는 지는 또 다른 고민이다.

이준성_ 고대사분과

2. 연구회 가입과 연구위원회 간사 활동에 대한 기억

'2000년대의 공동연구발표와 기획발표회'라는 제목으로 집필의뢰를
받았을 때 흔쾌히 승낙했다. 3년간 연구위원회 및 웹진위원회 간사 업무
를 경험했기 때문에 쉽게 글을 쓸 수 있으리라고 생각했기 때문이다. 하
지만 어떻게 이야기를 풀어나갈지에 대한 난감함이 몰려왔다. 2000년 이
후 연구회에서 진행된 공동연구발표회와 기획발표회에 대한 사항을 아
우르는 글을 쓰기에는 능력이 부족하다는 생각이 들었다. 그래서 고민
끝에 이 글이 실릴 책의 제목이 『회고로 본 30년』이라는 점에서 한국역
사연구회 연구위원회 간사로 재직할 당시 느꼈던 감상, 회상을 중심으로
가볍게 서술하는 것이 좋겠다고 결론을 내렸다.

한국역사연구회에 대해서 관심을 가지게 된 가장 큰 계기는 학부 3학
년 때 <한국사회경제사>라는 수업을 수강하면서부터였다. 이 수업에서

내재적발전론, 식민지근대화론, 소농경제론 등에 대해서 살펴볼 수 있었다. 그리고 일본에 강제로 병합당하기 직전의 나라였던 대한제국의 사회상과 사람들의 삶이 어떠했는지에 대해 생각해볼 수 있었다. 당시 대부분의 사람들이 농민이었다는 사실, 그들이 가장 중요하게 생각했던 것은 땅이었다는 것이 주목되었고, 자연스럽게 대한제국의 토지제도 및 정책에 관심을 가지게 되었다. 이 과정에서 접했던 책이 한국역사연구회 토지대장반에서 지은 『대한제국의 토지조사사업』이었다. 토지대장반에서는 어떤 공부를 하고 있고, 이 연구반이 속한 한국역사연구회가 어떤 단체인지 알고 싶었다. 2004년 대학원에 진학했고, 얼마 후에 연구회에 회원 가입신청서를 제출했다. 하지만 가입 승낙에 대한 연락이 없었다. 홈페이지를 자세히 살펴보니 한국역사연구회에 가입을 하려면 회원 몇 분들의 추천을 받은 후 일정기간 교육을 받은 후에야 가능하다고 안내되어 있었다. 가입을 위해 주변 선배들에게 조언을 구하고 추천을 받을 계획을 세웠다. 그러던 중 다행히 연구회 가입 조건이 완화되었고, 추천과 교육 없이 가입이 가능해졌다.

2004년에는 근대사분과가 근대1, 근대2로 나누어져 있었다. 근대1은 일제강점기 이전, 근대2는 일제강점기를 연구하는 연구자들이 소속되어 있었다. 대한제국시기에 관심이 있었기 때문에 근대1분과에 가입을 하였다. 첫 분과총회에 대한 기억은 아직도 생생하다. 오후 7시에 분과총회가 시작되는데 방배동에 있던 연구회를 찾지 못할까봐 약 3시간 전부터 연구회에 가서 기다렸다. 근무를 하던 상임간사, 사무 간사 선생님이 흥미로운 눈으로 보았던 기억이 난다. 분과총회가 시작되고 자기소개를 하였는데 아주 오랜만에 근대1분과에 가입한 신입회원이라면서 참석하신 모든 선생님이 반겨주셨다. 분과총회에서 진행된 연구발표도 인상적이었다. 발표자는 박진태, 최윤오 선생님이셨는데, 두 분의 성함은 『대한제국의 토지조사사업』의 공동저자였기 때문에 이미 알고 있었다. 최윤오 선생님께서 토지대장반에 대해서 설명해주셨고 반장이신 이영학 선생님께 말씀드려서 가입할 수 있도록 해주시겠고 하셨다. 책이나 논문으로만 접해왔던 선생님들의 환대, 그리고 토지대장반의 가입은 연구회를 편안하고 재미있는 공간으로 인식하게 만들었던 원동력이었다.

근대1분과총회에 빠지지 않고 나갔고 토지대장반 뿐만 아니라 사료강독학습반 등 여러 공부모임에도 참석했다. 연구회에서 활동하던 중 2005년 연구위원회 웹진위원회 간사 추천을 받는다는 소식을 듣게 되었다. 근대1분과에서 가장 의지하던 선생님에게 조언을 구했고, 고민 끝에 적극적으로 상임간사를 해보겠다는 의사를 밝혔다. 지금생각해보면 무모했던 생각이었다는 생각도 든다. 석사3기에 상임간사를 맡는 경우가 거의 없었고, 연구회의 일이 어떻게 진행되는지도 파악을 다 못한 상황이었기 때문이다.

연구위원회 및 웹진위원회 간사의 업무는 만만치가 않았다. 연구발표회를 위해서 원고수합, 책자 만들기, 장소파악 및 예약, 연구반과의 연락 등을 해야 했는데 모두가 생소한 일들이었다. 정말 다행이었던 것은 함께 일했던 사무국 선생님들이 있었기 때문이었다. 당시 사무국장, 총부부장, 편집위원회 간사, 사무간사 선생님들이 없었다면 많은 실수를 했을 것이라는 생각이 든다.

2005년 연구발표회는 연구위원회 간사가 된 첫해였기 때문에 거의 모든 발표회가 기억에 남는다. 그중에서 가장 기억에 남는 발표회는 3개이다. 첫 번째는 3월 공동연구발표회이다. 연구위원회 간사가 되고 처음으로 준비한 연구발표회였기 때문에 많이 떨렸고 우왕좌왕 했었던 것 같다. 다행히 발표를 하는 반이 근대1분과 소속 <동도서기반>이었다. 분과총회를 통해 안면이 있었던 선생님들이 계셔서 편하게 준비할 수 있었다. 두 번째는 5월에 있었던 역사학대회이다. 역사학대회 준비는 공동연구발표회 준비보다 신경을 더 많이 써야했다. 장소 역시 나름 익숙해졌던 대우학술재단 건물이 아니었기 때문에 더 긴장을 했었다. 마지막은 11월에 있었던 <을사조약 100주년 심포지움>이었다. 이 심포지움은 국가보훈처의 지원을 받아서 열렸다. 그러다보니 다른 발표회에 비해 준비할 것이 많았다. 발표자 선생님들의 원고를 모은 책자도 연구발표회 때보다 더 신경을 써야했다. 심포지움 장소는 서울역사박물관 1층 강당이었는데, 그동안 발표회를 준비해본 곳 중 가장 큰 곳이었다. 또한 국가보훈처에서 심포지움에 간한 간략한 설문조사를 원했기 때문에 설문지를 작성하고 그것에 대한 간략한 통계를 내서 보고해야 했다. 이 심포지움을 준비하면서 큰 실수를 할 뻔 했다. 플랭카드를 만들 때 제목을 <을사조약 100주년 기념 심포지움>이라고 했기 때문이다. 만약 심포지움을 주관한 발표반의 반장선생님께서 이것을 지적해주시지 않았다면 큰 문제가 될 뻔했다. 이것을 계기로 이후에는 일을 할 때 조금 더 신경을 쓰는 습관이 생긴 것 같다.

2008년, 석사학위 논문을 쓰고 박사과정에 진학한 뒤 연구위원회 및 웹진위원회 간사직을 다시 한 번 맡게 되었다. 이때 상임간사 업무를 다시 하게 된 이유는 함께 일할 총무부장의 존재가 컸다. 개인적으로 가장 친하고 의지할 수 있는 선생님이었고 꼭 함께 연구회에 관련된 일을 했으면 좋겠다고 생각해왔기 때문이다. 이에 더하여 연구회의 역사를 좀 더 알아보고 싶었던 욕심이 있었다. 2008년도는 연구회가 창립된 지 20주년이 되는 해였다. 창립 20주년을 맞이해서 연구회가 걸어온 길을 돌아보는 심포지움이 기획되고 있었다. 이에 대한 준비를 직접 담당하면서 연구회에 대해 좀 더 이해하고 싶었다.

2008년 발표회 중 기억에 남는 것은 먼저 5월에 있었던 역사학대회였다. 연구회에서 준비한 발표주제는 <근대전환기 동아시아 주요 정치가의 개혁구상과 대외정책>이었다. 서강대학교에서 진행되었는데, 발표회 장소가 마음에 들지 않았다. 찾기가 어려웠고 학회의 규모나 발표자 수에 비해 공간 크기가 생각했던 것에 비해 작았기 때문이다. 하지만 발표회는 성황을 이루었다. 좌석 및 의자가 부족해서 역사학대회를 주관하던 역사학회 소속 선생님들에게 말해서 의자 및 책상을 더 가져왔다. 한국역사연구회와 같은 학회가 발표할 때는 좀 더 신경을 써 달라고 생색을 내며 뿌듯했었던 기억이 난다. 다음으로 인상적이었던 발표회는 11월에 있었던 연구회 창립 20주년 기념 학술심포지움이었다. 주제는 '과학적 실천적 역사학'이었고, 총 6분 선생님께서 발표를 해주셨다. 발표문은 『과학적 실천적 역사학의 과거와 미래』라는 제목으로 출간되었다.

2009년, 상임간사직을 연임하게 되었다. 이 해에 진행된 발표회 중 가장 인상에 남아있는 것은 2월에 진행된 <3.1운동 90주년 기념 학술 심포지움>이다. 이 심포지움은 주제, 시기 등에서 언론의 관심을 받았다. 이 학술대회 원고를 먼저 입수하기 위해서 일부 언론사 기자가 연구회 앞에서 기다리고 있기도 했다. 당시 한겨레신문사에서 학술대회를 크게 보도하기로 약속되어 있었기 때문에 연구회에 온 기자에게 발표문을 주지 못했는데, 막무가내로 달라고 버텨서 난감했었던 기억이 난다.

한국역사연구회에 가입한 후 많은 선생님들을 만났다. 연구회라는 공간이 있었기 때문에 그분들과 함께 공부하고, 고민하고, 이야기하고, 일할 수 있는 기회가 생겼다. 한국역사연구회가 한국사를 연구하는 역사학자들의 공간, 소통의 공간으로 더욱더 발전할 수 있으면 좋겠다는 생각을 해본다.

남기현_ 근대사분과

3. 두 번의 이사와 한역연

나는 군대를 대학원 석사과정에 입학한 후 갔기 때문에 군인 시절 이미 공부하는 사람이었다. 물론 군대 시절 동료들은 내가 공부하는 사람이라는 사실을 대체로 믿지 않았다... 전역하면서 대학원에 복학하면 하고 싶었던 일이 두 가지 있었다. 열심히 공부하는 것(?)과 한국역사연구회에 가입하는 것이었다. 학교와는 다른 분위기 속에서 새로운 동료 연구자들과 어울려 공부해보고 싶었다.

처음 가입했을 때, 연구회 위치는 서초동이었다. 연구회 조금 옆에는 디오니소스라는 맥주집이 있었고, 놀이터도 있었다. 디오니소스는 연구회에서 엄청난 매상을 올려줘 우리가 포인트 제도를 운영해야 한다고 주장하던 단골이었고, 야밤의 놀이터는 술이 과했던 회원이나 분과발표 후 처참하게 공격당했을 때 마음의 평안을 찾던 곳이었다(중세2분과 기준).

대부분의 회원들이 방배역에서 내려 연구회로 갔기 때문에 방배동 사무실이라고 많이 불렀다. 하지만 정확한 주소는 '서초동'이었다. 건물 사장님의 배려 속에서 연구회는 꽤 오랜 시간을 서초동에서 생활할 수 있었다. 당시에는 연구회 안에서 흡연이 가능했다. 서초동 사무실의 문을 열면 바로 왼쪽에 복사기가 있었다. 그 옆에는 푹신함이 부족한 쇼파가 있었다. 복사기 맞은편에는 회원들의 학위논문을 놓던 책장이 있었다(지금 연구회 로비에 있는 학위논문 책장 역시 서초동 시절의 기능을 가져온 것이다).

복사기 위에는 복사대장이 있었다. 당시에는 분과총회 발표문이나 세미나 발제문을 복사할 때, 복사비를 내야했다. 당연히 바구니 모양의 동전통도 있었다. 가끔 복사비에 비해 큰 돈을 지폐로 두고 가시는 선생님들 덕분에 연구회 재정에 도움이 되기도 했다. 그리고 바로 그 위치는 분과총회나 운영위원회, 각종 연구학습반 모임의 휴식공간이었고 흡연공간이었다.

연구회 주변 술집을 모두 한 번 이상 가보게 되었을 때, 중세2분과총무에서 총무부장으로 승진(?)하게 되었다. 이후 4년 동안 총무부장을 하면서 두 번의 이사를 진행하는 도저히 잊을 수 없는 경험을 갖게 되었다. 2007년 연구회 사정을 많이 이해해주셨던 건물 사장님은 재계약이 어렵다고 알려왔다. 공부하는 사람들의 모임이기 때문에 주변의 시세보다 싸게 자신의 건물에 세를 주셨던 분이었다. 당시 연구회도 재정이 많이 어려운 상황이었기 때문에 원래 지급하던 월세보다 높은 비용을 감당하기 어려웠다. 2007년 운영위원회는 연구회의 새로운 공간을 찾아야 했고, 한국역사연구회 창립 20주년 기념행사를 준비해야만 했다.

연구회의 새로운 집을 찾는 일은 쉽지 않았다. 접근성 좋은 서울 지역에서 기존의 월세로 들어갈 수 있는 곳은 없었다. 나는 편집간사 김태우 선생님, 연구-웹진간사 김민석 선생님과 함께 각각 서울의 여러 지역을 돌아다니면서 새로운 공간을 찾아 헤맸다. 합정동 일대 월세를 듣고 '무슨 합정동이 홍대보다 비싸냐고' 했다가 서울 지역 부동산 가격의 최근 10년 추세에 대한 강의를 들었던 기억도 생생하다.

결국 도면회 선생님의 제안으로 우리는 연구회의 새로운 공간을 양평동에서 찾을 수 있었다. 2006년 수해로 양평동 일대가 피해를 입었기 때문에 2007년 당시 월세가 시세보다 많이 낮게 형성되어 있었다. 지하철 2호선 당산역에서 도보 10분 정도 거리였고, 월세도 서초동보다 낮아졌다. 다만 내부나 주변환경이 모두 좋은 것은 아니었다. 모든 조건을 만족할 수 있는 장소를 구하기는 어려웠다. 심지어 재정문제 때문에 이전 양평동 사무실을 사용했던 업체가 만들었던 파티션을 그대로 사용하게 되었다.

공간도 조금 좁아져서 서초동 연구회 공간에 있던 책을 모두 가져가기 어려웠다. 대회의실에 있던 정기간행물은 양평동 이사를 계기로 대부분 정리하게 되었다. 책을 정리할 때 불렀던 업체는 분량이 너무 많고, 팔 곳이 없다는 이유로 자신들에게 폐기비용을 달라고 강하게 요구했다. 하지만 공부하는 사람들의 어려움을 알리는 읍소 작전을 통해 약간의 비용을 받고 책을 판매하는 일에 성공했다. 당시에는 연구회가 보관하고 있던 책을 정리하니 약간의 비용이라도 받아야 한다고 생각했다. 그런데 현재 '역사와 현실'도 일부 전자책으로 발간되는 상황을 생각해보면 참 죄송한 일이 되어버렸다.

가정 이사도 해 본적 없었던 상황에서 사무실 이사는 정말 힘들었다. 견적 받는 일부터 이사 날짜 정하는 일, 폐기 물건 결정과 가구 구입에 관한 일 모두 고민이 필요했다. 더욱이 연구회 재정이 어려웠기 때문에 선택의 폭이 좁았다. 결국 모든 준비가 끝나고 양평동으로 이사가 진행되었다.

이사 당일 건물 앞에 사다리차를 세워야 하는데 불법주차 때문에 일이 지연되었다. 불법주차 차주와 전화통화는 되었지만 자기가 절대 갈 수 없다고 너무 멀리 있다고 계속 주장해서 우리를 곤란하게 만들었다. 1시간을 기다리다 결국 정중하게 '저희들이 차를 직접 들어서 다른 곳으로 안전하게 잘 옮겨 놓겠다'고 말씀드렸더니 15분 만에 나타나서 차를 빼줬다. 나와 여러 차례 전화통화하는 동안 차를 빼주기 위해 열심히 양평동으로 달려오고 있었던 것이리라 믿는다.

책이 너무 많아 이사업체만으로는 하루에 일을 끝내기 어려웠다. 아침부터 헌신적으로 도와준 여러 회원들 덕분에 큰 이사를 하루만에 끝낼 수 있었다. 저녁에는 퇴근한 회원들이 도와주러 와서 이사가 더 빨리 진행되었다. 개인적으로 너무 힘들어서 이사 끝난 후 뒷풀이 자리 일은 기억도 나지 않는다. 다만 다시는 연구회 이사에 개입하지 않겠다는 다짐만은 분명히 기억한다.

다짐과는 달리 두 번째 이사를 진행하게 되었다. 2009년 연구회는 법인 문제를 진행하면서 조금 더 좋은 환경의 공간을 찾기 위해 노력했다. 당시 중세1분과장이었던 정요근 선생님의 노력으로 지금의 공간을 찾을 수 있었다. 원래는 태권도장으로 사용되었던 공간이었는데, 연구회가 구입하게 되었다. 드디어 한국역사연구회도 자기의 집을 갖게 되었다.

연구회 재정은 계속 어려운 상황이었기 때문에 회원들에게 건물기금을 모집했다. 회원들의 적극적 참여로 제법 많은 돈을 마련할 수 있었다. 전임회장단을 비롯한 여러 선생님들께서는 장기간의 CMS 후원 계좌에 가입해주셨다. 석박사과정의 회원들도 경제적으로 부담이 되었겠지만 건물 기금 모금에 적극적으로 참여해 주셨다.

회원들의 노력과 별개로 나는 다시 이사를 진행해야만 했다. 다른 일은 몰라도 이사는 정말정말 하기 싫었다. 그래도 두 번째 이사는 훨씬 편했다. 일단 견적 비교가 필요 없었다. 지난 이사 때 업체에 연락했더니 같은 직원이 와서 서로 호탕하게 웃고 똑같은 조건에 계약했다. 견적서 받고 계약하는 시간이 30초 정도 되었다. 담당 직원의 질문은 단 하나였다. '그대로네요. 지난번 조건 그대로 하시겠어요?' 가구 구입도 거의 없었고, 이사 가는 공간이 조금 더 넓어졌다.

이사의 고통을 2년간 홍보했던 덕분인지 이번에는 더 많은 회원들이 와서 도와주었다. 이사 당일 짜장면과 탕수육에 하루 종일 온 몸을 불태웠던(선배를 잘못 만나) 중세2분과 김창수, 김창회 선생님에게 특별한 감사를 전하고 싶다. 연구회 재정 부족으로 태권도장 매트와 바닥을 직접 뜯어야만 했던(선배를 잘못 만나) 남기현, 박광명, 황향주, 이승호, 이성호 선생님에게도 감사를 전한다(그때도 짜장면에 탕수육이었네). 내가 먼

훗날 큰 인물이 되면 더 맛있는 것 살게. 다음 연구회 이사 때 혹시 제가 참여하지 않더라도 너그러운 시각으로 이해해주시라 믿으면서 글을 마치려한다.

이규철_ 중세2분과

4. 서른 즈음의 연구회, 법인으로 새롭게 태어나다

연구회는 석사과정 때인 1997년에 가입한 것으로 기억한다. 근대사 분과의 정치사상사연구반에서 선배, 동학들과 어울려 공부하면서 연구회 일을 조금 돕기도 했다. 아마 이름이 도서부였던 것 같다. 방배동 연구회 공간 한켠에 꽂혀 있던 단행본, 학술지를 낑낑대며 분류하고 정리하던 기억이 있다. 석사 논문을 쓴 뒤 2001년에 일본으로 유학을 떠났다. 일본에 있는 동안 회지 『역사와 현실』에 논문을 투고하고 청탁을 받아 연구 동향을 쓰기도 하고, 또 대학에 자리를 잡은 뒤에는 기금 모집에도 참여했지만, 물론 연구회 활동에 직접 참여할 기회는 없었다. 2015년 가을 서울로 직장을 옮겼다. 15년 만에 한국에 돌아오니 어디를 가도 조금은 낯설었다. 그러던 어느 날 고려대 앞에서 당시 근대사 분과장이었던 조명근 님과 술을 마시다 그만 배석만 형이 2016년도 신임 분과장을 맡고 내가 분과 총무를 하기로 정해졌다. 다른 분과 총무들보다 열 살 넘게 아니 스무 살 가까이 많은 늦깎이 분과 총무였지만 한국 학계에 적응하기 위한 재활(?) 과정이라고 생각하고 즐겁게 한 해를 보냈다. 그리고 누가 시킨 건 아니었지만 기왕 이렇게 된 거 다음 해에는 분과장을 맡아 한 해 더 연구회 일을 도울 작정을 하고 있었다.

일이 내 속셈을 넘어 앞서가기 시작한 것은 그해 가을에 차기 회장으로 내정된 오수창 선생님의 전화를 받고 나서부터였다. 사무국장을 맡아달라는 말씀이었다. 주위 얘기를 들어보니 연구회 사정이 넉넉지 않아 몇 해 전부터 사무국장은 무급으로 하는 대신 대학에 전임으로 있는 사람한테 부탁하게 되었다는 것이었다. 뜻밖의 제안에 좀 놀랐고 무엇보다 서울에 돌아와 겨우 1년밖에 안 된 내가 그런 복잡한 일을 할 수 있을까라는 두려움이 들었다. 다만 다 사정이 있어서 어렵게 말을 꺼내셨을 텐데 굳이 안 하겠다고 하는 것도 좀 그래서 그냥 열심히 하겠다고 말씀드렸다. 이렇게 해서 분과 총무에서 사무국장으로 고속 승진(?)이 이루어지게 되었다. 그 뒤 사무국장이랍시고 운영위에 나가 앉아 있으니 이럴 땐 어떻게 해야 하냐고 이것저것 물으시는데 솔직히 말해 내가 알 턱이 없는 일투성이었다. 그래도 어쨌든 이 사람 저 사람에게 물어보면서 그럭저럭 처음 두세 달을 보냈다.

이제 본론으로 들어가 보자. 운영위 등에서 논의를 거듭하는 과정에서 법인 이야기가 몇 번 나왔다. 연구회 재정 안정화라는 해묵은 과제 앞에서 연구회가 주체가 되어 연구비를 수주하는 체제를 갖추어야 한다는 의견이 나왔고 그러기 위해서는 연구회를 법인화해야 한다는 논의가 뒤따랐다. 이즈음 '사단법인 이공이공 희망의 역사공동체'라고 실질적으로 연구회가 운용하는 법인의 존재도 알게 되었다. 일본에 있으면서 연구회에 기금을 보탤 때 들어봤던 이름인데 비로소 그 실체를 접하게 된 셈이다. 그리고 예전 선후배들이 남긴 기록을 살피고 나니 현행 회칙에 남아 있듯이 법인화는 연구회의 숙원 사업이라는 사실도 이해하게 되었다. 당시 회장 오수창 선생님과 부회장 이익주 선생님은 오랫동안 끌어온 법인화라는 과제를 이번 기회에 어떻게든 달성하자는 강력한 의지를 보이셨다. 나 또한 사무국장으로서 묘한 사명감이 피어올랐다. 일본으로 가기 바로 전에 역사학회 조교를 하면서 갓 법인이 된 학회 업무 처리를 위해 교육청이며 등기소를 드나들었던 기억이 떠올라, 뭐 어떻게 되지 않을까라는 낙관적인 마음이 든 게 사실이다.

하지만 늘 그렇듯 일이 한번 벌어지면 차근차근 생각할 틈이 주어지지 않는다. 마침 2017년 5월 고동환 선생님이 꽤 큰 규모의 프로젝트를 연구회가 주관기관이 돼서 해보자는 제안을 주셨다. 조달청 나라장터에 등록을 해서 입찰에 참가하는 과정이 필요했다. 며칠 안에 일을 처리해야 되는 급박한 상황에서 반쯤 휴면 상태에 있던 이공이공 법인을 깨워서 대응하게 되었다. 연구위 간사 서민수 님이 중심이 되어 이리 뛰고 저리 뛰고 인터넷을 뒤지고 여기저기 전화를 걸어 하나하나 과정을 헤쳐 갔다. 법인이 사업자등록이 되어 있어야 한다는 말에 마포세무서에 무작정 전화를 걸어 물어본 뒤 나와 총무부장 양자량 님이 대충 서류를 챙겨 직접 방문해서 사업자등록증을 받았다. 세무서 직원이 업태를 뭘로 할거냐고 물으면, 그런데 업태가 뭐죠라고 되묻는 뻔뻔함을 발휘한 결과였다. 이공이공 법인 이사장인 안병욱 선생님도 입찰에 필요한 지문을 남기기 위하여 직접 조달청까지 걸음 하시는 수고로움을 아끼지 않으셨다. 무엇보다 서민수, 양자량 님을 비롯한 여러 간사들이 거의 매일 출근하다시피 노력한 덕분에 연구회는 이공이공 법인을 통한 연구과제 수행이라는 전인미답의 길에 들어섰다.

때를 같이 하여 다른 연구과제들도 몇 건 동시에 수행하게 되었다. 연구비를 수주하여 간접비를 확보하게 된 것은 기쁜 일이지만, 대학의 산학협력단 등에서 할 일을 연구회 사무국에서 어떻게 해 보려고 하니 만만치 않았다. 이공이공 법인이 실질적으로 휴면 상태일 때는 전혀 신경 쓸 필요 없던 문제들도 닥쳐왔다. 사업자등록을 해서 수익사업을 하니 인건비도 신고해야 하고 부가가치세도 내야 하고 법인세도 내야 했다. 이 모든 과정을 우리가 해낼 도리가 없었다. 당시 연구회 미디어위원장이었던 김정인 선생님을 통해 같이 참여연대에서 활동하시는 김경률 회계사를 소개받았다. 통인동까지 찾아간 나와 양자량 님에게 김경률 회계사는 친절하게 설명을 해주셨고 연구회의 노력을 가상히 여기신 탓인지 그 뒤로 줄곧 우리 일을 도와주고 계신다. 얼마 전 TV를 보니 삼성 분식 회계를 고발하는 활동에 앞장서고 계시던데, 이런 바쁘신 분을 너무 작은 일로 시간 뺏는 건 아닌지 죄송스러울 따름이다.

이공이공 법인을 통해 연구과제를 수행하는 동시에 한국역사연구회 자체를 법인으로 만들고자 하는 노력도 병행하였다. 언제까지 이공이공 법인과 한국역사연구회라는 두 집 살림을 할 수는 없는 노릇이었다. 이번에도 김정인 선생님 소개로 역시 참여연대에서 활동하시던 김성진 변호사를 만났다. 사정을 얘기하고 조언을 구했더니, 이공이공 법인의 이름을 한국역사연구회로 바꾸는 것이 가능할 거라고 권했다. 뜸 들일 것 없이 바로 그날 문화체육관광부에 전화를 걸었다. 이공이공 법인은 전통문화과 관할이었다. 담당 주무관과 길게 상담을 한 결과 같은 결론을 얻었다. 이공이공 법인과 한국역사연구회 양쪽의 의사를 확인하는 절차를 거쳐 신청서를 제출하면 법인명을 한국역사연구회로 바꾸는 것은 어렵지 않다는 안내였다. 이에 연구회 운영위원회에서 이러한 방향으로 일을 추진할 것을 승인받고 이공이공 법인 이사진 등 연구회 원로 선배들과도 소통을 거친 뒤 2017년 10월 전국역사학대회 자리를 빌어 연구회 임시 총회를 열어 이공이공 법인의 명칭 변경을 통한 사단법인 한국역사연구회 설립이라는 안을 의결하였다.

구체적인 서류 작업에는 다시 김정인 선생님의 소개로 이상희 변호사를 통하여 법무법인 지평의 도움을 받았다. 지평의 담당자가 직접 문화체육관광부에 전화를 걸어 주무관과 소통하면서 서류 작성을 도와주셨다. 일이 쉽게 풀리는 듯했으나 정식 신청 전에 미리 서류를 검토해 주겠다던 문화체육관광부 측에서 조금 부정적인 반응이 나왔다. 한국역사연구회가 오랫동안 활발히 활동을 해왔고 또 회원이 상당히 많다는 사실을 새삼 알게 된 탓에, 기존의 자그마한 법인의 이름을 바꿔 한국역사연구회를 그 안에 넣는 방식으로 일을 진행하기는 어렵다는 판단이었다. 문화체육관광부는 차라리 한국역사연구회를 법인으로 신설할 것을 권했다. 다만 연구회의 실태에 비추어 볼 때 전통문화과는 어울리지 않고 새롭게 생긴 문화인문정신정책과로 가거나 아니면 교육부 산하 교육청으로 가는 것이 어떠냐는 제안을 받았다.

한 번 가볍게 좌절을 맛본 셈이지만 기왕 시작한 일이니 어떻게든 진척을 시키고 싶었다. 이러는 와중에 12월 총회를 거쳐 이익주 선생님이 신임 회장에 취임하였다. 2018년 새해 벽두 1월 4일에 이익주 회장을 모시고 세종시를 찾았다. 문화체육관광부 문화인문정신정책과 과장, 사무관, 주무관이 우리를 맞았다. 연구회의 취지에는 공감하나 역시 교육청을 감독 관청으로 삼아 법인을 신설하는 것이 어떻겠냐고 권했다. 그 후 혹시나 해서 서대문에 있는 서울시 교육청을 찾아가 법인설립 담당자를 만나기도 했으나 업무가 폭주하여 빨라야 6개월 길면 1년이 넘게 걸린다는 안내를 받았다. 따라서 이미 이야기를 시작한 문화체육관광부에 설립을 신청하는 것으로 가닥을 잡았다. 일단 법인 신설 가능 여부를 검토하기 위해 사업계획서를 미리 제출하라는 요구를 받았다. 법인설립 매뉴얼 등을 참조하면서 사업계획서를 제출하였고 두세 번 수정 요구를 받아 답하는 사이에 몇 달이 지났다.

이윽고 2018년 5월 사업계획서 등이 어느 정도 갖추어졌으니 서류를 신청하라는 연락을 받았다. 몇 달간 기다리던 긍정적인 신호를 받은 것이다. 이에 서둘러 구체적인 법인설립 신청서류 준비에 들어가려는데 하필 법무법인 지평 담당자가 그만 퇴사를 해 버렸다. 새롭게 법무법인 한

결을 소개 받았다. 한결의 담당자 조력을 얻어 서류 작성에 들어갔다. 2018년 6월 20일 운영위원회를 겸하여 새 법인 발기인 총회를 가졌다. 서류를 꾸며 6월 27일 오후에 세종시를 방문하여 제출하였다. 몇 달간 소통을 주고받은 끝이라 그런지 주무관, 그리고 신임 사무관은 매우 전향적이고 긍정적인 반응을 보여 일이 잘 풀릴 것 같은 기대를 가질 수 있었다. 법인설립 신청에 대해서는 20일 안에 처리를 하게 되어 있는데, 7월 18일에 기다리던 처리 결과가 나왔다. 아쉽게도 서류 보완이 필요하다는 지적이었다. 지적받은 내용을 서둘러 보완하여 7월 26일 서류를 다시 제출하였다. 그리고 마침내 8월 9일 문화체육관광부로부터 사단법인 한국역사연구회 설립을 허가한다는 공문을 받았다.

사무국장 일을 하면서 2년 내내 붙잡고 있던 일, 연구회 전체로 봐도 10년 이상 끌어온 일을 일단락 짓게 되어 너무 기쁘다. 다만 정작 중요한 것은 이제부터일 것이다. 지금 연구회 안에는 법인을 만들고 나서 하려고 미루어온 숙제들이 쌓여 있다. 이제부터 하나하나 차분히 풀어가야 할 것이다. 지금까지 이상으로 회원 여러분의 인내와 협력을 요하는 일들이 많다. 그러나 나는 여전히 낙관적이다. 학문의 엄정함을 잃지 않으면서도 격동하는 우리 사회와 호흡을 같이 하고자 했던 첫 마음이 새롭게 법인으로 출발하는 서른 즈음의 연구회 안에도 여전히 살아 있음을 그동안 확인할 수 있었기 때문이다.

홍종욱_ 근대사분과

5. 연구회 회지에 대한 추억과 단상

회지인 『역사와 현실』은 우리 연구회의 얼굴이다. 회지는 연구회가 지향했던 과학적 실천적 역사학의 실현을 위한 수단이기 때문이다. 연구회가 사회적 주장과 실천을 외치지만, 연구의 성과 역시 이를 방법 중 하나였다. 연구지상주의는 아니라도, 연구 성과 없는 학회는 없다. 이 성과는 회지로 반영된다.

우리 연구회가 다른 학회와 달랐던 점 중 하나는 공동연구였다. 이 공동연구는 공동발표로 이어지고, 이것이 회지에 담겨왔음은 모두 아는 사실이다. 이제 30년의 시간 동안 연구회지는 벌써 100회를 훌쩍 넘긴지 오래되었다.

내가 하고 싶은 이야기는 꽤 오래전 연구 회지를 만들었던 내 개인적 경험이다. 처음에는 쓸 생각이 없었다. 왜냐하면 내 자랑하는 우스운 꼴만 될 수 있기 때문이다. 그리고 원래 과거일이란 개인에게 항상 과장된 기억으로 남게 마련이다. 흔히 군대 이야기에 자기 없으면 군대가 돌아가지 않는다고 침 튀기는 이야기처럼.

회지일은 1993년 여름에 시작되었다. 하필 그 때 연구회활동도 열심히 하지 않던 나에게 편집간사란 중책(?)이 떨어졌다. 당시 연구회는 지금과 달리 8월에 총회를 하고 9월부터 일을 새롭게 시작했다. 연구회가 나처럼 덜렁되는 성격의 인간에게 편집간사를 맡긴 이유는 지금도 알 수 없다.

당시 편집위원장은 새롭게 고동환 선생님이 되었고, 회지 간행에 필요한 실무가 나에게 떨어진 것이다. 그런데 당시까지 『역사와 현실』은 계간지가 아니고, 1년에 두 번 간행되고 있었다.

내가 일을 맡았을 때 가장 큰 문제는 이 회지 간행이 상당히 늦어지고 있다는 점이었다. 원래 93년 6월 30일자로 간행되어야 하는 9호는 물론이고, 모든 편집 등의 작업이 끝났음에도 아직 세상에 나오지 않은 8호까지 있었다. 8호는 92년 12월 간행되어야 하는 잡지였다.

그럼 원래 이전 편집팀의 문제로 8호와 9호가 나오지 않았을까? 그건 아니다. 회지 간행이 늦어지는 일이 당시에는 흔했다. 그 때는 지금처럼 과학연구재단이 제 시간까지 회지를 발간하지 않으면 페널티를 주던 시대가 아니었다.

발간이 늦어지는 가장 큰 이유는 그 과정이 복잡한 탓이다. 지금은 아래한글프로그램으로 원고를 작성해서 넘기면, 이를 편집한 후에 편집본을 이메일로 필자에게 보낸다. 필자는 자기 원고를 약간 수정하거나 교정해서 다시 편집팀에 보낸다(물론 요즘에는 Jams시스템에서 처리한다). 이 편집된 원고는 제본사에 넘기면 며칠 내로 인쇄되고, 다시 이를 배부할 DM회사가 배포하면 끝난다. 간행까지 걸리는 시간이 크게 걸리지 않는다.

하지만 당시에는 그렇지 않았다. 원고가 들어온 후부터 최소 한 달이 필요했다. 우선 원고독촉부터 일이 시작된다. 공동연구이기 때문에 같이 수록해야 한다. 공동연구반의 한 사람이라도 원고가 늦으면 벌써 1주일이 훅 간다.

원고를 받으면 그때부터 본격적으로 시작된다. 지금처럼 이메일로 교정본을 보낼 수 없다. 당시에는 인터넷의 첨부파일이란 개념이 없었다. 따라서 교정지를 뽑아내고, 이를 저자에게 일일이 우편으로 보내야 했다. 필자가 원고를 늦게 주는 일은 다반사인데, 교정본까지 재촉하기 전에는 주지 않으시는 회원분도 계셨다. 핸드폰도 없던 시절이라 늦은 밤 필자의 집으로 전화를 해야 했다. 낮에는 대부분 안계시니까.

사정사정해서 원고나 교정본을 받아도 어떤 경우에는 2차 교정본까지 보내야 했다. 특히 한글프로그램에 없는 한자(漢字)가 많은 경우가 고약했다. 금석문이나 고문서 경우에는 지금도 없는 한자가 많듯이, 당시 한글프로그램은 취약했다.

그리고 발간이 되었다고 끝이 아니다. 발간된 잡지는 연구회로 실어

온다. 회원들의 주소록을 연구회 컴퓨터에서 뽑아낸 후, 이를 일일이 봉투에 풀칠해서 붙였다. 그런 후에 잡지를 봉투에 넣은 후에 이를 우체국까지 실어가 발송해야 한다. 당연히 잡지를 봉투에 넣는 날은 모든 연구회 간사들이 총동원해서 일을 하였다. 막노동급의 일이었다. 그만큼 회원들에게 잡지가 가기까지 손이 많이 갔기에 어느 한 군데에서 지연되면 늦어지기 일쑤였다.

더구나 그 해의 큰 일은 연구회가 창간된 지 5년이 되었다고, 이제부터 우리 회지도 계간지로 바꾸자고 연구회에서 결정하였다. 어찌 되었든 8호는 모든 일이 끝났으니 발간만이 남았다. 그렇지만 9호를 내고 올 해 2호의 잡지를 더 내야 했던 것이다. 계간지로 바뀌었으니, 이제부터 발간이 늦어지면 한꺼번에 두 개의 잡지가 동시에 나올 수 있었다.

문제는 속도!!! 서두르는 수밖에 없었고, 이것은 순전히 노력과 몸으로 때울 일이었다. 더 큰 문제는 당시까지 우리 회지를 연구회에서 발간한 것이 아니라, 당시 역사비평사를 거쳐서 나왔다. 우리 연구회의 재정 형편, 편집노하우 등의 여러 문제로 역사비평사가 이를 도와주었던 것이다.

내가 일을 맡고난 후에 속도를 내기 위해 했던 일은 한 가지였다. 거의 매일 중구 필동에 있는 역사비평사를 들려 독촉하는 것이었다. 왜냐하면 역사비평사에서 원고를 편집하지 않으면 인쇄를 맡길 수 없었다. 다행히 나는 조그만 소형 승용차를 타고 다녔다. 이 덕을 톡톡히 보았다. 아침에 일단 학교로 출근한 후에, 오전 10시반 경 역사비평사를 들렀다. 그 때만 해도 서울에 차가 지금보다 없었고, 필동 역사비평사 골목길에 슬쩍 차를 대도 딱지를 떼지 않았다.

나는 일이 없어도 갔다. 그것 때문에 역사비평사에서 회지편집을 맡았던 김윤경 선생님한테 엄청나게 눈치를 받았다. 아마 속으로 욕도 무척 했을 것이다. 다행히 나중에는 친해진 탓에 관계가 좋아지긴 했다. 처음 얼마 동안에는 그야말로 내가 가면….

다음에 들르는 곳이 같은 필동에 있던 다은문화사란 곳이다. 이곳은 원래 출판사이기도 한데, 우리 회지의 인쇄를 중계하고 있었다. 다행히 문화사 대표는 한때 우리 회원이기도 했던 학교 선배였다. 그 분도 내가 너무 자주 들러서 재촉을 하니, 나중에는 화를 내기도 했다. 원래 담백하신 분인데, 얼마나 귀찮았으면 그러했을까 싶다. 혹시 자신에게만 독촉하는게 아닌가 싶어, 역사비평사에 들러 허락을 받았냐는 힐문조의 이야기를 가장 많이 들었다.

그래서인지 계간지가 다행히 정착하게 되었다. 이 계간지를 만들 때 고민했던 부분 중 하나가 표지였다. 고민 끝에 『역사와 현실』 표지는 밋밋한 다른 역사학회와 다르게 4개의 색깔로 구분하였다. 이런 결정에는 편집위원장이신 고동환 선생님의 힘이 컸다.

『역사와 현실』은 이렇게 계간지로 자리잡아 갔다. 이후 회지는 역사비평사로부터 98년 9월 29호부터 독립하였다. 96년 『~어떻게 살았을까』 시리즈 등의 발간으로 연구회 재정이 나아지고, 조성춘 선생님의 특별기금과 회원들이 조성한 기금으로 인해 이 일이 가능해졌다.

결국 회지에 대한 추억은 제 자랑처럼 되어 버렸다. 아마도 과장된 기억 탓일 것이다. 당연히 다른 회원들과 편집위원, 그리고 많은 사람들의 도움이 나의 힘보다 더욱 컸다. 그런데 인간은 자기중심적이라서, 이렇게 기억도 자기 위주로 왜곡된다. 그럼에도 지금도 눈에 선하다. 미양빌딩 3층 연구회 탁자에서 회지를 봉투에 누가 빨리 넣는가 자랑도 하고, 그 봉투를 여러 권씩 끈에 묶어 양재우체국으로 싣고 가던 추억. 아직은 젊었던 당시 열정이 25년이나 지난 지금까지 연구회를 못 떠나게 만든 것이었음도.

김인호_ 중세1분과

6. 25년 전 옛 사업부장으로 한 일의 10%만 기억하기

25년 전의 일을 생각해 글을 쓴 다는 것은 정말 확실성이 떨어진다. 남아있는 자료에 근거하더라도 그 자료가 부실하면 불확실한 기억도 구술자의 입맛(?)대로 바뀌기 마련이다. 연구회 관계자가 나에게 준 주제 내용은 '사업부장일 때 한 일 가운데 당시 진행한 한국역사특강, 그리고 답사와 관련된' 것에 국한되어 있다. 그런데 아직 기억력이 쌩쌩한 나 역시 아무리 곰곰이 생각해 보아도 몇가지 기억밖에 떠오르지 않는다. 그렇다고 버렸을지 모를 옛 서류를 뒤적일 수 없는 노릇이다.

내가 연구회에 입문 아닌 신입회원으로 첫 연구회 활동은 92년 12월 겨울 사당동 시절이었다. 두 해 전 작고한 오영선 후배의 이끌림에 주저 없이 신입회원 교육을 받았다. 오 선생은 나와 고교 학창시절과 2년간 직장생활을 함께한 1년 후배이다. 당시 신입회원 교육은 기억나지 않지만, 나와 같이 학번(82)이 비슷한 늦다리 회원들이 제법 있었다. 나는 그때 석사를 마치고 들어왔었는데, 막 군에서 제대해 석사과정에 들어와 입회한 2,3년차 후배 신입동기들은 집행부 임원진과 함께 사당동의 밤문화에 젖어 항상 뒤풀이로 이어갔다.

이듬해 93년 1월부터는 '고려말 정치와 사상사연구반(반장 박재우)'이 꾸려져 이익주, 김순자, 김혜원, 강지언, 전병무, 최연식, 최재복, 이경아, 류주희 등과 함께 세미나를 진행하였다. 95년 1월에는 '고려 묘지명 강독 학습반(반장 홍영의)'을 꾸려 윤경진, 박한남, 오영선, 하지원, 이우석, 한정수, 최재복, 홍수정, 이경아, 류주희 11명 등 당시 중세1분과 신입회원 위주로 묘지명 강독과 교열을 해 나갔다. 연구반과 학습반을 번갈아 가며 열심히 세미나에 참석을 했다. 이 가운데 재작년에 고인이 된 최재복도 열심히 했는데, 몇몇은 나오는 둥 마는 둥 얼마 후 연구회에서 얼굴을 보지 못했다.

사실 이 시기 연구회 활동 기간 내내 두려움과 행동의 제약이 함께했다. 학부때부터 지도교수인 박종기 선생이 중세1분과장으로 있었던 까닭이었다. 여기에 연구회 창설이후 첫 지도 석사학위자 신입회원이라는 것도 여간 부담이 되지 않을 수 없었다. 그 덕에 지금은 원로가 되신 여러 선생님께 이쁨 아닌 과분한 환대도 받았다. 이런저런 이유로 더 연구회 활동에 적극적일 수밖에 없었다.

그렇게 갓 30살을 넘긴 늦다리 젊은 청춘이 사당동에 익숙해질 무렵, 93년 5월 1일에 사당동 생활을 청산하고 방배동으로 이전하였다. 운 나쁘게(?) 이사 짐 싸는 날 밤 연구회에 있었던 때문에 사역아닌 신역(身役)을 당해야 했다. 사당동 연구실보다는 그리 크지 않았지만, 제1,2세미나실과 자료실, 상임실이 있었다. 당시 방배동의 이 건물을 물색한 분은 오종록 차기 사무국장이었다. 연구반 모임이 많은 날에는 세미나실을 차지하기 위해 이른바 '쪽수'를 무기삼아 물리적 압박을 가해 규모가 작은 2세미나실이나 자료실로 몰아냈던 것으로 기억된다.

내가 사업부장을 맡은 시기는 7차년도(회장 노경채)인 94년 7월부터였다. 지금은 12월에 정기총회가 이루어지지만 그때는 6월 말에 총회가 있었다. 당시 나는 직장을 그만 둔 백수상태였는데, 어떻게 알았는지 신임 사무국장인 오종록 선생의 전화가 결국 나를 꼬드긴 셈이었다. 전임 오항녕이 그만두게 되었다면서 대신 할 수 없냐는 속삭임이었다.

사실 연구회 활동 2년만에 사업부장을 맡는다는 것은 내겐 부담이 되었다. 막 방배동에 터를 잡고 새로운 도약을 꿈꾸는 시기에 많은 일들이 요구되었다. 당시 연구회는 연구위원회(위원장 이세영)와 사무국, 편집국, 기획실이 있었고, 사무국 상임체제는 총무 안건호(현대사분과), 교육부장 고경석(고대사분과), 자료부장 차선혜(근대사분과)와 내가 번갈아가면서 사무국을 지켜가며 상임회의를 매주 한 번씩 했다. 개인적으로 사업부장이 되고나서야 연구회가 어떻게 돌아가고 있는가를 알 수 있는 좋은 기회였던 셈이다.

나는 우선 사업부원부터 뽑아야 했다. 각 분과별로 이용창(근대사분과), 조규환(중세사2분과), 이현진(현대사분과)을 추천받아 사업부를 구성했다. 부원과 가끔 큰 행사를 치루고 나면 회식도 하고, 모임을 자주 가지면서 서로의 관심사와 학문에 대한 열정을 나눈 소중한 시간이었다. 당시 사업부는 많은 일을 해야만 했다. 5차년도 조직개편으로 섭외부가 사업부에 통합되면서 사업부의 위상이 크게 달라져 있었기 때문이었다.

사업부에서 가장 중요하게 여기는 '한국역사특강'과 함께 '기획답사'도 주관해야 했다. 또 그때는 왜 그랬는지, 누가 제안했는지 모르지만 사업부에서 첫 분과별 체육대회까지 서울고에서 개최하였다. 일상적인 트로피를 탈피하자는 상임들의 목소리에 인사동에 가서 트로피 대안을 찾아 조각상을 구입하여 시상하기도 했다. 그러나 이마저도 1회에 끝나고 말았으니 다행이라면 다행이지만(?), 족구에 대한 미련 때문인지 꽤나 아쉬워 한 회원도 많았다. 또 연구회 인근의 식당과 술집을 순회하며 협박 반, 읍소 반 10% 할인운동도 전개하면서 주머니 사정이 넉넉지 않았던 연구회원의 안주값에 기여한 바도 있었다.

내가 사업부장일 때 개최한 한국역사특강은 두 차례로 진행되었다. 초창기부터 연구회는 '역사의 대중화' 선언과 함께 실시된 역사특강은 교사, 시민, 학생을 대상으로 진행되었다. 멀리는 부산까지 원정을 가 역사교실을 개최하였고, 전국역사교사모임에 소규모 강사인원을 여러 차례 파견하기도 했다. 이렇게 꾸준히 진행된 한국역사특강은 해를 더해갈수록 대중적인 인기를 실감케 하였다. 어느 해는 150명이 넘는 인원이 참여하기도 했으니 그 위상을 짐작할 만 했다.

사업부장 시절의 첫 번째 특강은 제11회 한국역사특강 "국제관계속의 한국역사"란 주제로, 대우재단빌딩에서 1994년 7월 18일(월)~7월 28일(월) 매주 월·화·목 오후 7시에 개최하였고(총 53명), 기획답사 역시 두 번째로 강화도 답사를 실시했다(참가 23명). 이 주제는 전임 사업부장인 오항녕이 넘겨준 주제인데, 당시 93년 2월에 막 취임한 김영삼 대통령이 '국제화와 세계화'를 주창하면서 '우리 것과 한국적인 것'과의 치열한 논쟁을 벌인 때라 시대흐름에 걸맞게 대응한 것이었다. 그런데 이때가 공교롭게 북한의 김일성 주석이 사망한 10일 뒤였기 때문에 전반적으로 사회가 뒤숭숭한 분위기였다. 그럼에도 불구하고 비록 이전에 비해 숫자는 줄었지만 원만히 진행한 것에 안도의 한숨을 놓았던 기억이 있다.

두 번째 특강은 제12회 한국역사특강 "한국역사 속의 전쟁"이란 주제로, 대우재단빌딩에서 95년 1월 16일(월)~1월 27일(금) 매주 월·수·금 오후 7시에 개최하였다(총 70명). 이때는 답사를 진행하지 않았다. 홍순민 선생의 적극적 지지에도 불구하고 10, 11회의 한국역사특강에서 이루어진 두 차례의 답사에서 호응도와 인원 부족이 원인이 되어 취소된 것이었다. 아쉽지만 이후의 한국역사특강에서도 답사는 진행되지 않은 것으로 알고 있다. 결국 1년의 사업부장 임기를 끝으로 8차년도 제13회 한국역사특강 "해방 50년! 이승만과 박정희 정권"까지 기획하여 차기 사업부장인 최영묵에게 임무를 넘긴 것이 25년전의 일이었다. 최영묵도 이미 몇해전에 작고한 사람이 되어 버렸다. 글을 쓰다 보니, 이 글에 등장하는 이들 중에 이미 노경채, 최영묵, 최재복, 오영선 등 4인이 고인이 되어버린 사실에 새삼 삶의 여명(餘命)을 느낀다.

홍영의_ 중세1분과

7. 기쁨과 감사의 기억 : 연구회의 법인 설립과 도화동 공간 매입

창립회원으로서 영광스럽고 한편으로는 과분하게도 2009년에 부회장에 선출되고 이듬해에 회장직을 맡았다. 그 기간 동안에 많은 일들이 있었지만, 가장 기억에 남고 의미 있다고 여겨지는 일은 도화동 연구회 공간을 매입하여 소유하고 그것을 위하여 법인을 설립하는 한편 대대적으로 기금을 모금한 일이었다.

이미 2000년대에 들어서부터 연구회의 활동력이 예전 같지 않다는 점이 지적되고 있었다. 또한 당시 영등포구 양평동의 정원빌딩 4층에 입주해 있던 연구회 공간이 회원들의 연구 활동에서 중심이 되지 못하고 있어서 대책이 필요하였다. 그곳의 주변 환경이나 주차여건 등이 좋은 편이 못되었고, 게다가 지하철 9호선 개통에 따라 임대료 인상마저 예상되는 상황이었다. 그런 문제점들이 2008년 말에 개최된 <연구회 창립 20주년 기념학술심포지움>과 정기총회에서 공식적으로 논의되었다.

그런데 새로운 공간을 매입하여 소유하려면 연구회를 법인화해야 하였고, 구입대금의 상당부분을 마련하기 위하여 모금이 필요하였다. 그것은 매우 번거로운 업무들을 수반하는 일이고 또 걸림돌이 널려 있었기 때문에, 2009년도 회장이던 한상권 선생님을 비롯하여 2009년과 2010년도에 사무국장을 맡았던 김보영, 정요근 선생님 등 운영위원들이 무던히 애써야 하였다. 당시 연구회의 재정 형편을 보면 모아놓은 기금이 공간을 매입하기에는 턱 없이 부족할 뿐 아니라 매년 1천만 원 정도씩 경상비 적자가 수년간 이어지고 있었다. 또한 지방회원들이 많아지고 회원들의 활동이 학교나 연구소로 분산되던 상황이었기 때문에, 공간 매입을 위하여 회원들에게 거액을 모금하기가 어려울 것이라고 우려되기도 하였다. 그렇기 때문에 한상권 회장님의 리더십과 의지, 추진력이 없었다면 불가능한 일이었다는 것은 분명하다. 한 선생님은 덕성여대 민주화를 위하여 오랫동안 분투하였고, 지금도 역사정의실천연대를 이끌면서 친일·독재 미화와 교과서 개악을 저지하기 위하여 노력하고 있는데, 회장 재임기간에 연구회 발전을 위하여 뛰어난 실천 역량을 발휘하였던 것이다. 한 회장님은 임기 초부터 공간마련추진위원회를 구성하여 보다 쾌적한 환경을 갖추고 접근성이 좋은 공간을 찾고자 하였다. 혜화동, 연남동, 광흥창·대흥역 부근, 사당동, 구로디지털밸리 부근 등 여러 곳을 알아보았지만 적절한 대상을 쉬 찾을 수 없었다. 그러던 차에 10월 경 중세1분과장이면서 공간마련추진위원이던 정요근 선생님이 도화동의 현 공간에 대한 매물 정보를 찾았고, 운영위원들이 답사한 결과 위치나 가격 등의 조건이 적당하다고 판단되었다. 긴 언덕길을 올라야 하는 어려움은 있지만 공덕동 인근이라서 교통이 편리하고 전용면적이 약 40평가량에 매입가가 3억 2천 5백만 원으로 괜찮은 편이었다.

그해 6월 초부터 시작된 공간 마련 기금 모금은 기대 이상의 호응을 받았다. 8월 중순에 기금모금액이 1억 원을 돌파한 데 이어, 12월 총회 때까지 233명의 회원들이 총 1억 3천 1백 8십 3만원을 약정하였으며, 그 중에서 1억 2천 2백 6십 8만원이 납부되었다. 그런 성원에 힘입어 10월 초에 매입 계약을 하고 계약금과 중도금 1억 6천 2백 만 원을 치렀다. 그리고 잔금 납부를 위하여 새로 구입한 공간을 은행에 담보로 제공하고 1억 5천만 원을 장기대출을 받아서, 12월 20일에 매입을 완료할 수 있었다. 기금 기탁은 그 뒤에도 이어져서 이듬해 11월 말 기준으로 239명의 회원들이 1억 3천 7백 2십 8만 원을 약정하였고 1억 3천 2백 8십 3 원을 납부하였다.

이런 모금 상황은 당시 운영위원들로서는 기대 이상이었고 처음에 우려했던 것이 기우였다는 것을 알기에 충분하였다. 연구회 활력이 예전 같지 못하다고 하지만, 연구회에 거는 기대가 여전하고 적절한 계기가 마련되면 초창기처럼 활력이 되살아날 수 있다는 것이 분명해졌다. 그런 기대와 활력에 부응하기 위해서는 연구회 집행부가 가일층 노력하지 않으면 안되겠다는 점을 새삼 인식할 수 있었다.

연구회 공간 매입절차에 들어가면서 소유주체로서 법인 설립이 시급하였다. 법적으로 임의단체는 금융 대출을 받을 수 없었기 때문에 부족한 구입대금을 대출 받기 위해서도 법인이 필요하였다. 법인 설립의 필요성은 연구비 수주 등에 필요한 대외적 공신력의 확보, 기부금 유도와 회계 처리의 투명성 확보 등을 위해서 이전부터 논의되어온 바 있었다. 물론 법인을 설립하면 관할청의 감독을 받아야 하고 법인 이사회와 연구회 운영위원회가 이원적으로 존재하여 업무가 번거롭게 되는 등의 단점도 있었다. 그런 장·단점들은 법인화를 위한 공청회(3.28.)와 임시총회(4.25.), 원임회장단·운영위원 연석회의(5.27.) 등을 거치면서 충분히 논의되었으며, 그 결과 연구회 자체를 법인화하는 것은 문제가 많기 때문에 연구회와 법인을 이원화하여 운영하는 방안으로 의견이 모아졌다.

법인의 관할청을 정하는 데도 우여곡절이 많았다. 교육부나 국가인권위원회 등에 등록하는 쪽으로 추진하였으나, 교육부에 등록하기 위해서는 기본재산 3억 원 이상을 공탁금으로 제시해야 한다는 규정이 걸렸다. 국가인권위원회는 처음에는 호의적이어서 관련 서류 제출까지 진행하였지만 중간에 위원장이 바뀌면서 소관분야가 아니라는 이유로 기각 당하였다. 그처럼 법인 설립에 어려움을 겪던 차에 11월 경 문광부 등록 비영리사단법인 <2020희망의 역사공동체>의 이사이던 안병우 선생님의 주선으로 그 법인의 동의를 얻어 이사진과 소재지를 변경하는 방식으로 진행하게 되었다. 그 법적 등기 절차를 마무리한 것이 공간 매입 잔금 납부와 등기 날짜가 코앞에 다가온 12월 10일이었다. 안병우 선생님과 법인 이사장 김정기, 상임이사 나병식 선생님 등의 후의와 협조가 없었으면 불가능한 일이었기에 감사한 마음을 글로 남겨둔다. 당초 법인 명칭을 연구회로 변경해야 하였지만, 당시 보수정권 하의 문광부에서는 그렇게 명칭을 바꾸게 되면 자기 부처 소관이 아니고 교육부에 등록해야 한다고 제동을 거는 등 비협조적이었다. 그러니 법인을 지정기부금 단체로 허가받는 것은 불가능했다는 점은 말할 것도 없다.

공간 매입과 법인 등기 절차 등이 마무리된 다음에는 부족한 연구회 운영비를 조달하는 일이 시급하였다. 당장 등록세·취득세를 포함하여 2천만 원이 훨씬 넘는 각종 세금과 8백만 원이 넘는 이사 비용 등이 큰 부담이었다. 그런 상황을 타개하기 위해서는 회장이 개인 명의로 대출받아 차입금을 마련하지 않을 수 없었다.

2010년 1월 19일, 마침내 연구회가 새 공간으로 이사하였다. 사무국이 근무를 속개한 것은 그로부터 이틀 뒤였다. 그리고 2월 19일에 학술단체협의회, 민족문제연구소, 전국역사교사모임, 역사학연구소 등에서 온 내빈들의 축하를 받으면서 집들이행사를 하였다. 연구회가 낙성대 시기 1년 6개월, 사당동 시기 3년 6개월, 방배동 시기 14년, 양평동 시기 2년 6개월을 지낸 뒤, 창립 22년 만에 연구회 이름으로 된 공간을 소유하고 보다 쾌적한 환경에서 활동을 할 수 있게 되었음을 자축하였다. 그리고 80년대, 90년대, 00년대 학번으로 나누어 연구회 20년을 되돌아보는 이야기를 들으면서 연구회의 발전을 기약하였다. 참석자들은 무엇보다도 공간 마련을 위한 기금 모금에 회원들이 보내준 큰 성원이 연구회가 가일층 발전하는 디딤돌이 될 것이라는 점에 공감할 수 있었다.

과연 새 공간으로 이사한 이후에 공간 활용도가 높아지고 연구반·학습반도 활성화되었다는 고무적인 평가를 받았다. 하루에 4팀 이상의 연구반·학습반들이 모임을 갖는 바람에 3개였던 연구실로 소화할 수 없어서 어려움을 겪는 경우가 발생하기도 하였다. 그리고 공간 이전에 따른 재정 부담문제도 이후 회원의 70% 가까이가 회비를 자동이체로 납부해주고 각종 연구회 사업에 따른 연구회 귀속분이 증가하면서 개선되어갔다. 특히 당시 사무국장 정요근 선생님과 웹진위원장 김태완 선생님이 활동비를 기부해주고 부회장 이인재 선생님의 주선으로 수련회비용을 외부에서 지원 받음으로써 재정 부담을 덜 수 있었다.

돌아보면 2009년과 2010년 내가 연구회 운영에 참여하였을 때 회원들로부터 과분한 사랑을 받아 연구회 역사에서 중요한 부분을 채울 수 있었다. 내 능력으로는 감당하기 어려운 일들이 있었지만 참 좋은 분들이 나서서 이끌고 거들어주어 헤쳐 나갈 수 있었다. 그러기에 기쁨과 감사의 기억이라는 제목을 달아 이 회고의 글을 작성하였다.

채웅석_ 중세1분과

8. 한국역사연구회 창립을 회고하며

연구회의 창립 전후에 있었던 일 몇 가지를 회고하면서, 또 하나 제안하고자 한다. 나는 대학원 2학년 재학 중이던 1978년 7월 30일에 육군에 입대하였고 1980년 10월 말에 제대하였다. 이 기간은 한국현대사에서 가장 극적인 시기였다. 전두환의 신군부세력은 18년간의 독재자 박정희의 죽음을 호기로 삼고, 광주를 희생양으로 삼아, 반란을 일으켜서 국가권력을 탈취하여 신군부독재체제를 세웠다. 해방 이후 학수고대했던 1980년의 봄은 너무나 짧았고 이내 또 혹독한 겨울왕국으로 빠져버렸다. 그러나 이 기간은 나에게는 '塞翁之馬'의 시기였다. 왜냐하면 1974년 4월

유신정권이 조작한 '민청학련사건'에 함께 가담했던 '한국사회연구회(서울대 학부 동아리)'의 동료들 가운데는 전두환 계엄군에 의해서 혹독한 시련을 당했거나 囹圄의 고초를 겪었고, 만일 나도 군대에 있지 않았더라면 그 동료들 가운데 한 사람이었을 것이고, 따라서 그 이후에 아마도 학업을 계속할 수 없었을 것이었기 때문이다.

제대하고 대학원에 복귀하였다. 동기들은 없었다. 공부를 계속해야 할지, 아니면 勞農운동을 해야 할지를 고민하고 있던 차에 먼저 복귀한 이영호(74학번), 이영학(74), 박준성(74), 박찬승(75) 등과 未入隊한 도진순(77), 고동환(77), 양상현(77), 이윤상(77) 등이 공동학습팀을 만들어 경제사를 공부하자고 제안했고, 이후 '우리 9명'과 다른 서울대 국사학과 대원생들과 함께 토지제도사를 학습하였다. 또 다른 한편으로는 '우리 9명'은 마르크스의 자본론과 레닌의 러시아자본주의발전사, 모택동의 모순론과 실천론 등을 은밀히 학습하였다. 그리고 우리는 1981년 여름에 줄포로 농활을 갔다. 노선의 갈림길에서 시험을 보자는 것이었다. 그러나 농활을 체득할 수 없었다. 결국 노동과 실천보다는 공부와 이론의 길을 선택하였다. 규장각에서 원고를 윤문하면서 생활비와 술값을 버는 한편, 석사학위논문을 쓰는데 모두가 진력하였다. 이 무렵 학교 밖에서는 모두가 숨을 죽이고 있었지만, 학교 안에서는 해방 정국에서 활발했던 학술운동의 싹이 다시 트기 시작하였다. 현실과의 치열한 이론적 실천적 비판과 대결을 회피한 체, 체제 속에 안주해 온 기성세대의 학문과 연구 풍토에 대해 전면적으로 문제를 제기하는 한편, 제도권의 영역을 벗어나 새로운 학회·연구회·연구소 등을 결성하여 과학적 이론과 진보적 인식의 운동화를 도모하는 학술운동을 전개하기 시작했던 것이다.

이러한 학술운동 속에서 역사학계의 신진연구자들은 매우 선도적인 위치에 있었다. 1984년 12월, '우리 9명' 가운데 77학번 후배들은 선배들을 믿을 수 없어서였던지 먼저 치고 나갔다. 이들은 연세대 사학과 대학원생들 일부와 함께 '망원한국사연구실'(망원동)을 창립하고, '민중사학'의 기치를 내걸었다. 그러자 나를 포함한 나머지 선배들 5명은 그들의 행보를 인정하면서도 내심 못마땅해 하면서 따로 연구회를 만들기 위한 준비 작업을 진행하였다. 그러는 사이에 1986년 2월, 역사학·문학·정치학 등의 전문연구자들뿐만 아니라 학계 밖의 한국근현대사에 관심을 가지고 있었던 사람들이 중심이 되어 '역사문제연구소'를 설립하였다. 이들 두 연구단체가 사학계에 미친 파장은 컸다. 그러자 失期했다고 생각한 나머지 5명의 선배들도 서둘렀다. 1987년 4월, 이들 5명은 연세대 방기중·주진오·최원규 등과 고려대 지수걸·하원호·정태헌 등과 함께 '한국근대사연구회'를 창립하고, '과학적 실천적 역사학'의 수립을 기치로 내걸었다. 그것은 연구방법론으로서 史的唯物論이나 다름없는 사회구성체론을 인용하여 사회의 민주적 변혁과 분단의 자주적 극복에 기여하는 한국사학을 수립하자는 것이었다.

한편, 이처럼 한국사학계에서 3개의 연구단체가 설립되는 사이에 다른 분과학문에서도 '학계의 민주화와 진보적 학술연구'를 표방하면서 7개의 학술단체가 출범하였다. 그리고 이 10개 단체가 1988년 6월 3~4일 이틀간에 걸쳐 학술단체연합심포지움('80년대 인문사회과학의 현 단계와 전망')을 개최하였다. 기성학계와 연구단체들을 비판, 극복하자는 것, 한마디로 기성학계·학회에 대한 선전포고라고 할 것이었다. 이에 앞서 역사분과에서는 어느 단체에서 누가 논문을 발표할 것인가가 논의되었다. 한국근대사연구회에서 필자('현대 한국사학의 동향과 과제')와 망원한국사연구실에서 지수걸('1930년대 초반기(1930~33) 사회주의자들의 민족개량주의운동 비판')이 발표하기로 하였다. 내가 선정된 데에는 특별하고도 이상한 이유가 있었다. 창립 이후 10개의 학술단체의 회원들은 넓게는 기성학계와 가깝게는 회원 소속 대학교의 선배교수·지도교수들과 이미 갈등·대립관계에 들어가 있었다. 그런데 당시에 회원들 대부분은 석사·박사 학위논문을 준비하거나 논문심사를 눈앞에 두고 있었고, 그 가운데는 조만간에 교수로 취직하기 위해서 지도교수의 추천을 필요로 하는 교수요원도 있었다. 따라서 심포지움 발표 논문의 내용과 성격에 따라서는 그 발표자는 앞으로의 학술활동과 처신에 있어서 불이익을 받을 수도 있었다. 그런데 나는 박사과정에 있었지만 이미 한신대 국사학과에 재직하고 있어서 그러한 갈등관계·이해관계에서 조금은 비껴나 있었기 때문에 발표자로 선정된 것이었다. 그러나 필자도 결과적으로는 예외는 아니었다.

심포지움의 기조발표에서 김진균 교수(서울대 사회학과. 1980년 해직, 1984년 복직하여 초대 한국산업사회연구회장을 맡았다)는 기성학계의 이론적 관점과 연구방법이 한국사회 전체의 종속화와 맞물려 '학문적 종속화'로 치달아 왔음을 반성하고, '민족적·민중적 학문'을 지향할 것을 촉구하였다. 나는 해방 이후의 한국사학사를 '실천성'의 관점에서 정리하고, 앞으로 한국사학은 민중 주체의 민주주의사회의 건설과 통일민족국가 건설에 실천성을 두어야 할 것임을 강조하였다. 다른 16편의 논문들도 대체로 기성학계의 '종속성'·'反민중성'을 꼬집었다. 이틀간에 걸쳐 연인원 3,000여 명의 연구자, 시민, 학생들의 관심과 성원이 있었으니 심포지움은 일단 성공한 셈이었다. 그러나 기성학계는 예상했던 대로 발끈하였다. <조선일보>의 색깔 보도에 이어 김동길 교수(연세대 사학과)는 서관모 교수 논문의 내용 일부에 대해 매카시즘적 비판을 가했다. 그러자 서울지검 공안부는 서 교수 논문의 국가보안법 위반여부를 가리기 위해 서 교수에게 소환장을 발부하였다. 이는 '『한국민중사』(망원한국사연구실 발행. 풀빛 1986) 사건(1987년 풀빛출판사 나병식 사장 2년 징역형

선고)'과 '민중미학연구회 사건(1987. 1 관련자 구속)'에 이은 학문과 연구 및 사상의 자유에 대한 명백한 탄압이었다. 그러나 예상치 못했던 광범위한 반대와 항의 사태가 전개되자 사법당국은 사법적 조치를 포기하게 되었다. 아무튼 이 사건으로 얻은 부수적인 효과는 진보적 학술연구가 정치적·학문적으로 공식화되었다는 것이었다. 이젠 기성학계와 진보학계는 공공연하게 대척점에 서게 된 것이었다. 이에 따라 필자는 기존 사학을 비판하는 진보사학의 앞잡이가 되어버렸고, 그 대가는 지도교수로부터 '사생아'로 낙인찍힌 것이었다. 이런 마당에 박사학위논문을 제출하는 것은 순리가 아닐 것이었다. 결국 포기하고 말았다.

이 연합심포지움이 끝난 직후에 '우리 9명'은 다시 만나서 두 연구단체는 통합되어야 한다는 데에 뜻을 같이 하고, 준비위원회를 구성했다. 그리고 망원한국사연구실과 한국근대사연구회는 한국사의 과학적 체계화, 공동연구와 그 성과의 대중화, 나아가 지배 권력의 이데올로기 공세에 대한 적극적 대처의 필요성을 공감하고, 서울 소재 대학들의 고·중세사 연구자들까지 끌어들여 지금의 '한국역사연구회'를 창립하였다(1988년 9월). 연구회의 창립을 준비하면서 가장 큰 고민은 과연 누가 초대회장을 맡아 갓 출범한 연구회에 장차 불어 닥칠 질시와 외풍을 막아 줄수 있을까라는 문제였다. 우선은 선배교수가 필요했다. 나는 준비위원장으로서 안병욱(성심여대 국사학과)·김인걸(서울대 국사학과) 교수 등과 교섭하였는데, 다행히도 안 교수가 수락해 주었다. 이로써 고대사부터 현대사까지의 신진연구자 전체를 회원으로 갖게 된 한국역사연구회의 창립 취지는 "'과학적 실천적 역사학'의 수립을 통해 우리 사회의 자주화와 민주화에 기여"함을 목적으로 한다는 것이었다. 한편, 연구자 대중의 조직화보다는 민족민주운동과 진보적 연구자와의 연계 강화를 더 중요하게 생각했던 일부 망원한국사연구실 회원들(윤한택, 홍순권, 송찬섭,

박준성 등)은 두 단체의 통합에 합류하지 않고 별도로 '구로역사연구소'를 창립하였다(1988년 11월).

이제 와서 얘기지만, 연구회 창립 당시 개념 정의를 분명히 하지 않았던 '과학적 실천적 역사학'에 대해서 짚고 넘어가야 할 것 같다. 1983~1984년을 정치적으로 '유화국면'이라고 불렀다. 전두환 파쇼정권의 탄압이 다소 약화되었던 것이다. 이를 기화로 강단에서는 한국자본주의의 구조와 성격을 어떻게 볼 것인가를 둘러싸고 이른바 '한국사회구성체 논쟁'이 벌어졌다. 그것은 생산양식의 발전사의 관점에서 해방 이후, 특히 60, 70년대 이후 박정희 개발독재에 의해 구조화된 자본주의와 이를 토대로 하는 군부독재체제를 정합적으로 파악하자는 것이었고, 궁극적으로는 그러한 한국사회를 변혁하기 위한 전략과 전술을 개발하자는 것이었다. 특히 후자의 문제에서 민족모순과 계급모순 가운데 어느 것을 기본모순과 주요모순으로 설정한 것인가, 그리고 그에 따라 누구를 변혁주체로 설정할 것인가를 놓고 강단은 물론 진보진영은 양분되었다. 논쟁의 결과 그 전략·전술은 'NLPDR'로 정리되었다. 그리고 87년 6월 항쟁이 일어났다. 그러나 그것은 'NLPDR'이 아니었다. 이러한 혼란스런 현실사회를 보면서 나를 비롯한 연구회 창립회원들은 의문을 가질 수밖에 없었고, 따라서 그 근본적 원인은 근·현대 한국사회의 구조와 성격을 '정확'하게 파악하지 못하고 있다는 데에 있음을 확인하게 되었다. 그리하여 우리는 근·현대 한국사회뿐만이 아니라 역사적 시기·시대의 현실사회의 구조와 성격을 정확하게 파악할 수 있는 연구방법이 무엇인가를 고민하게 되었고, 결국 그 연구방법론으로서 최선의 것은 '역사적 유물론'이라는 것에 동의하였다. 그러나 당시의 분단 상황과 정치·이데올로기 국면에서 그 용어를 그대로 사용할 수 없었기 때문에 '과학'이라는 용어로 대체했던 것이다. 이는 당대가 군부파쇼체제이긴 했지만 우리들 스스로가 이미 자기 검열에 빠져 있었다는 것을 시인한 셈이었다. 이러한 연구회의 처신은 학술지 이름을 정할 때에도 나타났다. 『역사과학』(북한에 이미 『역사과학』이 있음), 『역사와 현실』(영국의 마르크스주의 역사학자들의 학술지 『Past and Present』에서 힌트를 얻음), 『한국역사연구』이냐를 놓고 논쟁하였다. 결과는 지금의 『역사와 현실』로 결정되었다.

그런데 초창기에 '과학적 역사학'을 표방했음에도 불구하고 그동안 연구회원들은 그것을 거의 의식하지 않고 연구생활을 해 왔던 것으로 보인다. 그렇다고 30년이 지난 이 시점에 그 기치를 다시 내걸 필요는 없으리라고 생각한다. 나는 경제사를 공부하고 있어서 '역사적 유물론'을 여전히 유효한 연구방법론으로 이용하고 있지만, 그것이 역사학계에서 퇴장한 지는 이미 오래되었다. 역사의 발전은 역사학의 발전을 수반했다. 물론 우리역사는 여러 가지 면에서 서구역사와 다르지만, 1960년대에 등장한 Annals 역사학을 이어 포스트모더니즘 역사학, 이를테면 미시사학이나 일상사학 등이 20세기의 사회과학적 역사학을 대체하여 오늘날에는 주류가 되고 있음을 보고 있다. 연구회로 말하자면 '어떻게 살았을까' 시리즈가 나왔던 것이 어쩌면 그 변화의 시작이었던 것으로 보인다. 따라서 나는 차제에 연구회는 '무엇을 위해서, 어떻게 우리역사를 연구할 것인가'를 놓고 심도 있는 토론을 거쳐서 연구회가 지향하는 역사학을 재정립할 것을 조심스럽게 제안하고자 한다(2017. 1. 4).

이세영_ 근대사분과

9. 산이 높으면 골도 깊다

회장으로 지냈던 시기(1996년 6월~1998년 6월)는 어떤 측면에서 연구회는 정점의 시기이지만, 나라 안팎으로 어쩔 수 없는 새로운 시대변화가 밀려오던 때였다. 물론 당시는 그런 변화를 직접 의식하지 못했다. 회고담을 써달라는 요청을 받고 2년간의 시절을 찬찬히 되돌아보면서 느낀 나의 생각이다. 나만의 생각일지 모르며, 당시 연구회에 같이 몸을 담은 연구자들 가운데 다른 생각을 가진 사람도 없지 않을 것이다.

1996년 6월 취임하면서 2년 후 맞게 될 연구회 창립 10주년 위원회를 꾸려 연구회의 중, 장기 계획을 세우려 했다. 2년 임기 내내 회의에 회의를 거듭했다. 그러나 모두들 싫증을 내지 않았다. 의욕과 자신감이 넘쳤다. 10주년을 맞이해 연구회는 과학적 실천적 역사학의 학문적 모델을 정립한다. 현실의 과제와 미래의 변화에 실천적으로 대응을 할 수 있는 역사연구가 필요하다는 공감대를 얻었다. 장기 과제로 연구회의 법인화와 독자 연구공간의 확보를 설정했다. 당시 하나도 이루어 놓은 것은 없었다. 그러나 이때 설정한 과제가 아직까지도 연구회의 주요 아젠다로 자리 잡고 있다. 연구회 창립 10년이 되지 않은 소장학자들의 의욕과 자부심이 넘쳐 나던 시기의 모습이 아닐까? 덧붙이자면 시대분위기도 그러했다. 1997년 12월의 대선 결과 김대중이 대통령에 당선된 직후 민주화의 성취감과 기대로 방배동 연구회의 신년회장은 어느 때보다도 활기가 넘쳤다.

취임 후 첫 사업으로 연구회 재정과 위상 정립에 큰 도움을 준『한국역사』(1993년)를 전면적으로 개정하는 문제로 활발한 논의가 오갔다.『한국사 강의』(1989년)도 포함되어 있었다. 그러나 출판 당시의 사학사적 의미를 살리기 위해 그대로 두기로 했다. 대신 역사 대중화라는 연구회의 또 다른 취지에 맞게 새로운 형식의 출판을 하자는 쪽으로 결론을 내렸다. 1997년 초부터 각 분과별로 '시대사 산책' 혹은 '생활사' 형식의 출간 준비모임이 꾸려졌다. 이해 가을『조선시대 사람들은 어떻게 살았

을까』를 필두로 고려시대와 삼국시대 편이 연속으로 출간되었다. 많은
경우 수 십 만부까지 판매되었다. 「어떻게 살았을까」 시리즈는 역사 대
중화의 새로운 모델을 창출했고, 이후 역사 대중서 출간의 물꼬를 틔운
선구적인 역할을 했다. 그 결과도 뒤따랐다. 연구회가 전무후무한 재정
의 풍요를 누린 때가 이 때였다. 이때 적립된 기금은 현재 도화동 연구회
사무실 구입의 종자돈이 되었다.

1996년 봄 일우(一友) 조성춘(趙成春) 선생님이 연구회에 거액을 기부
해주셨다. 일우 선생님은 당시 필자와 같은 과 선배교수이신 고 조동걸
교수님의 절친한 친구였다. 젊은 역사 연구자를 격려하자는 친구의 말만
믿고 선생님은 연구회에 5천만 원을 쾌척하셨다. 당시로서는 거금이었
다. 2008년 연구회 창립 20주년을 맞아 반포동 선생님 댁에서 건국대 행
사장으로 선생님을 모시고 간 것이 마지막이 될 줄이야! 이지원 회장님
시절, 어느 날 회장님이 『역사와 현실』 100호 발간을 기념하기 위해 일
우 선생님의 근황을 문의하기에, 선생님 댁에 연락을 드렸더니 얼마 전
타계하셨다고 한다. 선생님! 빈전에 분향조차 못한 못난 저는 은혜와 감
사를 모르는 죄인일 뿐입니다. 깊이 머리 숙여 용서를 빕니다.

민주정부가 수립된 기쁨과 함께 IMF 한파가 닥쳤다. 한파의 영향으로
연구회 재정을 지탱해주던 발간 도서의 인쇄 미수금이 많이 발생했다.
더욱 어려웠던 것은 회지 『역사와 현실』 발간을 지원해 온 역사비평사가
도서 유통회사의 부도로 당시 상당한 어려움에 처하게 되었다. 그때 발
간 중이던 회지가 인쇄 중단으로 폐기 위기에 몰리자 연구회가 종이 값
을 직접 지불하고 겨우 회지를 빼내 온 적도 있었다. 회지의 안정적인
발간을 위해 일우 조성춘 선생님의 기부금으로 『역사와 현실』을 독자적
으로 발간하기로 결정했다. 이러한 와중에 당시 사무국장을 맡은 임기환
(현재 서울교대 교수)과 김기덕(현재 건국대 교수) 학형이 특히 수고가

많았다. 고마운 마음을 꼭 전하고 싶다.

경제적 한파는 그렇게 문제가 되지 않았다. IMF 이후 우리나라는 신자유주의 질서에 편입되면서, 대학은 여러 가지 문제에 부닥치게 된다. 두 가지다. 하나는 민주정부의 등장에 따라 대학에 민주화 열기가 고조되었다. 그동안 감춰진 대학의 각종 비리가 드러나기 시작했다. 이를 바로잡기 위해 대학 민주화에 앞장섰던 양심적인 연구회 식구들이 대학 밖으로 내몰렸다. 덕성여대 사학과 한상권 교수가 해직되었다. 회장을 중심으로 연구회에 대책위원회가 꾸려졌다. 매주 방배동 연구회 사무실, 교육부와 덕성여대 등지로 다녔던 기억이 선명하다. 서원대학에도 사학과 김정기 교수와 남지대 교수 등이 해직을 당해 청주 서원대학교와 서울의 성공회 성당 및 정부청사를 오가던 기억이 새롭다. 민주정부에서 일어난 일이라 더 놀라웠고 반향도 컸다.

연구회에 닥친 또 하나의 변화는 '두뇌 한국(Brain Korea) 21'사업이다. 1999년 교육부가 대학의 교육 연구를 지원하기 위해 이 사업계획을 시행했다. 이른바 'BK 21' 사업은 21세기 한국을 이끌어갈 창조적 인재를 양성하는 목표 아래 매년 2000억 원 씩 7년간 총 1조 4000억 원을 투입해 세계 수준의 연구중심 대학원과 지역 우수대학을 육성한다는 계획이다. 20년이 지난 지금까지도 이름을 바꾸어 가면서 사업이 진행되고 있다. 대학의 경쟁력을 살리기 위해 투자를 늘리는 것은 타당했다. 그러나 우수 집단의 집중지원으로 대학 별 부익부 빈익빈 현상이 심화되었고, 학문별 지원의 불균형도 초래되었다. 역사학을 포함한 인문학은 철저하게 소외되었다. 자본이 대학을 지배하기 시작했다. 대학은 자본의 칼날을 휘두르는 교육부, 정부에 점차 목을 매달게 되었다.

대학의 변화는 연구회에도 나타났다. 메이저 대학 중심으로 연구단이 꾸려지면서, 여기에 적을 둔 연구회 회원 다수는 모교 대학의 연구 사업에 더 집중하게 된다. 상대적으로 넉넉한 장학금도 이들이 대학으로 집중하는 요인이 되었다. 연구회보다는 대학이 연구 활동의 중심이 되었다. 그러나 연구의 장이 변화된 것은 사실 문제가 아니었다. 더 무서운 사실은 연구회와 대학의 어느 곳이든 고단한 자료 읽기와 치열한 토론과 학습 풍토는 사라지고, 검색과 클릭으로 시간을 다투어 영혼 없는 보고서를 만들어야 하는 치열한 속도전으로 인해 역사학의 황폐화가 진행되기 시작했다는 사실이다.

연구회에 대한 소속감은 점차 사라지고 있다. 연구회는 단단한 연구조직이 아니라 인적 교류와 정보 교환의 장으로 변모되기 시작했다. 그 변화는 지난 20년 간 아주 완만하게 느리게 진행되었지만, 이제 점차 분명한 형태로 드러나고 있다.

창립 초기 약속했던 과학적 실천적 역사학의 학문적 모델 정립은 어느 정도 이뤄진 것일까? 현재와 미래의 실천적 대안으로서의 역사학은 어디로 가고 있는가? 이제 연구회는 과거에 안주하는 빛바랜 훈장은 아닌가? 지금 생각해보니 지난 IMF 이후 20년간의 변화를 이제야 실감한다. 그 변화 속에 나도 허덕이면서 휩쓸려 왔다. 미안하고 부끄러울 뿐이다. 새로운 길을 찾아야 한다. 늦지 않을 것이다.

박종기_ 중세1분과

제3부
자료 30년

1. 한국역사연구회 창립선언문(1988.9.)

해 설

1988년 9월 3일 한국역사연구회 창립 대회에서 채택된 선언문이다. 명의는 초대 회장 안병욱으로 되어 있으나, 망원한국사연구실, 한국근대사연구회의 대표, 각 대학 고중세사 연구팀 대표 등이 참여하여 검토하고 수정 보완하여 완성된 글로서, 한국역사연구회의 창립 과정과 향후 활동 방향을 추상적으로 보여주는 글이다.

자 료

오늘날 우리 사회는 진정한 민주주의의 실현과 조국의 자주적 통일을 역사적 과제로 안고 있습니다. 현재 이 과제를 달성하기 위한 민주화, 자주화 운동이 각계각층에서 뜨겁게 일어나고 있습니다. 이러한 사회적 전환기를 맞이하여 우리 한국사 연구자들의 소임은 그 어느 때보다도 막중하다고 하겠습니다.

그동안 한국사학은 양적으로 많은 발전을 거듭해 왔습니다. 또한 한국사를 주체적 입장에서 과학적으로 체계화하려는 노력이 어느 정도 성과를 거둔 것도 사실입니다. 그러나 올바른 과학성과 실천성을 실현하는 데에는 근본적인 한계가 있었습니다. 학문이란 이름 하에 비과학적인 역사인식이 횡행하고, 고립분산적인 연구풍토와 소소유자적인 세계관에 둘러싸여 연구주의, 업적주의가 팽배해 왔습니다. 그 결과 한국사의 과학적 체계화와 연구자들의 실천적인 노력은 극히 개별적인 수준에 머물렀고, 지배권력의 이데올로기 공세에 적극적으로 대처하지 못했습니다.

이러한 현실 속에서 우리는 지금 어떠한 역사학을 수립하고 무엇을 할 것인가를 결정해야 할 시점에 와 있습니다. 우리는 무엇보다도 사회의 변혁과 진보를 실현시켜 나가는 주체가 민중임을 자각하고 민중의 의지와 세계관에 들어맞는 역사학을 추구해야 하겠습니다. 또한 우리 스스로 변혁주체임을 확신하고 이 사회가 안고 있는 모순을 극복하기 위한 실천활동을 적극적으로 추진해 나가야 하겠습니다. 역사의 진보를 이루어 나가는 사회세력에 뿌리를 내린 역사학만이 과학적인 것이며, 역사학의 과학성은 사회적 실천을 통해서만 검증된다는 것은 자명한 사실입니다.

최근 연구자들 사이에서 한국사의 공동연구와 그 성과의 대중화를 목표로 활발한 활동을 전개한 것은 이러한 과제를 주체적으로 해결하기 위한 노력의 표현이었습니다. 그러나 이러한 노력을 한단계 높은 차원으로 끌어올려 시대적 과제를 효율적으로 수행하기 위해서는 새로운 전망하에 연구자들의 역량을 더욱 결집해 나가야 하겠습니다. 이에 망원한국사연구실, 한국근대사연구회 그리고 고중세사연구자들이 모여 그간의 활동경험과 성과를 바탕으로 새로이 한국역사연구회를 창립하기로 결의하였습니다.

우리 모두 새로운 각오를 가지고 단결하여 올바른 세계관에 입각한 과학적 역사학을 수립하고 끊임없는 실천을 통해 우리 사회의 진정한 민주화와 자주화에 적극 동참해 나아갑시다.

1988. 9. 3.
한국역사연구회 창립인 일동

2. 『한국역사연구회 회보』 발간사(1988. 10.)

해 설

1988년 10월 1일 한국역사연구회가 창립된 지 한 달 만에 한국역사연구회 회보를 발간하면서 게재한 발간사이다. 발간사에 밝힌 대로 회보는 1차적으로는 회원들 간의 의사 소통을 원활하게 하기 위한 미디어였지만, 연구발표회의 내용과 성과, 수련회, 체육대회, 신입회원 교육 등 연구회의 대내적·대외적 활동을 그때그때 정리해두는 실록과 같은 기록이기도 했다. 회보 발행은 웹진이 출범함으로써 2000년 10월 20일 제41호로 중단되었다.

자 료

오늘의 한국사회를 우리들은 단순히 현실로서 중요성을 지닌다는 데서 뿐만이 아니라 미래의 역사 또한 이 시점의 선택에 따라 조건지워질 것이라는 점에서 주목하게 된다. 우리는 현재 당면하고 있는 문제들을 해결해야 함은 물론 앞으로의 역사에 책임을 져야 한다는 의무를 아울러 가지고 있는 것이다.

현재의 한국사회가 처한 맥락은 적어도 지금까지 우리들이 경험해온 바에 미루어 특별한 중요성을 지닌 것이라 하겠다. 우리들에게 현재인 지금은 뒷날 한 중요한 역사현장으로서의 의미를 갖게 된다는 것이다. 이러한 가운데 서있는 우리들 역사 연구자들의 역할과 임무는 각별하다고 해야 할 것이다.

오늘날 우리들에게 주어진 역사적 과제를 해결하는 일과 더불어 그러한 과정에 투여된 우리들 활동에 대한 궤적을 겸허하게 내보여야 할 것이다. 그 일은 안으로 스스로를 비판하고 반성하는 계기가 될 것이며 밖으로는 오늘의 경험을 뒷날의 역사적 교훈으로 남기는 의미도 있을 것이다. 역량의 한계를 경험에서 비롯하여 바로 인식하는 일도 역사적 성숙을 기할 수 있는 일이다. 이 점은 우리들이 회보를 발간하는 이유이기도 하다.

회보를 통하여 일차적으로는 회원들간에 동시대인으로서 상통하는 현실인식이 가능할 것이며 나아가 과제해결을 위한 공동의 노력과 작업이 이루어질 것이다.

그동안 연구자들은 역사의 진실된 논리를 밝히려는 절실한 노력보다는 현실적 무사안일에 머물면서 관조적 자세를 자랑처럼 유지해 왔다. 이것은 사회의 모순구조 덕분에 누리는 우월적인 불평등 조건을 무비판적으로 수용하는 자세에 지나지 않는다. 그러나 이제 우리는 자주와 민주를 실현하는 새로운 역사의 문턱에 와 있다. 이러한 전환점에서 우리 연구자들은 어떻게 역사와 민족에 기여할 것인가를 진지하게 검토해야 하는 한편, 이렇게 마련된 방안을 구체적으로 어떻게 실천할 것인가도 아울러 논의해야 한다.

그동안의 역사연구는 언뜻 보기에 외형적인 형식에 크게 관심을 두어 왔다. 역사의 진실을 밝히는 일에 형식상의 제약이 따로 있을 수는 없다. 오직 역사 그 자체에서 기준이 마련되고 평가될 뿐이다. 그럼에도 지금까지는 위장된 학문적인 틀을 구비하기 위하여 치장만을 제일요건으로 내세우려 한 것이다. 그런 잘못의 결과로 인해 오늘날 많은 역사연구물의 홍수 속에서도 참다운 연구업적을 발견하기가 쉽지 않은 것이다. 회보의 지면은 지금까지의 이러한 형식이나 외형적인 틀에 구애받지 않고 올바른 내용을 담기 위한 일에 앞장 설 것이다.

이 시대의 과학적인 논리와 진실을 밝혀 역사변혁운동에 기여하고자 하는 우리들 한국역사연구회 회원은 회보의 지면을 통해 민중의 일원으로서의 자각과 위치를 회복할 수 있을 것이다. 내적인 연결력을 강화하고 개별 분산적인 한계를 극복함으로써 실천력을 증대시키는 데 회보의 기능이 놓여있다고 하겠다. 그리하여 지배와 예속의 오욕으로부터 민중의 권리를 되찾고 침략과 민족분할을 통한 민족해체의 위기로부터 민족의 생존권을 확보하는 일에 역량을 결집해 나갈 것이다.

1988. 10. 1.
한국역사연구회 회장 안병욱

3. 『한국사강의』 머리말(한국역사연구회, 한울, 1989)

해 설

『한국사강의』는 한국근대사연구회가 1987년부터 기획하여 편찬 준비를 했던 한국사 개설서로서, 연구회 창립 이후 공식 사업으로 추진되었다. 12명의 필자가 공동 집필하고 각 연구분과의 검토를 받았던 점, 통사 형식보다 강좌식 체제를 취한 점, 근현대사를 중심으로 서술된 점 등 당시로서는 획기적인 면모로 인하여 출간과 동시에 베스트셀러가 되었다.

자 료

우리 사회가 안고 있는 제반 문제들을 주체적이고 과학적으로 인식하고 극복해가기 위해서는 한국사에 대한 올바른 이해가 필수적으로 요구된다. 이를 위해서는 한국사에 대한 올바른 이해가 필수적으로 요구된다. 이를 위해서는 올바른 입장에서의 역사연구와 더불어 역사를 바르게 교육하는 것이 무엇보다도 중요하다. 그럼에도 불구하고 초등학교에서 고등학교에 이르기까지 한국사 교육은 국정(國定)이라는 획일적인 틀 안에서 이루어져 왔다. 학생들은 민족자주와 통일을 지향하는 민주시민이 아니라 안보와 반공이라는 분단이데올로기에 길들여진 소시민으로 교육되었다. 학교에서의 한국사교육은 지배체제를 합리화하고 이념적으로 정당화하는 '권력의 과거통제장치'의 기능을 해왔던 것이다.

이러한 제도교육 속에서 비교적 자율적인 한국사교육이 이루어질 수 있었던 곳은 대학교양과정에서였다. 그러나 대학 한국사강의는 제한된 강의시간과 강사들의 다양한 전공의 제약을 받아, 학생들에게 민족자주와 통일을 지향하는 역사학 강의하는데 많은 한계가 있었다. 대학의 한국사강의는 대체로 강사 개개인의 전공분야나 관점에 따라 내용이 달라질 수밖에 없었다. 이와 같은 고립분산적 강의로는 그동안 학생들의 의식에 강하게 심어진 지배층 중심의 역사상을 허물기 어려웠던 것이다.

따라서 '과학적 실천적 역사학'을 지향하는 젊은 연구자들 사이에 이러한 한계를 극복하고자 하는 움직임이 일어났고, 이는 일차적으로 한국사 강의안의 공동편찬요구로 나타났다. 이 책은 바로 이러한 요구에 대한 하나의 대안으로 편찬된 것으로, 대학교양과정에서 강의를 통해 올바른 역사의식을 고취하고, 나아가 현단계 민족민주운동에 기여하려는 목적하에 한국역사연구회 교재작업반이 공동작업으로 만든

강의교재이다.

원래 이 작업은 한국역사연구회가 창립(1989.9)되기 전, 한국근대사연구회에서 계획하여 12명의 작업반을 구성하여 시작하였다. 작업이 진행되는 과정에서 한국 근대사연구회가 발전적으로 해체되었고, 고대·중세사 연구자까지를 망라하는 한국 역사연구회가 창립되었다. 이에 이 작업은 자연스럽게 한국역사연구회의 작업으로 넘어가게 되었다. 그러나 이 과정에서 작업반의 구성을 바꾸기가 어려워 한국역사 연구회의 고대·중세사 연구자들을 더 보강하지 못하였다.

이 작업에는 고동환, 김동춘, 남지대, 도진순, 방기중, 오종록, 이지원, 정연식, 정 홍준, 최원규, 하일식, 한홍구 등 12명의 한국역사연구회 회원이 참여하였다. 작업 반에서는 공동토론을 거쳐 서술원칙, 목차(주제선정), 서술내용 등을 확정하였다. 이렇게 하여 확정된 서술원칙은 다음과 같다.

첫째, 체제는 통사체제가 아닌 강의에 중점을 둔 강좌식체제를 채택한다. 또한 한국사인식의 흐름에 대한 이해를 돕기 위하여, 총론을 두고 16주 강의에 맞게 16 개 주제를 선정하여 서술한다.

둘째, 근현대사의 비중을 높이고 통일지향의 강의가 될 수 있도록 북한사와 남북 한 통일논의의 전개를 독립된 장으로 서술한다.

셋째, 교양교재로서의 특징을 고려하여 충분한 사실을 소개함과 아울러, 쉽고 정 확하게 서술한다.

넷째, 체제의 균형상 본론에서 다루기 힘든 주제 가운데 중요한 것은 보설로서 다룬다.

다섯째, 각 장마다 핵심 내용을 파악할 수 있는 자료를 번역하여 뒷부분에 싣는다.

여섯째, 역사발전의 주체인 민중을 중심으로 서술하며, 근현대는 자주적 민족통 일국가 수립을 위한 민족민주운동을 중심에 두고 서술한다.

이상과 같은 서술 원칙 하에서 공동작업반은 1~2장씩 분담하여 공동토론을 거쳐 합의된 세목을 바탕으로 초고를 완성하였다. 집필된 초고는 한국역사연구회의 각 분과에서 발표와 토론을 거쳤으며, 작업반에서는 이 과정에서 제기된 문제점을 기 초로 다시 공동토론을 거쳐 내용을 수정 보완하여 원고를 완성하였다.

원고를 마무리하면서 근 1년에 가까운 작업과정을 돌이켜볼 때, 작업이 끝났다는 성취감보다는 작업에 대한 반성이 앞서게 된다. 과연 우리가 설정한 주제가 한국사 강의에 가장 알맞은 주제 선정이었는지, 그리고 서술원칙에 충실한 집필이 이루어 졌는지에 대한 두려움이 크다. 현실의 객관적 요구라는 점을 앞세워 공동작업의 경 험이나 집필자의 역량을 충분히 고려하지 않고 너무 성급하게 작업을 진행시키지 않았나 하는 생각도 든다. 그러나 작업과정에서 한국사서술에 있어서 제반 문제들 이 토론되고 서로의 입장을 통일할 수 있었던 점은 하나의 성과였다. 또한 작업과정에서 공통적으로 확인한 한계들은 앞으로 연구자들이 공동작업을 하는 데 값진 경험으로 남을 것이다.

이 작업은 한국역사연구회 회원들의 애정어린 충고와 격려가 없었으면 제대로 마무리될 수 없었을 것이다. 연구회 동료들에게 깊은 감사를 표한다. 또한 이 책이 알찬 모양을 갖추어 나오기까지 모든 분야에서 지원해준 한울 편집부에게도 감사를 드린다.

이제 책은 독자들에게 넘겨졌다. 이 책이 갖는 한계들은 앞으로 연구자운동의 발전과 더불어 극복될 수 있을 것이다. 이 과정에서 이 책도 계속 다듬어지면서 새롭게 독자들 앞에 선보일 것이다. 독자들의 엄정한 비판을 기다린다.

1989. 2
편 자

4. 『역사와 현실』 창간호 발간사(『역사와 현실』 제1호, 1989. 6. 10)

해 설

회지 『역사와 현실』은 연구회를 상징하는 매체이기에 그 제호 결정을 둘러싸고 장시간 격렬한 논쟁을 거쳤다. 연구회 창립이 1980년대 변혁운동의 와중에서 이루어졌기에 기존의 역사학계에서 발행하는 학술지와는 성격을 달리 하여야 한다는 것이 중론이었다. 그 결과 사회 현실에서 시급히 요구되는 학술적 과제를 담는 특집 또는 기획란을 설정하고 투고 논문에 대해서도 객관성과 과학성을 엄정하게 심사하는 전통을 수립하였다.

자 료

민족문제의 역사적 맥락을 찾는다

본 회지는 한국역사연구회 회원들에 의한 공동연구의 성과를 역사연구자 및 지식인 대중, 나아가 생산대중에게 전달하는 매체가 되려 한다. 역사연구가 비록 전문적 연구자들에 의하여 수행된다 하더라도 그 성과의 소유마저 그들에게 국한된 다면 편협성을 벗어날 수 없고 그것은 궁극적으로 현실과는 동떨어진 지적 유희에 머물기 쉽다. 따라서 항상 일반대중과 함께 함으로써 그들을 설득해 내고, 한편 그들로부터 지도받아 그들의 정서를 갖추어 나갈 때 역사연구는 현실에 접근할 수 있을 것이다. 나아가 현실의 삶을 살고 있는 진정한 이 시대의 주인들에게도 삶의 가치를 어디에 두어야 할 것인가를 제대로 알려 줄 수 있을 것이다. 우리가 회지명을 《역사와 현실》로 결정한 것은 바로 이러한 이유에서이다.

특집 <한국근대의 변혁운동과 민족문제>는 창립기념행사의 하나로 개최된 제1회 학술대토론회의 발표논문들을 모았다. 한국근현대사에서 사회변혁과 반외세의 민족문제는 가장 핵심적인 과제였고 오늘의 민족민주운동에서도 여전히 계속되는 과제이다. 따라서 근대의 변혁운동과 민족문제에 대한 검토는 오늘의 역사를 올바로 인식하고 해결하기 위한 전제로서 중요한 의미를 지닐 것이다.

지난해 8월부터 본격화되기 시작한 통일논의는 지금 우리 민족 최대의 현안이 되고 있다. 통일은 분단의 극복이며 분단의 극복은 어그러진 민족의 삶을 하나로 하는 민족 동질성의 회복에서 비롯될 것이다. 역사연구에서의 동질성 회복은 민족 전체사적 관점에서 합의된 민족사상을 이룸으로써 그 가능성을 열 수 있을 것이다. 이를 위하여 북한 역사학의 동향을 연속물로 기획하였다. 북한 역사학계에서 주요 논쟁의 대상이 되었던 주제들을 중심으로 객관성을 유지하면서 비판적으로 살펴볼 이 기획은 통일지향적 역사연구의 모습이 어떠할 것인가를 모색하여 보는 공간으로 활용될 것이다.

일반대중 대다수의 현실적인 형성의 기초가 되는 중등교육이 지니는 문제점들은 이미 다방면에서 지적되어 왔다. 그중에서도 교과서 편찬의 독점구조를 통하여 지배이념을 국민 전체에게 내면화시키는 국정교과서의 문제는 더욱 그러하다. 중학교 국정 국사교과서 개정본에 대한 비판적 분석을 통해 현재의 역사교육의 실태를 파악함으로써 올바른 역사교육을 성취해 내는 작업에는 교육현장의 교사들뿐만 아니라 역사연구자들에게도 적극적으로 참여해야 할 의무가 있다, 시론 <분단된 조국, 분단된 민족사 교육>은 바로 그 점에 충실히 기여하고자 한 노력의 결과이다. 그 분석은 본 연구회와 역사교육을 위한 교사모임의 공동 작업에 기초하였다.

개인적인 연구작업의 결과는 매호 2편을 넘지 않는 범위에서 게재하되, 연구회의 분과내 토론을 거침으로써 단순한 개인의 작업에 그치지 않고 연구회원들 간의 사상적·학문적 동질성 위에서 작성될 수 있도록 노력하였다.

서평과 연구동향의 난은 최근의 연구성과들을 재검토해 봄으로써 개방된 토론의 장으로 활용하고자 하였다. 서평에는 19세기 농민항쟁사연구의 수준을 한 단계 올려놓은 《1862년 농민항쟁》과 최근 남한에서 출판된 북한의 현대사 연구서들을 대상으로 선정하였다. 연구동향은 고대사의 내용을 풍부하게 하여 줄 <울진 신라 거벌모라비(居伐牟邏碑)의 재검토>와 이영훈, 이호철 교수간에 전개되었던 조선시기 사회경제사연구에 대한 논쟁을 한국사연구자의 입장에서 재조명해 본 <조선시기 농업사 연구 방향>으로 구성해 보았다.

연구의 과학성은 실증성에 기초하고 그것은 사료에 대한 객관적 분석을 통해서 그 내용을 채워나갈 것이다. 따라서 자료소개는 단순히 자료소개 그 자체에 그치지 않고 관계되는 사료 일반에 대한 폭넓은 검증을 통해서 초연성을 갖출 바탕을 마련하고자 함에 있다. 본호에는 19세기정치사연구반이 공동연구과정중에서 주검토대상이 되었던 《조선왕조실록》의 인사기록의 사료가치를 검토하였다.

우리는 회지의 성격을 역사연구전문지로 규정하였다. 그러나 그 의미는 단지 수편의 개별적 논문으로 채워진 기존의 학회지와 같은 형식을 취하겠다는 것은 아니다. 업적 위주의 글들이나 동호인적인 논문들의 모음만으로는 역사연구에 부여된 시대적 소명에 충실할 수 없기 때문이다. 한국역사연구회는 '과학적·실천적 역사학의 수립'을 목표로 하고 있다. 따라서 역사연구전문지 《역사와 현실》은 그동안 이념적으로 추구되어 왔던 민중사학론, 과학적·실천적 역사학의 내용을 채우는 작업에 노력할 것이다.

5. 「학술운동의 현황과 연구회의 진로 -우리 운동의 무원칙성 무정부성을 극복하자-」(『한국역사연구회 회보』제5호, 1990. 4.)

해 설

연구회에서는 매년 여름과 겨울 두 차례씩 연구회원들 간의 단결과 소통을 위해 1박2일 또는 2박3일로 수련회를 개최하였다. 수련회의 공통적인 주제는 연구회가 사회운동의 한 분야로서 학술운동을 어떻게 해나갈 것인지에 대한 논의가 주류를 이루었다. 본 발제문은 1990년 1월 동계수련회 발제문으로서 연구회의 초기 동향을 반영하여 대학원 학생회, 강사노조, 학술단체협의회, 다른 역사연구단체 등 학술운동의 각 부문을 점검하고 연구회가 해야 할 활동을 모색하고 있다.

1. 들어가는 말
2. 학술운동 - 운동론의 정체, 운동의 혼선
3. 학술운동의 여러 공간들, 그 활동의 현황
  (1) 대학원 학생회
  (2) 강사노조
  (3) 연구단체, 학술단체협의회
  (4) 타역사단체들 - 역사문제연구소, 구로역사연구소
4. 한국연사연구회의 현황 - 우리는 지금 무엇을 하고 있는가?
  (1) 지금무엇이 문제되고 있는가?
  (2) 연구위원회 활동
  (3) 운영위원회 각부 사업의 현황

(이상 생략)

5. 나오는 말 - 연구회의 나아갈 길, 우리가 가야할 길

지금 우리 연구회는 기로에 서 있다. 현재와 같은 상태가 앞으로도 지속된다면 우리 연구회는 우리 스스로가 규정한 '진보적 연구자 대중단체'라는 위상에서 이탈하여 '진보적 색채를 띤 학회'로 변질될 수도 있다. 학술운동의 한 공간으로서의 '연구회'를 택할 것인가, 아니면 학계내 한 세력으로서의 '학회'를 택할 것인가? 우리는 정녕 무엇을 원하고 있는가?

물론 우리는 그동안 많은 일을 해 왔다. 지난 1년여의 기간 동안, 아니 《한국근대사연구회》와 《망원한국사연구실》, 그밖의 다른 공간에서 활동해 온 지난 5년동안 기껏해야 '양심적 지식인'에 머물러 있었던 우리가 스스로 '진보적 지식인'이 되기를 원하게 되었을 만큼 우리는 발전해 왔다. 그러나 우리의 이와 같은 발전은 결코 우리가 잘나서 이루어 낸 일이 아니었다. 온갖 억압과 탄압을 뚫고 성장해 온 민중운동에 고무되고 추동될 수 있었기에 가능한 일이었다.

이제 우리는 다시금 민중에게 다가가서 그들로부터 배워야 한다. 지금까지 이루어 낸 일에 지족하고 있을 수는 없다. 우리가 대중의 질책과 요구에 귀를 막는 바로 그 순간부터 우리의 운동성은 상실될 것이다. 그와 더불어 우리가 이루어 낸 모든 성과도 스러져갈 것이다.

이제껏 우리가 이루어 낸 것을 굳건히 지키고, 그를 발판으로 더 한 층의 진보를 이루어 내기 위해서는 무엇을 해야 할 것인가? 우리 연구회가 앞으로도 학술운동의 한 구성요소로서, 전체 변혁운동의 한 구성요소로서 기능하기 위해서는 어떠한 길

로 나아가야 할 것인가?

먼저 우리 활동의 모든 부면을 운동적 관점에서 --학문적 관점에서가 아니라— 돌이켜 보고 평가해야 한다. 우리가 연구반, 학습반을 조직하는 방식, 그 안에서 활동하는 양태가 실천성을 띠고 있는가? 학술대토론회는 우리의 성과를 대중에게 환원시키기 위해 마련되고 있는가? 우리는 진정 정치학습, 이론학습을 원하고 있는가? 대중교육이 마련될 경우 정말로 참여할 의사가 있는가? '실천은 대학원이나 강사노조에서, 공부는 연구회에서'라는 식으로 우리 활동을 분리하고 있는 것은 아닌가? 면피하기 위해 부서활동을 택하고 있는 것은 아닌가? 우리는 얼마만큼이나 '과학적 실천적 역사학'의 내용을 채우기 위해 노력하고 있는가?

위와 같은 질문을 우리 모두에게 던지면서 이제 우리 연구회가 지금 당장, 혹은 점진적으로 착수해야 할 일을 몇가지 나열해 보기로 한다.

첫째, 의식적으로 신규 연구반, 학습반 구성을 위해 노력해야 한다. 한편으로는 연구회 활동에서 소외되어 있는 회원들의 관심분포를 반영하면서, 그리고 다른 한편으로는 실천적 요구에 응답하려는 자세를 견지하면서 '사고회원'의 수를 최소한으로 줄여 나가야 하다. 이에 덧붙여 기존의 대규모 연구반을 기동력 있는 소규모 연구반으로 분리 개편하는 문제도 적극적으로 고려해 보아야 한다.

둘째, 한정된 범위에서나마 이론학습, 정치학습의 기회를 마련해야 한다. 대학원 학생회, 강사노조에서 적극적으로 활동하는 인원은 여전히 역사전공자가 압도적으로 많다. 그럼에도 불구하고 인접 사회과학 전공자에 비해 역사전공자들은 이론적으로 낙후된 상태를 면치 못하고 있으며, 그 격차는 날로 벌어지고 있다. 연구위원회에서 의식적으로 이론학습팀을 만들든, 교육부의 활동을 강화하든 --역사연구자의 정치적, 이론적 낙후성을 극복하기 위한 노력이 경주되어야 한다.

세째, 우리의 활동 경험에 입각하여 학술운동론을 체계화하려는 노력을 기울여야 한다. 우리 연구회에서는 강사노조의 경험, 대학원 학생회 운동의 경험, 우리 연구회를 비롯한 인근 역사연구단체의 활동 경험을 공유하고 그를 토대로 우리 운동에 대한 과학적 인식의 기반을 마련해야 한다. 아울러 학단협에 이 문제를 당면의 중점사업으로 설정할 것을 요청할 필요가 있다.

이와 관련하여 네째로, 학단협에서 우리의 활동을 강화하여야 한다. 학단협의 사업입안이 우리 연구회의 현실을 무시한 채 이루어지고 있다고 불평만 할 것이 아니라 우리가 먼저 학단협 활동을 주도해야 한다. 그를 위해서는 섭외부의 활동을 강화해야 한다.

다섯째, 학단협 이외의 제 단체와의 관계를 확대하고 연대수준을 높여 나가야 한다. 일차적으로 역문연, 구로연과 상설 협조기구를 구성해야 한다. 특히 역문연의 활동이 우리 연구회의 근현대사 분괴를 마비시킬지도 모르는 현 상태에서 역문연과의 협조체제 강화는 즉각 착수되어야 한다. 나아가서는 전교조, 서사련 등과의 접촉창구를 개설하여 대중접촉면을 확대해야 한다.

여섯째, 우리의 주도와 우리의 기획 하에 대중 교육을 실시해야 한다. 당장은 어려울지 모르지만, 적어도 그를 위한 장단기 전망은 수립해 놓아야 한다. 사업부의 활동을 강화해야 하며, 우리 회원 모두가 대중강좌의 강사경험을 가질 수 있도록 노력해야 한다. 외부 단체에 강사를 파견할 경우에도 사전준비를 철저히 하고 '참관인 파견'을 제도화하여 강의경험이 일과성으로 그치지 않도록 주의를 기울여야 한다.

일곱째, 운영위 산하 모든 부서에 부원을 배치해야 한다. 각 부 부원은 부서의 업무를 분장하고 사업계획을 입안, 집행할 뿐 아니라 부서 활동을 분과와 반에서 홍보, 선전해야 한다. 우리 연구회가 무슨 일을 벌이고 있는지를 회원 모두에게 알리고 참여를 촉구해야 한다.

마지막으로, 이상의 모든 일에 선행되어야 하는 것은 우리가 의식적, 무의식적으로 내보이고 있는 '무정부성'의 극복이다. 활동공간과 활동내용을 선택하는 데에서 편의주의와 형식주의를 극복하지 못한다면 우리는 더 이상 '진보적'일 수 없다. 그렇다고 대학원, 강사노조를 팽개치고 연구회 일에 집중하라는 말은 아니다. 다만 자기 활동의 의미를 스스로에게, 동료들에게 확인시키는 과정이 전제되지 않는 한, 그 일은 자기 스스로에게조차도 의미를 지닐 수 없는 일이 될 것임을 강조하고 싶을 뿐이다.

6. 「하기 수련회 보고문」(『한국역사연구회 회보』 제6호, 1990. 10.)

해 설

1990년 8월 7~8일 여름수련회에 참석한 하일식 회원의 보고문이다. 동계 수련회의 발제문에 비하면 연구회의 내부 조직에 대한 비판적 검토와 제언, 새로운 놀이문화의 개발 필요성 제기, 회원의 참여 의욕 저조에 대한 의견이 주목된다.

자료

1. 계획과 진행
2. 집행부의 활동방침보고(개요)
 (이상 생략)
3. 집행부 보고에 대한 토론 요지

이상이 집행부의 활동방침에 대한 보고내용을 개관한것이다. 여기에 대한 회원들의 질문은 다음과 같이 크게 두 가지 방향으로 정리해볼 수 있다. 즉 첫째, 현재 연구회의 상태로 보아 집행부의 활동방침은 다소 의욕이 앞선 것이 아닌가.

둘째, 연구위원회의 기획·지도력 강화라는 방침과 운영위원회의 조직 확대라는 구상은 서로 상치되는 것이 아닌가. 그리고 이는 두 위원회가 현 연구회와 회원의 상태에 대해 다르게 파악하고 있기 때문이 아닌가.

첫번째에 대해서 연구위원회는 다음과 같이 설명하였다. 즉 연구회를 창립할 당시에 회원들은 장기적으로 대단히 많은 것을 해야 하고 또 할 수 있으리라는 기대를 갖고 있었지만, 창립 초기에는 조직운영의 미숙과 연구회의 전망에 대한 회원 상호간의 공감대가 약했던 관계로 인하여 상당히 많은 부분이 유보되거나 혹은 먼 장래의 계획으로만 구상되었었다. 하지만 2년 정도의 경험이 축적된 현 시점에서는 연구회가 연구자의 단순한 양적 집적물이 아니라 한 차원 높은 조직체가 되도록 편제하고 단련할 필요가 있다. 물론 현 실정에 비추어보아 그 전망이 그다지 밝다고는 할 수 없고 아직도 과거와 같은 문제점들이 지적되는 형편이긴 하지만, 이 시점에서는 이러한 노력이 경주되어야 하며 또 그것이 관철되지 못한다고 한다면 앞으로도 불가능할 것이 아니겠는가.

여기에 대해서는 참석자 다수가 공감하는 편이었다고 하겠다. 그리고 두번째 문제에 대해서 두 위원회는 이렇게 설명하였다. 즉 기획·지도력의 강화라는 문제와 조직 확대라는 문제는 서로 배치되는 것은 아니라고 생각된다. 회원을 보다 많이 확보한다는 것은 무분별한 양적 팽창을 의도하는 것은 아니며, 연구회의 대외접촉면을 확대해나간다는 것도 일정하게 우리 내부적 조건에 규정받을 수밖에 없는 것이기 때문이다. 따라서 양자는 서로 보완하고 규제되는 관계에 있는 만큼, 연구회의 발전을 위해서는 양자가 함께 추구되어야 한다.

하지만 이와 연결되는 다음 문제, 즉 두 위원회가 연구회의 현 상태를 다소 다르게 파악하고 있는 것이 아닌가하는 것과 관련해서는 다소간 이견이 있었고, 집행부의 일부에서도 그러한 측면이 있음을 수긍하는 분위기였다고 하겠다.

4. 문제점과 과제

이러한 토론이 끝난 뒤 전체적인 회식과 오락시간을 끝으로 수련회의 공식적인 일정은 마무리되었다. 이제 이번수련회에서 드러난 몇 가지 문제점들을 살펴보고 집행부나 회원 각자에게 어떠한 과제가 남겨지게 되었나를 지적해보고자 한다.

우선 교육부의 정세교육에 대해서 보면, 그 동안 교육부의 회원교육활동이 부진했던 것을 생각하면 그 필요성이 매우 강하게 제기되고 있었고, 또 그런 만큼 수련회에서 정세교육 프로그램을 마련한 것은 의미있는 것이었다고 할 수 있다. 그런데 -교육의 주제에 비추어 당연한 것이긴 했지만- 내용이 다소 포괄적이었던 관계로 교육시간이 길고 지루한 감을 주었으며, 상대적으로 토론시간이 부족했음을 진행상의 문제점으로 지적할 수 있겠다. 여기에는 회원들의 분위기에 대해 교육부가 사전 파악을 충분히 하지 못한 것과 함께 외래 강사에 대한 주문이 명확치 않았던 측면도 있었겠지만, 보다 중요하게는 연구회 전체 차원에서 이루어진 정세교육이 드물었던 관계로 인한 것으로 생각되는 만큼, 유사한 문제점들은 앞으로 여러 번의 정치교육이 수행되는 과정에서 자연스럽게 해결될 수 있으리라 생각된다.

다음 연구위원회와 운영위원회의 보고내용에 대한 토론을 보면, 집행부 내부의 문제로서 가장 먼저 지적될 수 있는 것이 연구위원과 운영위원의 책임의식이 미약하다는 점이 되겠다. 즉 두 위원장의 보고내용에 대해 책임의식을 갖지 못하고 국외자로 일관하는 듯한 인상을 주었으며, 결과적으로 두 위원장의 보고에 대해 각 위원들이 문제를 제기하는 형식이 연출되었던 것이다. 여기에서 회원들의 발언은 상대적으로 제한되었을 뿐 아니라 집행부의 활동방침보고가 갖는 의미가 제대로 전달되지 못하고 정제되지 못한 문제제기가 나오거나, 혹은 논의의 촛점이 엉뚱하게 보수학계에 대한 연구회의 입장이나 개인의 태도와 같은 문제로 흘러버리는 면이 있었음도 지적되어야 하겠다. 그리고 이는 한편으로는 회원들이 집행부가 꾸리는 사업의 내용에 대해서 그 동안 상당 부분 방관자적인 자세를 가져온 데서 말미암는 바가 크다는 점도 간과할 수 없다고 생각된다.

마지막으로 회식시간을 살펴보면, 놀이시간에 전체적인 참여가 미흡했던 것이 아쉬운 점으로 남는다.

이상 정리한 바에 기초하면, 전체적으로 보아 집행부의 활동방침에 대한 토론은 그다지 성과 있는 것이었다고 하기는 힘들다. 한편 이번 수련회를 계기로 집행부나 회원 모두는 일정한 과제의식을 가져야 하리라 생각된다. 즉 전체 토론석상에서 자칫 논의의 촛점이 선회하여 충분한 성과를 얻지 못한 경험은 처음이 아닌 만큼, 향후에 집행부는 사전에 여러 가지 측면을 세밀히 진단하여 토론을 준비함으로써 소기의 성과를 거둘 수 있게 해야 할 것이다. 앞서 언급한 논의과정에서의 비생산적인 측면들은 회원들이 집행부가 구상하거나 추진하고 있는 사업의 구체적 내용을 알지 못하고 있는 경우에 잘 나타날 수 있는 것이므로 소식지 등을 통한 홍보와 일상적인 보고에도 좀더 노력을 기울여야 하겠다. 그리고 연구회의 현 상태에 대해 집행부 내부에서 약간의 견해차가 있을 경우에는 긴밀한 논의를 통하여 서로 정확한 파악이 이루어지고, 이를 토대로 구체적인 사업이 기획되고 추진되어야 할 것이다. 또한 회원들도 연구회의 사업이나 활동에 대해 집행부와 마찬가지의 책임의식을 가질 것이 절실히 요구된다. 그러한 책임의식 위에서 집행부에 대한 지적이 이루어지고 문제가 제기될 때 연구회 전체는 더욱 신선한 활동력을 얻을 수 있을 것이다. 연구회 전체행사 뒤에 자주 나오는 이야기이긴 하지만, 회원들의 참여도가 낮다는 것도 여기서 말미암는 바 크며 이번에도 예외는 아니어서, 수련회의 형식을 능동적인 회원이 중심이 되어 2박 3일 정도의 '열성자대회'처럼 치르자는 의견도 나왔음을 참고로 부기해둔다. (정리 : 하일식)

7. 「민중사학의 성과와 과제」(연구회 컴퓨터)

해 설

1991년 1월 31일~2월1일 2박3일로 진행된 동계수련회에서 발표된 발제문이다. 이 발제문을 둘러싼 토론이 이후 한국역사연구회의 연구와 사회적 실천 방향을 규정하는 데 결정적 역할을 했다고 보인다. 이날 토론 내용이나 후일담에 대해서는 30년지 본문과 『한국역사연구회회보』 제8호에 윤덕영 회원이 정리한 「지난 동계수련회 워크숍을 돌아보며」를 참조하기 바란다. 발제문이 다른 기록에 정리되어 있지 않고 컴퓨터 파일 형태로 남아 있어 다소 길지만 전문을 수록하였다.

자 료

1. 머리말

80년대말부터 몰아닥친 세기적 변화와 그와 맞물린 한반도의 국내정세는 -일시적인 것인지의 여부와는 별개로 - 보수진영의 총공세와 진보진영의 수세기 라 할 수 있다. 국내의 사회적 모순이 심화되고 이에 대한 대중들의 불만이 팽배해있음에도, 또한 87년 6월항쟁 이후 민민운동의 대중적 토대와 조직적 역량은 급속히 성장했음에도 불구하고, 모순은 전면화되고 있지 못하며 운동의 전망은 대단히 유동적인 상황에 있다. 사회주의권의 급격한 변화의 물결과 이를 매개로 한 보수진영의 공세는 그에 대한 역사적 평가가 어떠하든지, 진보진영에게는 시련으로 다가왔다.

한편에서는 사회과학출판의 위축으로 상징되는 대중의 사회과학과 역사에 대한 허무주의적 인식이 심화되었다. 다른 한편에서는 기존에 우리가 당연한 것으로 받아들였던 역사인식과 사회과학방법론이 흔들리면서, 사회과학계와 운동진영의 이념적 혼돈과 재정립 양상이 나타났다. 이런 현재의 역사적 상황은 아직 완전히 성숙하지 못한 우리 진보적 역사학계에게도 새로운 시련으로 다가서고 있다.

연구회에서는 현재의 변화된 정세에 대응하여 이미 회지 3호의 기획좌담 80년대 한국사연구의 반성과 90년대의 과제 를 통해, 민중사학으로 대변되는 80년대 진보적 연구자들의 연구성과를 검토하고 90년대를 맞는 우리의 과제를 진단했다. 그러나 올바른 한국사상을 정립하고 90년대의 실천적 좌표를 정립하는 것이 우리 모두의 과제라고 할때, 이러한 진단은 단지 몇몇 회원들만의 논의 정리만으로 끝날 문제가 아니라고 보여진다.

이번 워크샾은 과학적 실천적 역사학의 수립을 위한 우리의 그동안의 노력과 성과를 몇몇 회원들만의 문제가 아닌 연구회 전체의 문제로 검토하고 고민하는 단초를 마련하기 위해 준비되었다. 발제문의 구성은 우선 2장에서는 진보적 역사학의 60 70년대 경험을 간략하게 살펴보면서, 우리의 객관적 조건이자 우리가 몸담고 있는 역사학계의 현상황과 구도를 살펴보도록 한다. 3장에서는 민중사학 과학적 실천적 역사학 이란 명칭아래 진행된 우리의 기존 연구성과와 과제들을 총론적 수준과 시대사별로 나누어 검토할 것이다. 4장에서는 문제를 연구회로 돌려 민중사학의 내실화를 위해 연구회가 당면한 조직적 과제가 무엇이며, 이를 해결하기 위해 어떠한 노력을 기울어야 하는가를 살펴보도록 한다.

2. 현 사학계의 구도

여기서는 진보적 역사학의 60 70년대 경험을 간단히 언급하고, 현 역사학계의 구도를 정리하고자 한다.

(1)

80년대 이후 역사학계의 변화는 한국전쟁이후 초유의 것으로, 6, 70년대 진보적 사학계의 가교적 역할에 힘입은 것이었다. 60~70년대 사학계의 진보적 유산을 단순하게 소묘한다면, 연구영역에서 상대적으로 소외되었던 사회경제사 민중운동사 등의 (분류사적) 확장과 역사관의 심화라 할 수 있다. 당시의 진보적 역사관은 민족사관, 변증법적 인식의 부분적 적용, 분단과 통일문제에 대한 인식지평의 확대, 민중론의 심화 등으로 정리할 수 있을 것이다.

그러나 이러한 유산은 일정한 한계점을 지닌 것이었다. 즉 당시의 민족사학은 우리 시대의 핵심적 과제인 신식민지론 비판까지 접근하지 못했으며, 따라서 분단과 통일에 대한 인식도 민족주의적 호소의 수준을 뛰어 넘지 못했다. 한편 당시 변증법의 섭취도 도구적 방법의 수준에서 부분적으로 섭취하는 정도였다. 따라서 이것은 신실증주의와 쉽게 혼효되었다. 민중론 또한 제3세계론, 네오맑시즘 등에서 필요한 부분을 차용하는 수준의 것으로, 그 대중화의 위력에 비해 대단히 엉성한 비과학적 용어로 사용되었다. 그럼에도 60~70년대 사학계의 진보적 성향이 80년대 진보적 역사학이 성장 발전하는데 가교적 역할을 수행했음은 부정할 수 없다.

80년대는 광주민중항쟁, 2 12총선, 6월항쟁, 대선, 총선, 여소야대와 3당통합으로 표현되듯 지그재그의 굴곡을 거치면서도 변혁운동의 거대한 진출을 경험했다. 현실의 변화에 직결되는 것은 아니지만, 사학계 또한 현격한 변화를 초래했다. 사학계 변화의 핵심과 동인은 사회과학 출판의 활성화와 제도외적 학습의 다변화를 배경으로 하면서, 진보적 신진연구자들(제삼세대)이 집단적으로 진출하여 조직화된 데서 비롯되었다.

(2)

80년대를 통해서 사학계의 지형은 진보와 보수로 확연히 구별되어 대치국면을 형성하고 있는 것은 아니고, 여러가지 가변성과 이질적인 요소들이 혼재되어 있다. 그러나 크게 보면 대체로 다음 세 그룹으로 정리할 수 있다.

첫번째 진영은 보수적 진영으로 지칭할 수 있다. 이들은 주로 대학의 중견교수들로 구성되어 있다. 이들은 대학에서 안정된 신분과 권위를 가지고 학생들을 지도하고 있으며, 국편 정문연등 관변연구소를 통해서 국가권력과 보험적 연관아래 있고, 진단학회 역사학회 한국사연구회 등의 학술단체를 중심으로 활약하고 있다. 이들의 연구방법론은 80년대이후 다소 세련되는데, 그 철학적 근거는 주로 신실증주의에 의존하고 있다. 이들의 전방부대는 진보적 사학계에 직접적 제어기능을 마다하지 않으며, 후방은 자체의 재생산에 주력하고 있다.

두번째 진영은 주류적 경향에 비판적인 학자들이다. 이른바 전직 해직교수 들로 대표되는 이들의 역사관은 자유주의적 경향,민족주의적 경향, 부르주아과학에 대한 비판과 대안을 모색하는 경향 등으로 나눌 수 있다. 이들은 대학교수로서의 명망성과 학문적 업적을 바탕으로 개인활동과 소모임활동을 주로 하고 있다. 경우에 따라서는 80년대 이후 확대된 사회운동에 투신하기도하며, 신진연구자들의 결집에 테두리가 되어주는 등 중요한 역할을 하고 있다.

세번째 진영은 진보적 신진연구자와 연구회 진영이다. 80년대 중반이후 망원한 국사연구실, 역사문제연구소, 한국근대사연구회로 시작된 역사연구조직은 지금 우리의 한국역사연구회와 구로역사연구소, 앞의 역사문제연구소로 정리되어 있다. 이들은 민중사학 또는 과학적 실천적 역사학 을 표방하고 있지만, 애매모호하고 다양한 요소들이 혼재되어 있는 형편이다. 그러나 적지않은 조직원과 활발한 활동, 자기매체의 안정적 확보, 연구성과의 집체적 정리 등으로 사학계에 신선한 바람을 일으켰다. 그리고 이제는 바람의 수준을 넘어서 자체의 안정적 재생산구조와 토대를 모색하는 단계에 있다.

이러한 3가지 진영의 관계를 모색할 때 유의할 점은 먼저 사회적 지평에 입각해야 한다는 사실이다. 이 점은 사학계도 한국사회의 일단면에 지나지 않는 만큼, 사학계의 정세나 역학관계도 사회적 총체성을 기반으로 하여 보아야 한다는 것을 말한다. 그렇지 않고 협애하게 사학계내부의 정세에만 주목할 경우, 흔히 사학계의 대립관계만을 지나치게 부각시키는 좌경적 오류나, 사학계의 주도적 부분인 보수교수들의 입장과 세력을 지나치게 민감하게 수용하는 우경적 오류를 범하게 된다.

다음으로는 앞서 언급한 세 진영사이의 관계는 지금 양대진영으로 확연히 구별되는 대치국면이 아니라는 사실이다. 보수진영이 전체 역사학계에서 차지하는 주류적 위치는 아직 여전하며, 세 경향은 다소 혼재되어 있고, 구별되더라도 대립적이라기보다는 병렬적 차등성을 지니는 정도이다. 그렇지만 80년대 후반이후는 이전과 달리 진보적 사학에 대한 도전이 사법적 사건의 수준을 넘어서 학계내까지 확산되어, 학계내에서도 보수진영과 진보적 진영과의 대립이 점차 가시화되고 있다. 따라서 현 역사학계의 상황은 각 진영마다 자기 내부를 정비해가는 초기단계라고 할 수 있다.

3. 민중사학의 성과와 과제

지금 역사연구회를 비롯한 진보적 연구자들은 과학적 실천적 역사학 민중사학 등의 슬로건 아래 연구역량을 강화하고 있다. 이러한 연구의 성과와 과제를 총론적 부분과 각론적 부분으로 나누어서 점검해 보고자 한다.

(1)

과학적 실천적 역사학 민중사학이라는 개념은 일정 수준의 암묵적 합의에 바탕하면서도 다양한 의미로 사용되고 있다. 그것은 개념자체의 모호함에서 비롯되기도 하고, 이를 받아들이는 우리들의 애매함에서 비롯되기도 한다. 여기서는 개념적 정치함보다는 실질적 합의 수준을 높이는 것에 유의하여 몇가지를 검토해보고자 한다.

과학적 실천적 역사학 민중사학에서 우리가 현재 도달한 암묵적 합의는 이론적 사상적 수준 등에서는 다양한 편차를 가지면서도 역사에 대한 부르주아적 방법론의 편파성, 주관성, 형식성을 넘어서, 변증법적 역사인식을 기반으로 한다 는 것이다. 변증법적 역사인식에 대체로 동감한다고 할 때, 먼저 그것의 기본적 내용에 대한 확인이 필요하다. 주지하다시피 변증법적 역사인식은 역사의 본질을 (1)인류역사를 사회적 생산의 발전에 의한 사회제도의 합법칙적 교체과정으로 보며, (2)인민대중을 역사의 창조자로 규정하고, (3)계급사회이후 사회역사발전의 중요한 동력을 계급투쟁이라고 본다.

다음으로 변증법적 역사인식의 방법론은 역사주의와 당파성의 원칙에 기초한다. 역사주의라 함은 과거를 가감없이(加할 경우 복고주의가, 減할 경우 허무주의가 된다) 보는 데 필요한 원칙이다. 당파성의 원칙은 역사를 가감없이 보면서도 발전의 합법칙성을 찾아내는 데 필요한 원칙이다. 이 원칙에 충실하지 않을 경우 역사는 오가잡탕의 현상적 혼재에서 벗어나기 힘들 것이다.

그런데 변증법적 역사인식의 이러한 두 가지 축은 간단히 정리될 수 없는 많은 하위범주를 포함하고 있으며, 이로 인해 무수한 역사논쟁들을 불러 일으켰다. 우리는 이런 논쟁들을 유념하면서 변증법적 역사인식을 한국사에 구체적으로 적용시켜 체계화하는 과제를 안고 있다. 이러한 과제를 해결하는 데 있어 나타나는 총론적 고민은 다음의 몇가지로 정리할 수 있다.

1) 변증법적 인식의 양적 확대의 문제이다. 변증법적 역사인식의 함의를 사회경제사연구의 강조라는 식으로 협애화되어서는 안될 것이다. 사회경제사 연구는 물론 지배층 연구, 사상사연구, 생활사연구를 종합적으로 검토해야 할 것이다.

2) 한국사 체계화의 시기구분 문제이다. 이것은 각 시기, 각 분야의 연구를 기반으로 하는 것이지만, 둘 사이의 관계는 형식적 선후관계에 있는 것은 결코 아니다. 지금 가장 타당한 시기구분이 무엇이냐는 모색은 항상 필요하다. 이것은 시기구분의 합의성을 높이는 것 이외에 개별연구의 분산성과 문제의식의 파편화를 방지하는 끈이 될 것이다.

3) 역사의 주체인 민중을 체계적이고도 생동감있게 파악하는 문제이다. 사실 민중을 역사의 주체로 인정하는 것은 사학계의 보수 원로들도 차마 동의하는 것이다. 이러한 시점에서 우리는 민중을 강조하는 도덕성의 높이와 소외된 민중을 연구한다는 소재적 의의에 머무를 수 없다. 이러한 관점에서 두가지 문제를 지적할 수 있을 것이다. 하나는 민중을 생산관계, 계급구성과 결합해서 파악해야 한다는 점이다. 민중의 개념과 계급구성에는 그간 70년대부터 이미 논란되어 왔으나, 80년대에서도 별다른 진전이 없다. 민중 근대설과 통시대설, 계급연합설과 독자구성설 등이 검토 해결되어야 할 것이다. 다른 하나는 역사주의를 견지하는 것이다. 어찌보면, 민중에 대한 연구는 이상하리만큼 비주체적이고, 주장이 강한 만큼 역사주의적 관점이 결여된 경우가 허다하다. 민중은 사회구성을 밝히는 도구적 존재가 아니며, 그것을 운영하고 변화시키는 동력이다. 또한 민중은 시대 객관적으로도 변화하며, 동일한 역사단계에서도 쉼없이 수준을 높여 나가는 유기체이다. 민중이 민중이 되어 가는 지그 재

그의 동적 과정을 그려내기 위해서는 다양한 측면에서의 접근과 아울러 역사주의의 견지가 필요하다. 이것만이 민중적 순환사관의 굴레를 벗길 수 있을 것이다.

(2)

이제 우리 역사연구회의 분과를 중심으로 과학적 실천적 역사학의 성과와 과제를 진단해 보자. 총론적 부분에서는 과제중심이었으나, 여기서는 성과를 중심으로 파악하고자 한다.

80년대 고대사에서는 인류학이론에 입각한 국가 형성과 골품제 중심의 연구가 주류를 이루었다. 이들 연구는 식민사학론을 극복하고 고대사의 상한선을 높이거나 그 내용을 풍부히 하는 데 일정하게 기여했다. 그렇지만 방법론적인 면에서는 이전의 연구경향을 극복하려는 노력은 거의 보이지 않아, 기존 학계에서 견지해온 고대사상을 크게 벗어나지 못했다.

그런 가운데 주목되는 경향은 사회사 연구가 활발하게 진행되었다는 점이다. 지배계층의 지배구조를 밝히려는 노력은 部에 관한 연구의 활성화를 가져왔고, 또 피지배층의 존재형태를 규명하는 데 필요한 촌락 사회구조, 국가수취체계의 변화, 민을 규제하는 지방제도 연구의 진전으로 기존의 王都 중심의 정치사 정치제도사를 벗어난 고대상을 구축하는 데 일정한 기여를 했다. 그러나 사회사 연구는 그에 따른 필수적인 작업으로서의 사회경제사 연구가 제대로 뒷받침되지 않은 관계로 당시 사회에 대한 변증법적 인식으로까지 확대되진 못했다. 최근에 이르러 생산도구의 분석을 통한 고대사회의 생산력 증대 문제에 대한 관심이 제고되고, 또 그에 따른 당시 사회 변동 양상을 검출하려는 노력이 있었기는 하나 아직 초보적인 수준에 머물러 있어 전체적인 고대상을 재구성하는 데까지 이르지 못한 실정이다. 앞으로 고대사학계의 과제는 바로 변증법적 방법론에 입각한 연구의 활성화와 그에 입각한 고대사회 성격 규명에 있다고 할 수 있다. 이럴 때 기존 보수사학계의 논리체계를 극복할 수 있을 뿐만 아니라 북한학계의 연구성과에 대한 비판적 극복도 가능하리라 판단된다.

80년대 중세사에서는 사회경제사 분야뿐만 아니라 기타 다른 분야사에서도 실증적인 연구성과들이 상당히 축적됨과 동시에 각각의 분야사에서 초보적인 수준이나마 논리적인 체계화를 구축하기 시작했다. 특히 그중에서도 고려전기=고대사회론을 비판 극복하는 가운데 고려전기의 사회성격과 역사상이 어느 정도 체계적으로 이해되기 시작했다는 점, 고려후기=중세후기설이 전시과와 과전법이 기본적으로 같은 성격이었음을 밝히려는 일련의 실증적인 검토와 분석에 의해 확고하게 다져졌다는 점이 주목되는 연구성과라 할 수 있다. 아울러 이러한 연구의 진전은 조선전기 신분구조의 실체를 해명하는 데 일정한 영향을 미쳤고, 또 당시 촌락사회의 구조나 재지 지배세력의 실체를 규명하는 데도 기여했다. 더욱이 사상사 분야에서는 불교와 성리학 그 자체에 대한 연구의 심화와 더불어 그것들이 당시 사회에서 어떠한 이데올로기적 기능을 수행했느냐 하는 문제로까지 확대되었다.

이처럼 80년대 중세사연구가 각 분야사별로 활성화되었다고는 하나 아직까지는 방법론적인 면에서 변증법적인 연구방법론이 일반화되었다고 보기는 어려우며, 또 일부 분야사에서 그에 입각한 연구가 진행되었다 하더라도 아직 이론과 실증 양 측면에서 논리적인 체계화를 갖추었다고 볼 수 없다. 더욱이 그에 입각하여 중세사회 전체상을 체계화하는 작업은 더욱 미진한 형편이다. 결국 앞으로의 과제는 80년대의 연구성과를 바탕으로 각 분야사 나름의 논리적인 체계화 작업이 선행되고 그에 기초하여 종합적인 중세사상에 대한 논리적인 체계화를 이루어내는 것에 있다고 본다.

80년대의 근대사연구는 변증법적 인식에 입각하여 사회구성을 해명하는 데 노력해 왔다. 먼저 중세적 생산양식이 해체되어 가고 근대적 생산양식이 진전되어 가는 근대로의 이행기의 여러 양상이 종합적으로 검토되었다. 많은 연구자들이 참여하여 봉건적 토지소유구조의 특질 규명, 향촌사회의 운영원리와 향촌사회조직에 관한 연구, 생산관계의 변화에 따른 농민항쟁의 규명, 지배세력의 권력체계에 대한 해명 등이 광범위하게 이루어졌다. 그리하여 조선후기 특히 19세기 초는 중세사회가 해체되어 근대사회로 이행해가는 시기로 규정되었다. 그러나 다른 한편으로는 아시아적 생산양식론의 입장에 선 연구자들의 문제제기와 함께 변증법적 인식의 차원높은 체계화(사물론의 한국적 적용)가 요구되고 있다. 즉 내재적 발전론의 이론적 체계적 극복이 요구되면서 국가권력의 실체(경제사와 정치사의 연관, 국가적토지소유론의 문제제기)와 농촌사회의 계급구조 및 피지배계급의 정확한 위상(지금까지의 연구에서는 피지배계급의 정당성, 진보성만을 언급)을 밝히는 것이 시급한 과제로 제기되고 있다.

80년대 근대사연구에서 주요하게 다루어졌던 주제는 변혁주체와 경제구조에 연구이다. 개항기에서는 변혁의 방향과 그 담당자들에 대한 연구가 활발하게 진행되어 개화파의 성격, 독립협회, 농민전쟁, 의병전쟁 등에 연구가 집중되었다. 또한 경제사에서는 자본주의침략 이후의 조선의 경제구조가 변화되어가는 단면이 언급되고 있다. 일제시기의 경우는 민족해방운동에 대한 연구가 활발하게 진행되고 있다. 노동자, 농민, 공산주의운동은 물론 항일무장투쟁 및 조국광복회 등의 분야까지 연구영역이 확대되었다. 그러한 연구는 기존의 관변 및 보수학계의 한국 근현대사의 틀을 수정하는데 크게 기여했다. 또한 변혁운동의 물적 토대와 식민지의 사회구성을 해명하는 경제사연구가 진행됨으로써 토대와 사회운동의 결합을 모색하는 연구

경향이 나타났다.그러나 이러한 연구들은 아직까지는 변증법적 인식을 체계화시키는데까지는 이르지 못하고 있다. 운동사는 사실 확장의 영역에 몰두하였고, 경제사는 식민정책의 실상을 포괄하는 토대의 해명에까지 이르지는 못했다.

근대사에 대한 연구는 진보적 역사진영에서 가장 활발하게 연구가 진행된 시대로 다른 분야의 연구를 촉진시켰다고 할 수 있다. 그리고 이제는 적극적으로 변증법적 인식의 한국적 적용을 위한 체계화가 필요한 시점에 와있다. 때문에 그를 위해서 시대구분과 사회구조의 규명을 나름대로 시도해야 할 것이다.

45년 이후의 현대사연구는 80년대 중반들어 현재적 문제의식과 관련하여 활발하게 연구되기 시작했다. 주로 해방 3년시대의 변혁운동연구로 촉발된 현대사연구는 최근에 들어서는 한국전쟁, 1950~70년대 한국사회에 대한 연구로 그 지평을 넓혀가고 있다. 현재 현대사연구에 있어 주요 관심이 되고 있는 부분은 한국현대 사회운동사의 체계화에 대한 문제이다. 그리고 이와 관련하여 외세의 지배정책과 변혁운동의 역사적 흐름에 대한 다각적인 검토, 사회구성에 대한 연구가 진행되고 있다. 그러나 아직은 문제제기의 수준에 머무르는 경우가 허다하고 본격적인 연구가 진행되고 있지는 못하다.

현대사연구에 있어 가장 시급히 해결해야할 과제는 무엇보다도 45년 이후 80년대까지의 역사를 역사연구의 영역으로 확보해내는 문제이다. 현재 역사학계내에서의 현대사연구는 해방 8년사에 한정해서는 연구영역으로 인정받고는 있으나, 그 이후 시기에 대해서는 아직은 학계내에서 연구영역으로 공인받지 못하고 있다. 해방 8년사를 넘어서 50~80년대를 연구영역으로 포괄해내려는 일련의 시도들에 대한 적극적인 지원과 격려가 요구된다. 다음으로 연구방법론과 관련해서는 현대사연구자들의 경우 타 연구영역과 달리 변증법적 인식에 대한 공감대가 기본적으로 형성되어 있다. 그러나 현대사연구는 이런 공감대내에서도 다양한 입장과 방법론의 분화를 보이고 있다. 때문에 특정한 정치적 입장이나 틀을 벗어나 다양한 입장과 방법론에 대한 토의가 요구된다.

4. 우리의 과제와 전망

이상에서 민중사학 또는 과학적 실천적 역사학이라 일컬어지는 우리의 학문적 성과와 과제에 대해 살펴보았다. 우리는 현재 학계내에서 일정한 지반을 구축하였지만, 만족할 만한 성과를 이룬것은 아니다. 새로운 전진을 요구받고 있다. 그런데 이는 개개인의 힘으로만 획득될 수 있는 것은 아니다. 연구회로 모인 우리 모두의 노력과 힘이 결집되고 지혜가 모아질때만이 해결될 수 있다.

연구회가 당면한 과제는 크게 보아 내부의 과제와 대외적 과제로 나눌 수 있다. 내부과제에서 우리가 가장 먼저 해결해야할 것은 과학적 실천적 역사학의 내용을 채우기 위한 전문적 연구역량을 키워나가는 것이다. 그동안 연구회에서는 전문적 역구역량을 강화하기 위한 노력을 연구반들을 통해 기울여 왔다. 지금은 그러한 노력이 연구회원 개개인의 연구역량 고양과, 연구반 및 연구회 전체의 집단적 축적물이 되는데 얼마나 기여했었고, 어떠한 문제점을 가졌는가를 엄밀히 검토하여 향후 활동에 있어서의 모범을 찾아내야 할 것이다. 그리고 학술대토론회나 워크 등의 행사가 일회적인 것으로 끝나지않도록 하기위해서 어떠한 점들이 고려되어야 하는가에 대해 보다 진지한 고민이 있어야 할 것이다.

다음으로 현재 연구회의 구성은 학번상으로 60년대 후반부터 80년대 중반까지, 신분상으로 전임 강사 대학원생에 이르는 다양한 편차를 갖는 회원들로 이루어져 있다. 신분상, 세대간의 큰 범주 속에서 각 회원들의 실제적인 상황과 고민이 어떠하며, 이를 타개하기 위해 어떠한 전망과 배려를 해야하는가에 논의가 있어야 할 것이다. 특히 80년대 학번들의 연구회에 대한 참여나 실질적인 활동이 예전보다 떨어지는 현상황에 대한 진단과 대책 수립이 시급하게 요구된다.

세째로는 연구회의 분위기에 대한 문제이다. 현재 연구회는 전체적으로 일할 사람을 찾기 어려운 형편이다. 이는 회원 개개인의 소극성 문제도 있지만, 연구회 일을 하면 손해라고 느끼게 만드는 연구회의 전반적인 분위기에도 원인이 있다. 이런 속에서 개인주의와 연구주의가 발생하는 것은 당연한 것이다. 때문에 우선 집행부나 일을 맡고 있는 사람들을 격려해주는 분위기가 요구된다.

연구회가 해결해야 할 대외적 과제로서는 우선 연구회원들의 연구지원을 위한 기반 확보의 문제를 들 수 있다. 우리 연구회원들의 연구조건은 개인적인 편차가 있지만 전반적으로는 어려운 실정이다. 안정된 수입원을 갖고 안정된 연구공간을 확보한다는 것은 갈수록 어려워지고 있다. 그간 각 연구반에 대한 연구회 전체 차원의 지원은 대단히 미미한 형편이었다. 각 연구반에 대한 지원을 위해서는 무엇보다도 연구회의 물적토대가 확대되어야 하지만, 회원들의 회비에 의존하는 현재의 재정상황에서는 연구지원이 지극히 곤란하다. 문제는 어떻게 물적토대를 확보하느냐이다. 돈많은 물주(?)가 나타나 이문제을 해결해 주었으면 좋겠지만, 이는 현재로서는 가능한 것 같지 않다. 아니 그런 맘좋은 물주가 있다고 해도, 그냥 돈을 대주는 멍청한 물주는 결코 없다. 문제는 우리가 기획능력과 사업능력을 확보하는 데 있다. 현재의 농민전쟁 100주년 기념사업, 그 이상의 다양한 프로젝트를 목적의식적으로 개발해야 한다. 현재 제도권에서 진행되는 다양한 연구프로젝트과 돈의 흐름을 놓고 볼때 이런 시도는 가능할 것이다. 때문에 이런 기획과 사업능력을 어떻게 확보할 것인가에 대한 진지한 논의가 필요하다.

다음으로는 첫째와 연관된 것이기도 하지만, 앞서 역사학계 구도부분에서 살펴보았듯이 현재 역사학계 내부에는 주류적 경향에는 비판적인 일군의 전직 해직교수들과 60년대 초반에서 후반에 이르는 일군의 중견교수들이 존재하고 있다.이분들은 여러 측면에서 연구회에 실질적인 도움과 원조를 줄 수 있는 위치에 있다. 현재 연구회는 이분들과 개별적인 차원에서 그것도 한정된 차원의 관계만을 맺고 있다. 그러나 이분들이 할 수 있는 역할이나 우리의 지반을 넓힌다는 의미에서 보다 적극적인 관계 설정도 필요할 것이다.

세째로는 현재 우리에게 직접적으로 부딪치는 절박한 과제는 아니지만, 장기적인 차원에서는 전향적으로 모색되어야 할 연구의 대중화 문제이다. 연구의 대중화는 크게보아 대중교과서의 편찬과 대중강좌로 나눌수 있다. 연구회에서는 대중교과서로 한국사강의를 출간했다. 그리고 현재는 이를 개편하기위해 특별 연구반이 구성되어 활동하고 있다. 특별연구반에서 좋은 결과를 산출해낼 것이다. 다만 대중교과서편찬에서는 연구의 정합성과 총화도 중요하지만, 현재 대중의 이해와 요구, 민민운동의 수준과 과제도 중요하게 고려되어야 한다. 연구회의 대중강좌로는 한국사특강과 외부단체의 강사지원이 있다. 한국사특강은 3~4회를 거치면서 몇분들의 헌신적인 노력의 결과, 소중한 성과를 획득하면서 연구회의 대중강좌로서 자리잡고 있다. 현재의 연구회 여건상 대중강좌는 한국사특강만을 대중강좌로서 확고히 뿌리내리게 하는데 전력을 기울여야 할 것이다. 이후 연구의 대중화에 대한 연구회원들의 기존인식이 제고되고, 이를 체계적이고 전문적으로 담당할 역량이 모아질 수 있는 분위기가 조성되면, 한국사특강 이외에도 외부단체의 강사지원, 특히 노조(화이트칼라노조)와의 직접적 연계속에 주동성을 가지고 대중강좌를 지속적으로 전개하는 것이 필요하다고 본다.

우리 연구회는 지금 새로운 전진을 위해 스스로를 추스려할 시점에 와 있다. 우리가 서있는 자리는 어디이며, 어떠한 과제에 부딪치고 있는가에 대한 냉정한 자기성찰이 필요한 때이다. 그러한 성찰을 기반으로 우리는 새로운 도약을 해야 한다.

8. 이승억, 「근대사2분과와 현대사분과의 통합을 보고」
(『한국역사연구회 회보』 제9호, 1991)

해 설

1991년 7월 근대사 2분과와 현대사분과는 합동 총회를 갖고 양 분과 조직을 현대사분과로 통합하는 결정을 내렸다. 이로 인해 2백 명 이상을 포괄하는 대규모 분과가 탄생하였다. 통합의 명분은 일제 강점기와 1945년 이후 역사 연구가 단절되는 문제를 극복하기 위해서였다. 이 같은 연구 상의 애로도 있었지만, 구현대사분과 구성원들이 대체로 석사과정 내지 박사과정 수료 상태의 젊은 연배로 구성된 데다가 사회적으로 요구되는 역할이 과중하다는 점도 감안되었다.

자 료

한국역사연구회 현대사분과에 들어와서 45년 이후의 역사에 대하여 공부한 지도 벌써 1년이 되었다. 어려운 점이 없었던 것은 아니지만 학습반 세미나가 어느 정도 체계적으로 진행되어 개인적으로는 많은 도움을 받았다. 그런데 지금의 현대사분과는 일제시대를 연구대상으로 하는 근대2분과와 해방 이후를 대상으로 히는 구현대사분과가 통합되어 새롭게 확대되어 있는 상태이다. 이 글에서는 이러한 '새로운 현대사분과'로 통합하는 과정에 대해서 보고 느낀 바를 쓰고자 한다. 물론 이 문제를 보다 자세하고 깊이있게 다루자면 처음부터 논의에 참가하고 속사정을 잘 아는 사람이 써야할 것이다. 사실 이런 면에서 볼 때 나는 적합한 사람이 아니다. 하지만 내가 현대사분과의 일원으로서 이 일을 남의 일로만 생각할 수는 없었고 그래서 나름대로 느낀 점을 말할 수는 있다고 생각한다.

내가 근대 2분과와 구현대사분과의 통합에 대해서 들은 것은 작년말이라고 생각되지만, 분과 차원에서 공식적 안건으로 토론된 것은 구현대사분과의 지난 3월 총회에서였다. 이 회의에서 분과활동 총괄 점검에 대한 보고자는 지금의 현대사연구는 대부분 해방 직후에 몰려 있으며, 인식이 단절되는 것을 극복하기 위해서는 이것이 시급히 극복되어야 할 것이며 일제 식민지 시대와 연결하는 것이 불가피하다고 하였다. 그러면서 시기구분에서 근대 2분과와의 경계선이 불합리하다는 지적이 1년 전부터 있어 왔고 이것을 해소하기 위해서 근대 2분과와 통합하는 문제가 제기되었다고 하였다. 그리고 현대사 연구현황을 볼 때 분과의 독자성을 유지하는 것도 중요하지만 지금 연구회 회원들의 분과별 분포, 근대 2분과와 현대사분과 회원들의 학문적 관심 등을 고려한다면 지금의 근 현대구분을 조직 형식적으로 조절할 필요가 있다고 하였다. 단 보고자는 여기서 그렇다고 이러한 조절이 해방 이후 현대사 연구의 내용적 독자성을 부정하는 것은 아닐 것이라고 첨가했다.

그런데 이 문제에 대한 토론은 그렇게 활발하게 진행되지 않았다. 통합에 대해 회의적인 생각을 가진 연구자들은 '45년 이후의 역사 연구의 독자성 확보'가 어렵지 않느냐는 의견을 내놓았고, 반면에 통합의 필요성을 역설한 연구자들은 일제 식민지시기와 '45년 이후 역사적 과정의 연결성을 강조하면서 특히 학습반 문제를 중시했다. 즉 "45년 이후에 대해 학습반에서 세미나를 해보면 이전 시기와 맥이 닿아 이해되어야 할 것이 있는데 이에 대한 소양이 부족하다 보니 어려운 점이 있다"라는 것이다. 이외에 당시 현대사분과가 처해 있던 상황이 토의되었다. 이 상황이란 분과의 많은 주축역량이 개인사정상 분과 활동을 할수 없게 된 사정을 말한다. 토의 결과 분과의 의견은 통합 쪽으로 기울었다. 그리고 통합 이후 45년 이후 연구에 대한 독자성 유지라는 부분은 통합과정의 실무적인 문제로 처리하기로 하였다.

근대 2분과에서는 통합에 대한 토의가 어떻게 진행되었는지는 잘 모르겠지만 7월에 이 문제에 대한 근대2분과, 구현대사분과의 합동총회가 있었다. 이 총회에서는 통합에 대한 근본적인 필요성이 무엇인가, 그리고 통합 뒤에 분과명칭을 현대사분과로 하는 것에 대한 문제점 등이 토의되었다. 그렇지만 총회의 분위기는 통합을 기정사실로 한 것 같은 분위기에서 진행되었기 때문에 특별한 논란은 없었다. 그렇지만 통합 자체의 필요성을 떠나서 이 통합을 위한 합동총회는 참가한 분과원수가 적어 결함이 있었다. 전체 분과원이 100명이 훨씬 넘는데도 불구하고 그 절반도 참가하지 않았다. 이러한 양상은 매우 심각한 것이라고 생각했다. 어쨌든 이 합동분과 총회에서는 두 분과가 합동하고 지수걸 회원을 분과장으로 추대하며 현대사분과라는 명칭으로 새롭게 시작하기로 결정하였다.

이 통합논의 과정에서 나는 통합에 찬성하는 입장이었다. 이유는 앞서 말한 일제 식민지시대와 '45년 이후 역사의 연결성 때문이었다. '45년 이후의 운동사를 올바로 보기 위해서는 그 이전 일제 식민지 시기의 운동에 대한 기본적인 지식이 필요하다는 것은 분명했다. 그리고 한국현대사의 시기구분점으로써 '45년이 가지는 의미도 상대적인 것이라고 생각했다. 그래서 애초에 '45년 이후를 대상으로 하는 현대사분과의 존재 역시 상대적인 것으로 생각하였다.

나는 현재 한국현대사 연구자가 해야 할 역할은 이 시대의 시대상을 꼼꼼하고 분명하게 규명하여 이에 따른 운동의 전통을 밝혀내는 것이라고 생각한다. 물론 이것은 전면적인 이론적 토의를 통하여 무엇인가 합의를 본다는 것과는 거리가 멀다. 그리고 현단계에서 시대구분에 대한 것을 앞에 부각시키는 것은 잘못하면 내용 없이 공론만 오가고 연구외적인 문제에 빠질 염려가 있는 것이었다. 그래서 현재 현대사연구는 일제 강점 이후의 역사를 대상으로 하여 상호관계와 발전성을 구하여 일제시대와 '45년 직후 그리고 현재의 상호 연관성을 밝히는 연구에 주력해야 한다.

한편 분과통합은 각 분과가 처한 특수한 상황과도 깊은 관련이 있었던 것 같다. 그래서 상대적으로 연구가 미약했으며 이제까지 왜곡이 심했던 '45년 이후의 역사에는 통합 이후에도 보다 전문적인 연구성과의 축적을 위해 역량이 투여되어야 한다고 생각한다. 이는 분과의 통합논의 과정에서도 논의되었다. 그런데 통합분과의 앞날과 관련하여 가장 심각한 문제는 사실 분과통합의 내용보다도 오히려 통합과정에서 보여진 각 분과원의 자발적인 참여였다. 특히 근대2분과에는 상대적으로 구현대사분과보다 분과원이 훨씬 많은데도 분과통합의 과정에 직접 참여한 수는 소수였다. 물론 참여한 숫자가 내용을 좌우하는 것은 아니다. 그러나 이러한 참여부족은 앞으로 통합 현대사분과의 활동양상을 예고하여주는 주요한 징후이다. 분과원의 자발적인 참여와 그를 기반으로 하는 단결력은 연구수준의 저급성과 같은 분과의 결함을 극복할 수 있게 하는 원동력이다. 그러나 아직까지 통합 현대사분과에서는 그러한 원동력을 느낄 수 없다. 얼마전 연구회 대회의실에서 있었던 신입회원 교육 때 몇 명의 현대사 신입분과원과 인사를 나누었다. 거기에서 이들 신입분과원이 새롭게 들어오는 것을 계기로 하여 앞으로 분과의 분위기가 비뀌어져 나갈 수 있다면 얼마나 좋을까 하는 생각을 하기도 했다.

9. 「책을 내면서」(『한국역사』 역사비평사, 1992. 2.)

해 설

1992년 2월 한국역사연구회의 명실상부한 한국사 개설서 『한국역사』가 출간되었다. 1990년 9월부터 기획하여 1년 반만에 50명의 필자를 동원하고 연구회 내의 모든 분과원들이 검토하게 한 후 출간했다는 점에서, 개설서 출간의 신기원을 기록하였다. 앞서 발간된 『한국사강의』와 달리 사적 유물론에 충실한 통사를 구성하고자 한 점이 이 책의 가장 큰 특징이라고 할 수 있다.

요즈음 우리 사회와 세계는 급격하게 변화하고 있다. 이를 지켜보면서, 역사는 앞으로 어떻게 진행될 것인가, 역사란 무엇인가 하는 의문을 새삼스럽게 갖게 된다. 이 의문에 대답하는 것은 역사가의 임무이며, 그동안 많은 역사가들이 이 문제로 고민해왔다. 지금까지 나온 통사들은 이에 대한 한국사연구자들의 대응이었으며, 나름대로 우리 역사의 발전과정을 체계화하는 데 기여하였다. 그러나 이러한 성과 가 현재 우리 역사와 역사학이 안고 있는 문제들에 대하여 충분히 답변을 하고 전 망을 제시한 것으로 생각하지는 않는다. 우리 역사의 발전과정을 더욱 과학적으로 이해하고 현재의 모순과 과제를 파악한 위에서 미래에 대한 전망을 세울 수 있는 새로운 통사가 절실히 요청되고 있다. 한국역사연구회가 새로운 통사를 내놓는 것 은 이러한 요청에 부응하고자 함이다.

한국역사연구회는 올바른 세계관에 입각한 과학적 실천적 역사학의 수립을 통해 우리 사회의 진정한 민주화와 자주화에 기여하는 것을 목적으로 1988년 가을에 창 립되었다. 그동안의 과학적 역사인식과 방법론의 모색, 그리고 그것에 의한 연구 성과를 바탕으로 이 책의 편찬을 계획한 것은 1990년 7월이었다. 그 해 9월에는 통사편찬위원회를 설치하여 이미 간행된 통사들을 분석 검토하였다. 그 통사들은 역사의 발전을 지배세력의 변천과정에 기준을 두고 파악하고 있거나, 종합사로서 문화사의 발전으로 이해하면서도 지배층의 문화가 곧 전체 문화라는 인식을 전제 로 하고 있다. 더욱이 일정한 사관이 없이 역사적 사건이나 제도를 상호 연관짓지 않고 평면적으로 나열하여 해당 시기의 역사상을 제대로 이해할 수 없게 된 것 조 차 있다. 또한 진보적인 역사관을 내세우더라도 실제적인 내용 서술에서는 그간의 진전된 연구성과를 제대로 소화해내지 못한 측면이 많았다.

이러한 평가를 바탕으로 편찬위원회와 시대별로 구성된 연구분과, 그리고 해당 연구반, 학습반이 함께 토론하여 전체 목차를 구성하고, 50여 명의 연구회원이 초 고를 작성하였다. 초고는 연구분과와 연구반에서 수차례의 토론을 거쳐 수정하였 다. 편찬위원회에서는 전체적인 체계를 세우고 각 분과 내부와 분과 사이에서 서러 다른 견해가 제기될 때 이를 조정하였다.

1991년 12월에는 교윌위원을 선임하여 일차 정리된 원고를 토대로 서술에 일관 성을 부여하는 작업에 착수하였다. 그리하여 약 2개월 동안 각 시대의 서술기조를 일치시키기 위한 토론과 조정, 수정과 윤문의 과정을 거쳐 원고를 완성하였다.

이처럼 이 책은 철저한 공동작업을 거쳐서 만들어졌다. 따라서 새로운 학설이나 연구성과라고 할지라도 토론과정에서 합의를 보지 못하여 채택되지 못한 것도 있 다. 이러한 점에서 개인적 작업으로 만들어진 기왕의 통사와는 근본적으로 성격을 달리한다.

우리는 이 책을 만들면서 다음과 같은 원칙을 지키려고 노력하였다.

첫째, 1991년까지 학계에서 이루어진 모든 연구성과를 최대한 반영한다.

둘째, 사회구성체의 발전이라는 관점에서 각 시대의 모순구조, 변혁세력의 형성과 발전을 중심으로 서술하여 각 시대의 역사상을 부각한다.

셋째, 사회구성체의 발전단계를 기준으로 하여 시대구분을 하되, 각 시기 사회구조와 모순구조의 특질이나 역사적 과제를 아울러 고려한다.

넷째, 일관된 관점을 유지하되 엄밀한 실증에 바탕을 두고 개별 역사적 사실을 풍부하게 서술한다.

다섯째, 통사체제에서 취급하기 어려운 주요 주제에 대해서는 보설을 두어 각 시기 역사상에 대한 구조적 인식을 높일 수 있도록 한다.

그러나 이 책은 몇 가지 미흡한 점을 지니고 있다. 먼저 각 시대별 사회구성체의 성격을 분명하게 규정하지 못하였다. 이는 우리 학계의 역사연구 방법론에 대한 고민 수준을 반영한 것이기도 하다.

또한 문화사와 생활사, 대외관계사를 소홀히 취급한 점도 한계이다. 문화사와 생활사를 다루기에는 연구회 내에 전문적인 연구자가 부족하고, 대외관계사는 사회구조의 형성과 변화에 중요한 영향을 주었다고 판단되는 경우에 한정하여 서술한 까닭이다.

무엇보다도 큰 한계는 북한사를 제외할 수밖에 없었다는 점이다. 북한사는 연구환경과 자료 접근의 제약으로 제대로 서술하기 어려웠으며, 남과 북을 하나의 시야에 넣어 서술하기는 아직 어렵다고 판단했기 때문이다.

따라서 이러한 부분은 이후의 과제로 남겨두었지만 아쉬움이 남는다.

우리는 이책을 하나의 과정으로 생각한다. 책을 만드는 동안 부딪친 많은 문제점과 독자들의 비판을 바탕으로 하여 우리 역사를 더욱 과학적으로 체계화하도록 노력할 것이다.

끝으로 이 책이 나오기까지 수고해주신 역사비평사의 여러분에게 감사드리며, 독자 여러분의 많은 비판과 질책을 기대한다.

1992. 2.
한국역사연구회

10. 북한조선력사학회장 전영률의 제의와 한국역사연구회 회장의 답신(1992. 6. 24.~7. 6.)

해 설

1992년 초 서울대학교 규장각(현 규장각한국학연구원)에서 1905년 을사조약이 국제법적 요건을 갖추지 못하고 날조된 증거를 공표한 후 북한의 역사학계 대표가 남한의 한국역사연구회 안병욱 회장과 주고받은 서신이다. 이들 서신을 바탕으로 남북 역사학 교류의 물꼬를 틀고자 했으나 한국 정부가 이를 저지하고 나섰기에 실제로 역사학 교류는 2000년 이후에야 이루어졌다.

자 료

조선력사학회 회장 전영률이 한국역사연구회 회장에게 보낸 편지

한국력사연구회 회장 안병욱선생 앞

우리들은 과거 일제에 의하여 어지러워진 민족의 력사를 옳게 정립하는데서 서로 뜻을 모으고 지혜를 합쳐나가려는 일념에서 귀 연구회에 이 편지를 보냅니다.

만천하에 드러난 일제의 조선침략사는 동서고금에 그 류례를 찾아볼 수 없는 죄악에 찬 비화들로 얼룩져있습니다.

우리 겨레의 그토록 치솟는 분노를 자아내고 세상사람들을 경악케 한 《을사5조약》 등 지난날의 조일관계 《조약》들은 일제가 조선에 대한 침략과 예속을 《합법화》하기 위하여 비법벅으로 조작한 허위문서들이였습니다.

최근 김일성종합대학 력사학자들과 그리고 서울대학교 력사학자들에 의하여 일제가 구조선에 강요하였던 《조약》들이 허위 날조된 비법적인 것이였다는 증거가 다시금 명백히 밝혀짐으로써 조선에 대한 일제의 식민지통치가 인류력사에 일찍이 없었던 불법무도한 대정치 협잡행위였다는 것이 움직일 수 없는 력사적 사실로 확인되게 되었습니다.

그런데 일본당국자들은 과거 선임자들이 비법적인 《조약》들을 구실로 조선을 완전히 강점하고 무려 41년 동안이나 야만적인 식민지통치를 실시해온 만고대죄를 정당화하면서 그것이 《합법적으로 체결》되였고 《유효하게 실시》되였다는 황당무계한 억지주장을 하고 있습니다.

이러한 형편에서 《을사5조약》을 비롯한 과거 일제가 구조선에 강요한 《조약》들의 비법성을 력사적으로 그리고 법률적으로 낱낱이 밝히는 것은 일본군국주의자들의 과거죄악에 대한 구천에 사무친 우리 겨레의 원한을 풀고 민족의 력사를 바로잡기 위한 민족공동의 중대사로 되지 않을수 없습니다.

여기에서 우리 력사학자들이 지닌 책임과 역할은 참으로 중대하다고 할 수 있습니다.

우리 력사가들에게 있어서 사상최악의 비화들로 엮어진 조선에 대한 일제의 침략사를 사실대로 재정립하고 흐려진 우리 민족사의 순결성을 되찾는 일보다 중요한 일은 없을 것입니다.

북과 남이 대외관계에서 민족의 존엄과 리익을 위하여 공동으로 노력할데 대한 력사적인 북남합의서가 채택발효된 오늘 우리 력사가들이 애국의 뜻과 의지를 합쳐 일제가 지난날 구조선에 강요한 《조약》들의 비법성을 밝혀내는 것은 순간도 지체할수 없는 가장 선결적인 과제로 된다고 우리는 인정합니다.

이러한 립장으로부터 귀 연구회에과거 조선에 대한 일제의 침략과 강점의 날강도적죄행을 공동으로 재확인하고 외곡된 우리 민족의 력사를 바로잡을 데 대한 문제를 가지고 북남력사학자회담을 가질 것을 정중히 제의하는 바입니다.

우리는 오는 7월 중순에 판문점 중립국감독위원회 회의실에서 쌍방 실무자들의 접촉을 가지고 여기에서 북남력사학자회담의 시일과 장소, 참가인원수와 토의안건 등 제반 실무적문제들을 협의하였으면 합니다.

우리는 귀 연구회가 북남력사학자회담을 가질데 대한 우리의 제의에 긍정적인 호응을 보이리라는 기대를 표명합니다.

조선력사학회 회장 전영률

1992년 6월 24일

조선역사학회 회장 전영률 선생 귀하

귀 조선역사학회가 남북역사학자 회담을 갖자고 제의한 6월 24일자의 편지를 잘 받았습니다.

남북역사학자 회담의 필요성에 대해서는 우리 한국역사연구회 모든 회원을 비롯하여 남쪽의 여러 역사학자들도 모두 공감하면서 이를 환영하는 바입니다.

따라서 우리는 귀 학회가 제의해온 남북역사학자 회담을 준비하기 위한 실무자들의 접촉에 응하려고 합니다.

이곳의 상정에 따라 남쪽의 실무자 3명을 오는 7월 18일 오전 10시에 판문점 중립국감독위원회 회의실로 보내려고 합니다. 거기에서 남북역사학자회담을 준비하기 위한 실무적인 사항들을 논의할 수 있기 바랍니다.

1992년 7월 6일
한국역사연구회 회장 안병우

11. 겨울수련회 자료 「연구반활동과 과학적·실천적 역사학」(1993)

해 설

1993년 2월 13~14일 경기도 대성리 남사당에서 개최된 겨울수련회에서 기획실이 제출한 보고서의 바탕을 이룬 기초 조사 자료이다. 당시는 한국역사연구회가 표방한 '과학적·실천적 역사학'이 어떤 내용을 가진 역사학인가에 대해 신입회원이 의문을 가짐은 물론이고 기존 회원들도 제각기 다른 견해를 표방하고 있을 때였다. 기획실에서는 이를 해결하기 위한 방편으로 당시 30여 개에 달하는 연구반들에 설문을 돌리고 그 회답을 정리하였다. 이 자료에는 기획실 문건 중 제2장~제5장이 빠져있지만, 연구회 초기 5년간 활동한 연구반의 지향과 활동 내용을 파악하는 데 필수적인 내용이 들어있다. 연구회 내의 보존 문서에는 없고 컴퓨터 파일로만 존재하는 것이라, 전문을 게재하였다.

자 료

1. 배경설명 : 개요로 대치
2. 발제문
3. 과학적 역사학에 대한 토의
  - 사론반
4. 공동연구에 대한 토의
  - 공동으로 모아진 의견이 개인 연구에 반영된 연구반: 15세기 농민
  - 공동으로 모아진 의견이 개인 연구에 반영 안된 반: 14세기 원반
  - 후배반으로 구성되어 효과적인 학습반을 운영한 반: 17세기 유학

> - 의견이 다른 경우, 논의를 통해 의견의 일치를 본 반: 농민전쟁
> - 고중세 연구반 구성상의 특징: 고대 신분제반
> - 근현대 연구반 구성상의 특징: 50년대 정치사반
> 5. 연구회의 연구반 활동점검 (연구위, 연구국, 분과장회의?)

【개요】 우리 연구회는 이번 겨울 수련회에서 「연구반 활동과 과학적 역사학」에 대하여 토의해 보고자 한다. ① 연구회 창립 이후 다섯 해가 지나 그동안 새로운 연구회원도 많이 늘었지만, 이들과 함께 과학적·실천적 역사학(이하 과·실적 역사학)에 대해 논의할 기회가 없었고 ② 기존회원들도 오랫동안 논의하지 않았다. 그 결과 ③ 많은 회원들이 연구회의 과·실적 역사학을 나름대로 충분히 숙지하지 못한 채, 연구반 활동에 참여하여 ④ 외부 회원이나 신입회원이 과·실적 역사학에 대해 질문을 해도 설명할 수 없었으며 ⑤ 실천적 역사학은 고사하고(지나친 표현?) 회원 각자의 연구회 전체 사업(예: 연구발표회, 수련회, 학술대토론회 등에 대한 참가, 회비납부 등)에 대한 참여도가 현저히 떨어져, 과연 회원으로서의 기본 의무를 다 하고 있는지 의심스러운 형편이다. ⑥ 심지어 연구회 시설을 이용할 때, 주위를 깨끗이 청소하고 이용하는 사람들은 찾아 보기 어려워 (소수의 모범 회원은 있음) 개인의 인격조차 의심스러운 실정이다. ⑧ 마음 같아서는 회원 정리를 통해 깨끗이 청소하고 싶지만, 여러 사정을 고려하여 이번 수련회에서는 연구회의 주인된 도리를 다하자는 다짐만 되새기고 ⑨ 토론에서는 스스로 열심히 하고 있다고 생각하는 연구반 활동에 대해 회원 여러분의 의견을 교환하려는 것이다.

먼저 연구반 현황을 중심으로 인원구성과 주제 설정의 특징을 살펴 보고, 연구반 구성의 방식 및 공동연구를 위한 연구반 진행, 연구반 활동과 과학적 역사학의 관계 순으로 개괄할 것이다. 기본 자료는 93년 1월에 작성된 설문지로 하였으며, 논의 목표는 ① 과학적 역사학에 대한 각 연구반의 이해 정도 소개 및 토의 ② 각 연구반이 당면한 공동연구의 문제점 및 모범적인 진행과정의 소개에 두었다.

【부록 1】 연구반 현황(총 25개반)

고대사 분과(3)	민의존재형태연구반	현대사 분과(9)	자본주의사연구반
	고대신분제연구반		사회주의운동사연구반
	국가형성사연구반		일제시기지배정책사연구반
중세사 분과(4)	나말여초연구반		일제하민족해방운동론연구반
	12세기 고려사회변화 연구반		원산총파업연구반

	14세기 고려사회성격 연구반		1930년대공산주의운동사연구반
	15세기 농민생활사 연구반		해방직후대중단체연구반
중세사2 분과(4)	17세기 정치사연구반		해방8년정치사연구반
	17세기 경제사연구반		1950년대 정치사 연구반
	17세기 유학사상사 연구반		현대사학사연구반
	19세기 정치사 연구반	특별연 구반(4)	역사이론연구반
근대사 분과(5)	19세기 향촌사회 권력구조 연구반		농민전쟁100주년기념사업연구반
	19세기 부세제도 연구반		3·1운동 연구반
	토지대장연구반		
	광무개혁연구반		
	한말유교지식인의 사상과 행동연 구반		

【부록 2】 연구반 학번별 구성 및 연구 주제의 특징

고대사분과	선배반/후배반(개편예정)	신분, 계급, 민, 국가 등
중세사1	비교적 고른 분포	사회변화
중세사2	선배반/후배반	특정시기(17세기)에 집중
근대사분과	고학번이 많다	경제사 중심
현대사1(일제)	인원변동이 심하다	운동사 중심
현대사2(해방)	인원변동이 심하다	정치사 중심
특별반	주제가 근현대에 치중	

【부록 2-1】 연구반 학번별 구성

연구반 (반원 수)	조직 년도	70년대 전반	70년대 후반	80년대 전반	80년대 후반	활동 여부
민의존재형태(9)	89~91	2	5	2		×
고대신분제(8)	91		3	5		o
국가형성사(13)	92.2			7	6	o
나말여초(11)	90.7	1	5	5		o
12세기고려사회변화(4)	90	1	2	1		o
14세기고려사회성격(15)	89.	3	8	4		o

연구반 (반원 수)	조직 년도	70년대 전반	70년대 후반	80년대 전반	80년대 후반	활동 여부
15세기농민생활사(8)	89	2	4	2		o
17세기정치사(7)	91		4	3		o
17세기경제사(10)	92			4	6	o
17세기유학사상사(10)	90.11		2	4	4	o
19세기정치사(9)	87~91	2	6	1		o
19세기향촌권력(4)	88~92	3	1			×
19세기부세제도(7)	90~92	4	2	1		×
토지대장(9)	88	5	3	1		o
광무개혁(12)	91		4	4	4	o
한말유사행(6)	~89	4	2			×
자본주의사(7)	91~92	1	4	2		×
사회주의운동(22)	~91		3	12	7	o
일제지배정책사(15)	~92.9	2	5	4	4	o
일제하민족해방운동(7)	90~92	3	4			×
원산총파업(7)	89~90		3	4		×
1930년공산주의운동(12)	89~91		4	8		×
한국현대사(13)	89~90		5	8		×
해방8년정치사						o
1950년대정치사(11)	~92	1	3	3	4	o
현대사학사(8)	88~89	5	2	1		×
역사이론(7)	92.10~	1	4	2		o
농민전쟁100주년1차(10)		3	5	2		×
농민전쟁100주년2차(10)		2	7	1		×
농민전쟁100주년3차(7)		4	2	1		o
3·1운동(14)	88-89	6	7	1		×
합(292명)		55	109	93	35	
		18.8%	37.3%	31.8%	12.0%	

【부록 3】 연구반의 주제 설정 목적

◉ 민의 존재형태연구반: 고대사회의 민의 존재형태 규명
◉ 고대신분제연구반: 기존의 신분제 연구를 극복하는 연구의 창출과 고대사 분과내 연구반 운영의 모범을 수립.
◉ 국가형성사연구반: 연구사 정리와 자료의 정리 (연구의 방향성 확보)
◉ 나말여초연구반: 한국사 시대구분에 있어서 나말여초의 사회변동이 어떠한 의미를 가지는가를 금석문을 통해서 조망하는 작업을 한다.
◉ 12세기 고려사회변화 연구반: 12세기 중후반 무신정권, 민의 항쟁을 가져온 12세기 전반의 사회변화를 살피고자 함. 연구가 진행되면서 인원이 절대적으로 부족하였기 때문에 (4명) 부득이 먼저 정치사에 대한 연구를 진행하기로 함.
◉ 14세기 고려사회성격 연구반: 계급모순과 민족모순이 14세기를 특징짓는 사회모순이라고 할 때, 이 가운데 어느 것이 역사에 보다 큰 영향을 주었는가, 즉 이 시기 역사의 각 부분에 각각의 모순이 어떻게 반영되었는가를 밝히는 데 목표를 둠.
◉ 15세기 농민생활사 연구반: 15세기 농민생활에 대한 과학적 규명
◉ 17세기 정치사연구반: 깊은 연구가 시행되지 않은 17세기 정치사의 실체를 규명하여 조선시대 전체의 정치사를 일관되게 설명할 수 있게 한다는 것.
◉ 17세기 경제사연구반: 16·17세기 부세제도의 변화를 통해 조선 전·후기의 변화상을 추적해 보고자 함.
◉ 17세기 유학사상사 연구반: 조선시대 사상사의 체계적, 실증적 검토(이해)
◉ 19세기 정치사 연구반 : 연구가 거의 공백인 19세기 정치사를 공동연구에 의해 메꾸어서 책으로 출판한다.
◉ 19세기 향촌사회 권력구조 연구반 :중세사회 해체기로서의 19세기 사회구조 변동의 양상을 총체적으로 파악하는데 두었다. 구조변동의 파악을 위해 사회 발전의 동력으로서 변혁주체의 성장과 그 성장을 억압했던 지배체제,양자의 갈등이 정면으로 대립하던 향촌사회의 변화와 조건들을 밝히고자 하였다.
◉ 19세기 부세제도 연구반: 공동작업으로 하나의 결과물을 내기로 함
◉ 토지대장 연구반 : 개항기의 경제구조를 해명하는데 두었고, 아울러 경제학을 전공하면서 한국경제사를 연구하는 자들의 그릇된 역사상을 수정하는데 두었다.
◉ 광무개혁 연구반: 대한제국기 사회의 성격을 구체적으로 확인하여 이 시기가 차지하는 한국사상의 위치를 규정하는데 둠.
◉ 한말 유교지식인의 사상과 행동연구반 : 한말 사상사의 정립. 유교지식인을 각 유형별로 검토

◉ 자본주의사연구반: ① 한국자본주의사 연구현황과 쟁점 정리 ② 관련사료 정리 ③ 1904년~1960년대 한국 자본주의사 정리
◉ 사회주의운동사 연구반: 한국 사회주의운동사의 재구성을 위한 엄밀한 사료 검토및 이론 학습
◉ 일제시기 지배정책사 연구반 :① 이 분야에 대한 연구성과가 별로 없었고 ② 참가자들 역시 개인적으로 지배정책사에 대해 막 관심을 갖기 시작한 상태였으므로 ③ 구체적인 작업에 들어가기 전에 관계되는 학습을 통해 ④ 팀을 정비하는 것을 일차적인 목표로 잡았습니다.
◉ 일제하 민족해방운동론 연구반: ① 일제하·해방후의 계기적 파악. 연구의 단절 극복 ② 한국 근현대사에 관통하는 정치적, 사상적 지향을 다양한 논선의 검토를 통해 접근
◉ 원산총파업 연구반 : 원산총파업 50주년을 기념하는 논문작성
◉ 1930년대 국내공산주의운동사 연구반: 연구사상 未解明의 공백으로 남겨져 있는 점에 주목. 그러나 더욱 중요하게 고려했던 것은 이 주제(1930년대 국내 공산주의 운동 = 당재건운동)가 남북한의 냉전적 이데올로기에 제약되어 기피되어 온 것에 주목. 민족해방운동사의 발전적 재구성을 위해서는 꼭 짚어야 할 주제라고 생각했다.
◉ 1950년대 정치사 연구반: 공동연구를 통하여 해당 주제에 대한 연구의 질을 한 단계 높이는 것을 목표로 설정
◉ 한국현대사 작업반: 한국현대사 기획의 성공적 완수
◉ 현대사학사연구반: 한국 현대사학의 학술적 정리
◉ 역사이론연구반 : 과학적 실천적 역사학의 수립
◉ 농민전쟁 100주년 기념사업 연구반
 - 1차년도: 농민전쟁의 역사적 흐름을 학술적으로 조명하고, 그 성과를 대중에게 올바로 보급
 - 2차년도: 1894년 농민전쟁의 前史로서 농민항쟁 뿐이 아닌 다양한 변란(變亂)의 모습을 개괄함으로써 18,9세기 민중운동의 흐름을 검토
 - 3차년도: 농민전쟁의 정치·사상적 배경
◉ 3·1운동 연구반: 3·1운동 70주년 기념 학술 심포지움

【부록 4】 연구반 운영

1. 연구반의 주제 설정 과정은?
① 분과에서 주제를 정한 후, 반을 구성하는 책임을 맡은 사람이 중심이 되어 관

심 있는 사람들이 모였다. (9)

　　고대: 1 중세1: 2 중세2: 2 근대: 현대: 2 특별: 2

② 특정 주제에 관심이 있는 사람이 모여 반을 구성했다. (8)

　　고대: 1 중세1: 중세2: 2 근대: 3 현대: 2 특별:

③ 연구회원 몇몇이 모여 주제를 정하고 반을 구성했다.(6)

　　고대: 중세1: 1 중세2: 근대: 2 현대: 3 특별:

④ 연구회에서 특정 주제를 기획하여 반을 구성했다.(5)

　　고대: 중세1: 중세2: 근대: 현대: 1 특별: 4

⑤ 기타(2)

　　고대: 1 중세1: 중세2: 1 근대: 현대: 특별:

2. 공동연구의 진행방식

① 사료검토 ② 이론검토 ③ 연구사검토 ④ 개별관심사 발표 ⑤ 공동 자료수집

고대: 2314, 3, 234

중세1: 3514, 3145, 315, 431

중세2: 1345, 3215, 4351, 315,

근대: 2314, 145, 345, 4, 32451

현대: 1234, 3, 345, 21, 3145, 354, 34, 325

특별: 3214, 32415, 32415, 4, 2(연구회의 성과물 검토)

전체: 선진적인 위치에 있는 반원이 중심이 되어 이끌어 가는 형식

① 사료검토
- 토론을 통해 시각 차이를 좁히려 함.
- 실록의 분담 정리 및 공동 검토.
- 영문 자료 검토시 원문 해독 능력에 문제가 됨.
- 맑스주의 역사를 검토하면서 전거가 되고 있는 원문을 독해할 예정 (사론반).
- 사학사적 자료가 되는 글들을 모아 공동으로 목록 정리(사학사).

② 이론검토
- 「계층」「계급」「신분」 등의 기본 개념과 계급관계와 신분제의 상호관계를 시사받을 수 있는 이론적인 글들을 함께 읽었다(고대 신분제).
- 기존 이론의 검토를 통해 사관, 입장 차이를 조정하려 했다. (고대 민반)
- 맑스주의 이론사, 역사를 검토하기 위하여 가장 낮은 단계의 입문서 소개서를 같이 독해함(사론반).

◉ 다른 나라 관련 글들을 함께 검토.

③ 연구사검토
◉ 연구사 정리를 하기 위한 체계를 세움.
◉ 기본 연구의 문제의식과 내용을, 자신이 맡은 연구 주제별로 발제하여 공동 토론함.
◉ 토론을 통해 시각 차이를 좁히려 함.
◉ 식민정책에 대한 당대 일본인들의 저작을 검토(지배정책사반).
◉ 기존의 정치노선에 입각한 분류의 다양함을 극복하기 위한 독자적인 분류기준 설정을 위해 많은 토론 시간을 할애 (민해운).
◉ 연구회의 성과물(서평,논평) 검토를 거치면서 우리의 이론 수립을 모색 (사론반).
◉ 관련 주제 전문 연구자를 초빙하여 강의를 들었다.

④ 개별관심사 발표
◉ 개별 연구자의 다수 발표(2-3회)와 집중적인 토론.
◉ 해당 주제에 대한 연구 결과를 몇가지 기준에 맞추어 재구성, 평가 (몇가지 기준이란 연구사 검토에 앞서 그 문제를 다루는 데 긴요하다고 생각하는 점들을 논의하여 뽑았음).
◉ 글의 전반적인 집필 방향, 취지, 의도와 개인의 부족한 소화 능력이 문제가 되었던 경우가 많음.
◉ 개별인물에 대한 사상사, 정치사적인 평가의 편차가 있었으나, 최소한의 기준을 확인하려고 노력(민해운반).

⑤ 공동 자료수집
◉ 사전에 목록을 작성한 후, 중요도를 설정하여 책임을 분담.
◉ 사료 조사를 공동분담하여 시작할 때, 표본을 작성하여 기준을 정함(15세기 농민생활사).
◉ 자료의 공유라는 외형을 띠기는 하였지만, 구체적인 개별 연구자간의 차이를 극복한다는 점은 깊이 있게 고려하지 못하였다(민해운).
◉ 자료를 공동으로 검토하려고 하였지만, 자신의 주제에 해당하는 자료만 검토(토지대장).
◉ 17세기 정치인들의 개인 자료를 수집, 정리 중(17세기 정책사).
◉ 실록 인사기록을 정리 전산화하여 공유.

◉ 군청에 답사를 가서 자료를 복사. 규장각에서 양안 등의 토지대장을 복사(토지대장).

⑥ 기타
◉ 출판과정에서 원고 윤문을 통해 치열한 설전, 의견 조정.

3. 전체주제와 관련하여 개별 주제는 어떻게 정했습니까?
① 전체 주제의 목적을 달성하기 위하여 이상적인 항목을 나누어 분담.
고대:1 중세1:2 중세2:3 근대:1 현대:5 특별:6

【장점】
◉ 체계화, 통일성, 공동연구의 질적 완성. (6)
◉ 연구역량이 충분히 고려되어 작업진행이 수월함.(2)
◉ 연구반의 취지에 부합(사론반).
◉ 종래 쟁점이 되어 오던 문제들을 전체 구도하에서 치밀하게 검토할 수 있었다.
◉ 전체 주제의 완성도와 기획의 원만한 완수를 1차적인 목표로 설정하고 이를 위해 역량을 적절히 분할, 애초의 의도를 성과있게 달성할 수 있었다.
◉ 반원의 관심사를 공동으로 묶어 내기 쉽다.
◉ 반원들의 공동연구 속에서 자연스럽게 개별 주제가 도출, 문제의식의 공유를 중심으로 주제 설정.

【단점】
◉ 연구역량 부족- 각 주제를 충분히 소화하지 못함.(6)
◉ 처음부터 개별주제에 적합한 연구자를 찾기 어려웠다.
◉ 기존의 연구 축적을 그대로 답습.
◉ 지방회원및 비회원 조직의 어려움이 있다.
◉ 연구가 진전되면서 소주제의 재구성이 필요했으나 각 소주제와 담당 연구자를 확정해 놓은 상황이었기 때문에 어려움이 있었다.
◉ 연구회가 당면과제로 요구하는 연구활동 (주제발표 등) 수행에 미흡
◉ 전체적인 기획 자체가 장기화 함에 따라 반원들 사이의 관심의 공유 정도가 떨어졌다.
◉ 각 반원이 맡은 주제와 관심사 사이에 긴밀성이 떨어질 경우 성과물을 내기에 난점이 있다.

◉ 개인의 관심과 의도에 따라 애초에 계획했던 구성이 제대로 채워지지 않았다.
◉ 중요한 세부주제의 경우에도 개인 사정에 따라 진전이 이루어지지 않았다.
◉ 시기적인 선후관계에서 주제를 설정. 미리 개별 주제에 대한 예비 검토는 크게 하지 않음.

② 반원의 관심사와 역량을 고려.
고대: 2 중세1: 2 중세2: 1 근대: 4 현대: 2 특별:

【장점】
◉ 축적된 개인의 역량을 공동연구에 끌어 들이는데 효과적. (3)
◉ 선정된 주제에 대한 심화된 논의와 연구수준 제고.
◉ 공동연구로서 완결된 짜임새는 갖추지 못하였으나 연구자들이 연구문제에 대한 공동의 인식을 갖출 수 있었다.
◉ 예정된 시일 안에 연구성과를 낼 수 있었다.
◉ 각자의 이해관계를 만족시켰으므로, 스스로 알아서 준비하는 모습이 나타난다. 누군가가 억지로 끌고 갈 필요가 없다.
◉ 현실적인 여건 속에서 연구반의 역량을 최대로 발휘할 수 있다.

【단점】
◉ 전체주제 속에서 반드시 연구가 필요한 주제에 대한 접근이 어려웠다.(2)
◉ 전체 주제에 대한 충분한 인식의 공유가 이루어지지 않은 상황에서는 단순한 기계적인 결합에 불과. (2)
◉ 방법론이 전제된 이상적 연구 구성이 되지 못하였다.
◉ 자기 주제이외에는 관심을 두지 않으므로 팀 구성에 문제가 있음.
◉ 반원 전체의 모든 관심을 포용할 수 없고, 무엇보다 연구반 각 성원의 역량 이외의 주제에 대한 접근이 곤란.

③ 처음부터 개인 관심의 모음
고대: 중세1: 중세2: 근대: 현대: 특별:

4. 과학적 역사학
◉ 고대사회의 구성체 해명(고대 민반)
◉ ① 연구 주제의 설정과정에 전 학습반원이 참여하였기 때문에 연구자의 조직화 과정을 거칠 수 있었다. ② 연구주제가 과학적 역사상의 확립에 필수불

가결하다. ③ 연구반원 모두가 그러한 공감을 지니고 출발하였다. (삼국초기 국가 형성사)

◉ 기존 연구가 갖는 계급·신분계층 등 개념의 불분명을 극복, 즉 사회구성체론 에 입각하여 계급을 정의한 뒤, 전근대사회에서 그 계급관계의 간접적 반연 인 신분제를 연구한다는 입장. 그리고 신분 관계의 구체적 해명에 역점을 둔 다는 논의 (고대 신분제)

◉ 연구목표를 사회변화의 토대와 그에 대응한 지배층과 민의 대응양태를 살피 려고 했다는 애초의 연구방향과는 달리할 수 밖에 없었고, 그 내용은 과학적 역사학을 지향할 수 밖에 없었다. 더구나 이 시기를 고대에서 중세로의 전환 기로 보는 견해도 나왔느니 만큼, 사회구성체론적 접근이 필요 (12세기 사 회변화 연구반)

◉ 14세기 고려사회는 대내외적인 모순이 중첩된 시기로서 이 시기는 그러한 모순을 해결하면서 새로운 사회체제를 형성해야 하는 시대적 과제를 안고 있었다. 이러한 당시의 역사 현상은 시간과 공간의 차이에 따른 역사 현상 의 차이는 있을지라도 바로 오늘날 우리 사회가 당면한 역사적 과제와는 크 게 다른 것이 아니다. 따라서 14세기 역사에 대한 이해, 즉 당시 사회가 안 고 있었던 모순을 어떻게 인식하고 해결하고자 하였는가에 대한 올바른 이 해는 당대 사회뿐만 아니라 오늘의 우리 사회가 당면한 역사현실을 바로이 해하고 해결하는데 이바지 할 수 있는 역사학의 학문적 실천성과도 맥락을 같이 하는 것이다. (14세기 연구반)

◉ ①철저한 사료 검증 및 수집 작업 ② 작업을 공동작업으로 하여 반원간의식 공유의 폭을 넓혔다. ③ 현실 농업문제에 대한 인식을 공유하고 출발하였 다.(심화를 위한 답사와 견학을 하였음) (15세기 농민생활사)

◉ 학내에서 충당시켜 주지 못하는 주제의 모색을 통하여 조선 중기의 사회상 을 구체적으로 살펴보려 함. 반의 운영과정, 각 반원의 연구회 차원 활동에 비교적 적극적이었음(17세기 사회경제사)

◉ 염두에 두었으나 곧바로 과학적 실천적 역사학의 가시적인 성과를 거두는 것은 어려운 상태임을 인식하였다. 따라서 17세기 정치사의 실제를 직접 이 해한다는 소극적인 목표에 일단 만족. 다만 정치 지배세력의 본질과 기만성 을 밝힌다는 등의 구체적인 각론까지 모두 포기한 것은 아니다. (17세기 정 치사)

◉ 연구사 정리를 하면서 사상사 연구방법론 공부 - 공동작업을 하면서 과학적 실천적인 사상사 연구방법론을 공부 (17세기유학사상)

◉ 기획단계에서 공동으로 주제 설정, 그 중 한 분야는 분담. 정치적 허무주

의, 비과학적 정치인식을 극복하는 데 한 디딤돌이 되었으면 하는 목표를 가지고 시작(19세기 정치사)

◉ 해체기에 대한 향촌사회 연구를 통해 중세사회 해체의 결과 나타나는 근대사회에 대한 시계열적인 이해 위에서 구조변동을 밝히고 이를 토대로 근대의 민족운동, 민족문제, 나아가 민족해방운동에의 올바른 연구 방향을 전망하고자 했다. (19세기 향촌사회 권력구조)

◉ 봉건사회 해체기의 문제로서 유물변증법, 농민전쟁에 대한 이론서를 이미 공동으로 강독하였으므로 이를 전제로 변혁의 문제 등을 주된 관심으로 하였음 (18,9세기 부세반)

◉ 연구사를 검토하는 과정에서 변혁주체와 관련된 여러 차례의 토론을 가졌다. 그러한 속에서 지금까지의 통설에 문제가 있음을 확인하고 이를 명백히 밝히는 것이 중요하다고 생각. (광무개혁)

◉ 한말 유교지식인 들을 현재적 관점에서 비판적으로 보려 함.(한말유사행)

◉ 노동운동사 연구를 현실 노동 운동 정파의 여러 입장과 관련지워 진행하려고 노력하였다. (원산 총파업)

◉ 사회주의 운동사 연구의 방법에 대한 「study」를 계획하려 했으나 실현되지 않았다.(공산주의운동사)

◉ 세계혁명운동사 학습, Marx주의 운동론 학습(사회주의)

◉ 통일지향의 역사학은 근현대의 역사적 경험으로 부터 발전의 단서와 반성의 실상을 학문적으로 정리한다는데 문제의식의 출발이 있었다. 이를 위해 1차적으로 인물을 중심으로 연구방법을 설정하였다. (민해운반)

◉ 현재 운동사 중심의 연구 풍토를 지향하고, 사회경제적 토대 해명과 이와 결합시킨 한국근대사 재조명을 염두에 둠(자본주의)

◉ 일제의 식민 지배에 대해 일부 긍정적으로 평가하려는 작금의 경향에 대해 심각한 우려를 표하는 것을 공동의 출발점으로 하면서 수탈위주 라고 보는 기존 역사학계의 일제시대상과 자본주의적 '발전' 이라고 보는 경제학계의 일제시대상을 지양할 수 있는 '새로운 일제시대상'과 '연구방법론'을 찾는 것을 연구회 활동의 축으로삼고 있다. (지배정책사반)

◉ ① 한국 사회발전이 요구하는 문제를 중심으로 주제와 공동연구 내용을 설정 ② 연구회 설립 목적이 갖는 반 활동을 위해 구성원 각 자가 노력(예: 연구결과의 보급문제 고민,연구회의 일상 활동, 수련회의 적극적인 참가 등) (50년대 정치사연구반)

◉ 애초의 기획의도가 학리적 논쟁, 연구사 정리 차원에 있다기 보다는 논쟁의 실천적 함의를 따져 이를 간선적으로 정리하자는 것. 즉 작업내용에서 현대

사에 대한 현실적 요구에 일정부분 대응하자는 것과 현대사 연구를 위한 조직적, 물질적 토대를 확보하자는 생각이 강했다(한국현대사)

◉ 연구회원의 역사 의식을 제고하고 나아가 연구회의 위상과 방향설정에 기여하고자 함. (현대사학사)

◉ 3·1운동을 민중 중심으로 파악하고자 했으며, 3·1운동이 근대 민족운동사에서 차지하는 의미에 대해 장시간 토론을 벌였다. (3·1운동)

4-1) 소재주의라고 비판한다면?

◉ 늘 발생할 수 있는 비판이다. 다만 연구반의 운영과정에서 그를 극복하려는 진지한 노력과 긴장감이 유지되고 있는가 ? 또는 공동연구라는 형식에 충실함으로써 어느 정도 극복된 결과가 나오는가 하는 것이 중요(신분제)

◉ 나말여초의 경우 전체 주제를 소재주의라고 할 수 없다.(나말여초)

◉ 공동연구의 시작이 각자의 관심분야를 단순하게 모으는 것에서 시작하는 것이 아니다. 소재 자체로 보아도 단순한 지적 호기심에 그치는 것이 아니라 고려사를 구조적으로 이해하는데 필요한 부분이다. 즉 고려사회의 모순과 그 변혁의 과정을 그리는데 충분한 의미를 지니는 소재이다. 정치사에 국한한다 하더라도 기존의 정태적·정체적 이해에 대한 비판적 검토는 그동안 고려 정치사 연구에서 필요한 부분이었다.(12세기 사회변화)

◉ 우리는 비판받을 이유가 없다 (15세기 농민생활사)

◉ 연구실적물이 나오지 않았으므로 정확하게 파악할 수 없으나, 조선 중기의 변화상을, 토대의 변화에 기초하여 파악함으로써 전체의 역사상을 살펴보려고 노력하고 있음(17세기 사회경제사)

◉ 17세기 유학사상에 대한 연구는 조선시대 전체 사상사의 과학적, 체계적 연구를 위하여 반드시 살펴 보아야 할 분야(17세기 유학사상)

◉ 소재주의적인 측면이 없지 않다. 보다 분발할 수있는 계기, 의지가 부족했다. (18, 9세기 부세반)

◉ 주제 자체가 크고 포괄적, 이를 공동연구에 의해 소화한 것, 이론화의 수준은 낮지만, 소재주의는 아니라고 생각(19세기 정치사)

◉ 개항기의 경제구조를 해명하는데 주요한 주제라고 여겼기 대문(토지대장)

◉ 어떠한 주제를 잡더라도 소재주의라는 비판을 받을 수 있다. 중요한 것은 어떠한 소재를 주제로 잡더라도 이를 한국사상에 정확한 위치로 밝혀 내면 된다고 생각한다. (광무개혁)

◉ 한말 유교 지식인의사상과 행동을 대표적인 인물을 중심으로 유형화를 시도한 것은 학계의 처음 (한말유사행)

◉ 할말 없다.(원산총파업)
◉ 한 주제를 과학적으로 이끌어 갈만한 내적 역량(이론과 방법)이 미숙한 점은 인정한다. 그러나 소재주의라고 불리는 것은 정말 억울하다.(공산주의운동사)
◉ 소재주의라고 비판할 수 없다. (자본주의)
◉ 엄격한 방법론적 모색과 다양한 측면에서의 접근, 풍부한 자료 구사에 기초한 실사구시적 연구, 대중적 형상화에 대한 고민과 형식의 개선 등을 통하여 극복에 노력하겠음 (50년대 정치사)
◉ 소재주의의 발현양상은 2가지, 첫째는 소재가 던져 주는 현실적 역사적 의미를 과대해석하여 그것에 지나치게 안주한 채, 그것의 역사성을 제대로 추스리지 못하는 경우, 둘째는 반대로 소재의 역사성, 현실성을 망각한 채, 자료수집, 정리의 차원으로 연구를 축소시키는 경우, 어느 경우나 소재자체가 문제라기 보다는 연구자의 지적 게으름, 타성적 학습방식, 해석에서 참신성과 과감성의 부족등이 문제가 아닐까요 (한국현대사)
◉ 3·1운동 70주년을 맞아 연구한 것이기 때문에 소재주의라는 비판이 있을 수 있었다. 그러나 70주년을 맞아 대중들의 3·1운동에 대한 관심이 고조되는 것을 계기로 새로운 시각을 제시하고자 하는 것이 취지였다.(3·1운동)
◉ 해당되지 않는다 (현대사학사)
◉ 아니고 전략적이다. (사론반)

5. 연구반 작업결과물에 대한 평가
◉ 만족하지 못한다.
◉ 새로운 시각, 방법, 자료로 정리하여 학계에 자극을 주었다.
◉ 연구사의 공백을 메꾸었다.

6. 연구반 활동 기간
(1) 1년 (3)
◉ 길면 늘어진다.
◉ 개인적 연구(전공)영역을 연구회를 통해 사회화 시키는데, 1년이상의 기간을 설정하는 것은 곤란. 다양한 활동 공간이 마련되어야 겠지만, 너무 장시간을 요하는 작업들은 연구회 내로 수렴시키기 곤란한 것이 현실.
◉ 계획적인 연구활동을 해야 연구반이 잘 진행될 수 있다.
(2) 2년 (24)
◉ 연구시간 배분의 효율성과 구성원의 집중도가 높다.
◉ 구체적인 성과 산출이 가능한 시기(연구, 집필)

⦿ 공동작업(1년) 개인작업(6개월) 공동검토(6개월)
　(3) 3년 (1): 이론, 연구사, 자료검토에 필요한 시간.
　(4) 무제한(1) : 연구주제가 아주 무거움.

12. 한국역사입문평가반, 「『한국역사입문』 평가」(『한국 역사연구회 회보』 제27호, 1996. 10)

해 설

『한국역사입문』은 1992년 8월 18일 「한국사학입문기획위원회」를 결성한 후 100여 명의 연구 회원이 3년여의 공동 작업 끝에 1995년 8월 『한국역사입문』 ①, ②권, 1996년 3월 ③권을 발간하였다. 이는 1992년 2월 발간한 『한국역사』와 함께 한국역사연구회의 조직과 인원을 최대한 동원한 대표적인 공동 작업의 결실이다. 이 글은 이 작업에 대한 분과별 대표들이 모여 작성한 평가인데, 맺음말 부분만 추출하였다.

자 료

　1. 머리말
　2. 기획과 추진 과정
　3. 구성과 서술 내용
　4. 과제와 전망
　(이상, 생략)
　5. 맺음말

　《한국역사입문》의 출간이 말해 주듯이, 우리 연구회가 자료와 인력을 집중 관리 함으로써 한국사학의 발전에 많은 기여를 해 온 것은 사실이다. 그러나 과제만 던 져 놓았다고 우리의 책임을 다한 것은 아닐 것이다. 《한국역사입문》에서 우리 스스 로가 제기한 문제들을 어떻게 해결해야 할 것인가?
　전체 총론에서 지적하듯이, 앞으로의 연구는 "실증을 넘어서 역사연구의 특권화된 영역이 '사회적 관계'라는 점을 분명히 하면서 사회구조의 모든 영역을 설명할 수 있는 사회과학들, 구조 속의 모든 인간들의 행위를 설명할 수 있는 사회과학들, 그리고 그것들의 결합과 종합에 의한 여러 모델들의 도움을 얻어야 할 것이다."

그러나 앞에서 지적했듯이, 우리는 붕어빵을 찍어내듯 기존의 형식에 맞추어 논문들을 써왔다. 새로운 방법이나 이론의 모색을 경주하기보다는, 기존의 연구와 형식, 내용 면에서 큰 차이가 없는 논문들을 속 편하게 양산해내려는 경향은 없었는지? 또 '누군가 그런 것을 찾아 제시해 주었으면 좋겠다'는 대망적(待望的) 자세가 우리 개개인에게 스며있지 않은지 돌아볼 일이다.

최근 강조되는 '생활사에 대한 관심'도 적절한 연구방향과 방법론에 대한 숙고 없이 제기되는 측면이 강하다. 막연히 대중적 관심이 높기 때문에 그에 부응하기 위해서라도 시급히 착수할 필요가 있다는 식이라면, 대중의 취향을 충족시키는 이상의 성과를 기대하기 어려울 것이다. 그러나 누구 하나

이런 점들에 대한 깊은 문제 제기를 한 적이 없고, 개척적인 시도의 노력도 보이지 않고 있다. '연구반을 하나 더 만들자'고 손쉽게 결정해 버리는 것이 우리의 현실이다. 문제가 발견되면, 내키지도 않는 회원들을 차출하고 연구반을 설치해서 해결해 보려는 방식에 근본적인 반성이 따르지 않으면 안된다. 기존의 공동연구반 운영 방식이 갖는 장단점에 대하여 진지한 검토가 있어야 할 시점이다.

'과제와 전망'에서 제기된 문제들은 기존의 공동연구반과 같은 형식만으로는 소화될 수 없는 경우도 있을 수 있다. 그럴 경우 기존의 연구반을 통해서가 아니라 '선도적 역할'을 할 수 있는 개인을 활용하는 편이 효과적일 수도 있다. 양자를 적절히 안배하는 지혜가 필요하다. 일정하게 이론적 수준을 확보한 시론적 글들을 적극 개발하여 회지에 게재하는 것도 한 방법일 것이다.

한편, 개인의 연구논문 작성 방식에서도 근본적 혁신이 필요하지 않을까 한다. '서론-본론-결론'(起承轉結)으로 어떤 소재를 실증하고, 결론에서는 본론을 요약하거나 미진한 부분을 실토하며 과제로 남겨 두는 형식에서 과감히 탈피할 필요가 있지 않을까? 기존의 지루한 논문 형식에서 벗어난 논문은 '논문'으로 쳐주지 않는 학계 풍토만 탓할 것이 아니라 스스로의 과감한 노력이 필요할 것으로 생각한다. '공자님 말씀'을 늘어놓아 해결될 수 있는 부분은 적다 구체적인 모범사례를 만들어 가면서 다그치고 조직하고 끌어들여야 할 것이다. (《한국역사입문》의 구체적인 편찬 과정에 대해서는 여호규 회원이 정리한 「《한국역사입문》 3.5년의 산고기」)한국역사연구회회보 26, 1996. 7)를 참고하기 바란다)

13. 김인걸, 「심산상 수상에 답함」(『한국역사연구회 회보』 제27호, 1996. 10.)

해 설

심산상은 독립운동가이자 성균관대 초대 총장을 지낸 심산 김창숙 선생을 기리기 위해 심산김창숙연구회가 1986년 제정한 상이다. 심산 선생의 정신을 계승해 학술 및 실천 활동에 공로를 세운 개인 및 단체에 넌 1회 시상하였다. 초대 심산상은 언론인 송건호가 받았으며, 한국역사연구회는 『한국역사』 출간으로 제10대 수상인이 되어 당시 연구회장 김인걸 서울대 국사학과 교수가 대표로 수상 소감을 밝혔다. 그는 여기서 연구회의 지난 활동을 돌이켜본 후 앞으로 나아가야 할 과제를 제시하였다.

자 료

저희가 심산상을 받게 되었다는 소식을 들었을 때 처음 기쁨보다는 중압감을 더 크게 느꼈다는 사실을 먼저 말씀드려야 할 것 같습니다. 그동안 반독재투쟁과 민족민주운동의 선두에서 자리를 지켜오신 선배님들이 내주시는 자리의 말석에 앉을 수 있게 되었다는 것이 무엇보다도 큰 기쁨이지만, 여러 선배님들이 제시하신 화두에 제대로 답하지 못하고 있다는 자괴감이 더 큰 것이 현실이고, 심산상은 머뭇거리고 있는 저희들에게 비상을 요구하는 질책으로 느껴졌기 때문입니다.

…(중략)…

90년대 들어와 주변 환경이 많이 바뀌었다고는 하나 한국 현대사가 해결해야 할 기본 과제는 여전히 해결되지 않고 있고, 저희들이 처음 목표로 했던 진정한 민주주의의 실현과 조국의 자주적 통일 문제는 보다 더 절실한 현실의 과제로 제기되고 있습니다. 따라서 앞으로도 창립 당시 제기했던 기본 방침과 이 사회가 부여하는 과제의 해결을 위한 저희들의 사업은 지속될 것입니다. 지금 저희는 선배들이 쌓아 올린 토대를 딛고 비상해야 한다는 압력을 절실히 느끼고 있습니다. 한국사 서술에 있어서 '民衆의 活動과 參與를 浮刻'시키는 것으로부터 민중이 주체가 되는 역사 서술로, 국사학계의 독자성을 확보하는 '개체발전 전략'으로부터 동·서양사학이 함께하는 한국의 역사학을 수립하는 장을 여는 것으로, 인접 사화과학의 방법론을 받아들이는 것으로부터 사회과학과의 대화를 통해 공동의 문제를 제기하는 것으로, 결국 반쪽의 역사에서 전체 역사로 나아갈 것을 요청받고 있는 것입니다.

(하략)

14. 조철행(교육부장), 「신입회원 교육 결과 보고」 (『한국역사연구회 회보』 제31호, 1998. 1.)

해 설

한국역사연구회의 신입회원 교육은 초기에는 4개월 내지 8개월에 걸쳐 이루어졌다. 게다가 일정한 출석 회수를 채우지 못하면 회원 자격을 취득하지 못하고 탈락하였다. 이후 신입회원 교육기간과 의무 출석 일자가 대폭 줄어들면서 회원 교육이 느슨해졌다. 이 글은 신입회원 교육이 초기에 비해 거의 약화된 단계에 도달했음을 보여준다. 특히 전임교수와 박사졸 이상의 경우를 우대하는 규정도 눈에 띄어 연구회가 이제 학회 수준의 조직으로 가고 있음을 보여준다.

자 료

1. 경과보고

10차년도 신입회원교육은 신입회원교육과 관련하여 교육의 내실화와 신입회원 신청자의 제반 여건을 고려할 필요가 있다는 운영위원회의 문제제기가 있은 뒤, 신구임원 MT(1997년 7월 27-28일)에서 구체적인 방침이 논의되었다. 그 결과 교육 내용은 연구회의 현황을 알리고 연구회의 공동연구 성과물을 중심으로 연구회가 지향하는 '과학적 실천적 역사학'의 방향을 제시하는 것으로 정해졌다

교육이수는 총 4회의 교육 중 3회 이상 참석을 원칙으로 했지만, 신입회원 신청자가 전임교수·박사졸업자 이상일 경우는 단합대회에만 참석하면 회원자격을 부여하기로 결정하였다. 그런데 신입회원 단합대회에서 교육이수에 관한 조항은 신입회원 가입 신청서를 제출한 사람은 누구나 출석회수와 상관없이 연구회 활동의지만 있으면 전원 회원으로 받아준다는 '새로운' 방침으로 바뀌었다.

10차년도 신입회원교육은 1997년 9월 26일 상견례를 가진 뒤 "한국역사연구회의 현황"이란 주제로 1차 교육을 시작하여 10월 1일 '과학적 실천적 역사학과 연구회의 성과', 10월 10일 '공동연구의 의의와 과제', 10월 18~19일 '한국역사연구회의 전망'에 관한 토론과 단합대회를 끝으로 총 4회에 걸쳐 실시되었다.

아래의 신입회원교육 출석표와 같이 출석율(평균48%)은 매우 저조하였다. 한편 신입회원 42명의 분과별 분포는 고대사분과 11명, 중세1분과 6명, 중세2분과 8명, 근대1분과 7명, 근대2분과 4명, 현대사분과 6명 등으로 비교적 고른 편이었다. (이하, 출석표는 생략)

2. 신입회원들의 교육평가

신입회원들은 대개 학교 선배들과 광고를 통해 연구회를 알게 되었고, 연구회의 취지에 동의하거나 다른 학교 학생들과의 학문교류를 목적으로 가입했다. 그리고 대부분의 신입회원들은 연구회를 여타 학회나 연구회에 비해 변혁운동에 능동적으로 대처하는 학술운동단체로 인식하였다.

신입회원들은 교육을 통해 연구회의 전반적인 현황을 파악하고 공동연구의 의의를 인식하게 되었다고 평가했지만, 내용의 중복과 준비의 부족을 지적하기도 했다. 특히 연구회의 현황과 연구회의 성과부분은 나누어 교육할 것이 아니라 내용상 묶어도 무방한 것으로 보았다.

신입회원들은 강의와 토론을 병행하는 교육방법이 충분한 효과를 거두지 못하는 것으로 파악하였다. 예컨대 토론을 활성화시키기 위해서는 사전에 치밀한 준비가 요구된다. 교육이라면 강의 위주로 진행되어 야 할 것이지만, 토론이라면 사전에 학습방향을 미리 제시해 줌으로써 소기의 교육성과를 달성할 것으로 보인다. 강의 준비도 주제들이 명확하게 분리되어 있지 않았고 준비도 그다지 치밀하지 못하다는 일부의 지적도 있었다.

3. 교육부의 평가

10차년도 신입회원들의 연구회 가입 동기는 대개 연구자들 간의 학문교류와 연구반 활동을 목적으로 한 경우와 나름대로 연구회의 취지에 동의하면서 학술운동단체라는 성격 때문인 경우로 나뉘어졌다. 이러한 신입회원들에게 신입회원교육은 '과학적 실천적 역사학'과 공동연구의 대중화라는 연구회의 취지를 어떻게 제시하느냐가 초점이었다. 그러나 연구회 회원들도 연구회의 지향점에 대한 어떠한 공통된 합일점이 없는 상태에서 그 취지가 신입회원교육에서 제대로 전달되기는 매우 어려운 것으로 판단된다. 연구회가 내세우고 있는 '과학적 실천적 역사학'의 내용을 정립하는 것이 우선적으로 요구된다고 생각한다.

교육내용이 중첩되는 것은 통합하고 교육방법도 강의와 토론을 병행하는 것보다는 교육내용에 따라 강의식과 토론식으로 분류하여 진행하는 것이 더욱 효율적 일 것 같다. 교육원칙도 일관되게 적용되어야 할 것 같다. 예를 들면 회원 자격 취득과 관련하여 교육이수 조항의 변경은 신입회원들에게 혼란을 초래하기도 한 것 같다. 신입회원 단합대회는 예전과 달리 학기 중에 가졌지만 장소를 서울에서 한 결과 참석율은 높은 편이었다. 하지만 교육부 자체의 준비부족과 '불성실'로 토론과 진행이 원활하지 못하였다. 이후에는 신입회원들이 자유스럽게 토론에 참여하는 분위기를 진작시켜 자신의 생각과 연구회의 문제를 같이 고민하는 자리가 되었으면 한다.

신입회원교육은 교육일정상의 변경이 없었고 시간도 제대로 지켜졌다는 점에서 자위할 수도 있지만 신입회원들의 자발적 교육 참여를 이끌어낼 수 있는 분위기 조성과 신입회원 신청자가 많을 경우 분반을 통해 효율적인 교육이 되도록 해야 할 것 같다. 신입회원 신청자들 사이의 연령과 연구과정을 고려하여 앞으로 전체 신입회원교육은 연구회의 취지와 현황을 한두 번으로 줄이는 대신, 분과를 통해 신입회원들이 연구회에서 실질적인 활동을 할 수 있게 해야 할 것 같다.

15. 김기덕(중세 1분과), 「IMF와 역사학자」(『한국역사연구회 회보』 제31호 칼럼, 1998. 1. 31.)

해 설

1998년 한국사회가 겪은 IMF의 격랑 속에서 이에 대한 역사적인 해석과 현실 대안 마련에 대한 고민의 흔적이다. 또한 이 글은 당시 연구회 내부에서 과학적 실천적 역사학에 대한 다양한 생각과 고민이 나오고 있는 시점에서 그 고민을 반영하고 있다.

자 료

작년 11월 회보부장에게 칼럼을 부탁받고 몇 가지하고 싶은 얘기가 있었다. 그러나 그 때부터 본격화된 우리나라의 외환위기는 이후 걷잡을 수 없이 악화되었다. 이른바 IMF체제 누구는 무슨 일이 생겼다 싶으면 냄비처럼 들끓는 우리의 국민성이 상황을 과장시키고 있다고 하지만 실제 상황은 대단히 혹독하다. 거의 경제적 식민지 상태의 위기라 할만하다. 상황이 이렇게 전개되다 보니 원래 하고자 했던 얘기들이 너무 한가롭고 왜소해보였다. 결국 역사학자 그 중에서도 전근대사를 전공하는 40대 역사학자로서 국가위기를 맞아 떠올랐던 몇 가지 상념을 적어 보기로 하였다.

나는 세는 나이로 마흔 셋이다. 개인적으로 40을 넘기면서 가슴이 많이 답답했었다. 누구는 명예퇴직이라고 난리지만 나는 아직 정식취업도 못했다는 현실적인 불안감도 물론 하나의 원인이나, 건방지게도 그런 고민의 경지는 넘어 섰다. 가장 큰 이유는 공자님은 40에 불혹이라고 했는데, 나는 어떤가하는 자괴감에서이다. 박사학위를 받고 역사학자라고 하면서 과연 내 전공 내 분야에서 떳떳하게 답변할 수 있는가 하는 점, 역사의 중요성을 그렇게 강조하면서도 실제 내가 뚜렷한 역사의식을 갖고 있으며, 남에게 설득력 있게 말할 수 있는가 하는 점등에서 자신감을 갖지 못했다. 술자리에서 이런 느낌을 토로하니까 동료 한 분은 공자님시대는 사람수명이 60이었으나 지금은 80 혹은 90까지 가니 그렇게 따지면 지금은 55세는 되어야 불혹이고 40에는 당연히 아직 미혹이라고 위로해준다. 그래도 이제는 내 위의 분에게 해답을 미룰 수는 없지 않은가? 미혹 투성이, 그것이 나를 답답하게 한다.

이런 위축된 심정에서 맞이한 최근의 외환위기는 나를 더욱 당황하게 한다. 처음에 든 생각은 이런 것이었다. 대학시절 당시 박정희정권의 선전과는 달리 써클 스터디를 통해 우리의 경제모델은 비인간적이며 결국은 정경 유착과 재벌 위주의 정책으로 많은 문제점을 갖고 있다고 학습했었다. 그 후 20여년 동안 기본적으로 이러한 생각을 견지해 왔으나, 한편으로는 겉으로의 눈부신 경제성장으로 어느덧 나 자신 정부주도의 근대화론도 그럴듯하지 않은가 하는 이중적인 잣대를 갖게 된 것도 사실이다 그러다 최근의 사태를 맞이하면서 역시 20년전에 학습했던 내용이 옳았다고 생각하니, 그 간에 흔들렸던 마음 그리고 상대적으로 옳은 것을 지적하는 데에 소홀했던 내 자신의 태도는 결국 나 또한 지금의 경제위기를 방치한 사람의 하나라는 생각을 지울 수 없었다.

요즘 대통령의 신세는 흡사 소주판에 명태격이다 더욱 심하게 두들겨 팰수록 애국자처럼 보인다. 물론 나는 YS정권을 옹호해줄 생각은 전혀 없다. 다만 지금의 경제위기를 지나치게 YS정권의 무능으로 몰고 가는 분위기는 문제의 본질을 흐릴 수도 있다는 점이 우려된다. YS가 나라를 망쳤다면, 그 전은 괜찮았다는 것인가? 재벌위주의 정경유착이 문제의 본질이었음을 정확히 인식시켜야 할 때이다. 그래야 박정희의 평가도 제대로 될 수 있다. 그렇지 않으면 전두환 미화론도 나오지 말란 법이 없다. 이 위기의 시대는 중요한 교육의 장이다. 전 국민들의 역사의식을 한 단계 끌어올릴 수 있는 절호의 찬스가 아닌가? 우리는 너무 침묵하고 있다.

이제 3월이 되면 개학할 것이다. 모두가 우울한 얼굴로 만날 것이 틀림없다. 나는 무엇을 강의할 것인가? 당연히 전공인 고려시대 역사를 얘기하겠지. 그것이 이 위기의 시대와 무슨 관련이 있을까. 까마득한 중세인의 삶의 모습을 어떻게 저 주눅 든 학생들에게 피가 되고 살이 되게 할 수 있을까? 물론 모든 학문분야가 즉발적으로 사회에 처방을 낼 수는 없다. 더구나 한 학기 강의에서 많은 것을 보여주겠다는 생각도 어리석은 짓이다. 그래도 지금까지 나는 죽은 학문, 죽은 자를 위해 복무하는 학문을 해 왔던 것은 아닌가. 전근대사와 근현대사라는 구분에 너무 매몰되어 있었던 것은 아닌가? 한국사와 세계사라는 구분에 익숙하여 그 속에 안주해 왔던 것은 아닌가?

외람되지만 남의 얘기를 해보자. 역사를 모르면 인간을 논하지 말고 세계를 논하지 말라고 하면서도, 실상 오늘의 역사가는 미시적인 발언만 있지 거시적인 전망이 없다. 이 위기의 시대에 어느 누구하나 그 고매한 역사관·역사의식을 적용하여 방황하는 대중에게 중심을 넣어주지 못하고 있다. 어려운 시기를 극복해 줄 인물로 거명되는 역사가는 한 명도 없다. 새 정부는 어떠한 역사관을 가져야 한다고 설득력 있게 갈파하는 신문칼럼 하나 보지 못했다. 그래도 앞으로 수 십년, 수 백년이 흐르면 이 시대는 이랬어야 한다고 역사가는 피를 토할 것이다. 다분히 역사가는 시대를 앞질러 가는 것이 아니고 시대를 뒤따라가며 해석하는 속성이 있다고 할지라도 이건 너무 하지 않은가? IMF위기는 고도의 경제지식이 있는 사람만 발언할 수 있는 것인가? 세계화는 영어를 잘하고 외국을 많이 갔다 온 사람만 발언할 수 있는 것인가? 우리는 대대로 중국과 관계를 맺으며 바로 옆에서 살아왔다. 중국은 세계제국이었다. 따라서 우리는 항상 세계화와 지역전통과의 긴장 속에서 살아왔던 것이다. 갑자기 나타난 세계화가 아니다. 우리는 아무 것도 모르는 YS가 세계화를 외친다고 비판만 했지, 과거와 현재를 두루 꿰어서 설명하고 대안을 제시했는가? 한국인의 삶과 오늘의 위기에 대해 거시적인 문명사적 해석을 할 수는 없는 것인가? 그래서 이렇게 하면 이 위기를 극복할 수 있다고 희망을 줄 수는 없는 것인가?

작은 전공 주제 하나도 제대로 소화하지 못하면서 거시적인 역사틀을 대망하는 것은 제 수준 모르는 고민일수 있겠다. 논어집주에 나오던 말이 생각난다. "작은 성취에 안주해서 道에 나아가는 극치를 구하지 않아서도 안되지만, 그렇다고 虛遠한 데에 달려서 자기 몸에 간절한 실제 병통을 살피지 않아서도 안될 것이다." 미시적인 고민과 거시적인 고민, 이 양자의 해결과제가 이 위기의 시대에 역사학자들에게 던져진 구조조정이 아닐까. 과학적 실천적인 역사학을 표방한 우리 연구회에도 구체적인 화두가 던져졌다고 생각한다. 전체상을 책임질 수 있는 정확한 시대시대마다의 정확한 분석, 그리고 그것들을 두루 꿰어서 세상에 제시하고 이끌어 갈 수 있는 설득력 있는 사관과 변혁 에네르기의 제시가 요구된다. 앞으로의 역사상을 책임질 것을 요구받는 40대 박사학위 한국사연구자로서, 이런 문제에 대해 전혀 기운찬 대안이나 해답을 제시하지 못하고 단지 자조와 다짐만을 늘어놓는 처지에 오늘밤도 생각만이 복잡하다. 마치 부도를 앞둔 중소기업의 심정처럼, 아니 정리해고를 앞둔 회사원처럼.

16. 이세영(회장), 「연구회창립 10년의 새로운 도약을 위하여」 (『한국역사연구회 회보』 제33호 취임사, 1998. 6. 20.)

해 설

연구회가 만들어진 후 10년이 되면서, 연구회 내부에서는 연구회의 지향에 대한 다양한 논의가 속출하였다. 이 글은 당시 연구회의 지향에 대한 고민의 결과물 중에 하나이다.

자 료

오늘 이 시간 그리고 이 자리는 지난 연구회의 10년을 정리하면서 앞으로 10년, 나아가서는 21세기를 준비하는 제1년차가 되었으면 합니다. 잘 알다시피 10년 전 연구회는 현실의 운동과 변화에 추동되어 '과학적 실천적 역사학'을 내걸고 출발했습니다. 그 동안 그 내용을 채우려고 많은 노력을 했지만, 보수화되는 운동과 현실에 매이면서 만족할 만한 성과를 거두지는 못했습니다. 그래서 때로는, 한편에서는 '과학적 실천적 역사학'을 의심하기도 하고, 비판하기도 하였습니다. 그러나 오늘 다시 되돌아보면 '과학적 실천적 역사학'의 출발은 사학사에서 중요한 의미를 가졌고, 한 획을 그었다고 생각합니다.

지난 10년 동안은 세계화시대의 본질과 그 성격을 파악하기에 짧은 시간이었습니다. 그러나 이제 분명해지고 있습니다. 구제국주의시대가 시작된 지 1세기 만에 다시 신제국주의시대에 들어와 있습니다. 구제국주의는 한 열강이 여러 나라의 땅과 자원, 국민들의 노동력을 직접 지배했다면, 지금은 선진 열강들의 초국적 금융자본이 세계를 지배하고 있습니다. 신자유주의의 이름아래 국경과 규제를 파괴하고 모든 나라들을 돈 투기장과 시장으로 만들고 있습니다. 그리고 구제국주의의 이념과 사상이 식민주의와 근대주의였다면 선제국주의의 그것은 신 자유주의와 포스트모더니즘입니다.

20세기가 시작되면서 구제국주의의 식민주의사학에 맞서 민족주의사학이 일어섰습니다. 식민지배가 노골화되면서 민족주의사학은 나누어졌습니다. 식민주의사학에 타협하는 쪽과 더욱 반대하는 쪽이 생겼습니다. 후자는 바로 마르크스주의사학이었습니다. 역사는 되풀이되는 것일까요. 10년 전 민중사학과 '과학적 실천적 역사학'이 일어섰습니다. 지금 우리 역사학은 신제국주의에 가장 충실한 '식민지근대화론'에 선 '근대경제사학'과, '자유민주주의사학', 그리고 '과학적 실천적 역사학' 진영으로 나누어져 있습니다. 그렇다면 이제 '과학적 실천적 역사학'은 어떤 것이어야 하겠습니까.

신제국주의의 역사학은 '포스트모더니즘사학'입니다. 그것은 이념에서 신자유주의에 기초하고 있습니다. 이론과 방법론을 보면, 우선 역사의 주체를 해체시킵니다. 국가와 민족을 해체시키고, 계급을 부정합니다. 인간의 이성을 부정합니다. 또 구조보다는 현상을 중시하고, 중심과 모순을 다원화시키며, 대립과 갈등의 관계를 부정하고 개체성을 강조합니다. 또 시간성을 부정합니다. 이 '포스트모더니즘사학'은 탈근대를 외치면서 이미 우리 역사학계에 침투해 있습니다. 따라서 '과학적 실천적 역사학'은 反신제국주의 사학이어야 하며, 反'포스트모더니즘사학'이어야 합니다. 그리고 근대경제사학과 자유민주주의사학과의 전선을 다시 그어야 하겠습니다.

그 동안 우리 연구회는 조직에서나 회원 수에서 엄청나게 성장했으며, 우리 역사학계에서 가장 큰 연구단체가 되었습니다. 창립 이래 회원을 늘리려 보니 느슨한 조직 방법을 취했습니다. 회원들이 많아지면서 그들의 생각과 연구도 다양해졌습니다. 초기의 회원들은 대부분 2선으로 물러나고 있습니다. 그들과 새로 들어오는 회원들과의 교류는 끊기고 있습니다. 재교육도 크게 도움이 되지 않는 듯합니다. 마침내 조직의 정체성마저 의심하기에 이르렀습니다. 그리고 많은 회원들을 관리하려다 보니 관리기구가 비대해지고, 그에 따라 비용 부담도 커졌습니다. 이제 조직을 재정비해야 하겠습니다. 우선 회원을 받아들이는데 엄격해야 하겠습니다. 그렇다면 재교육은 축소하거나, 없애도 될 것입니다 선진회원의 지도아래 학습과 연구과정을 통하여 정회원이 될 수 있을 것입니다.

연구회원들은 그동안의 생각과 연구활동, 회비납부 실태를 기준으로 정리하거나, 선진회원들과의 교류를 강화해서 정예화 시킬 수 있을 것입니다. 또 한 방법은 연구회의 새로운 중심을 건설하는 것입니다. 창립회원·선입회원들과 신입회원들 간에 20년차나 생기고 있습니다. 서로간의 교류는 물리적으로 어렵습니다. 1980년 이후 현실을 보면서 고민하고 연구자의 길을 택한 80년대 중반 학번의 회원들을 중심으로 연구회의 제 2의 중심을 건설합시다. 그러면 '과학적 실천적 역사학' 의 내용도 보다 풍부하게 할 수 있고, 나아가 조직 재생산의 기틀이 될 것입니다. 그리고 무엇보다도 연구회의 관리조직을 축소해야 하겠습니다. 현재의 사무국을 회원들의 관리보다는 연구활동을 지원하는 작은 사무국으로 조정해야 하겠습니다. 그러면 관리 비용도 줄일 수 있습니다.

앞으로 연구회의 활동은 다시 회원들의 연구에 중심을 두어야 하겠습니다. 그러기 위해서는 연구위원회가 강화되고 활성화되어야 합니다. 선진연구자들이 분과장과 반장을 맡아서, 역사학계의 흐름을 파악하고, 또한 회원들의 생활조건, 그들이 관심을 갖는 시대와 분야, 시각과 연구방법론 등을 정확히 파악하여 여러 형태의 학습반과 연구반 구성을 추동하고, 그들의 학습과 연구를 주도해 가야 합니다. 분과장들은 분과 관리의 일을 분과총무에 맡기고 오직 연구역량 강화에만 힘을 기울여야 하겠습니다. 연구회원들의 연구 성과가 게재되는 연구회지는 역사학계의 최고의 학술지가 되어야 합니다. 그러려면 분과장들은 편집위원회와 결합하여 회원들의 연구과정, 발표, 회지게재 등 일련의 과정에 책임을 지고 간섭해야 할 것입니다.

연구회의 위상과 성격은 결국 연구 성과로 가려집니다. 그 동안 연구회는 개설서, 전문연구서, 교양서, 그리고 30여호의 회지를 발간했습니다. 초기의 저술들은 다소 미흡하지만 그래도 '과학적 실천적 역사학'에 의한 연구성과들을 담으려고 노력했습니다. 그러나 역사대중화에 물리면서 점차 대중들의 구미에 맞는 교양서, 모노그라피들을 발간했고 덕분에 수입도 많아졌습니다. 회지는 연구회원들의 동인지로 떨어졌습니다. 보수학계는 회지가 '과학적 실천적 역사학'에 걸맞는 내용을 갖지 못하고 있다고 비난합니다.

이제 편집위원회를 강화해서, 우선 연구회지를 역사학계에서 색깔 있는 최고의 학술지로 만들어야 하겠습니다. 분과장과 선진회원들로 편집위원회를 구성하고, 이 편집위원회를 회원들의 연구활동을 총괄하는 기구로 위치 지워야 하겠습니다. 편집위원들은 '과학적 실천적 역사학'의 내용을 끊임없이 고민하고 학습하고 연구하며, 그에 입각해서 공동 연구성과와 개별 연구성과들(회원들은 공동연구 외에 2년에 1편씩 개별 논문을 회지에 게재하는 것을 의무로 함)을 선별하고 모아서 회지를 만들어야 하겠습니다. 또 연구회 밖으로부터도 쟁론거리가 되는 글들을 모아 와서 회지에 실음으로써 『역사와 현실』을 살아있는 학술지로 만들어야하겠습니다. 『역사와 현실』이 역사학계의 판도를 보여주고, 역사학계의 방향을 가늠해 주는 학술지가 되도록 해야 할 것입니다.

그동안 연구회를 위해서 고생하신 박종기 선생님 이하 임원들과 모든 회원들에게 진심으로 감사드립니다. 또다시 시작하는 마음으로 진보로서의 역사, 과학적 실천적 역사학에 대한 확신을 가지고 민중과 인간의 해방에 기여하는 연구회를 만들어 갑시다. 고맙습니다.

17. 은정태(근대 1분과), 「이념과 욕망의 충돌」, (『한국역사 연구회 회보』 제35호 수련회 참관기, 1999. 4. 20.)

해 설

이 글은 그 해 2월 5일에 있었던 연구회 겨울수련회(장소 : 화승 레스피아)에 대한 참관기이다. 당시 연구회는 10주년을 맞이하여 이후 연구회 방향에 대한 격론이 오고 갔다. 그에 대한 회원의 참관기를 수록한다.

자 료

10년 만에 이 정도의 진통은 당연 아닌가. 지난 2월 5일 원주에서 연구회의 겨울 수련회를 마친 직후의 소감이었다. 그간 연구회의 활동이 관성화 되었다고 느낀 나에게는 이런 생각을 일거에 날려버릴 것 같은 열기였다. 이 열기는 현재 사이버 수련회로 이어졌다. 그렇다고 요즘 같은 시대에 이런 열기를 가지고 토론을 이끌어낼 수 있는 단체가 어디 있는가하고 자평하는 것은 곤란한 일이다. 이런 평가는 외부에서나 할 수 있을 법하다.

한 선배는 이번 수련회는 몇 가지 신기록을 세웠다고 했다. 우선 콘도라는 시설을 연구회가 처음 이용했다는 것이다. 너무 시설이 좋았다 토론장은 국제회의장과 같은 분위기였고, 일부 회원은 아침에 수영을 즐길 수 있을 정도였다. 또 하나는 이번만큼 많은 회원들이 참석한 수련회가 없었다는 것이다. 자그만치 60여명이 먼 길을 달려왔다.

2월 5일 오전 10시 청권사 앞에 속속 회원들이 모여 들었다. 근대1분과 총무인 나에게는 분과원들의 참석 여부가 가장 큰 관심이었다. 어 온다고 했는데, 에이 한 번 더 연락해볼 걸. 역시 그렇지. 뭐 그런 투의 생각이 머리를 맴돌았다.10명 넘게 참석할 것이라고 약속 했는데. 그래 나도 수련회는 처음인데… 버스 한 대와 승용차를 나누어 타고 경부와 영동고속도로를 거쳐 도착한 곳은 연세대 원주캠퍼스였다. 축구를 좋아하는 나는 이렇게 넓은 운동장을 가진 학생들은 얼마나 좋을까 내가 있어야 할 자리는 여기가 아니라 저긴데… 학교 주변에서 점심을 먹고 통일신라시대의 사찰이었던 흥법사지, 법천사지, 거돈사지를 차례로 답사했다. 당시 북원경이었던 원주는 이들 폐사지의 규모만으로도 알만했다. 흔히 아는 산중의 사찰과 달리 이들 폐사지는 모두 낮은 구릉에 있어 오늘날 사찰에 대한 나의 감각을 무색하게 했다. 민중들의 생활과 아주 가까운 곳에 불교가 있었기 때문일까. 그러면 이것이 고려시대 불교의 한 특징. 문외한의 지나친 단순화인가?

거의 해질 무렵까지 답사를 마치고 도착한 곳은 원주 회승콘도였다. 우와. 죽인다! 이런 곳을 수련회 장소로 삼는다면 언제든지 오겠다고 다짐했다. 저녁식사를 간단히 하고 드디어 수련회가 시작되었다. 모든 회원들이 자리한 가운데 '10년사 평가팀'의 도면회 회원의「실천을 위한 연구로부터 연구를 위한 학습으로- 한국역사연구회 10년 활동의 평가―J(이하 '평가서')와 임시로 만들어진 '연구회 평가위원회'의 김정인 회원의「연구회의 일보전진을 위한 제언」이하 제언') 발표가 있었다. '평가서'는 다음과 같이 10년 지난 연구회의 현재를 진단했다. 이념과 조직의 완화, 연구회 집행부로 사업 과부하, 학습반의 증가로 상징되는 공동연구활동의 약화, 생활사·문화사 등 다양한 연구영역의 확대, 대외적 실천의 축소와 연구주의 확대 등을 들었다. 한편 각 분과의 80년 중·후반 학번 8명이 한 달여 동안 모여 논의한 결과를 토대로 작성된 '제언'은 연구회의 정체성, 조직문제를 중심으로 연구회의 현재진단과 몇 가지 대안을 제기했다. '과학적 실천적 역사학'(이하 '과실')이 풍부화되지 못하고 관성적인 권위가 되고 있다고 평가하면서 연구회의 '어떻게 살았을까 시리즈의 연구사적 의미에 대한 진지한 검토, 연구회의 즉자적 사회실천의 재검토, 연구모임의 개방·다양화, 타분과 학문과의 교류를 제기하였다.

이를 토대로 6개의 분과를 3개조로 만들어 분임토의에 들어갔다. 연구회의 이념문제(공통), 조직문제(고대사, 근대2), 공동연구문제(중세1, 중세2), 대외활동 및 대중화문제(근대1, 현대사) 등이 각 조에 부과된 토의주제였다. 분임토의 결과를 전체토론에 부쳤고 이후 난상토론이 진행되었다.

분임토의는 연구회의 현재에 대해 책임을 느낀 선배와 연구회의 변화에 기대를 건 후배들의 대화가 기본축이었다. 후배들이 연구회를 통해 제대로 된 연구를 하지 못하고 있다. 그리고 연구회가 다양한 연구방법론 수용에 소극적이라고 비판하였고, 선배들은 '과실'의 성과를 자문하고, 다양한 연구방법론 수용에 동의하나 한국적 현실에 바탕을 둔 수용이 요구된다는 조심스러운 태도를 보였다. 그러면서도 연구회가 '과실'을 제대로 구현하지 못하고 있으며 그 내용을 앞으로 채워나가야 한다는 점에는 모두 동의하였다. 새로 연구회에 들어오는 신입회원들의 입회동기는 다양하며 그들의 요구를 적극 수용해야 한다는 지적과 함께 연구회가 결코 동호회가 아니라는 점을 분명히 했다.

이런 차이 속에도 연구활동 활성화에 대해서는 모두 같은 입장이었다. 선후배가 함께 할 연구반이 없는 상황에서 선후배 간의 양극화가 이루어져 학문적 역량 전달이 되지 않는다는 것이다. 특히 사업위주의 활동으로 개인 연구역량의 강화가 아니라 소진이었다는 참담한 지적도 있었다. 또 연구회의 역사대중화가 역사속류화에 가까웠다는 지적은 충격적이었다. 앞으로 연구회의 '~시대 어떻게 살았을까'시리즈에 대한 연구사적 의미에 대한 면밀한 검토가 요구된다고 하겠다.

연구회 조직에 대해서는 '자유로운 학문공동체', '발전된 학회', '진보적 역사연구자들의 대중단체' 등 다양한 상이 제기되었지만 구체적으로 진전되지는 못했다. 연구회의 후배세대들이 연구회의 중심으로 나서도록 조직체계를 재편해야 한다는 주장도 있었다.

예상은 했지만 분임토의는 애초 계획대로 진행되지는 못했다. 부과된 토의주제와 달리 연구회의 이념문제에 집중한 듯했다. 연구회의 이념과 참석자들의 자기정체성을 직접 연결시켰기 때문일까. 이 과정에서 회원들 간의 '과실'에 대한 상이한 이해로 많은 오해가 생겨나기도 했다. 후배들이 새로운 연구방법론의 모색을 주장할 때 선배들은 이 땅의 민주와 통일은 여전히 유효하다는 주장이 그것이었다. 전혀 별개의 문제를 두고 서로 갈등한다는 느낌이었다. 그러나 한 회원의 지적처럼 연구회의 지향이 모든 문제의 중심으로 논의되는 것은 전혀 도움이 되지 않는 일이었다. 연구회의 현재를 검토하기 위해 기관지인 『역사와 현실』을 분석하자는 제안은 적절했다. 구체성을 가지는 문제였다.

연구회원 내에 세대별로 각각 다른 전선을 갖고 있다는 한 회원의 지적은 각자의 처지에 근거한 솔직한 토로였다 기존 제도사학과의 전선을 분명히 해야 한다는 주장, 연구회를 통해 헌신한 결과가 무엇인가에 대한 반문, 선배들은 자신들의 문제를 연구회를 통해 풀어가면서 후배들을 동원하고 있다는 지적, 연구회는 개인들의 학문적 관심을 충족시켜야 한다는 요구는 각각 세대를 달리한 목소리였다. 그렇지만 후배들은 제도사학과 대결의식이 연구회 출범초기와 같이 강한가. 이들은 어떠한 기반 속에서 연구활동을 하고 있는지. 이런 차이점을 구체적으로 지적했으면 하는 아쉬움이 들었다.

저녁 7시에 시작된 토론은 밤 1시를 훌쩍 넘겼다. 무엇을 어떻게 끝냈는지 모를 정도로 열정적인 분위기에 휩싸여 있는지라 모두들 아쉬운 표정이었다. 이후에는 술자리로 이어졌다. 토론장의 연장이었다. 대부분의 회원들이 밤새도록 얘기하고 마셨다. 그러나 여전히 허전했다. 많은 회원들의 지적처럼 왜 90년대 초반부터 제기된 연구회의 여러 문제들이 해마다 반복되어 제기되는 걸까. 이것은 연구회의 '관성'과 '태만'은 아닐까. 그리고 이런 모습에 대한 '체념'은 아닌지. 그 이유 가운데 하나가 연구회가 사학계 내에 이미 차지한 뚜렷한 권위에 안주하려는 태도 때문은 아닌지. 토론의 말미에 한 선배회원의 자성의 목소리가 귓전에 맴돌았다.

이번 수련회는 솔직했으나, 구체적이지는 않았다. 그리고 80년대 중반 학번인 필자에게는 수련회가 '이념'과 '욕망'의 충돌로 보여지기도 했다 토론이 '문제'중심의 접근보다는 '처지'중심의 접근이었기 때문인지도 모르겠다. 그러나 후배회원들의 경우 느낌이 시원했다는 평가를 보면 그간 연구회가 문제를 애써 숨기고 솔직하지 못했음을 반증하는 것은 아닌가.

수련회는 적어도 연구회가 바뀌어야 한다는 것이고, 다양한 연구방법론의 모색, 회원들간의 의사소통, 연구역량의 강화를 과제로 제기했다. 지금도 CUG를 통해 수련회는 계속되고 있다.

18. 홍순민(중세 2분과), 「깃발 바람 물결」(『한국역사연구회 회보』 제36호 제언, 1999. 7. 20.)

해 설

연구회가 당시 겪고 있던 정체성을 둘러싼 논의 속에서 나온 글이다. 연구회가 창립한 지 10년이 지난 시점에서, 연구회원 내부에서는 과학적 실천적 역사학의 정체성과 실천의 방식을 둘러싼 다양한 논의가 등장하고 있다. 그런 고민 속에서 위와 같은 글이 회보에 발표되었다.

자 료

깃발

'깃발을 어찌할 것인가?' 요즈음 우리 연구회에 던져진 화두다. 깃발을 내릴 것인가, 유지할 것인가? 그에 대해 성급히 결론을 내리려는 조바심은 잠시 접어 두고 우선 깃발에 대하여 생각해 보자. 깃발이란 것은 본질적으로 상당히 권위적이기 쉽다. 특히 홀로 나부끼는 깃발이 그렇다 십자가의 획을 꺾고 비틀어 만든 나찌의 깃발이나 군국주의 일본의 日章旗, 旭日昇天旗는 접어 두더라도, 우리 주변 게양대에 홀로 걸려 있는 국기도 매우 불경스러운 말이지만 너무 높아서 그 아래 다가가기가 만만치 않다는 느낌을 준다.

그런데 홀로 나부끼는 깃발과는 달리 여러 개가 모여 함께 휘날리는 모습은 또 다른 느낌과 의미를 가지고 다가온다. 이렇게 떼를 지은 깃발들은 가슴을 뛰게 만든다. 국제 경기의 경기장 관중석을 덮은 국기들이 그렇고, 요즈음 가끔 거리를 뒤덮곤 하는 각양각색의 깃발들도 그렇다. 옛날 戰場을 수놓은 크고 작은 깃발들이나 왕의 행차 행사에 나선 형형색색의 깃발들도 그랬을 것이다 물결을 이룬 깃발들은 작은 물줄기들이 모여들어 長江 大河를 이루며 흘러가는 모습을 연상케 한다. 함성 소리가 들린다.

우리 연구회의 깃발, 지금 우리 눈앞에 드리워져 있는 '과학적 실천적' 이라는 깃발은 어떤 모습인가? 그 깃발의 정체는 무엇인가? 국왕이 어디 댔을 때 따라다니는 龍旗같은 것인가? 아니면 전장에 높이 걸린 '帥'字旗같은 것인가? 또 아니면 그만그만한 수많은 깃발들 가운데 먼저 올린 하나의 깃발일 뿐인가? 도저히 범접할 수 없는 권위를 가진 크고 화려한 모양인가? 아니면 크기는 크되 베를 이어 만든 단순한 모양인가, 아니면 작으면서도 청홍흑황백 색깔이 분명하고 또렷한 모양인개 십년 세월 연구회 끄트머리에 매달려 있으면서도 아직 이런 물음을 묻는다는 것이 부끄럽기도 하지만, 아무리 생각해 보아도 '과학적 실천적'이라는 깃발의 실체가 명확하게 잡히질 않는다. 그 깃발은 아직도 명정한 개념으로 이해되기보다는 추상적 선언으로 받아들여진다. 그 깃발은 구체적으로 어느 방향으로 어떻게 뛰라는 정보를 전해주는 여러 모양의 신호기이거나 여러 등급의 부대기로 이루어진 깃발들의 집합이라고는 생각되지 않는다. 현재 우리 연구회의 유일한 깃발이기는 하되, 다만 사람들을 향하여 이리로 모여라, 우리 편의 중심은 여기라고 위치를 알리고 기준을 잡아주는 표지, 말하자면 옛날의 '帥'字旗 쯤에 비견할 수 있을지 모르겠다.

'수'자기라면 그 아래 휘하 장수들의 깃발을 거느려 대오를 형성해야 한다. 장수들의 깃발은 제각각 개성을 지니면서도 동시에 서로 어울려 하나의 집단을 형성해야 한다. '수'자기는 또 전후좌우 전진과 후퇴의 방향을 지시하는 각종 令旗도 있어야 한다. 우리 연구회의 '과학적 실천적 역사학'이라는 깃발 아래에는 이런 깃발들이 있는가. 잘 보이지 않는다. 잘 보이지는 않으나 여러 깃발들이 잠복해 있을 수는 있겠다. 그런데 잠복해 있는 깃발들이 '수' 자기의 令을 받는 체제 안에 있는지 '수'자기의 그늘을 벗어나는 것인지, 그 금은 어디다 그어야 할지 직은 모르겠다. 이는 은유적 화법을 벗어나 직설법으로 따져 보아야 할 문제이다.

'수'자기의 본질은 어느 장수의 존재를 과시하는 데 있다. 그 어느 장수는 상대편-敵將이 있게 마련이요, 두 장수 사이에는 戰線이 형성되게 마련이다. 그럼 '과학적 실천적'역사학이라는 깃발의 상대편 깃발은 무엇인가? '과학적 실천적'이 아닌 역사학인가? 그런 역사학의 실체는 무엇인가? 식민사학인가? 기성세대의 역사학인가? 신세대의 역사학에는 그런 요소가 없는가? 또 '과학적 실천적' 역사학이라는 깃발 아래로 오지 않는 역사학은 모두 적인가? 友軍이나 제삼자는 존재하지 않는가? 상대편에 대해서는 어떻게 대해야 하는가? 불굴의 투지를 가지고 맞서 싸워야 하는가? 만약 우군이나 제 삼자가 있다면 이를 적극적으로 끌어들여 동맹군으로 삼아야 하는가? 아니면 분명한 선을 그어 내어 밀어야하는가? 지금 우리 연구회의 정체성의 문제에는 자체 대오편성이 명확치 않다는 점뿐만 아니라, 상대편 및 전선에 대한 인식이 흐릿하다는 점도 포함되어 있다.

지금, 연구회가 창립된 지 10년이 되는 시점에서 정체성이 문제가 되는 것은 어찌 보면 당연한 일이다. 우리 연구회의 구성원들이 그 규모가 커졌고, 성분이 다양해졌기 때문이다. 300명이 넘는 회원들은 연령 면에서 20여년의 편차가 벌어졌고, 師弟가 同行하게 되었다. 이른바 선배 그룹은 '제도권'에 편입되어 중견이 되어 있고, 후배 그룹은 점점 그럴 가망이 희박해지고 있는 상황에서 수효는 계속 늘어나고 있다. 서로 처지가 달라졌고, 따라서 생각도 상당히 달라졌다. 선배 그룹 또는 후배 그룹이라고 해서 각각 거기에 포함되는 사람들이 모두 같은 처지, 같은 생각을 갖고 있는 것도 아니다. 세월이 지나면서 처지와 생각은 달라지게 마련이요, 새로 공부를 시작하는 사람들 사이의 편차도 예전보다 훨씬 크다고 보아야 할 것이다. 그러나 이렇게 커지고 다양해진 회원을 하나로 아우를 장치와 기풍을 모색하는 일은 아직까지 충분히 이루어지지 않았다. 처음 깃발을 용도 폐기하자는 말은 아니나, 그것 하나만으로 버티기에는 무리가 있는데도 우리는 또 다른 깃발을 아직 올리지 못하고 있다.

문제의 핵심은 깃발이 하나뿐이라는 데 있는 것만은 아니다. 깃발을 흔드는 외부의 바람도 크게 바뀌고 있다 깃발은 본디 '義'를 내세운다. '과학적 실천적'이라는 말에도 '의'가 가득 서려 있지 않은가. 하지만 지금은 '의'의 시대가 아니다. '利'의 시대가 되었다. '孟子가 梁惠王을 뵈니 왕이 말하기를 선생께서 천리를 멀다 않고 이렇게 오셨으니 우리나라에 어떤 이익이 있겠습니까. 맹자가 대답하여 가로되 왕께서는 어찌 꼭 이를 말씀 하십니까? 仁義가 있을 뿐입니다.' 『맹자』 첫머리에 나오는 내용이다. 하지만 이젠 이런 투의 맹자의 유세는 더 이상 먹혀들지 않는다. 양혜왕의 관심이 거의 모든 사람들의 관심이 되었다 신자유주의라는 껍데기를 쓴 자본주의가 온 지구를 독점하여 지배하고 있다. 돈이 갖는 위력은 이전에 비할 수 없이 강해졌다. 어? 어? 하다가 나라의 경영을 국제 자본 관리 기구에 내맡기게 되지 않던가. 신식민지라는 것이 무슨 대의와 명분, 학설과 추상의 차원에서 그치는 문제가 아니라 멀쩡한 사람들을 순식간에 글자 그대로 알거지로 만들 정도로 피부에 와 닿는, 아니 피부가 아니라 살 속, 마음 속 깊은 데까지 갈갈이 찢어 놓는 문제임을 경험하였다.

'의'의 시대에는 타도할 대상이 있어서 편했다. '투쟁'의 대열에 참여할 것인가 말 것인가, 참여한다면 어떤 형태로 참여할 것인가 결단만 내리면 되었다. 하지만 이제는 정권을 지지해야 할 지 비판해야 할 지 고민하게 되었다. 투쟁의 대열이 아닌 권력 행사에 참여하는 사람들도 많아졌다. 잠깐 참여하다가 금새 망가져 버리는 사람들도 적지 아니 생겨났다. 이런 과정에서 배운 사람들 공부하는 사람들에 대한 일반인들의 기대도 환상도 여지없이 깨지고 있다. '배운 것들이 따끔 더하다'는 생각은 누구도 반박하기 어려운 사회적 공리가 되었다. 그 어느 누구도 '우리는 지금 어디로 가고 있는가, 어디서 왔는가, 어디로 갈 것인가, 사람답게 산다는 것이 무엇인가' 뭐 이런 좀 근본적인 주제를 말하기 어렵게 되었다. 그런 소리를 하다가는 외면당하는 정도가 아니라 몰매 맞기 십상이다 이런 상황에서 남들이 알아주지 않아도 성내지 않는 사람-君子는 아무 쓸모없는 인간형이 되어 버렸다. 지금 21 세기로 넘어가는 고갯마루에서 공자를 붙들고 늘어지는 것도 우습지만 그렇다고 꼭 죽여야만 하는지, '공자가 죽어야 나라가 산다'는 극언이 호소력을 얻고 있다. 이런 시대에는 군자처럼 굴면 안된다. 오로지 '뜨고 튀는' 것이 미덕이 되었다. 무슨 물건이건 그 성능이나 질보다는 외형과 포장이 튀어야 팔린다. 사람도 하나의 상품이 되어, 내면이야 어떻든 뜨는 사람만이 인정받는 풍토가 널리 퍼졌다. 이런 한탄은 인기를 먹고 사는 연예계나 정치판에만 해당되는 이야기가 아니다. 학계, 그 중에서도 인문학 분야 역시 예외가 아니다. 생전 공부하지 않고, 논문을 쓰지 않으면서 철밥그릇을 끼고 앉아 있는 교수 학자들을 비판하는 것이야 백번 마땅하다. 그렇다고 해서 '인문학 공부가 꼭 논문 편수를 따져서 계량될 수 있는 성질은 아니지 않느냐'는 항변까지 싸잡혀 묵살당하는 풍토가 되었다. 이런 풍토에서는 완성도는 따지지 않은 채 설익은 글이 논문 형태만 갖추면 발표된다. 같은 내용을 형식을 달리하여 두 번, 세 번 발표하면 그것이 업적 편수로 인정되기도 한다. 또 논문이 발표되는 잡지에 따라 그 질의 등급이 매겨지기도 한다. 논문은 이제 심혈을 기울여 써서 스스로 어느 정도 만족해야 내어놓는 한 편의 작품이라기보다는 일정한 재료를 투여하여 일정한 시간에 일정한 공정을 거치면 나오게 되어 있는 제품으로 생산되지 않을 수 없다.

힘을 가진 사람들은 돈을 가지고 공부하는 사람들을 일렬종대로 세우려 하고 있고, 그런 의도는 상당히 강하게 먹혀들고 있다. 공부하는 사람들, 특히 돈이 되지 않는 인문학을 하는 사람들이라고 해서 이슬을 먹고 살 수는 없다. 옛날 處士들이 입바른 소리나 구름 잡는 소리를 하면서도 버틸 수 있었던 것은 出仕하지 않아도 먹고살 기반-田莊이나 제자들이 있었기 때문이다. 그러나 지금 공부하는 사람들은 몇몇을 빼면 그런 별도의 기반이 없으니 모두 또 다른 형태의 출사-이런저런 자리에 목을 맬 수밖에 없고 또 연구비라고 하는 또 다른 형태의 祿棒으로부터 초연한 체하기 어렵다. 자리야 어쩔 수 없다 쳐도, 연구비는 무시하고 지나치기에는 너무 매력적인 미끼다. 그 자체 가난한 주머니를 채워 줄 떡밥일 뿐만 아니라 연구비를 받으면 어쩔 수 없이 논문을 써내게 되고 그로써 '업적'을 쌓는 규정적 자극이 되니 일거양득이다. 하지만 그 신청 자격이 엄격하니 아예 자격이 안되는 사람들이야 차라리 마음을 비우고 말지만, 자격이 있는 사람들은 누가 그로부터 초연할 수 있겠는가 '이'를 앞세우는 바람은 공부하는 사람들을 가만히 놓아두지 않으며, '의'의 깃발을 혼들어댄다.

물결

이런 바람을 맞아 우리 연구회는 깃발을 어찌할 것인가? 다시 처음 질문으로 돌아가지 않을 수 없다. 결론부터 말하자면 아직 내릴 때는 아니라는 주장에 동의한다. '과학적 실천적' 역사학이라는 깃발은 그대로 두고 그 다음을 이야기하는 것이 좋겠다. 깃발을 내리고 올리는 것이 그렇게 간단한 문제는 아니다. 기존의 깃발이 문제는 많이 갖고 있지만 아직은 쓸모가 있다. 왜냐하면 그 깃발이 명징한 개념이 아니라 추상적 선언을 말하고 있기에 모호함과 동시에 포괄성을 갖고 있다. 모호함은 한계이지만 포괄성은 아직도 무언가 할 말을 남겨 두게 한다. '과학적 실천적' 역사학의 내용이 아직 충분히 채워지지 못했기에, 그러나 그것이 아직은 쓸모가 있기에 그 깃발을 내리지 않기로 한다면 우선은 어떻게 그 내용을 채울 것인가가 우리에게 주어진 과제이다.

'과학적 실천적'이라는 말에서 '的'은 꼭 짚어 말하기 어려우나 '~인', '~하는', '~을 위한' 정도로 해석할 수 있겠다. 그렇다면 과학의 내용이 무엇인가? 특정한 이론이나 학설을 적용하여 우리 역사를 설명하는 것만이 과학적인 것은 아니라는 데까지는 대체로 동의가 되지 않았나 생각한다. 사실을 사실대로 밝히고 이를 가장 '그럴 듯하게' 해석하는 것이 과학 아닌가? 사실이 아닌 것을 바탕으로 그랬으려니, 그랬으면 좋겠다고 우기는 낭만적, 허구적 역사학이나, 혹은 어떤 불순한 목적을 가지고 사실을 왜곡하고 엉뚱한 방향으로 해석하는 도구적 역사학은 과학적 역사학이라고 할 수 없다.

'실천적'이라는 말은 '대중성, 대중을 위한, 대중에게 전달되는, 대중들이 이해하는' 역사학이라는 뜻을 내포하고 있다. 그 반대는 일단 '현학적, 학자들끼리만 통하는' 역사학이 되겠다. 논문을 쓰기 위한 논문, 몇몇 전공자만 읽을 수 있는 논문, 스스로도 무슨 말인지 잘 모를 글은 대중적이라고 할 수 없다. 그렇다고 '대중에게 영합하는', 또는 상업적인'것이 대중적인 것도 아니다. 한편 '실천적'이 계몽적이어서도 곤란하다. 공부하는 사람들의 문제점은 계몽을 하려고 달려드는 데 있다. 나는 다 알고, 나는 옳으므로 남을 가르치고 계도해야 한다는 사명감. 이는 사명감이 아니라 자만이요, 교만이다. 교만한 자는 대적을 갖게 마련이다. 일단 자기 말을 소신껏 하기는 하되, 남의 말을 듣고 비판을 받아들이는 자세를 잃지 말아야 한다. 이 문제 역시 앞으로 고심하여 풀어야 할 문제이므로 여기서는 우선 '분명한 주제의식을 가지고 쓴 소리, 잘 팔리지는 않으나 꼭 하고 싶은 말을 해야 한다'는 뜻 정도라고 정리해 두자 우리에게 좀더 필요한 것은 '과학적 실천적'이라는 말에 대한 총론이나 원론이 아니라 각론과 시행 세칙이다 '과학적 실천적'이라는 말의 내용을 채우는 작업에서 그치는 것이 아니라, 그 틀에 따라 각 시대 각 영역의 세부 주제들을 설정하고 이를 구명하는 작업으로 연장하여 결국에는 한국의 역사를 새롭게 써 내는 결실을 만들어 내야 한다. 그런 일은 혼자서 할 수 없다. 이 장면에서 지금은 빛이 바랬으나 연구회를 만들 당시에는 거역할 수 없이 강조되던 공동연구의 의의를 새삼 짚어보게 된다.

공동연구란 어떤 주제를 설정하고 이를 적절히 나누어 배분하며, 자료 정리와 해석, 그리고 집필을 몇 명의 연구자가 함께 진행하는 연구 방식을 말한다. 연구회 초기에는 공동연구가 단순히 몇 명이 함께 연구 성과를 산출하여 나누어 갖는 방식만은 아니라고 규정되었다. 그것은 연구의 출발부터 결과까지를 공유하는 정신이 바탕에 깔려야 하며, 공동연구에 참여하는 연구자는 역할 담당과 성과 배분에서도 개인의 관심과 이해관계를 양보하기를 '강요'당하였다. 그래서 공동연구는 잘못하면 공동으로 망하는 연구라는 지적이 없지 않았다 그런 연구방식이 요즈음같이 '이'의 바람이 세게 몰아치는 상황에서 잘될 턱이 없다. '선배 그룹'은 그 나름대로 사정이 있다 선배 그룹이 처음 제도권에 편입되던 시절에는 호랑이를 잡으러 호랑이 굴에 들어간다는 비장한 분위기가 있었다. 그러나 아직 호랑이를 잡았다는 낭보는 들리지 않는다. 모두들 바쁘다. 그런데 과거에 연구회에서 役을 한 차례씩 거친 선배들은 지금은 할 역할이 마땅치 않다. 모르는 후배들이 더 많은 상황에서 누구와 어떻게 반을 꾸리고 공동연구를 할지 막막하다. 막상 반을 꾸리고 공부를 함께 하려 해도 수준 차이가 심해서 그것도 어려운 일이다. 그러니 연구회에 무게 중심을 실을 수가 없다. 내가 저 나이 때는 그렇지 않았는데 후배들의 행태도 마땅치 않게 보일 때가 많다. 반면 연구회가 아닌 다른 단체, 다른 공간에서는 이런저런 일을 맡지 않을 수 없다. 그러므로 연구회에서 해도 될 일, 해야 할 일을 다른 데서 하는 경우가 종종 생긴다. 그것은 결과적으로 후배들을 실망시킨다.

'후배 그룹'인들 사정이 없겠나. 후배 그룹에게 연구회는 이미 만들어진 단체이며 자신은 그곳에 신입회원으로 새로 가입한 것이다. 연구회는 이미 틀이 짜여져 있다. 결정은 선배 그룹들이 내려놓고 그것을 따르기를 강요하는 듯이 받아들여질 때가 적지 않다. 대신 '雜役'만 돌아온다. 선배들은 이미 명망가가 된 사람이 많아 같이 공부하며 어울리기에는 너무 높고 멀리 계시다. 비슷비슷한 연배끼리 무슨 새로운 이야기를 해 보자니 그럴 분위기도 아니고 계기도 별로 없다. 어쩌다 한 마디 하면 반박과 타박이 만만치 않다. 그러니 가만히 있는 것이 상책이다. 실익을 기대하고 왔는데 별 실익도 없을 때는 조용히 사라지게 된다.

이러니 어찌할 것인가? 한탄만 하고 있을 수도 없고 그렇다고 속 시원한 대안을 제시할 수도 없지만, 쓰라는 자리이니 비판과 반박을 기대하며 몇 가지 적어 본다. 우선 차이, 곧 처지와 생각이 다름을 인정하는 데서 출발하자. 차이가 있는데도 없다고 전제하여 문제를 풀 수는 없는 일이다. 현실을 직시해야 서로 이해하고 같이 무언가를 할 수 있는 기반을 마련할 수 있다. 서로 이해하기 위해서는 각자 지금까지, 또 지금 무엇을 하고 있는지 알아야 한다. 선배 그룹 내부에서도 예전의 친분을 바탕으로 적당히 알고 또 어떤 장면은 적당히 모르고 지나간다. 선배와 후배 그룹이 서로 안다는 것, 특히 선배가 후배를 아는 것은 쉽지 않다. 같은 시대 같은 분야를 공부하지 않으면 이름과 얼굴조차 연결시키기 어렵다. 어차피 연구회가 커진 마당에 초창기처럼 모든 회원이 서로 '인간적으로' 잘 안다는 것은 불가능하다. 하지만 '정보상으로는' 관심이 있으면 알 수 있게 해야 하지 않겠나.

나부터도 무엇을 내라면 미적미적 석달 열흘 만에 제출하던 터에 이런 말하기가 낯간지럽지만, 일정 기간을 두고 그 안에 쓴 글들을 모두 연구회에 보고하여 적어도 연구회 안에서는 공개하는 것이 필요하다. 그밖에 개개인 사이의 차이를 인정하면서도 그 차이를 뛰어 넘어 서로 이해하고 연결하는 장치를 마련해야 할 것이다.

선배 그룹이 할 일 가운데 가장 중요하고 급한 것은 각 개인 및 선배 그룹 전체의 성과를 정리하는 것이겠다. 그리하여 후배 그룹에게 도움과 시사를 주는 동시에 딛고 넘어갈 비판의 대상으로 나서야 한다. 이젠 그럴 때가 되어 간다. 그 앞 세대가 했듯이 -家를 이룬 다음에 정리하는 것은 늦다. 후배 그룹의 일차적 책무는 선배 그룹을 이해하고 비판하는 것이다. 연구 성과에 대한 평가를 외부에 맡기기 전에 연구회 내부에서 치열한 비판과 토론을 통해 검증을 하는 것이 필요하다. 후배는 꼭 대안이 있어야 비판할 수 있는 것은 아니다. 비판을 하면서 자기 깃발을 만들어야 한다. 새 부대를 마련하기에 앞서 새 술을 빚는 것이 순서다. 새 술이 많이 빚어지고, 새 깃발들이 많이 생겨난 뒤에 도저히 기존의 헌 부대, 옛 깃발이 그것을 수용할 수 없다면 그때는 기꺼이 새 부대를 만들고, 새 깃발을 올려야 할 것이다.

거센 바람이 불 때 깃발은 움직여야 한다. 한 곳에 멈추어 있으려 하다가는 깃대가 부러지고 깃발은 찢기기 쉽다. 하지만 움직이는 것이 바람에 쏠려 내려가는 것이 되어서는 안된다. 바람은 바뀌게 마련이다. 풍향도 바뀌고 풍속도 바뀐다. 역사학은 작은 바람이 아니라 큰 바람을 측정하는 분야 아닌가. 큰 바람을 측정하기 위해서는 역사를 공부하는 사람들이 제각각 하나의 깃발이 되고 모여서 물결을 이루어야 하겠다. 깃발은 모여서 물결을 이룰 때 힘이 나온다. 앞 물결은 뒷 물결의 향도이자 바탕이 되어 주어야 한다. 뒷 물결은 앞 물결을 타고 넘어 앞으로 나아가야 한다. 그리하여 때로는 바람을 타고 때로는 바람을 거슬러 어느 방향으로 나아가는 큰 물결이 되어야 한다. 그러한 큰 물결의 흐름을 측정하고 또 그 방향을 제시하는 것. 길게 보는 눈. 이것이 역사학의 본성이자 강점이 아니던가.

19. 제40회 백상출판문화상 저작상(『우리는 지난 100년을 어떻게 살았을까』, 2000. 2. 9.)

해 설

연구회가 내놓은 「~어떻게 살았을까」 시리즈의 마지막 책이다. 근현대사를 관통하는 주제로 나온 이 책은 총 3권으로 발간되었다. 이 시리즈는 역사학의 대중화에 성공했다는 평가를 받았으며, 많은 인세를 통해 연구회 재정에도 큰 몫을 담당하였다. 이 책의 대중성에 대한 평가가 백상출판문화상으로 입증되었다.

자 료

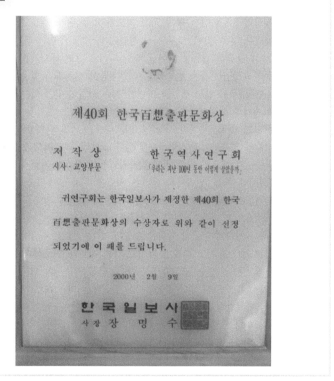

20. 노경채, 「평양남북정상회담의 역사적 의미와 한국사학
계의 과제」(『역사와 현실』 제37호, 2000. 8. 25.)

해 설

2000년 6월 13일부터 15일까지 김대중 대통령과 김정일 국방위원장 사이에 있었던 제 1차 남북정상회담 후에 그에 따른 평가를 다룬 글이다. 이 글에서는 정상회담의 의의와 한국사학계의 과제 및 남북역사학의 교류를 위한 방식 등을 제시하였다.

자 료

평양남북정상회담에서 남과 북의 최고 지도자가 두 손을 맞잡고 자주적 평화통일 원칙에 합의한 것은 그야말로 역사적 사건이지, 결코 우연한 사건이 아니다. 이 만남이 우리에게 뭉클한 감동을 자아낸 것도 따지고 보면 대립과 반목으로 점철된 지난 55년 동안의 반역사성을 반증한다. 평양회담이 변혁과 통일을 지향하는 역사의 물줄기에 합류할 수 있는 전기를 마련한 것은 사실이지만, 이는 남북한 통일운동의 발전 위에서 이해되어야 할 것이다.…(중략)…

요컨대 현 단계 한국사학계의 가장 중요한 과제는 냉전적 역사인식을 극복하기 위해 통일 지향의 역사인식을 정립하는데 있다고 하겠다. 그리고 오랜 민족적 경험과 유대를 바탕으로 새로이 민족 정체성을 확립하고 객관적·과학적 관점에서 우리 역사를 체계화해야 한다. 민족사의 올바른 정립을 위해서는 민족구성원과 인류의 공영에 이바지할 수 있는 새로운 차원의 민족주의와 다양한 전망을 담은 이념의 공존이 보장되는 토양을 갖추는 것도 중요하다.…(중략)…

교류는 남북 역사학계가 쉽게 합의할 수 있고, 기본적으로 필요한 것부터 시작할 수밖에 없다. 이를테면 어느 한쪽만 가지고 있는 사료와 연구성과의 교환, 이념의 차이에 따른 제약을 덜 받는 고고학·민속학 등 인접 학문과의 연계 속에 유적이나 비무장지대, 민속자료 등에 대한 공동조사와 발굴 등이다. 그리고 공동의 관심사를 계발해 가면서 남북간에 존재하는 이념의 차이를 극복할 수 있는 수준의 교류로 차츰 진전시켜야 한다. 공동 연구와 학술회의, 교환 교수제 등도 추진하는 방향으로 나아가야 할 것이다. 이로써 '통일사관'이 수립되고 참다운 통일교과서도 만들 수 있을 것이다.…(하략)…

21. 「심포지엄 : 북한역사학의 어제와 오늘」(『북한역사학 50년 ; 북한의 역사 만들기』푸른역사, 2001. 6. 22.)

해 설

연구회가 기획했던 북한역사학에 대한 심포지엄의 결과가 단행본으로 간행되었다. 2000년 「평양남북정상회담의 역사적 의미와 한국사학계의 과제」에 대한 특별 대토론회가 있었고, 이에 따라 북한역사학에 대한 이해가 필요한 시점에서 기획된 심포지엄이다. 이 자료는 『북한역사학 50년』에 실린 도면회 회원(근대사 분과)이 쓴 책 서문이다.

자 료

■ 책머리에

북한 역사학을 되돌아보며

왜 다시 북한 역사학인가

1970~80년대 군사독재정권 하에 살았던 역사학도들에게 북한역사학의 성과는 학문적인 대상이 아니었다. 시대를 바꿀 새로운 길을 보여주는 북극성 같은 것이었다. 일본을 통해 들어온 번역본이나 원본을 국가보안법의 흉칙한 눈초리를 피하여 복사집 셔터문을 내려놓고 날이 밝아올 때까지 기다리고 있다가 갓 풀칠도 마르지 않은 복사본들을 가지고 나와, 흐릿하게 복사된 글자들을 판독하느라 얼마나 많은 밤을 지새웠던가!

적어도 1980년대 후반까지 남한의 한국사 특히 근현대사 연구는 북한의 연구성과를 직·간접적으로 언급하지 않을 수 없는 상황이었다. 예를 들어 북한과 중국 동북지역에 발견된 고고학적 성과와 고대사회 성격에 관한 논쟁, 신라의 삼국통일을 부정하고 그 시기를 남북국시대로 개칭하게 만들었던 발해사 연구, 대일의존적인 소수 개화파가 만들어낸 사건이 아니라 한국사의 발전선상의 합법칙적인 사건으로 새롭게 자리매김한 갑신정변, 동학당의 난에 불과했던 사건을 '농민전쟁'으로 개칭하게 했던 '갑오농민전쟁' 연구, 진정한 민족자본가의 모습을 찾아나서게 했던 식민지반봉건사회론, 김일성이 가짜가 아니라 실존한 인물이었다는 사실 등등 1970년대 중반 이후 남한 한국사 연구에는 음양으로 1970년대까지 북한의 한국사 연구의 영향을 받았다. 나아가 1980년대 중반 이후 학생운동의 노선 변화와 그 이후 민중사학의 성립에도 북한의 한국사 연구가 영향을 미쳤다.

그러다 1980년대 후반부터 북한 역사학의 성과를 큰 제약 없이 학문적 대상으로 올려놓을 수 있게 되면서, 진정 엄혹한 눈으로 그 공과를 평가할 수 있는 단계에 이르렀다. 이는 민족사의 발전을 위해 새로운 학문을 개척하고자 했던 많은 연구자들의 덕분이었다. 그리고 그 밑바탕에는 이 땅의 민주화를 위해 이름없이 사라져간 수많은 사람들의 희생이 놓여 있었다.

한국역사연구회의 '북한사학사연구반'은 이제는 냉정하게 북한 역사학의 성과를 되새겨 볼 때가 되었다는 판단과 함께, 2000년 6월 15일 남북한 정상회담을 바라보면서 역사학이 통일은 아니더라도 최소한 평화 공존에 이바지할 수 있을 것이라는 소박한 전망 아래 남북 역사학 교류를 위한 기획 팀으로 출범하였다. 2000년 가을에 출범한 연구반은 2001년 6월 22일 「북한 역사학의 어제와 오늘」이란 주제로 심포지움을 열어 중간 성과를 발표하고 토론과정에서 제기된 비판적 제언들을 받아들여 이 책을 출간하게 되었다.

북한 역사학에 대한 정리와 검토는 주지하다시피 1980년대 후반부터 1990년대 초반까지 집중적으로 이루어졌기에, 본 연구반의 작업은 그 긴 연구성과에 한 줄을 더 보태는 의미밖에 없을 수도 있다. 그러나 10여년 전까지 이루어진 연구가 대체로 '그들의' 입장을 그대로 소개하거나 맹목적으로 비판하는 입장에서 출발한 데 반하여, 이 책은 역사학 본연의 입장에서 남한 역사학계의 성과와 비교하되, 가능한 한 그간 별로 정리되지 않았던 1980년대 후반 이후를 중점적으로 검토하고자 하였다. 그리하여 남북한 역사학이 상대방의 성과를 직간접적으로 수용한 부분, 남북한 역사학이 빙탄불상용(氷炭不相容)격으로 도저히 인식을 공유할 수 없는 부분 등을 중점적으로 검토 정리하였다.

이 중 남북한 역사 인식을 공유할 가능성이 엿보이는 지점들은, 남북한 모두 역사학을 '분단정권의 정체성 확립' '체제 경쟁' '근대국가와 국민 만들기'의 수단으로 사용해온 결과에서 비롯된 것이다. 남북한 모두 외세의 침략에 대해 민족적 저항과 반민족적 부역행위를 엄중하게 구분하여 춘추필법으로 포폄하고 있고, 역사가 원시사회부터 고대-중세-근대-현대 등 일원적인 과정을 거쳐 완성되어 간다는 발전론적 관점을 갖고 있으며, 각 시대 문화의 형성 과정에서 문화 수입 전래 등 외래적 영향보다는 내적 계기와 창조적 수용 과정을 강조한다는 점 등은 남북한의 '근대국민국가' 지향으로부터 나올 수밖에 없는 공통적 역사 서술 방식이라고 할 수 있다.

그러나 북한의 역사학은 1950년대 중반까지의 사회주의 건설과정, 1950년대 후반 이후의 주체적 사회주의 건설노선의 표명, 1970년 이후 주체사상의 지도이념화 등을 거치면서, 북한만의 역사 서술 방식을 가지게 된다. 우선 유물사관을 기본으로 하면서도 수령·당·인민대중의 삼위일체 원칙에 따라 김일성 등을 중심으로 한

혁명전통 수립에 역사 서술의 주안점을 두고 있으며, 유물사관과 동일한 시대구분 개념을 사용하면서도 '북한식' 사회발전이 세계사적으로 가장 선진적이라고 강조하고 있다. 둘째, 고조선-고구려-고려로 이어지는 북한 지역 중심의 역사를 정통으로 두고, 평양을 중심으로 역사를 체계화하는 정통론적 역사인식을 구사하고 있다. 그에 따라 최근에는 만주를 중심으로 했던 고대사 인식이 사라지는 한편, 조선왕조시대를 정통을 계승하지 못한 민족정신의 불모 시기로 인식하고 있다.

기존 연구와 무엇이 다른가

북한역사학의 여러 성과를 다루고 있는 이 책은 크게 두 부분으로 나뉜다. 우선 앞부분에서는 북한역사학계의 구성과 활동 및 시대 구분론, 단군릉 발견 이후의 상고사연구와 대동강문화론, 그리고 전근대와 근현대의 반침략투쟁사를 다루고, 제2부에서는 북한의 정치사·사상사· 생활풍속사 연구 성과를 정리하였다.

앞부분의 주제들은 각 논문의 서두에서도 알 수 있듯이 남한 학계에서 여러 차례 정리가 된 바 있으므로, 이미 정리된 성과에서 미진했던 부분을 보완하고 1990년 이후 변화된 내용들을 중점적으로 정리하였다.

김광운의 「북한 역사학계의 구성과 활동」은 북한 측 자료를 기본으로 하되, 그동안 활자화된 자료만으로는 알 수 없었던 북한 역사학계의 동향을 보완하였다. 특히 그가 2001년 3월 2일 북한의 력사연구소 정창규 소장·림미화 연구사와의 인터뷰를 통해 정리한 새로운 사실들은 주목할 만하다. 예를 들어 현재 북한에는 2001년 박시형이 타계한 이후 원사가 한 명도 없다는 사실이나, 1993년 단군릉 발굴시 김일성의 관여 방식, 2000년 현재 북한의 학위·학직 취득 현황 등의 통계는 그간 북한역사학계의 인적·제도적 변화를 살피는 데 중요한 자료라고 할 수 있다.

북한의 한국사 시대구분론에 대해서는 이미 여러 차례 정리가 되었지만, 이 책에 실린 도면회의 「북한의 한국사 시대구분론」은 북한의 시대 구분론이 주체사관 성립 이전까지 유물사관에 입각하면서도 민족주의적 관점을 강력하게 견지한 까닭에 시대구분 기준에 모순이 있음을 비판하고 남한의 민족주의적 역사 연구와의 근친성을 밝히고자 한 점이 눈에 띈다. 이와 함께 주체사상이 역사학계에 수용되기까지 적어도 10년 정도의 시간이 걸렸다는 주장이 주목할 만하다. 이에 대해 도면회는 북한 조선노동당의 지도원칙이 전 사회에 일률적·전면적으로 관철되기보다는, 역사학계가 내적으로 학문의 중립성과 객관성을 고수하려는 노력이 좌절되면서 시간차가 나타나게 되었다고 보았다. 그리고 1990년 이후 북한의 한국사 시대구분론은 '우리민족 제일주의'와 단군릉 사건 이후 점차 평양과 김일성 중심의 시대구분으로 변화해갔음을 논증하였다.

이러한 북한의 시대구분론이 변화한 배경에 대해서는 많은 논자들이 1990년 전후 남한과의 외교적 고립과 경제적 어려움 속에서 체제의 정통성과 우월성을 강조할 필요가 밑바탕에 깔려 있었다고 지적하였다. 특히 1993년 북한의 단군릉 '발견'과 그에 이은 고대사 서술의 급격한 변화는 가장 주목할 만한 역사인식상의 전환이라고 할 수 있다. 권오영의 「단군릉 사건과 대동강문화론의 전개」에서는 이 같은 일련의 사건으로 인하여 단군이 신화에서 '역사'로 자리바꿈하였으며, 30년 동안 견지해오던 고조선과 단군신화에 대한 정설이 순식간에 폐기되었음을 보여준다. 나아가 평양을 중심으로 한 왕조(고조선·고구려·고려·발해)들이 한국사의 정통을 계승하였다고 이해할 뿐만 아니라, 평양을 중심으로 한 대동강 일대의 고조선문화가 세계4대문명과 견주거나 혹은 더 앞섰다고 주장하는 '대동강문화론'으로까지 발전하고 있음을 정리하고 이를 강도 높게 비판하였다.

김일성·평양 중심의 역사인식은 대외 항쟁사에도 그대로 관철되어 왔다. 김순자의 「전근대의 반침략투쟁사」는 1980년 이후 북한의 역사연구가 반침략투쟁이 이루어진 중요 요새·산성의 위치와 군사지리적 여건, 구체적인 전투상황을 상세히 고증하고 있다는 점에서 남한 학계에 긍정적인 자극을 줄 수 있음을 인정하면서도, 반침략의 주체 설정과 관련해서는 상당한 변화를 겪고 있음을 보여준다. 이에 의하면 을지문덕·강감찬·이순신 등의 전쟁영웅들을 인민대중을 위한 존재로 평가하던 경향이 1970년 주체사상 성립 이후 폐기되고, 그들이 봉건왕조·봉건지배층을 위해 싸웠을 뿐이라고 하여 지배계급의 반민족성·반민중성을 강조하는 방향으로 바뀌었다. 1980년대 후반 이후에는 이들에 대한 언급보다는 모든 계급·계층이 동참하는 전민족적 항쟁을 강조하는 경향으로 나아갔다고 본다. 아울러 신라의 통일전쟁 과정에서 당나라 군대의 역할, 임진왜란에서 명나라 군대의 역할에 대해 비판적으로 서술하거나 극히 소략하게 언급하는 등, 민족 문제의 자주적 해결과 주체의 역할을 강조하는 변화가 나타난다고 지적하였다.

이처럼 민족 주체, 전민족적 항쟁을 강조하는 경향은 근현대 반침략투쟁사 서술에서는 김일성 지도하의 무장투쟁을 중심으로 나타나고 있는데, 신주백의 「북한의 근현대사 연구에서 반침략투쟁사」는 이 점을 논증하였다. 크게 보면 1967년을 경계로 근현대 반침략투쟁사를 연구하는 입장이 단절적 변화를 보인다는 입장 하에 씌어진 이 글은, 북한에서 김일성을 중심으로 근현대 투쟁사가 확고히 정립되는 데 최소한 20년 정도가 걸렸다고 주장한다. 1952년 이전까지는 국내외의 다양한 사회주의운동과 항일투쟁을 북한정권 수립의 기반으로 인정하였지만, 1956년 8월의 종파사건을 계기로 다양한 역사 해석의 폭이 제약되면서, 갑신정변 -'3·1운동'-'1920년대 노동자·농민운동'-'1930년대 김일성 중심의 만주 무장투쟁'으로 합법칙적인 발전을 이루었다는 입장으로 통일되었고, 1967년 이후에는 수령 중심의 역사, 곧 타도제국주의동맹을 정통으로 하는 반침략 투쟁사 서술로 박제화되었다는 것이다.

신주백의 글은 특히 북한의 반침략 투쟁사 연구가 남한과 일본의 역사학계에 미친 직·간접적 영향을 풍부히 예시하고 있다는 점에서, 향후 남한의 반침략투쟁사 연구자들에게 시사하는 바가 크다.

여기까지가 그 동안 비교적 많이 정리된 주제들에 대한 새로운 해석과 자료 보완에 중점을 둔 논의라면, 뒷부분에서는 남한 학계에서 주목하지 않았던 부문사를 정리하였다. 북한은 1979~1982년간에 총 33권에 걸친 『조선전사』를 발간한 데 이어 1990년경까지 『조선부문사』전 60권을 발간하였다. 우리는 이 중 가능한 한 많은 부문사를 정리하고자 하였지만, 인원과 역량의 한계로 인하여 정치사와 사상사, 생활풍속사 등 3개 부문을 중점적으로 정리하였다.

유물사관의 계급투쟁론과 김일성 중심의 주체사관에 의거하고 있는 북한 역사학계에서, 정치사는 지배계급 내부의 권력투쟁으로 치부된 까닭에 연구 대상이 되기 어려웠다. 연갑수의 「북한의 고중세 정치사 연구」는 이처럼 많은 성과가 산출되지 않았던 북한 역사학계의 정치사 연구 성과를 고·중세에 한하여 검토하였다. 근대 이후 남한사회를 외세의 식민지로 간주하는 북한의 기본 역사인식에서 볼 때 근현대 이후의 정치사는 존재하기 어렵다. 이는 남한의 일제 식민지 시기 연구도 마찬가지이다. 일제의 지배하에서는 오로지 반일 민족 투쟁과 반민족적 친일행위만 있을 뿐이라는 이분법적 역사인식을 갖고 있기 때문이다. 연갑수는 북한에서 정치사 연구가 이루어지기 시작한 시기를 1980년대 후반 이후로 보고 있다. 이때부터 고구려나 고려 시기 정치제도에 대한 연구가 등장하기 시작하였고, 1990년 이후에는 김일성 가계 중심의 혁명역사 관련 논문이 폭증하는 속에서도 정치제도사를 비롯한 다양한 주제들이 『력사과학』지면을 차지하고 있음을 지적하고 있다. 특히 1990년 이후 그간 부정적으로 평가되었던 조선왕조 시기의 정치제도에 대한 연구가 활성화되고 있음을 주목하면서 그 배경으로 부문사 간행 완료, 조선봉건제에 대한 허종호의 새로운 입론 등을 지적하였다. 또한 그와 함께 남한측의 정치사 연구 성과가 영향을 끼쳤으리라는 추측을 조심스럽게 하고 있어, 남북한 역사교류가 가능한 한 분야로 정치사 연구를 들고 있다.

남북한 역사교류 문제는 박광용의 「북한의 사상사 연구 동향」에서 좀더 중점적으로 다루어졌다. 북한의 사상사 연구는 남한학계와 달리 1930년대 조선학 운동기 전후에 이룩했던 실학과 성리학의 개혁사상 연구를 계승하여, 이미 1965년경이면 역사적 유물론에 의거하여 이익-홍대용-박지원-박제가-정약용/임성주-최한기 등 실학사상에 대한 집대성이 이루어져 사회경제사 부문에서의 내재적 발전론을 뒷받침하는 역할을 하게 된다. 그리고 주체사상 등장 이후에는 조선후기 '진보적 철학의 계보'를 새로 설정하는 움직임이 나타나는 등 일정한 변화가 보이지만, 전문적인 연구논문보다는 대체로 부문사 개설서에서만 변화가 나타나고 있어 확실한 흐름을 읽을 수는 없다. 그러나 1993년 이후부터는 자기 정체성을 확고히 하면서 민족통일을 준비하는 노력이 나타난다고 하였다. 예컨대 '이민위천(以民爲天)' '인정(仁政)'을 기초로 하는 김시습-이수광-정약용 사상을 당이 내세우는 '자주' '민주' '단결' '광폭(廣幅)' 정치와 접맥시키는 등, 사상적 '민족유산'을 조선로동당이 제시하는 '혁명전통'에 접맥 결합시키려는 움직임은, 통일단계에서 나타나는 다양성을 수용하려는 노력으로 볼 수 있다.

이처럼 '민족유산'을 현실 정치와 연결시켜 연구하는 경향은 생활풍속사 분야에서도 공통적으로 관철되고 있다. 박현순의 「북한의 생활풍속사 연구」에 의하면 생활풍속사 연구는 1960년대 후반을 경계로 하여 크게 나누어 볼 수 있다. 전반기에는 주로 소련을 모방한 민속학에서 벗어나 조선 후기 실학자의 전통을 계승함으로써 독자적인 조선민속학을 정립해나갔다고 할 수 있다. 즉 1960년대 초반까지는 일제시기의 '문화이동론'과 '인류학적 연구'에 기초하고 있었으나, '주체'를 강조하기 시작하면서 단일민족적 특성과 민족문화의 계승을 중시하기 시작하였다는 것이다. 그리하여 1960년대 후반 이후에는 문화유산의 계급적·시대적 한계를 강조하면서 노동계급이 계승해야 할 '민족적 미풍양속'을 중점적으로 추구하였고, 1970년대 이후에는 생활풍속사에서 '외인론'이나 '문화이동론'을 배격하고 내재적 발생론을 중시하는 경향이 나타났다고 한다. 1980년대 이후에는 기존 연구 성과를 토대로 각 분야를 종합 정리하는 개설서들이 대량 발간되는 한편, '미풍양속'을 독립 주제로 부각시킨 글들이 많이 발표되는데, 전체적으로 볼 때 생활풍속사 연구 역시 사상사와 마찬가지로 주체사상의 등장 이후 점차 위축되거나 도식화·단순화되어 왔다는 결론을 맺고 있다.

차이는 통합될 수 있는가

우리는 전쟁·여성·가족·문화·민족·정체성 등 새로운 각도에서 북한 역사학의 성과를 검토할 수도 있었으나, 실제로는 1980년대 후반의 성과에 너무 매달린 까닭에 만족스러운 결과를 내지 못했다. 수집할 수 있는 자료가 너무나 빈약하여 기존의 성과에서 한 발 더 내디딜 수 있을지도 자신할 수 없는 상태였다. 나아가 북한 역사학의 성과가 대중화되는 과정, 즉 잡지·신문 등의 대중매체나 초·중등 교과서에 북한 역사학의 성과가 어떻게 소화되어 국민 교양에 사용되었는가도 제대로 살펴보지 못했다. 그리하여 더 많은 자료와 사론을 수집하여 10여년 전보다 풍부한 북한 사학사를 만들어냈어야 하는 것 아니냐 하는 질책도 많이 받았다.

새로운 과학은 그 이전 과학의 성과에서 나오는 것이 아니라, 전혀 다른 범주로부터 출발하여 이루어진다는 토마스 쿤의 명제는 우리의 작업에도 적용될 수 있을 것이다. 북한 역사학의 성과를 좀 더 새로운 각도에서 조명하지 못한 것은, 자료 수집과 이론적 모색에 많은 노력을 투여하지 못한 우리 연구반의 부족한 역량 때문이기도 하지만, 역사학의 존재 가치를 탐구하는 데 게을렀던 남한 역사학계의 일반적 분위기 탓이기도 하다.

이와 관련하여 남북한 역사학의 교류 문제에 대하여 짚고 넘어가고자 한다. 우리 연구반은 북한 역사학의 성과를 각 분야별로 점검하면서, 대체로 다음과 같은 인식을 공유하게 되었다. 많은 연구자들이 이미 지적하였듯이, 1960년대까지 북한 역사학 연구는 남한 역사학이 명시적·묵시적으로 인용하지 않을 수 없을 만큼 과학적·실증적으로 탁월한 성과들을 산출하였다. 그러나 주체사상이 등장한 1970년대 이후에는 『조선전사』 『조선부문사』 등의 발간을 통해 기존 연구 성과를 집대성하는 작업이 이루어진 반면, 대부분의 연구들이 동일한 방법론에 의거하여 단순화·도식화된 성과들을 산출하였다.

그렇다면 남한의 역사학계는 어떠한가? 남한 역사학계는 북한과 달리 현실 정치의 직접적인 영향으로부터 상대적으로 자유로운 측면이 있고, 1980년대 이후 쏟아져 나온 엄청난 분량의 연구 성과를 면밀히 검토하는 것이 불가능한 까닭에 단언하기는 힘들지만, 남한 역시 북한과 유사한 측면을 지니고 있음을 부인하기 힘들다. 우선 1970년대 유신정권이 창출한 '주체적 민족사관'이 공식적으로 비판되고는 있지만, 단일민족이라는 환상에 입각한 민족주의적 역사관이 여전히 지배적이며, 그 위에서 유물사관이든 근대화론이든 일원적 발전론에 입각한 연구가 이루어지고 있다는 점에서 북한과 크게 다르지 않다. 이에 따라 남북한 역사학계는 고대사를 연구하면서 현실의 민족문제를 유추 검토한다든지, 중세사회를 지주-소작농의 계급대립관계로 설정하고 조선후기의 내재적 발전을 검출하려고 하며, 개화운동-의병투쟁-계몽운동-3·1운동 등 부르주아민족운동의 진보적 성격을 검출하거나 일제 지배의 민족말살적 성격과 이에 저항하는 항일운동에 주목하는 등 공통적인 역사 서술 방식을 보여주고 있다.

한편 민주화운동의 진전에 바탕하여 1980년대 후반부터 남북한 통일을 위한 남북한 역사학 교류운동이 추진되어왔음은 주지의 사실이다. 그러나 역사적 사실과 인식의 부분적 공유가 역사관, 곧 현실 인식 준거틀의 전면적 공유로 직결되는 것은 아니다. 역사가 역사관에 의해 만들어지는 과거 사실의 공간적·시간적 집단기억이라고 한다면, 역사관은 역사연구자가 속한 국가의 '국민 만들기' 프로그램에 의하여 조성된다. 국가가 다르면 역사관도 다를 수밖에 없다. 남북한 모두 '민족'을 '공동 운명체'라고 규정할지라도, '민족' 개념과 그 구성원을 서술할 때에는 당연히 차이를 보인다.

예를 들어 북한에서 1920년대 사회주의운동은 민족 분열적 사대주의·종파주의로 비판받는 반면, 남한에서는 1920년대 사회주의운동뿐만 아니라 북한정권을 구성한 1930년대 이후 무장투쟁 역시 민족을 분열시키고 한국전쟁이라는 비극을 가져온 원인이라 하여 국가권력에 의하여 매장되었다. 북한에서는 친일파는 물론 친미파까지 반민족적 부류로 간주하는 데 반하여, 남한에서는 친미파는커녕 이제 겨우 친일파를 반민족적 부류로 취급할 정도의 역사관을 공유하게 되었다. 또 민족이 형성된 무대에 대해서도 북한은 단군을 실재(實在)인물로 설정하고 고조선·고구려·고려·북한 등 평양 중심 국가들의 정통성을 주장하는 데 반하여, 남한에서는 단군을 실재인물로 간주하지 않을 뿐 아니라 '정통성'이라는 개념은 사용하지는 않지만 은연중에 신라·조선·남한 등 역대 정치권력의 출자 지역을 강조하는 경향을 보인다.

요컨대 남북한은 단일민족을 주장하지만 각각 별개의 '민족'을 형성하고 있는 것이다. 진정한 단일민족은 -이 말도 어폐가 있지만- 지리적으로 통합된 후 국가를 지배하게 될 권력과 국민들에 의해 다시금 구성될 것이며, 이때 이루어지는 민족사 서술은 두 국가가 공통으로 기억해온 역사적 사실과 상이하게 기억해온 역사적 사실을 재조합하는 가운데 나타날 것이다. 이렇게 본다면 남북한 역사교류에 대해 회의적일 수밖에 없겠지만, 남북한 통합을 대비한다는 차원에서 역사적 사실을 최대한 공유하기 위한 노력을 계속할 수밖에 없다.

끝으로 이 책이 나오기까지 수고해준 몇몇 분들께 감사를 드리고 싶다. 먼저, 2001년 6월 「북한역사학의 어제와 오늘」 심포지움에 참가하여 수준 높은 사회와 토론을 해주신 박종기(사회)·송호정·하원호·김문식·오종록 선생님의 질정으로 책의 내용이 좀더 정치하고 풍부해졌기에 무한한 감사의 뜻을 표하고 싶다. 현대사분과 한모니까 선생님의 노력도 잊을 수 없다. 한선생님은 우리 연구반에 필요한 각종 자료의 소장처를 찾아줌은 물론, 필요한 자료의 복사와 기타 자질구레한 일과 연락 관계까지 도맡아 처리해 주었다. 마지막으로 상업적으로 성공할 가능성이 그다지 없어 보이는 책의 출판을 흔쾌히 수락하고 원고가 마감기한을 넘겼음에도 관대히 보아넘겨주신 푸른역사 박혜숙 사장님께도 감사의 인사를 드리고 싶다.

2003년 6월
한국역사연구회 북한사학사 연구반
대표 집필 도면회

22. 「기획발표회 : 조선후기 사회를 어떻게 볼 것인가」 (『역사와 현실』 제45호 토론, 2002. 7. 20.)

해 설

2002년 7월 20일 연세대학교에서 열렸던 경제학의 이영훈 교수와 한국사의 최윤오 교수 사이에서 벌어진 조선후기를 보는 시각을 둘러싼 발표와 토론의 일부이다. 1990년 이후 경제사, 특히 조선후기와 근대사를 기존의 역사학계와 다른 시각을 지닌 경제학계의 역사상(歷史像)의 차이를 알 수 있는 자료이다. 연구회는 1차 발표와 토론 이후 이를 사회사적으로 보완하기 위해 2차 발표회를 준비하였다.

자 료

…(전략)… 사회 : 정리하겠습니다. 지금 보시다시피 한국사 쪽을 전공하시는 분들은 최윤오 선생님의 발표에 기본적으로 동의하면서 실증 차원에서 문제를 제기하시는 것 같고요. 지금 말씀하셨던 방청석에 지적해주신 동양사, 서양사나 경제학을 하시는 분들은 조금 다른 각도에서 한국 자본주의의 발전을 얘기하시는 것 같습니다. 아무래도 담론이든 이론이든 그것을 좀더 폭넓게 받아들여 우리 역사를 설명하시려는 분들은 한국사 이외의 다른 분야를 전공하는 분들인 것 같습니다. 그런데 문제는 지금 상당히 고무되어 있는 것 같아요. 현재 우리나라의 자본주의 발전수준이랄까 이런 것에 대해서 고무되어 있고…(중략)…전체적인 분위기는 한국사를 전공하는 입장에서 저도 마찬가지입니다만 요즈음 등장하고 있는 식민지에 의한 자본주의화, 이것에 대한 도덕성이랄까 하는 것이 면죄되어 가는 듯한 분위기가 있는 것이 아닌가 하는 우려를 갖고 있습니다.…(중략)… 그렇지만 발전적인 요소, 계기들이 전통사회에 이입이 되어서 그것이 발전적인 요소로 발전하지는 않고 항상 내부적인 계급관계에 의해서 굴절이 되고 왜곡이 된다는 점은 어쨌든 우리가 생각을 해보아야 하고 그래야 한국 자본주의의 성격도 새롭게 볼 수 있지 않을까 생각합니다. 장시간 발표 토론 감사드립니다.

23. 연구회 총무, 「제15차 평의원회 토론사항」
(연구회웹진에서 갈무리, 2002. 12. 14.)

해 설

2002년에 열렸던 그 해 마지막 평의원회 문건 중 일부이다. 당시 평의원의 구성을 알 수 있으며, 어떤 내용의 토론이 이루어졌는지를 살펴볼 수 있다. 특히 이 해 평의원회에서는 여러 차례 열렸던 총회준비위에서 핵심의제 중 하나였던 부회장제의 신설에 대한 결의가 있었다. 이전까지 회장의 임기 2년이었는데, 연구회의 업무가 많아지면서 그 하중이 강해졌다. 그 결과 부회장제를 마련하고, 회장의 임기를 1년으로 줄이는 방안이 논의되었다.

자 료

제15차년도 평의원 명단(총28명)
◈ 선출직 평의원(17명) : 정동준, 서영교(이상 고대사분과), **추명엽**, 신안식, 김두향(이상 중세1분과), 김웅호, **이동인**, 송웅섭, 원재린, **김영극**(이상 중세2분과), 오연숙, **한성민**(이상 근대1분과), **이승일**, 장용경, **이태훈**(이상 근대2분과), 이혜영(b), **김소남**(이상 현대사분과)
◈ 당연직 평의원(11명) : **이영학, 정연태, 오종록**, 하일식, 문동석, **서성호**, 손병규, 이용창, 신주백, 김보영. **김인호**

II. 토의사항
1. 주요 안건 - 연구회 조직 개편 방향 → 경량화, 효율성, 재정부담 감소
 1. 부회장제의 신설
 1) 부회장제 신설취지
 ① 연구회 활동의 대외적 비중 증가에 따른 회장의 역할 증대가 요구되고 있다.
 ② 연구회 내부를 책임질 부회장이 필요하며, 1년간 부회장을 수행 후에 회장직 수행.
 ③ 연구회 임원의 교체에 대한 순환성 제고.
 2) 신설 부회장의 역할 : 운영위원회의 회의와 활동 관장 ⇒ 회장을 보좌한다.
 2. 각 위원회 운용 방향 개선
 ① 운영위원회 : 회의 방식을 회장, 부회장 및 각 위원장과 사무국장을 중심으

로 하며, 필요시에 분과장을 참여시켜 확대회의를 개최함.
② 연구위원회 : 연구회의 중장기 계획을 기획하며, 필요시에 편집위원회와 협의함.
③ 편집위원회 : 편집위원의 숫자(6인 정도)와 회의 일수를 줄이고 실질적 책임과 역할을 부여함.
3. 상임 3명+사무국장으로 사무국을 정비한다(사무간사, 상임편집위는 두지 않는다). ⇒ **상임을 1명 더 두자**
① 활동비로 100만원 정도를 지급한다.
② 총무_회계_사업 / 웹진_웹마스터 / 연구-편집 의 분야로 업무를 관장한다.
③ 상임은 연구회 업무를 기획, 집행하는 주체적 역할을 담당한다.
④ 기존의 사무국 상임은 상임위원으로 호칭함.
4. 웹진위원회는 폐지하고 웹진팀을 운영하며, 회장직속으로 둔다.
① 웹진의 성격상, 보다 생기발랄하고 자유로운 활동구조가 필요하다.
5. 평의원회 폐지 ⇒ **연구회에 도움이 되도록 활성화 시키자.**
① 연구회의 일상적인 소식은 홈페이지 및 메일을 통해서 쉽게 접근할 수 있다.
② 일반 회원들의 의견을 반영하는 것은 분과단위에서 이루어지는 것이 바람직하다. 분과총회에서 이를 반영하고, 활성화하도록 한다.
6. 법인화는 추후 필요성이 제기되면 다시 고려한다.

24. 김덕영(근대사 분과), 「연구회 웹진팀 회의 보고」 (연구회웹진에서 갈무리, 2003. 10. 6.)

해 설

이 자료는 2003년 웹진팀의 회의를 위해 작성한 문건이다. 새롭게 개편해야 할 홈페이지를 만드는 문제에 대한 대응방안을 논의하였다. 연구회 웹진팀의 활동을 알 수 있는 자료이다.

10월 2일 웹진팀 회의 결과보고

1. 웹진팀 재구성
현재 웹진팀의 웹진위원은 3년째 거의 같은 위원으로 구성되어 운영되고 있다. 해마다 대체 인물이 없다는 이유로 계속 유지되고 있는데 웹진위원의 교체가 요구된다.
각 분과장에게 새로운 웹진위원을 지명할 것을 요청한다.
새로운 웹진위원은 새로운 연구경향을 어느 정도 파악하고 있는 인물일 것.

2. 새롭게 개편될 웹진 홈페이지 주소확정
www.webkoreanhitory.org

3. 웹진을 개편했을 때 고려해야 할 문제
1) 홈페이지 유지 및 관리의 문제
① 전문적인 지식 없이 관리 가능한 체계

현재 한역연 홈페이지에 병합된 웹진은 Html 태그만 알면 업데이트를 포함한 유지관리가 가능하도록 설계되어 있다. 그러나 별도의 URL로 독립하게 되는 웹진은 홈페이지 전반적인 부분을 다시 구축해야한다. 홈페이지를 유지하기 위해서 가장 먼저 고려되야 할 것은 내용이겠지만 일단 형식적인 측면의 유지 및 관리도 대단히 중요하다. 최선의 방식은 이후 새로운 인물이 교체됐을 때 Html 태그 등의 전문적인 지식이 없더라도 업데이트 등의 유지관리가 가능하도록 체계를 만들어야 한다.

예를 들어 현재 한역연 홈페이지의 게시판은 누구나 관리가 가능하도록 관리프로그램이 짜여져서 셋팅되어 있는 것처럼 체계가 갖춰질 필요가 있다는 것이다. 거기에 더해 웹진의 기사 업데이트조차도 동일하게 자유롭게 관리가 가능한 형태를 갖추어야 한고 생각한다. 만약 게시판 등이 없이 지금처럼 기본적인 태그만으로 홈페이지를 꾸민다면 문제가 틀리겠지만 자유로운 의사소통이 가능한 온전한 형식의 홈페이지를 위와 같이 관리가 가능한 형태로 갖춘다면 문제가 틀려진다. 게시판만 하더라도 태그를 안다고 해서 해결 할 수 있는 문제가 아니다. 게시판은 일종의 DB프로그램으로 홈페이지에 일상적으로 쓰이는 Html과는 전혀 다른 프로그램으로 테크노트와 같은 게시판 관리프로그램으로 셋팅해야 하다. 서프라이즈처럼 메인

기사까지 자유롭게 관리하도록 하려면 별도의 셋팅이 필요하다.

이를 위해서 가장 좋은 방법은 하청을 주는 방식이다. 확인해 본 바에 의하면 비용은 대략 150만원 정도 소요될 것으로 보인다.

이에 대한 예산이 지급될 수 있는지 확인을 요한다.

② 지금의 한역연 홈피와 유사한 형태로 메인기사는 태그를 써서 업데이트 하고 게시판 만 게시판 프로그램으로 셋팅하는 경우.

③ 위 ①과 같은 관리프로그램이 내장된 웹호스팅 업체를 찾는 것. 대표적으로 유명 포탈사이트에서 가입자에게 제공하는 홈페이지는 이와 같은 관리프로그램을 내장하고 있어서 누구나 쉽게 홈페이지를 관리할 수 있도록 되어있다. 그러나 용량 및 디자인이 제한되어 있는 경우가 많다. 일단 위 3가지 중 최적의 형태를 조사하고 있다.

  2) 고정필자의 문제

지난 달 운영위에서 제안된 방식은 웹진팀 내에서도 그 외에 달리 대안이 없는 방식으로 받아들여졌다. 그러나 지난번 추천된 고정필자만으로는 대략 1년 정도 버틸 수 있는 것으로 예상되지만 그 이후가 보장되지 않는다는 의견이 제출됐다. 앞으로의 관건은 고정필자가 얼마나 지속적으로 확보되느냐의 문제인데 일단 1년 정도의 시간은 확보가 가능하므로 새로운 방식을 다양하게 생각하고 실험해 보기로 했다.

25. 「대통령 탄핵에 관해 우리 사회의 민주적 발전을 염원하는 전국역사학교수 성명서」 (전국역사교수 성명서 발표, 2004. 3. 16.)

해 설

2004년 3월 12일 국회에서는 노무현의 '정치적 중립성'을 이유로 여당인 열린우리당이 반발하는 가운데 새천년민주당과 한나라당, 자유민주연합의 주도하에 대통령의 탄핵 소추안을 통과시켰다. 위의 성명서는 이에 대한 반발로 전국역사교수들이 모여 발의한 후에 발표한 것이다. 우리 연구회는 이 성명서 발표에 적극적으로 참여하였다.

자 료

■ **대통령 탄핵에 관해 우리 사회의 민주적 발전을 염원하는 전국 역사학자 성명서**

수구 거대야당의 대통령 탄핵을 비판한다

지난 3월 12일 야당은 대통령 탄핵을 통하여 한국 민주주의를 위협하는 폭거를 자행하였다. 이번 폭거는 1987년 이후 진행되어온 한국 사회의 민주화를 전면 부인하는 것으로서 한국 역사를 후퇴시키는 심각한 사태라고 생각한다. 이에 우리는 역사학자로서 개탄을 금치 못한다.

무엇보다도 이번 사태를 통하여 한나라당과 민주당은 그들의 반역사적 배경과 성격을 적나라하게 드러냈다. 한나라당은 5.16 쿠데타와 12.12 쿠데타를 주도했던 군사반란세력에 그 뿌리를 두고 있다. 그들은 총칼로써 정권을 장악하였을 뿐만 아니라 국민들의 민주화 요구를 폭력으로 짓밟아 왔으며 30여 년이 넘도록 한국사회의 민주적 발전을 가로막고 국민의 기본권을 철저히 유린하였다.

민주당 또한 그 동안의 정쟁과 지역구도에 편승하여 오늘날 정치후진성을 초래한 책임을 면하기 어렵다. 군사독재정권 아래에서 국민들의 반독재투쟁에 기대, 탄압받는 정치세력이라는 점을 이용하여 자기 이익을 챙겨왔을 뿐이다. 그들은 민주화운동에 편승하였을 뿐 민주적 발전을 위하여 적극적으로 노력하거나 기여한 바가 없다. 그럼에도 민주당은 이와 같은 과거 행적을 반성하기는커녕 작금의 행태를 통하여 드러나듯이 여전히 지역감정과 부패정치에 기반한 기득권 유지에만 급급해하고 있다.

우리 사회는 87년 6월항쟁 이래 수많은 희생을 치르면서 지속적으로 민주화운동을 전개해왔고, 그 연장선상에서 노무현대통령을 당선시켰다. 노정권은 역사전환의 과정에서 부여된 큰 책무를 떠안고 있는 것이다. 그럼에도 불구하고 지난 1년 동안 노정권이 국민들에게 보여준 모습은 실망스럽다고 아니할 수 없다. 명분 없는 이라크 파병, 대미외교에서의 굴욕적 자세, 남북관계에서의 소극적 태도, 정치개혁에서 보여준 지지부진한 행보, 수구보수세력에 의탁하는 퇴행적 자세 등은 그가 역사로부터 위임받은 역할을 방기하고 있음을 보여주는 것이다. 결과적으로 이러한 지난 1년간의 행보가 오늘의 사태를 초래한 요인의 하나가 되었다고 본다. 이 점을 깊이 성찰해야 할 것이다.

지금 한나라당과 민주당은 마치 국민의 뜻에 따라 대통령을 탄핵했고 그것이 합법적 절차에 따른 것인 양 분식하고 있지만, 이는 국민들로부터 퇴출을 요구받는 수구집단이 기득권을 유지하기 위하여 자행한 집단적 폭력 행사에 지나지 않는다. 우리는 추악한 과거의 행태가 앞으로도 계속 반복되는 것을 더 이상 용납할 수 없다. 더 이상 우리 정치가 정치공작과 금권부정, 지역감정에 유린당하는 비참한 모습을 후세에 전할 수는 없다.

이에 우리 역사학자들은 역사의 발전과 진보를 위하여 한나라당과 민주당은 지금의 사태에 대하여 즉각 사죄하고, 자신들이 자행했던 탄핵과 관련된 모든 행위가 무효임을 스스로 선언할 것을 촉구하는 바이다.

2004년 3월 16일
우리 사회의 민주적 발전을 염원하는 전국 역사학자 일동

강봉룡(목포대) 강석화(인천교육대) 강종훈(대구가톨릭대) 고동환(과학기술원) 고석규(목포대) 권내현(성균관대) 권덕영(부산외국어대) 권오영(한신대) 권태억(서울대) 구만옥(경희대) 기광서(조선대) 김갑동(대전대) 김건태(성균관대) 김경록(공군사관학교) 김기덕(건국대) 김기섭(부산대) 김기승(순천향대) 김도형(연세대) 김동철(부산대) 김민철(민족문제연구소) 김영목(목포대) 김인숙(한국교원대) 김인걸(서울대) 김정기(서원대) 김종복(한국역사연구회) 김한종(한국교원대) 남동신(덕성여대) 남지대(서원대) 노경채(수원대) 노대환(동양대) 노영구(한국문화연구소) 도면회(대전대) 도진순(창원대) 도현철(연세대) 류승렬(강원대) 문동석(한신대학교 학술원) 박경하(중앙대) 박광용(가톨릭대) 박만규(전남대) 반병률(한국외국어대) 박종기(국민대) 박찬승(충남대) 박태균(서울대) 박혁순(목포대) 박홍

식(서울대) 방기중(연세대) 배우성(서울시립대) 손동유(홍익대 기록보존소) 손철
배(한국역사연구회) 송문현(부산대) 송양섭(충남대) 송호정(한국교원대) 신상용
(목포대) 안병우(한신대) 안병욱(가톨릭대) 양상현(울산대) 양정현(부산대) 여호
규(한국외국어대) 오종록(성신여대) 오항녕(민족문화연구원) 왕현종(연세대) 유
승원(가톨릭대) 유원적(목포대) 유재건(부산대) 윤경진(경상대) 윤승준(인하대)
윤용출(부산대) 이세영(한신대) 이수원(민주화기념사업회) 이순근(가톨릭대) 이
신철(역사문제연구소) 이영학(한국외국어대) 이영호(인하대) 이욱(고려대) 이윤
상(창원대) 이익주(서울시립대) 이인재(연세대) 이종범(조선대) 이지원(대림대)
이진한(고려대) 이철성(건양대) 이한상(동양대) 이해준(공주대) 임경석(성균관대)
전덕재(경주대) 전현수(경북대) 전호태(울산대) 정미란(서울봉현초등학교) 정병
준(목포대) 정연식(서울여대) 정연태(가톨릭대) 정용욱(서울대) 정일준(아주대)
정재정(서울시립대) 정진영(동명정보대) 정태헌(고려대) 조이옥(영산대) 조한욱
(한국교원대) 주경철(서울대) 주명철(한국교원대) 주진오(상명대) 지수걸(공주대)
채상식(부산대) 채웅석(가톨릭대) 최갑수(서울대) 최덕경(부산대) 최원규(부산대)
최윤오(연세대) 최이돈(한남대) 하원호(성균관대) 한명기(명지대) 한상권(덕성여
대) 한정숙(서울대) 한홍구(성공회대) 한희숙(숙명여대) 허수(역사문제연구소) 홍
석률(성신여대) 홍순민(명지대) 등

26. 「거꾸로 된 편향성 시비」(『한겨레』 기고문, 2004. 10. 14.)

해 설

이 글은 「한국근현대사 교과서 편향성 시비에 대한 역사연구단체들의 의견서」가
나오기 직전에 당시 근현대사 교과서 편향성 시비에 대한 한계레 신문의 특별기고
요청으로 이루어졌다. 이영호(근대사 분과) 회원이 당시 우리 연구회의 회장이었기
에 기고 요청에 응하여 글을 작성하였다.

한국근현대사 검정교과서의 편향성 시비를 둘러싼 정치권의 쟁의는 정부·여당에 대한 한나라당의 이념공격이라는 성격을 띠고 있다. 한나라당의 입장에 동조하는 <조선일보>와 <동아일보>는 이를 받아 여러 날, 여러 면에 걸쳐 교과서를 상세하게 분석해 색깔공격에 기름을 끼얹었다. 이렇게 일부 야당과 신문은 역사해석의 고삐를 쥔 양 국민을 상대로 난장판을 만들었고, 이미 공격의 효과를 충분히 본 듯 언제 그런 일이 있었는가, 지금은 생뚱한 모습이다. 이를 지켜보며 학계의 일원으로서 참으로 수치스러운 마음을 금할 길 없다.

국사교과서는 1974년 국정화된 이후 현재까지 그 체제를 그대로 유지하고 있다. 세계에서 국사교과서를 국정으로 유지하는 곳은 거의 없다. 국정체제는 한가지 역사해석만을 독선적으로 강요하는 것을 의미한다. 한가지 역사해석 자체의 문제보다 그것이 정권의 찬양, 독재권력의 미화, 냉전·분단체제의 고수로 귀결됐기 때문에 문제인 것이다.

국정체제를 폐지해야 한다는 학계의 거듭된 권고 앞에서, 독재권력의 청산과정에서 제시된 묘안이 국정과 검정의 이원체제다. 김영삼 정부시절인 1997년 12월 고시된 제7차 교육과정은 조선시대까지 교육하는 고등학교 1학년 과정의 '국사' 교과서는 국정으로 유지하고, 고등학교 2-3학년에서 9개의 선택과목 가운데 한 과목으로 개설한 '한국근현대사'의 교과서는 검정으로 하는 이원체제를 채택했다.

그러나 검정과정이 워낙 엄격하기 때문에 국정교과서와 진배없다는 것이 학계의 일반적 인식이다. 교과서의 단원·장·절·항목의 제목은 '준거안'에 정해져 있으며, 항목의 서술도 어떤 내용을 담을 것인가 방향이 제시돼 있다. 혹평하여 6종의 검정교과서는 국정교과서가 6종 있는 것과 다를 바 없다고 할 정도로 엄격한 틀에 묶여 있다.

<조선일보>가 6종의 교과서 모두를 문제삼지 않고 금성출판사판과 두산판 교과서를 대비한 것은 이를 '보·혁대결' 구도로 몰아가기 위한 계산된 방법으로 읽혀진다. 6종의 교과서 가운데 가장 '진보적인' 서술을 지향한 교과서와 가장 '보수적인' 서술을 한 교과서를 대비시켜 극단화한 방법이 놀랍다. 검정체제의 엄격함 속에서나마 그러한 관점의 차이가 나타났다면, 사실의 선택과 서술의 자율성이 어느 정도 보장되는 교과서가 편찬되었다면, 그것은 오히려 매우 다행스러운 일이다. 그러나 그 차이는 보·혁구도로 몰아갈 정도로 큰 것은 아니다.

독재정권의 국정체제 하에서는 친일의 문제, 사회주의자들의 항일투쟁, 해방 후 좌익의 활동, 북한체제의 존재와 정보 등에 대해 아무 것도 언급할 수 없었다. 독재체제의 인권탄압은 언급조차 없이 근대화 정책만 찬양됐다. 국사교과서의 현대사

부분은 정권의 홍보전단에 불과할 정도였다. 바로 그 현대사 부분의 거짓과 왜곡 때문에 교과서 전체, 우리 역사 전체를 불신하게 만들었던 부끄러운 교과서였다.

사실에 의거하지 않은 편향된 사관에 의한 현대사 서술의 멍에는 국정체제 하의 국사교과서가 져야 할 일이다. 이를 극복하기 위해 한국근현대사 검정교과서는 사회주의자의 항일투쟁에도 항일의 의미를 인정하고, 친일적 행위도 밝히고자 애쓰고, 북한사회에 대한 정보도 제공할 수 있는 틀을 만들었던 것이며, 검정된 교과서 사이에 약간의 편차는 있지만 그것을 흑백논리로 대결시킬 문제는 결코 아니다.

정치권에서 역사교과서의 문제점을 제기할 수는 있다. 언론에서 그것을 전달하고 관련된 정보를 제공할 수도 있다. 그러나 임의로 역사를 해석 재단하고 이념적으로 결론지어 정치적 공세의 자료로 삼는 것은 정도에서 크게 벗어난 일이다. 사실에 대한 엄정한 규명과 이를 바탕으로 한 역사해석을 역사교육의 자료로 제공하는 것은 역사학자의 몫이다. 과거사 청산의 과제에 직면해 있는 정치권은 한국근현대사 교과서를 통해 오히려 그 당위성을 깨치는 기회로 삼아야 할 것이다.

27. 「일본 교과서의 역사인식과 사실 왜곡을 우려한다」 (역사연구단체협의회 공동기자회견, 2005. 4. 7.)

해 설

국내 역사연구단체(총 48개)들이 일본역사교과서 문제에 대응하기 위해 분야를 초월해 협의체를 처음 구성하였다. 이 단체는 한국역사연구회, 한국사연구회, 동양사연구회, 한국서양사학회, 역사교육연구회 등 5개 단체가 공동의장을 맡고 있으며, 산하에 '일본교과서 역사왜곡대책위원회'를 두고 일본역사교과서 왜곡 문제 등에 따른 활동을 하였다.

자 료

4년 전 한국의 역사학 관련 연구단체들은 일본 중학교 역사교과서의 개악(改惡)을 우려하는 성명과 일본 중학교 역사교과서의 재수정을 촉구하는 성명을 발표한 바 있다. 그러나 4년이 지난 오늘, 일본 정부의 검정을 통과한 일본 중학교 교과서의 내용을 검토하며 당시 발견되었던 역사관과 역사적 사실 인식에서의 여러 문제들이 여전히 반복되고 있음을 확인하게 되었다. 중학교 교과서의 문제점은 특히 '새로운 역사 교과서를 만드는 모임'이 주관하고 후소샤(扶桑社)가 출판하는 역사교과서와 우리의 사회과 교과서에 해당하는 공민 교과서들에서 집중적으로 드러나고 있다는 사실도 알게 되었다.

그 동안 일본 역사교과서의 사실 왜곡, 우리 정부의 역사교육 경시, 중국의 고구려사 왜곡 등등의 사태가 발생할 때마다 한국의 역사 연구자들은 학자로서의 본분을 저버리지 않고자 노력하였으나, 임시적으로 몇몇 역사 연구단체들의 활동을 통해 대응하는 것을 넘어서지 못하여 왔다. 그러나 올해 3월 다시금 21세기 일본과 일본 주변 국가의 국민들을 위험에 빠지게 할 수 있는 교과서가 검정을 통과하리라는 것을 예측하고, 이를 계기로 역사학연구자들은 새로운 결의를 하게 되었다. 역사학 및 역사교육의 본질이 손상되어 민족과 인류의 미래가 위협받는 문제에 대해 역사연구단체협의회를 구성하여 조직적이고 체계적으로 대처하며, 일시적 여론 환기에 그치지 않고 장기적으로 대응해 나가기로 뜻을 모은 것이다.

역사학과 역사교육은 결코 과거를 연구하고 과거사를 가르치는 데에서 그치지 않는다. 사회와 그 구성원의 미래에 대해 현재의 역사학과 역사교육은 지대한 영향력을 미친다. 일본의 '새로운 역사 교과서를 만드는 모임'이 '30년 후의 일본'을 기약하고 있는 것도 이로부터 연유한다. 그러나 후소샤의 이 역사교과서를 분석한 결과로 보면, 그릇된 역사인식과 사실의 왜곡으로 말미암아 '30년 후의 일본'이 불행의 나라로 떨어질 우려가 크다. 이에 역사연구단체협의회는 이점을 직시하고 의견을 모아 일본 정부와 '새로운 역사 교과서를 만드는 모임'에게 이 교과서의 수정을 강력히 요구하며, 다음과 같이 성명서를 발표한다.

1. 위험한 교과서가 검정을 통과한 것에 대해 일본 정부의 책임을 묻는다.

인류가 역사를 소중히 여기는 것은 과거의 경험으로부터 올바른 미래를 열어갈 길을 찾을 수 있는 까닭이다. 과거의 잘못된 경험 또한 미래를 위한 쓴 약이 될 수 있다. 그러나 과거의 잘못을 감추고 진실을 외면할 때 그것은 오히려 독이 될 뿐이다. 후소샤판 역사교과서는 4년 전에도 그러했거니와, 이번에도 청일전쟁 이후 여러 차례 자행된 침략전쟁을 일본의 방위전쟁이라고 정당화하고, 심지어는 군국주의 시대에 일본이 일으킨 아시아태평양전쟁을 아시아해방에 도움이 된 전쟁이라고 미화하는 태도로 일관하고 있다. 한국을 강제로 병합하고 식민지로 지배한 사실에 대해 반성하는 것이 아니라 도리어 정당화하고 있는 것은 물론이고, 남경학살을 비롯하여 일본이 행한 많은 해악을 부정하거나 간단히 서술하고 있다. 더욱이 히로시마와 나가사키의 원폭 투하와 오키나와 전쟁에서 심대한 피해를 입은 자국 국민의 아품과 슬픔조차 외면한 채, 전쟁에 헌신한 '일본 국민'을 찬양하는 데 더 큰 비중을 두고 있다는 사실은 우리에게 심각한 우려를 자아내게 한다. 우리는 젊음으로 약동하는 일본 청소년들을 전쟁에 헌신하는 국민으로 만들 우려가 있는 이 위험한 교과서가 검정을 통과했다는 사실에 대해 일본 정부의 책임을 묻지 않을 수 없다.

2. '새로운 역사 교과서를 만드는 모임(새역모)'에게 황국사관의 복구 의도를 포기하고 공동의 평화와 번영을 위한 노력에서 자부심을 느끼는 교과서가 되도록 수정할 것을 요구한다.

역사교육은 어디까지나 학문적으로 타당하고 객관성이 뚜렷한 사실을 가르치며, 비역사적이고 반역사적인 인식을 배제하여야 그 본분을 다할 수 있다. 더구나 정서가 풍부하고 감수성이 예민한 청소년들을 대상으로 한 교육에서는 이 원칙이 한층 철저히 지켜질 필요가 있다. 그런데 '새역모'의 개정판 역사교과서는 진무천황의 신화를 역사적 사실인 것처럼 서술하고 황실과 천황이 일본 역사의 시작과 함께 존재했다고 주장하며 천황을 전면에 내세워 자국의 역사를 '신의 나라'의 역사로 묘사하고 있다. 이와 아울러 일본의 역사를 '영광의 역사'로 묘사하되, 그 영광을 국가와 천황, 위정자에게 돌릴 뿐 민중과 여성은 무시되고 있다. 이러한 주장과 묘사는 일본의 청소년에게 '황국신민'으로서의 자부심을 갖도록 하려는 목적에서 나온 것이라고 밖에는 생각되지 않는다. 그러나 비역사적이고 반역사적인 인식에 바탕을 둔 자부심은 오래 가지 않아 깨어지게 마련이다. 우리는 일본의 청소년이 '사회적 약자와 소수자'조차 역사 발전에 기여했음을 인식하고, 그들 각자가 역사와 사회의 떳떳한 주체로서 일본 사회의 평화와 공동 번영을 위해 노력하는 스스로를 자각하는 데서 자부심을 느낄 수 있는 내용으로 교과서를 수정할 것을 요구한다.

3. '새역모'에게 한국과 일본 양국의 우호가 증진될 수 있는 교과서가 되도록 할 것을 요구한다.

올해는 을사보호조약의 체결로 일본이 한국을 사실상의 식민지로 만든 때로부터 100년이 되는 해이고, 한국민이 일본의 식민지 지배로부터 벗어난 때로부터 60년이 되는 해이며, 한국과 일본의 국교가 정상화된 때로부터는 40년이 되는 해이다. 또한 양국 정부가 이미 올해를 '한일 우정의 해'로 선포하였음은 주지의 사실이다. 2002년의 월드컵 공동개최에 이어 일본 내에서 한류 열풍이 불며 양국의 국민 특히 양국의 청소년 사이에서 이해와 우호가 한층 더 커지리라고 기대하던 차에 독도 문제가 돌출되자 오히려 한국 국민의 배일감정이 그 어느 때보다도 격화되고 있다. 이러한 상황에서 '새역모'의 역사교과서가 한국의 역사를 모멸하는 태도를 더 강화시킨 때문에 한국 국민의 배일감정은 불에 기름을 끼얹는 형세가 되리라는 것이 명

약관화하다. 비록 근현대사 부분의 서술이 4년 전보다 혹 나아진 경우가 있기는 하나, 전근대사 부분은 옛날 식민사관의 '한국사의 타율성론'을 되살려 강화했다는 느낌을 지울 수 없다. 고조선의 역사를 부정하고 한(漢) 군현과 임나일본부의 서술을 통해 한국의 역사가 북부 지역은 중국에 의해, 남부 지역은 일본에 의해 시작된 것처럼 서술한 것, 한반도에 존재한 왕조를 설명하며 그 앞에 번번이 '중국 왕조에 조공한'이라는 표현을 붙이고 있는 것, 조선왕조를 일본의 한 '지방'과 유사한 위상으로 놓고 국제관계를 설명하고 있는 것 등이 그 근거들이다. 이러한 설명에 이어 마침내 일본이 한국을 식민지로 지배함으로써 근대화를 도왔다는 지적이 제시되어 있으므로, 일본의 학생들은 한국인의 자율적 능력이 부족하여 일본이 도와주게 되었다고 생각하기 쉽다. 이상과 같이 현재의 한국 관련 서술은 한일관계를 심각하게 악화시킬 우려가 있는 까닭에 우리는 '새역모'가 한국인과 한국의 역사를 존중하는 자세를 갖고 위와 같은 부정적 서술을 수정할 것을 요구한다.

4. '새역모'에게 동아시아사회 구성원 및 인류의 아름답고 평화로운 미래를 지향하는 교과서가 되도록 내용을 수정할 것을 요구한다.

오늘날 어느 사회나 미래의 인류사회가 평화롭고 정의로우며 자유로운 사회가 되도록 하기 위해서 청소년들이 국가와 민족, 종교와 인종의 차이를 넘어서 상호 존중하고 이해하는 정신을 갖추도록 하고자 노력하고 있다. 그리고 이를 위해서 교과서는 국가나 민족 사이의 오해와 불신, 인종주의적 편견 및 증오나 경멸의 여지를 철저히 배제해야 한다. 인류의 보편적 가치에 대한 이와 같은 존중은 인류 공통의 의무이며, 따라서 이 보편적 가치의 훼손을 바로잡는 일에는 국경이라는 장벽이 존재하지 않는다. 4년 전에도 지적되었던 이 내용이 반복되는 이유는 '새역모'의 개정판 역사교과서가 여전히 국제 평화를 해치고, 인종주의적 편견을 암시하고, 인간으로서의 기본권을 무시하는 태도를 보이고 있기 때문이다. 여러 동아시아 국가의 역사에 대한 서술은 한국사에 대한 서술보다도 모멸이 심하면 심했지 덜하지 않으며, 러일전쟁을 일본이 황인종을 대표해 백인종인 러시아와 싸운 '의전(義戰)'으로 인식하는 것에서 인종주의의 편린을 엿볼 수 있고, 일본군'위안부'에 대한 서술 등에서 인간의 기본권을 대하는 자세를 간취할 수 있다. 따라서 우리는 일본의 역사교과서 문제에 대해 성명서를 발표해야 하는 우리의 의무를 다시금 확인하며, 국제사회에서 존중하는 인류의 보편적 가치를 철저히 준수하여 내용을 수정할 것을 요구한다.

5. 일본의 국민과 시민단체, 지식인들은 위험한 교과서가 교육되지 않도록 노력을 기울여 줄 것을 요구한다.

우리는 지난 2001년 검정을 통과한 '새역모'의 역사교과서가 일본의 양식 있는 국민과 시민단체, 지식인들 특히 역사 교육자와 역사학자들의 노력에 힘입어 실제로 이 교과서를 통해 교육받는 학생의 수를 최소화하였던 점을 기억하며, 그 노고에 새삼 감사를 표한다. 당시 일본의 양식 있는 이들이 열과 성을 다하였던 것은 이 교과서가 무엇보다도 일본의 장래를 크게 위협할 수 있는 위험성 때문이었을 것이다. 그러나 '새역모'가 조직을 재정비하고 정부와 집권당 주요 인사의 지원을 받으며 역사교과서의 개정판이 집필되고 나아가 검정을 통과하기까지 이를 예방하지 못하였다는 점에 대해서는 아쉬움을 표하지 않을 수 없다. 우리는 또다시 일본의 양식 있는 국민과 시민단체, 지식인들이 이 개정판 역사교과서를 통해 교육받는 학생의 수를 최소화할 수 있도록 노력해주기를 촉구한다. 그리고 만약 이 교과서가 불가항력적으로 채택되어 사용된다면, 그것을 교육하는 교사와 교육받는 학생들이 스스로 그 해악을 깨달을 수 있도록 방안을 강구해 주기를 부탁한다. 아울러 우리 정부와 국민들도 역사교육의 의미와 가치를 새로이 확인하고, 중국 등 이웃 국가의 정부 및 국민들과 힘을 합해 일본의 뜻있는 이들의 노력을 지원해 줄 것을 요청한다.

우리는 좁게는 양국 사이의 진정한 화해와 공존을, 넓게는 동아시아의 평화롭고 아름다운 사회를 실현시킬 수 있다는 확신 위에서 이 성명서를 작성하였다. 그리고 우리는 한국에서도 역사교육이 올바른 위상과 내용으로 정착할 수 있도록 노력할 것을 다짐하며, 한 번 더 일본 정부와 국민, 시민단체, 학계 및 교육계의 정의로운 결단을 촉구한다.

2005년 4월 7일
역사연구단체협의회

고구려연구회/고려사학회/단군학회/대구사학회/대한상고사학회/동양사학회/명청사학회/무악실학회/문화사학회/백산학회/부산경남사학회/역사교육연구회/역사교육학회/역사문화학회/전남사학회/제주도사연구회/조선사연구회/조선시대사학회/중국근현대사학회/한국고대사학회/한국고대학회/한국교회사학회/한국근현대사학회/한국미국사학회/한국민족운동사학회/한국불교미술사학회/한국사상사학회/한국사연구회/한국사학사학회/한국사학회/한국서양사학회/한국서양중세사학회/한국여성사학회/한국역사민속학회/한국역사연구회/한국중세사학회/한일관계사학회/호남고고학회/호서사학회

28. 김태완(중세 2분과), 「2005년도 여름수련회 ; 한국역사 연구회, 무엇이 문제인가- 80~90년대 학번이 보는 연구 회」(연구회웹진 갈무리, 2005. 6. 18.)

해 설

2005년 여름수련회에서는 또다시 연구회의 방향을 둘러싼 논의가 재개되었다. 당시 80~90년대 학번이 중심이 되어 여러 의견이 개진되었다. 이에 대한 발표문과 토론문이다.

자 료

한국역사연구회 2005년도 여름 수련회 토론

일시 : 2005년 6월 18일(토요일)
장소 : 안동 임청각
발표자 : 김태완(중세 2분과)

1. 김태완 선생님(90년대학번) 발표 요약
나의 연구회! 우리연구회
※ 연구회 내에서의 핵심적인 문제
학문적 소통문제, 인간적 소통문제, 분과간 소통문제, 연구회의 소통문제,

(1) 아쉬움
현재 연구회에 들어오는 사람과 기존의 연구회원간의 학번차이 크다. 연구회가 만들어진지 18년이라는 시간이 흘러 사제사이도 생기게 되었다. 이러한 현상 때문인지 가입 후 활동 어려워지는 현상이 나타나고 있다. 그 중요한 원인은 여러 가지 소통의 문제가 가장 크다고 생각된다. 대표적으로 <u>조직을 운영하는 사람들과 회원과의 소통문제, 회원과 회원의 소통문제를 들 수 있다.</u>

<회원과 조직간의 의사소통>
대표적으로 탄핵의 문제가 일어났을 때를 들 수 있다. 당시 연구회에서 대처 방

법은 '전국역사교수 성명서'라는 형식으로 성명서를 내었다. 그런데 왜 연구회가 교수성명서인가? 강사, 석사, 박사 성명은 잘 안되고 교수 성명서로 나갔는가? 한 역연 이름으로 성명이 나가지 않았다.

역사연구단체협의회 '공동성명서' 발표와 같은 이런 방식도 있었을 텐데 탄핵정국에서는 왜그러지 못했을까? 라는 생각이 든다.

또 하나의 예로 2002년 책정리를 들 수 있다. 책들이 늘어나면서 연구회의 공간문제 발생하였고 이에 따른 도서정리 문제 공감한다. 그러나 너무 급박하게 진행었던 것은 아닌가? 연구회 회원 의견수렴이 어려운것 알고 있지만 회원 의견수렴이 필요한 것은 사실이다. 회원 의견수렴을 위한 과정이 강화되어야 하고 이 경우 나머지 회원들이 집행부가 하는 일에 이해를 하는데 도움이 될 것이다.

<조직내에서의 인수인계 문제>

한 해년도 사업이 끝나고 다음 연도에 집행부가 바뀌게 된다. 그 과정에서 그해 방점을 찍는 문제가 중요하지만 전년도의 문제인식이 다음해에 잘 이관되지 않는다는 생각이 든다. 그 예로 웹진 위원회(팀)의 명칭문제, 상임 근무일 확정문제등을 들 수 있다.

<90년대 학번문제>

한 분과의 게시판에서 80년대 학번 핵심, 70년대 90년대 옵저버 로 연구반을 모집한다는 것을 보았다. 그러나 현실적으로 우리 연구회에서 90년대 학번이 밀어줄 수 있는가? 그렇지 않다. 그렇다면 그 이유는 무엇인가? 90년대 학번들의 경우 연구회에 들어왔다가 일찍 포기하는 현상이 나타났다. **90년대 위치지움이 아니라 자리잡기가 필요한 시점이다.**

(2) 꿈꾸기

어떻게 연구회가 우리연구회가 될 수 있을까? 현재 소통문제 원활하지 않다. 분과가 틀리거나 그러면 더욱 어려워지는 현상 발생하고 있다. 또한 분과간, 회원들 간의 소통이 어렵다.공부뿐만이 아니라 동호회간의 활동도 하나의 방편이 될 수 있지 않은가?

2. 토론

사회자 : 이지원
토론자 : 수련회 참여자 전원

사회자 : 현재 70년대, 80년대, 90년대 학번들의 이야기를 들어보면 다들 연구회의 중심이 아니라고 하고 있다. 70년대는 '아직도 70년대인가', '80년대는 인원이 적다', '90년대는 우리는 아직 꿈도 못꾼다', 라고 하고 있다. 그 이유는 서로 연구회에 내가 어떻게 주인이 되겠는가, 객이라는 생각, 학문이라는 부담감 등 이러한 것이 합쳐서 나오는 것으로 보인다. 현재 나의 연구회, 주인으로서 생각하는 것이 어려운 점이 있다. 이러한 의미에서 토론의 진행방식은 70년대, 80년대, 90년대 학번에 대한 이야기를 들어오는 방법으로 진행하기로 한다.

※ 70년대 학번
고영진 : 역사를 공부하면서 다양한 접근을 하면서 논문을 쓰고 있다. 한역연이 무엇을 하는가? 에 대하여 고민을 하는 것은 일종의 논문주제다. 지금 한역연에 대하여 논문을 쓴다면 **여러 가지 요인**이 있다. **서로간의 소통, 내부의 문제뿐만이 아니라 여러 문제가 영향을 주어서 현재의 우리 모습이 나온것이라고 할 수 있다, 그런데 우리는 이러한 것을 다양하게 보지 않고 제대로 해본 적이 없었다.** 따라서 우리는 연구회 20년 점검을 하는데 있어서 연구사 정리뿐만이 아니라 전체적인 진단을 해야한다(경영컨설턴트같은 것도 받아봐야 한다). 88년 연구회 창립 이래 지금까지 오면서 분위기가 변화된 것은 우리가 생각하지 못한 큰 영향이 있었다. 역사는 변화를 연구하는 학문이다. 이와 마찬가지로 우리가 변화한다는 것을 염두에 두어야 하며, 연구회 내부의 문제만 있다는 것은 잘못된 것이다. 예를 들어 70년대 학번이 연구회에 왜 안나오는가? 가장 큰 문제는 70년대 학번이 전임이 된 것 때문이다. 연구회가 만들어질 때는 대학원생이었으나 지금은 학교에 소속되어 있다. 또한 현재 모든 돈의 흐름, 사회적인 조건 등이 대학을 중심으로 흐르고 있다. 단적으로 연구회와 대학의 모임이 있을 때 연구회에 오는 경우는 거의 없다. 대학에 참여하고 연구회에 참여하지 않는다고 비난 할 수는 없다. 시대의 변화를 인정하고 여기에서 우리가 얻을 수 있는 것은 무엇인가?를 생각해야 한다. 한국역사연구회는 학술운동단체로 출발했기 때문에 여러 가지 분과가 모여 있는 것이다. 하지만 현재 전 세계적인 경향은 분과중심 학회로 활발한 연구로 가고 있다. 그런데 한국사만 그렇지 않고 또 우리 연구회는 또 독특하다. 20년전에는 가능했지만 지금 이렇게 운영하는 것이 적당한가? 이러한 고민필요하다. 또 우리가 목적하는 것이 무엇인가?에 대한 고민도 필요하다.

※ 80년대 학번
이종서 : 시대가 바뀐 것은 틀림없다. 그전에는 덤비는 분위기, 연구회 조직자체가 하부에서 위로 올라간다는 분위기였다. 그렇다면 현재의 문제점은 무엇인가?

(1) 교수와 비교수가 되가면서 굴절화되었다. 또한 연구회 자체가 과거에 비하여 보수화되었다. 다수결보다 그 곳에서 그냥 결정하는 경우도 있다. 실제적으로 새로운 신입회원 들어와도 70년대 선생님과 교류 어려운 현실이다. 공부를 통해 즐거워야 되는데 스스로 연구회에 대한 기대가 없어지고 80년대 학번들이 후배에 대해서 끌 수가 없는 상태가 되어가고 있다.

(2) 의사소통의 문제

(3) 분과간의 벽이 크다. 과거 공동의 문제의식이 있었는데 이것이 막히면서 배타성이 생기기 시작한 것은 아닌가? 개인적으로 전공을 '한국사회사' 라고 소개한다. 이유는 관심분야가 삼국시대부터 조선초기까지 시대성과 연관되어 있기 때문이다. 시대가 변하고 있다. 연구가 위아래로 분야사별로 되고 있는데 우리는 변하는 시대상을 포함하지 못하고 벽을 만든 것은 아닌가?

70년대 학번이 옳다고 있는게 있었고 그것을 바탕으로 활동을 한 것이 있다. 그런데 그 부분에서도 그들이 못 본 것을 본다면 80년대, 90년대 학번이 그들의 자리를 만들수 있을 것이다. 앞선 선배들의 연구사 정리를 통해서 '내가 왜 지금 하고 있는 것을 하고 있는가'를 살펴볼 수 있다.

연구회에 대한 사랑을 누가 어떻게 키워줄 것인가? 의사소통문제가 해결되어야 하며 새로운 연구성향에 대하여 너그러워질 필요가 있고 도와줄 필요가 있다.

안건호 : 창립신입회원으로 연구회가 만들어졌을 때 70년대 선배들은 무조건 공격대상이었디. 또 그러한 것이 매우 치열했다. 당시의 주된 논쟁은 연구회가 지향하는 바로 '과학적 실천적 역사학'에 대한 논의였다. 그 과정에서 80년대 학번의 정체성이 마련된 것 같다. 이와 연장선상에서 새로 연구회에 들어오는 사람들의 자리잡기가 핵심이다. 현재는 연구회의 분위기가 수세적, 권위적, 보수적 냄새가 많이 나는 것 같다.

80년대가 연구회를 주도했다고 생각해본 적은 없다. 이유는 한국역사연구회의 기본적 모태, 지향점은 70년대 학번이 만든 것이기 때문이다. 그런 가운데서도 70년대 학번에 책임을 떠넘기보다는 그것을 비판하면서 만들어갔던 것이 80년대 학번이다. 90년대 학번이 요구하는 지점은 이야기를 들어봐야 한다. 한국역사연구회는 연구반을 매개로 만나는 것이기 때문에 따뜻함을 중심으로 만나는 것은 아니다. 용감하고 과감하게 진행되는 활력이 있어야 될 것이다. 한국역사연구회 후배학번(90년대 학번)이 가지고 있는 태도는 선배에 대하여 공격적이어야 되는 것이 아닌가! 어떤 모양이나 정형화되지 않았지만 이러한 것이 사제지간 같은 것을 떠나 한국역사연구회의 전형 아닌가? 90년대 학번은 요구보다는 선배에게 요구하면서 끌어내야 한다. 이것이 후배학번들이 풀어가는 몫이며 선배학번들이 이

것을 도와줄 필요가 있다.

사회자 : 후배는 항상 도전적, 선배를 괴롭히는 입장에서야 한다. 그렇다면 90년대 학번은 선배들에 대하여 도전하는 것에 대하여 어떻게 생각하는지 70년대 80년대 학번과의 관계같은 것이 90년대 학번에게는 가능한 것인지? 알아보아야 할 것이다.

하일식 : **80년대 학번은 70년대에 도전하면서 희열을 느끼며 자기정체성을 찾았다. 70년대 학번은 이것을 잘 받아주었다. 하지만 80년대 학번은 90년대 학번을 품안에 안기가 미약했다.** 새롭게 들어온 90년대 학번들 중 연구회에 들어와서 어떻게 해야할 지를 몰라서 활동을 중단한 현상도 많다. 각 대학 대학원 상태가 어렵고 우리 연구회가 맡아줘 할 공부, 고민은 더욱 많아졌음에도 연구회에서는 이에 대한 수행력이 떨어지고 있다. 제대로 된 되물림이 어려워지고 있다고 판단된다. **결국 연구회가 연구를 하고 문제의식을 공유하고 그것을 해결하려고 노력하는 곳이라면 그것을 할 수 있는 가장 기본적인 것은 연구반이다. 그곳에서 80년대 학번은 70년대 학번을 치받으면서 나간 것이고 90년대 학번은 과연 어떻게 할 것인가 라는 문제가 발생한다. 이를 해결하기 위해 80년대 학번이 책임감을 좀 져야 하는 것이 아닌가?** 연구회를 매개로 구체적으로 되야 하며 자신과 함께 공부한 사람들이 모여 하나의 전기를 마련해야 되는 것은 아닌가? 라는 생각이 든다.

※ **90년대 학번**
최선웅 : 연구회에 많은 활동을 하거나 고민이 70년대 80년대 선생님에 대하여 덜 한 것은 사실이다. **80년대 선생님들이 했던 70년대에 대한 도전 항의와 같이 90년대 학번이 70년대 선생님들에게 같은 형식으로 하기는 현실적으로 어렵다.** 88, 85학번과 같이 차이가 적은 경우는 가능하지만 더 차이나고 그러면 굉장히 어렵다. 사제라는 관계를 떠나 공부공력등이 차이가 난다. 따라서 **문제의식으로 이야기를 하는 것이 올바른 방향**일 것이다. 요즘 나오는 사상적 조류인 포스트모더니즘과 같은 것이 그런 하나의 예가 될 수 있다. 전부는 아니지만 90년대 학번 중에는 그런 것에 관심이 많고 그것을 사회를 보는 것이 의미가 있을 것이라 생각하는 사람들이 많다. **90년대 학번의 경우 기존과 틀리기 때문에 위 학번 선생님들과 이야기를 해보면 유용하다는 생각이 들지만 '포스트' 라는 말이 들어가면 실천성이 들어가지 않는다고 생각하는 경향이 있어서 논의하기가 어려운 점이 있다. 즉 '사회적 실천력' '과학적 실천적 역사학'과 괴리되는 문제의식이다.** 따

라서 토론하기 어려운 실정이다. 사실을 따질 경우 사료를 보는 것도 90년대 학번과 차이가 날 수 밖에 없는 것은 당연하다. 의사소통의 문제도 있다고 판단된다.

김선호 : 80년대 학번이 70년대 학번에게 했던 것과 같이 치고 올라가는 것에 동감한다. 하지만 현실적으로 치고 올라가려해도 선배가 없다. 나오는 사람은 항상 같은 사람들이며 그들에게만 뭐라 하기에는 문제점이 있다.

지금까지 많은수의 사람들이 연구회에 들어왔다. **하지만 활동안하는 사람이 많다. 그 이유는 함께 할 공감대가 없다는 것이다. 지금 2000년 학번이 들어오고 있는데 실제적으로 공부를 하겠다고 들어온 것 학술운동하겠다고 들어오는 사람은 거의 없다. 자신과 맞는 연구반이 없게 되면 연구회에 활동하기 어렵다. 한달에 분과총회 하려고 연구회에 나오는 사람은 현실적으로 없다.**

활동 중인 연구반에도 70년대 학번은 거의 없고 거의 90년대 학번이다.(현대사분과 '북한사연구반'의 경우) 이런 현상에서 선택할 수 있는 현대사분과에서 선택할 수 있는 연구반은 2가지이다. 따라서 **결국 관심분야의 반이 없으면 연구회에 안나오게 되는 것이다. 연구반 활동을 하는 사람만 남게 되는 것이다. 따라서 연구반을 활성화하는 것이 필요하다. 선생님들이 어렵겠지만 연구반들을 만들어 주고 학습반(자료강독)같은 것도 만들어지면 더 활성화 될 것이다.**

사회자 : 우리 연구회는 공동연구를 중심으로 형성되는 단체이다. 결국 소통의 핵심은 어떠한 연구반을 조직하는 것이 중요하다. 연구반이라는 공동의 장에서 함께 만나야 하는 것이 중요한 것이다. 하지만 현재 연구회에서 연구반이 별로 없다. 다음해 연구발표가 적어지고 기획발표를 해야 하는 상태가 나타나고 있다. 연구반이 없는 것이 의사소통의 문제등과 관련하여 핵심이다.

나정숙 : 90년대 학번들은 연구에 대한 대단한 열정은 부족한 것 같다. 하지만 연구회가 가지고 있는 '과학적 실천적 연구'에 대한 것에 대하여 '고리타분하다' '재미가 없지 않나' 라고 생각하는 경우도 있다. 즉 '과학적 실천적 역사학'이라는 것이 다양한 것을 공부하고 연구하고 싶은데 얽매이게 되는 것은 아닌가? **한국역사연구회가 처음 출발했을 때의 경우 기존의 생각과 틀린 것을 만드는 것이었는데 지금은 오히려 보수화 된 것은 아닌가? 예를 들어 논문심사 같은 것을 할 때 보면 유연함 등이 사라진 것은 아닌가!** 라는 생각이 든다. 논문심사라는 제도에서 70년대 80년대학번과 90년대 학번의 교류는 어려운 문제 아닌가?

사회자 : **70년대 학번은 이전 선생님들에 대한 반발로 연구회도 만든 것이다. 지금 연구회를 만들 당시의 상황과 틀려졌고 새로운 연구주제도 필요한 실정이다.** 그렇다면 이것에 대하여 연구회에서 많은 논의가 있어야 할 것 같다. 새로운 방법론등을 제안하는 이야기 등이 발전을 가져오게 하는 것이다. 이러한 입장에서 90년대 학번의 역할이 있다. 현재 연구회에서 실제 이러한 것을 토론할 수 있는

공간이 별로 없다.

조수룡 : '북한반'의 경우 대다수가 90년대 학번, 80년대 70년대 선배님들과의 소통에 대하여 의식을 못했다고 보는 것이 옳다. 오히려 개인적으로는 90년대 초반 학번을 극복해야 할 대상으로 생각했을 수도 있다. **한역연에 들어와서 무엇인가 이 틀을 넘으면 안된다는 것을 무의식중에 느꼈고 무엇인가 다른 것을 하고 싶다는 생각이 들었다.** 위에 선배들을 깨면서 해왔기 때문에 지금 90년대 학번에게는 그것이 더 어려운 시점은 아닌가? 라는 생각이 든다. 그래서 지금은 받아들이거나 수용하는 것은 아닌가? 서로가 많이 노력을 해야 하는 부분이다.

29. (필자 미상), 「2005년 연구회 여름수련회 : 한국역사연구회, 무엇이 문제인가 - 80~90년대 학번이 보는 연구회에 대한 자유게시판의 글」(2005. 7. 22.)

해 설

2005년 연구회 여름 수련회에 대해 연구회 웹진 자유게시판에 한 회원이 자신의 의견을 개진한 글이다.

자 료

작성자 : 기린 추천: 1, 조회: 125, 줄수: 8, 분류: Etc.
Re: 차라리 벗을 찾아 단결하라!
역시 철조망님이십니다!

철조망 wrote:
오랫만입니다. 수련회 토론요약문을 읽다가 노신 선생의 폼나는 구라 한 구절이 갑자기 떠올랐습니다. 해서, 기냥 옮겨놓고 갑니다. 벗들의 건승을 빌어마지 않는 바입니다.
"청년들이여! 금간판이나 내걸고 있는 지도자를 찾아야 할 이유가 어디 있는가? 차라리 벗을 찾아 단결하라! 그대들에게는 넘치는 활력이 있다. 밀림을 만나면 밀림을 개척하고, 광야를 만나면 광야를 개간하고, 사막을 만나면 우물을 파라. 이미 꽉 막힌 낡은 길을 찾아 무엇할 것이며, 너절한 스승을 찾아 무엇 할 것인가!"

2005/07/22(01:00) from 218.232.15.178

작성자 : 기린 추천: 5, 조회: 174, 줄수: 94, 분류: Etc.
수련회가서 수련 좀 했나?

과학적 실천적 역사학은
80년대의 현실문제와 학문문제를
결합하고자하는
고민의 산물로 만들어진 의제이다.

이제 그 의제가 적절한가?
하고 질문을 던져야 한다고
생각한다.

연구회 활동하는 것이 그러한 의제를 보고
연구반활동을 하는 사람은 과연 얼마나 되는가?
그렇지만, 근사한 간판 바꿔달면 폼 나지 않나?
형식의 규정력도 있으니

이제 그 의제가 적절한지 고민해야한다.

왜냐면, 지금은 80년대가 아니며,
그때와 다른 현실적 조건에 처해있다.
당근 의제설정을 바꿔야 한다.

진단해야 처방을 할 수 있지 않은가?
그래서 진단할 의사를 몇 명 고르자
선수가 기초를 닦고 멍석을 깔자
학번 운운하지말자, 문제의식이다.
80년대 학번 갖고 모였나?

철조망이 연구회에서는 제일 철이 안들었다. 그래서 그렇게 과격한 언사를 휘두르고 있다. 연구회 기득권을 갖고 있는 아니 있다고 생각하는 사람 아니 있다고 평가받는 사람은 제일 먼저 철조망부터 철거해야 할일이다. 내가 박정희면 철조망은 벌써부터 총살감이다.

근데, 그런 사람 있나?

간판 바꾸자, 의제 재미없다.
역사갖고 우리가 할 수 있는 일이 무엇인가?
학진에 목메고 있는 현실과
역사학자는 찾기 어렵고
역사논문작가만 즐비하다

샌님이다.
역사도 문학석사와 문학박사를 길러내고 있다.
현실도 그런 석사와 박사를 원하는가
실천적 역사학은 어디에 있으며 그것은 과학적인가?

대학의 사학과에서 비슷한 커리로 비슷한 사람을
길러내고 있지 않은가?
논문이나 열심히 쓰자
그러면 길이 열릴 지 모르겠다.

70년대는 기득권이다, 이미.
80년대 정신을 갖고 대학을 좀 바꾸자
그게 문제의식 아닌가?
교육부에서는 그런데 돈좀 안쓰나
학진에서는 이런데 돈좀 쓰면 국가발전에 진짜 기여하는건데,
"전국사학과 통폐합추진회"

연구회는 대학의 또다른 축소판이다.
노회찬만 판가나, 우리도 좀 판좀 갈아보자.

밥그릇 좀 쿨하게 바꿔보자

사학과에서 그 비슷한 학과에서
무엇을 할 수 있나. 논문이나 쓰지 뭐.

앞으로 애가 없어 학교도 준단다
맬더스한테도 알아보고 통계청에서도 알아보자
이렇게 역사공부해서 밥좀 먹겠수.

연구회는 문제의식을 공유도 하지만
세미나대여회다.
세미나양성소다.
집단적 역사연구회다.

연구회는 나쁘지 않다
공부해서 남주능감
공부해서 뭐하나 하면 할게 없고, 하고나면 쓸게 많은게 공부라고 들었다. 공부
하자, 공부!

나가치 문제의식이 부족하고
사회와 현실문제에 둔한 사람에게
우리 선수들께서
이 사회와 이 현실에 맞는
의제,
기똥차게 만들어서
부화뇌동하는 사람 길러내고, 새롭게 연구회 편제하고
그게 여의치 않으면
각방 쓰자

그러면 그것도 나쁘지 않다
그렇지 않나?

여긴 '자유'게시판이다.

2005/07/22(01:59) from 218.232.15.178

작성자 : 비마 추천: 5, 수정: 1, 조회: 137, 줄수: 22, 분류: Etc.
Re: 수련회가서 수련 좀 했나?
무슨 말을 하고 싶은 건지…

아무리 자유게시판이라지만,
"철거", "총살감", "판갈이" 등등의 '과격(?)'한 언사를 사용하며,
  여과되지 않은 자신의 감정을 드러내는 것이 '솔직'한 것처럼 보일진 몰라도, 일
면으로는 무책임하다는 생각도 드네요.

80년대를 넘어서 21세기를 경과하고 있는 지금,
이 시대가 바뀐 것은 무엇이고, 바뀌지 않은 건 무엇인지,

그리고 연구회도 바뀐 건 무엇이고 바뀌지 않은 건 무엇인지,
또 바꿔야 할 건 무엇이고 지켜야 할 건 무엇인지…

관조적인 냉소로 막연하게 토해낼 것이 아니라,
관계맺음과 애정의 따뜻한 눈빛이 먼저 필요하지 않을까 생각됩니다.

그것이 비난과 비판을 구분하는 경계의 하나가 아닐까 생각하기 때문입니다.

어쩌면, 냉소보다 따뜻함이 세상과 우리를 바꾸는 보다 빠르고 효과적인 길일지
도 모릅니다.

연구회에 몸담은 지 얼마 되지 않고,
잘은 모르지만…
글을 읽고 그냥 이런 생각이 들었습니다.

2005/07/23(22:58) from 166.104.7.96

30. 연구회 자유 게시판 글의 일부(2006. 2. 27.)

해 설

연구회가 웹진 공간 중에 자유게시판이 있었고, 이곳에는 자유롭게 회원의 의견을 올릴 수 있었다. 자료는 이곳에 올려 글의 일부이다. 당시 연구회 조직에 대한 의견이면서 회원의 분위기를 읽을 수 있는 자료이다.

자 료

작성자 : "헹님" 수정: 2, 조회: 97, 줄수: 50, 분류: Etc.
차카게 살자

이른바 조폭들은 문신을 많이 한다.
그중에서도 가장 인기있는 것이 팔뚝에다 쓴,
"차카게 살자"이다.
왜 조폭들은 "차카게 살자"고 다짐에 다짐을 하여
몸에다가 새기기까지 할까?
그보다 먼저 "차카게 산다"는 것은 어떻게 사는 것일까?
한 두 겹만 들어가도 엄청 철학적인 질문이 되고 만다.
"차카게" 사는 것 말고 "착하게" 사는 것이 어떻게 사는
것인가에 답을 하려면 철학 책을 몇 십 권은 뒤져야 할 것이다.
그런다고 명쾌한 답이 나오리라 기대하기도 어렵다.
그러나 "차카게" 사는 것이 무엇인가에 대해서는 비교적 쉽게
답을 찾을 수 있지 않을까?
"차카게" 사는 사람들, 그렇게 살자고 다짐하는 사람들은
다시 말하거니와 조폭이다.
조폭이란 조직에 몸 담은 사람들이다.
그들이 차카게 하는 길은 조직의 논리에 충실하게 사는 것이다.
조직의 논리란게 뭐 복잡하게 따로 있겠나?
거저 "헹님"의 말씀을 잘 듣고,
"헹님"의 말씀을 위해서라면 몸과 마음과 목숨까지도 아끼지
않고 던지는 것이 조직을 위하는 길이요,

"헹님"을 모시는 도리 아니겠나?

이러한 태도는 비단 조폭 안에서만 미덕이 아니다.
모든 조직에서는 어디서나 미덕이다.
근자에 우리 조직에서도 이러한 미덕을 드러내는 미담이 하나 둘
나타나기 시작하였다.
주로 이른바 선배 학번, 그 중에서도 아주 선배 학번들이 이런
미담의 주인공들이다.
현직 "헹님"께서
"돈으로 메꾸자!"
"글로 바치자!"
"몸으로 때우자!"
三役을 강조한 것을 잊지 않고,
우리 홈피에 생전 쓰지 않던 글을 올리는 회원이 있는가 하면,
분과 총회에 불원 백리인가 이백리인가 달려 와 토론에 임하는
회원이 나타났다(고 한다).
이러한 미담은 아직까지는 알음알음 정보망을 통해
접수 내지 유포되고 있다.
그러나 이러한 미담은 쉬쉬거릴 사안이 아니요,
널리 알려 아직도 꿈쩍도 않고 있는 몽매한 회원들에게 귀감으로
삼게 할 것이다.

이에 다시 한 번 힘주어 말하노니
"차카게 살자! 오잉?"
선배 학번이나 후배 학번이나,
시임이나 원임이나 모두모두...
그렇지 않으면
"조직의 쓴 맛"을 보게 되리라.

2006/02/27(22:33) from 210.180.119.16

작성자 : 무명 조회: 39, 줄수: 3, 분류: Etc.
박정희기념관반대는 삭제한건가요?

회원공간 들어오기 전에 로그인화면 맨 하단에
박정희기념관반대 난이 없어졌네요?
왜요? 갸우뚱~~
2006/02/28(18:06) from 59.187.241.40

작성자 : 안건호 조회: 67, 줄수: 7, 분류: Etc.
Re: 차카게 살자

흠...글의 분위기로 보아 홍자헹님 아니신가유..??
에구 아니 회장님 이시지..^^
흠...요새 회장님 어디 심기가 불편하신데가 있으신 감요..^^
ㅎㅎㅎ 암튼 재밋네요..

2006/03/03(17:44) from 211.217.196.242

작성자 : "헹님" 조회: 61, 줄수: 5, 분류: Etc.
접수하지
흠… 눈치는 있어 가지고…
일단 글 한 번 올린 걸로 접수하지.
어여어여 글 더 올리고,
모임에 나오고 그러서.
알았지?

2006/03/04(13:57) from 210.180.119.16

31. 「교과부 교과서 수정 작업에 대한 전국 및 해외 역사학자 선언문」과 회원공간 회장(도면회) 게시글(『한겨레』 광고, 2008. 11. 11.)

해 설

2008년 10월 30일, 교육과학기술부 검인정 교과서 제도의 취지를 부정하는 '수정 권고안' 55개 항목을 공표하였다. 이 조치는 집권 세력이 원하는 방향으로 역사교과 내용을 바꾸겠다는 목적 하에 진행된 것이었다. 이에 전국 및 해외 역사학자의 뜻을 모아 역사학자 선언문을 작성 및 게재하였다.

자 료

회장 도면회입니다.

11월 10일 오전 11시부로 서명운동을 마무리짓습니다.

총 675명에 모금총액 1524만 8천 3백 1원이 모였습니다.

내일 아침 한겨레신문 1면 하단에 선언문 축약본과 서명하신 분 전원의 명단이 광고로 실립니다. 어제 갑자기 돌아가신 연세대 사학과 방기중 교수님 성함을 제일 앞에 둔 점 양해해 주시기 바랍니다.

그동안 적극적으로 동참하여 회원들을 독려해주신 대표님들과, 학회 회원분들 모두에게 감사드립니다. 특히 선언문을 영역하고 겨우 3일만에 100명 이상의 해외 역사학자들의 서명을 이끌어내신 헨리임 선생님께 무한한 인사를 드리고 싶습니다.

그러나 이 싸움은 이번 한 번으로 끝나지는 않을 겁니다. 8차 교육과정이 시작되는 2011년까지 역사 교과서뿐만 아니라 사회, 국어 등등의 교과서에까지 이명박 정부와 뉴라이트연합의 의도가 계속 작용하리라 봅니다.

사실, 서명운동을 진행하는 중에 "왜 역사학자들끼리만 서명운동하는가? 학문의 자유, 교육의 중립성을 이야기하려면 다른 분과 학문, 일반 시민들도 같이 동참하게 해야 되는 것 아닌가?"라는 조언을 하는 분들이 여럿 있었습니다.

사안의 성격이 매우 급하다 보니 일단 참여 대상을 역사학자로 좁힌 점이 있습니다.

차후 이런 일이 있으면 좀더 넓고 멀리 생각해서 사회 전체가 연대해서 나갈 수 있는 길을 모색해야겠다는 반성을 남기고 저는 이제 다시 연구실로 돌아가겠습니다. 그동안 밀린 일이 많네요.

첨부파일에는 통장개설일부터 오늘까지 입금 내역(명단 제외)을 첨부합니다. 대표님들과 회원님들 모두 그간의 활동을 돌이켜볼 자료가 되었으면 합니다. 선언문은 아래와 같습니다. 한겨레신문에는 나가지 않는 상세한 명단과 직함이 포함되어 있습니다.

[전국 및 해외 역사학자 선언문]

교육과학기술부는 교육의 정치적 중립성을 훼손하는 교과서 수정 작업을 중단하라!

전국의 역사학자와 역사교사들의 반대에도 불구하고 교육과학기술부는 10월 30일 검인정 교과서 제도의 취지를 부정하는 '수정 권고안' 55개 항목을 공표하였다. 이러한 조치에는 집권 세력이 원하는 방향으로 교과서 내용을 바꾸겠다는 정치적 의도가 깔려 있다. 역사 연구의 전문성을 존중하고 역사 교육의 정치적 중립성을 보장해야 할 교육과학기술부가 스스로 이를 짓밟는 초유의 상황이 도래한 것이다.

이는 다음 몇 가지 점에서 심히 우려된다.

첫째, 교과부의 수정 권고는 정부가 원하는 오직 한 가지 역사만 서술하게 하는 것으로, 이는 헌법적 가치인 학문과 사상의 자유를 억압하는 것이다.

둘째, 획일적인 역사 서술 강요는 국정 교과서와 다름없는 검인정 교과서를 양산하도록 만들 것이며, 교사의 교권과 학생들의 학습권을 침해하게 될 것이다.

셋째, 획일적인 역사 교육은 학생들의 창의적이고 주도적인 학습을 저해함으로써 개방적이고 다원적인 사고 능력 양성에 치명적인 독소가 될 것이다.

이에 교과서 집필자들은 11월 4일 기자회견을 통해 교과부의 수정 권고안을 전면 거부한다는 입장을 밝혔다. 우리 국내·해외의 역사학자들은 학문의 자유와 교육의 중립성을 지키고자 하는 이들의 입장을 전폭적으로 지지하며 다음과 같이 우리의 요구를 밝힌다.

1. 교육과학기술부는 역사학계의 연구 성과를 존중하고 교육의 정치적 중립성을 보장하라!
1. 교육과학기술부는 역사학계의 목소리를 겸허히 수용하여 현재 정치적인 목적 하에 진행하고 있는 교과서 수정 작업을 중단하라!
1. 교육과학기술부는 교과서 출판사와 집필자에 대한 부당한 외압을 중단하라!

2008. 11. 11. 전국 및 해외 역사학자 일동

방기중(연세대 사학과 교수) 강길중(경상대 사학과 교수) 강대민(경성대 사학과 교수) 강명길(서울시립대 대학원) 강문석(한국역사연구회 고대사분과) 강미자(경성대 한국학연구소 연구원) 강민철(가톨릭대 국사학과 석사과정) 강병식(역사실학회 회장) 강봉룡(목포대 교수) 강봉원(경주대 문화재학부) 강성길(광양제철고 교사) 강성봉(성균관대 박사과정) 강성호(순천대 인문학부 교수) 강영경(숙명여대) 강일휴(수원대 사학과 교수) 강재광(경기대 사학과 강사) 강정숙(성균관대 박사과정) 강정원(부산대 사학과) 강판권(계명대 사학과 교수) 강혜경(숙명여대 교수) 강혜라(가톨릭대 국사학과) 강호선(서울대 국사학과 대학원) 강효숙(진실화해위원회) 고동환(한국과학기술원 인문사회과학부 교수) 고영진(광주대 교수) 고원(경희대) 고정휴(포항공대 인문사회학부 교수) 고지훈(역사문제연구소 연구원) 고현아(가톨릭대) 곽차섭(부산대 사학과 교수) 구덕회(고척고 교사) 구도영(한국역사연구회 중세사2분과) 구만옥(경희대 사학과 교수) 구산우(창원대 사학과 교수) 구완회(세명대 교수) 권기철(부산외대 경제학과 교수) 권내현(고려대 역사교육과 교수) 권덕영(부산외대 교수) 권연웅(경북대 사학과 교수) 권영국(숭실대 사학과 교수) 권영배(계성중 교사) 권영오(대저중학교) 권오영(한신대 교수) 권오중(영남대 사학과) 권은주(경북대 사학과) 권인혁(제주대 사학과 교수) 권태억(서울대 국사학과 교수) 기경량(서울대 대학원) 기광서(조선대 교수) 김건태(성균관대 동아시아학술원 교수) 김경남(학습원대학 연구원) 김경란(성균관대 대동문화연구원 연구교수) 김경래(서울대 국사학과) 김경옥(목포대 연구교수) 김경일(한국학중앙연구원 교수) 김광철(동아대 사학과 교수) 김기봉(경기대 사학과 교수) 김기섭(부산대 사학과 교수) 김기승(순천향대 교수) 김기주(호남사학회 교수) 김남석(충남호서고) 김남섭(서울산업대 교수) 김남윤(역사학연구소) 김대래(신라대 경제학과 교수) 김대호(한국역사연구회 근대사분과) 김도형(연세대 사학과 교수) 김도훈(국민대) 김돈(서울산업대 교수) 김동수(전남대 사학과 교수) 김동전(제주대 사학과 교수) 김동진(한국교원대 역사교육과 강사) 김동철(부산대 사학과 교수) 김두현(울산대 역사문화학과 교수) 김락기(인하대 사학과 강사) 김명진(경북대 강사) 김무진(계명대 교수) 김문기(부경대 사학과) 김문식(단국대 사학과 교수) 김미엽(성신여대 인문과학연구소 연구원) 김미현(성균관대 박사과정) 김민석(한양대 대학원 박사과정) 김민철(민족문제연구소) 김배철(청주교대 교수) 김백철(서울대규장각) 김병우(대구한의대) 김보영(한양대 강사) 김봉렬(경남대 인문학부 교수) 김선경(역사학연구소) 김선미(부산대 사학과) 김선호(한국학중앙연구원 박사과정) 김성보(연세대 사학과 부교수) 김성우(대구한의대 교수) 김성준(서울대 대학원) 김세봉(단국대 동양학연구소) 김소남(한국역사연구회 현대사분과) 김수현(한양대 사학과 박사과정) 김순덕(서울대규장각 선임연구원) 김순자(한신대 학술연구교수) 김승(부산대 사학과 강사) 김승태(민족문제연구소 연구위원) 김시황(경북대 한문학과 명예교수) 김연희(서울시립대 대학원) 김영미(국민대 일본학연구소) 김영미(이화여대 사학전공 교수) 김영범(대구대 교수) 김영진(성균관대 사학과 박사과정) 김영희(연세대 국학연구원) 김용선(한림대 사학과 교수) 김용흠(연세대 국학연구원 연구교수) 김우택(서울대 국사학과 박사과정) 김웅호(서울시립대 서울학연구소 수석연구원) 김윤경(서울대 서양사학과 강사) 김은경(숙명여대) 김은숙(한국교원대 역사교육과 교수) 김의환(충북대) 김익한(명지대 기록정보과학전문대학원 교수) 김인걸(서울대 국사학과 교수) 김인호(광운대 교양학부 교수) 김인호(한양사이버대 교수) 김재웅(고려대 대학원 박사과정) 김정숙(영남대 국사학과 교수) 김정인(춘천교대 교수) 김종은(숙명여대 대학원 박사과정) 김종준(서울대규장각 선임연구원) 김주란(경북대 사학과) 김주영(독립기념관 한국독립운동사연구소 연구원) 김주완(한국제노사이드연구회) 김준혁(중앙대 강사) 김준형(경상대 역사교육과 교수) 김지수(전남대 법학과 부교수) 김지연(국립중앙박물관) 김지영(숙명여대 한국사학과 박사과정) 김지희(숙명여대 한국사학과 박사과정) 김진영(민족문제연구소 연구원) 김진한(한국학중앙연구원 박사과정) 김창록(경북대 법과대학 교수) 김용우(한성대 교수) 김창회(가톨릭대 국사학과 대학원생) 김충현(충남대 사학과) 김태영(경희대 사학과 명예교수) 김태완(한국역사연구회 중세사2분과) 김태우(서울대 강사) 김태웅(서울대 역사교육과 교수) 김한종(한국교원대 역사교육과 교수) 김항구(교원대 교수) 김항기(동국대 사학과 석사과정) 김행선(고려대) 김현숙(동북아역사재단 연구위원) 김형국(포항해양과학고) 김형수(한국국학진흥원) 김호범(부산대 경제학과 교수) 김훈식(인제대 역사고고학과 교수) 김희곤(안동대 사학과 교수) 김희교(광운대 교수) 김희선(서울시립대 국사학과 강사) 나애자(한국역사연구회 근대사분과) 나희라(진주산업대 교양학부 교수) 남기현(성균관대 사학과 박사과정) 남동신(덕성여대 사학과 교수) 남무희(국민대) 남미전(동아대 사학과) 남재우(창원대 사학과 교수) 남종국(동국대 사학과 교수) 남지대(서원대 역사교육과 교수) 남철호(대구사학회) 노명환(한국외대 사학과 교수) 노영기(조선대) 노중국(계명대 사학과 교수) 도면회(대전대 역사문화학과 교수) 도현철(연세대 교수) 라정숙(숙명여대 대학원 박사과정) 류승렬(강원대 교수) 류영철(영남대 강사) 류은하(영산대 시간강사) 류준범(역사문제연구소 연구원) 류한수(상명대 교수) 류현희(한국역사연구회 고대사분과) 문수현(경희대 인문학연구원 연구교수) 문영주(역사문제연구소 연구원) 문용식(고려대 강사) 문용호(양산제일고) 문중양(서울대 국사학과 교수) 문창로(국민대 사학과 교수) 민덕기(청주대 역사문화 교수) 민유기(광운대 교양학부 조교수) 박건주(전남대 사학과 강사) 박걸순(충북대 사학과 교수) 박경수(강릉대 일본학과 교수) 박광명(동국대 사학과 석사과정) 박광연(한국역사연구회 중세사1분과) 박대재(고려대 한국사학과 교수) 박만규(전남대 역사교육과 교수) 박맹수(원광대 사학과 교수) 박상철(전남대 사학과 교수) 박선애(동명대 교수) 박성준(서울대규장각) 박수현(민족문제연구소) 박순준(동의대 사학과 교수) 박우룡(서강대 연구교수) 박원용(부경대 사학과 교수) 박원홍(고려대 한국사학과) 박유미(상명대 대학원 박사과정) 박윤선(상해복단대 한국연구중심) 박윤재(연세대 연구교수) 박은경(동아대 고고미술사학과 교수) 박은숙(서울시사편찬위원회) 박정애(숙명여대 사학과) 박종기(국민대 국사학과 교수) 박종린(성균관대 동아시아학술원 연구교수) 박종진(숙명여대 한국사학과 교수) 박준성(역사학연구소) 박준형(한국역사연구회 고대사분과) 박지영(동아대 사학과 석사) 박진빈(경희대 사학과 교수) 박진우(숙명여대 일본학과 교수) 박진태(대진대 사학과 교수) 박진훈(명지대 사학과 조교수) 박진희(한국역사연구회 현대사분과) 박찬규(단국대 동양학연구소) 박찬문(제주대 사학과 교수) 박찬승(한양대 사학과 교수) 박찬홍(고려대 연구교수) 박천수(경북대 교수) 박철하(숭실대 강사) 박태균(서울대 교수) 박평식(청주교대 사회과교육과 교수) 박현순(서울대규장각) 박호성(서강대 교수) 박화진(부경대 사학과 교수) 박환(수원대 사학과 교수) 박홍식(서울대 서양사학과 교수) 반병률(한국외대 사학과 교수) 방지원(신라대 교수) 배병욱(동아대 사학과 강사) 배석만(부산대 한국민족문화연구소 연구원) 배영순(영남대 국사학과 교수) 배은아(이화여대) 백길남(연세대 사학과 석사졸업) 백승옥(부산경남사학회) 백승철(연세대 국학연구원 교수) 백영미 백영서(연세대 사학과 교수) 변광석(부산대 강사) 변동명(전남대 이순신해양문화연구소 부교수) 변정심(대구가톨릭대 역사교육과 외래강사) 서명일(고려대 박물관) 서영건(부산대 사학과) 서인원(한성대 강사) 서정복(충남대 명예교수) 서정석(공주대 교수) 서정훈(울산대 역사문화학과 교수) 서종태(호남교회사연구소 연구실장) 서중석(성균관대 사학과 교수) 성백용(한남대 사학과 교수) 소현숙(한양대) 손동유(한국역사연구회 근대사분과) 손병규(성균관대 동아시아학술원 HK교수) 손승회(영남대 사학과 교수) 손승호(청주대 교수) 손정미(대가야박물관) 손철배(성균관대 동아시아학술원) 송규범(서원대 역사교육과 교수) 송용덕(서울대 국사학과) 송웅섭(서울대규장각 연구원) 송찬섭(방송대 문화교양학과 교수) 송호상(계명대 사학과 강사) 송호정(한국교원대 역사교육과 교수) 신경철(부산대 고고학과) 신동하(동덕여대 국사학과 전공) 신민철(서울대 과학사및과학철학 박사과정) 신세라(모스크바국립대 역사학부 박사과정) 신순철(원광대 사학과 교수) 신안식(숙명여대 다문화통합연구소 연구교수) 신영희(부산대 사학과) 신은제(동아대 사학과 강사) 신주백(서울대규장각) 신태갑(동아대 사학과 교수) 심재석(방송대 강사) 심재우(한국학중앙연구원 교수) 심재훈(단국대 사학과 교수) 심철기(연세대 대학원 박사과정) 안병우(한신대 국사학과 교수) 안환 (부산경남사학회) 양명수(이화여대) 양미숙(동아대 강사) 양상진(삼괴중) 양상현 (울산대 역사문화학과 교수) 양정심(성균관대) 양정현(부산대 교수) 양홍숙(부산 대 한국민족문화연구소) 여호규(한국외대 사학과 부교수) 연갑수(서울역사박물 관) 염복규(역사문제연구소 연구원) 염운옥(고려대) 염정섭(전북대 HK교수) 예 대열(고려대 한국사학과 박사과정) 오보경(충남대 대학원 석사과정) 오부윤(인덕 대 교수) 오수창(한림대 사학과 교수) 오연숙(서울대규장각) 오영교(연세대 역사 문화학과 교수) 오인택(부산교대 사회교육과 교수) 오정우(광주여대 교수) 오제 연(서울대 국사학과 대학원) 오종록(성신여대 사학과 부교수) 오항녕(충북대) 오 홍식(성균관대 사학과 시간강사) 왕현종(연세대 역사문화학과 교수) 우인수(경북 대 교수) 원영미(울산대 역사문화학과 강사) 위은숙(영남대 민족문화연구소) 유 경순(역사학연구소 연구원) 유승원(가톨릭대 교수) 유승희(서울시립대 HK교수) 유영옥(부산대 인문한국 HK연구교수) 유장근(경남대 교수) 유재건(부산대 사학 과 교수) 유현(동아대 사학과) 유현경(고령군 대가야박물관) 유현재(서울대규장 각) 윤경로(한성대 총장) 윤경진(경상대 사학과 교수) 윤대원(서울대규장각 책임 연구원) 윤덕영(역사문제연구소 연구원) 윤시원(성균관대 사학과 석사과정) 윤용 출(부산대 역사교육과 교수) 윤용혁(공주대 교수) 윤원영(경희대 사학과) 윤재석 (경북대 사학과 교수) 윤지현(울산대 역사문화학과) 윤진(충북대 교수) 은정태(대 림대 강사) 이강래(전남대 사학과 교수) 이강한(인하대 BK21사업단) 이개석(경 북대 사학과 교수) 이경구(전북대 사학과 교수) 이경구(한림대 한림과학원 HK연 구교수) 이경미(한국외대 사학과 박사과정) 이광수(부산외대 러시아인도통상학부 교수) 이광욱(동아대 사학과 강사) 이규철(가톨릭대 국사학과) 이기영(동아대 사 학과 교수) 이기훈(목포대 역사문화학부 교수) 이동인(임원경제연구소) 이동헌 (한양대 강사) 이명선(숙명여대 석사과정) 이명숙(경희대) 이문기(경북대 역사교 육과 교수) 이민아(서울대 국사학과 대학원) 이병례(성균관대) 이병휴(경북대 역 사교육과 명예교수) 이병희(한국교원대 역사교육과 교수) 이상길(경남대 교수) 이상의(연세대 국학연구원) 이상찬(서울대 교수) 이석규(한양대 사학과 교수) 이 선아(성균관대 사학과 박사과정) 이성임(서울대규장각 연구원) 이성주(강릉대 사 학과 부교수) 이성환(계명대 일본학과 교수) 이세영(한신대 국사학과 교수) 이송 순(한국역사연구회 근대사분과) 이송희(신라대 사학과 교수) 이수원(민주화운동 기념사업회) 이수환(영남대 국사학과 교수) 이승렬(연세대 사학과) 이승민(가톨 릭대 대학원생) 이승민(동국대 강사) 이신철(성균관대 연구교수) 이애숙(연세대 대학원 박사과정) 이영빈(호남대 역사문화학과 교수) 이영석(광주대 외국어학부 교수) 이영애(경기도 박물관) 이영학(한국외대 교수) 이영호(인하대 사학과 교수)

이용기(성균관대 동아시아학술원) 이용재(전북대 사학과 교수) 이용창(민족문제연구소 책임연구원) 이우석(한국역사연구회 중세사1분과) 이욱(한국국학진흥원) 이원배(고려대 한국사학과 고대사전공) 이윤갑(계명대 사학과 교수) 이윤상(창원대 사학과 교수) 이임하(성균관대) 이정민(서울대 국사학과 강사) 이정빈(경희대 사학과) 이정선(서울대 대학원) 이정숙(부산가톨릭대) 이정신(한남대 사학과 교수) 이정은(역사문제연구소) 이정호(고려대 BK21한국사학교육연구단) 이정훈(한국역사연구회 중세사1분과) 이종범(조선대 교수) 이종봉(부산대 사학과 교수) 이종서(울산대 역사문화학과 교수) 이주현(한남대 사학과 교수) 이주환(한국역사연구회 현대사분과) 이준구(대구한의대 교수) 이진모(한남대 사학과 교수) 이진옥(부산대 사학과 강사) 이진한(고려대 교수) 이태훈(연세대 강사) 이필은(나사렛대) 이학수(부산경남사학회) 이한상(대전대 교수) 이항준(서울여대 사학과) 이해준(공주대 사학과 교수) 이현숙(이화여대 한국문화연구원) 이현진(서울대규장각) 이형우(영남대 교수) 이혜민(연세대 사학과 강사) 이혜옥(한국외대) 이호룡(한국역사연구회 현대사분과) 이환병(등촌고 교사) 이효형(부산대 한국민족문화연구소 연구원) 임경석(성균관대 사학과 교수) 임민혁(역사실학회 총무이사) 임병훈(경북대 사학과 교수) 임선화(전남대 박사과정) 임세권(안동대 사학과 교수) 임송자(성균관대 연구교수) 임학성(인하대 한국학연구소 교수) 임헌영(역사문제연구소 운영위원) 임혜련(숙명여대 강사) 장동표(부산대 역사교육과 교수) 장미애(가톨릭대) 장병인(충남대 국사학과 교수) 장선화(동아대 사학과) 장성준(한신대 국사학과 석사과정) 장세룡(부산대 한국민족문화연구소 HK교수) 장신(역사문제연구소 연구원) 장연옥(계명대학교 한국학연구원 방문교수) 장영민(상지대 교수) 장영숙(상명대) 장준철(원광대 사학과 교수) 전경숙(숙명여대 박사) 전국역사교사모임() 전덕재(경주대 교양과정부 교수) 전명혁(한국외대) 전영섭(부산대 역사교육과 강사) 전영욱(서울시립대 대학원생) 전영준(중앙대 연구교수) 전우용(서울대병원 병원역사문화센터 교수) 전제현(국민대 박사과정) 전진성(부산교대 사회교육과 교수) 전현수(경북대 사학과 교수) 전형택(전남대 역사교육과 교수) 전호태(울산대 역사문화학과 교수) 정동락(대가야박물관) 정동준(성균관대 BK21사업단 박사후연구원) 정동훈(서울대 대학원) 정미성(서울대 국사학과 강사) 정병삼(숙명여대 한국사학과 교수) 정병욱(역사문제연구소 연구원) 정성일(광주여대 교수) 정숭교(한국역사연구회 근대사분과) 정연태(가톨릭대 국사학과 교수) 정요근(숙명여대 다문화통합연구소 연구원) 정용욱(서울대 국사학과 교수) 정재훈(경상대 사학과) 정재훈(서울대 HK연구원) 정진상(경상대 사회학과 교수) 정진아(성균관대 동아시아학술원 연구교수) 정진영(안동대 사학과 교수) 정창렬(한양대 명예교수) 정창현(국민대 교양과정부 겸임교수) 정태헌(고려대 한국사학과 교수)

정학수(숙명여대 다문화통합연구소 연구원) 정해은(군사편찬연구소) 정현백(성균관대 교수) 정호훈(연세대 국학연구원) 조경철(연세대 사학과 강사) 조광(고려대 한국사학과 교수) 조규태(한국민족운동사학회 연구이사) 조낙영(서울대 강사) 조명근(역사문제연구소 연구원) 조미은(성균관대 박사과정) 조병로(경기대 사학과 교수) 조성운(교토대학 인문과학연구소) 조세열(민족문제연구소) 조세현(부경대 사학과 교수) 조승래(청주대 교수) 조영광(경북대 사학과 강사) 조원래(순천대 사학전공 교수) 조원옥(부산대 사학과 강사) 조윤선(청주대 교수) 조재곤(한국역사연구회 근대사분과) 조준희(대종교) 조한욱(교원대 교수) 주경미(부경대 인문사회과학연구소 연구교수) 주명철(한국교원대 역사교육과 교수) 주웅영(대구교육대 사회과 교수) 진상원(동아대 사학과) 차미희(이화여대 사회생활과 교수) 차선혜(경희대) 차인배(동국대 강사) 차철욱(부산대 한국민족문화연구소) 채상식(부산대 사학과 교수) 채웅석(가톨릭대 국사학과 교수) 최갑수(서울대 서양사학과 교수) 최경선(연세대 사학과 석사졸업) 최덕경(부산대 사학과 교수) 최보영(동국대 대학원 사학과) 최연식(목포대 역사문화학과 교수) 최연주(동의대 사학과 교수) 최영심(김해외국어고) 최영태(전남대 사학과 교수) 최원규(부산대 교수) 최윤오(연세대 사학과 교수) 최은진(한양대 석사과정) 최인기(한국역사연구회 중세사2분과) 최진규(조선대 사학과 교수) 최해룡(대구청소년대안교육원) 최현미(경북대 사학과 강사) 최혜주(한양대 연구교수) 최홍조(경북대 강사) 하세봉(한국해양대 동아시아학과 교수) 하유식(부산대) 하일식(연세대 사학과 교수) 하종문(한신대 일본지역학과 교수) 하지영(동아대 사학과) 한명근(숭실대 박물관) 한명기(명지대 사학과 교수) 한모니까(가톨릭대) 한문종(전북대 교수) 한봉석(성균관대 사학과 박사과정) 한상권(덕성여대 사학과 교수) 한성민(동국대 사학과 강사) 한성욱(한국문화유산연구원) 한승훈(고려대 한국사학과 박사수료) 한시준(단국대 역사학과 교수) 한운석(고려대 교수) 한정숙(서울대 서양사학과 교수) 한정훈(부산대 사학과) 한창균(한남대 역사교육과 교수) 한철호(동국대 역사교육과 교수) 한홍구(성공회대 교수) 한희숙(숙명여대 한국사학과 교수) 함순섭(국립대구박물관) 허수(동덕여대 연구교수) 허신혜(홍익대 강사) 허영란(울산대 역사문화학과 교수) 허원(서원대 역사교육과 교수) 허원영(한국학중앙연구원 장서각 연구원) 허은(고려대 한국사학과 교수) 허종(충남대 국사학과 교수) 허태용(고려대 강사) 현재열(부산대 사학과) 현종철(경희대 박사과정) 홍문기(서울대 국사학과) 홍석률(성신여대 조교수) 홍순권(동아대 사학과 교수) 홍순민(명지대 교수) 홍영기(순천대 인문학부 교수) 홍영의(숙명여대 연구교수) 홍정완(역사문제연구소 연구원) 황병주(역사문제연구소 연구원) 황보영조(경북대 사학과 교수) 황인정(이화여대 사학과)

Albert L. Park(Professor, Claremont McKenna College) Alexis Dudden (Professor, University of Connecticut) Alfredo Romero Castilla(Professor, National University of Mexico) Andre Schmid(Professor, University of Toronto) Andrew Sung Park(Professor, United Theological Seminary) Boudewijn Walraven(Professor, Leiden University) Brett de Bary(Professor, Cornell University) Bruce Cumings(Professor, University of Chicago) Carter J. Eckert(Professor, Harvard University) Chan Park(Professor, Ohio State University) Charles Armstrong(Professor, Columbia University) Christine Hong(Postdoctoral Fellow, University of California Berkeley) Daniel Y. Kim(Professor, Brown University) Dennis Hart(Professor, University of Pittsburg) Donald Baker(Professor, University of British Columbia) Donald N. Clark(Professor, Trinity University) Edward Chang(Professor, University of California Riverside) Edward J. Baker(Professor, Hanyang University) Edward J. Shultz(Professor, University of Hawaii Manoa) Elaine H. Kim(Professor, University of California Berkeley) Eric Sirotkin(Chair, National Lawyers Guild Korean Peace Project) Eugene Y. Park(Professor, University of California Irvine) Eun-Jeung Lee(Professor, Free University Berlin) Gari Ledyard(Professor, Columbia University) Gary Pak(Professor, University of Hawaii Manoa) Gavan McCormack(Professor, Australian National University) George Kallander(Professor, Syracuse University) Gi-Wook Shin(Professor, Stanford University) Hagen Koo(Professor, University of Hawaii at Manoa) Henry Em(Professor, Korea University) Hyaeweol Choi(Professor, Arizona State University) Hyangsoon Yi(Professor, University of Georgia) Hye Seung Chung(Professor, University of Hawaii Manoa) Hyung Il Pai(Professor, University of California Santa Barbara) Hyung-A Kim(Professor, Australian National University) J. Victor Koschmann(Professor, Cornell University) Jae-Jung Suh(Professor, SAIS-Johns Hopkins University) James D. Seymour(Professor, Chinese University of Hong Kong) James Kyung-Jin Lee(Professor, University of California Santa Barbara) Jamie Doucette (Lecturer, University of British Columbia) Jane Myong(Professor, Sinclair Community College) Janet Poole(Professor, University of Toronto) Jennifer Jung-Kim(Editor, UCLA) Jesook Song(Professor, University of Toronto) Jin Y. Park(Professor, American University) Jina Kim(Professor, Smith College) John DiMoia(Professor, National University of Singapore) John Duncan

(Professor, UCLA) John Feffer(Editor, Foreign Policy in Focus) John Lie(Professor, University of California Berkeley) Jorge Rafael Di Masi (Professor, National University of La Plata) Joy Kim(Professor, Princeton University) Jun Uchida(Professor, Stanford University) Jungmin Seo (Professor, University of Hawaii Manoa) Jungwon Kim(Professor, University of Illinois Urbana-Champaign) Kelly Y. Jeong(Professor, University of California Riverside) Ken Kawashima(Professor, University of Toronto) Kenneth Wells(Professor, Australian National University) Koen De Ceuster(Professor, Leiden University) Kornel Chang(Professor, University of Connecticut) Kyung Hyun Kim(Professor, University of California Irvine) Laura Hein(Professor, Northwestern University) Leslie Pincus(Professor, University of Michigan) Lev Kontsevich(Researcher, Russian Academy of Sciences) Lisa Kim Davis(Professor, UCLA) Luc Walhain(Professor, St. Thomas University) Marion Eggert(Professor, Ruhr University) Mark Caprio(Professor, Rikkyo University) Mark Selden(Professor, State University of New York Binghamton) Martin Hart-Landsberg(Professor, Lewis and Clark College) Mel Gurtov(Professor, University of Oregon) Michael Chwe (Professor, UCLA) Michael J. Pettid(Professor, State University of New York Binghamton) Min Hyoung Song(Professor, Boston College) Min Suh Son(Professor, Johns Hopkins University) Namhee Lee(Professor, UCLA) Namsoon Kang(Professor, Texas Christian University) Naoki Sakai(Professor, Cornell University) Nayoung Aimee Kwon(Professor, Duke University) Nicole Cohen(Postdoctoral Fellow, Columbia University) Norma Field (Professor, University of Chicago) Ramsay Liem(Professor, Boston College) Remco E. Breuker(Researcher, Leiden University) Rob Wilson(Professor, University of California Santa Cruz) Robert Oppenheim(Professor, University of Texas Austin) Roger L. Janelli(Professor, Indiana University) Ross King (Professor, University of British Columbia) Samuel Perry(Professor, Brown University) Sang-Hyun Kim(Postdoctoral Fellow, Harvard University) Serk Bae Suh(Professor, University of California Irvine) Seung Hye Suh(Professor, Scripps College) Seungsook Moon(Professor, Vassar College) Sheila Miyoshi Jager(Professor, Oberlin College) So Jung Um(Professor, University of Michigan) Stephen Epstein(Professor, Victoria University of Wellington) Sun Joo Kim(Professor, Harvard University) Sun-Chul Kim(Professor, Barnard

College/Columbia University) Sung-Deuk Oak(Professor, UCLA) Suzy Kim(Professor, Boston College) Tae Yang Kwak(Professor, Ramapo College of New Jersey) Taik Kyun Kim(Visiting Assistant Professor, University of Wisconsin Madison)Takashi Fujitani(Professor, University of California San Diego) Tatiana Simbirtseva(Lecturer, Russian State University for the Humanities) Theodore Hughes(Professor, Columbia University) Theodore Jun Yoo(Professor, University of Hawaii Manoa) Thomas P. Kim(Professor, Scripps College) Timothy S. Lee(Professor, Texas Christian University) Todd A. Henry(Professor, Colorado State University) Vladimir Tikhonov(박노자)(Professor, Oslo University) Walter K. Lew(Professor, University of Miami) Walter L. Keats(President, Asia Pacific Travel Ltd.) Wesley Sasaki-Uemura(Professor, University of Utah) Yong Soon Min(Professor, University of California Irvine) Youngju Ryu(Professor, University of Michigan) Youngnan Kim-Paik(Professor, University of Wisconsin Milwaukee)

* 역사학을 전공하는 전국 및 해외의 교수, 강사, 대학원생, 교사 등 675명입니다. 11월9일자로 작고하신 연세대 방기중 교수님을 기리는 의미로 제일 처음에 배치한 외에는 모두 가나다, 알파벳 순서이며, 직함은 본인이 밝힌 내용으로 기재하였습니다.

32. 연구회 공간 마련 특별 기금 모금 취지서 (2008. 6. 4.)

해 설

안정적인 연구 공간 마련은 우리 연구회의 숙원 사업 중 하나였다. 2008년을 전후하여 연구회 법인화와 함께 연구회의 공간 마련을 위한 특별 기금 모금이 진행되었고, 아래는 그 당시 모금의 취지를 연구회 회원들에게 공지한 내용이다.

존경하는 한국역사연구회원 여러분

회원 여러분 가정에 정의와 평화가 깃들기를 기원하오며 연구회 건물마련과 관련하여 안내 말씀 올립니다.

1. 한국역사연구회가 창립 20주년을 넘기며 새로운 도약을 준비하고자 합니다. 현 집행부는 그 일환의 하나로 초창기부터 줄기차게 고민해 온 연구회 소유 공간 마련 문제를 매듭짓기로 하였습니다. 2월 10일 원임회장단과의 간담회를 필두로 운영위원회를 통해 연구회 공간마련의 필요성, 가능성, 적절성 등에 대한 논의를 꾸준히 진행시켜 왔으며, 4월 25일 임시총회에서 회원 여러분의 최종 동의도 얻은 바 있습니다.

2. 안정적이고 활용도가 높은 연구회 공간을 확보하는 것이 바람직하다는 점은 두 말할 나위가 없을 것입니다. 지금 우리 연구회 주변 환경과 위치의 불편함에 대해 많은 회원들이 문제를 제기하고 있고, 지하철 9호선 개통으로 당산역이 2호선과 9호선 환승역이 됨에 따라 현 연구회 공간 임대료 인상 가능성도 배제할 수 없게 되었습니다. 또 경기침체에 따른 부동산 가격하락으로 지금이 공간 마련을 위한 적기라는 공인중개사의 컨설팅도 고려하였습니다.

3. 마련하고자 하는 새 건물의 위치는, 서울과 수도권 및 지방거주 회원 모두의 접근성을 고려하여 서울 도심을 중심으로 지하철과 버스로 단거리 이동이 가능한 지역입니다. 구체적으로 남성역과·사당역, 홍대입구역, 한성대입구역 등의 매물을 알아보고 있으며, 건물 가격은 5-6억 정도로 예상하고 있습니다. 현재 우리 연구회가 보유한 금액은 3억 3천만 원(㉮ 기금 보유액(1억 1천 4백 9십만 원)+㉯ 전세 보증금(1500만원)+㉰ 임대료=월 109만원(2억 대출시 은행 이자))입니다. 4월 임시총회와 5월 운영위원회에서는 2억 이상을 목표로 기금 모금을 하기로 결의하였으며, 이에 관한 구체적인 사항은 이미 회의록을 통해 알려드린 바와 같습니다.

4. 건물 매입을 위한 실무 작업을 효과적으로 진행하기 위해서는 예상 모금액과 모금 일시 등을 알아야 하기 때문에 먼저 기금 약정서를 받고자 합니다. 별첨한 약정서를 작성하여 메일로 보내주시거나, 연구회에 비치된 약정서에 기입

하여 제출해 주시면 됩니다. 현 연구회 공간의 계약만료 시점과 법인 설립 추진 상황을 고려하여, 기금 모금 기간은 6월 ~ 8월까지 3개월로 하였습니다. 건물 구입은 법인 명의로 할 것입니다. 따라서 법인설립과 건물 구입을 동시에 진행할 예정입니다.

현재 경기가 침체된 상황에서 기금 모금이 회원 여러분께 부담이 되는 일이라는 것을 너무나 잘 알고 있습니다. 그렇지만 위에서 말씀드린 대로 여러 가지 사정을 고려해볼 때 연구회 소유 공간 마련은 지금이 적기라고 판단됩니다. 창립 이래 20년 동안 우리 연구회를 지탱해 온 힘은 회원 모두의 자발적 헌신과 연구회에 대한 애정이었습니다. 새로운 도약의 발판이 될 수 있도록 다시 한 번 여러분의 뜻과 힘을 모아주시기를 바랍니다. 감사합니다. 안녕히 계십시오.

2009년 6월 4일
한국역사연구회 회장 한상권

33. 전국역사학대회 불참 통보 공문(2009. 3. 20.)

해 설

2009년 역사학대회에 우리 연구회는 불참하기로 통보하였다. 아래는 당시 역사학회에 발송하였던 연구회의 2009년 전국역사학대회 불참과 관련된 공문이다.

한 국 역 사 연 구 회

150-601 서울시 영등포구 양평동4가 161-5 경원빌딩 4층/전화 586-4854/전송 586-4855

문서번호 한역연 2009-0321	선결			지시		
시행일자 2009년 3월 21일	접수	일자 시간		결재·공람		
수 신: 역사학회		번호				
참 조:	처리과					
발 신: 한국역사연구회	담당자					

제 목: 2009년 전국역사학대회 불참건

1. 귀 역사학회의 노고에 감사드리며, 무궁한 발전을 기원합니다.
2. 한국역사연구회는 3월 18일 운영위원회에서 2009년 전국역사학대회에 불참하기로 의결하였기에 다음과 같이 통보합니다.

- - 다 음 - -

1. 한국역사연구회는, 올 5월 개최 예정인 제52회 전국역사학대회에 대회조직과 공동주제 선정 등 일련의 준비과정에서 주관학회 역할을 맡았던 귀 학회를 포함하여 참가 예정이었던 다른 학회들과 충분한 협의를 거치지 못하였기 때문에, 참가할 수 있는 여건이 되지 못한다고 최종 판단하였습니다. 이점 유감스럽게 생각합니다.

2. 앞으로도 현재 진행되는 것과 같은 전철을 밟는다면 동일한 결과를 초래할 것입니다.

3. 전국역사학대회가 명실공히 역사학계의 목소리를 대표하는 의미 있는 자리로 거듭날 수 있으려면, 전국역사학대회협의회에 가입한 학회들 간에 주관학회 선정과 공동주제 선정 등의 문제에 관해 원만한 합의가 이루어질 수 있도록 제도적 장치를 마련하는 것이 시급하다는 것이 우리의 생각입니다. - 끝 -

한국역사연구회장 한 상 권(직인생략)

34. 연구회 공간 마련 관련 보고 말씀(2009. 10. 7.)

해 설

연구회 공간 마련의 진행 과정에 대한 당시 회장의 보고 관련 게시글이다. 공간 마련의 진행 경과에 대한 자세한 내용을 알 수 있으며, 게시글의 마지막 부분에는 당시의 사진들이 함께 수록되어 있다. 지금과는 약간 다른 당시 연구회 공간과 주변 경관을 확인 할 수 있다.

자 료

연구회 공간 마련 관련 보고 말씀

안녕하십니까. 즐거운 추석 명절을 잘 보내셨는지요?

들판에서 한 여름의 뜨거운 햇살을 받은 오곡과 햇과일이 탐스럽게 열매를 맺고 있듯이, 우리 연구회도 회원 여러분의 뜨거운 성원에 힘입어 결실을 맺은 일이 있기에 보고 말씀드립니다.

회원여러분들께서 지난 6월 초부터 9월 말까지 보내주신 공간마련 기금을 바탕으로, 어제 **10월 6일(화) 연구회 공간을 매입하고 계약**까지 마쳤기에, 새로 이사갈 연구회 공간에 대해 몇 가지 말씀드리겠습니다.

1. 위치

서울시 마포구 도화동 현대 1차 아파트 상가 12동 213호입니다. 1993년에 건설된1021세대의 대단지 아파트단지 내 상가 건물로, **지하철 5호선과 6호선이 교차하는 공덕역 7번출구에서 650미터, 8번출구에서 700미터 정도 거리로 도보로 대략 10분 가량** 걸립니다. 걷기가 힘드시면 **공덕역에서 마을버스 01번(배차간격 5분, 상가 바로 앞 정차)이나 02번, 1711번 시내버스(이상 단지 입구 정차)**를 타고 오셔도 됩니다.(첨부한 위치 지도 참조)

2. 면적

연구회 공간은 2층짜리 상가 건물의 2층 오른쪽 끝에 위치하고 있으며, 현재 태권도 도장으로 쓰고 있습니다. **분양면적은 61평이며, 전용면적은 128.08 제곱 미터로 약 40평 정도**입니다. 현 연구회 공간보다 약간 좁다고 보면 됩니다.(첨부한 내부 공간 사진 참조)

3. 가격

3억 2천 5백만 원으로 평당 550만원입니다. 어제(10월 6일) 계약을 마치고 계약금 3,200만원을 지급하였습니다. **11월 3일 중도금 1억 3천만원을 지불하고, 잔금 1억 6천 3백만원은 내년(2010년) 1월 5일 지불하기로** 하였습니다. 중도금은 연구회 기금으로 충당할 수 있습니다. 이 물건에는 현재 근저당 1억 5천만원이 설정되어 있는데, 중도금을 치루면서 건물주가 근저당을 해지하기로 하였으며, 잔금을 치를 즈음 우리 연구회 이름으로 **부족한 금액을 장기 대출 받기로** 하였습니다. **예상 대출금은 1억 2천-3천만원 가량 될 것이며, 대출금에 대한 은행이자는 현재 연구회에서 내는 월세로 충당할 계획입니다.**

4. 종합 평가

집행부가 말씀드린 물건을 매입하기로 결정한 것은 다음 몇 가지 사항을 고려한 때문입니다.

첫째, 넓은 공간과 저렴한 가격입니다. 이번에 매입한 연구회 공간은 현재 사용하고 있는 연구회 공간에 비해 좁지 않으며, 가격 또한 비교적 싼 편입니다.

둘째, 서울 도심에 위치하여 접근성이 우수하다는 점입니다. 대중교통 수단인 버스 이용이 원활하며, 지하철도 공덕역이 5-6호선 환승역입니다. 또한 서울역과 인접해 있어(직선거리로 약 2.1km, 노선버스 다수, 지하철 네 정거장), 지방회원들이 올라 오셔서 공부하고 내려가기에 편리합니다. 뿐만 아니라 우리 회원들이 많이 사는 일산이나 평촌 분당 등과 같은 신도시와 연결성도 좋은 편입니다.

셋째, 주변환경이 쾌적하며 주차공간을 안정적으로 확보할 수 있다는 점입니다. 아파트 단지 내에 있는 상가 건물이기에 여관과 모텔이 밀집해 있는 양평동 현 연구회 건물에 비해서는 비교도 안될 정도의 쾌적한 환경입니다. 또한 아래쪽 공덕역 방면으로는 재래시장과 음식점 등의 상가들이 즐비하기에 뒤풀이도 안성맞춤입니다.

넷째, 자산가치가 높다는 점입니다. 연구회 건물의 대지 지분은 66.11 제곱미터(약 20평)으로 상당히 넓은 편입니다.(상가 단지내 아파트 시세는 평당 1300만원 가량입니다). 또한 아파트 단지를 조성한지 15년 가량 되었기에 조만간 재건축이나 리모델링이 추진될 가능성이 높으며, 그러할 경우 연구회는 더 넓은 공간을 확보할 수 있을 것입니다. 뿐만아니라 몇 년 후 공덕역이 서울역과 인천공항을 잇는 공항전철의 환승역이 되면 서울역과의 접근성도 더욱 좋아질 것이며, 지하로 건설되는 공항전철의 지상에는 공원이 조성되어 주변환경이 더욱 쾌적해질 것입니다.

이상 간단히 보고 말씀 드립니다. 존경하는 회원 여러분 댁내에 정의와 평화가 함께 하기를 빌며 이만 마칩니다. 감사합니다. 안녕히 계십시오

2009.10.7
한국역사연구회장 한상권 올림

추신: 10월 운영위원회에서 공간배치위원회를 구성하여 공간파티션을 부탁할 계획이오니 많은 관심 가져주시기 바랍니다.

35. 「이명박 정부는 독재정권은 반드시 붕괴된다는 역사적 교훈을 잊었는가」(시국선언, 2009. 6.)

해 설

2009년 6월 이명박 정부의 반민주적 행태를 지적하기 위해 발표한 시국선언문이다. 이명박 정부는 집권 이후 시대에 역행하는 반민주 정책을 펼쳤다. 광우병 촛불집회가 1년이 지난 상황에서도 이명박 정부는 반민주적 행태에 대한 반성이 없었고, 오히려 언론 장악을 위해 미디어 관련 법안을 강행처리했다. 이와 같은 상황 속에서 연구회가 발표했던 시국선언이었다.

자 료

[역사학자 시국선언문]

이명박 정부는 독재정권은 반드시 붕괴된다는 역사적 교훈을 잊었는가

한국 근현대사에서 불의와 억압에 항거한 죽음은 항상 그 원인 제공자에게 되돌아갔다. 민영환의 자결은 전국적인 반일 시위를, 고종과 순종의 죽음은 3·1운동과 6·10만세운동을, 김주열의 죽음은 1960년 4월 혁명을, 전태일의 죽음은 노동운동의 부활을, 1980년 광주 민중의 죽음은 박종철·이한열의 죽음을 거쳐 6월 항쟁을 불러 일으켰다. 이제 노무현 전 대통령의 죽음은 어떤 결과를 불러올 것인가?

2008년 6월 항쟁 21주년을 맞이하여, 우리 역사학자들은 민의를 거스르고 오만과 독선으로 흐르는 권력은 결국 무너지고 만다는 역사의 교훈을 명심해야 한다고 이명박 대통령에게 충고한 바 있다. 그럼에도 꼭 일 년이 지난 지금, 독재의 망령이 되살아난 듯한 대한민국의 현실을 목도하면서 우리는 아연실색하지 않을 수 없다.

이명박 정부는 각종 규제를 완화한다는 구실 하에 극소수 기득권층을 위한 정책으로 일관하면서 사회 양극화를 심화시켜 왔다. 급기야 지난 1월에는 용산 철거민 농성을 과잉 진압하는 과정에서 철거민 5명과 경찰 1명이 숨지는 참사까지 일어났다. 이명박 정부의 노동 탄압과 이에 편승한 기업들의 횡포로 화물 노동자가 스스로 목숨을 끊었고 지금 이 순간에도 비정규직은 물론 정규직 노동자마저 생존의 위기에 내몰리고 있다.

이명박 정부는 국민의 정당한 비판과 항의에 탄압으로 일관하고 있다. 헌법이 보장하는 국민의 자유로운 집회·시위를 막기 위하여 촛불 집회 관련자와 '미네르바'를 구속하였으며 언론을 장악하기 위하여 YTN·KBS 사장 경질과 MBC 피디 강압 수사 등을 강행해왔다. 최근에는 언론에 재갈을 물리기 위해 미디어관련 법안을 강행처리하려 하고 있다.

이명박 정부는 식민지배와 독재를 옹호하는 반민족적· 반민주적 역사의식을 적나라하게 드러냈다. 이명박 정부는 개인의 기본적 인권 보호를 위해 설립한 국가인권위원회를 축소하려 함으로써 대한민국 이미지에 큰 손상을 입혔다. 또한 민족의 정통성 확립과 사회정의 실현을 위해 설립한 각종 과거사 위원회를 통폐합하려 하거나 그 의미를 부정하려 한다. 그 결과 일제강점기 반민족행위와 독재정권하의 학살·고문·의문사의 진상을 규명하여 국민통합을 이룰 수 있는 기회가 무산될 위기에 처해 있다. 심지어 작년 역사 교과서 파동에서 보듯이, 교육의 정치적 중립성을 보장해야 할 정부가 역사학계의 지배적 견해와 교과서 필자들의 견해를 무시하고 일방적으로 역사 교과서 개정을 강요하는 초유의 사태가 발생하기도 하였다.

이명박 정부는 구시대적 대북정책으로 대북 화해와 협력 정책의 결실을 부정하고 갈등과 대결을 부추기고 있다. 북한도 이에 뒤질세라 개성공단 폐쇄위협과 핵실험을 감행했고, 정부는 대량살상무기확산방지구상(PSI) 참여를 선언했다. 이제 한반도는 다시금 위기가 고조되고 우리 국민은 전쟁의 불안감 속에서 하루하루를 보내야 하는 지경에 이르렀다.

현재 이명박 정부의 정책전환을 요구하는 지식인, 종교인, 사회원로, 시민단체, 대학생, 청소년 등의 시국선언이 들불처럼 번지고 있다. 이명박 정부는 과거 불행했던 역사의 교훈을 되새겨 국민의 뜻을 겸허히 수용하여 기만적이고 독선적인 정책을 폐기해야 한다. 그렇지 않으면 이명박 정부는 전 국민적 저항에 직면할 것이다. 우리는 나라가 파국으로 가는 것을 막기 위해 다음을 요구한다.

1. 전직 대통령을 죽음에 이르게 한 데 대해 그 진실과 책임소재를 국민 앞에 정확히 밝혀라.

2. 규제 완화와 경제 위기 극복이라는 구실 하에 소수 기득권층을 위해 시행되는 각종 정책을 폐기하고, 비정규직 노동자·장애인·빈민을 위한 정책을 시급히 강구하라.
3. 미디어관련법 강행처리 기도를 중단하고, 헌법에 명시된 언론·출판의 자유와 집회·시위의 자유를 보장하라
4. 민족 공멸을 초래할 대북 대결 정책 기조를 포기하고, 평화와 화해, 협력을 위한 정책을 시행하라.

2009년 6월 9일

36. 도화동 연구회 집들이 고유문(2010. 2. 19.)

해 설

2009년 2월 19일 도화동 연구회 새 공간에서 집들이 행사를 진행하였다. 역사학 관련 출판사, 학회, 단체 귀빈과 연구회 구성원들의 참여 하에 진행된 집들이 고유문의 내용은 아래와 같다.

자 료

지난 2월 19일 도화동 새 공간 집들이행사를 하였습니다. 많은 회원들과 외부 손님들이 참석하셔서 성황리에 잘 치루었습니다. 최근 심각하게 퇴행현상을 보이는 사회변화에 대응하여 선배 원로 역사학자들을 모시고 대사회적 발언을 준비하는 등 보다 외향적인 행사로 치루자는 의견도 있었습니다만, 기금을 내주신 회원들을 치하하고 공동체 화합과 연대의 장으로 만드는 것이 우선이라는 의견이 우세하여 연구회와 관계가 있는 단체들 위주로 초청하여 치루었습니다. 도움을 주신 여러분들께 감사의 인사를 드립니다.

화분을 보내주신 분: 청년사, 역사학연구소, 누리미디어, 동북아역사재단, 민족문제연구소, 부동산뱅크.

참석한 외빈: 조돈문(학술단체협의회 상임공동의장), 오세운(전국역사교사모임 회장), 이성호(전국역사교사모임), 김선경(역사학연구소 소장), 송현석(푸른공감

회장), 정현미(푸른공감 마포청년회 회장), 박수현(민족문제연구소 편찬실장), 이용창(민족문제연구소 책임연구원) 등.

유세차 庚寅 정월 乙未朔 초6일 庚子

한국역사연구회 회장 채웅석은 연구회 공간을 새로 구입, 입주하면서, 우리 사회의 진정한 민주주의 실현과 조국의 자주적 통일을 위해 헌신하신 의사, 열사와 진보적 역사학의 수립과 발전을 위해 애쓰신 여러 역사학자 영령 앞에 삼가 고합니다.

저희 연구회는 망원한국사연구실, 한국근대사연구회, 그리고 고중세사연구자모임을 모태로 1988년에 창립하여 이제 22주년째 되었습니다. 그동안 낙성대사무실에서 출발하여 그곳에서 1년 6개월을 지내고(~90.3), 사당동시절 3년 6개월(~93.9), 방배동 시절 14년(~07.9), 양평동시절 2년 6개월을 거쳐 이번에 마포구 도화동 357번지 현대1차아파트 상가 213호에 새 둥지를 틀게 되었습니다. 연구회의 역량을 다질 수 있도록 활동공간을 안정적으로 확보해야 한다는 필요성에 회원들 모두가 공감하고 십시일반 힘을 보태어 마침내 숙원을 풀게 되었습니다.

그동안 저희는 연구자 대중단체로서 기존 역사학계가 올바른 과학성과 실천성을 실현하지 못하고 보수성을 보이는 것을 비판하면서, 사회의 변혁과 진보를 실현시켜 나가는 데 기여할 수 있는 역사학을 추구하기 위하여 노력해왔습니다. 특히 개별분산적으로 연구하고 학연에 얽매였던 과거의 관행을 극복하고, 학술운동의 측면에서 공동체적 인식에 기반한 연구활동과 그 성과의 대중화를 목표로 활발한 활동을 벌려왔습니다. 그리하여 한국사학계에 충격을 주고 사회발전에도 기여할 수 있었다고 자부할 수 있습니다.

그런데 저희가 잠시 자만하는 사이에, 그동안 의사열사, 선배 진보적 역사학자들께서 이루어 놓으신 성과들이 최근 변질되고 있습니다. 사회가 신자유주의의 거센 파고에 휩쓸려 인간다운 삶 대신 경쟁과 물신주의를 찬양하고, 개발주의와 권위주의가 부활하여 민주주의가 심각하게 손상당하고 있습니다. 역사학의 측면에서는 과거사 정리문제나 역사교육의 측면에서 퇴행적 현상이 일어나고 있습니다. 이러한 시대상황은 저희 역사연구자들로 하여금 과학적 실천적 역사학의 수립이라는 초심으로 돌아가 분발하도록 요구하고 있습니다.

어허!

굽어 살피소서.

민주주의 실현과 조국의 자주적 통일을 위해 헌신하신 의사, 열사와 진보적 역사학의 수립과 발전을 위해 애쓰신 여러 역사학자 영령이시어.

한국역사연구회 회원들이 여기를 보금자리로 삼고자 하오니, 희망과 용기와 지혜에 충만하여 과학적 실천적 역사학 수립에 매진할 수 있도록 두루 보살펴 주소서.

그리하여 이 땅에 진정한 민주주의를 실현하고 자주적 통일을 이루는 데 기여할 수 있도록 도와 주소서.

간소하나마 제물을 갖추어 공손히 잔을 올리오니 흠향하소서. 尙 饗

37. 광복 65주년 역사학계 공동성명서(2010. 5. 28.)

해 설

일본의 한국 강점 100년과 광복 65주년을 맞이하여 역사학계에서 발표하였던 공동성명서이다. 우경화하고 있던 당시 정부의 역사교육 인식에 대한 우려와 한일관계에 대한 비판적인 시각이 담겨 있다.

자 료

일본의 한국 강점 100주년, 광복 65주년을 맞이하는 역사학계 공동성명서

올해는 일본 제국주의가 우리나라를 강점하여 식민지로 만들었던 때로부터 정확히 100년, 일제로부터 해방된 지 꼭 65년 되는 해이다. 그러나 오늘의 시점에서 되돌아 볼 때 일본 정부는 100여 년이 지나도록 과거의 식민지 지배에 대해 진정으로 반성하고 책임지려는 자세를 보이지 않고 있다. 또 우리 정부 역시 해방된 지 65년이 되었음에도 식민지 피지배의 유산을 청산하려는 노력을 소홀히 하고 있다. 이에 우리 역사학계는 '식민주의와 식민책임'을 공동주제로 전국역사학대회를 개최하면서 안타까운 마음을 금할 수 없다.

우리 역사학자들은, 패전으로 식민 지배가 종결되고 65년이 지나도록 과거에 대해 진정하게 반성하지 않는 일본 정부에 대해 다시 한 번 경고하지 않을 수 없다. 일제의 침략과 식민지배는 그에 저항하는 사람들을 고문·학살하고 인권을 탄압하며 굴종적인 삶을 강제하고 역사의 올바른 발전을 가로막는 등 인류의 보편적 가치를 말살하는 반인륜적인 행위였다. 일본 정부는 그동안 반인륜적 식민지배와 그 소산인 일본군 '위안부', 전시 강제동원과 연행, 한국인 출신 군인·군속의 야스쿠니신사 합사, 재일한국인의 법적 지위, 관동대지진 당시 한국인 학살 등의 문제에 대해

한 번도 진정으로 반성하는 태도를 보이지 않았다. 뿐만 아니라 더 나아가 최근에도 침략과 식민 지배의 책임을 망각하고 이를 합리화하는 역사교과서를 검인정 통과시켰으며, 독도가 자국 영토라는 표기를 초등학교 교과서에 삽입하고 외교청서에 명기하는 등 역사를 왜곡하고 오히려 거짓을 합리화하는 태도로 일관하고 있다.

우리 역사학자들은 정부에 대해서도 고언을 하지 않을 수 없다. 해방 이후 과거사 청산이 제대로 이루어지지 못한 결과, 남한에서는 과거 일제 지배에 적극 협력했던 인물들이 사회 지도자로서 여전히 부와 권력을 장악해 왔으며, 독립운동가들의 자손은 소외된 채 가난을 벗어나지 못한 경우가 많았다. 우리가 그동안 친일과 독재의 과거 청산에 노력해 온 것은 그것이 역사적 정당성을 갖는 작업이기 때문이었다. 그러나 친일오욕의 역사를 정확히 밝히려는 노력은 여전히 방해 받고 있는 실정이다. 더구나 현 정부는 과거 청산과 관련된 각종 위원회를 지원하기는커녕 예산 효율성 문제를 운운하며 예산을 감축하였다. 이로써 친일과 독재에 협력한 인물의 죄상을 밝히고 식민 지배와 독재로 고통당하거나 이에 분연히 맞싸운 분들의 삶을 돌이켜 보려는 작업이 흐지부지될 위기에 처했다.

우리 역사학자들은 이러한 양국 정부의 행태를 보고 개탄스러운 마음을 금할 수 없다. 일본의 한국 강점 100주년을 맞아 우리는 일본 정부의 무책임한 태도와 우리 정부의 퇴행적인 행태에 대해 엄중하게 경고를 보내며 다음과 같이 입장을 밝힌다.

1. 양국 정부는 100년 전 일본의 한국병합이 강제적이었을 뿐 아니라 국제법적으로도 무효임을 천명해야 한다.

일제의 한국 강점은 한일병합조약이 체결되기 5년 전 한국의 외교권을 강탈한 1905년의 이른바 '을사조약'에서 그 기원을 찾을 수 있으며, 이후 한·일간의 모든 조약은 '을사조약'을 토대로 하여 체결된 것이다. 그 동안 남북한 및 일본·미국 등지 학자들의 국제적 연구를 통해 '을사조약'이 불법 무효임이 밝혀진 지금, 일본 정부는 이 사실을 명확히 인정해야 하며 우리 정부 역시 일본 정부에 그 책임을 요구하여야 한다. 이로써 일본 정부가 일본군'위안부', 강제 동원 등 식민 지배 책임을 진정으로 반성하는 출발점으로 삼아야 한다.

2. 일본 정부는 식민 지배에 대해 진정으로 반성하고 책임지는 자세를 보여야 한다.

수십 년 간의 자민당 집권을 끝내고 정권을 교체한 일본의 민주당 정부는 기존의 자민당 정부와는 다른 모습을 보여주어야 한다. 일본 정부가 과거 군사 쿠데타 정권과 야합하여 체결한 한일협정에 따른 보상만으로 식민 지배에 대한 책임을 다했다는 주장은 역사적 정당성을 망각하고 상실한 것이다. 우리는 일본군 '위안부' 할머니들의 눈물, 강제 징용·징병된 분들과 원폭 피해자들의 한숨, 야스쿠니신사에 합사된 한국인 출신 군인·군속 유가족의 고통, 일본인도 한국인도 될 수 없는 재일한국인의 비통함을 지금도 바라보고 있다. 일본 정부는 과거 역사에 대해 반성하고 이에 책임지는 자세를 보여줄 때 진정한 한일 우호 관계가 구축되고 동아시아의 평화가 유지될 수 있음을 인식하여야 한다. 침략과 식민 지배를 합리화하는 역사교과서를 폐기하고 독도 관련 망언과 왜곡도 더 이상 나오지 않도록 노력해야 할 것이다.

3. 우리 정부는 식민 지배와 친일 진상을 정확하게 규명하고 반성하는 데 노력해야 한다.

국가의 정통성은 국가 멸망에 협력하고 식민 지배자의 주구가 된 자들의 행태를 비판·처벌하고 독립과 해방을 위해 투쟁한 분들의 공로를 높이 받듦으로써 지켜질 수 있다. 지난 10년간 추진해온 친일진상 규명과 과거사 청산 작업은 국가의 정통성을 올바로 수립하기 위한 중차대한 작업이었다. 정부는 이러한 사실을 분명히 인식하고 식민 지배와 친일 진상을 정확하게 규명하는 데 필요한 제도적·법적 기반을 다시금 재정비하고 강화해야 한다.

4. 우리 정부는 근시안적으로 역사교육을 바라보는 자세에서 탈피하여 역사교육을 강화할 수 있는 환경을 마련해야 한다.

역사교육은 청소년들이 민족과 국가의 정체성을 바탕으로 확고한 역사의식을 갖게 하며, 미래를 전망하고 역사전쟁에 이성적으로 대처할 수 있는 지식과 태도를 겸비한 세계 시민으로서의 자질을 갖추도록 하는 교과이다. 그럼에도 정부는 매우 근시안적인 관점에서, 역사교과서 서술에 개입하여 역사교육의 정치적 중립성을 심각하게 훼손하였으며, 역사교육 강화를 기조로 어렵게 마련했던 '2007 개정교육과정'을 시행해 보지도 않은 채 '2009 개정교육과정'으로 졸속 개정한 바 있다. 그 결과 역사 교과는 초·중·고등의 계열성이 파괴되고 선택 과목으로 전락하여, 단 한 번의 역사 수업을 듣지 않고도 고등학교를 졸업할 수 있게 되었다. 나아가 2007 개정교육과정에 따라 검정을 통과한 고등학교 '역사'교과서를 대상으로 불과 한 달만에 '한국사' 교과서로 수정하라고 지시함으로써 교과서 검정 절차를 무시한 조치도 취해졌다. 이로 말미암아 안타깝게도 우리는 최악의 역사교육 환경을 마주하게 되었다. 정부는 이제라도 역사교육 강화를 기조로 한 교육과정을 마련하고 조속히 역사교육의 정상화를 위해 합리적인 조치를 취해야 한다.

38. 제1회 예비-초보 전문가를 위한 한국사 교실 포스터(2011. 1.)

해 설

기존의 신입회원 교육과정의 부재에 따라 이를 보완하기 위해 시작되었던 "예비-초보 전문가를 위한 한국사교실"의 1회 포스터이다. 신규 가입한 회원만을 대상으로 하는 것이 아니라, 전국 역사학과의 학부생과 대학원 석사과정생들을 대상으로 시작하였다. 매년 1회 진행하고 있으며 현재 8회까지 진행되었다.

자 료

39. 2011 역사 교육과정·중학역사 집필기준 개악에 대한 역사학계 공동성명 (2011. 11. 2.)

해 설

2011년 역사교육과정 및 집필기준 개악에 대한 역사학계의 공동성명서이다. 당시 이명박 정부는 역사교육과정 및 집필기준 개악을 통해 교과 내용을 자신들의 역사관에 맞추고자 했다. 역사학계는 정부의 조치에 따라 교과서 내용이 수정되고 편향된 역사인식이 교육 현장에서 전달되는 상황을 우려했다. 당시 역사학계는 정부의 일방적 조치에 대한 경고를 보냈다.

자 료

2011 역사교육과정 및 집필기준 개악에 대한 역사학계 공동성명서

역사교육과정 및 집필기준은 역사교과서 편찬의 시작이다. 그럼에도 불구하고 교육과학기술부 장관은 8월 9일 고시에서 한국현대사학회(회장, 권희영)라는 신설학회의 설익은 주장을 근거로, 역사교육과정 개발정책연구위원회(위원장, 오수창)가 오랜 고심과 연구 끝에 헌법정신에 입각하여 선택한 단어 '민주주의'를 '자유민주주의'로 바꾸어 버렸다. 그에 따라 중학역사 집필기준공동연구진 역시, 사료적 근거도 없고, 학문적 성과도 없는 상태에서 교육과정의 '자유민주주의'라는 단어를 사용하지 않을 수 없는 곤혹스러운 처지에 빠질 수밖에 없는 문제점을 야기하였다. 또, 10월 17일 집필기준 시안 공청회 때 국사편찬위원회(위원장, 이태진)가 학계 의견을 수렴하고 중재한다는 차원에서 대한민국 헌법 전문에 있는 '자유민주적 기본질서'라는 용어를 채택한 것조차 원로학자와 역사학계의 야합이라고 간주되었다.

더구나 역사교육과정추진위원회(위원장, 이배용)는, 임의적인 '자유' 용어 삽입에 대해 학자적 소신에 따라 문제를 제기한 오수창 위원장을 비롯한 21분 위원들의 의견을 고의로 수렴하지 않음으로써 아홉 분 위원들의 사퇴를 방조하였을 뿐만 아니라, 10월 26일 중학역사 집필기준 공동연구진의 수정 제안조차 일방적으로 다수의견, 소수의견으로 나누어 교육과학기술부에 제출함으로써, 합법적인 절차에 걸쳐 처리해야 할 집필기준에 대한 최종 결정권조차 교육과학기술부에 넘기는 우(愚)를 범하고 말았다.

절차상으로는 이태진 국편 위원장과 이배용 역추위 위원장의 과오도 지적하지 않을 수 없으나, 이보다 더 큰 문제는 이주호 교육과학기술부 장관과 교과부 교육과정 부서의 자의적이고 임의적인 행정 처리 및 그 밑에 깔린 것으로 추정되는 정치적 의도이다.

따지고 보면, 역사 교육과정과 집필기준 마련의 목적은 좋은 역사교과서를 편찬하자는 것이다. 우리 사회가 오랜 국정교과서 시대를 끝내고 검정교과서 시대를 연 것은, 20세기 우리 역사의 어려움 속에서도 많은 역사학자, 역사교육자들을 양성했기 때문에 가능한 일이었다. 그런데 집필기준이 검열기준이 되고, 역사교육과정에 비역사적인 내용이 삽입되는 것은 우리 미래세대가 좋은 역사교과서로 공부하는 데 너무나 큰 저해 요소가 되는 것이다. 일단 현안이 되고 있는 세 가지 문제점을 들어 교육과학기술부에 엄중하게 항의하는 바이다.

하나, 대한민국 헌법정신은 자유민주주의가 아니라 민주주의이다. 법제처 번역 대한민국헌법 영문판 전문(前文)에도 "the basic free and democratic order"로 되어 있고, 4조에는 "The Republic of Korea shall seek unification and shall formulate and carry out a policy of peaceful unification based on the principles of freedom and democracy."라고 되어 있어, "자유와 민주주의의 여러 원칙에 입각하여"라고 표현되어 있다. 자유민주적 기본질서(the basic free and democratic order)는 자유와 민주주의의 여러 원칙(the principles of freedom and democracy)이다. 역대 헌법에 나오는 민주주의 여러 제도의 확립과 같은 맥락이다. 반면 자유민주주의(liberal democracy)는 헌법 어디에도 없다.

둘, 1948년 유엔총회 결의안 195조에 나오는 바와 같이, 당시 유엔이 승인한 유일 합법정부는 한반도가 아니라 38도선 이남이다. 당시 결의문의 내용은 다음과 같다. "Declares that there has been established a lawful government (the Government of the Republic of Korea) having effective control and jurisdiction over that part of Korea where the Temporary Commission was able to observe and consult and in which the great majority of the people of all Korea reside; that this government is based on election which was a valid expression of the free will of the electorate of that part of Korea and which were observed by Temporary Commission; and that this is the only such Government in Korea. (195(III) The Problem of the independence of Korea)." 1948년 유엔이 승인한 합법정부의 범위를 38도선 이남임을 이해해야만, 1991년 남북한 유엔동시 가입도 역사적으로 설명할 수 있다.

셋, 대한민국이 유구한 역사를 유지할 수 있었던 힘은, 정부보다도, 기업보다도, 국민 개개인의 자유와, 전 국민이 힘을 합친 민주주의 운영 능력의 함양에서 나왔다. 정부는 때때로 잘못할 수도 있다. 이승만, 박정희, 전두환 독재를 역사에서 명시하는 것은, 우리의 자유와 민주주의 운영 능력 함양이 아무 대가 없이 키워진 것이 아니라는 것을 우리 기성세대나 미래세대가 알아야 할 역사적 의무가 있기 때문이다. 역사적 진실에 입각하지 않고는, 우리 현실을 헤쳐 나가고 미래를 설계할 능력을 갖출 수 없다. 역대 교육과정에서 독재를 명시한 것은 분명한 이유가 있다.

(후략)

40. 연구회 Facebook 페이지 캡쳐

해 설

연구회는 Facebook 페이지를 운영하고 있으며, 연구회 웹진에 실리는 모든 정식 원고에 대해 페이스북을 통해 게시를 하고 있다. 이를 통해 연구회 웹진에 대한 일반의 접근 방식을 용이하게 하였다.

자 료

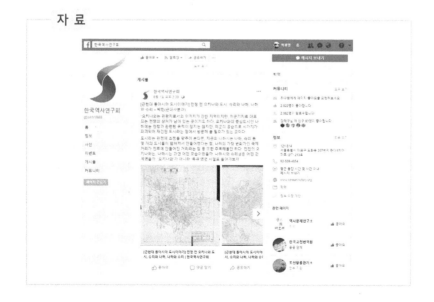

41. 『전국의 역사학자가 국민께 드리는 글』(국정원 선거 개입을 규탄하는 전국역사학자 시국선언, 2013. 9. 28.)

해 설

18대 대선에서는 국정원과 경찰의 선거 개입이 있었다. 또 당시 여권은 남북정상회담 관련 내용을 왜곡하면서 대통령기록물 관리에 관한 논쟁을 야기했다. 이러한 상황에 대해 역사학계는 의견을 모아 전국의 역사학자가 국민께 드리는 글을 발표했다. 남북정상회담 관련 자료의 왜곡을 멈추고 국민 여론을 호도하지 말 것을 경고하는 내용이다.

자 료

국민주권 유린, 국기문란 범죄에
온 국민이 나서서 책임을 물어야 합니다

지금 우리 사회는 국민주권을 유린하고 민주국가의 법질서를 무너뜨린 불법 행위를 덮으려는 집권세력의 선동으로 상식적 판단과 이성적 사고가 실종된 듯한 상황에 놓여 있습니다. 우리 역사학자들은 오랜 기간 많은 국민의 힘든 노력과 숭고한 희생으로 이룩한 민주주의가 훼손되고, 집권세력의 연이은 불법 행위로 대한민국이 정상(正常) 궤도를 벗어난 현실을 목격합니다. 그러나 수구언론은 이들과 공조하여 진실을 덮고 여론을 호도하는데 몰두하고 있습니다. 우리는 이런 현실에 분노하면서 국민께 실상을 다시 알리고 민주공화국을 정상화하기 위한 몇 가지 요구를 밝히고자 합니다.

극히 제한된 검찰 수사만으로도, 이명박 정권 내내 국정원이 정치공작에 몰두했음이 드러났습니다. 선거 때는 물론 등록금 문제 등 사회적 현안마다 여론 조작을 일삼았고, 공작을 통해 정치적 경쟁자의 무력화를 기도했으며, 급기야 대통령 선거에까지 깊이 개입하여 선거의 공정성을 훼손했습니다. 심지어 국가 최고 비밀인 '남북정상대화록'까지 왜곡 편집해 새누리당과 함께 선거운동에 활용했습니다. 이는 3·15부정선거에 버금가는 범죄이며, 군사독재 시절의 중앙정보부·안기부가 공화당·민정당과 함께 민주주의를 유린하던 상황을 방불케 합니다.

또 야당과 시민사회의 분노가 치솟자 새누리당은 국정원의 범죄와 전혀 무관한 남북정상회담의 내용을 왜곡하여 수구언론과 함께 진실을 덮고 여론을 호도하려고 획책하였습니다. 새누리당과 국정원은 왜곡 편집된 '2007년 남북정상대화록' 발췌본을 짜맞춘 듯이 유포하더니, 곧 그 전문까지 공개해버렸습니다. 세계 정보기관 역사상 최초로 최고급 국가기밀을 스스로 유포하는 사실상의 '반국가 행위'를 자행하였습니다. 정상(正常) 국가에서 도저히 있을 수 없는 행위를 집권당과 국정원이 서슴없이 저지른 것입니다.

지금 한반도 주변은 이해관계를 달리하는 국가들이 둘러싸고 있는 복잡하고 미묘한 상황입니다. 그리고 북한은 갈등하면서도 평화를 유지하고 궁극적으로 통일을 위해 대화할 상대입니다. 그런데도 국제외교의 기본 규범조차 무시하고 남북정상대화록 전문까지 이렇게 공개해버린 터에, 앞으로 주변국 정상들과 어떻게 깊이 있게 교섭하고 협상할 것이며, 특히 북한과 어떻게 대화할 수 있겠습니까? 일반 국민들도 납득하기 어려운 일을 국정을 책임진 자들이 자행하는 현실에 우리는 경악합니다. 게다가 우리는 다수 국민과 외신들도 이해하는 순한글 문서인 남북정상대화록의 문맥조차 제대로 독해하지 못한 채 정략과 선동의 소재로 활용한 무지와 무모함에 아연실색했습니다.

조선시대에 사관(史官)이 작성한 사초(史草)는 그 누구도 보지 못했고, 내용을 발설하거나 변조하면 엄벌했습니다. 조선 세종은 태종실록을 열람하려다가 끝내 그만두었습니다. 군주는 자신의 언행이 기록됨을 의식하여 행실을 삼가고, 사실을 기록하는 자가 불이익에 대한 두려움이 없어야 올바른 역사기록이 남긴다는 원칙 때문입니다. 세종의 처신은 이후 국왕이 실록을 보지 못하는 조선의 전통으로 자리 잡았습니다. 물론 연산군처럼 사초를 농단하여 무오사화·갑자사화를 잇달아 일으키고 비행을 일삼다가 권좌에서 쫓겨나 역설적 교훈이 된 경우도 있기는 합니다.

현행 대통령기록물에 관한 법에는 이런 역사적 전통과 지혜, 그리고 교훈이 반영되어 있습니다. 전임자가 남긴 여러 문서를 국정 운영에 참고할 수 있도록 하되, 정략적 이용의 여지를 없애기 위해 문서를 분류하여 공개기간과 공개조건을 엄격하게 법으로 정해 놓았습니다. 그러나 이런 모든 노력을 송두리째 허사로 돌리는 불법 행위가 자행되고 말았습니다. 더구나 그것이 국민주권을 유린한 범죄를 덮고 여론을 호도할 목적으로 집권세력에 의해 자행된 것에 경악할 수밖에 없는 것입니다.

남북정상대화록은 대통령기록물이며 국정원이 마음대로 공개할 수 있는 것이 아닙니다. 국정원법·선거법을 어기며 정치 공작에 몰두한 것, 최고급 국가기밀을 왜곡 편집하여 새누리당에 제공한 것 모두가 중대한 범죄입니다. 새누리당이 왜곡된 자료를 선거에 활용하여 국민을 선동한 행위는 말할 나위도 없습니다. 더구나 그들은 1차 범죄에 대한 비판 여론을 모면하기 위하여 국가적 불이익이 예상됨에도 전문을 공개해버리는 반국가적 2차 범죄까지 저질렀습니다. 여기에 수구언론은 앞장서서 진실을 왜곡하며 여론을 호도하는데 열중했습니다. 7월 2일 국회에서 대화록

원문 열람·공개를 표결한 것도 법정신을 훼손하는 부당한 행위입니다. 정치권은 더이상 엉뚱한 일을 벌이지 말고 국기문란의 실체를 밝히는데 힘써야 합니다. 대한민국 국민이라면 누구나 이런 일련의 행태에 분노할 것입니다. 우리 역사학자들은 국민의 일원으로 저들의 책임을 묻고, 모든 실상을 역사에 분명히 기록하고자 합니다.

국민을 '어리석은 무리'로 간주하고 벌이는 집권세력과 수구언론의 거짓 선동이 빚어낼 결과는 참담할 것입니다. 우리는 역사 속에서 이런 사례를 수없이 보아왔고, 이명박 정권기에 직접 체험하기도 했습니다. 역사의 교훈을 외면하는 사회에 밝은 미래는 없습니다. 그래서 우리 역사학자들은 심각하게 우려스런 지금의 현실을 국민께 바로 알리고, 집권세력의 불법 행위에 국민의 일원으로 책임을 묻는 한편, 민주공화국의 법질서를 바로 세워 이런 일이 다시 반복되지 않도록 다음과 같이 요구합니다.

- ○ 검찰은 국정원의 불법 행위를 철저히 재수사하여 국정원·경찰·새누리당의 불법 행위 관련자 모두를 엄벌해야 한다.
- ○ 새누리당은 저급한 궤변으로 혹세무민하는 선동을 즉각 멈추고, 막 시작된 국정조사를 방해하려 들지 말고 석고대죄하는 자세로 임해야 한다.
- ○ 국가 기관에 의한 국기문란 행위가 재발하지 않도록, 국회는 법적·제도적 개혁 및 보완책을 마련하여 민주공화국이 정상 운영되도록 해야 한다.
- ○ 이 모든 불법과 정치공작의 근원에는 권력을 사유화해 정략적으로 이용한 전 대통령 이명박이 있는 만큼, 그를 원세훈과 함께 법정에 세워야 한다.
- ○ 박근혜 대통령은 국정원 정치공작과 주권 교란에 책임 있는 조치를 취해야 한다. 그 조치가 미흡하면 각종 불법 행위의 암묵적 수혜자로만 남아 정통성에 타격을 입고 국정 운영에 큰 부담을 지게 될 것이다.
- ○ 진실을 가리고 왜곡에 열중하는 수구언론은 국민과 역사를 두려워해야 한다.

2013년 7월 4일

42. 교육부의 뉴라이트 교과서 비호에 대한 역사단체의 입장 성명서 발표 (2013. 9. 12.)

해 설

역사학계는 편향된 역사의식을 드러냈던 뉴라이트 진영의 역사교과서 제작을 비판했다. 뉴라이트 진영의 역사관이 반영된 교과서는 검인정교과서 체제 하에서 교학사를 통해 제작되었다. 박근혜 정부는 역사학계의 비판에도 불구하고 교학사 역사교과서를 적극적으로 비호했다. 이에 역사단체들은 뉴라이트 교과서의 문제점을 지적하는 성명서를 발표했다.

자 료

교육부의 '뉴라이트 교과서' 비호에 대한 역사단체의 입장

9월 11일. 교육부는 '8종의 한국사 교과서 전부'에 수정·보완을 추진하고, 각급 학교 교과서 채택 마감을 10월 11일에서 11월 말까지 연장하겠다고 발표했습니다. 이는 '뉴라이트 교과서' 하나를 비호하기 위한 궁색한 조치로, 공교육을 책임지는 국가 기관의 자세가 아닙니다. 검증 과정에 미처 걸러내지 못한 중대 문제가 있어 결과가 엉뚱하게 나왔다면 장관의 권한으로 검증을 취소하는 것이 마땅합니다.

9월 10일. 역사 단체들이 '뉴라이트 교과서'를 검토하여 공개적인 설명회를 연 이유가 있습니다. 우리는, 학생들이 시험문제 답을 찾을 수 없을 정도의 저품질(경악할 수준의 오류들), 조악한 문장, 국민 상식을 벗어나는 비뚤어진 역사관(친일 미화, 독재 찬양)에 바탕을 둔 왜곡과 편향, 전도된 가치관으로 채워진 교과서가 공교육의 한 귀퉁이를 차지하는 상황을 방치할 수 없다고 판단했습니다. 역사학자의 양심과 지식인의 사회적 책무를 외면할 수 없기에 취한 행동이었습니다.

그러나 교육부는 기존의 관례를 완전히 벗어나, 이 교과서에 담긴 엄청난 오류를 시정할 시간을 추가로 제공하려 합니다. 이제 교무실의 모든 교사들이 새 책을 놓고 수업방식을 연구할 때, 역사 교사들은 그제서야 '어떤 책을 택할까' 고민하는 진풍경이 벌어지게 되었습니다. 가장 조악한 한 책을 위해서, 교육부가 이런 무책임한 조치를 취한 것입니다. 우리는 시간을 더 주어도 이 교과서의 본질적 결함(반민족적 역사관, 정의롭지 못한 가치관 등)들이 시정되리라고 판단하지 않습니다.

우리 역사학자들은 '최악의 내용에, 청소년의 민족관·국가관을 위협하는' 교과서가 공교육 현장에 작은 자리라도 차지하게 되었을 때 일어날 결과를 크게 걱정합니다. 그래서 그 우려가 완전히 사라질 때까지 노력할 것입니다. 역사단체에 소속된 모든 한국사 연구자들은 교육부가 국사편찬위원회를 통해 구성하려는 '전문가협의회'에 참여하지 않기로 결의했습니다. '뉴라이트 교과서'가 본질을 유지한 채 색칠만 다시하는 과정을 돕지 않겠다는 학자적 양심에 따른 것입니다. 4개 역사단체에 소속되지 않은 어떤 한국사 연구자라 할지라도, 이런 결의에 널리 공감하리라 의심치 않습니다.

끝으로 교학사에 알립니다. 애초 우리가 걱정하지 않은 바가 아니었지만, 우리가 검토하여 공개적으로 지적한 오류들이 '위험한 교과서'의 외모를 고치는데 쓰이는 일이 없기 바랍니다. 우리가 많은 지적사항을 놓고서 그 일부만 드러낸 것도 그 때문입니다. 자신의 지식이 본래의 목적과 상반되는 방향으로 사용되는 것은 그 어떤 지식인도 원하지 않는 바일 것입니다.

2013년 9월 12일

한국역사연구회, 역사문제연구소, 민족문제연구소, 역사학연구소

43. 전국역사학대회협의회 소속 학회 및 역사학 관련 28개 학회 공동 성명서 발표(2015. 10. 30.)

해 설

박근혜 정부는 역사학계의 전면 반대 속에서도 역사교과서 국정화를 추진했다. 이와 같은 상황 속에서 전국역사학대회협의회 소속 학회 및 역사학 관련 28개 학회는 역사학대회 기간 중 공동성명서를 발표했다. 당시 28개 역사학 관련 학회들은 역사교과서 국정화 철회 및 역사학자의 국정 역사교과서 제작에 불참을 촉구하는 성명서를 발표했다.

[전국역사학대회]
국정 역사교과서 반대 공동성명서

교과서 국정화 철회를 엄중히 요구하며 국정 역사교과서 제작 불참을 촉구한다.
역사교과서 국정화를 반대하는 각계각층의 목소리가 점점 커지고 더욱 큰 메아
리를 불러일으키고 있습니다. 대다수 역사학 전공 교수들과 교사들은 국정화가 강
행될 경우 국정 역사교과서 제작에 불참하겠다는 의사를 밝혔고, 이에 많은 국민이
공감하며 지지와 성원을 보내주고 있습니다. 역사 연구자들과 교사들이 국정화 철회
를 요구하며 집회를 열고 거리 행진을 펼치는 초유의 사태까지 일어나고 있습니다.
그럼에도 정부·여당은 국정화를 관철시키기 위해 온갖 수단을 동원한 파상적 이
념 공세로 역사학계를 모독하고 있습니다. 하지만, 정부·여당이 역사교과서 국정화
를 강행하려 하고 매카시즘 공세를 강화할수록 역사학계와 국민은 역사 해석과 교
육을 독점하고 사유화하려는 정치권력의 의도를 더욱 분명히 깨달아 가고 있습니
다. 역사교과서 국정화를 둘러싼 갈등이 보수와 진보의 이념 대립이 아니라 다양성
대 획일성, 역사적 진실 대 권력적 탐욕 간의 대결임을 직시하고 있습니다.
역사학계가 역사교과서 국정화를 반대하는 이유는 분명합니다. 역사교과서 국정
제는 첫째, 수시로 바뀌는 정권에 의해 역사 해석과 역사교육이 독점돼 역사교육
자체가 끊임없이 정쟁의 대상이 될 수밖에 없습니다. 둘째, 교육의 자주성, 전문성,
정치적 중립성을 보장한 헌법정신과 충돌하는 비민주적 제도로 민주화와 함께 극
복됐던 구시대의 산물입니다. 셋째, 주체적·비판적 사고력과 종합적 판단력을 가진
창의적 민주시민의 교육에 부적합하고, 세계 보편적 기준이나 추세에도 뒤떨어진
제도입니다. 더욱이 민주주의적인 공론화 과정없이 강행하는 역사교과서 국정화는
대한민국의 역사교육과 민주주의의 후퇴를 초래하고 말 것입니다.
민주주의 사회에서 역사교육은 민주적 시민의식을 갖추고 한국인으로서의 자긍
심과 세계인으로서의 인류애를 지닌 시민을 키워냅니다. 다양한 역사 해석의 가능
성을 제시하며 창의적이고 비판적인 사고를 할 수 있는 힘을 길러줍니다. 오직 하
나의 역사, 하나의 역사 해석만을 가르치는 국정 교과서로는 민주적인 시민은 물론
세계화·다문화 시대를 짊어질 창의적이고 비판적인 미래 세대를 키워내기 어렵습
니다.
역사학계는 사관(史官) 위에는 하늘이 있다고 하면서 권력의 부당한 간섭에 대항
해 직필(直筆)을 실천하고자 했던 선배들의 자랑스러운 전통을 계승하고 후대에 부
끄러운 역사를 남기지 말아야 한다는 학자적 양심과 소신에서 역사교과서 국정화

조치를 반대해왔습니다. 전국역사학대회협의회는 2014년에 이미 정부의 국정화 시도의 중단을 촉구하는 공동 성명을 발표한 바가 있습니다. 올해는 제58회 역사학대회를 맞아 역사학 관련 학회들과 함께 그간 역사학계가 곳곳에서 줄기차게 표명했던 단호한 의지를 모아 다시 한 번 학계 전체의 확고한 의사를 밝히고자 합니다.

1. 정부는 역사교과서 국정화 행정 예고 조치를 즉각 철회하라.
1. 정부, 여당은 역사학계를 모독하는 행태를 즉각 중단하라.
1. 모든 역사학자들에게 국정 역사교과서 제작에 불참할 것을 촉구한다.

2015년 10월30일
제58회 전국역사학대회협의회 소속 학회 및 역사학 관련 학회 일동

성명서 참여 학회(가나다 순)

경제사학회	도시사학회	만주학회
백제학회	부산경남사학회	역사교육연구회
역사교육학회	역사와교육학회	역사학회
웅진사학회	조선시대사학회	중부고고학회
한국교육사학회	한국고대사학회	한국과학사학회
한국근현대사학회	한국냉전학회	한국민족운동사학회
한국목간학회	한국사상사학회	한국사연구회
한국사학사학회	한국서양사학회	한국역사교육학회
한국역사민속학회	한국역사연구회	한국중세사학회
호남사학회	(총 28개 학회)	

44. 「현 시국에 대한 역사학계의 요구」 (역사학계 시국 성명 발표, 2016. 11. 1.)

해 설

2016년 박근혜·최순실 국정농단 사건과 관련하여 역사학계 역시 시국성명을 발표하였다. 국정농단의 철저한 조사와 함께 역사학계의 주요 현안이었던 역사교과서 국정화 및 역사교육 퇴행에 대해서도 책임을 묻는 성명서를 발표하였다.

자 료

현 시국에 대한 역사학계의 요구

박근혜 정권이 일으킨 현 사태는 대한민국이 민주주의 법치국가라는 믿음을 여지없이 무너뜨리는 총체적 난국상을 보여주고 있다. 현 상황은 국민의 주권을 위임받은 대통령이 권력을 남용하고 사유화한 결과이다. 왕조시대에서조차 쉽게 일어날 수 없는 일이 자행되었다는 사실에 역사학계는 경악하지 않을 수 없다.

세월호 대참사 이후 제대로 된 조사와 수습은 고사하고 진상규명 활동마저 방해했던 일, 일본군 '위안부' 문제를 밀실 야합으로 처리했던 일 등 지금까지의 일방적 정책들은 결국 정상적인 국정운영의 결과가 아니었음이 백일하에 드러났다. 물론 역사교육도 예외가 아니었다.

그간 시민사회와 역사학계는 시대착오적이며 퇴행적인 역사교과서의 국정화 시도에 대해 줄기차게 반대 의사를 표명했다. 역사학자들은 학문적 전문성을 무시하며 독단을 자행한 현 정권의 정책에 분노하면서도 합리적 시정을 요구해 왔다. 이는 민주주의와 법치가 작동하고 있다는 최소한의 믿음이 있었기 때문이다. 그러나 이 믿음마저 여지없이 무너뜨린 현실에 참담함을 금할 수 없다.

우리 역사학자들은 현 사태를 보며 민주공화국을 구성하는 체계와 근본 가치의 확고한 수립 없이는 사태의 정상화가 불가능하다는 점을 절감한다. 현 사태에 대한 철저한 조사와 지위고하를 막론한 책임자 처벌 그리고 박근혜 대통령 및 관련자들의 권력 농단과 관계된 모든 사안에 대해 한 점 의혹 없는 진상 규명이 이루어져야 한다. 또 다시 민주공화국의 헌정질서가 농단되고, 시대착오적인 교과서 국정화 파행을 재발시킨다면 역사학계는 결코 좌시하지 않을 것이다. 정치권은 국민의 분노를 직시하고 정략적 발상을 넘어 오로지 국민을 위한 민주헌정 질서 회복에 최선을 다한다는 자세로 현 사안에 임해야 한다. 이에 역사학계는 다음의 사항을 강력하게 요구한다.

하나, 국정파탄을 초래한 박근혜 대통령과 관련자는 국민 앞에 모든 진실을 밝혀라.
하나, 국정농단과 관련된 사안을 철저하게 수사하고 책임을 낱낱이 물으라.
하나, 역사교과서 국정화 및 역사교육을 퇴행시키는 일체의 정책을 중단하라.

고려사학회 대구사학회 도시사학회 만인만색연구자네트워크 만주학회 문화사학
회 민족문제연구소 아시아평화와역사연구소 역사교육연구회 역사문제연구소 역사
문화학회 역사학연구소 역사학회 연세사학연구회 영국사학회 이베로아메리카연구
회 이주사학회 일본사학회 전북사학회 조선시대사학회 중국고중세사학회 중국근현
대사학회 한국고고학회 한국고대사학회 한국과학사학회 한국구술사학회 한국근현
대사학회 한국교육사학회 한국독일사학회 한국러시아사학회 한국미국사학회 한국
민족운동사학회 한국사상사학회 한국사연구회 한국사학사학회 한국상고사학회 한
국서양고대역사문화사학회 한국서양사학회 한국서양중세사학회 한국역사교육학회
한국역사민속학회 한국역사연구회 한국인물사연구회 한국중세사학회 한국프랑스사
학회 호남사학회 호서사학회(가나다순)

2016년 11월 1일
역사학계 47개 학회 및 단체 일동

45. 미디어위원회 개편 관련 규정(2016. 12. 17.)

해 설

2016년 30차 총회에서 발달된 각종 미디어를 더 잘 활용하고 매스미디어에 대
해 능동적으로 대처하기 위해 웹진위원회를 미디어위원회로 개편하는 회칙 개정을
진행하였다.

자 료

한국역사연구회 회칙 개정안

제1장 총 칙

제1조 (명칭) : 본회는 한국역사연구회라 칭한다.

제2조 (위치) : 본회의 본부는 서울에 두며 지부를 둘 수 있다.

제3조 (목적) : 본회는 과학적 실천적 역사학의 수립을 통해 우리 함을 목적으로 한다.

제4조 (사업) : 본회는 제3조의 목적을 달성하기 위하여 다음과 같은 사업을 한다.
 1. 공동연구
 2. 연구성과의 대중화
 3. 회지, 웹진 발간 및 대중을 위한 출판 보급 활동
 4. 기타 본회의 목적에 맞는 사업

제2장 회 원

제5조 (자격) : 본회의 회원은 본회의 목적에 찬동하는 자로서 구성함을 원칙으로 한다.

제6조 (구성) : 회원은 연구회원과 일반회원, 특별회원으로 구성한다.
 1. 연구회원은 공동연구, 공동학습, 사업 활동에 참여하는 회원으로 한다.
 2. 일반회원은 본회에서 발간하는 정기간행물을 구독하는 회원으로 한다.
 3. 특별회원은 연구회원이나 일반회원이 아니면서 본회의 취지에 찬동하는 개인 또는 단체로 한다.

제7조(가입)
 1. 연구회원은 회원 2인 이상의 추천을 받아 분과의 승인을 거쳐 가입한다.
 2. 일반회원은 회비를 납부함으로써 가입된다.
 3. 특별회원은 운영위원회의 승인을 얻음으로써 가입된다.

제8조 (권리) : 회원은 본회의 활동과 운영에 참여할 수 있고 본회에서 관장하는 사업의 혜택을 받 을 수 있다.

제9조 (의무) : 회원은 회칙 및 본회의 제반 의결사항을 준수하며 회비 또는 후원금을 납부하여야한다.

제10조 (징계) : 회원으로서 본회의 명예를 훼손하거나 회원의 의무를 심각하게 저버렸을 경우 총회의 의결에 의해 징계할 수 있다.

제3장 기 구

제11조 (총회)

1. 구성 : 총회는 연구회원으로 구성한다.
2. 기능 : 총회는 회칙을 개정하고 회장·부회장 및 감사를 선출하며 기타 본회의 주요사항을 심의 의결한다.
3. 회의 : 총회는 매년 12월에 개최하며 필요에 따라 운영위원회 또는 연구회원 4분의 1이상의 요구로 임시총회를 개최할 수 있다. 총회의 의장은 회장이 맡는다.

제12조(회장) : 회장은 총회에서 선출하며 임기는 1년으로 한다. 회장은 본회를 대표하며 연구위원장, 편집위원장, 미디어 위원장, 사무국장을 임면한다.

제13조(부회장) : 부회장은 총회에서 선출하며, 임기는 1년으로 한다. 부회장은 회장을 보좌한다.

제14조(자문위원회)

1. 구성 : 자문위원회는 회장이 운영위원회의 추천을 받아 구성한다.
2. 기능 : 자문위원회는 본회의 사업에 관한 자문에 응한다.
3. 회의 : 자문위원회는 필요에 따라 회장이 소집한다.

제15조(운영위원회)

1. 구성 : 운영위원회는 회장, 부회장, 연구위원장, 연구분과장, 편집위원장, 미디어위원장, 사무국장으로 구성한다.
2. 기능 : 운영위원회는 본회의 제반활동을 관장한다.
3. 회의 : 운영위원회 회의는 정기적으로 개최한다.

제16조 (연구위원회)

1. 구성 : 연구위원회는 연구위원장, 연구분과장, 연구위원으로 구성한다.
2. 기능 : 연구위원회는 본회의 제반 연구활동을 관장하며, 특별연구반을 둘 수 있다.
3. 회의 : 연구위원회 회의는 정기적으로 개최한다.

제17조(연구윤리위원회)

1. 구성 : 연구윤리위원회는 회장, 부회장, 연구위원장, 편집위원장, 미디어위원장을 포함한 10명 이내의 위원으로 구성하며, 위원장은 연구위원장이 맡는다.
2. 기능 : 연구윤리 관련 제도 수립 및 회원들의 연구부정 행위와 관련한 문제를 조사, 심의하여 한국역사연구회 연구윤리규정에 의해 처리한다.
3. 회의 : 연구윤리위원회는 필요에 따라 위원장이 소집한다.

제18조(연구분과)

1. 구성 : 연구분과는 시대별로 설치하며, 각 분과에는 연구반과 학습반을 둔다.

2. 기능 : 각 연구분과는 본회의 목적에 맞는 제반 연구활동을 수행한다.

제19조(사무국)

1. 구성 : 사무국은 사무국장과 상임위원으로 구성한다.
2. 기능 : 사무국은 본회의 활동에 따른 제반 사무를 관장한다.

제20조(편집위원회)

1. 구성 : 편집위원회는 편집위원장, 편집위원으로 구성한다.
2. 기능 : 편집위원회는 회지의 기획 및 편집, 간행에 관한 업무를 관장한다.
3. 회의 : 편집위원회 회의는 정기적으로 개최한다.

제21조(미디어위원회)

1. 구성 : 미디어 위원회는 미디어 위원장과 미디어간사, 미디어 위원으로 구성한다.
2. 기능 : 미디어위원회는 웹진의 기획 및 편집, 제작, 간행 및 기타 미디어 관련 업무를 관장한다.

제22조(감사) : 감사는 2인을 두며 총회에서 선출하고 임기는 1년으로 한다. 감사는 본회의 운영 및 재정을 감사하여 총회에 보고한다.

제23조(법인) : 본회는 운영과 목적사업을 원활하게 수행할 수 있도록 공익법인의 설립운영에 관한 법률의 규정에 따라 사단법인을 설립할 수 있다.

제4장 재정

제24조(재정) : 본회의 재정은 기금, 회비, 후원금, 기타 사업수익금으로 충당한다.

제5장 부 칙

제25조(의결) : 본회의 일반적 의결은 출석회원 과반수의 찬성으로 한다.

제26조(회칙개정) : 회칙은 운영위원회 또는 연구회원 4분의 1이상의 발의에 의해 총회출석회원 3 분의 2이상의 찬성으로 개정할 수 있다.

제27조(회기) : 회기는 매년 1월부터 12월까지로 한다.

제28조(내규) : 기타회칙에 규정되지 않은 사항은 내규에 따른다. 내규는 운영위원회에서 정한다.

제29조(해산) : 본회는 연구회원 과반수의 출석과 출석회원 3분의 2이상의 찬성으로 해산할 수 있다.

제30조(효력) : 본 회칙은 2016년 12월 17일부터 그 효력을 발생한다.

제정: 1988. 9. 3
제 1차 개정: 1988. 9.30
제 2차 개정: 1989. 8.19

제 3차 개정: 1991. 6.22
제 4차 개정: 1992. 6.20
제 5차 개정: 1993. 6.26
제 6차 개정: 1995. 2.18
제 7차 개정: 1995. 6.24
제 8차 개정: 1996. 6.22
제 9차 개정: 1998. 6.20
제10차 개정: 1998.12.19
제 1차 개정: 1999.12.28
제 2차 개정: 2001.12. 8
제 3차 개정: 2002.12.21
제 4차 개정: 2004.12.11
제 5차 개정: 2008. 5.31
제16차 개정: 2008.12.20
제17차 개정: 2009. 4.25
제18차 개정: 2016.12.17

46. 연구회 인권위원회 관련 규정(2017. 12. 16.)

해 설

2016년 12월 17일에 개정된 회칙에서 현실과 맞지 않는 부분을 수정하고 달라진 사회 환경에 능동적으로 대처하기 위하여 회원 상호 존중 의무를 추가하고 회원 상호 존중 의무 위반을 심의하기 위하여 인권위원회를 설치하는 조항을 추가하였다.

자 료

한국역사연구회 회칙 개정안

제1장 총 칙
제1조(명칭) : 본회는 한국역사연구회라 칭한다.
제2조(위치) : 본회의 본부는 서울에 두며 지부를 둘 수 있다.
제3조(목적) : 본회는 과학적 실천적 역사학의 수립을 통해 우리를 목적으로 한다.
제4조(사업) : 본회는 제3조의 목적을 달성하기 위하여 다음과
 1. 공동연구
 2. 연구성과의 대중화
 3. 회지, 웹진 발간 및 대중을 위한 출판 보급 활동
 4. 기타 본회의 목적에 맞는 사업

제2장 회 원
제5조(자격) : 본회의 회원은 본회의 목적에 찬동하는 자로서 구성함을 원칙으로
 한다.
제6조(구성) : 회원은 연구회원과 일반회원, 특별회원으로 구성한다.
 1. 연구회원은 공동연구, 공동학습, 사업 활동에 참여하는 회원으로 한다.
 2. 일반회원은 본회에서 발간하는 정기간행물을 구독하는 회원으로 한다.
 3. 특별회원은 연구회원이나 일반회원이 아니면서 본회의 취지에 찬동하는 개
  인 또는 단체로 한다.
제7조(가입)
 1. 연구회원은 회원 2인 이상의 추천을 받아 분과의 승인을 거쳐 가입한다.
 2. 일반회원은 회비를 납부함으로써 가입된다.
 3. 특별회원은 운영위원회의 승인을 얻음으로써 가입된다.
제8조(권리) : 회원은 본회의 활동과 운영에 참여할 수 있고 본회에서 관장하는
 사업의 혜택을 받을 수 있다.
제9조(의무) : 회원은 회칙 및 본회의 제반 의결사항을 준수하며 회비 또는 후원
 금을 납부하여야하고, 말과 행동에서 서로를 존중하여야 한다.
제10조(징계) : 회원으로서 본회의 명예를 훼손하거나 회원의 의무를 심각하게
 저버렸을 경우 운영 위원회의 의결에 의해 징계할 수 있다.

제3장 기 구

제11조(총회)

1. 구성 : 총회는 연구회원으로 구성한다.

2. 기능 : 총회는 회칙을 개정하고 회장·부회장 및 감사를 선출하며 기타 본회의 주요사항을 심의의결한다.

3. 회의 : 총회는 매년 12월에 개최하며 필요에 따라 운영위원회 또는 연구회원 4분의 1이상의 요구로 임시총회를 개최할 수 있다. 총회의 의장은 회장이 맡는다.

제12조(회장) : 회장은 총회에서 선출하며 임기는 1년으로 한다. 회장은 본회를 대표하며 연구위원장, 편집위원장, 미디어 위원장, 사무국장을 임면한다.

제13조(부회장) : 부회장은 총회에서 선출하며, 임기는 1년으로 한다. 부회장은 회장을 보좌한다.

제14조(자문위원회)

1. 구성 : 자문위원회는 회장이 운영위원회의 추천을 받아 구성한다.

2. 기능 : 자문위원회는 본회의 사업에 관한 자문에 응한다.

3. 회의 : 자문위원회는 필요에 따라 회장이 소집한다.

제15조(운영위원회)

1. 구성 : 운영위원회는 회장, 부회장, 연구위원장, 연구분과장, 편집위원장, 미디어위원장, 사무국장으로 구성한다.

2. 기능 : 운영위원회는 본회의 제반활동을 관장한다.

3. 회의 : 운영위원회 회의는 정기적으로 개최한다.

제16조(연구위원회)

1. 구성 : 연구위원회는 연구위원장, 연구분과장, 연구위원으로 구성한다.

2. 기능 : 연구위원회는 본회의 제반 연구활동을 관장하며, 특별연구반을 둘 수 있다.

3. 회의 : 연구위원회 회의는 정기적으로 개최한다.

제17조(연구윤리위원회)

1. 구성 : 연구윤리위원회는 회장, 부회장, 연구위원장, 편집위원장, 미디어위원장을 포함한 10명 이내의 위원으로 구성하며, 위원장은 연구위원장이 맡는다.

2. 기능 : 연구윤리 관련 제도 수립 및 회원들의 연구부정 행위와 관련한 문제를 조사, 심의하여 한국역사연구회 연구윤리 규정에 의해 처리한다.

3. 회의 : 연구윤리위원회는 필요에 따라 위원장이 소집한다.

제18조(연구분과)

1. 구성 : 연구분과는 시대별로 설치하며, 각 분과에는 연구반과 학습반을 둔다.

2. 기능 : 각 연구분과는 본회의 목적에 맞는 제반 연구활동을 수행한다.

제19조(사무국)

1. 구성 : 사무국은 사무국장과 상임위원으로 구성한다.

2. 기능 : 사무국은 본회의 활동에 따른 제반 사무를 관장한다.

제20조(편집위원회)

1. 구성 : 편집위원회는 편집위원장, 편집위원으로 구성한다.

2. 기능 : 편집위원회는 회지의 기획 및 편집, 간행에 관한 업무를 관장한다.

3. 회의 : 편집위원회 회의는 정기적으로 개최한다.

제21조(미디어위원회)

1. 구성 : 미디어 위원회는 미디어 위원장과 미디어간사, 미디어 위원으로 구성
한다.

2. 기능 : 미디어위원회는 웹진의 기획 및 편집, 제작, 간행 및 기타 미디어 관
련 업무를 관장한다.

제22조(인권위원회)

1. 구성 : 인권위원회는 부회장, 연구위원장, 편집위원장, 미디어위원장을 포함
한 10명 이내의 위원으로 구성하며, 위원장은 부회장이 맡는다. 회장은 회원
중 2명을 상임 인권위원으 로 임명하여 총회에 보고한다.

2. 기능 : 회원 상호 존중 의무를 저버린 경우에 대하여 조사, 심의하여 한국역
사연구회 인권위원회 규정에 따라 처리한다.

3. 회의 : 인권위원회는 필요에 따라 위원장이 소집한다.

제23조 (감사) : 감사는 2인을 두며 총회에서 선출하고 임기는 1년으로 한다. 감
사는 본회의 운영 및 재정을 감사하여 총회에 보고한다.

제24조(법인) : 본회는 운영과 목적사업을 원활하게 수행할 수 있도록 공익법인
의 설립운영에 관한 법률의 규정에 따라 사단법인을 설립할 수 있다.

제4장 재 정

제25조(재정) : 본회의 재정은 기금, 회비, 후원금, 기타 사업수익금으로 충당한다.

제5장 부 칙

제26조(의결) : 본회의 일반적 의결은 출석회원 과반수의 찬성으로 한다.

제27조(회칙개정) : 회칙은 운영위원회 또는 연구회원 4분의 1이상의 발의에 의
해 총회출석회원 3분의 2이상의 찬성으로 개정할 수 있다.

제28조 (회기) : 회기는 매년 1월부터 12월까지로 한다.

제29조 (내규) : 기타회칙에 규정되지 않은 사항은 내규에 따른다. 내규는 운영

위원회에서 정한다.

제30조 (해산) : 본회는 연구회원 과반수의 출석과 출석회원 3분의 2이상의 찬성으로 해산할 수 있다.

제31조(효력) : 본 회칙은 2017년 12월 16일부터 그 효력을 발생한다.

제정: 1988. 9. 3
제 1차 개정: 1988. 9.30
제 2차 개정: 1989. 8.19
제 3차 개정: 1991. 6.22
제 4차 개정: 1992. 6.20
제 5차 개정: 1993. 6.26
제 6차 개정: 1995. 2.18
제 7차 개정: 1995. 6.24
제 8차 개정: 1996. 6.22
제 9차 개정: 1998. 6.20
제10차 개정: 1998.12.19
제 1차 개정: 1999.12.28
제 2차 개정: 2001.12. 8
제 3차 개정: 2002.12.21
제 4차 개정: 2004.12.11
제 5차 개정: 2008. 5.31
제16차 개정: 2008.12.20
제17차 개정: 2009. 4.25
제18차 개정: 2016.12.17
제19차 개정: 2017.12.16

제4부
현장 30년

1988 연구회집들이 1

1988 연구회집들이 2

1988.09.03 연구회 창립총회 뒷풀이

1988.10.22 학술대토론회 한국근대의 변혁운동과 민족문제

1988.10.22 학술대토론회 한국근대의 변혁운동과 민족문제 청중석

1989.02.25 민족해방운동 3.1운동 프레스센터

1989.08.04 여름수련회(경기도 하남캠프)

1990.03.04 북한산 등반팀

1990.05.12 농민전쟁 100주년기념 심포

1990.05.12 농민전쟁 100주년기념 심포2

1990.06.22 제3차 정기총회 1

1990.06.22 제3차 정기총회 2

1990.08.07 여름수련회 경기도 하남캠프 1

1990.08.07 여름수련회 경기도 하남캠프 2

1992.03.14 한국역사 출판기념회 출판클럽

1992.08.08 여름수련회 (전북 장수군 한길사 역사수련장)

1992.08.08 여름수련회 (전북 장수군 한길사 역사수련장) 여흥

1992.08.08 여름수련회 (전북 장수군 한길사 역사수련장) 운동회

1993.02.13 겨울수련회 대성리남사당 인간윷놀이

1993.02.13 겨울수련회 대성리남사당 토론

1993.02.20 농민전쟁답사 장흥동학농민혁명 기념탑

1993.05.01 제31회연구발표회 근현대사에서 제국주의와 지식인(대우재단)

1993.08.14 여름수련회 수안보유스호스텔

1993.08.14 여름수련회 수안보유스호스텔 단체

1993.08.14 여름수련회 수안보유스호스텔 토론

1994.04.23 고대사산책 14세기 고려의 정치와 사회 출판기념

1994.05.21 농민전쟁심포지움 4년차 세종문화회관 1

1994.05.21 농민전쟁심포지움 4년차 2 세종문화회관 심진택

1994.05.21 농민전쟁심포지움 4년차 세종문화회관 3

1994.05.21 농민전쟁심포지움 4년차 4 장두환사장 감사패

1994.08.19 여름수련회 대전동춘당

1994.08.19 여름수련회 스피드퀴즈 1

1994.08.19 여름수련회 스피드퀴즈 2

1994.08.19 여름수련회 휴식 중

1994.08.20 여름수련회 계룡산등반길

1994.08.20 여름수련회 기조발제와 토론 1

1994.08.20 여름수련회 매포수양관구석

1994.08.20 여름수련회 발야구

1994.10.30 체육대회 서울고등학교

1995.02.11 겨울수련회 수원아카데미하우스

1995.02.11 겨울수련회 수원아카데미하우스 인간윷놀이

1995.02.11 겨울수련회 수원아카데미하우스 토론

1995.02.11 겨울수련회 수원화성답사

1995.04.29 해방50주년기념 심포 장기원기념관

1995.06.24 제8차 정기총회

1996.01.22 한국역사특강 역사 속의 쿠데타 오영선

1996.01.22 한국역사특강 역사 속의 쿠데타 청중석

1996.02.10 여주답사 1

1996.02.10 여주답사 2

1996.02.11 여주답사 3

1996.05.10 심산상 수상후 기념제

1996.05.10 심산상 수상 후 제례

1996.05.10 제10회 심산상 수상 기념촬영

1996.05.10 제10회 심산상 수상소감

1996.06.07 식민지근대화론의 비판적 검토 학술심포

1996.06.22 제9차 정기총회 서울교대

1996.06.22 제9차 정기총회 서울교대 청중석

2000.06.10 한국전쟁의 재인식 세종문화회관 1

2000.06.10 한국전쟁의 재인식 세종문화회관 2

2000.06.10 한국전쟁 50주년 학술 심포지움

2000.08.25 남북정상회담의 역사적 의미 학술토론회

2001.04.01 웹진위원회 수련회 및 회의

2001.06.22 심포지엄(북한역사학의 어제와 오늘)

2002.05.26 제26회 한국역사특강 1

2002.05.26 제26회 한국역사특강 2

2002.11.09 심포지움(21세기 한국사 교과서와 역사교육의 방향)

2004.03.20 기획발표회(테러 피압박민족의 저항수단인가)

2004.08.14 연구회여름수련회(속리산) 1

2004.08.14 연구회여름수련회(속리산) 2

**2005년도 일본문부성 검정통과(후소샤, 동경, 일본)
교과서 분석 심포지엄**

■ **일시** : 2005년 4월 11일(월) 오후 2:00~6:00
■ **주최** : 아시아평화와역사교육연대, 역사문제연구소, 한국역사연구회
■ **장소** : 서울역사박물관 강당

프로그램명		내용
1:50~2:00	접수	전체 사회 : 이지원(대림대 교수)
2:00~3:20	'새역모' 및 검정통과 교과서 분석 Ⅰ (후소샤, 동경, 일본)	주제 1 : 전근대 시대를 중심으로 · 발표 : 김한석(강원대 교수) 주제 2 : 근현대 시대를 중심으로 · 발표 : 신주백(역사문제연구소 연구원) 주제 3 : 일본사를 중심으로 · 발표 : 하종문(한신대 교수)
3:20~3:30	휴식	
3:30~4:50	'새역모' 및 검정통과 교과서 분석 Ⅱ (후소샤, 동경, 일본)	주제 4 : 중국 관련 서술을 중심으로 · 발표 : 이유성(한신대 연구교수) 주제 5 : 국제관계를 중심으로 · 발표 : 송주명(한신대 교수) 주제 6 : 공민교과서를 중심으로 · 발표 : 권혁태(성공회대 교수) 주제 7 : '여성'관련 서술을 중심으로 · 발표 : 김수영(고려대 한국사회연구소) 주제 8 : 역사교육을 중심으로 · 발표 : 박중현(중갑고 교사)
4:50~5:10	Break Time	
5:10~6:00	종합토론	토론 : 오종록(한국역사연구회 회장) (전국역사교사모임) 전체 발표자 참여

문의 : 아시아평화와역사교육연대
http://www.japantext.net
02-3672-4192

歷史 | 아시아평화와역사교육연대
교과서운동본부

2005.04.11 일본 문부성 역사교과서 분석 심포지엄 초청장

2005.04.28 제48회 전국역사학대회 참여부스

2005.05.28 제48회 전국역사학대회 참여

2006.04.01 한국역사연구회 101회 연구발표회 1

2006.04.01 한국역사연구회 101회 연구발표회 2

2006.05.20 제49회 전국역사학대회(역사에서의 중앙과 지방) 충북대학교

2007.01.19 신구임원 간담회

2007.06.22 대마도 여름수련회

2007.10.01 이사 직전 방배동 사무실 내부

2007.10.01 이사 직전 방배동 사무실 전경

2007.10.02 양평동 사무실 집들이

2007.11.20 한국역사연구회 학술대회(일제하 지방지배를 보는 두개의 시각)

2008.06.10 촛불집회 연구회 참여

2008.07.05 여름수련회 단체사진

2008.11.14 연구회 창립 20주년 기념 심포지엄

2009.02.26 3.1운동 90주년 심포지엄

2009.04.25 법인설립 및 건물 마련을 위한 4.25. 임시총회

2010.05.29 역사학대회 성명서 발표

2010.06.04 신입회원 간담회

2010.07.03 여름수련회

2010.07.03 여름수련회

2010.07.03 여름수련회

2012.09.15 유신학술회의 연구회 발표

2012.10.26 연구회 주관 역사학대회

2013.08.28 웹진위원회 기획강연 한국 역사 자료 DB 구축 성과와 그 활용 방안

2013.12.19 교학사 한국사 교과서 검토 기자회견

2014.04.19 한국사 교과서 검정 파동과 발행(검정)제도 개선방안 학술심포지엄

2014.07.05 여름수련회-연구회 혁신방안 토론회 풍경

2014.09.19 운영위원회 뒷풀이(분과총무 전원 참석 기념)

2015.03.28 외교의례를 통해 본 11~15세기 한중관계

2015.10.15 역사교과서 국정화 관련 연구회 비상회의

2016.03.19 역사와 현실 100호 기념 발표회

2016.07.02 역사와 현실 100호 기념&웹진 개편 런칭회

2017.02.25 연구회 촛불집회 참여

2017.12.05 연구회 기획전시
유사역사학과 60년 한국사회의 파시즘 유사역사학

제5부
부　록

1. 창립 이전 자료

1) 망원한국사연구실 문건

(1) 회원 명단(1986년 7월 현재)(『망원한국사연구실회보』 창간호, 1986.7.26.)

강영심 강일석 강정숙 강진갑 고동환 김경림 김경동 김광운 김명구 김선경 김순덕
김영근 김현숙(1) 김현숙(2) 도진순 류승렬 박준성 송규진 송찬섭 신주현 심상대
양진석 염인호 오영교 왕현종 유영구 윤대원 윤정애 이상찬 이상춘 이애숙 이윤상
임대식 임승표 장규식 전미란 전우용 전현수 정선남 정연태 정태헌 정용욱 조윤선
지수걸 채석현 한홍구 홍순권 황민호

(2) 회칙 1984년 12월 8일 제정, 1985년 7월 6일 개정(『망원한국사연구실회보』 창간호)

제1조 본 연구실은 망원한국사연구실이라 칭한다.
제2조 본 연구실은 과학적 인식과 방법에 입각하여 새로운 한국사학의 방향을 모색하고, 회원 상호간의 공동연구를 추진하며, 그 연구결과를 보급하는 것을 목적으로 한다.
제3조 본 연구실의 회원은 본 연구실의 목적에 찬동하는 자로서 연구회원과 일반회원으로 구성한다.
제4조 1. 연구회원은 본 연구실의 연구분과에 참여하는 자로서 연구회비 납부 의무를 지며, 연구실의 제반사업에 적극 참여해야 한다.
　2. 연구회원이 되고자 할 때에는 연구회원 2인 이상의 추천으로 간사회의 동의를 얻어야 한다.
제5조 1. 일반회원은 연구실의 제반사업에 참여할 권리가 있으며, 일반회비의 납부 의무를 진다.
　2. 일반회원은 간사회에서 정한 소정의 절차를 거쳐 가입한다.
제6조 본 연구실의 회원으로서 본 연구실의 목적이나 취지에 위배된 활동을 하였

을 경우는 간사회의 의결과 총회의 동의를 거쳐 징계할 수 있다.

제7조 본 연구실은 총회와 간사회를 둔다.

제8조 총회는 년 2회(6개월에 한 번씩) 개최하고 회칙개정, 사업계획, 임원선거, 예산 및 결산, 기타 중요한 사항을 의결한다. 필요에 따라 임시총회를 개최할 수 있다.

제9조 1. 간사회는 대표간사 1명, 총무간사, 편집간사, 섭외간사 각 1명, 연구간사 약간명으로 구성한다.

　2. 대표간사, 총무간사, 편집간사, 섭외간사는 총회에서 선출한다.

　3. 대표간사 및 간사의 임기는 1년으로 하며 중임할 수 있다.

　4. 간사회는 월 1회 개최하며 총회의 위임사항과 사업진행에 관한 사항을 처리한다.

제10조 1. 본 연구실은 연구활동을 효과적으로 추진하기 위하여 연구분과를둔다.

　2. 연구분과의 신설 또는 폐지는 총회의 의결을 거쳐야만 한다.

　3. 각 연구분과위원장은 해당 연구분과에서 선출하며 당연직으로서 연구간사가 된다.

제11조 1. 본 연구실은 연구 결과의 보급사업을 위한 특별기구로서 편집위원회를 둔다.

　2. 편집위원회는 본 연구실이 직접 주관하거나 간여하는 간행물의 편집을 맡으며 기타 연구활동에 대한 지원사업을 행한다.

　3. 편집위원회의 제반사업 내용은 간사회의 지도를 받아 실행한다.

　4. 편집간사는 편집위원장이 되며, 편집위원은 위원장이 간사회의 동의를 얻어 본 연구실 회원 가운데서 위촉한다.

제12조 본 연구실은 연구의 활성화를 위해 고문을 둘 수 있다.

제13조 본 연구실은 제2조의 목적을 달성하기 위해 다음의 사업을 행한다.

　1. 연구발표 및 세미나

　2. 회지 또는 기타 간행물의 발간

　3. 본 연구실의 목적 달성에 적합하다고 인정되는 사업

제14조 본 연구실의 경비는 회비, 찬조금, 기타 제반사업의 수익금으로 충당한다.

제15조 회비는 연구회비, 일반회비로 구성되며, 연구회원이 되고자 하는 자는 소정의 입회비를 납부해야 한다.

제16조 본 회칙에 규정되지 않은 사항은 간사회의 의결로써 처리하며 총회의 사후 승인을 받아야 한다.

　- 1987년 2월 7일 재개정(망원월보 제3호, 1987년 10월 31일 발행)

(3) 활동일지

- 1984년 12월 8일 창립총회 : 일제사, 민중사, 민사연 참여
  회칙통과, 간사제(대표 1, 총무 1, 연구 4, 편집 4, 섭외 1, 사업 1). 2개 분과 20
  여명의 회원
- 1984년 12월 12일 제1차 간사회의
- 1984년 12월 22일 현판식
- 1984년 12월 26일 편집회의 ; 편집위원회 구성, 회지의 형식 결정(특집, 일반논
  문, 자료소개, 인터뷰, 연구동향, 연구노트, 서평), 특집은 1920년대 한국농업과
  농민운동
- 1985년 1월 6일 제1차 월례발표회
- 1985년 3월 23일 제1차 수련회 ; 일영. 학계의 현황과 연구실의 진로 논의, 회
  지 편집문제 재검토, 간사진 개선
- 1985년 7월 6일 제2차 정기총회 ; 회칙개정, 간사개선(대표 1, 총무 1, 편집사
  업 1, 섭외 1), 연구실 방향모색(제2차 정기총회 주제발표문)
- 1985년 7월 12일 12차 간사회 ; 식민지시기사 자료 목록작업 논의, 서울대 근
  대사연구회와의 통합문제 논의
- 1985년 7월 27일 제2차 수련회 ; 주제는 현대사학사(민중사학의 정립을 위한
  제언)
- 1985년 12월 7일 제3차 수련회 ; 사슴산장. 연구실의 1년 평가
- 1985년 12월 13일 간사회 ; 연구실 조직개편안, 민중운동사를 주제로 공동연구
  추진 논의
- 1985년 12월 21일 제3차 정기총회 ; 연구분과 개편, 간사회 개편, 임원개선(대
  표간사 홍순권)
- 1986년 3월 1일 관악산 등반
- 1986년 3월 15~16일 식민지시기 학습분과 수련회(사슴산장)
- 1985년 4월 12~13일 근대사 학습분과 수련회(사슴산장)
- 1986년 6월 3일 간사회 ; 서울대 근대사연구회와 타대학 근대사 연구자들간의
  통합논의에 대한 연구실의 입장 토론 - 과학운동과 학문연구의 차별성에 대한
  토론
- 1986년 7월 1일 간사회 ; 각 대학의 대표성을 갖는 사람들의 모임인 협의체를
  구성하며 전반적인 문제를 논의키로 결정. 홍순권, 도진순을 잠정 대표로 선출
- 1986년 7월 26일 제4차 정기총회. 망원한국사연구실회보 창간호 발간

- 1986년 10월 3일 간사회 ; 신학회(근대사연구회) 설립에 관한 경과보고 - 망원과의 관계설정 문제제기
- 1986년 10월 17일 간사회 ; 망원 진로 검토 ; 망원의 목적, 신학회와의 관계설정, 회원 각자에게 요구되는 제사항
- 1986년 10월 31일 ; 식민지시대 목록작업으로 동아일보에서 1000만원 수입 가능
- 1986년 11월 14일 간사회 ; 신학회 창립준비 보고
- 1986년 12월 22일 간사회 ; 신학회 창립준비보고

(4) 월례발표회

제1회 1985년 1월 26일 오두환, 식민지 반봉건사회론에 대하여
제2회 3월 2일 이준식, 일제하 단천 농민운동에 대한 연구
　이종범, 1930년대 농민조합운동의 한 양상(진도)
제3회 3월 30일 주진오, 독립협회의 내정개혁구상과 그 정책
제4회 5월 25일 공제욱, 현대한국사회의 계급구조
제5회 6월 29일 조희연, 분단과 사회상황의 상관성에 관한 연구
제6회 8월 31일 김명구, 식민지시대 사회주의자들의 민중론
제7회 10월 9일 홍순권, 19세기 민중의 형성과 계급구성
　윤정애, 근대사에서 제국주의의 침략과 민중
제8회 11월 9일 도진순, 민중사학론
제9회 1986년 3월 29일 서중석, 민족사학과 민족주의
　반병률, 대한국민의회에 관한 연구
제10회 4월 26일 박찬승, 동학농민전쟁의 사회경제적 지향
제11회 5월 31일 송찬섭, 대학에서의 교양 한국사교육
　이순권, 중고등학교에서의 국사교육
제12회 7월 5일 김민수·박상현, 민중교육과 역사학
　10월 4일 한홍구, 한국 공산주의운동사에 대한 연구현황과 자료안내
　11월 1일 고동환, 조선후기 민란연구의 현황과 문제점
　1987년 1월 17일 지수걸, 일제하 농민운동사 연구의 현황과 문제점

(5) 재정상황

- 1986년 1월 1일부터 7월 21일까지의 상황을 보면 총수입 1,180,000원, 총지출 1,178,750원이었다. 대부분 회비(90%)에 의존하여 수입이 영세한 실정이다. 따라서 지출의 상당부분이 임대료(50%)로 지출되는 등 연구실 자체의 경상운영에 어려움.
- 1986년 7월 26일~1987년 2월 6일
  총수입 1,553,250원, 총지출 1,326,560. 회비가 1,285,000원. 임대료 22%

2) 한국근대사연구회 문건

(1) 창립취지문

오늘날 한국사회는 커다란 전환기를 맞이하고 있습니다. 이 전환기를 맞아 사회의 민주적 변혁과 분단의 자주적 극복이라는 우리 사회의 근본과제가 다시 크게 부각되고 있습니다. 그리고 이 과제 해결을 위한 전제로서 현 사회의 제반 모순에 대한 구조적인 인식과 그 기초로서 한국사의 체계적인 이해가 절실히 요청되고 있습니다. 따라서 학문 활동에 종사하는 연구자들, 특히 한국사연구자들에게 주어진 소임은 막중한 것이라고 하겠습니다.

한국사를 주체적인 입장에서 과학적으로 체계화하려는 노력은 그동안 한국사학계에서 꾸준이 계속되어 왔고, 그 노력들이 일정한 성과를 거두어 온 것은 사실입니다. 그러나 그러한 노력들은 연구작업의 개별분산성, 연구방법론의 한계 등으로 인하여 아직 소기의 목적을 충분히 달성했다고 보기에는 어려운 실정에 있습니다. 그리고 학계 안에는 한국사연구자들에게 주어진 소임을 충분히 인식하지 못한 채 현실로부터 유리된 역사학, 기능적인 역사학에 안주하려는 경향이 여전히 존재하고 있는 것도 사실입니다.

이와 같은 학계 현실을 돌이켜 보면서 우리는 역사연구의 존재 의의가 어디에 있는가를, 그리고 현재의 한국사연구가 구체적으로 어떠한 방향성과 지향점을 가져야 할 것인가를 다시금 생각해 보지 않을 수 없습니다. 말할 것도 없이 역사연구는 현실에 토대를 둔 이념활동이며, 따라서 그 역사연구의 존재 의의는 연구자의 투철한 현실인식에 기초한 학문적 실천에 있는 것입니다. 그러므로 이제 한국사연구자들은 한국사를 주체적 과학적 입장에서 올바르게 체계화하고, 특히 한국 근대사의 구조를 중점적으로 해명하여 현 전환기가 요구하고 있는 역사발전의 논리와 그 주체를 제시함으로써 우리 사회의 근본과제 해결에 동참해야만 할 것입니다.

그런데 이러한 한국사연구의 당면과제를 구체적으로 수행해 나가는 데에는 실로 많은 어려움이 가로놓여 있습니다. 따라서 이 과제 수행을 위해서는 연구자들의 올바른 자세확립과, 연구자들의 역량을 통일적으로 결집시킬 수 있는 공동연구체계, 그리고 이를 담아낼 수 있는 공간의 마련이 시급하다고 하겠습니다. 연구자들의 의식적인 공동노력을 통해서만 한국사연구의 실천적 과제의 해결은 가능할 것이기 때문입니다. 이에 우리는 현 시점을 한국사연구의 중요한 전환기로 삼아야 한다는 데에 공감하고 주어진 과제를 공동으로 해결해 나가기 위하여 한국근대사연구회를 결성하기로 뜻을 모았습니다.

1987. 4. 5.
한국근대사연구회 창립인 일동

(2) 창립인 명단

강만생 고동환 고석규 고정휴 구선희 권태억 김기승 김도형 김무진 김인걸 김준석 김준형 김항수 김현영 김훈식 남지대 노경채 도진순 마중락 박광용 박만규 박찬승 박천우 방기중 백승철 배영순 신순철 신영우 안병욱 안태정 양상현 오수창 오영교 유봉학 유 승 윤경로 윤용출 이세영 이수룡 이영학 이영호 이윤갑 이종범 이지원 이해준 임병훈 정연식 정태헌 정흥준 조성을 주진오 지수걸 최덕수 최상천 최원규 하원호 한상권 한홍구 홍순민

(3) 회칙

제1장 총칙
제1조(명칭) : 본회는 한국근대사연구회라 칭한다.
제2조(위치) : 본회의 본부는 서울에 두며 필요에 따라 지부를 둘 수 있다.
제3조(목적) : 본회는 한국근대사연구의 활성화를 통하여 한국사의 체계화에 기여하고 그 연구성과를 보급하며 나아가 과학적 실천적 역사학을 수립하는데 그 목

적을 둔다.

제4조 (사업) : 본회는 제3조의 목적을 달성하기 위하여 다음과 같은 사업을 한다.
 1. 공동학습 및 공동작업
 2. 연구성과의 대중화
 3. 회지발간 및 기타 대중을 위한 출판보급활동
 4. 기타 본회의 목적에 맞는 사업

제2장 회원

제5조(자격) : 본회의 회원은 본회의 목적에 찬동하는 자로서 구성함을 원칙으로 한다.

제6조(구성) : 회원은 연구회원과 일반회원으로 구성한다.
 1. 연구회원은 연구분과에 소속되며, 공동학습, 공동작업, 사업활동에 참여하는 회원으로 한다.
 2. 일반회원은 기타 본회 사업에 참여하는 회원으로 한다.

제7조(가입)
 1. 연구회원은 분과장의 추천을 받아 정해진 절차를 거쳐 가입한다.
 2. 일반회원은 소정의 회비를 납부함으로써 가입된다.

제8조(권리) : 회원은 본회의 사업에 참여할 수 있고 본회에서 관장하는 사업의 혜택을 받을 수 있다.

제9조(의무) : 회원은 회칙 및 본회의 제반 의결사항을 준수하며 소정의 회비를 납부하여야 한다.

제10조(징계) : 회원으로서 본회의 명예를 훼손하거나 회원의 의무를 준수하지 않을 경우 상임위원회의 의결에 의해 징계할 수 있다.

제3장 기구

제11조(총회)
 1. 구성 : 총회는 연구회원으로 구성한다.
 2. 기능 : 총회는 회칙을 개정하고 회장과 연구위원장 및 감사를 선출하고 기타 본회의 제반사항을 심의 의결한다.
 3. 회의 : 총회는 매회 2회 개최하며 필요에 따라 상임위원회나 재적회원 3분의 1이상의 요구로 임시총회를 개최할 수 있다. 총회의 의장은 회장이 맡는다.

제12조(자문위원회)
 1. 구성 : 자문위원회는 상임위원회의 추천으로 회장이 위촉한 자문위원으로 구

성한다.

2. 기능 : 자문위원회는 본회의 제반 사업에 관한 회장의 자문에 응한다.

제13조(상임위원회)

1. 구성 : 상임위원회는 회장과 연구위원장, 각부의 부장, 분과장 및 연구실 상임 위원으로 구성한다.

2. 기능 : 상임위원회는 본회의 최고 집행기관으로 연구 및 사업활동에 관한 제 반 사항을 심의, 의결, 집행한다.

3. 회의 : 상임위원회의 의장은 회장이 맡는다.

제14조(회장) : 회장은 총회에서 선출하며 임기는 2년으로 하되 연임할 수 있다. 회장은 본회를 대표하며 각부 부장과 부원 및 연구실 상임위원을 임면한다.

제15조(연구위원회)

1. 구성 : 연구위원회는 연구위원장과 분과장 및 상임 연구위원으로 구성한다.

2. 기능 : 연구위원회는 본회의 제반 연구활동(공동학습, 공동작업, 연구발표회, 학술토론회 등)을 관장한다.

3. 연구위원장 : 연구위원장은 연구위원회를 대표하며, 총회에서 선출하고 임기 는 2년으로 한다.

4. 분과 : 연구위원회는 분과를 설치하고 분과에는 분과장을 둔다. 분과장은 분과 에서 선출하며 임기는 1년으로 한다. 분과장은 분과원의 관리 및 공동학습과 기타 업무를 관장한다.

제16조(운영위원회)

1. 구성 : 운영위원회는 각부의 부장 및 연구실의 상임위원으로 구성한다.

2. 기능 : 운영위원회는 본회의 제반 사업활동을 관장하며 상임위원회의 감독을 받는다. 운영위원회의 의장은 회장이 맡는다.

3. 부서 : 부서는 총무부, 사업부, 섭외부, 교육부, 편집부를 두며 필요에 따라 부 서를 증설할 수 있다. 각부에는 부장과 부원을 둔다.

제17조(감사) : 감사는 2인을 두며 총회에서 선출하고 임기는 1년으로 한다. 감사 는 본회의 재정을 감사하며 총회에 보고한다.

제18조(연구실)

1. 구성 : 연구실은 회장이 임명한 상임위원으로 구성하며 이 중 1인은 서기가 겸한다. 상임위원의 임기는 1년으로 한다.

2. 기능 : 상임위원은 본회의 조직 및 사업에 관한 주요업무를 담당하며 연구실 을 관리한다.

제4장 재정

제19조(재정) : 본회의 재정은 회비, 찬조금, 기타 사업수익금으로 충당한다.

제5장 부칙

제20조(의결) : 본회의 일반적 의결은 재적 과반수의 출석과 출석 과반수의 찬성으로 한다.

제21조(회칙개정) : 회칙은 상임위원회, 재적회원 3분의 1이상의 발의와 출석회원 3분의 2이상의 찬성으로 개정할 수 있다.

제22조(회기) : 회기는 매년 3월부터 익년 2월까지로 한다.

제23조(내규) : 본 회칙에 규정되지 않은 사항은 본회의 운영을 원활하게 하기 위하여 별도의 내규를 둔다. 내규는 상임위원회에서 정한다.

- 1988년 3월 26일 개정

(4) 행사와 주요활동

- 1987년 2월 15일 학술진흥재단 소강당에서 발기위원 58명이 참가하여 한국근대사연구회 발기대회 개최
- 1987년 4월 5일 학술진행재단 소강당에서 창립회원 69명 포함 80여명 참석하여 한국근대사연구회 창립대회 개최(회장 김인걸, 총무부·차장 이세영 지수걸, 연구부·차장 하원호 박찬승, 편집부·차장 정재정 주진오, 기획부·차장 방기중 도진순, 서기 홍순민)
- 1987년 4월 18일 연구실 개실식(서울 동작구 노량진동 261-4 상아빌딩 102호, 보증금 300만원 월19만원)
- 1987년 4월 20일 임시임원회 개최. 연구실 위원 위촉(기획위원 ; 이영호 양상현, 편집위원 ; 고동환, 오영교)
- 1987년 4월 25일 임원수련회(강화 성안나의 집)
- 1987년 5월 9일 제1차 평의원회(의장 노경채, 부의장 한상권, 감사 윤경로 권태억)
- 제1회 수련회 ; 1987년 7월 15~17일, 안동 가톨릭농민회관, 주제는 현단계 역사연구자의 실천적 과제(지식인 운동의 논리와 과제, 한국현대사학의 제조류와 한국근대사연구회의 위치, 한국근대사연구회의 과제와 임무), 33명 참석
- 1987년 8월 22일 제2차 평의원회
- 제1회 학술토론대회 ; 1987. 10. 31. 연세대학교 장기원기념관. 400여명

주제 ; 해방전후사의 인식과 서술의 방향

기조발제 ; 김인걸, 해방전후사 인식의 방향과 개설서 서술

제1주제 ; 지수걸, 식민지시대 말기 일제의 조선지배정책과 민족해방운동

제2주제 ; 김광식, 해방 이후 통일민주국가 수립운동과 미군정

제3주제 ; 최봉대, 단정수립과 한국전쟁의 발발

사회 방기중, 약정토론 임경석 이병천 정해구, 종합토론 최원규 장상환 조희연 박준성

- 1987년 11월 21일 회원 간담회
- 1987년 12월 26일 송년회 ; 대우재단 16층 강연실
- 동계수련회 ; 1988. 1. 23-24. 덕성여대 생활관

주제 ; 활동평가와 사업계획, 연구회의 조직개편과 새연구회 창립방안 토론, 학술운동론 발제 토론

- 1988년 2월 10일 확대임원회 ; 새연구단체추진위원회(한상권 주진오 박찬승 이지원 임경석) 구성
- 1988년 2월 22일 임시총회 ; 새연구단체 건설을 위한 논의 및 결의, '망원한국사연구실과의 전면적 통합에 기초한 새연구단체 건설'을 안건을 상정하여 찬성 40, 반대 3, 기권 2로 가결
- 1988년 3월 19일 제3차 평의원회
- 1988년 3월 26일 정기총회 ; 연구회의 조직개편 및 회칙 개정
- 1988년 3월 27일 연구실 이전(관악구 봉천7동 1601-7 한일빌딩 202호, 보증금 400만원 월 18만원)
- 1988년 4월 20일 연구위원회 ; 제2회 학술토론대회 주제를 '한국근대사와 민족문제'로 확정
- 1988년 5월 9일 운영위원회 ; 3·1운동 70주년 기념 심포지움 논의
- 1988년 6월 3-4일 제1회 학술단체 연합심포지움 ; 80년대 한국인문사회과학의 현단계와 전망, 연구회에서는 이세영, 현대 한국사학의 동향과 과제 발표, 지수걸, 1930년대 초반기 사회주의자들의 민족개량주의 운동 비판이 발표하였다.
- 1988년 6월 30일 연구실 이전(관악구 봉천11동 1657-21 청산빌딩 2층, 보증금 1,700만원 월 20만원)
- 1988년 6월 30일 상임위원회 ; 학문과 사상의 자유를 위한 공동대책위원회 활동 보고 및 '연구단체협의회' 건설에 관한 논의(학술단체협의회에서 발표한 서관모의 논문을 사법적 제재의 대상으로 삼아 문제가 됨), 새연구단체 건설추진에 대한 논의 및 추진위원 선정(남지대 박찬승 방기중 오종록 이애숙)

- 1988년 7월 8일 새연구단체건설 추진위원회 활동 개시
- 제2회 수련회(망원한국사연구실과 합동수련회) ; 1988년 7월 23-24일, 덕성여대 생활관, 주제는 첫째 학술운동의 방향과 방법, 둘째 새연구단체의 위상과 진로, 새연구단체건설 추진위원회 보고와 토론
- 1988년 8월 17일 가칭 한국역사연구회 창립준비위원회 활동 개시
- 1988년 9월 3일 한국역사연구회가 창립됨으로써 한국근대사연구회는 발전적 해체

(5) 연구발표회

- 제1회 1987. 5. 23. 연구실
  박광용, 조선후기 정치사의 시기구분 문제 - 정치형태를 중심으로 한 분류, 사회 남지대, 토론 정흥준 홍순민
  고동환, 임술민란 연구의 현황과 과제, 사회 박찬승, 토론 이영호 정진영
- 제2회 1987. 6. 27. 대우재단 16층 강연실
  한상권, 순암 안정복의 사회사상 - 民에 대한 인식을 중심으로, 사회 고석규, 토론 이해준 김인걸
  주진오, 독립협회의 사회사상 - 사회진화론의 영향을 중심으로, 사회 김기승, 토론 김도형 이송희
- 제3회 1987. 8. 22. 대우학술재단
  이윤갑, 19세기 후반 경상도 성주지방의 농민운동, 사회 이영호, 토론 하원호 김선경
  이승휘, 1930년대 동아시아에 있어서 '사회사 논쟁', 사회 도진순, 토론 이애숙 정연식
- 제4회 1987. 9. 26. 방송통신대학강당
  이영학, 한말 일제하의 연초농업, 사회 백승철, 토론 최원규 임경석
  신영우, 영남 북서부지방 농민군지도자의 사회신분, 사회 김현영, 토론 이이화 박찬승
- 제5회 1987. 11. 28. 방송통신대학 본관 4층. 제5회부터 기획발표의 형식.
  주제 ; 조선후기 정치사·사상사를 어떻게 볼 것인가
  오수창, 조선후기 정치사 연구의 현황과 과제, 사회 남지대, 토론 이세영 김돈
  지두환, 조선후기 실학연구의 현황과 문제점, 사회 김항수, 토론 김준석 조성을
- 제6회 1987. 12. 26. 대우학술재단 16층 강연실

도진순, 민족 및 식민지 문제에 대한 이론적 검토, 사회 지수걸, 토론 정재정
이애숙
한홍구, 화북조선독립동맹의 조직노선과 활동, 사회 이지원, 토론 이균영 노경채
- 제7회 1988. 2. 27. 대우재단 16층 강연실
  주제 ; 일제 식민지시기 지주제 연구, 사회 이영호
  박천우, 일제 식민지시기 지주제 경영의 일 사례연구, 토론 홍성찬 정연태
  최원규, 일제 식민지시기 지주제 연구의 현황과 과제, 토론 장시원 이세영
- 제8회 1988. 3. 26. 대우재단 16층 강연실
  주제 ; 조선후기 향촌사회구조와 그 변동, 사회 고석규
  김인걸, 18세기 향촌사회 권력구조의 변동, 토론 정진영
  이해준, 조선후기 동계 자료와 촌락공동체 조직, 토론 박경하
- 제9회 1988. 4. 30. 대우학술재단 17층 세미나실. 제9회부터 공동작업의 성과
  발표
  주제 ; 19세기 초반 정치사연구 시론, 사회 오종록
  윤정애, '세도정치' 연구사 검토, 토론 유봉학
  오수창, 순조년간의 정치구조와 정치세력, 토론 고동환
- 제10회 1988. 6. 25. 대우학술재단 16층 강연실, 사회 최덕수
  주제 ; 한말 유교지식인의 사상과 행동 - 애국 계몽사상가를 중심으로
  발표 김기승 박찬승, 토론 강만생 신순철 정창렬
- 제11회 1988. 8. 27. 대우학술재단 16층 강연실
  주제 ; 한말 보수유림의 사상과 행동, 사회 김준석
  발표 권오영 김항수, 토론 유초하 박민영 이윤상

(6) 재정상황

- 1987년 5월 9일 현재
  수입 5,626,000원(기금 4,270,000, 회비 500,000, 차입금 800,000원 등)
  지출 5,037,640원(전세금 3,000,000원 등

2. 출간 개설서-연구서 목록

1) 개설서

『한국사강의』(한울아카데미, 1989)
『한국역사』(역사비평사, 1992)
『한국역사입문』 1~3(풀빛, 1995)
『20세기 역사학, 21세기 역사학』(역사비평사, 2000)
『북한의 역사 만들기』(푸른역사, 2003)
『조선시대사』1·2(푸른역사, 2015)
『한국근대사』1·2(푸른역사, 2016)
『한국고대사』1·2(푸른역사, 2016)
『고려시대사』1·2(푸른역사, 2017)
『한국현대사』1·2(푸른역사, 2018)

2) 연구서

『3·1민족해방운동연구』(청년사, 1989)
『조선정치사: 1800~1863』 상·하(청년사, 1990)
『일제하 사회주의운동사』(한길사, 1991)
『한국현대사』 1~4(풀빛, 1991)
『1894년 농민전쟁연구』 1~5(역사비평사, 1991~95)
『14세기 고려의 정치와 사회』(민음사, 1994)
『대한제국의 토지조사사업』(민음사, 1995)
『한국근현대 청년운동사』(풀빛, 1995)
『한국 고대의 신분제와 관등제』(아카넷, 2000)
『조선은 지방을 어떻게 지배했는가』(아카넷, 2000)
『광주 학생운동 연구』(아세아문화사, 2000)
『4.19와 남북관계』(민연, 2001)
『조선중기 정치와 정책(인조~현종 시기)』(아카넷, 2003)
『조선후기 경자양전 연구』(혜안, 2008)
『역사학의 시선으로 읽는 한국전쟁』(휴머니스트, 2010)

『대한제국의 토지제도와 근대』(혜안, 2010)
『과학적 실천적 역사학의 과거와 미래』(청년사, 2011)
『일제의 창원군 토지조사와 장부』(선인, 2011)
『일제의 창원군 토지조사사업』(선인, 2014)

3) 교양서

『문답으로 엮은 한국고대사산책』(역사비평사, 1994)
『한국역사특강1 : 한국사상사의 과학적 이해를 위하여』(청년사, 1997)
『한국역사특강2 : 한국역사 속의 전쟁』(청년사, 1997)
『우리는 지난 100년 동안 어떻게 살았을까』(역사비평사, 1998)
『역사문화수첩』(역민사, 2000)
『모반의 역사』(세종서적, 2001)
『고려의 황도 개경』(창작과비평사, 2002)
『고대로부터의 통신(금석문으로 한국 고대사 읽기)』(푸른역사, 2004)
『조선시대 사람들은 어떻게 살았을까』 1~2(청년사, 2005)
『고려시대 사람들은 어떻게 살았을까』 1~2(청년사, 2005)
『삼국시대 사람들은 어떻게 살았을까』(청년사, 2005)
『개경의 생활사 : 고려 500년 서울』(휴머니스트, 2007)
『한국 고대사 산책 : 한국 고대사에 관한 38가지 팩트 체크』(역사비평사, 2017)

4) 자료집

『끝나지 않은 여정 - 한국현대사 증언록 1』(대동, 1996)
『역주 나말여초 금석문』 상·하(혜안, 1996)
『황성신문 기사 색인집』1·2(경인문화사, 1998)
『신보 수교집록』(청년사, 2000)
『한미관계 20년사(1945~1965년)』(한울아카데미, 2001)
『수교집록』(청년사, 2001)
『각사수교』(청년사, 2002)
『임시토지조사국 국보』(국학자료원, 2007)

3. 역대임원명단(총회자료집 게재 임원 기준)

1) 1988년(회보 참고)

회장: 안병욱 감사: 노경채(현대사), 이해준(중세사2)
평의원: 분과장, 부장, 강성원, 김소희, 김영하, 김인걸, 박찬승, 안준범, 이인재,
정창현, 최지강, 추만호
<연구위원회>
연구위원장: 한상권
상임연구위원: 남원우, 이지원
분과장: 신동진(고대사), 안병우(중세사1), 박경하(중세사2), 이영학(근대사1),
오미일(근대사2), 정용욱(현대사)
분과총무: 추만호(고·중세사1), 남미혜(중세사2), 최윤오(근대사1),
정기석(근대사2), 정병준(현대사)
<운영위원회>
운영위원장: 남지대
상임운영위원: 이애숙
부장: 오종록(총무부), 방기중(사업부), 이세영(섭외부), 주진오(편집부), 임경석
(교육부), 도진순(조사부)
각부간사: 김영미 김상호(총무부), 고동환, 강정숙(사업부), 신주백, 홍순민(섭외
부), 박찬승, 정연태(편집부), 지수걸(교육부), 김창수, 도면회(조사부)

2) 1989년

회장: 안병욱 감사: 노경채(현대사), 이해준(중세사2)
평의원: 분과장, 부장, 강성원, 김소희, 김영하, 김인걸, 박찬승, 안준범, 이인재,
정창현, 최지강, 추만호
<연구위원회>
연구위원장: 한상권
상임연구위원: 남원우, 이지원, 도면회, 전우용, 김광운
분과장: 안병우(고·중세사1), 박경하(중세사2), 이영학(근대사1),
오미일(근대사2), 정용욱(현대사)

분과총무: 유미연(중세사2), 양진석(근대사1), 정기석(근대사2), 정창현(현대사)
<운영위원회>
운영위원장: 남지대
상임운영위원: 이애숙
부장: 오종록(총무부), 고동환(방기중)(사업부), 이세영(섭외부), 주진오(편집부),
　　　임경석(교육부), 도진순(조사부)
각부간사: 박영제(김상호) 전미란(김숙연)(총무부), 이인재(고동환),
　　　　　강정숙(사업부), 신주백, 홍순민(섭외부), 고석규(박찬승),
　　　　　정연태(고석규)(편집부), 지수걸(교육부), 도면회(조사부)

3) 1990년

회장: 안병욱 감사: 노경채(현대사), 이해준(중세사2)
평의원: 분과장, 부장, 강성원, 김소희, 김영하, 김인걸, 박찬승, 안준범, 이인재,
　　　　정창현, 최지강, 추만호
<상임위원회>
전덕재, 한희숙, 서영희, 전우용, 김광운(남원우, 이지원, 박영제, 도면회)
<연구위원회>
연구위원장: 안병우
분과장: 김영하(고대사), 추만호(중세사1), 홍순민(중세사2), 주진오(백승철)
　　　　(근대사1), 지수걸(근대사2), 도진순(현대사)
분과총무: 강봉룡(고대사), 신안식(중세사1), 김일환(중세사2), 전미란(도면회)
　　　　　(근대사1), 신주백(나정숙)(근대사2), 윤덕영(현대사)
<운영위원회>
운영위원장: 남지대
부장: 양진석(총무부), 양상현(사업부), 오종록(섭외부), 고석규(편집부),
　　　임경석(교육부), 김기덕(자료부) 고동환(출판부)
각부 간사: 유고(박영제) 전미란(총무부), 도면회, 서영희(섭외부), 이윤상,
　　　　　정연태(편집부), 안준범(교육부)

4) 1991년

회장: 안병욱 감사: 박종기(중세사1), 미상
<연구위원회>
연구위원장: 이세영
분과장: 임기환(고대사), 채웅석(중세사1), 정홍준(중세사2), 고석규(근대사1),
     박찬승(근대사2), 정용욱(현대사)
분과상임위원: 하일식(고대사), 김인호(오영선)(중세사1), 한명기(중세사2),
          서영희(근대사1), 우동수(근대사2), 윤덕영(현대사)
<운영위원회>
운영위원장: 주진오
부장: 김광운(총무부), 김기덕(사업부), 홍순민(섭외부), 이영학(간사: 이윤상,
     오수창)(편집부), 정연태(교육부), 한희숙(자료부), 양상현(출판부)

5) 1992년

회장: 안병우 감사: 이근수(중세사2), 남지대(중세사2)
사무국장: 이인재 부장: 서영희(총무부), 도면회(교육부), 연갑수(사업부)
편집국장: 이영학 간사: 정연태(회지), 김순자(회보), 양상현(출판)
기획실간사: 홍순민 기획위원: 하일식, 고동환, 박찬승, 김광운, 김점숙
<분과>
분과장: 전호태(고대사), 이익주(중세사1), 오종록(중세사2), 이윤상(근대사),
     지수걸(현대사)
분과총무: 고경석(고대사), 오영선(중세사1), 한명기(중세사2), 왕현종(근대사),
     홍석률(현대사)

6) 1993년

회장: 안병우 감사: 이근수(중세사2), 한상권(근대사1)
사무국장: 고석규 부장: 고경석(총무부), 정병준(교육부), 오항녕(사업부), 심재석
     (섭외부), 김점숙(자료부)
편집국장: 지수걸 편집위원: 전호태, 권영국, 오수창, 이영학, 정연태, 도진순

회지팀부장: 이지원 회보팀부장: 김순자 출판부장: 양상현
기획실장 : 이인재 기획위원 : 임기환, 채웅석, 오종록, 백승철, 류승렬
<분과>
분과장: 강봉룡(고대사), 박종기(중세사1), 고영진(중세사2), 이윤상(근대사),
　　　　노경채(현대사)
분과총무: 전덕재(고대사), 김인호(중세사1), 연갑수(중세사2), 조재곤(근대사),
　　　　　박철하(현대사)

7) 1994년

회장: 안병우 감사: 미상
부장: 연갑수(총무부), 강호출(교육부), 윤경진(사업부), 차선혜(자료부)
편집국장: 이영학 편집위원: 전덕재, 박종진, 김성우, 이영호, 이지원, 지수걸,
　　　　　　　　　　　　　정용욱
회지부장: 고동환 회보부장: 한명기 출판부장: 임경석
기획실장: 고영진 기획위원: 송호정, 이익주, 연갑수, 이윤상, 장원정

8) 1995년

회장 : 노경채
감사 : 윤경로(현대사분과), 이해준(중세사2분과)
연구위원회
위원장 : 이세영(근대사분과), 간사 : 박태균(현대사분과, 상임)
특별연구위원 : 박종기(중세사1), 김기덕(중세사1), 김인걸(근대사),
　　　　　　　　이준식(현대사)
<분과>
고대사 분과 분과장 : 강봉룡, 총무 : 문동석
중세사1분과 분과장 : 박종진, 분과총무 : 전병무
중세사2분과 분과장 : 구덕회 → 연갑수, 총무 : 신병주
근대사 분과 분과장 : 도면회, 총무 : 오연숙
현대사 분과 분과장 : 정연태, 총무 : 박진희, 이신철
<사무국>

국장 : 오종록(중세2분과)
총무부장 : 안건호(현대사분과, 상임)
교육부장 : 고경석(고대사분과, 상임)
사업부장 : 홍영의(중세사1분과, 상임)
자료부장 : 차선혜(근대사분과, 상임)
<편집국>
국장 : 이영학(근대사분과), 편집간사 : 박철하(현대사분과, 상임), 염정섭(비상임)
편집위원 : 강종훈(고대사분과), 안병우(중세사1분과), 김성우(중세사2분과), 이영
　　　　호(근대사분과), 정태헌(현대사분과-일제시대), 김광운(현대사분과-해
　　　　방이후), 도진순(현대-해방이후), 당연직 : 노경채(회장), 이영학(편집
　　　　국장), 고동환(회지부장 : 근대사분과), 박철하(편집간사 : 현대, 일제),
　　　　염정섭(비상임간사 : 중세사1분과)
회지부장 : 고동환(근대사분과) 회보부장 : 한명기(중세사 2분과), 출판부장 : 정
　　　　숭교(근대사 분과)
기획실
실장 : 고영진(중세사2분과), 간사 : 송호정(고대사분과) 위원 : 오영선(중세사
　　　　1분과), 노대환(중세사2분과), 조재곤(근대사분과), 장원정(현대사분과),
　　　　이준식(현대사분과)

9) 1996년

회장 : 김인걸(근대사1분과)
감사 : 최상천(현대사분과), 한상권(근대사1분과)
<연구위원회>
위 원 장 : 오종록(중세사2분과), 간사 : 조이현(현대사분과, 상임)
특별연구위원 : 박종기(중세사1분과), 김기덕(중세사1분과), 이준식(근대사2분과),
　　　　　　이지원(근대사2분과)
<분과>
고대사 분과 분과장 : 전덕재 총무 : 문동석
중세사1분과 분과장 : 남동신 총무 : 윤경진
중세사2분과 분과장 : 연갑수 총무 : 이정희 → 권기중
근대사1분과 분과장 : 조재곤 총무 : 이용창
근대사2분과 분과장 : 정태헌 총무 : 박윤재

현대사 분과 분과장 : 김광운 → 정용욱 총무 : 정병준 → 박태균

<사무국>

국장 : 임기환(고대사분과)

총무부장 : 안건호(근대사2분과, 상임)

교육부장 : 송호정(고대사분과, 상임)

사업부장 : 최영묵(현대사분과, 상임)

사무간사 : 유해정

<자료국>

국장 : 도면회(근대사1분과) → 오수창(중세사2분과)

전산자료부장 : 이경구(중세사2분과, 상임)

문헌자료부장 : 이 욱(중세사2분과, 상임)

<편집국>

국장 : 이영호(근대사1분과)

편집위원 : 하일식(고대사분과), 안병우(중세사1분과), 남지대(중세사2분과),
　　　　　　이영학(근대사1분과), 지수걸(근대사2분과), 정용욱 → 정병준
　　　　　　(현대사분과), 지방편집위원 : 고영진(중세1분과), 도진순(현대사분과)

편집간사 : 박철하(근대사2분과), 최연식(비상임, 중세사1분과)

편집부원 : 구문회(고대사분과), 심재우(중세사2분과), 조철행(근대사2분과),
　　　　　　김지형(현대사분과)

회지부장 : 정연태(근대사2분과)

회보부장 : 노영구(중세사2분과)

출판부장 : 정숭교(근대사1분과)

기획실

실장 : 이인재(중세사1분과)

간 사 : 고경석(고대사분과)

기획위원 : 오영선(중세사1분과), 정홍준(중세사2분과), 차선혜(근대사1분과),
　　　　　　김점숙(현대사분과), 박태균(현대사분과)

평의원(선출직)

강종훈, 강봉룡(이상 고대사분과), 채웅석, 정요근 → 한정수(이상 중세사1분과),
정형지, 이혜정, 이선희→ 조규환(이상 중세사2분과), 손철배, 정은경, 서은영
(이상 근대1분과), 김제정, 홍영기, 김일수(이상 근대2분과) 윤덕영, 김점숙,
조영삼, 박종선(이상 현대사분과)

10) 1997년

회장 : 박종기(중세사1분과)
감사 : 남지대(중세사2분과), 방기중(근대사2분과)
<평의원(선출직)>
고대사분과(고경석, 송호정), 중세사1분과(김인호, 박종진), 중세사2분과(차미희, 박복남), 근대사1분과(이영학, 차선혜, 이세영), 근대사2분과(한상구, 강호출)
현대사분과(윤덕영, 김점숙, 노경채)
<연구위원회>
위원장 : 이영호(근대사1분과), 간사 : 강성천-> 배경식(현대사분과, 상임)
특별연구위원 : 채웅석(중세사1분과), 오종록(중세사2분과), 이지원(근대사2분과)
고대사분과 분과장 전덕재 → 강종훈 총무 문동석 → 김창석
중세사1분과 분과장 신안식 총무 한정수
중세사2분과 분과장 오수창 총무 권기중
근대사1분과 분과장 박진태 총무 서은영 → 전재관
근대사2분과 분과장 이애숙 총무 박윤재
현대사 분과 분과장 정용욱 총무 박태균
연구위 부원 : 김제정(근대사2분과), 박미선(고대사분과)
<사무국>
국장 : 임기환(고대사 분과)
총무부장 : 안건호(근대사2분과, 상임)
교육부장 : 조철행(근대사2분과)
교육부원 : 이종서(중세사1분과), 은정태(근대사1분과)
사업부장 : 이용창(근대사1분과)
사업부원 : 이홍기(근대사2분과), 김항자(중세사1분과)
사무간사 : 유해정
<편집국>
국장 : 주진오(근대사1분과)
편집위원 : 하일식(고대사분과), 김기덕(중세사1분과), 홍순민(중세사2분과),
　　　　　 나애자(근대사1분과), 정재정(근대사2분과), 정병준(현대사분과),
　　　　　 강봉룡(지방 호남), 도진(지방 부산경남), 지수걸(지방 중부), 김도형
　　　　　 (지방 대구경북)
회지부장 : 정연태(근대사2분과)
편집간사 : 최연식(중세사1분과) 비상임 이욱(중세사2분과)

교열위원 : 박진훈(중세사1분과), 한동민(근대사2분과), 김정인(현대사분과)
회보부장 : 노영구(중세사2분과, 상임)
회보부원 : 오영찬(고대사분과), 이현진(현대사분과)
<자료국>
국장 : 이윤상(근대사1분과)
전산부장 : 이용기(현대사분과, 상임)
전산부원 : 박현순(중세사2분과), 정계정(현대사분과)
문헌부장 : 이정란(중세사1분과, 상임)
문헌부원 : 조배원(근대사2분과), 조영훈(고대사), 차인배(중세 2)

11) 1998년

회장 : 박종기(중세사1분과)
감사 : 이영호(근대사1분과), 이세영(근대사1분과)
<평의원(선출직)>
고대사분과(문동석, 조영훈), 중세사1분과(오영선, 윤경진, 김미엽), 중세사2분과
(김건태, 권기중, 고영진, 오수창), 근대사1분과(이영학, 오연숙, 도면회),
근대사2분과(김도훈, 김익한, 박찬승, 안건호), 현대사분과(도진순, 조이현)
<연구위원회>
위원장 : 채웅석(중세사1분과), 간사 : 배경식(현대사분과, 상임)
고대사분과 분과장 : 강종훈, 총무 : 김창석
중세사1분과 분과장 : 권영국, 총무 : 한정수
중세사2분과 분과장 : 한명기, 총무 : 윤 정
근대사1분과 분과장 : 박진태, 총무 : 전재관
근대사2분과 분과장 : 임경석, 총무 : 정용서
현대사분과 분과장 : 홍석률, 총무 : 이승억
<사무국>
국장 : 김기덕(중세사1분과)
총무부장 : 김지형(현대사분과, 상임)
교육부장 : 조철행(근대사2분과)
교육부원 : 권용기(근대사1분과)
사업부장 : 조규환(중세사2분과, 상임)
사업부원 : 권순실(근대사1분과), 장용경(근대사2분과)

사무간사 : 유해정
<편집국>
국장 : 고동환(중세사2분과)
편집위원 : 박종기(중세사1분과, 회장), 임기환(고대사분과), 박종진(중세사1분과),
　　　　　오수창(중세사2분과), 나애자(근대사1분과), 정연태(근대사2분과),
　　　　　정재정(근대사2분과), 정병준(현대사분과)
지역편집위원 : 강봉룡(고대사분과), 도진순(현대사분과), 김도형(근대사1분과),
　　　　　지수걸(근대사2분과)
회지부장 : 남동신(중세사1분과)
편집간사 : 이욱(중세사2분과), 비상임 : 조이현(현대사분과)
교열위원 : 박찬홍(고대사분과), 박진훈(중세사1분과), 김윤정(근대사2분과)
회보부장 : 박종린(근대사2분과, 상임)
회보부원 : 류상희(근대사2분과), 이현진(현대사분과)
<자료국>
국장 : 이윤상(근대사1분과)
전산부장 : 황병주(현대사분과, 상임)
전산부원 : 윤채영(중세사1분과), 최은정(중세사2분과), 김지철(고대사분과),
　　　　　최병택(근대사2분과)
문헌자료부장 : 권내현(중세사2분과, 상임)
문헌자료부원 : 채치용(고대사분과), 나정숙(중세사1분과), 박정애(근대사2분과)
<발전위원회>
위원장 : 노경채(근대사2분과)
위원 : 이인재(중세사1분과), 오종록(중세사2분과), 연갑수(중세사2분과)

12) 1998년(임시총회 시기)

회장: 이세영(근대 1분과)
감사: 박종기(중세 1분과), 이영호(근대 1분과)
<연구위원회>
위원장: 이영학(근대 1분과)
상임간사: 장 신(근대 2분과, 상임)
고대사분과 분과장: 권오영 총무: 구문회
중세 1분과 분과장: 김기덕 총무: 김미엽

중세 2분과 분과장: 김건태 총무: 박현순
근대 1분과 분과장: 정숭교 총무: 은정태
근대 2분과 분과장: 박한용 총무: 장 신
현대사분과 분과장: 홍석률 총무: 박동찬
<사무국>
국장: 이익주(중세 1분과)
총무부장: 박종린(근대 2분과, 상임)
회보부장: 김미엽(중세 1분과, 상임)
부원: 정지현(근대 1분과)
사업부장: 박동찬(현대사분과, 상임)
자료부장: 박현순(중세 2분과, 상임)
부원: 유현희(고대사분과), 송웅섭(중세 2분과)
사무간사: 유해정
<편집위원회>
위원장: 김인걸(근대 1분과)
편집위원: 권오영(고대사분과, 분과장), 김기덕(중세 1분과, 분과장), 박종진
         (중세 1분과), 김건태(중세 2분과, 분과장), 고동환(중세 2분과), 정숭교
         (근대 1분과, 분과장), 최덕수(근대 1분과), 박한용(근대 2분과,
         분과장), 이지원(근대 2분과), 홍석률(현대사분과, 분과장), 안병욱
         (현대사분과), 이인재(지방, 강원), 김갑동(지방, 중부), 이해준(지방,
         중부), 고영진(지방, 호남), 박찬승(지방, 호남), 조성윤(지방, 제주),
         도진순(지방, 영남), 윤용출(지방, 영남), 전호태(지방, 영남)
편집간사: 하일식(고대사분과), 구문회(고대사분과, 상임)

13) 1999년

회장 : 이세영(근대 1분과)
감사 : 박종기(중세 1분과), 이영호(근대 1분과)
<평의원회(선출직)>
의장: 안병우(중세 1분과)
평의원: 김창석, 조영훈(고대사분과), 김대식, 유주희(중세 1분과), 이회중,
        권기중, 임수미, 박 경(중세 2분과), 조재곤, 오연숙, 권용기(근대
        1분과), 김익한, 조철행, 정용서, 소현숙(근대 2분과), 배경식, 정진아

(현대사분과)

<연구위원회>

위원장: 이영학(근대 1분과)

상임간사: 장 신(근대 2분과, 상임)

고대사분과 분과장: 송호정 총무: 류현희

중세 1분과 분과장: 김창현 총무: 김미엽

중세 2분과 분과장: 김건태 총무: 김웅호

근대 1분과 분과장: 왕현종 총무: 은정태

근대 2분과 분과장: 강호출 총무: 장 신

현대사분과 분과장: 임대식 총무: 노영기

<사무국>

국장: 이익주(중세 1분과)

총무부장: 박종린(근대 2분과, 상임)

회보부장: 김미엽(중세 1분과, 상임)

부원: 정지현(근대 1분과), 이수원(현대사분과)

사업부장: 박동찬(현대사분과, 상임)

자료부장: 박현순(중세 2분과, 상임)

부원: 류현희(고대사분과), 송웅섭(중세 2분과), 홍종욱(근대 2분과)

사무간사: 손은희

<편집위원회>

위원장: 김인걸(근대 1분과)

편집위원: 송호정(고대사분과, 분과장), 김창현(중세 1분과, 분과장), 박종진
　　　　　(중세 1분과), 김건태(중세 2분과, 분과장), 고동환(중세 2분과), 정승교
　　　　　(근대 1분과, 분과장), 최덕수(근대 1분과), 강호출(근대 2분과,
　　　　　분과장), 이지원(근대 2분과), 임대식(현대사분과, 분과장), 안병욱
　　　　　(현대사분과), 이인재(지방, 강원), 김갑동(지방, 중부), 이해준(지방,
　　　　　중부), 고영진(지방, 호남), 박찬승(지방, 호남), 조성윤(지방, 제주),
　　　　　도진순(지방, 영남), 윤용출(지방, 영남), 전호태(지방, 영남)

편집간사: 하일식(고대사분과), 구문회(고대사분과, 상임)

14) 2000년

회장 : 방기중(근대 2분과)
감사 : 이세영(근대 1분과), 박종기(중세 1분과)
<평의원회(선출직)>
의 장 : 김기덕(중세 1분과)
평의원 : 구문회, 김창석(고대사분과), 김대식, 이종서(중세 1분과), 고승희,
　　　　김건태, 김지연, 박현순, 연갑수(중세 2분과), 이수기, 정숭교(근대
　　　　1분과), 류준범, 이태훈, 한홍구(근대 2분과), 김지형, 이명숙, 정미란
　　　　(현대사분과)
<연구위원회>
위 원 장 : 박종진(중세 1분과)
연구위간사 : 김웅호(중세 2분과, 상임)
고대사분과 분과장 : 여호규 분과총무 : 류현희
중세 1분과 분과장 : 김순자 분과총무 : 이상국
중세 2분과 분과장 : 정연식 분과총무 : 심재우
근대 1분과 분과장 : 차선혜 분과총무 : 김영수(1~7월) → 정지현(8월~총회 당시)
근대 2분과 분과장 : 정태헌 분과총무 : 조배원
현대사분과 분과장 : 박태균 분과총무 : 고지훈
<사무국>
국장 : 왕현종(근대 1분과)
총무부장 : 박진훈(중세 1분과, 상임)
회보부장 : 이항준(1~7월) → 권용기(8월~총회 당시, 근대 1분과, 상임)
부원 : 김민한(고대사분과), 김지영(중세 1분과), 한모니까(현대사분과)
사업부장 : 노영기(현대사분과, 상임)
부원 : 강은영(중세 1분과), 소현숙(근대 2분과)
자료부장 : 이승일(근대 2분과, 상임)
사무간사 : 손은희
<편집위원회>
위 원 장 : 노경채(현대사분과)
상임편집위원 : 송호정(1~8월, 고대사분과) → 염정섭(9월~편집 당시, 중세 2분과)
편집위원 : 강봉룡(고대사분과), 하일식(고대사분과), 김갑동(중세 1분과), 김영미
　　　　(중세 1분과), 채웅석(중세 1분과), 고영진(중세 2분과), 김건태(중세
　　　　2분과), 오수창(중세 2분과), 오종록(중세 2분과), 이해준(중세 2분과),

도면회(근대 1분과), 양상현(근대 1분과), 윤용출(근대 1분과), 조성윤(근대 1분과), 이준식(근대 2분과), 도진순(현대사분과), 안병욱(현대사분과), 정용욱(현대사분과)

편집위간사 : 이홍기(근대 2분과, 상임)

15) 2001년

회장: 방기중(근대 2분과)
감사: 박종기(중세 1분과), 김도형(근대1분과)
의장: 남지대(중세 2분과)
<평의원회>
여호규, 김민한(이상 고대사분과), 김순자 한정수 이상국(이상 중세1분과), 정연식, 임혜련 김세영, 차인배(이상 중세2분과), 이영학, 이경원(이상 근대 1분과), 이애숙, 이기훈, 김연희(이상근대2분과), 김점숙 이혜영, 이주리아(이상 현대사분과)
<연구위원회>
위원장: 박종진(중세 1분과)
연구위 간사: 송웅섭(중세 2분과/ 상임)
고대사 분과장: 문동석 분과총무: 정동준
중세 1 분과장: 도현철 분과총무: 정요근(1-7월)→추명엽(8월 당시)
중세 2분과장: 차미희 분과총무: 김지연
근대 1분과장: 왕현종 분과총무: 장영숙
근대 2분과장: 전우용 분과총무: 박정애
현대사 분과장: 박태균 분과총무: 이상록
<사무국>
국장: 한명기(중세2분과)
총무부장: 이동인(중세2분과 상임)
사무간사: 손은희
회보부장: 라정숙(중세1분과, 상임)
사업부장: 한모니까(현대사분과, 상임)
자료부장: 류현희(고대사분과, 상임)
<편집위원회>
위원장: 노경채(현대사분과)

상임편집위원: 염정섭(중세2분과)

편집위원: 강봉룡, 하일식(이상 고대사분과) 김갑동, 김영미, 채웅석(이상 중세1분
　　　　　과) 고영진, 김건태, 오수창, 오종록, 이해준(이상 중세2분과)
　　　　　도면회, 양상현, 윤용출, 조성윤(이상근대1 분과) 이준식(이상근대
　　　　　2분과) 도진순, 안병욱, 정용욱(이상 현대사분과)

편집위 간사: 소현숙(근대 2분과, 상임)

<남북교류추진위원회>

위원장: 안병욱

상임위원 : 채웅석

정책소위원회 : 안병우 김광운 김인걸 한명기

학술소위원회 : 오종록 김도형 박종린 박종진 정용욱

교류소위원회 : 엄기환 남지대 정용서 정창현

16) 2002년

회 장: 이영학(근대 1분과)

감사: 김도형(근대 1분과), 김영미(중세1분과)

<평의원회(선출직)>

의장: 이동인(중세 2분과)

평의원: 정동준, 서영교(이상 고대사분과), 추명엽, 신안식, 김두향(이상 중세1분
　　　　과), 김응호, 이동인, 송웅섭, 원재린, 김영극(이상 중세2분과), 오연숙, 한
　　　　성민(이상 근대1분과), 이승일, 장용경, 이태훈(이상 근대2분과),
　　　　이혜영(b), 김소남(이상 현대사분과)

<연구위원회>

위원장: 정연태(근대 2분과)

연구위 간사: 박성현(고대사분과, 상임)

고대사 분과장: 문동석 분과총무: 박준형

중세 1 분과장: 서성호 분과총무: 강호선

중세 2 분과장: 손병규 분과총무: 임혜련

근대 1 분과장: 이용창 분과총무: 이용철

근대 2 분과장: 신주백 분과총무: 김연희

현대사 분과장: 김보영 분과총무: 이동헌

특별연구위원: 박진훈(중세 1), 심재우(중세 2), 이용기(현대)

<웹진위원회>
위원장: 하일식(고대사분과)
웹진위 간사: 김선호(현대사분과, 상임)
웹진위원 : 라청숙(중세1분과), 이기훈(근대2분과), 한모니까(현대사분과)
<사무국>
국장: 김인호(중세 1분과)
총무부장: 김태완(중세 2분과, 상임)
사무간사: 정수연
사업부장: 손동유(근대 2분과, 상임)
웹마스터: 김지연(중세 2분과, 상임)
<편집위원회>
위원장: 오종록(중세 2분과)
상임편집위원: 송양섭(중세2분과)
편집위원: 송호정(이상 고대사분과) 김순자, 박종진(이상 중세1분과) 고동환,
　　　　　송양섭, 오수창, 오종록, 정진영, 차미희, 한명기(이상 중세2분과)
　　　　　박만규, 양상현, 윤용출, 이윤상, 조성윤(이상 근대 1분과) 박종린,
　　　　　전우용, 지수걸, 최원규(이상 근대2분과) 홍석률(이상 현대사분과)
편집위간사: 윤성재(중세 1분과, 상임)

17) 2003년

회장 : 이영학(근대사1분과)
부회장 : 이영호(근대사1분과)
감사 : 하일식(고대사분과), 오수창(중세사2분과)
<평의원회(선출직)>
의장 : 이송순(근대사2분과)
평의원 : 김종은, 이창훈(이상 고대사분과), 박진훈, 최봉준(이상 중세사1분과),
　　　　　박경, 권기중(이상 중세사2분과), 장영숙, 이경원(이상 근대사1분과),
　　　　　김선호(현대사분과)
<연구위원회>
위원장 : 임경석(근대사2분과)
연구위 간사 : 김지연(중세사2분과, 상임)
고대사 분과장: 김창석 분과총무: 장효정

중세사 1 분과장: 김인호 분과총무: 김두향
중세사 2 분과장: 노영구 분과총무: 박경
근대사 1 분과장: 은정태 분과총무: 한성민
근대사 2 분과장: 박윤재 분과총무: 조명근
현대사 분과장: 박진희 분과총무: 김태우
특별 연구위원: 신항수(중세사2분과), 이신철(현대사분과)
<편집위원회>
위원장 : 오종록(중세사 2분과)
편집위원 : 문동석(고대사분과), 박종진(중세사1분과), 손병규, 고동환, 오수창,
          정진영(이상 중세사2분과), 이윤상, 박만규, 양상현, 조성윤(이상
          근대사1분과), 박찬승, 정태헌, 지수걸, 최원규(이상 근대사2분과),
          정용욱(현대사분과)
편집위간사 : 류승주(현대사분과, 상임)
<사무국>
국장 : 이 욱(중세사2분과)
총무부장 : 이동헌(현대사분과, 상임)
사무간사 : 김지윤
<웹진팀>
팀장 : 김덕영(근대사2분과)
웹진위 간사 : 김지연 (중세사2분과, 상임)
웹진위원 : 하일식, 류현희(이상 고대사분과), 라정숙(중세사1분과), 이기훈
          (근대사1분과) 한모니까, 김선호(이상 현대사분과)

18) 2004년

회장 : 이영호(근대사1분과)
부회장 : 오종록(중세사2분과)
감사 : 이영학(근대사1분과), 이윤상(근대사1분과)
<평의원회(선출직)>
의장 : 권기중(중세사2분과)
평의원 : 이창훈, 김종은(고대사분과), 정요근, 최문식(중세사1분과), 연갑수
         (중세사2분과), 김영숙, 천지명(근대사1분과), 윤효정, 이승일(근대사
         2분과), 예대열, 정진아(현대사분과)

<연구위원회>
위원장 : 임경석(근대사2분과)
연구위 간사 : 김선호(현대사분과, 상임)
고대사 분과장 : 김종복 분과총무: 강문석
중세사 1 분과장 : 홍영의 분과총무: 박광연
중세사 2 분과장 : 신항수 분과총무: 조낙영
근대사 1 분과장 : 오연숙 분과총무: 홍동현
근대사 2 분과장 : 이송순 분과총무: 최선웅
현대사 분과장 : 홍석률 분과총무: 류승주
<편집위원회>
위원장 : 채웅석(중세사1분과)
편집위원 : 강봉룡, 문동석, 전호태(고대사분과), 남동신, 채웅석, 이병희(중세사1
　　　　　분과), 손병규, 홍순민, 장동표(중세사2분과), 왕현종, 조성윤, 박만규
　　　　　(근대사1분과), 고정휴,정태헌, 장석흥(근대사2분과), 정용욱, 전현수
　　　　　(현대사분과)
편집위간사 : 조명근(근대사2분과, 상임)
<사무국>
국장: 이 욱(중세사2분과)
총무부장 : 이동헌(현대사분과, 상임)
사무간사 : 김지윤
<웹진팀>
팀장 : 김덕영(근대사2분과)
웹진팀 간사 : 김선호(현대사분과, 상임)
웹진위원 : 장효정(고대사분과), 윤성재(중세사1분과), 이경원(근대사1분과),
　　　　　이태훈(근대사2분과)

19) 2005년

회장 : 오종록(중세사2분과)
부회장 : 홍순민(중세사2분과)
감사 : 이영학(근대사1분과), 이윤상(근대사1분과)
<평의원회(선출직)>
의장 : 은정태(근대사1분과)

평의원 : 이경섭, 백영미(고대사분과), 송용덕, 김순자(중세사1분과), 조낙영, 정해은(중세사2분과), 천지명(근대사1분과), 이기훈, 윤효정(근대사2분과), 한모니까, 조수룡(현대사분과)

<연구위원회>

위원장 : 이지원(근대사2분과)

연구위 간사 : 남기현(근대사1분과, 상임)

고대사 분과장 : 윤선태 분과총무: 김지영

중세사 1 분과장 : 이종서 분과총무: 송용덕

중세사 2 분과장 : 권기중 분과총무: 김지연

근대사 1 분과장 : 오연숙 분과총무: 천지명

근대사 2 분과장 : 문영주 분과총무: 김진영

현대사 분과장 : 김보영 분과총무: 류승주

<편집위원회>

위원장 : 채웅석(중세사1분과)

편집위원 : 강봉룡, 문동석, 전호태(고대사분과), 남동신, 채웅석, 이병희(중세사1분과), 장동표, 백승철, 한명기(중세사2분과), 왕현종, 조성윤, 고석규(근대사1분과), 고정휴, 임경석, 류승렬(근대사2분과), 정용욱, 전현수(현대사분과)

편집위 간사 : 최선웅(근대사2분과, 상임)

<웹진위원회>

위원장 : 하일식(고대사분과)

웹진위 간사 : 남기현(근대사1분과, 상임)

웹진위원 : 윤성재(중세사1분과), 김덕영(근대사2분과), 남기현(근대사1분과), 예대열(현대사분과)

<사무국>

국장 : 한정수(중세사1분과)

총무부장 : 권오수(현대사분과, 상임)

사무간사 : 김지윤

20) 2006년

회장 : 홍순민(중세사2분과)
부회장 : 임경석(근대사2분과)
감사 : 이영호(근대사1분과), 이인재(중세사1분과)
<평의원회(선출직)>
의장 : 이강한(중세사1)
평의원 : 남무희(고대사), 정원주(고대사), 송용덕(중세사1), 이현진(중세사2),
         김태완(중세사2), 김영수(근대사1), 한성민(근대사1), 정용서(근대사2),
         김대호(근대사2), 변지윤(현대사), 황윤희(현대사)
<연구위원회>
위원장 하일식(고대사분과)
고대사 분과장 : 조경철, 분과총무: 정원주
중세사 1 분과장 : 박재우, 분과총무-이강한
중세사 2 분과장 : 심재우, 분과총무-이규철
근대사 1 분과장 : 장영숙, 분과총무-이경원
근대사 2 분과장 : 이기훈, 분과총무-정상우
현대사 분과장 : 최영묵/김소남, 분과총무-이상호
연구위 간사 : 김민석(근대사1분과, 상임)
<편집위원회>
위원장 : 박종진(중세사1분과)
편집위원 : 문동석(한신대 학술원 연구교수), 남동신(덕성여대 교수), 박종진
          (숙명여대 교수), 한명기(명지대 교수), 백승철(국학연구원 연구원),
          왕현종(연세대 교수), 류승렬(강원대 교수), 안건호(한신대 강사),
          정용욱(서울대 교수)
지역 편집위원 : 전덕재(경주대 교수), 고정휴(포항공대 교수), 이병희(한국교원대
              교수), 전현수(경북대 교수), 고석규(목포대 교수), 기광서(조선대
              교수), 이종서(울산대 교수), 고영진(광주대 교수)
편집위 간사 : 김종은(고대사분과, 상임)
<웹진위원회>
위원장: 오연숙(근대사1분과)
웹진위원
실무웹진위원: 류현희(고대사), 김태완(중세사2), 김민석(근대사1, 간사), 안대회
             (근대사2), 이상록(현대사)

자문웹진위원: 김창석(고대사), 오수창(중세사2), 이윤상(근대사1), 도면회(근대사1), 정병준(현대사)
연구웹진위원: 조경철(고대사), 박재우(중세사1), 심재우(중세사2), 장영숙(근대사1), 이기훈(근대사2), 김소남(현대사)
특위웹진위원: 안대희(근대사2), 이기훈(근대사2, 친일반민족행위진상규명위원회), 홍동현(근대사1, 동학농민혁명참여자명예회복심의위원회), 임송자(현대사, 강제동원진상규명위원회), 과거사진상규명위원회 소속 연구회원
집필웹진위원: 전호태(고대사), 하일식(고대사, 답사 집필팀 담당), 홍순민(중세사2), 하원호(근대사1), 이영학(근대사1), 전우용(근대사2), 기광서(현대사)
웹진위 간사: 김민석(근대사1분과, 상임)

<사무국>
국장: 박진훈(중세사1분과)
총무부장: 권오수(현대사분과, 상임)
사무간사: 김지윤

21) 2007년

회장 : 임경석(근대사2분과)
부회장 : 도면회(근대사1분과)
감사 : 이영호(근대사1분과), 홍순민(중세사2분과)
<평의원회(선출직)>
의장 : 권오수(현대사)
평의원 : 박미선(고대사), 고현아(고대사), 이강한(중세사1), 최종석(중세사1), 김백철(중세사2), 최나래(중세사2), 서명일(근대사1), 한성민(근대사1), 김영진(근대사2), 최선웅(근대사2), 권오수(현대사), 이상호(현대사)
<연구위원회>
위원장 : 남동신(중세사1분과)
고대사 분과장 : 남무희, 분과총무: 김근식
중세사 1 분과장 : 한정수, 분과총무: 최종석
중세사 2 분과장 : 정해은, 분과총무: 유현재

근대사 1 분과장 : 김영수, 분과총무: 최보영
근대사 2 분과장 : 박종린, 분과총무: 양정필
현대사 분과장 : 최영묵, 분과총무: 이상록
연구위 간사 : 김민석(근대사1분과, 상임)
<편집위원회>
위원장 : 백승철(중세사2분과)
편집위원 : 김인호(광운대 교수), 류승렬(강원대 교수), 문동석(한신대 박물관
　　　　　특별연구원), 백승철(연세대 교수), 안건호(친일반민족행위자 재산조
　　　　　사위원회), 왕현종(연세대 교수), 정용욱(서울대 교수),
　　　　　한명기(명지대 교수)
지역편집위원 : 고석규(목포대 교수), 고영진(광주대 교수), 고정휴(포항공대
　　　　　교수), 기광서(조선대 교수), 이병희(한국교원대 교수), 이종서
　　　　　(울산대 교수), 전덕재(경주대 교수), 전현수(경북대 교수)
편집위 간사 : 김태우(현대사분과, 상임)
<웹진위원회>
위원장 : 오연숙(근대사1분과)
웹진위원
실무웹진위원 : 김동윤(고대사), 송용덕(중세사1), 이동인(중세사2), 김민석
　　　　　(근대사1, 간사), 황윤희(현대사)
연구웹진위원(분과장) : 남무희(고대사), 한정수(중세사1), 정해은(중세사2),
　　　　　김영수(근대사1), 박종린(근대사2), 최영묵(현대사)
집필웹진위원 : 전호태(고대사, 울산대 교수), 신병주(중세사2, 서울대 규장각 학
　　　　　예연구사), 하일식(고대사, 연세대 교수), 홍순민(중세사2, 명지대
　　　　　교수), 하원호(근대사1, 성균관대 동아시아학술원 연구교수),
　　　　　이영학(근대사1, 한국외국어대 교수), 전 우용(근대사2, 서울대학
　　　　　교병원 병원사연구실 촉탁교수), 기광서(현대사, 조선대 교수),
　　　　　고지훈(현대사, 서울대 강사), 박태균(현대사, 서울대 교수)
웹진위 간사 : 김민석(근대사1분과, 상임)
<사무국>
국장 : 권기중(중세사2분과)
총무부장 : 이규철(중세사2분과, 상임)
사무간사 : 김지윤

22) 2008년

회장 : 도면회(근대사분과)
부회장 : 한상권(중세사2분과)
감사 : 백승철(중세사2분과), 임경석(근대사분과)
<평의원회(선출직)>
의장 : 이경구(중세사2)
평의원 : 고대사분과: 정동준, 이정빈 / 중세사1분과: 정학수, 이승민 / 중세사2분과: 이경구, 유현재 / 근대사분과: 김진영, 김항기 / 현대사분과: 김소남, 박창희
<연구위원회>
위원장 : 김인호(중세사1분과)
고대사 분과장 : 박미선, 분과총무 : 고현아
중세사 1 분과장 : 김대식, 분과총무 : 이승민
중세사 2 분과장 : 염정섭, 분과총무 : 최혜진
근대사 분과장 : 안건호, 분과총무 : 김영수, 김대호
현대사 분과장 : 이신철, 분과총무: 박창희
연구위 간사 : 남기현(근대사분과, 상임)
<편집위원회>
위원장 : 한명기(중세사2분과)
편집위원 : 김기덕(건국대 교수), 노영구(국방대학교 교수), 류승렬(강원대 교수), 문동석(한신대학술원 연구교수), 안건호(친일반민족행위자재산조사위원회), 정숭교(친일반민족행위자재산조사위원회), 정용욱(서울대 교수), 한명기(명지대 교수)
지역편집위원: 고석규(목포대 교수), 고영진(광주대 교수), 고정휴(포항공대 교수), 기광서(조선대 교수), 이병희(한국교원대 교수), 이종서(울산대 교수), 전덕재(경주대 교수), 전현수(경북대 교수)
편집위 간사 : 김태우(현대사분과, 상임)
<웹진위원회>
위원장 : 오연숙(근대사분과)
웹진위원
자문웹진위원 : 임경석(근대사, 성균관대 교수), 하일식(고대사, 연세대 교수)
실무웹진위원 : 김동윤(고대사), 송용덕(중세1), 최선웅(근대사), 남기현(근대사, 간사)
연구웹진위원(분과장) : 박미선(고대사), 김대식(중세1), 염정섭(중세2), 안건호

(근대사), 이신철(현대사)

집필웹진위원 : 전호태(고대사, 울산대 교수), 신병주(중세2, 건국대 교수), 하일식
(고대사, 연세대 교수), 홍순민(중세2, 명지대 교수), 하원호(근대사,
성균관대 동아시아학술원 연구교수), 이영학(근대사, 한국외국어대
교수), 전우용(근대사, 서울대학교병원 병원사연구실 촉탁교수),
기광서(현대사, 조선대 교수), 고지훈(현대사, 국사편찬위원회 편사
연구사), 박태균(현대사, 서울대 교수), 송호정(고대사, 교원대
교수), 오수창(중세2, 한림대 교수), 심재우(중세2, 한국학중앙연
구원 교수), 김광운(현대사, 국사편찬위원회), 이신철(현대사, 성균
관대학교 연구교수)

웹진위 간사 : 남기현(근대사, 성균관대 사학과 박사과정)

<사무국>

국장 : 심재우(중세사2분과)

총무부장 : 이규철(중세사2분과, 상임)

사무간사 : 김지윤

23) 2009년

회장 : 한상권(중세사2분과)

부회장 : 채웅석(중세사1분과)

감사 : 도면회(근대사분과), 한명기(중세사2분과)

연구위원회 위원장 : 안건호(근대사분과)

고대사 분과장 : 정동준(박미선), 분과총무: 이정빈

중세사 1 분과장 : 정요근, 분과총무 : 정동훈

중세사 2 분과장 : 이동인, 분과총무 : 김창수

근대사 분과장 : 박윤재, 분과총무 : 김진영

현대사 분과장 : 정진아, 분과총무 : 김아람

연구위 간사 : 남기현(근대사분과, 상임)

<편집위원회>

위원장 : 김기덕(중세사1 분과)

편집위원 : 윤선태(동국대 교수), 이진한(고려대교수), 노영구(국방대교수), 이영호
(인하대교수), 박태균(서울대교수), 임경석(성균관대교수), 박종린
(성균관대동아시아학술원연구교수), 이강한(인하대동아시아한국학사업

24) 2010년

회 장 : 채웅석(중세사1분과)
부회장 : 이인재(중세사1분과)
감 사 : 김기덕(중세사1분과), 김보영(현대사분과)
<연구위원회>
위원장 : 여호규(고대사분과)
고대사 분과장 : 김지영, 분과총무: 장미애
중세사1분과장 : 박진훈, 분과총무: 김지희
중세사2분과장 : 정두영, 분과총무: 김창회
근대사 분과장 : 염복규, 분과총무: 황은수
현대사 분과장 : 노영기, 분과총무: 유상수
연구위 간사 : 박광명(현대사분과, 상임)
<편집위원회>
위원장 : 오수창(중세사2분과)
편집위원 : 김정인(춘천교대 교수), 김종복(성균관대 박물관), 박종린(이화여대
　　　　　특임교수), 박태균(서울대 교수), 손병규(성균관대 동아시아학술원
　　　　　교수), 오수창(서울대 교수), 이진한(고려대 교수), 이강한(한국학중앙
　　　　　연구원 교수)
지역 편집위원 : 강봉룡(목포대 교수), 김창석(강원대 교수), 이욱(한국국학진흥원
　　　　　　　　연구위원) 이기훈(목포대 교수), 송호정(한국교원대 교수),
　　　　　　　　강종훈(대구가톨릭대 교수) 윤용출(부산대 교수), 이종서(울산대
　　　　　　　　교수)
해외 편집위원
李成市(早稻田大學, 일본), 森平雅彦(九州大學, 일본)
Nam-lin Hur(University of British Columbia, 캐나다)
Anders Karlsson(School of Oriental and African Studies, 영국)
Hwa-sook Nam(University of Washington, 미국)
Michael D. Shin(University of Cambridge, 영국)
Jae-Jung Suh(Johns Hopkins University, 미국)
간사 : 황향주(중세사1분과)
<웹진위원회>
위원장 : 김태완(중세사2분과)
웹진위원 : 장미애(고대사), 김지희(중세1), 김창회(중세2), 황은수(근대사),

유상수(현대사)
웹진간사 : 박광명(현대사분과, 상임)
<사무국>
사무국장 : 정요근(중세사1분과)
총무부장 : 이규철(중세사2분과)
편집위 간사 : 황향주(중세사1분과)
연구위 간사 : 박광명(현대사분과)
웹진위 간사 : 박광명(현대사분과)
사무간사 : 김지윤

25) 2011년

회장 : 이인재(중세사1분과)
부회장 : 고동환(중세사2분과)
감사 : 채웅석(중세사1분과), 정요근(중세사1분과)
<연구위원회>
위원장 : 박진훈(중세사1분과)
고대사 분과장 : 박성현, 분과총무: 이현태
중세사1분과장 : 정학수, 분과총무: 김보광
중세사2분과장 : 최성환, 분과총무: 김성희
근대사 분과장 : 정용서, 분과총무: 전영욱
현대사 분과장 : 이주환, 분과총무: 조수룡
연구위 간사 : 박광명(현대사분과, 상임)
<편집위원회>
위원장 : 정병준(현대사분과)
편집위원 : 김정인(춘천교대 교수), 김종복(성균관대 박물관), 도현철(연세대
　　　　　교수) 박종린(한남대 교수), 박태균(서울대 교수), 손병규(성균관대
　　　　　동아시아학술원 교수) 이강한(한국학중앙연구원 교수), 정병준(이화
　　　　　여대 교수)
지역 편집위원 : 강종훈(대구가톨릭대 교수), 김성우(대구한의대 교수), 김창석
　　　　　　　　(강원대 교수), 송호정(한국교원대 교수), 윤용출(부산대 교수),
　　　　　　　　이기훈(목포대 교수), 이욱(한국국학진흥원 연구위원), 이윤상
　　　　　　　　(창원대 교수)

해외 편집위원

李成市(早稻田大學, 일본), 森平雅彦(九州大學, 일본)

Nam-lin Hur(University of British Columbia, 캐나다)

Anders Karlsson(School of Oriental and African Studies, 영국)

Hwa-sook Nam(University of Washington, 미국)

Michael D. Shin(University of Cambridge, 영국)

Jae-Jung Suh(Johns Hopkins University, 미국)

간사 : 황향주(중세사1분과)

<웹진위원회>

위원장 : 김덕영(근대사분과)

웹진위원 : 이현태(고대사), 김보광(중세1), 김성희(중세2), 전영욱(근대사),
          조수룡(현대사)

웹진간사 : 박광명(현대사분과, 상임)

<사무국>

사무국장 : 정두영(중세사2분과)

총무부장 : 이준성(고대사분과)

편집위 간사 : 황향주(중세사1분과)

연구위 간사 : 박광명(현대사분과)

웹진위 간사 : 박광명(현대사분과)

사무간사 : 김지윤

26) 2012년

회장 : 고동환(중세사2분과)

부회장 : 하일식(고대사분과)

감사 : 이인재(중세사1분과), 정두영(중세사2분과)

<연구위원회>

위원장 : 서영희(근대사분과)

고대사 분과장 : 박준형, 분과총무 : 이승호

중세사1분과장 : 이강한, 분과총무 : 박순우

중세사2분과장 : 송웅섭, 분과총무 : 탁신희

근대사 분과장 : 최병택, 분과총무 : 고태우

현대사 분과장 : 이현진, 분과총무 : 권혁은

연구위 간사 : 박광명(현대사분과, 상임)
<편집위원회>
위원장 : 정병준(현대사분과)
편집위원 : 김정인(춘천교대 교수), 김종복(성균관대 박물관), 박진훈(명지대
　　　　　교수), 박종린(한남대 교수), 박태균(서울대 교수), 손병규(성균관대
　　　　　동아시아학술원 교수), 이강한(한국학중앙연구원 교수), 정병준(이화
　　　　　여대 교수)
지역 편집위원 : 강종훈(대구가톨릭대 교수), 김성우(대구한의대 교수), 김창석
　　　　　　　　(강원대 교수), 송호정(한국교원대 교수), 윤용출(부산대 교수),
　　　　　　　　이기훈(목포대 교수), 이욱(한국국학진흥원 연구위원), 이윤상
　　　　　　　　(창원대 교수)
해외 편집위원
李成市(早稻田大學, 일본), 森平雅彦(九州大學, 일본)
Nam-lin Hur(University of British Columbia, 캐나다)
Anders Karlsson(School of Oriental and African Studies, 영국)
Hwa-sook Nam(University of Washington, 미국)
Michael D. Shin(University of Cambridge, 영국)
Jae-Jung Suh(Johns Hopkins University, 미국)
간사 : 황향주(중세사1분과, 상임)
<웹진위원회>
위원장 : 한모니까(현대사분과)
웹진위원 : 이현태(고대사), 송주영(중세사1), 김성희(중세사2), 정상우(근대사),
　　　　　조수룡(현대사)
웹진간사 : 박광명(현대사분과, 상임)
<사무국>
사무국장 : 정용서(근대사분과)
총무부장 : 이준성(고대사분과, 상임)
편집위 간사 : 황향주(중세사1분과, 상임)
연구위 간사 : 박광명(현대사분과, 상임)
웹진위 간사 : 박광명(현대사분과, 상임)
사무간사 : 김지윤

27) 2013년

회장 : 하일식(고대사분과)
부회장 : 정연태(근대사분과)
감사 : 고동환(중세사2분과), 서영희(근대사분과)
<연구위원회>
위원장 : 전덕재(고대사분과)
고대사 분과장 : 이경희, 분과총무 : 전보영
중세사1분과장 : 이상국, 분과총무 : 강재구
중세사2분과장 : 김백철, 분과총무 : 나영훈
근대사 분과장 : 양정필, 분과총무 : 문일웅
현대사 분과장 : 김선호, 분과총무 : 김수향
간사 : 이승호(고대사분과, 상임)
<편집위원회>
위원장 : 고영진(중세사2분과)
편집위원 : 여호규(고대사, 한국외국어대), 박진훈(중세사1, 명지대), 이강한(중세
사1, 한중연), 김호(중세사2, 경인교대), 손병규(중세사2, 성균관대),
신주백(근대사, 연세대), 박태균(현대사, 서울대)
지역 편집위원 : 강종훈(고대사, 대구가톨릭대), 전호태(고대사, 울산대), 김성우
(중세사2, 대구한의대), 이욱(중세사2, 순천대), 김정인(근대사,
춘천교대), 이기훈(근대사, 목포대), 이윤상(근대사, 창원대),
이용기(현대사, 한국교원대)
해외 편집위원 :
李成市 (早稻田大學, 일본)
森平雅彦(九州大學, 일본)
Nam-lin Hur (University of British Columbia, 캐나다)
Anders Karlsson (School of Oriental and African Studies, 영국)
Sun-joo Kim (Harvard University, 미국)
Hwa-sook Nam (University of Washington, 미국)
Michel D. Shin (University of Cambridge, 영국)
Jae-jung Suh (Johns Hopkins University, 미국)
간사 : 신동훈(중세사2분과, 상임)
<웹진위원회>
위원장 : 윤성재(중세사1분과)

웹진위원 : 고현아(고대사), 강재구(중세사1), 김동진(중세사2), 문일웅(근대사),
　　　　　　박광명(현대사)
간사 : 이승호(고대사분과, 상임)
<사무국>
사무국장 : 정용서(근대사분과)
총무부장 : 장병진(고대사분과, 상임)
연구-웹진위간사 : 이승호(고대사분과, 상임)
편집위간사 : 신동훈(중세사2분과, 상임)

28) 2014년

회장 : 정연태(근대사, 가톨릭대)
부회장 : 정용욱(현대사, 서울대)
감 사 : 하일식(고대사, 연세대), 이현진(현대사, 국사편찬위)
<연구위원회>
위원장 : 권내현(중세사2, 고려대)
고대사분과장 : 이정빈(경희대), 분과총무 : 이규호(동국대)
중세사1분과장 : 김보광(고려대), 분과총무 : 임혜경(서울대)
중세사2분과장 : 김동진(교원대), 분과총무 : 이승재(서울시립대)
근대사분과장 : 박준형(인하대), 분과총무 : 류정선(서울대)
현대사분과장 : 김태우(서울대), 분과총무 : 윤성준(동국대)
간사(상임) : 이승호(고대사, 동국대)
<편집위원회>
위원장 : 고영진(중세사2분과, 광주대)
편집위원 : 여호규(고대사, 한국외국어대), 이상국(중세사1, 아주대), 이강한(중세
　　　　　　사1, 한중연), 김호(중세사2, 경인교대), 손병규(중세사2, 성균관대),
　　　　　　신주백(근대사, 연세대), 박태균(현대사, 서울대)
지역 편집위원 : 강종훈(고대사, 대구가톨릭대), 전호태(고대사, 울산대), 김성우
　　　　　　(중세사2, 대구한의대), 이욱(중세사2, 순천대), 김정인(근대사,
　　　　　　춘천교대), 이기훈(근대사, 목포대), 이윤상(근대사, 창원대),
　　　　　　이용기(현대사, 한국교원대)
해외 편집위원 :
李成市 (早稻田大學, 일본)

森平雅彦(九州大學, 일본)
Nam-lin Hur (University of British Columbia, 캐나다)
Anders Karlsson (School of Oriental and African Studies, 영국)
Sun-joo Kim (Harvard University, 미국)
Hwa-sook Nam (University of Washington, 미국)
Michel D. Shin (University of Cambridge, 영국)
Jae-jung Suh (Johns Hopkins University, 미국)
간사(상임) : 신동훈(중세사2, 가톨릭대)
<웹진위원회>
위원장 : 김지영(고대사, 숙명여대)
웹진위원 : 위가야(고대사, 성균관대박물관), 이바른(중세사1, 고려대), 문광균
        (중세사2, 충남대), 장경호(근대사, 한중연), 이선우(현대사, 이화여대)
간사(상임) : 이승호(고대사, 동국대)
<사무국>
사무국장 : 이규철(중세사, 명지대)
총무부장(상임) : 장병진(고대사, 연세대)
연구-웹진위간사(상임) : 이승호(고대사, 동국대)
편집위간사(상임) : 신동훈(중세사2, 가톨릭대)

29) 2015년

회장 : 정용욱(현대사, 서울대)
부회장 : 이지원(근대사, 대림대)
감사 : 정연태(근대사, 가톨릭대), 이규철(중세사2, 명지대)
<연구위원회>
위원장 : 박윤재(근대사, 경희대)
고대사분과장 : 정동준(한성대), 분과총무: 안정준(연세대)
중세사1분과장 : 최종석(동덕여대), 분과총무: 황향주(서울대)
중세사2분과장 : 유현재(서울대), 분과총무: 남호현(서강대)
근대사분과장 : 조명근(고려대), 분과총무: 임동현(고려대)
현대사분과장 : 박창희(성균관대), 분과총무: 김태윤(서울시립대)
간사(상임) : 서민수(고대사, 건국대)
<편집위원회>

30) 2016년

회장 : 이지원(근대사, 대림대)
부회장 : 오수창(중세사2, 서울대)
감사 : 정용욱(현대사, 서울대), 이규철(중세사2, 명지대)
<연구위원회>
위원장 : 송양섭(중세사2, 고려대)
고대사분과장 : 안정준(연세대), 분과총무 : 최상기(서울대)
중세사1분과장 : 박광연(동국대), 분과총무 : 박영은(이화여대)
중세사2분과장 : 조낙영(서울대), 분과총무 : 임현채(서강대)
근대사분과장 : 배석만(고려대), 분과총무 : 홍종욱(서울대)
현대사분과장 : 이세영(연세대), 분과총무 : 정다혜(연세대)
간사(상임) : 서민수(고대사, 건국대)
<편집위원회>
위원장 : 이익주(중세사1, 서울시립대)
편집위원 : 여호규(고대사, 한국외국어대), 이강한(중세사1, 한중연), 김호(중세사
2, 경인교대), 손병규(중세사2, 성균관대), 신주백(근대사, 연세대),
계승범(중세사2, 서강대), 장지연(중세사2, 대전대), 김태우(현대사,
서울대), 박준형(고대사, 동은의학박물관)
지역 편집위원 : 강종훈(고대사, 대구가톨릭대), 전호태(고대사, 울산대), 김성우
(중세사2, 대구한의대), 이욱(중세사2, 순천대), 김정인(근대사,
춘천교대), 이기훈(근대사, 목포대), 이윤상(근대사, 창원대),
이용기(현대사, 한국교원대)
해외 편집위원 :
李成市 (早稻田大學, 일본)
森平雅彦(九州大學, 일본)
Nam-lin Hur (University of British Columbia, 캐나다)
Anders Karlsson (School of Oriental and African Studies, 영국)
Sun-joo Kim (Harvard University, 미국)
Hwa-sook Nam (University of Washington, 미국)
Michel D. Shin (University of Cambridge, 영국)
간사(상임) : 이성호(고대사, 동국대)
<웹진위원회>
위원장 : 이하나(현대사, 연세대)

웹진위원 : 권순홍(고대사, 성균관대), 강재구(중세사1, 가톨릭대), 임현채(중세사2, 서강대), 이민성(근대사, 건국대), 김효성(현대사, 연세대)
간사(상임) : 서민수(고대사, 건국대)
<사무국>
사무국장 : 노영구(중세사2, 국방대)
총무부장(상임) : 김수향(현대사, 서울대)
연구-웹진위간사(상임) : 서민수(고대사, 건국대)
편집위간사(상임) : 이성호(고대사, 동국대)

4. 연구회 기획발표

I 심포지움 및 학술대회

1) 제1회 학술대토론회, 한국근대의 변혁운동과 민족문제

□ 장소 : 연세대 장기원기념관
□ 일시 : 1988. 10. 22
   1. 한국근대 민족문제의 성격/이영호
   2. 한국근대 집권, 관료세력의 민족문제 인식과 대응/주진오
   3. 한국근대 재야지배세력의 민족문제 인식과 대응/김도형
   4. 한국근대 민중의 민족문제 인식과 대응/조성윤

사회 : 박찬승
토론자 : 최덕수, 김항수, 홍순권, 박호성, 하원호, 도진순

2) 3.1운동 70주년기념 학술심포지움
: 민족해방운동사에서의 3.1운동

□ 장소 : 프레스센터
□ 일시 : 1989.2.25
   1. 역사적 의의와 오늘의 교훈 /노경채/지수걸.한홍구
   2. 1910년대 식민지 지배구조와 계급구성 /권태억/임경석.조재희.정태헌
   3. 3.1운동의 전개양상과 참가계층 /정연태/이지원.이윤상
   4. 3.1운동의 사상적 기반 /박찬승/김철.고정휴.조민
사회 : 임경석
토론 : 조동걸(국민대), 서중석(서울대), 정재정(방송통신대),
     정창렬(한양대), 정용욱(단국대)

3) 갑오농민전쟁 100주년 기념연구사업 제1차년도 심포지움
: 갑오농민전쟁의 사회경제적 배경

▫ 장소 : 연세대 장기원기념관
▫ 일시 : 1990.5.12
  1. 봉건체제의 파탄과 농민층의 몰락 /이영호/왕현종.고동환.서영희
  2. 제국주의의 침탈과 상품화폐경제의 변동 /하원호/나애자.도면회
  3. 신분계급구성의 변동과 변혁주체의 성장./고석규/정진영.최윤오
사회 : 이세영
토론 : 이이화(역사문제연구소), 김정기(서원대), 백승철(연세대), 이윤갑(계명대)

4) 갑오농민전쟁 100주년 기념연구사업 제3차년도 심포지움
: 1894년 농민전쟁의 정치사상적 배경

▫ 장소 : 연세대 장기원기념관
▫ 일시 : 1992.5.16
  제1부 국제정치와 한반도
  1. 19세기말 제국주의와 동아시아 /김기정
  2. 개항이후 청의 조선정책 /김정기
  3. 개항이후 일본의 조선정책 /최덕수
  제2부 지배층의 정치 사상동향
  1. 집권세력의 동향 /연갑수
  2. 개화파의 동향 /주진오
  3. 보수유생층의 동향 /김도형
  제3부 민중세력의 정치 사상적 동향
  1. 19세기 민중의식의 성장 /안병욱
  2. 동학의 교리와 정치 사회사상 /우윤
  3. 동학교단의 조직과 지도부 /박맹수
  4. 농민군 지도부의 정치사상 /박찬승
사회 : 주진오
토론 : 김경태(이화여대), 조동걸(국민대), 정창렬(한양대),
      이이화(역사문제연구소)

5) 갑오농민전쟁 100주년 기념연구사업 4차년도 심포지움
: 1894년 농민전쟁의 역사적 성격

□ 장소 : 세종문화회관 대회의장
□ 일시 : 1994.5.20~5.21
　제1일
　　1. 농민전쟁의 전개과정1/ 김인걸
　　2. 농민전쟁의 전개과정2/ 고석규
　　3. 농민전쟁의 지역사례/ 박찬승
　　4. 농민전쟁의 지도부 - 전봉준, 김개남, 손화중 연구/ 이이화
사회 : 이세영
토론 : 박준성(역사학연구소), 박맹수(영산 원불교대), 김야식(단국대)
　제2일
　　1. 농민전쟁기 국내 지배세력의 동향/ 양상현
　　2. 청일양국의 농민군 대책과 청일전쟁/ 최덕수
　　3. 한국 근대사에서 농민전쟁의 위치/ 안병욱
사회 : 이영호
토론 : 이이화(역사문제연구소), 정창렬(한양대), 김정기(서원대),
　　　 박찬승(목포대), 주진오(상명여대), 김성찬(인제대), 윤승준(인하대)
기념공연 : 1894년농민전쟁사(임진택)

6) 해방50주년 기념 심포지움
: 해방50주년! 분단의 역사 통일의 역사

□ 장소 : 연세대 장기원기념관
□ 일시 : 1995.4.29
　서설 : 세계사에서 한반도의 분단과 통일/ 노경채.도진순.정창현
　제1주제 : 지배세력과 분단의 역사/ 신주백.홍석률
　제2주제 : 통일운동의 역사/ 신주백.홍석률
　제3주제: 남북한 통일정책과 통일의 과제/ 안병욱.정병준

7) 한국사회사학회 · 한국역사연구회 공동주최 학술심포지움
   : 식민지 근대화론의 비판적 검토

□ 장소 : 대우학술재단
□ 일시 : 1996.6.7
  1. 해방후 한국에서 일제 식민지像의 변화와 과제/ 정태헌
  2. 일본의 식민지 인식과 망언의 역사/ 정근식
사회 : 이준식(연세대 강사), 박명규(서울대)
토론 : 조동걸(국민대), 신용하(서울대), 권태억(서울대), 강창일(배제대),
    정진성(덕성여대), 박찬승(목포대)

8) 1996년 하반기 학술심포지움 : 한국의 역사기록 보존,
   어떻게 할 것인가 - 세계 각국의 사례와 비교하여

□ 장소 : 대우학술재단
□ 일시 : 1996.11.23
  제1부 : 주제 발표 - 세계 각국의 역사기록 보존 실태
  1. 미국의 사례/ 배영수
  2. 프랑스의 사례/ 주경철
  3. 독일의 사례/ 김유경
  4. 러시아의 사례/ 조호연
  5. 일본의 사례, 중국.대만의 사례/ 이승휘
  6. 한국의 역사기록 보존 실태와 앞으로의 전망/ 김재순
  제2부 : 토론 한국의 역사기록 보존, 어떻게 할 것인가
토 론 : 강만길(고려대), 이만열(숙명여대), 김인걸(서울대), 김희태(충남대)

9) 1997년도 추계 학술심포지움
: 대한제국의 역사적 성격-개혁인가 보수인가-

□ 장소 : 문화재관리국 강당
□ 일시 : 1997.10.10
  1. 광무정권의 형성과 개혁정책 추진/ 서영희
  2. 대한제국의 경제정책/ 이영학
  3. 대한제국기 황제 주도의 재정운영/ 이윤상
사회 : 이영호(인하대)
토론 : 김도형(계명대), 이세영(한신대), 양상현(울산대)

10) 한국역사연구회 창립 10주년기념 학술심포지움

□ 장소 : 서울교육대학교
□ 일시 : 1998.9.26
  제1부 : 주제 - 현대 역사학의 점검과 전망
   1. 현대 한국사학의 과제/ 김인걸
   2. 중국 근현대사 인식의 계보와 유산/ 김태승
   3. 프랑스 혁명사 연구와 현대 역사학/ 최갑수
  제2부 : 주제 - 역사교육과 역사대중화
   1. 21세기 중등학교 역사교육을 위한 제언/ 유승렬
   2. 21세기 역사대중화의 방향/ 오종록
  제3부 : 주제 - 21세기 근현대사 연구의 새로운 모색
   1. '植民地 近代化論' 논쟁의 비판과 新近代史論의 모색/ 정연태
   2. 한국 근현대사 연구와 동아시아 사회론/ 신용옥
   3. 분단현실에 대한 연역과 역사적 유추/ 도진순
  제4부 : 종합토론
사회 : 노경채, 이지원, 임경석, 안병욱
토론 : 정창렬, 배경한, 윤승준, 양호환, 박준성, 조석곤, 유석춘, 김남식

11) '광주학생독립운동' 70주년기념 제1차 학술심포지움
: 11.3 광주학생독립운동의 역사적 의의

□ 장소 : 세종문화회관 대회의실
□ 일시 : 1999.10.23
   1. 광주학생운동의 역사적 의의/ 조동걸
   2. 광주학생독립운동의 주체/ 신주백
   3. 광주학생독립운동과 민족운동세력/ 이준식
   4. 광주학생독립운동의 국내외 확산/ 장석홍
 - 사회 : 이영학
 - 토론 : 노경채, 박찬승, 지수걸, 김일수

12) '광주학생독립운동' 70주년기념 제2차 학술심포지움
: 11.3 광주학생독립운동의 발발 배경

□ 장소 : 전남대학교 용봉홀
□ 일시 : 1999.10.28
   1. 1920년대 광주·전남지방의 사회경제사정과 '광주학생독립운동'/ 이종범
   2. 한말 일제시기(1895-1929) 전남지역의 근대교육/ 박만규
   3. 1920년대 광주지방의 청년·학생운동과 지역사회/ 이애숙
   4. 조선총독부의 광주학생독립운동 인식과 그 대응/ 장 신
 - 사회 : 이상식
 - 토론 : 정연태, 고영진, 박철하, 홍영기

13) 1999년 정기 학술심포지움 : 한국사 속의 세계화와 민족의식

□ 장소 : 한국방송통신대학교 별관 세미나실
□ 일시 : 1999.11.13
  1. 총론 : 한국사 속의 세계화, 주체성 그리고 개혁/ 고영진
  2. 당중심의 세계질서와 신라인의 자기 인식/ 하일식
  3. 원·명 교체기 고려사대부의 소중화의식/ 도현철
  4. 명·청 교체기 동북아 질서와 조선지배층의 대응/ 한명기
  5. 한말 제국주의 침략기 조선지식인의 동아시아 인식/ 조재곤
  6. 일제강점기 식민지 지식인의 현실 인식/ 이준식
  7. 해방전후 한반도 정세의 변화와 임정의 대응/ 정용욱.박진희
- 사회 : 안병우(1부), 이영학(2부), 도진순(종합토론)
- 토론 : 김영미, 나성, 손승철, 한철호, 정혜경, 고정휴, 최원식, 김태승, 박명규

14) 한국전쟁 50주년 학술심포지움 :
한국전쟁의 재인식 -분단을 넘어 통일로-

□ 장소 : 세종문화회관 컨퍼런스홀
□ 일시 : 2000.6.10
  오전발표
  1. 화해와 통일을 위한 전쟁인식의 과제/ 도진순
  2. 1949~50년 38선충돌과 북한의 한국전쟁 계획/ 정병준
  3. 한국전쟁기 주한미군사고문단의 조직과 활동/ 안정애
  오후발표
  4. 소련의 한국전쟁관과 참전과정/ 기광서
  5. 한국전쟁기 한국 군부의 재편과 정치화 과정/ 양영조
- 사회 : 정용욱(한국정신문화연구원)
- 토론 : 이완범(정문연), 신병식(명지대), 김덕중(경기대), 양병기(청주대)

15) 2001년도 정기 학술심포지움 : 북한 역사학의 어제와 오늘

□ 장소 : 세종문화회관 컨벤션센터
□ 일시 : 2001.6.22
  오전발표
  1. 북한 역사학계의 구성과 활동/ 김광운
  2. 시대구분론/ 권오영.도면회
  3. 반침략투쟁사/ 김순자.신주백
  오후발표
  4. 정치제도.사상사/ 연갑수.박광용
  5. 생활풍속사/ 박현순
- 사회 : 정태헌(오전), 정연식(오후), 박종기(종합토론)
- 토론 : 송호정(한국교원대), 하원호(성균관대 대동문화연구원),
      김문식(서울대 규장각), 오종록(고려대)

16) 2002년도 정기 학술심포지움
: 21세기 한국사교과서와 역사교육의 방향
-제7차 교육과정을 중심으로-

□ 장소 : 성균관대 경영관
□ 일시 : 2002.11.9
  1부 공동주제 발표
  1. 제7차 교육과정과 역사교육, 문제는 의사소통이다/ 지수걸(공주대)
  2. 국사교과서 국정제의 문제점과 대안 모색/ 양정현(구일고)
- 사회 : 김한종
- 토론 : 신병철(경동고), 남지대(서원대)

  2부 주제별 발표
  제1주제 : 국정 국사교과서의 역사인식과 역사서술, 그리고 대안모색
  1. 국사교과서의 정치사 인식 및 서술 검토/ 이익주(서울시립대)
  2. 국사교과서의 경제사 인식 및 서술 검토/ 송규진(고려대)
  3. 국사교과서의 사회사 인식 및 서술 검토/ 한상권(덕성여대)

4. 국사교과서의 문화사 인식 및 서술 검토/ 강웅천(사계절출판사)
- 사회 : 박종기(국민대)
- 토론 : 박중현(중경고), 이근화(강남중), 이병희(한국교원대)

제2주제 : 검정 근현대사 교과서의 역사인식과 역사서술, 그리고 대안모색
  1. 포스트모던 시대의 근대 전환기 인식과 근현대사 교과서의 역사서술/
     고영진(광주대)
  2. 저항, 그리고 형상화와 교육과정/ 신주백(성균관대)
  3. 대한민국의 정통성과 해방 8년사/ 김종훈(문창중)
  4. 교과서 속의 북한과 통일 이후/ 이신철(역사문제연구소)
- 사회 : 김성보(충북대)
- 토론 : 조동근(성수기계공고), 왕현종(연세대)

제3주제 : 한국사교과서의 주제별 내용 분석
  1. 젠더의 관점에서 본 역사교육과 한국사교과서/ 신영숙(한국정신대연구소)
  2. 노동의 관점에서 본 한국사교과서 서술/ 최규진(고려대)
  3. 대외관계 서술에 나타난 애국주의/ 강창일(배재대)
- 사회 : 오종록(성신여대)
- 토론 : 방지원(대영고), 이지원(대림대)

3부 종합토론
- 발제 : "바람직한 한국사 교육을 위하여"/ 안병우(한신대)
- 종합토론 : 김한종, 박종기, 김성보, 오종록, 신병철, 김육훈(상계고),
           장득진(국사편찬위원회)

17) 2003년도 10월 심포지움
: 사회, 교육 환경의 변화와 대학 한국사 교육의 진로

□ 일시: 2003.10.18
□ 장소: 동국대학교 90주년기념문화관 제3세미나실(2층)
□ 주최: 한국역사연구회, 국사편찬위원회
  1. 한국사 전공교육의 위기와 개편방안/ 주진오
  2. 대학 한국사 교양교육의 실태와 개혁방안/ 오종록
  3. 대학 한국사 교육과 세계사 교육의 소통과 연계방안/ 김한종
  4. 미국 대학의 자국사 교육의 역사와 최근동향/ 손세호
  5. 일본 대학의 자국사 교육의 역사와 최근동향/ 鶴園裕
- 사회: 임경석(성균관대)
- 토론: 송기호(서울대), 박찬승(충남대), 조명철(고려대),
     정경희(탐라대), 강선주(경인교대)

18) 10월 역사학 관련 학술단체 연합심포지움
: 한국근현대사 고등학교 검정교과서 편향성 시비를 따진다
- 집필에서부터 교육현장까지

□ 일시 : 2004.10.14
□ 장소 : 대우학술재단빌딩 8층 제2세미나실
  1. 한국근현대사 교과서 집필의 기준과 검정시스템/ 주진오
  2. 한국근현대사 교과서의 내용분석/ 박태균
  3. 한국근현대사 교과서와 교육현장의 실제/ 김용석
- 사회 : 오종록(성신여대), 안병우(한신대)
- 토론 : 김도형(연세대), 허동현(경희대), 정태헌(고려대), 한홍구(성공회대),
     송상헌(공주교대), 류승렬(강원대)

19) 10월 심포지움 : 한미 지식인의 상호 인식

□ 일시 : 2004.10.23
□ 장소 : 서울역사박물관 1층 강당
  1. 총론/ 임대식
  2. 개화기 관료 지식인의 미국 인식 : 주미 한국 공사를 중심으로/ 한철호
  3. 미국 관료 지식인의 한국 인식/ 김현숙
  4. 식민지 시대, 미국 지식인의 한국 인식 : 태평양문제연구회를 중심으로/ 고정휴(포항공대)
  5. 해방 후 미국 지식인의 한국 인식 : Far Eastern Quarterly, Far Eastern Survey, Pacific Affairs를 중심으로/ 김점숙
- 사회 : 정용욱(서울대)
- 토론 : 서영희(한국산업기술대), 손철배(성균관대), 김권정(숭실대),
         임종명(고려대), 박태균(서울대)

20) 11월 연합심포지움
   : 식민지시대 조선의 자화상
   - 역사학과 문학사 연구자들이 『개벽』을 함께 읽다

□ 주최 : 한국역사연구회, 민족문학사학회
□ 일시 : 2004.11.20
□ 장소 : 서울역사박물관 1층 강당
  1. 우리는 왜 '개벽'을 읽는가?/ 임경석
  2. '개벽'을 낳은 현실, '개벽'에 담긴 희망/ 김정인
  3. 식민지 시대의 타자인식과 자기인식/ 차혜영
  4. 정치적 열망과 문학적 자기실현/ 박수용
  5. 운양 김윤식의 죽음을 대하는 두개의 시각/ 임경석
  6. 논쟁의 정치와 '민족개조론'의 글쓰기/ 김현주
- 사회: 박헌호(한국외대), 김정인(춘천교대)
- 토론: 최원식(인하대), 한기형(성균관대), 이기훈(서울대)

21) 3월 공동 학술대회
: 日本歷史教科書에 대한 韓日 兩國의 視角과 共同對應 方案

□ 주관 : 韓國歷史硏究會, 歷史敎育硏究會, 歷史學會
□ 일시 : 2005.3.5(10 : 00 ~ 18 : 00)
□ 장소 : 서울역사박물관 강당
□ 오전 발표
- 사회 : 이지원(대림대)
  1. 2005년 日本歷史敎科書 문제와 한국의 대응/ 안병우
  2. 日本における歷史敎科書問題をめぐる最近の情況/ 君島和彦
오전 토론
- 사회 : 박찬승(충남대),
- 토론 : 반병률(한국외국어대), 장석흥(국민대)
□ 오후 발표
- 사회 : 강선주(경인교대)
  3. 歷史敎科書の現在/ 今野日出晴
  4. 일본 역사 교과서 왜곡에 관한 공동 수업 실천/ 박성기
  5. 일본 역사 교과서 문제가 우리 역사교육에 주는 시사/ 송상헌
□ 종합 토론
- 사회 : 이우태(서울시립대)
- 토론 : 발표자 전원, 서중석(성균관대), 김한종(한국교원대), 호사카유지(세종대)

22) 4월 연합 심포지움
: 2005년도 일본문무성 검정통과(후소샤,동경,일본)
교과서 분석 심포지엄

- □ 주관 : 한국역사연구회, 아시아평화와역사교육연대, 역사문제연구소
- □ 일시 : 2005.4.11(14 : 00 ~ 18 : 00)
- □ 장소 : 서울역사박물관 1층 강당
- □ 발표
- 사회 : 이지원(대림대)
  '새역모' 및 검정통과 교과서 분석 I (후소샤, 동경, 일본)
    1. 주제1 : 전근대 시대를 중심으로/ 김창석
    2. 주제2 : 근현대 시대를 중심으로/ 신주백
    3. 주제3 : 일본사를 중심으로/ 하종문
  '새역모' 및 검정통과 교과서 분석 II (후소샤, 동경, 일본)
    4. 주제4 : 중국 관련 서술을 중심으로/ 이유성
    5. 주제5 : 국제관계를 중심으로/ 송주명
    6. 주제6 : 공민교과서를 중심으로/ 권혁태
    7. 주제7 : '여성'관련 서술을 중심으로/ 김수영
    8. 주제8 : 역사교육을 중심으로/ 박중현
- □ 종합토론
- 사회 : 서중석(성균관대)
- 토론 : 발표자전원, 오종록(한국역사연구회), 이유성(한신대),
        왕현종(연세대), 김육훈(전국역사교사모임)

23) 4월 한국사연구단체협의회, 역사단체협의회 주최 심포지움
   : 일본 중학교 교과서의 역사서술과 역사인식

□ 일시 : 2005.4.22(13 : 00~18 : 00)
□ 장소 : 서울역사박물관 1층 강당
□ 발표
- 사회 : 최윤오(연세대)
   1. (총론) 일본 중학교 역사 교과서(후쇼사) 문제의 배경과 특징 : 역사기억의
   왜곡과 성찰/ 허동현
   2. 고대사 서술과 역사인식(고려 이전)/ 연민수
   3. 중근세사 서술과 역사인식(고려~강화도사건 전)/ 박수철
   4. 근대사 서술과 역사인식(강화도사건~러일전쟁)/ 한철호
   5. 근현대사 서술과 역사인식(1910~현재)/ 박찬승
□ 토론
- 사회 : 손승철(강원대)
- 토론 : 발표자 전원, 김태식(홍익대), 최석완(대진대), 유용태(서울대),
         한운석(상지대), 송상헌(공주대)

24) 11월 을사조약 100주년 심포지움

: 을사조약에 대한 韓·中·日 三國의 인식

▫ 주관 : 한국역사연구회, 국가보훈처
▫ 일시 : 2005.11.25
▫ 장소 : 서울역사박물관 1층 강당
▫ 발표
-사회 : 이지원(대림대)
  1. 을사조약은 어떻게 기억되어 왔는가/ 도면회
  2. 을사조약 이후 대한제국 각 정치세력의 정세 인식/ 서영희
  3. 통감부에 대한 국외 정치·사회 단체들의 인식/ 오연숙
  4. 을사조약에 대한 청국정부의 인식/ 은정태
  5. 을사조약을 둘러싼 일본내 각 세력의 인식/ 천지명
▫ 종합토론
- 사회 : 이영호(인하대)
- 토론 : 이윤상(창원대), 이민원(보훈교육연구원), 왕현종(연세대),
        이영옥(아주대), 오가와라 히로유키(小川原宏幸, 明治大)

25) 2006년 한국역사연구회 학술대회

: 일제하 조선인 엘리트의 사회적 기반과 정체성

▫ 일시 : 2006.11.3(10 : 00~17 : 00)
▫ 장소 : 동국대학교 문화관 제3세미나실
- 사회 : 이지원 (대림대)
  1. 조선인 고등관료의 삶과 의식/ 장신
  2. 보통학교 교사의 사회적 위상과 자기인식/ 이기훈
  3. 금융조합 조선인 이사의 사회적 기반과 의식/ 문영주
  4. 조선인 군수의 사회적 위상과 현실 인식/ 이송순
  5. 1930년대 개성지역 엘리트 연구 :『高麗時報』동인을 중심으로/ 양정필
  6. 일제하 의사계층의 성장과 정체성 형성/ 박윤재
- 토론 : 장세윤(동북아역사재단), 김태웅(서울대), 김민철(경희대),
        홍순권(동아대), 조명근(광운대), 신동원(한국과학기술원)

26) 2007년 한국역사연구회 학술대회
: 일제하 지방 지배를 보는 두개의 시각
-과학적 실천적 역사학과 탈근대 역사학-

ㅁ 일시 : 2007.11.10(13 : 30~18 : 00)
ㅁ 장소 : 덕성여대 종로캠퍼스 평생교육원 406호
1. 일제시기 지방정치사 연구방법 시론/ 지수걸
2. 식민지 인식의 회색지대를 위한 변증/ 아래로부터의 사회사 연구를 위하여/ 윤해동
- 사회 : 박종린 (성균관대 동아시아학술원)
- 토론 : 박찬승(한양대), 이승렬(연세대), 이용기(성균관대 동아시아학술원), 김경일(한국학중앙연구원), 류준범(국사편찬위원회), 한상구(친일반민족행위진상규명위원회), 이준식(친일반민족행위자재산조사위원회), 마쯔모토 다케노리(松本武祝, 동경대)

27) 2007년 학술대회 : 언론매체를 통해 본 친일의 논리

ㅁ 일시 : 2007.11.21(10 : 00~18 : 00)
ㅁ 장소 : 프레스센터 19층
ㅁ 주최 : 친일반민족행위진상규명위원회
ㅁ 주관 : 한국역사연구회
- 사회 : 김민철(친일반민족행위진상규명위원회 조사3팀장)
1. 『국민신보』를 통해 본 일진회의 친일논리/ 서영희
2. 『매일신보』를 통해본 친일의 논리와 심리 : 3.1운동기를 중심으로/ 임경석
3. 『공영』을 통해 본 대동동지회의 현실 인식과 친일논리/ 박종린
4. 『시사평론』을 통해 본 국민협회의 근대국가 인식과 참정권 청원론/ 이태훈
5. 『삼천리』를 통해 본 친일의 논리와 정서/ 이지원
ㅁ 토론
- 사회 : 이준식(친일반민족행위자재산조사위원회)
- 토론 : 정숭교(친일반민족행위자재산조사위원회 조사총괄과장), 조규태(한성대 교수), 허수(동덕여대 연구교수), 정병욱(국사편찬위원회 편사연구사), 박한용(민족문제연구소 연구실장)

28) 한국역사연구회 창립 20주년 기념 학술심포지움
: '과학적 실천적 역사학'의 과거와 미래

일시 : 2008년 11월 14일(금) 10:00~18:00
장소 : 건국대 새천년관 국제회의장
주최 : 한국역사연구회
후원 : 국사편찬위원회, 한국학술진흥재단

10:00~11:40   사회 : 채웅석(가톨릭대)
 제 1주제 : 고대사 연구의 진보적 방법론은 있는가?
  발표 : 남무희(국민대) 토론 : 정동준(성균관대)
 제 2주제 : 고려시대 역사학 속의 민중과 민족론
  발표 : 김인호(광운대) 토론 : 박종진(숙명여대)
 제 3주제 : 조선시대사 연구와 과학적·실천적 역사학
  발표 : 염정섭(전북대) 토론 : 오영교(연세대)
 제 4주제 : 한국 근대사 연구의 새로운 관점과 한계
  발표 : 서영희(한국산업기술대) 토론 : 이영학(한국외국어대)
11:40~13:00 점심식사
13:00~13:50   사회 : 이영호(인하대)
 제 5주제 : 두 번의 10년과 식민지 근대 인식
  발표 : 이기훈(목포대) 토론 : 정용서(친일반민족행위진상규명위원회)
제 6주제 : 현대사 연구에서의 '과학'과 '실천', 그 성과와 과제
  발표 : 정진아(성균관대) 토론 : 후지이 다케시(역사학연구소)
14:00~16:20 종합 토론   사회 : 오종록(성신여대)
  발표자 및 토론자 전원
 기념행사
16:30~18:00
  내빈소개 및 인사말
  역대회장 인사
  축사
  감사패 증정
  축가 : 장사익(소리꾼)
  20년 약사 소개

29) 3·1운동 90주년 기념 학술 심포지움 : 3.1운동, 기억과 기념

□ 일시 : 2009년 2월 26일(목) 오후 1시 30분 ~ 오후 6시
□ 장소 : 서울역사박물관 대강당
□ 주최 : 한국역사연구회, 역사문제연구소, 역사학연구소, 한겨레신문
학술심포지움 일정
13:30~14:00 등록
　　　　개회사 : 한상권(한국역사연구회 회장)
　　　　축 사 : 김성보(역사문제연구소 부소장)
　　　　　　　　김선경(역사학연구소 소장)
　　학술심포지움 : 3.1운동, 기억과 기념
14:00~16:00　　　　　　　　　　　　　　　사회 : 박윤재(연세대)
　　제 1주제 : 기억의 탄생, 민중 시위 문화의 근대적 기원
　　 ·발표 : 김정인(춘천교대)　토론 : 이병례(역사학연구소)
　　제 2주제 : 민족주의, 민중을 발견하다
　　 ·발표 : 류시현(고려대 민족문화연구원)　　토론 : 허수(동덕여대)
　　제 3주제 : 좌와 우, 그들이 기념하는 3.1운동
　　 ·발표 : 최선웅(역사문제연구소)　토론 : 윤효정(고려대)
　　제 4주제 : 3.1운동의 아이콘, 유관순
　　 ·발표 : 정상우(서울대)　　토론 : 김대호(국사편찬위원회)
　　제 5주제 : 역사교육이 재구성한 기억, 3.1운동
　　 ·발표 : 최병택(한국교육과정평가원)　토론 : 이정선(서울대)
16:00~16:15 휴식시간
16:15~18:00 종합 토론
- 사회 : 지수걸(공주대)
- 토론 : 발표자 및 토론자 전원

30) 한국전쟁 60주년 기념 심포지움
: '한국전쟁기 전쟁수행과 그 영향'

▫ 일시 : 2010년 6월 19일 (토) 오후 1시
▫ 장소 : 덕성여대 평생교육원
▫ 행사순서
■ 기조발표 : 한국전쟁 다시보기 (13:20~13:50)
　- 발표자 : 박태균(서울대학교)
■ 주제발표 1
○ 6·25전쟁 남침전후 북한 게릴라의 성격 (13:50~14:35)
　- 발표 : 양영조(국민대학교)
　- 토론 : 김광운(국사편찬위원회)
○ 한국전쟁 초기 정부와 군의 대응 (14:35~15:20)
　- 발표 : 노영기(조선대학교)
　- 토론 : 김태우(서울대학교)
■ 주제발표 2
○ '한국전쟁기 산청·함양·거창 민간인 집단학살사건'의 실체 및 조작·은폐공
작 : 특무대 문서철[거창사건관련자료, 1951]을 중심으로 (15:40~16:25)
　- 발표 : 안김정애(여성평화연구원)
　- 토론 : 정해구(성공회대학교)
○ 6·25전쟁 초기 주한미군사고문단의 전쟁 인식과 대응 (16:25~17:10)
　- 발표 : 박동찬(한양대학교)
　- 토론 : 김보영(이화여자대학교)
○ 한국전쟁기 미군의 공산포로 '미국화'교육 (17:10~17:55)
　- 발표 : 이상호(건국대학교)
　- 토론 : 조성훈(한국학중앙연구원)

31) 4월 혁명 50주년 기념 학술회의
: 한국 민주화운동의 논리와 지향성의 재평가

□ 일시 : 2010년 7월 9일 오후 10:00-17:30
□ 장소 : 서울역사박물관 대강당
□ 사회 : 여호규 / 홍석률 / 지수걸
□ 행사순서

구분	발표명	발표자		토론자	
		성명	소속	성명	소속
1부	민족해방운동의 유산과 민주화운동 (10:10~10:45)	이준식	친일파재산환수위	박찬승	한양대
	민족주의와 내재적 발전론 (10:45~11:20)	김정인	춘천교대	이승렬	강원대
	민주화운동세대별 분단극복론의 추이 (11:20~11:55)	김지형	한양대학교	김보영	이화여대
	1960~70년대 민주화운동 세력의 민주주의 담론(11:55~12:30)	이상록	국사편찬위원회	박상훈	후마니타스 대표
특별 강연	민주화운동에 대한 역사적 평가와 인식의 전환(14:00~14:40)	안병욱	가톨릭대	없음	
2부	민중개념의 계보학 (14:40~15:15)	이세영	한신대	이영호	인하대
	구술사와 '새로운 민중사'의 가능성 (15:15~15:50)	이용기	성균관대 동아시아학술원	윤택림	한국구술사 연구소
	민족경제론이 대중경제론에 미친 영향(16:10~16:45)	류동민	충남대	이상철	성공회대
	1980년대 사회구성체론과 노동운동 (16:45~17:20)	김영수	경상대	임대식	역사문제 연구소

32) 강제병합 100년 학술회의
: 강제병합 100년에 되돌아보는 일본의 한국 침략과
식민통치체제의 수립

□ 일시 : 2010년 8월 20일 오후 1시-6시
□ 장소 : 서울역사박물관 대강당
□ 사회 : 여호규 / 염복규
□ 발표
진행 사회 : 여호규(한국외국어대)
개회사/인사말 : 채웅석 (가톨릭대)
　# 제1부 침략과 저항 (13:20~14:50) 사회 : 염복규(국사편찬위원회)
　기조발표 : 일제 식민통치와 민족차별의 구조화
발표 : 이준식(연세대)
　제1주제 : 일제의 보호통치전략과 일진회의 합방론
발표 : 이태훈(연세대)
토론 : 김종준(서울대 규장각)
　제2주제 : 러일전쟁 전후 대한제국의 외교정책
발표 : 김영수(동북아역사재단)
토론 : 현광호(고려대)
　# 제2부 : 강제병합과 무단통치 (15:00~16:45)
　제3주제 : 일제의 한국병합과 식민지 통치체제의 개편 - 대만형 통치체제에서
　조선형 통치체제로
발표 : 이승일(한양대)
토론 : 장신(연세대)
　제4주제 : 강제병합 직후 일제의 친일세력 구축과 식민지배의 합리화 - 대한
　제국 집권층의 회유와 포섭 전략
발표 : 이송순(고려대)
토론 : 이형식(국민대 일본학연구소)
　제5주제 : 강제병합 전후 일제 경제정책의 방향
발표 : 최병택(공주교대)
토론 : 김대호(국사편찬위원회)
　# 제3부 : 종합토론 (17:00~18:00) 사회 : 박윤재(연세대)
- 발표, 토론자 전원

33) 5.16 군사정부수립 50년 학술회의

□ 주제 : 5·16 군사정부의 정책구상과 실제
□ 일시 : 2011년 5월 14일 (토) 오후 1시
□ 장소 : 동국대학교 학림관 J111
□ 후원 : 한국장학재단
□ 행사순서
■ 개회식 (13:00~13:10)
　◎ 개회사 : 이인재(한국역사연구회 회장)
　◎ 사　회 : 박진훈(명지대)
■ 제1부 : 경제·외교 (13:10~14:50)
　◎ 사회 : 이주환(동국대)
　○ 5·16 군사정부의 상업차관 도입정책과 운용 - 대자본가와의 관계를 중심으로 (13:10~13:35)
　　- 발표 : 이정은(고려대)
　○ 5·16 군정시기 비료 수급 정책 (13:35~14:00)
　　- 발표 : 이병준(성균관대)
　○ 5·16 군사정부시기 대(對) 유엔정책 연구 (14:00~14:25)
　　- 발표 : 이주봉(고려대)
　○ 1부 주제별 토론 및 질의응답 (14:25~15:55)
　　- 토론 : 이현진(국민대)·정진아(건국대)·김지형(한양대)
■ 제2부 : 사회·문화 (16:10~18:00)
　◎ 사회 : 김태우(서울대)
　○ 5·16 군사정부의 사회정책 - 고아 및 부랑아 대책을 중심으로 (16:10~16:35)
　　- 발표 : 김아람(연세대)
　○ 5·16 군사정부의 공보정책 - 공보조직의 변천과정과 활동을 중심으로 (16:35~17:00)
　　- 발표 : 유상수(한성대)
　○ 2부 주제별 토론 및 질의응답 (17:00~18:00)
　　- 토론 : 이상록(국사편찬위원회)·후지이 다케시(성균관대)

34) 유신선포 40년 역사4단체 연합학술회의

주제 : 역사가, '유신시대'를 평하다
일시 : 2012년 9월 14~15일
장소 : 덕성여자대학교 평생교육원 502, 503호
공동주관 : 민족문제연구소, 역사문제연구소, 역사학연구소, 한국역사연구회
4 부 : 유신체제 형성과정의 재조명

주 제	발 표	토 론
유신체제와 한미관계	홍석률	마상윤
유신체제기 남북관계의 이상과 실제	김지형	김진환
유신체제를 위한 경제적 토대의 마련, 8·3조치	박태균	오유석

35) 한국역사연구회 · 연세대 역사문화학과 BK21+사업팀
   공동 주최 학술회의 : 일제시기 고대사 연구 검토반(고대사분과)

□ 주제 : 식민주의 사학의 실상과 허상
□ 일시 : 2014년 3월 22일(토) 오후 1시~6시
□ 장소 : 연세대학교 교육과학관 303호
□ 후원 : 한국연구재단
□ 사회 : 이정빈(경희대학교) / 박준형(연세대학교)
 총론 : 식민주의 사학의 실상과 허상 (발표 : 박준형)
 문명과 제국일본 - 戰間期 津田左右吉의 중국·아시아론 - (발표 : 이석원 / 토론 : 이태훈)
 일제말기 내선일체 정책과 同根同祖論 (발표 : 장 신 / 토론 : 정상우)
 만주역사지리의 현도군 연구와 식민주의 (발표 : 이준성 / 토론 : 박찬흥)
 池內宏의 대방군 위치비정과 만선사관 (발표 : 위가야 / 토론 : 윤용구)

36) 한국역사연구회 · 한국역사교육학회 공동 학술심포지엄

□ 주제 : 한국사 교과서 검정 파동과 발행(검정)제도 개선방안
□ 일시 : 2014년 4월 19일 오후 2시~6시
□ 장소 : 고려대학교 운초우선교육관 302호
□ 사회 : 권내현(고려대학교)
　총론 : 한국사 교과서 검정 파동(2013~14)의 원인과 과제 (김한종)
　고등학교 '국사'의 발행제 변천과 전근대 서술 - 권력의 의도와 학계의 통설
　(하일식)
　국정 국사 교과서와 검인정 한국사 교과서의 현대사 체계와 내용 분석
　(김정인)
　역사교과서 이념논쟁과 학문의 위기 - 고등학교 한국사 교과서 8종의 현대사
　서술 비교 (김태우)
　일선 역사교사의 교과서 선정 기준과 교학사 교과서의 문제 (김민수)
　한국사 교과서 발행제도의 문제점과 그 대안 (양정현)
토론 : 배경식, 이성호

37) 한국역사연구회 · 역사문제연구소 · 역사학연구소
　　공동주최 학술회의

주제 : 역사학과 민주주의, 그리고 해방
일시 : 2015년 8월 13일(토) 오후 1시~6시
장소 : 서울역사박물관 애오개홀
사회 : 김성보(연세대학교)
　기조발제 : 역사학과 민주주의, 그리고 해방 (정용욱)
　역사를 통해서 본 한국의 민주주의 (박찬승)
　해방이전 시민사회 형성과 민주주의 인식 한상구 한국의 민주화 운동과 민주
　주의 (김동춘)
　종전/해방 직후 남한, 민주주의의 전위(轉位)와 그 동학(動學) (임종명)
　과거사 정리와 한국 역사학계의 과제 (전명혁)
　역사교육 '안팎'의 민주주의 김정인 민주화와 역사 글쓰기 (최규진)
토론 : 박구병, 오제연, 박명림, 이상록, 임경석

38) 국사편찬위원회 후원 학술회의 : 생태환경사연구반(중세2분과)

주제 : 숲과 권력 - 생태환경사로 한국사 읽기
일시 : 2016년 5월 28일(토) 13:00~18:00
장소 : 연세대학교 외솔관 110호
후원 : 국사편찬위원회
사회 : 조수룡(경희대)·최은경(서울대 병원)
　총론 : 숲과 권력, 생태환경사로 한국사 읽기 (김동진·이현숙)
　한국 고대의 숲 인식 (서민수)
　고려 전기 개경 건설에 따른 목재 소비와 숲 면적의 변화 (이현숙)
　15~19세기 산림의 민간 개방과 숲의 변화 (김동진)
　일제 식민지 시기 산불 발생과 대책 (백선례)
　식민지 산림 보호와 개발의 불협화음 - 사이토 오토사쿠(齋藤音作)를 중심으로 (고태우)
　해방 전후 산림파괴 실상과 미군정의 대응 (김진혁)
토론 : 이병희, 고현아, 이정호, 배재수, 양지혜, 최병택, 이우연

39) 한국역사연구회·규장각·경희대 인문학연구원
　　공동연구 학술회의 : 현대사분과

주제 : 1950년대 사회주의 블록과 북한 - 국제주의와 민족주의 사이에서
일시 : 2016년 9월 24일(토) 10:00~18:00
장소 : 경희대학교 제1법학관 101호(서울캠퍼스)
후원 : 규장각한국학연구원, 경희대 인문학연구원
사회 : 이준희(연세대), 김태윤(시립대), 서홍석(고려대)
　한국전쟁 당시 조선인민군의 재편과정과 북한·중국·소련의 갈등과 조율 (김선호)
　1950년대 북중관계의 단면: 중국의 '항미원조운동'과 연변 조선인 사회 (문미라)
　북한의 전후복구와 유학생으로 본 1950년대 '국제주의'의 실상과 그 함의 (우동현)
　전후 북한에서의 소련계 억압과 국적문제(1954~1958) (조수룡)
　해방 이후 북한 지식장에서의 사회주의 이론 수용과 스탈린 표상 (옥창준)
　마르크스-레닌주의의 '주체'의 혁명론 사이에서: 선전선동부문의 변화를 중심으로 (박창희)

1950~60년대 북한의 '문화혁명' 개념의 변화와 사회주의적 근대화 (이세영)
토론 : 김태우, 박동찬, 박영실, 김동혁, 윤경섭, 정진아, 김보미, 김진환

40) 한국연구재단 후원 학술회의 : 경제사연구반(현대사분과)

주제 : 한국경제부흥론과 경제개발계획의 연속성
일시 : 2016년 12월 3일(토) 12:30~18:30
장소 : 덕성여자대학교 평생교육원 407호
후원 : 한국연구재단
사회 : 이세영(연세대), 박광명(동국대)
　　1950년대 후반 미국의 대한원조정책의 변화와 유솜(USOM)의 등장 (이현진)
　　5.16군사정부기 대한원조정책의 성격과 AID의 역할-울산공업지구 초기 추진
　　과정을 중심으로 (권혁은)
　　장면정권의 경제구상과 경제개발5개년계획 (정진아)
　　1950-60년대 전반 한국경제학계의 동향과 후진국경제개발론의 수용·전개 (홍
　　정완)
　　1950년대 후반 '조세개혁'과 간접세 중심 대중과세 체제의 수립 (금보운)
　　1950년대 말 전력산업의 경영부실과 전력3사 통합논의 (정대훈)
　　1950년대 후반 농업위기와 농업정책의 변화 (김수향)
토론 : 한봉석, 이정은, 임송자, 김두얼, 신용옥, 배석만, 이경란

41) 한국연구재단 후원 학술회의 : 경제사연구반(현대사분과)

주제 : 메타 역사로서의 3.1운동사 연구, 3.1운동 인식사의 재검토
일시 : 2017년 11월 18일(토) 14:00~18:00
장소 : 덕성여자대학교 평생교육원 406호
후원 : 서울역사편찬원
사회 : 도면회(대전대)
　　3.1운동, 그 기억의 탄생 : 한일관계사료집,한국독립운동지혈사,한국독립운동
　　사략을 중심으로
　　(발표 : 최우석, 토론 : 류시현)
　　해방 직후 사회주의자들의 3.1운동 인식

(발표 : 박종린, 토론 : 윤덕영)

북한의 3.1운동 인식

(발표 : 홍종욱, 토론 : 김재웅)

3.1운동과 임시정부 법통성 인식의 정치성과 학문성

(발표 : 김정인, 토론 : 박찬승)

역대 한국 정부의 '3.1정신' 표상과 전유

(발표 : 이지원, 토론 : 이태훈)

42) 한국역사연구회·규장각한국학연구원 공동개최 학술회의
: 생태환경사연구반(중세2분과)

주제 : 숲과 권력, 그리고 재해 - 생태환경사로 한국사 읽기2

일시 : 2017년 12월 2일(토) 14:00~17:00

장소 : 건국대학교 경영관 207호

사회 : 고태우(대림대), 노상호(이화여대)

  신라 왕경의 숲 개간과 경관 변화 (발표 : 서민수, 토론 : 고현아, 김재홍)

  강화 천도기 강화도의 개발과 질병 : 향약구급방을 중심으로 (발표 : 이현숙,
토론 : 김순자, 윤성재)

  일제시기 식민권력의 송충이 구제 시도 (발표 : 백선례, 토론 : 박영규, 이우연)

II 기획발표회

1. 2002년 7월 기획발표회

주제: 조선후기사회를 어떻게 볼 것인가 (1) - 소농사회론을 중심으로
일시: 2002년 7월 20일
장소: 연세대학교 100주년 기념관 지하 박물관 시청각실
발표
　이영훈 (서울대 경제학부 교수) - 조선후기 소농사회의 역사적 의의
　최윤오(충북대 중원문화연구소 학술연구교수) - 조선후기 사회경제사 연구와
　근대 - 지주제와 소농경제를 중심으로
사회: 이세영(한신대 교수)
토론: 김건태(성균관대 교수), 왕현종(연세대 교수), 김선경(연세대), 김재호(전남대)

2. 2003년 3월 기획발표회

주제: 조선후기사회를 어떻게 볼 것인가(2)-조선후기 신분제·신분변동의 재검토
일시: 2003년 3월 8일(토) 오후 2시
장소: 백범기념관 제2교육장
발표
　김성우(경산대) - 조선후기의 신분제 : 해체의 단계? 혹은 변화의 과정?
　손병규(성균관대) - 국가적인 신분규정과 그 적용
　정진영(동명정보대) -향촌사회에서 보는 신분
사회: 정승모
토론: 지승종(경상대), 정철웅(명지대), 정승모(지역문화연구소)

3. 2003년 6월 기획발표회

주제: 고대사회를 어떻게 볼 것인가
일시: 2003년 6월 21일(토) 오후 2시
장소: 동국대 90주년기념문화관 덕암 제3세미나실
발표
　서의식(서울산업대) - 6세기 신라 지배세력의 변화와 사회경제구성의 재편
　전덕재(서울대) - 한국 고대의 지배구조와 수취제도의 성격
사회: 장효정(동국대), 토론사회: 윤선태(충남대)
토론: 하일식(연세대), 여호규(한국외대), 김창석(한신대), 주보돈(경북대)

4. 2004년 3월 기획발표회

주제: '테러'피압박민족의 저항수단인가?
일시: 2004년 3월 20일(토) 오후 2시~6시
장소: 백범기념관 제1교육장
발표
　한상권(덕성여대) - 안중근의 하얼빈의거와 공판투쟁
　김영범(대구대) - 의열단의 '암살파괴운동'을 어떻게 볼 것인가
　임경석(성균관대) - '테러'와 한국독립운동
사회: 박찬승(충남대)
토론: 반병률(한국외국어대), 장석흥(국민대)

5. 2004년 9월 기획발표회

주제: 한중 역사인식의 접점, 고구려사를 어떻게 볼 것인가
일시: 2004년 9월 11일 오후 2시
장소: 서울역사박물관 1층 강당
발표
    여호규(한국외대) - 고구려 중후기 對中認識의 전개과정
    윤용구(인천역사박물관) - 고대 중국의 東夷觀과 고구려
    신주백(성균관대) - 한국 근현대의 역사인식과 고구려사
    박장배(서강대) - 현대 중국의 역사인식과 고구려사
사회 : 전호태(울산대)
토론: 하일식(연세대), 배성준(고구려연구재단), 김유철(연세대), 김승렬(경상대)

6. 2006년 12월 기획발표회

주제: '목간(木簡)'과 한국고대의 문자생활
일시: 2006년 12월 2일(토) 늦은 2시~6시
장소: 대우학술재단 제1세미나실
발표사회: 남무희(국민대)
발표
    윤선태(동국대) - 한국고대목간의 연구현황과 전망
    전덕재(경주대) - 함안 성산산성 출토 목간을 통해서 본 신라지방통치체제
    이경섭(동국대) - 함안 성산산성 출토 題籤軸에 대하여
    이용현(국립중앙박물관) - 8세기 중후반 신라 동궁 주변 : 경주 안압지목간의
    종합적 검토
    토론 사회: 주보돈(경북대)
토론
이문기(경북대), 이수훈(부산대), 하시모토 시게루(일본 와세다대)

7. 2011년 6월 기획발표회

주제: 한국 고대의 국경(國境)과 변경(邊境)
일시: 2011년 6월 18일 오후 10:00-17:30
장소: 연세대학교 박물관 시청각실
후원 : 동북아역사재단
발표사회: 김지영(숙명여대)

- 개회식
  - ◎ 개회사 : 이인재(한국역사연구회 회장)
  - ◎ 사 회 : 박진훈(명지대)
- 제1부 : 주제발표 (13:00~15:45)
  - ◎ 사회 : 김지영(숙명여대)
  - ○ 4-5세기 高句麗·百濟의 국경 변천과 변경인식 (13:00~13:25)
    - 발표 : 여호규(한국외대)
  - ○ 5~6세기 고구려·신라의 경계와 그 양상 (13:25~13:50)
    - 발표 : 박성현(연세대 국학연구원)
  - ○ 5~6세기 신라와 가야의 접경지역 양상 - 창녕지역을 중심으로 (13:50~14:15)
    - 발표 : 고현아(가톨릭대)
      휴식시간 (14:15~14:30)
  - ○ 遼西를 둘러싼 고구려와 수의 각축 (14:30~14:55)
    - 발표 : 이정빈(경희대)
  - ○ 7세기 新羅와 百濟의 國境과 '南原' (14:55~15:20)
    - 발표 : 박미선(대림대)
  - ○ 남북국의 경계와 浿江 이북 지역의 양상 (15:20~15:45)
    - 발표 : 김종복(성균관대 박물관)
- 제2부 : 종합토론 (16:00~18:00)
  - ◎ 사회 : 하일식(연세대)
  - ○ 토론 : 이성재(동북아역사재단)·김영관(제주대), 전덕재(단국대)· 양정석(수원대)

8. 2010년 11월 공동토론회

주제 : 초중고 역사교과서의 현대사 서술과 민주주의
일시 : 2010년 10월 7일 오후 3시-7시
장소 : 덕성여대 평생교육원 406호
사회 : 정두영(연세대) / 정병준(이화여대)
행사순서

- 개회식 (3:00~3:05)
  ◎ 개회사 : 고동환(KAIST 인문사회과학과)
- 제1부 : 주제발표 (3:05~4:20)
  ◎ 사회 : 정두영(연세대 국학연구원)
  ○ 2011 역사 교육과정의 개발·고시 경위와 '민주주의' 논란 (3:05~3:30)
    - 발표 : 오수창(서울대 국사학과)
  ○ 2011년 역사교육과정의 문제점과 '한국현대사학회' (3:30~3:55)
    - 발표 : 주진오(상명대 역사콘텐츠학과)
  ○ 2011 사회과 교육과정 고시에 나타난 몇 가지 문제점과 해결 방안
    (3:55~4:20)
    - 발표 : 이인재(연세대 원주캠퍼스 역사문화학과)
- 제2부 : 종합토론 (4:30~7:00)
  ◎ 사회 : 정병준(이화여대 사학과)
  ○ 토론 : 오동석(아주대 법학전문대학원) / 서중석(성균관대 사학과) /
    지수걸(공주대 역사교육과) / 김성보(연세대 사학과) /
    박태균(서울대 국제학대학원)

9. 2014년 기획 학술회의

주제: 한국 역사에서의 매카시즘
일시: 2014년 5월 24일(토) 오후 2시~6시
장소: 서울대학교 인문대학 신양인문학술정보관 309호
사회: 김수자(이화여자대학교)
발표
  김정인 - 총론 : 과거청산의 대상, 종북프레임
  정호훈 - 조선후기 사문난적 논의의 출발과 변용
  이태훈 - 중일전쟁기 일제의 식민통치전략과 반공의 사회화
  박태균 - 해방 이후 매카시즘이 한국사회에 미친 영향
토론: 계승범, 이준식, 오유석

10. 한국역사교육학회 · 한국역사연구회 공동 주최 기획 발표회

주제: 한국사교과서 국정화, 무엇이 문제인가
일시: 2014년 8월 28일(토) 17시~20시
장소: 대우학술재단 7층 제1세미나실
주최: 한국역사교육학회·한국역사연구회
사회: 권내현(고려대학교) / 오종록(성신여자대학교)
발표
  윤세병 - 학교 현장에서 바라보는 국정 한국사 교과서의 문제점
  도면회 - 한국사 교과서 국정화, 권력 순종적 국민 만들기인가?
  방지원 - 외국의 자국사 교과서 발행제도와 역사교육의 추이
토론: 남한호, 임경석, 김민정

11. 2015년 한국역사연구회 기획 발표회

주제: 대학에서 역사(한국사) 교육
일시: 2015년 6월 22일(월) 3시~7시
장소: 대우학술재단 7층 제2세미나실
사회 : 박윤재(경희대학교)
발표
　이기훈 - 기로에 선 대학 - 최근의 대학정책과 인문학 전공교육
　배우성 - 대학 한국사 전공교육, 길은 있는가?
　주진오 - 역사콘텐츠 교육의 목표와 전망
토론 : 김기덕

12. 『역사와 현실』 100호 기념 기획발표회(편집위원회)

주제 : 한국 역사학의 위기; 진단과 모색
일시 : 2016년 3월 19일(토) 13:00~17:30
장소 : 서울시립대학교 자연과학관 2층 국제회의실
사회 : 이익주(서울시립대학교)
발표
　송호정 - 최근 한국상고사 논쟁의 본질과 그 대응
　최종석 - '내재적 발전론' 이후에 대한 몇 가지 고민
　오항녕 - 역사 대중화와 역사학 : 역사의 향유와 모독 사이
　신주백 - 19C 말~20C 초 동아시아 세력 재편기 경험의 산출과 미래읽기
　 - 중립화론을 통해 본 '균형외교'의 허상
　이신철 - 한국근현대사 연구 위기의 심층 : 정치의 위기인가, 역사학의 위기인가?
토론: 하일식, 김종준, 김태우

13. 2016년 기획발표회 : 연구위원회

주제: 시민을 위한 새로운 한국사, 어떻게 쓸 것인가
일시: 2016년 7월 2일(토) 14:00~18:00
장소: 방배동 마지 아카마지홀
사회: 송양섭(고려대학교)
발표
   오종록 - 보편적 가치를 담은 통사, 어떻게 쓸 것인가
   하일식 - 통사 개설서에서 부풀려진 것, 빠진 것
   도면회 - 민족사인가, 국가사인가
토론: 이지원, 나인호, 주진오, 김귀옥

Ⅲ 역사학대회

1. 제45회 전국역사학대회 한국사부 발표
: 한국사상 혈연조직의 전통과 변질-가족 · 친족 · 문중

□ 일시 : 2002.6.1
1. 14-16세기의 친족조직원리와 친족범위/ 이종서
2. 조선시대 친족구성의 법적구조 - 제사승계와 양자제도를 중심으로 -/ 정긍식
3. 조선후기 '문중화' 경향과 친족조직의 변질/ 이해준
4. 호적에 나타난 조선후기 여성의 법제적 위상 - 여성 호칭을 중심으로/ 김경란
5. 식민지 호주제도의 전개와 '家'·'氏'
   - 부계주의의 정착과 변질을 중심으로/ 승일
6. 현대 한국 가족의 '역사적 무/질서'/ 양현아
- 사회 : 정연태(가톨릭대)·고석규(목포대)
- 토론 : 김필동(충남대), 정승모(지역문화연구소), 이훈상(동아대), 조 은(동국대)

2. 제46회 전국역사학대회 한국사부 발표
: 韓國史上 전쟁기억과 기억전쟁-전쟁의 사회사

□ 일시 : 2003.5.31
1. 공신선정과 문학작품을 통한 임진왜란 기억의 형성과정/ 노영구
2. 19세기말 동아시아 전쟁과 기억
   -동학농민전쟁과 청일전쟁을 중심으로/ 박맹수
3. '2차대전' 시기 조선민중의 계층별.세대별 전쟁인식 비교/ 변은진
4. 6.25전쟁과 삐라의 정치학/ 정용욱
5. 베트남 전쟁과 한국의 병영국가화/ 한홍구(성공회대)
   - 사회 : 임경석(성균관대)
   - 토론 : 박재광(전쟁기념관), 이진영(정부기록보존소), 이상의(연세대),
     김경일(정문연), 윤충로(동국대)

3. 2004년 역사학대회 한국사부 분과발표
   : 전쟁기 민간인학살과 국가의 책임

□ 일시 : 2004.5.29
□ 장소 : 서울대 인문관 8동 002호
   1. 전통시대 민간인의 전쟁피해와 지배계급층의 방기(병자호란기를 중심으로)/
      한명기
   2. 동학농민전쟁기 일본군·관군의 농민군 학살/ 박찬승
   3. 6·25전쟁기 민간인학살에 관한 자료 실태와 연구 현황/ 노영기
   4. 6·25전쟁 전후 남한 지역의 민간인 학살/ 정병준
   5. 6·25남북전쟁기 이북 지역의 민간인 학살/ 이신철
   - 사회 : 홍석률(성신여대)
   - 토론 : 노영구(서울대), 박맹수(원광대), 김창수(민간인학살 범국민위원회),
      정근식(서울대), 기광서(조선대)

4. 2005년 역사학대회 한국사부 분과발표
   : 20세기 초 서구사상의 수용과 변용
   - 번역과 식민지적 근대 -

□ 일시 : 2005.5.28(10 : 00 ~ 17 : 00)
□ 장소 : 국민대학교 북악관 908호
   1. 한말 개신유학자의 민권사상 수용/ 정숭교
   2. 1910년대 최남선의 〔자조론〕 번역/ 유시현
   3. 1920년대 초 〔개벽〕 주도층의 근대(개조)사상의 수용 양상/ 허수
   4. 1920년대 초 '신지인층'의 민주주의 인식과 성격/ 이태훈
   5. 1920년대 사회주의 사상의 수용과 맑스주의 원전 번역/ 박종린
   - 사회 : 이송순(고려대)
   - 토론 : 김명구(경성대), 임성모(연세대), 조규태(국가보훈처), 김동택(성균관대),
      박철하(의왕문화원)

4. 2006년 역사학대회 한국사부 분과발표
: 한국 근대역사학의 성과와 과제

□ 일시 : 2006.5.27
□ 장소 : 충북대학교 인문대학 327호
- 사회 : 임경석(성균관대학교)
  1. 민족주의 사학자의 삼국사기와 고대사 인식/ 전덕재
  2. 고려시대 토지소유관계 재론/ 이상국
  3. 조선후기 사회변동과 호적연구의 과제/ 심재우
  4. 민중사학과 근대변혁운동사/ 장영숙
  5. 이념과 탈이념, 민족과 탈민족의 경계에 선 민족운동사/ 김정인
  6. 해방후 미국과 우익세력의 '국가 만들기'/ 김수자
- 사회 : 하일식(연세대)
- 토론 : 이강래 (전남대), 박진훈(연세대), 김성우(대구한의대), 오영섭(연세대),
  이준식(성균관대), 허은(고려대)

5. 2006년 역사학대회 한국사부 분과발표
: 한국 근대역사학의 성과와 과제

□ 일시 : 2006.5.27
□ 장소 : 충북대학교 인문대학 327호
- 사회 : 임경석(성균관대학교)
  1. 민족주의 사학자의 삼국사기와 고대사 인식/ 전덕재
  2. 고려시대 토지소유관계 재론/ 이상국
  3. 조선후기 사회변동과 호적연구의 과제/ 심재우
  4. 민중사학과 근대변혁운동사/ 장영숙
  5. 이념과 탈이념, 민족과 탈민족의 경계에 선 민족운동사/ 김정인
  6. 해방후 미국과 우익세력의 '국가 만들기'/ 김수자
- 사회 : 하일식(연세대)
- 토론 : 이강래 (전남대), 박진훈(연세대), 김성우(대구한의대), 오영섭(연세대),
  이준식(성균관대), 허은(고려대)

6. 2007년 역사학대회 한국사부 분과발표
: 한국사에서의 여성의 정치참여

□ 일시 : 2007.6.2
□ 장소 : 서강대학교 가브리엘관 109호
　1. 신라의 여왕과 여인성불론/ 조경철(한국학중앙연구원)
　2. 고려 왕후의 정치적 위상과 영향력에 대한 재조명/ 이혜옥(한국외대)
　3. 조선시대 職役이 부여된 여성들과 그 의미/ 김경란(성균관대)
　4. 일제시기 정치주체의 구성과 여성 이미지/ 소현숙(한양대)
　5. 1950년대 여성 정부통령 후보의 등장과 사회적 인식/ 이현진(국민대)
- 사회 : 남동신(덕성여대), 박종린(연세대)
- 토론 : 조범환(서강대), 이정훈(연세대), 송양섭(충남대), 김수진(연세대),
　　　정병준(이화여대)

7. 2008년 역사학대회 한국사부 분과발표
: 근대전환기 동아시아 주요 정치가의 개혁구상과 대외정책

일시 : 2008년 2008년 5월 31(토), 10:00~17:00
장소 : 서강대학교 마태오관 203호
사회 : 김인호(광운대), 이영학(한국외국어대)
　이홍장(李鴻章)의 조선인식 - 구선희(국사편찬위원회)
　김윤식(金允植)의 현실인식과 대외정책 - 하원호(동국대)
　유길준(兪吉濬)의 문명관과 국민공치론 - 김민석(한양대)
　서재필(徐載弼)의 人民 정치참여 구상의 특징들 - 손철배(성균관대)
　20세기 초 제정러시아의 극동정책과 비떼(C.Ю.Bитте) - 이항준(서울여대)
　대한제국기 고종(高宗)의 정국구상과 이용익(李容翊)의 정치활동 - 김영수(성
　균관대)
　이토 히로부미(伊藤博文)의 '韓國併合'政策(1905~1909) - 한성민(동국대)
토론 : 주진오(상명대), 최덕규(동북아역사재단), 방광석(고려대),
　　　은정태(역사문제연구소)

□ 일시 : 2007.6.2
□ 장소 : 서강대학교 가브리엘관 109호
  1. 신라의 여왕과 여인성불론/ 조경철(한국학중앙연구원)
  2. 고려 왕후의 정치적 위상과 영향력에 대한 재조명/ 이혜옥(한국외대)
  3. 조선시대 職役이 부여된 여성들과 그 의미/ 김경란(성균관대)
  4. 일제시기 정치주체의 구성과 여성 이미지/ 소현숙(한양대)
  5. 1950년대 여성 정부통령 후보의 등장과 사회적 인식/ 이현진(국민대)
- 사회 : 남동신(덕성여대), 박종린(연세대)
- 토론 : 조범환(서강대), 이정훈(연세대), 송양섭(충남대), 김수진(연세대),
      정병준(이화여대)

8. 2010년 역사학대회 한국사부 분과발표 : 한국역사속의 외세

□ 일시 : 2010년 5월 29일 9시:30-17:20
□ 장소 : 고려대학교
□ 사회 : 여호규(한국외대)/박종린(이화여대)
□ 행사순서
  제1부 한국 고중세사 속의 외세   사회 : 여호규(한국외대)
  제1주제(10:00-11:10) : 漢郡縣 지배의 역사적 성격
        발표 : 송호정(한국교원대) / 토론 : 윤용구(인천도시개발공사)
  제2주제(11:10-12:20) : 백제와 고구려 고지에 대한 당의 지배 양상
        발표 : 김종복(성균관대)   / 토론 : 이성제(동북아역사재단)
  제3주제(13:40-14:50) : '친원'과 '반원'을 넘어서 - 13~14세기사에 대한
     새로운 이해
        발표 : 이강한(한국학중앙연구원) / 토론 : 이익주(서울시립대)
  제2부 한국 근현대사 속의 외세   사회 : 박종린(이화여대)
  제4주제(15:00-16:10) : 일제의 식민통치논리와 그 모순 - 신민과 국민의 사이
        발표 : 이태훈(연세대) / 토론 : 전상숙(연세대)
  제5주제(16:10-17:20) : 한국전쟁기 미국의 북한 점령정책과 통치권 문제 -
  평양과 양양 지역의 행정부 구성 비교
        발표 : 한모니까(가톨릭대) / 양영조(국방부 군사편찬연구소)

9. 2011년 역사학대회 한국사부 분과발표
: 한국 역사 속의 귀화와 이방인

□ 일시 : 2011년 11월 5일 9:30-17:00
□ 장소 : 고려대학교
□ 사회 : 박진훈(명지대)/정두영(연세대)
□ 행사순서
사회 : 박진훈(명지대)
제1주제(10:00-10:50) : 渡倭 百濟遺民의 정체성 변화 고찰
　　　발표 : 박윤선(숙명여대) / 토론 : 여호규(한국외국어대)
제2주제(10:50-11:40) : 고려전기 '歸化'에 대한 고려인들의 인식
　　　발표 : 김순자(한국외국어대) / 토론 : 신안식(숙명여대)
사회 : 정두영(연세대)
특별주제(13:00-13:30) : 2011 중학역사 집필기준과 문제점
　　　발표 : 이신철(성균관대)
제3주제(13:30-14:20) : 조선초기 歸化政策과 朝明關係
　　　발표 : 김경록(서울대) / 토론 : 백옥경(이화여대)
제4주제(14:20-15:10) : 조선후기 歸化 漢人과 '皇朝遺民' 의식
　　　발표 : 우경섭(인하대) / 토론 : 김창수(서울시립대)
제5주제(15:20-16:10) : 일제하 재만조선인 담론의 생존권, 자치권, 공민권의 간극
　　　발표 : 장용경(국사편찬위원회) / 토론 : 마이클 김(연세대)
제6주제(16:10-17:00) : 분단의 전이: 재일(在日) 분열과 남북관계 함수
　　　발표 : 김지형(한양대) / 노영기(서울대)

10. 2012년 역사학대회 한국사부 분과발표
: 한국 역사 속의 민과 국가권력

일시 : 2012년 10월 27일 10:40~16:30
장소 : KAIST 창의학습관 201호
사회 : 송응섭(서울대 규장각)/이현진(국민대)
행사순서
1부 사회 : 송응섭(서울대 규장각)
　磻溪 柳馨遠의 '公' 이념과 國家論
- 발표 : 송양섭(충남대)　　　- 토론 : 이근호(국민대)
　조선후기 '威逼律'의 적용과 다산의 牧民論
- 발표 : 김　호(경인교대)　　- 토론 : 심재우(한국학중앙연구원)

2부 사회 : 이현진(국민대)
　일제하 도시 문제를 둘러싼 갈등의 양상과 지역 정치의 구도 - 경성부(협의)회
　를 중심으로
- 발표 : 염복규(국편)　　　　- 토론 : 고태우(연세대)
　예외상태 상시화로서의 유신헌법과 한국적 민주주의 담론
- 발표 : 이상록(국편)　　　　- 토론 : 김　원(한국학중앙연구원)
- 발표 : 노영기(서울대)　　　- 토론 : 정호기(광운대)

11. 2013년 역사학대회 한국사부 분과발표
: 공존과 배려 : 한국 역사 속의 기억과 경험

일시 : 2013년 10월 26일 10:00~16:30
장소 : 부산대학교 인문관 210호
사회 : 정용서(연세대)/전덕재(단국대)
제 1부 발표 10:00~12:00 사회: 정용서 (연세대 자연과학연구원)
백제 대식제의 실상과 문제점
발표: 정동준 (성균관대 사학과) 토론: 전덕재 (단국대 사학과)
고려시대 불교와 구휼 발표: 강호선 (동국대 불교학술원)
　　　　　　　　토론: 윤경진 (경상대 사학과)

제 2부 발표 13:30~17:00 사회: 전덕재 (단국대 사학과)
18세기 족보편찬을 둘러싼 嫡庶의 갈등양상 - 노상추일기 를 중심으로 -
발표: 이성임 (규장각한국학연구원) 토론: 유영옥 (동아대 교양교육원)
일제시기 재해대책의 추이와 성격 발표: 고태우 (연세대 사학과)
　　　　　　　　토론: 양정필 (제주대 사학과)
바다를 메운 '난민'은 어디로 - 1960년대 전반 정착사업 -
발표: 김아람 (연세대 사학과) 토론: 한봉석 (역사문제연구소)

12. 2014년 역사학대회 한국사부 분과발표
: 독재 권력의 역사 기억 통제 : 내용과 방식

일시 : 2014년 11월 1일 오후 1시~6시
장소 : 서강대학교 정하상관 327호
사회 : 박준형(인하대)/이신철(성균관대)
　독재 정권의 '화랑도(花郎道)' 교육 : 내용의 연원과 관철의 방식 (박성현)
　1950~1960년대 독재정권의 三別抄抗爭 인식과 서술 (강재광)
　그을린 민족문화 : 전유, 내면화, 그리고 근대주의 (오항녕)
　해방 후 정치정세 변화에 따른 북한 근현대사의 재정립 (김재웅)
토론 : 신안식, 후지이 다케시, 김보영

13. 2015년 역사학대회 한국사부 분과발표
: 대학에서 역사(한국사) 교육

일시 : 2015년 10월 31일(토) 3시~4시
장소 : 서울대학교 사범대학 11동 101호
사회 : 정동준(한성대학교)
박근혜 정부의 대학정책과 대학의 전공교육 (이기훈)
한국사 전공교육은 무엇을 해야할까 (배우성)
역사콘텐츠 교육의 목표와 전망 (주진오)

14. 2016년 역사학대회 한국사부 분과발표
: 대학에서 역사(한국사) 교육

주제 : 기록의 생성과 유통 그리고 굴절
일시 : 2016년 10월 29일(토) 13:00~18:00
장소 : 서울여자대학교 50주년기념관 519호
사회 : 송양섭(고려대)
　　해방이후 민족주의적 관점의 한국고대사 연구 사례와 문제점 (안정준)
　　고려시대 역사왜곡과 '고려세계(高麗世系)' (이정훈)
　　조선시대 역사기록의 왜곡과 그 시대적 성격
　　　- 병자호란에 대한 기억을 중심으로 (오수창)
　　일제 하 일본인 학자들의 한국사에 대한 통사적 이해
　　　- 1930년대 중반의 저작들을 중심으로 (정상우)
　　현대 국난극복사관의 형성과 전개
　　　- 임진왜란 의식의 변화를 중심으로 (노영구)
　　5·18, 폭동에서 항쟁으로 (노영기)
　　러시아 고대사에 표출되는 민족주의, 그리고 위서의 등장
　　　- veles書를 중심으로 (강인욱)
토론 : 이정빈, 최주희, 이하나

15. 2017년 역사학대회 한국사부 분과발표
: 한국사의 유토피아 - 만들고 싶은 나라, 만들어진 국가

일시 : 2017년 10월 28일(토) 13:30~17:30
장소 : 고려대학교 운초교육우선관 204호
사회 : 윤성재(광운대), 한승훈(고려대)
7세기 원효가 꿈꾼 이상사회, 정토(淨土) 원효와 의상의 정토관을 중심으로
　(발표:박미선/토론:신선혜)
여말선초 '조선(朝鮮)' 국호로 본 역사인식과 이상국가론 (발표:최봉준/토론:김윤주)
기묘사림과 공론지상주의 (발표:송웅섭/토론:김정신)
1930, 40년대 민족운동 세력의 민주공화주의 이념과 대동론
　(발표:신주백/토론:김현우)
해방 이후 북한의 국가건설론과 인민국가의 성격 (발표:김선호/토론:김재웅)

5. 공동연구발표회

1) 제1회 연구발표회 : 한말 일제초기의 농업구조

□ 일시 : 1988.11.26
1. 대한제국기 농촌사회의 계급구조 - 충남 한산군의 양안분석사례 /이세영
2. 1910년대의 농업정책 - 연초농업을 중심으로 /이영학
- 사회 : 이영호
- 토론 : 정재정, 정태헌

2) 제2회 연구발표회 : 나말여초 선종사의 이해방향,
운문사와 김사미의 난

□ 일시 : 1988.12.17
　1. 나말여초 선종사 이해의 방향 /추만호
　2. 운문사와 김사미란 - 고려중기 사원세력의 일례 /김광식

3) 제3회 연구발표회 : 19세기전반 조선정치사의 구조와 성격

□ 일시 : 1989.4.1
　1. 정치세력
　　제1장 중앙정치세력 형성의 기반과 과정 /남지대
　　제2장 중앙정치 권력집단의 구성과 성격 /홍순민
　2. 정치구조
　　제3장 문반 정치구조의 특징 /최이돈
　　제4장 비변사의 정치적 위상 /오종록
　3. 정치운영
　　제5장 정국의 추이와 중요정책 /오수창
　　제6장 지방통치정책의 성격과 수령인사 실태 /윤정애
　　제7장 정치운영론 /박광용

4) 제4회 연구발표회 : 19세기전반 향촌사회의 변동

□ 일시 : 1989.5.1
1. 관주도 향촌통제책의 붕괴 /김인걸
2. 부세의 도결화와 봉건적 수취체제의 해체 /안병욱
3. 향촌사회세력간 대립의 추이 -안동의 진관현을 중심으로 /고석규

5) 제5회 연구발표회 : 고려의 군현체제에 관한 시론, 고려의 본관제와 향도

□ 일시 : 1989.6.1
1. 고려의 군현체제에 관한 시론 /박종기
2. 고려의 본관제와 향도 /채웅석

6) 제6회 연구발표회 : 1920~30년대 노동운동과 원산총파업

□ 일시 : 1989.9.2
1. 원산에서 식민지수탈체제의 구축과 노동자계급의 성장 /전우용
2. 원산총파업을 통해 본 1920년대 노동자조직 결성문제 /김광운
3. 1930년대 원산지역의 혁명적 노동조합운동 /안태정

7) 제7회 연구발표회 : 조선후기 향촌 사회구조

□ 일시 : 1989.10.7
1. 조선후기 남원의 사회구조 - 사족지배질서의 변화와 성격 /김현영
2. 18세기 주현향약의 성격 - 김홍득의 '향약조목'을 중심으로 /박경하

8) 제8회 연구발표회 : 한국현대사에서 사회주의와 노농문제

□ 일시 : 1990.2.3
1. 1930년대 사회주의자들의 농업문제 논쟁 - 농업문제를 둘러싼 인정식, 박문병의 논쟁을 중심으로 /오미일
2. 해방직후 전평의 조직과 활동 /류승렬

9) 제9회 연구발표회 : 일제하의 혁명적 대중조직과 공산당 재건운동

□ 일시 : 1990.3.3
1. 1930년대 명천농민조합운동의 조직과 활동 /지수걸
2. 원산지역 혁명적 노동조합의 조직과 활동 /임경석

10) 제10회 연구발표회 : 14세기 民의 동향과 '개혁정치'

□ 일시 : 1990.4.7
1. 14세기의 사회경제적 상황과 민의 동향 /김순자
2. 14세기 '개혁정치'의 성격 /권영국

11) 제11회 연구발표회 : 신라통일 전후시기 국가와 민

□ 일시 : 1990.6.2
1. 4~6세기 농업생산력의 발전과 사회변동 /전덕재
2. 신라의 병제와 지방통치조직의 재편 /강봉룡
3. 국가의 소농안정책과 수취제의 재편 /이인재

12) 제12회 연구발표회 : 15세기 사회와 농민

□ 일시 : 1990.9.1
1. 15세기 지방통치와 농민 /남지대
2. 15세기 농장과 농민 /이병희

13) 제13회 연구발표회 : 한국현대 사회운동사의 쟁점과 과제

□ 일시 : 1990.10.27
1. 남로당 북로당의 노선과 활동 /윤덕영
2. 북한의 통일전략과 통일방안 /최영묵
3. 4월 민중항쟁 전후 혁신세력의 활동과 성격 /정창현
4. 총설: 한국현대사를 어떻게 볼 것인가 /도진순
- 사회 : 정용욱, 김광운
- 토론 : 정해구(경희대 강사), 정대화(서울대), 조희연(성공회신학대),
　　　　최장집(고려대), 안병욱(성심여대)

14) 제14회 연구발표회 : 19세기초 반봉건 농민항쟁

□ 일시 : 1990.12.1
1. 18세기말 19세기초 평안도지역 향권의 추이 /고석규
2. 1811년 황해도 곡산지방의 반봉건농민항쟁 /한상권

15) 제15회 연구발표회 : 개항기 상품화폐경제의 발전과 경제 구조의 변동

□ 일시 : 1991.3.2
1. 19세기 후반 호남지방 지주제의 확대 /왕현종
2. 개항기 화폐금융구조의 변동과 일본금융자본의 침투 /도면회

16) 제16회 연구발표회 : 일제하 사회운동론

□ 일시 : 1991.4.6
1. 일제하 안재홍의 현실인식과 민족운동론 /이지원
2. 일제하 배성룡의 현실인식과 민족해방운동론 /김기승

17) 제17회 연구발표회 : 한말 일제초 재정개혁론과 '재정정리사업'

□ 일시 : 1991.5.4
1. 1880년대 어윤중의 재정개혁론 /김태웅
2. 통감부시기 '재정정리사업'과 조세거납운동 /이윤상

18) 제18회 연구발표회 : 광무양전사업의 역사적 성격

□ 일시 : 1991.6.8
1. 광무양전사업연구의 성과와 과제 /이영학
2. 양전사업의 추진과정과 양안작성의 의도 /왕현종
3. 광무양안의 분석 -.충청남도 온양군, 연산군을 중심으로 - /이세영·최윤오·박진태
4. 광무양안의 적용사례 /이종범

19) 제19회 연구발표회 : 12세기 전반기 고려사회의 변화

□ 일시 : 1991.9.5
1. 12세기 전반기 유망과 사회변화 /서성호
2. 12세기 전반기 정치사의 추이 /채웅석

20) 제20회 연구발표회 : 조선후기 국가의 지방통치와 민의 동향

□ 일시 : 1991.10.4
1. 조선후기 암행어사 파견의 실태와 성격 /한상권
2. 19세기 부세운영의 변화와 정소운동 /고동환

21) 제21회 연구발표회 : 19세기의 농민항쟁

□ 일시 : 1991.12.7
1. 총론: 18, 19세기 농민항쟁의 추이 /고석규
2. 18세기의 농민항쟁 /홍순민·한상권
 - 17세기말 18세기초 농민저항의 양상 /홍순민
 - 18세기 농민항쟁의 추이 /한상권
3. 1800~1862년의 농민항쟁 /한명기·오수창·양진석
 - 19세기전반 농민항쟁의 추이 /한명기
 - '홍경래란'과 농민 /오수창
 - 1862년 농민항쟁과 농민의식의 성장 /양진석
4. 1860년대 이후의 농민항쟁 /백승철·고동환·배항섭·이윤상
 - 대원군 집권기 농민항쟁의 성격 /고동환
 - 19세기 후반 '변란'의 추이 /배항섭
 - 개항 이후 사회변동과 농민항쟁 /백승철
 - 대한제국기 농민운동의 성격 /이윤상

22) 제22회 연구발표회 : 14세기 고려의 사회와 경제

□ 일시 : 1992.3.7
1. 군현구조의 변동과 향촌사회 /박종기
2. 토지분급제의 변동과 녹과전 /오일순
3. 농업생산력의 발달과 농장 /안병우
4. 수취체제의 변화 /이혜옥
5. 원간섭기 재정정책과 그 운영의 변화 /박종진

23) 제23회 연구발표회 : 삼국시기의 신분제

□ 일시 : 1992.4.4
1. 삼국시기의 민과 노비 /고경석
2. 신라 部체제의 해체와 골품제의 성립 /전덕재

24) 제24회 연구발표회 : 나말여초 사회변동

□ 일시 : 1992.6.13
1. 총론 /김영미
2. 신라하대 농민층분해와 농민항쟁 /이인재
3. 나말여초 화엄종과 화엄신중신앙 /남동신

25) 제25회 연구발표회 : 17세기 중반의 정치세력과 정치운영

□ 일시 : 1992.9.5
제1부 정치세력의 성격과 정치구조
 1. 머리말
 2. 정치세력의 성격 /오수창
 3. 대신의 역할과 성격 /정홍준
 4. 주요 정치기구의 위상과 성격 /구덕회
 5. 맺음말
제2부 정치쟁점과 사회정책의 성격
 1. 머리말
 2. 禮論의 양상과 정치적 의미 /김세봉
 3. 17세기 중반의 외교정책 /한명기
 4. 사회경제정책의 정치적 성격 /배우성
 5. 맺음말

26) 제26회 연구발표회 : 17세기 전반 사상계의 동향과 그 성격

□ 일시 : 1992.10.10
1. 서인학자의 사상 - 김장생 김상헌을 중심으로 /오항녕
2. 남인학자의 사상 - 정경세 김응조를 중심으로 /고영진
3. 서인실무관료의 사상 - 최명길 조익 김육을 중심으로 /조성을
4. 북인실무관료의 사상 - 김신국 남이공 김세렴을 중심으로 /신병주

27) 제27회 연구발표회 : 대한제국기의 정치 경제

□ 일시 : 1992.11.7
1. 독립협회의 주도세력과 참가계층 /주진오
2. 대한제국기의 금융정책 /도면회

28) 제28회 연구발표회 : 1920년대 사회주의운동에 관한 연구
(1992.12.5)

□ 일시 : 1992.12.5
1. 1920년대 전반기 청년전위운동과 고려공산청년회의 성립 /박철하
2. 1929~30년 시기 간도지역 한인사회운동의 방향전환에 관한 연구 /신주백

29) 제29회 연구발표회 : 12세기 전반 정치사의 새로운 이해

□ 일시 : 1993.3.6
1. 숙종 예종대 정치세력과 정치운영 /박종기·서성호
2. 인종 의종대 정치세력과 정치운영 /오영선·채웅석

30) 제30회 연구발표회 : 삼국의 통치체제와 지배세력

□ 일시 : 1993.4.3
1. 3세기 고구려의 사회변동과 통치체제 변화 /여호규
2. 신라 경위제의 성립과 지배자 집단 /하일식

31) 제31회 연구발표회 : 한국 근현대사에서 제국주의와 지식인

□ 일시 : 1993.5.1
1. 일제침략기 기독교의 대외인식과 반기독교 운동 /이준식
2. 해방 후 민족분단과 좌우·남북합작운동의 특성 /도진순
3. 4월 민주항쟁기 중립화 통일론 /홍석률

- 사회 : 노경채
- 토론 : 윤경로(한성대), 정해구(경희대 강사), 정창현(한신대 강사), 윤해동(서울대 강사), 안태정(성균관대 강사)

32) 제32회 연구발표회 : 16~17세기 농업경영의 변화와 사회성격

□ 일시 : 1993.6.5
1. 16세기 지주층의 농업경영 - 작개제를 중심으로 -/ 김건태
2. 사회경제사의 측면에서 본 조선중기/ 김성우

33) 제33회 연구발표회 : 해방이전 미국의 대한구상과 대한정책의 형성, 해방후 지역별 불균등발전의 전개과정

□ 일시 : 1993.9.4
1. 해방 이전 미국의 대한구상과 대한정책의 형성/ 정용욱
2. 해방 후 지역별 불균등 발전과 지역 갈등/ 박태균

34) 제34회 연구발표회 : 세계대공황기 조선의 민족해방운동연구

□ 일시 : 1993.10.9
1. 사회주의. 민족주의 세력의 정세인식 /임경석
2. 신간회 조선청년총동맹의 해소문제 /이애숙
3. 노동자 계급의 상태와 파업 투쟁 /김영근
4. 혁명적 농민조합운동의 계급 계층적 성격 /이준식

35) 제35회 연구발표회 : 농민전쟁의 전개과정

□ 일시 : 1994.3.24
1. 총론/ 고석규
2. 농민전쟁의 전개과정/ 김인걸
3. 농민전쟁의 지역사례/ 양진석

36) 제36회 연구발표회 : 17세기 중·후반 조선사상계의 분화와 재편

□ 일시 : 1994.4.2
1. 노론학자의 사상 - 송시열·김수항을 중심으로/ 정재훈
2. 노론훈척의 사상 - 김석주를 중심으로/ 조성을
3. 소론학자의 사상(1) - 윤증·최석정을 중심으로/ 신병주
4. 소론학자의 사상(2) - 박세채·김간을 중심으로/ 정경희
5. 영남남인학자의 사상 - 이현일을 중심으로/ 정호훈
6. 기호남인학자의 사상 - 윤휴·허목·허적을 중심으로/ 고영진

37) 제37회 연구발표회 : 일제하 조선청년총동맹과 청년운동

□ 일시 : 1994.6.4
1. 총론 : 한국청년운동사(1920~1946) 연구의 새로운 이해를 위하여/ 신주백
2. 1920년대 조선청년총동맹의 조직과 활동/ 박철하
3. 1930년대 초 청년운동의 동향과 조선청년총동맹의 해소/ 이애숙

38) 제38회 연구발표회 : 고려말 정치상황과 신흥사대부

□ 일시 : 1994.9.3
1. 공민왕대 신흥사대부의 성장/ 이익주
2. 고려말 신흥사대부의 분기/ 홍영의
3. 고려말 민의 동향과 지배층의 대응/ 신안식
4. 고려말 대중국관계와 사대론/ 김순자

39) 제39회 연구발표회 : 16세기 조선의 사회변화

□ 일시 : 1994.10.1
1. 총설 : 16세기 조선사회의 역사적 위치/ 오종록
2. 양반지주층의 경제활동/ 김건태
3. 국가재정의 위기와 신분제의 변화/ 김성우
4. 사림주도 지방정치와 민의 위상/ 최이돈

40) 제40회 연구발표회 : 대한제국 권력기구의 성격과 운영

□ 일시 : 1994.11.5
1. 총론 : 대한제국 권력기구 연구의 의의
2. 정책결정기구 - 의정부와 중추원을 중심으로/ 오연숙·한명근
3. 재정운영의 변화/ 이윤상
4. 경찰·재판·군사기의 운영/ 조재곤·도면회·차선혜
- 토론 : 이상찬(서울대 규장각), 이민원(청주대 강사)

41) 제41회 연구발표회 : 무신집권기의 지배구조와 민

□ 일시 : 1995.2.18
1. 총론/ 서성호
2. 무인집권기 정치구조/ 오영선
3. 무인집권기 경제구조/ 박종진
4. 무인집권기 민 봉기의 성격/ 신안식

42) 제42회 연구발표회 : 7세기 신라정치경제의 변화

□ 일시 : 1995.3.4
1. 7세기 중반 신라 관제의 개정과 관료제 운영의 변화/ 전덕재
2. 통일기 신라의 토지 및 보수 급여제의 정비/ 강봉룡

43) 제43회 연구발표회 : 조선시기 국가의 지방지배

□ 일시 : 1995.9.3
1. 조선초기 지방지배 구조의 재편/ 김인걸
2. 조선중기 국가의 지방지배와 사족/ 김현영
3. 조선후기 관주도 지방지배의 성격/ 이해준
4. 조선말기 봉건적 지방지배의 동요와 새로운 질서의 모색/ 한상권
- 토론 : 이영훈, 김준석, 박광용, 박명규

44) 제44회 연구발표회 : 한국고대의 국가형성(1995.10.7)

□ 일시 : 1995.10.7
1. 총론/ 강종훈
2. 한반도 서북한지역에서 고조선의 국가형성/ 송호정
3. 압록강 중류유역에서 고구려의 국가형성/ 여호규
4. 한강유역에서의 백제의 국가형성/ 문동석
5. 경주분지에서의 사로국의 성장과 국가형성/ 김재홍
- 토론 : 윤용구(인하대 한국학 연구소), 금경숙(강원대 강사),
  김영심(서울대 강사), 이재현(호암미술관 학예연구원)

45) 제45회 연구발표회 : 한국사의 왕위계승과 왕권

□ 일시 : 1995.12.2
1. 총론 : 한국사의 왕위계승과 왕권/ 남지대
2. 6~8세기 신라의 왕위계승과 왕권/ 강봉룡
3. 고려 전기 왕위계승과 왕권/ 김기덕
4. 조선시기 왕위계승과 왕권/ 김 돈·남지대·정홍준

46) 제46회 연구발표회 : 미군정의 물자수급정책

□ 일시 : 1996.5.4
1. 총론 : 미군정의 경제정책과 물자수급 정책/ 이호룡
2. 미군정의 수입물자 수급정책/ 김점숙
3. 미군정의 식량수급정책/ 최영묵
- 토론 : 신용옥(고려대 강사), 최봉대(서울대 강사)

47) 제47회 연구발표회 : 17세기 중엽 조선의 군사와 외교

□ 일시 : 1996.6.8
1. 17세기 중엽 조선 군사력의 실태/ 오종록
2. 17세기 중엽 조중관계의 추이/ 한명기
- 토론 : 김종수(서울학연구소 초빙연구원), 노기식(고려대 강사)

48) 제48회 연구발표회 : 7세기 신라의 사회와 경제

□ 일시 : 1996.9.14
1. 7세기 신라의 수취제도의 정비와 지방지배의 진전/ 전덕재
2. 경제제도의 개편과 관인 선발방식의 변화/ 김창석
- 사회 : 고경석
- 토론 : 김기섭(부산대), 권덕영(국사편찬위원회), 이인재(연세대 국학연구원)

49) 제49회 연구발표회 : 숙종대 사회·경제정책

□ 일시 : 1996.10.5
1. 숙종대 진휼정책의 성격/ 정형지
2. 숙종대 지방통치정책의 전개와 운영/ 권내현
3. 숙종대 상업정책의 추이/ 이욱

50) 제50회 연구발표회 : 해방직후 대한민국임시정부의
대미·대중관계

□ 일시 : 1996.12.21
1. 총론 : 해방직후 '대한민국임시정부'에 대한 연구의 몇가지 문제/ 정병준
2. 해방직후 '대한민국임시정부'의 귀국과 초기 대미군정관계(1945.8~1946.2)/
이승억
3. 해방직후 대한민국임시정부 주화대표단의 조직과 활동/ 김정인

51) 제51회 연구발표회 : 11세기 권력구조와 정치운영

□ 일시 : 1997.4.8
1. 총 론 : 11세기 정치사 이해의 방향/ 채웅석
2. 권력구조와 재추제도의 운영원리/ 박재우
3. 정치운영의 제문제
 1) 현종대 정치과정과 11세기 정치사에서의 위치/ 오영선

2) 문종대 관료의 사회적 위상과 정치운영/ 채웅석
3) 대외관계를 통해본 11세기 정치운영론의 추이/ 박종기
- 사회 : 채웅석
- 토론 : 이익주(천안공전 교수), 구산우(울산대 강사), 김용선(한림대 교수)

52) 제52회 연구발표회 : 1884년 정변의 사상적 배경과 정강 분석

□ 일시 : 1997.4.19
1. 1884년 정변의 사상적 배경/ 주진오
2. 1884년 정변의 정강분석
- 사회 : 박은숙
- 토론 : 권오영(정신문화연구원), 하원호(고려대 강사)

53) 제53회 연구발표회 : 1910년 전후 유교지식인의 사상적 이행

□ 일시 : 1997.5.3
1. 총론 : 전통사상의 근대로의 "변용"과 "전화"에 대한 시론/ 한상구
2. 이상룡과 사회진화론/ 안건호
3. 장지연과 동도서기론/ 한상구
4. 신채호와 국가주의/ 백동현
- 사회 : 정숭교
- 토론 : 김기승(순천향대), 김도형(계명대), 박찬승(목포대)

54) 제54회 연구발표회 : 1948~1950년 미국의 대한정책과 이승만정권

□ 일시 : 1997.6.14
1. 총론 : 1848~1950년을 어떻게 볼 것인가/ 김상태.박태균
2. 1948~1950년 미국의 대한군사원조정책/ 안정애.조이현
3. 1949~1950년 38도선 분쟁에 관한 연구/ 양영조
4. 1948~1950년 미국의 대한견제부흥정책/ 박태균

- 사회 : 홍석률
- 토론 : 정해구(고려대 강사), 박명림(고려대 강사), 김동욱(기아경제연구소연구원)

55) 제55회 연구발표회 : 한국사의 왕과 왕권

□ 일시 : 1997.9.6
1. 삼국, 통일신라의 왕권/ 임기환
 1) 삼국의 국가발전과 고대 왕권의 성장/ 임기환
 2) 통일신라의 체제변동과 왕권의 성격변화/ 강봉룡
2. 고려의 왕권/ 이익주
 1) 고려전기 중세왕권의 확립/ 김기덕
 2) 고려후기 왕정의 위기와 왕권의 위상 변동/ 이익주
3. 조선의 왕권/ 김돈
 1) 조선초기 체제정비와 왕권의 위상/ 남지대
 2) 조선중기 정치세력의 확대와 왕권의 변동/ 김돈
 3) 조선후기 권력구조의 변동과 왕권의 위상 변화/ 홍순민
- 사회 : 남지대
- 토론 : 김영하, 남인국, 김훈식

56) 제56회 연구발표회 : 녹읍을 통해서 본 통일신라기의 사회성격

□ 일시 : 1997.11.22
1. 신라녹읍제의 성립과 운영/ 이순근
- 사회 : 채웅석
- 토론 : 이인재, 전덕재, 윤선태

57) 제57회 연구발표회 : 고려말 조선초 정치세력의 변동과 정치이념

□ 일시 : 1997.12.6
1. 우왕~태종대 정치세력의 변동
 1) 우왕대 정치세력의 변화/ 이형우

2) 조선건국과 신흥유신/ 이익주
3) 조선초 비개국공신계의 정치적 동향/ 류주희
2. 여말선초 사대부의 정치이념
1) 여말선초 군주수신론의 변화와 '대학연의'의 역할/ 김인호
2) 여말선초의 정치운영원리/ 김영수
- 토론 : 김창현(한양대 강사), 도현철(연세대 강사), 류창규(전남전문대 교수)

58) 제58회 연구발표회 : 조선초기 수공업 생산체제-금은광업, 도자기업, 제지업, 염업

□ 일시: 1998.3.7
1. 고려시기 소의 존재양태와 수취체계/ 윤경진
2. 조선초기 수공업 운영체계의 성립/ 이혜옥
3. 조선초기 수공업/ 전병무
- 토론 : 박평식(서울대), 서성호(서울대), 박남수(국사편찬위원회)

59) 제59회 연구발표회 : 공산주의그룹의 형성과 통일운동

□ 일시: 1998.4.4
1. 총론/ 임경석
2. 공산주의 그룹의 형성 - 공려공산동맹과 까엔당을 중심으로/ 임경석·박철하
3. 공산주의 통일운동과 민족통일전선 문제/ 이애숙
4. 공산주의 통일운동의 전개와 코민테른/ 강호출
- 토론 : 장석흥(국민대), 반병률(외국어대)

60) 제60회 연구발표회 : 여말선초 중앙정치체제의 변화와 불교 정책의 추이

□ 일시 : 1998.5.2
1. 여말선초 중앙정치체제 개편의 원칙과 실제/ 김창현
2. 여말선초 억불정책의 추이와 배경/ 최연식

- 사회 : 김인호
- 토론 : 임용한(협성대), 이정주(순천향대)

61) 제61회 연구발표회 : 조선시기 향촌사회사 연구의 성과와 전망

□ 일시 : 1998.11.7
1. 조선시기 향촌사회사 연구 성과와 검토/ 한상권
2. 조선시기 '사족지배체제론'의 새로운 전망/ 김현영
3. 조선후기 사회변동과 향촌사회사 연구/ 김인걸
- 사회 : 정진영(동명정보대)
- 토론 : 김필동(충남대), 오수창(한림대), 김성우(경산대)

62) 제62회 연구발표회 : 조선민족해방운동과 코민테른(1919~1924)

□ 일시 :1998.12.5
1. 1920년 임정의 독립전쟁방침과 대소외교/ 이애숙
2. 극동민족대회와 조선대표단/ 임경석
3. 천도교와 코민테른 - 최동희의 활동을 중심으로 -/ 이준식
- 사회 : 박한용(순천향대)
- 토론 : 임대식(한국외국어대), 류시현(고려대), 김정인(서울대)

63) 제63회 연구발표회 : 조선후기 경자양전(1720년)의 역사적 성격

□ 일시 : 1999.3.6
1. 총론 : 1720년 경자양전과 양안의 의의/ 최윤오
2. 경자양전의 시행과정과 양안의 기재형식/ 오인택
3. 갑술·경자양전의 성격/ 김건태
- 사회 : 최윤오(연세대)
- 토론 : 이철성(건양대), 김선경(경희대)

64) 제64회 연구발표회 : 법전을 통해 본 조선후기 정치세력의
    존재양태와 국가관리

□ 일시 : 1999.4.10
1. 조선후기 사족 가문 형성에 미친 종법과 국법의 영향/ 박광용
2. 인조-숙종 연간 동반 경관직 인사권의 향방/ 구덕회
3. 숙종-영조 연간 사족·관원 대상 형률 체계의 변동/ 홍순민
- 사회 : 홍순민(명지대)
- 토론 : 고영진(광주대), 이영춘(국사편찬위원회), 심희기(동국대)

65) 제65회 연구발표회 : 지방사 연구의 현황과 실제

□ 일시 : 1999.5.1
1. 전남지방 지방사 연구동향과 전망/ 고석규
2. 강진 무위사 벽화연구/ 배종민
3. 전남지방 근대 민족운동의 사회사 - 향리층의 동향을 중심으로 -/ 박찬승
- 사회 : 이영학(한국외국어대)
- 토론 : 박만규(전남대), 이영종(한국외국어대), 이종범(조선대)

66) 제66회 연구발표회 : 해방직후 사회적 동원과 남한사회

□ 일시 : 1999.6.5
1. 한국현대사의 새로운 이해와 사회사 연구/ 이용기·배경식
2. 해방직후 町(洞)會와 주민동원/ 김영미
3. 미군정기 구호운동과 민족·사회통합/ 황병주
- 사회 : 임대식(서울대)
- 토론 : 김동춘(성공회대), 한상구(국사편찬위원회), 배성준(역사학연구소)

67) 제67회 연구발표회 : 4세기 동아시아 국제질서와 삼국의 대외
관계

□ 일시 : 1999.9.4
1. 3세기~4세기 초 魏·晉의 동방정책/ 임기환
2. 4세기 동아시아 국제질서와 고구려 대외정책의 변화/ 여호규
3. 4세기 국제질서의 재편과 신라의 성장/ 전덕재
- 사회 : 강종훈(서울대)
- 토론 : 윤용구(인하대), 공석구(대전산업대), 백승충(부산대)

68) 제68회 연구발표회 : 1920년대 전반기 민족주의와 사회주의

□ 일시 : 1999.12.4
1. 1920년대 전반기 지식인층의 민족론/ 김정인
2. '김윤식사회장' 찬반논의와 사회주의 세력의 재편/ 박종린
- 사회 : 박철하(숭실대)
- 토론 : 한수영(연세대), 이기훈(서울대), 이애숙(연세대), 장석흥(국민대)

69) 제69회 연구발표회 : 조선후기 경자양전(1720년)의 시행
배경과 양전론

□ 일시 : 2000.3.4
1. 양전사에서의 경자양전의 위치/ 최윤오
2. 재정추이와 경자양전/ 송찬섭
3. 양전론의 추이와 경자양전의 시행/ 염정섭
- 사회 : 이세영(한신대)
- 토론 : 오인택(부산교육대), 양진석(서울대 규장각), 손병규(성균관대),
        김선경(역사학연구소)

70) 제70회 연구발표회 : 4월 민중항쟁과 민족통일론

□ 일시 : 2000.4.15
1. 4월 민중항쟁기 학생운동의 주도세력과 이념/ 김지형
2. 4월 민중항쟁기 남북협상론/ 김보영
3. 북한의 4월 민중항쟁 인식과 대응/ 한모니까
- 사회 : 박태균(서울대)
- 토론 : 김창진(아태평화재단), 정병준(국사편찬위원회), 정영철(동국대)

71) 제71회 연구발표회 : 고려시대 개경의 구조와 기능

□ 일시 : 2000.5.6
1. 총론/ 신안식
2. 개경의 성곽정비 - 황성을 중심으로 -/ 신안식
3. 고려전기 개경의 오부방기 구획과 영역/ 홍영의
4. 고려전기 개경 절의 위치와 성격/ 박종진
5. 개경의 시장과 주거/ 서성호
- 사회 : 박종기(국민대)
- 토론 : 김창현(순천향대), 한기문(상주대), 박평식(서울대)

72) 제72회 연구발표회 : 1920년대 초 자치에 관한 인식
- 자치론의 사상사적 배경

□ 일시 : 2000.9.2
1. 총론 : 일제의 새로운 식민지 경영전략과 조선사회/ 신주백
2. 1920년대 초 '동아일보'에 나타난 자치논의/ 강명숙
3. 1920년대 초 유민회의 자치청원운동과 자치체제 구상/ 이태훈
- 사회 : 이준식(한국정신문화연구원)
- 토론 : 김용직(성신여대), 김정인(서울대)

73) 제73회 연구발표회 : 한국역사기록의 관리와 발전방안

□ 일시 : 2000.10.21
1. 실록에서 일성록으로 : 제도와 역사관의 전환/ 오항녕
2. 근현대 공문서 관리제도의 변천/ 김재순
3. 구술자료 관리현황과 문제점/ 정혜경
4. 기록보존학 교과과정 운영의 실제와 문제점/ 박찬승
- 토론 : 김경수(충남대), 김희태(전남도청), 민찬(대전대)

74) 제74회 연구발표회 : 한국근현대 지방사 연구

□ 일시 : 2000.11.18
1. 근대 이행기 경남 함안지역의 사회이동 양상/ 지수걸
2. 일제시기 지역사회 주민 機動의 구조 - 1920년대 금주단연운동을 중심으로- /
   한상구
3. 한국전쟁과 진도 동족마을 세등리의 비극/ 박찬승
- 사회 : 김익한(명지대)
- 토론 : 이준식(연세대), 윤해동(서울대), 이용기(서울대)

75) 제75회 연구발표회 : 조선사회구조의 재인식을 위하여1
   -丹城戶籍의 電算化와 史料的 性格-

□ 일시 : 2000.12.7
1. 호적대장 연구현황과 전산화의 일례 /노영구
2. 단성현의 역사와 문화적 기반 /김준형
3. 조선후기 호적작성 과정에 대한 분석 /권내현
4. 조선후기 호구기록의 성격 /정진영
5. 조선후기 인구파악의 실상과 그 성격 /김건태
6. 호적대장 職役欄의 軍役 기재와 '都已上'의 통계 /손병규
 - 사회 : 박종진(숙명여대)
 - 좌장 : 한영국(인하대)
 - 토론 : 은기수(한국정신문화연구원), 이해준(공주대), 임학성(인하대),
   井上和枝(일본 鹿兒島國際大), 송병건(성균관대), 정연식(서울여대)

76) 제76회 연구발표회 : 5.16과 미국

□ 일시 : 2001.3.24
1. 5.16 쿠테타의 원인과 한미관계/ 홍석률
2. 5.16 쿠테타의 성공요인에 대한 일 연구/ 박태균
- 사회 : 정용욱(한국정신문화연구원)
- 토론 : 이철순(서울대), 이완범(한국정신문화연구원)

77) 제77회 연구발표회 : 4세기 백제 지배체제의 정비와 대외
관계의 진전

□ 일시 : 2001.4.14
1. 마한에서 백제로의 전환/ 권오영
2. 4세기 백제-왜 관계의 성립과 그 배경/ 강종훈
3. 고고학자료를 통해서 본 4세기 백제의 양상/ 김무중
4. 백제 좌평제의 전개/ 문동석
- 사회 : 임기환(경희대)
- 토론 : 성정용(충남대), 이근우(부경대), 최종택(고려대), 김기섭(경기대)

78) 제78회 연구발표회 : 1950,60년대 한국군과 미국의 감군정책

□ 일시 :2001.5.12
1. 1950년대 미국의 한국군 지휘체계 확립과정/ 박동찬
2. 1960년대 초 미국의 대한정책 변화와 감군정책/ 박태균
- 사회 : 노영기(조선대)
- 토론 : 전재호(서강대), 안정애(인하대)

79) 제79회 연구발표회 : 단성호적을 통해 본 職役과 身分

□ 일시 : 2001.6.9
1. 총론 : 호적대장의 직역기재양상과 의미/ 손병규
2. 단성현 법물야면 幼學戶의 성격/ 심재우
3. 단성현의 향역계승양상/ 권기중
4. 여성주호의 기재실태와 성격/ 김경란
- 사회 : 이준구(경산대)
- 토론 : 전경목(전북대), 임민혁(한성대), 이훈상(동아대), 이순구(국사편찬위원회)

80) 제80회 연구발표회 : 三國 및 統一新羅의 재정운영과 수취구조

□ 일시 :2001.9.1
1. 新羅의 結負制와 租의 수취/ 박찬홍
2. 新羅 統一期 地方財政의 운영/ 구문회
3. 三國 및 統一新羅의 現物貨幣 유통과 財政/ 김창석
- 사회 : 이용현(고려대)
- 토론 : 이인재(연세대), 안병우(한신대), 송계현(부산시립박물관)

81) 제81회 연구발표회: 조선후기 戶籍臺帳의 '戶'

□ 일시 : 2001.11.10.
□ 장소 : 성균관대학교 600주년 기념관 첨단강의실

82) 제82회 연구발표회 : 1950년대 한국자본주의의 발전과 부산

□ 일시 : 2001.11.17
1. 1955년 신환율 책정과 그 영향/ 김점숙
2. 1950년대 대외무역과 부산공업의 양상/ 차철욱
3. 1950년대 부산지역 고무공업의 구조변화/ 배석만
- 사회 : 이귀원(창원대)
- 토론 : 최영묵(국사편찬위원회), 박태균(서울대), 김선미(부산대)

83) 제83회 연구발표회 고려전기 동북아 각국의 상호인식과 교류

□ 일시 : 2001.12.1
1. 고려전기 '蕃'인식과 '東.西蕃'/ 추명엽
2. 11세기 후반 고려·요의 불교 교류/ 김영미
3. 12세기 전반 고려·송의 상호인식과 교섭/ 안병우
- 사회 : 김순자(연세대)
- 토론 : 이범학(국민대), 이재성(동국대)

84) 제84회 연구발표회 :'통감부시기' 권력구조와 정치세력

□ 일시 : 2002.3.23
1. '통감부시기' 국정운영 변화와 친일관료의 형성/ 오연숙
2. '통감부시기' 지방제도 변화와 면(面)의 위상/ 차선혜
3. 한말 '동양' 담론과 '동양평화론(東洋平和論)'/ 은정태
4. '합동일진회(合同一進會)'의 성립과 천도교(天道敎)/ 이용창
- 사회 : 조재곤(서울대 한국문화연구소)
- 토론 : 유재곤(선문대), 김익한(명지대), 김도형(연세대), 김동명(국민대)

85) 제85회 연구발표회 : 한국 근대국민국가 형성과 왕권(2002.10.5)

□ 일시 : 2002.10.5
1. 전통적 국가체제의 위기와 재편(1863-1880)/ 조재곤
2. 근대국민국가 수립과정에서 왕권의 역할(1880-1894)/ 주진오
3. 황제권 중심 근대 국가체제의 수립과 좌절(1895-1904)/ 도면회
- 사회 : 이윤상(서울대 한국문화연구소)
- 토론 : 안외순(이화여대), 한철호(동국대), 서진교(서강대)

86) 제86회 연구발표회 : 1920년대 전반기 민족운동과 물산장려논쟁

□ 일시 : 2002.10.26
1. 1920년대 전반기 일제의 '문화정치론'과 부르주아 정치세력의 대응/ 이태훈
2. 물산장려논쟁을 통해서 본 부르주아 민족주의세력의 이념적 편차/ 전상숙
3. 1920년대 전반기 사회주의사상의 수용과 물산장려논쟁/ 박종린
- 사회 : 신주백(성균관대)
- 토론 : 전우용(서울학연구소), 임경석(성균관대), 이현주(인하대)

87) 제87회 연구발표회 : 원간섭기 유교지식인의 사상적 지형 (2002.12.7)

□ 일시 : 2002.12.7
1. 총론 : 원간섭기 개혁안에 나타난 유교지식인의 현실 인식/ 박종기
2. 원간섭기 四書이해와 性理學 受容/ 도현철
3. 원간섭기 인간형의 역사적 이상과 그 형태/ 김인호
4. 원간섭기 성리학자들의 華夷觀과 國家觀/ 채웅석
- 사회 : 박종기(국민대)
- 토론 : 마종락(인제대), 김형수(경북대)

88) 제88회 연구발표회 : 6.25전쟁과 전후재건

□ 일시 : 2003.4.26
1. 6.25전쟁기 재정관료의 경제현실 인식과 대응/ 정진아
2. 타스카사절단의 활동 내용과 성격/ 이현진
3. 이승만정권기 경제정책론의 추이와 귀결/ 조남규
- 사회 : 최영묵(국사편찬위원회)
- 토론 : 최상오(성균관대), 차철욱(부산대), 배석만(부산대)

89) 제89회 연구발표회 : 일제의 조선토지조사사업

□ 일시 : 2003.8.12
□ 장소 : 대우재단빌딩 8층 제2세미나실
1. 일제의 조선토지조사사업 연구동향/ 왕현종
2. 일본제국의 식민지 토지조사사업에 대한 연구동향/ 이영호
- 사회 : 이세영(인하대)
- 토론 : 조석곤(상지대), 미야지마 히로시(성균관대)

90) 제90회 연구발표회 : 1960년대 한반도와 국제정세

□ 일시 : 2003.9.20
□ 장소 : 대우재단빌딩 8층 제2세미나실
1. 1960년대 韓·美·日 관계와 한일협정 체결/ 박진희
2. 1960년대 북한의 한반도 정세 인식과 경제·국방 병진노선/ 한모니까
3. 1960년대 군사정전위원회와 '정전체제'/ 김보영
- 사회: 김지형(한양대 강사)
- 토론: 손기섭(서울대 국제대학원 특별연구원), 정영철(동국대 강사),
  홍석률(성신여대 교수)

91) 제91회 연구발표회 : 전시체제기(1937~45)의 '국민' 만들기

□ 일시 : 2003년 11월 22일 오후 2시
□ 장소 : 대우재단빌딩 8층 제2세미나실
1. 최병택, 중일전쟁기 장작 수급문제와 그 대책
2. 장용경, 중일전쟁기 내선일체론의 성격과 조선 지식인들의 대응
3. 김은경, 전시체제기 신문광고를 통해 본 소비생활
- 사회 : 박윤재(연세대 강사)
- 토론 : 문영주(역사문제연구소 연구원), 장신(연세대 강사), 이승일(한양대 강사)

92) 제92회 연구발표회 : 영조대 탕평정국의 재검토

□ 일시 : 2003.12. 6
□ 장소 : 대우재단빌딩 8층 제2세미나실
1. 영조대 후반 노론 청류의 동향과 탕평론의 분화/ 최성환
2. 영조 후반기 탕평정국과 척신세력의 동향/ 임혜련
3. 1740년(영조16) 이후 영조의 정국 운영/ 이경구
4. 영조연간 국왕 친위세력의 동향과 분화/ 신항수
5. 영조대 후반 소론·남인계 동향/ 원재린
- 사회 : 정두영(연세대 강사)
- 토론 : 박광용(가톨릭대 교수), 이근호(국민대 강사), 조성산(고려대 강사)

93) 제93회 연구발표회 : 신화가 된 군인들 - 한국전쟁 관련 사령관 재조명

□ 일시 : 2004.4.24
□ 장소 : 성균관대 퇴계인문관 31512호
1. 총론 - 조이현(정부기록보존소)
2. 만주군 출신 장교의 한국전쟁기 활동과 주한미군에 대한 인식/ 안정애
3. 해방직후 최용건의 군·당활동/ 김선호
4. 해방직후 맥아더의 대한인식/ 이상호
5. 팽덕회의 한국전 참전구상과 성격/ 양영조
- 토론 : 정해구(성공회대), 윤경섭(성균관대), 김남균(평택대), 오규열(서울디지털대)

94) 제94회 연구발표회 : 조선후기 유수부의 군사체제와 재정

□ 일시 : 2004.6.26
□ 장소 : 대우재단빌딩 8층 제2세미나실
1. 조선후기 광주유수부의 군사지휘체계 변천/ 서태원
2. 조선후기 개성부 관방체제의 정비와 재정구조/ 노영구
3. 17~18세기 강화의 비축곡 운영/ 조낙영
4. 18세기 화성건설과 수원 유수부 재정/ 이욱

> - 사회 : 송양섭(충남대)
> - 토론 : 정해은(군사편찬연구소), 권내현(성균관대),
>   문용식(인천학연구원), 김건태(성균관대)

95) 제95회 연구발표회 : 금석문을 통해 본 나말여초 불교

> □ 일시 : 2004.12.18
> □ 장소: 대우재단빌딩 8층 제2세미나실
> 1. 9~10세기 중국 유학승들의 활동반경과 특징/ 김복순
> 2. 나말여초 선사들의 계보 인식/ 김영미
> 3. 나말여초 승려의 선문답/ 김홍삼
> 4. 나말여초 국왕과 불교의 관계/ 남동신
> 5. 나말여초 선사비문의 성격/ 이현숙
> - 사회 : 이재범(경기대)
> - 토론 : 윤선태(동국대), 곽승훈(목원대), 박해당(서울대)

96) 제96회 공동연구발표회 : 동도서기론의 정치·사상적 구조와 전개

> □ 일시 : 2005.3.5
> □ 장소 : 건국대학교 문과대학 교수연구동 3층 301호
> 1. 동도서기론의 정치 사상적 역할과 변화/ 장영숙
> 2. 동도서기론자의 민중인식/ 박은숙
> 3. 신기선의 '儒教經緯論'에 대한 사상적 검토 I / 박정심
> - 사회 : 정승교(서울대 한국문화연구소)
> - 토론 : 한철호(동국대), 조재곤(서울대 한국문화연구소), 김문용(고려대)

97) 제97회 공동연구발표회 : 고문서를 통해 본 15세기 국가와 사회

> □ 일시 : 2005.4.2
> □ 장소 : 대우재단빌딩 8층 제1세미나실
> 1. 15세기 관리임용 절차와 사첩/ 박재우

2. 15세기 청원, 소송의 처리과 관찰사의 역할/ 김경숙

3. 15세기 상속제와 첩자녀의 재산상속/ 이정란

4. 15세기 입후법과 계후입안의 실태/ 박경

- 사회 : 양진석(서울대 규장각)

- 토론 : 이종서(울산대), 임상혁(숭실대), 이정란(고려대), 전경목(한국학중앙연구원)

98) 제98회 공동연구발표회 : 인제군을 통해 본 해방 이후 북한사회

□ 일시 : 2005.6.4

□ 장소 : 대우학술재단 8층 제1세미나실

1. 해방이후 북한 인제군 사회의 통치 질서/ 김재웅

2. 1947~49년 인제군의 개답사업을 통해 본 북한의 당·정관계와 인민/ 한모니까

3. 1948~49년, 인제군 사례를 통해 본 북한 정치교양사업의 구성과 내용/ 김태우

- 사회 : 이주환(동국대)

- 토론 : 이주철(KBS남북교류협력기획단), 김광운(국사편찬위원회), 정영철(서울대)

99) 제99회 공동연구발표회 : 고려시대 개경의 공간기능과 시설

□ 일시 : 2005.9.3

□ 장소 : 대우학술재단 8층 제2세미나실

1. 개경의 범위와 공간인식/ 정학수

2. 개경의 제사 공간/ 한정수

3. 개경환도와 사찰복구/ 강호선

4. 경기지역 간선교통로의 변화/ 정요근

- 사회 : 박종진(숙명여대)

- 토론 : 정은정(부산대), 김철웅(고려대), 한기문(상주대), 김종혁(고려대)

100) 제100회 공동연구발표회 : 6~8세기 동아시아 국제정세와
三國·南北國의 대외관계

□ 일시 : 2005.12.3
□ 장소 : 대우학술재단 8층 제2세미나실
1. 책봉호를 통해 본 隋·唐의 동방정책과 三國의 대응/ 여호규(한국외국어대)
2. 唐代 책봉호를 통해 본 南北國의 위상/ 김종복(성균관대 박물관)
3. 백제 위덕왕대 남북조관계의 전개과정과 성격/ 박윤선(숙명여대)
4. 7세기 중반 百濟의 대외관계/ 정동준(성균관대)
5. 羅唐同盟의 성립배경/ 이창훈(성균관대)
6. 삼국통일전쟁기 羅唐의 갈등/ 최현화(동국대 신라문제연구소)
- 사회 : 윤선태(동국대)
- 토론 : 정병준(동국대)·김선숙(한국학중앙연구원), 전미희(국사편찬위원회)

101) 제101회 공동연구발표회 : 이색의 삶과 생각

□ 일시 : 2006.4.1
□ 장소 : 대우재단빌딩 8층 제2세미나실
1. 고려 우왕대 이색의 정치적 위상/ 이익주
2. 이색의 당대사 인식과 인간관 -「牧隱詩藁」의 묘지명을 중심으로-/ 박종기
3. 『牧隱詩藁』를 통해서 본 이색의 인간관계망 -우왕 3년~9년을 중심으로-/ 채웅석
4. 이색의 서연 강의/ 도현철
5. 이색의 자아의식과 심리적 갈등 -우왕 5년기를 중심으로-/ 김인호
- 사회 : 남동신(덕성여대)
- 토론 : 정재철(단국대), 김영수(국민대)

102) 제102회 공동연구발표회 : 임진왜란 시기 경상도 지역의
전쟁 대응

□ 일시 : 2006.6.3
□ 장소 : 대우재단빌딩 8층 제2세미나실
1. 임진왜란 초기 의병의 성립과 활동 영역/ 노영구

2. 임진왜란 시기 사대부의 전쟁 체험/ 정해은
3. 임진왜란 시기 지방관의 전란 대처/ 이선희
4. 임진왜란 시기 향리층의 동향/ 권기중
- 사회 : 윤훈표(연세대)
- 토론 : 김웅호(서울시립대 서울학연구소), 박현순(서울대), 노혜경(한국학중앙연
        구원), 송양섭(충남대)

103) 제103회 공동연구발표회 : 조선시대 형률의 운용과 대명률

□ 일시 : 2006.10.28
□ 장소 : 대우재단빌딩 8층 제2세미나실
1. 『대명률직해』의 성격/ 박진호
2. 조선초기 刑政觀과 대명률/ 한상권
3. 조선중기 형률상의 신분 차별과 대명률/ 구덕회
4. 조선후기 贓罪 및 贓律의 구성과 대명률/ 홍순민
5. 대한제국기 『刑法大全』의 제정과 대명률/ 심재우
- 사회 : 김웅호(서울시립대)
- 토론 : 심희기(연세대), 조지만(서울대), 유성국(배재대), 문준영(부산대)

104) 제104회 공동연구발표회 :일제하 토지조사사업의 역사적
의의 - 창원 마산지역 토지조사사업관계 자료를 중심으로-

□ 일시 : 2007.3.24
□ 장소 : 대우재단빌딩 8층 제2세미나실
1. 경남 창원지역 토지조사의 시행과정과 장부체계의 변화/ 왕현종
2. 1910~1945년 경남 창원군 내서면 토지소유구조의 변동/ 이세영
3. 村井 진영농장의 형성과 토지소유의 확대/ 이영학
4. 경남 창원지역의 토지소유권 분쟁 사례/ 최원규
- 사회 : 이영호(인하대)
- 토론 : 조석곤(상지대), 宮嶋博史(성균관대), 이규수(성균관대)

105) 제105회 공동연구발표회 : 고려시대 어떻게 연구할 것인가?

▫ 일시 : 2007.4.28
▫ 장소 : 대우재단빌딩 8층 제2세미나실
1. 고려시대 유학 연구와 방법론 모색/ 한정수
2. 고려시대 정치사의 시각과 방법론 연구/ 김인호
3. 고려시대 가족·친족 연구의 현황과 전망/ 이종서
- 사회 : 채웅석(가톨릭대학교)
- 토론 : 최영성(한국전통문화학교), 홍영의(한신대학교), 권순형(한경대학교)

106) 제106회 공동연구발표회 : 古文書를 통해 본 16세기 訴訟 절차와 실태

▫ 일시 : 2007.6.16
▫ 장소 : 대우재단빌딩 8층 제2세미나실
1. 16세기 소송 절차와 外知部 -慶州孫氏家 소장 소송문서를 중심으로-/ 한상권
2. 16세기 慶州地域의 노비소송 사례 분석 -驪州 李氏家의 문서를 중심으로-/ 양진석
3. 16세기 노비소송과 良妻幷産法 -義城金氏家 소장 決訟立案을 중심으로-/ 김경숙
- 사회 : 심재우(한국학중앙연구원)
- 토론 : 문숙자(국사편찬위원회), 김선경(규장각한국학연구원), 전경목(한국학중앙연구원)

107) 제107회 공동연구발표회 : 고려초기 정치제도의 형성

▫ 일시 : 2007.9.1
▫ 장소 : 대우재단빌딩 8층 제2세미나실
1. 高麗 初期 中央官制의 成立과 變化/ 김대식
2. 高麗 初期 宰相官府의 成立/ 신수정
3. 高麗 初期 兵部의 機能과 性格/ 권영국
4. 高麗 初期 臺諫制度의 成立過程/ 박재우

- 사회 : 류주희(국사편찬위원회)
- 토론 : 김창현(성신여대), 이정훈(연세대), 이진한(고려대),전경숙(여주대)

108) 제108회 공동연구발표회 : 『부역실총』을 통해 본 조선왕조의 재정구조 -『부역실총』항목과 통계에 대한 기초적 분석-

□ 일시 : 2007.10.6
□ 장소 : 대우재단빌딩 8층 제2세미나실
1. 18세기 재정정책과 『부역실총』편찬의 의미/ 송양섭
2. 『부역실총』을 통해 본 호조의 재정수입/ 김덕진
3. 조선후기 국가재원의 지역적 분배 -『부역실총』을 중심으로-/ 손병규
4. 『부역실총』에 기재된 지방재정의 위상/ 권기중
- 사회 : 권내현(고려대)
- 토론 : 김태웅(서울대) 고동환(카이스트) 김재호(전남대)

109) 제109회 공동연구발표회 : 일연의 불교관

□ 일시 : 2007.12.1
□ 장소 : 대우재단빌딩 8층 제2세미나실
1. 삼국유사의 신라사 시기구분 재검토/ 박미선
2. 신라 불교공인 연대의 재검토/ 조경철
3. 『삼국유사』의해편 "현유가해화엄"조에 보이는 일연의 유식불교관/ 남무희
4. 신라 법화신앙과 『삼국유사』/ 박광연
5. 고려후기 관음신앙과 『삼국유사』/ 라정숙
- 사회 : 박찬흥(고려대)
- 토론 : 김병곤(동국대), 정선여(충남대), 옥나영(숙명여대), 곽승훈(충남대),
  김수연(이화여대)

110) 제110회 공동연구발표회 : 한국전쟁과 한미관계

▫ 일시: 2008년 4월 26일(토) 14:00
▫ 장소: 대우재단빌딩 8층 제2세미나실
 - 사회 : 정진아(성균관대)
1. 6.18 반공포로석방과 한미교섭/ 김보영
2. 유엔군사령부의'수복지구'점령정책과 행정권 이양(1950~1954)/ 한모니까
- 종합토론
박동찬(군사편찬연구소), 김귀옥(한성대)

111) 제111회 공동연구발표회 : 고려전기 금석문에 보이는 불교관계

▫ 일시 : 2008년 6월 28일(토) 늦은 2시
▫ 장소 : 대우재단빌딩 8층 제2세미나실
▫ 주최 : 한국역사연구회(중세사1분과 금석문연구반)
○ 사회 : 이재범(경기대)
1. 고려전기 왕실 출신 승려들의 출가와 활동
 발표 : 이정훈(연세대)
 토론 : 김인호(광운대)
2. 금석문에 나타난 불교의례의 성격과 활용가능성-고려전기를 중심으로-
 발표 : 김수연(이화여대)
 토론 : 박미선(대림대)
3. 고려전기 유가업 승려의 법화경 관련 활동과 그 사회적 의미
 발표 : 박광연(이화여대)
 토론 : 곽승훈(한림대)

112) 제112회 한국역사연구회 공동연구발표회 : 조선중기 미암 일기를 통해 본 유희춘의 관계망

▫ 일시 : 2008년 10월 11일(토) 늦은 2시
▫ 장소 : 덕성여자대학교 평생교육원(운현궁 옆) D관306호(지하철3호선 안국역)
▫ 주최 : 한국역사연구회(중세사2분과 생활사연구반)

○ 사회 : 김현영(국사편찬위원회)
1. 양반관료 유희춘의 관계망
 발표 : 고영진(광주대)
 토론 : 김소은(숭실대)
2. 미암 유희춘의 박학과 서적을 통해본 관계망
 발표 : 이동인(임원경제연구소)
 토론 : 정재훈(서울대 규장각한국학연구원)
3. 유희춘의 제사설행과 친족 관계망
 발표 : 김태완(서울시립대)
 토론 : 박 경(이화여자대학교)
4. 유희춘의 경제적 관계망과 선물의 재정적 성격
 발표 : 최주희(고려대)
 토론 : 이성임(서울대 규장각한국학연구원)

113) 제113회 한국역사연구회 공동연구발표회 : 高麗前期 政治制度의 整備

□ 일시 : 2008년 10월 25일(토) 오후 2시
□ 장소 : 대우재단 8층 제2세미나실
□ 주최 : 한국역사연구회(중세사1분과 고려정치제도사연구반)
○ 사회 : 박재우(목원대)
1. 10~12세기 동아시아의 唐制 受容
 발표 : 김대식(성균관대)
 토론 : 이진한(고려대)
2. 高麗前期 內史門下省과 宰臣
 발표 : 신수정(성신여대)
 토론 : 김창현(고려대)
3. 高麗前期 中樞院의 設置와 그 性格
 발표 : 류주희(국사편찬위원회)
 토론 : 전경숙(숙명여대)
4. 高麗前期 軍政·軍令機構의 整備
 발표 : 권영국(숭실대)
 토론 : 이정훈(연세대)

114) 제114회 한국역사연구회 공동연구발표회 : 식민지배와 지역
사회의 변동

▫ 일시 : 2008년 11월 29일(토) 오후 2시
▫ 장소 : 대우재단 8층 제2세미나실
▫ 주최 : 한국역사연구회(근대사분과 지역유지반)
○ 사회 : 박종린(성균관대)
1. 조선총독부의 의료정책과 지방의 대응
 발표 : 박윤재(연세대)
2. 금융조합 설립운동 양상과 주체
 발표 : 문영주(성균관대)
3. 20세기 전반 전남 장흥군 향교임원의 구성과 활동
 발표 : 이용기(성균관대)
4. 일제시기 '시민대회'의 양상과 성격
 발표 : 한상구(역사문제연구소)
○ 종합토론
 발표자 전원, 허영란(울산대), 양정필(국사편찬위원회)

115) 제115회 한국역사연구회 공동연구발표회 : 『三國遺事』를
통해 본 고대의 종교와 신앙

▫ 일시 : 2009년 4월 25일(토) 늦은 1시 30분
▫ 장소 : 덕성여대 평생교육원 306호
▫ 주최 : 한국역사연구회 고대사분과 습속연구반
○ 사회 : 박미선(대림대)
1. 7세기 고구려의 민간신앙
 발표 : 김지영(숙명여대)
 토론 : 문은순(한성백제박물관 건립추진단 전문연구원)
2. 『삼국유사』「도화녀비형랑」조에 보이는 '귀중(鬼衆)'의 실체
 발표 : 남무희(국민대)
 토론 : 김병곤(동국대)
3. 신라의 仙桃聖母 전승과 仙桃山의 역사적 의미

발표 : 김선주(상명대)
토론 : 채미하(경희대)
4. 신라의 불교 수용과 왕실 여성 - 永興寺 창건과 여성승관제를 중심으로
발표 : 이현주(성균관대)
토론 : 강영경(숙명여대)

116) 제116회 한국역사연구회 공동연구발표회 : 『대명률』의 적용과 집행

□ 일시 : 2009년 6월 27일(토) 늦은 2시
□ 장소 : 대우재단빌딩 8층 제2세미나실
□ 주최 : 한국역사연구회 중세사 2분과 대명률연구반
○ 사회 : 구덕회(고척고등학교)
1. 고려전기 절장법(折杖法)의 도입과 운영
발표 : 이정란(고려대학교)
토론 : 토론: 이정훈(국민대)
2. 조선후기 형벌체계와 형량 환산
발표 : 홍순민(명지대학교)
토론 : 조윤선(청주대학교)
3. 조선초기 친속 용은(容隱) 규정의 수용과 적용
발표 : 박 경(이화여자대학교)
토론 : 토론: 조지만(아주대학교)
4. 조선후기 혼인관계의 해소와 『대명률』의 적용
발표 : 정해은(한국학중앙연구원)
토론 : 이순구(국사편찬위원회)

117) 제117회 한국역사연구회 공동연구발표회 : 한국의 위인 만들기와 그 역사

□ 일시 : 2009년 9월 26일(토) 늦은 2시
□ 장소 : 대우재단빌딩 8층 제2세미나실
□ 주최 : 한국역사연구회

○ 사회 : 이동인(서울여대)

1. 현대 위인전의 형성과 유포(총론)

　발표 : 이신철(성균관대)

2. 근현대 김유신 관련기록에 나타난 역사적 인식 변화

　발표 : 고현아(가톨릭대)

3. 정몽주 숭배의 변화와 위인상(偉人像)

　발표 : 김인호(광운대)

4. 역사 속의 박문수와 위인으로의 형성화

　발표 : 심재우(한국학중앙연구원)

5. 안중근 이미지의 고착화와 아동용 위인전에 반영된 안중근의 모습

　발표 : 김대호(국사편찬위원회)

○ 토론 : 신지원(웅진출판사), 배경식(역사문제연구소), 손병규(성균관대)

118) 제118회 한국역사연구회 공동연구발표회 : 고려전기 兼職制의 운영

□ 일시 : 2009년 11월 28일(토) 오후 2시

□ 장소 : 대우재단빌딩 8층 제2세미나실

□ 주최 : 한국역사연구회 중세1분과 고려정치제도사연구반

○사회 : 정요근(연세대)

1. 고려전기 臺官의 겸직 운영과 성격

　발표 : 박재우(목원대)

　토론 : 이정란(고려대)

2. 고려전기 尙書 6部의 判事·知事制

　발표 : 권영국(숭실대)

　토론 : 이정훈(연세대)

3. 고려전기 尙書 6部의 겸직 운영

　발표 : 류주희(국사편찬위원회)

　토론 : 김창현(고려대)

4. 고려전기 本品行頭制의 성격

　발표 : 김대식(성균관대)

　토론 : 김보광(고려대)

119) 제119회 한국역사연구회 공동연구발표회 : 일제의 창원지역 토지조사사업

□ 일시 : 2010년 3월 27일(토) 오후 2시
□ 장소 : 대우재단빌딩 8층 제2세미나실
□ 주최 : 한국역사연구회 근대사분과 토지대장연구반
○ 사회 : 이영호(인하대)
1. 토지조사사업과정에서 생산된 토지관계기록
 발표 : 이영학(한국외대)
 토론 : 박진태(대진대)
2. 경남 창원지역 주민의 토지조사사업 인식과 대응
 발표 : 왕현종(연세대)
 토론 : 김건태(서울대)
3. 1910~1945년 경상남도 창원군 내서면의 토지소유권 이전 추이
 발표 : 이세영(한신대)
 토론 : 심희기(연세대)
4. 경남 창원지역 토지조사사업의 소유권 분쟁
 발표 : 최원규(부산대)
 토론 : 조석곤(상지대)

120) 제120회 한국역사연구회 공동연구발표회 : 고문서로 본 조선사회

□ 일시 : 2010년 4월 24일(토) 오후 2시
□ 장소 : 대우재단빌딩 8층 제2세미나실
□ 주최 : 한국역사연구회 중세2분과 고문서연구반
○ 사회 : 양진석(서울대 규장각)
1. 16세기 사족층의 家舍 소유와 상속
 발표 : 박현순(서울대)
 토론 : 정긍식(서울대)
2. 조선 중후기 경주 양좌동의 촌락 조직과 그 성격
 발표 : 김현영(국사편찬위원회)
 토론 : 김인걸(서울대)

3. 16세기 고문서 이두에 대한 계량적 고찰:: 문중, 장르 및 필집에 따른 차이에
주목하여
  발표 : 박진호(서울대)
  토론 : 황선엽(성신여대)

121) 제121회 한국역사연구회 공동연구발표회 : 〈제국신문〉을 통해 본 대한제국기 사회·경제상

□ 일시 : 2010년 9월 18일(토) 오후 2시
□ 장소 : 대우재단빌딩 8층 제2세미나실
□ 주최 : 한국역사연구회 근대사분과 〈제국신문〉연구반
○ 사회 : 구선희(국사편찬위원회)
1. 〈제국신문〉에 나타난 개화관
  발표 : 문일웅(성균관대)
  토론 : 한성민(동국대)
2. 대한제국기 회사 인식과 자본규모 및 인적구성 - 〈제국신문〉 내용을 중심으로 -
  발표 : 박은숙(서울시사편찬위원회)
  토론 : 조재곤(동국대)
3. 〈제국신문〉 광고를 통해 본 대한제국기 사회상
  발표 : 장영숙(상명대)
  토론 : 은정태(역사문제연구소)

122) 제122회 한국역사연구회 공동연구발표회 : 개경 연구의 새로운 모색 - 인적 네트워크와 경관

□ 일시 : 2010년 11월 5일 금요일 13시30분~17시30분
□ 장소 : 숙명여자대학교 진리관 B101호(중강당)
□ 주최 : 숙명여자대학교 다문화통합연구소 개경연구사업단
□ 주관 : 한국역사연구회
□ 후원 : 한국연구재단
○ 개회사 : 이인재(연세대, 한국역사연구회 부회장)
○ 사 회 : 전경숙(숙명여대)

1. [총론]
 발표 : 박종진(숙명여대)
2. 고려 중·후기 耆老會와 開京 士大夫社會
 발표 : 채웅석(가톨릭대)
3. 고려 중기 왕실과 불교 교단의 관계
 발표 : 남동신(서울대)
4. 조선 초기 개성의 위상 변화
 발표 : 한희숙(숙명여대)
5. 개성 관련 회화와 사진자료로 본 유적의 경관 변화
 발표 : 홍영의(숙명여대)
 ○ 종합토론
 ○ 사회 : 박종기(국민대)
토론 : 도현철(연세대), 이정훈(국민대), 장지연(서울학연구소), 선일(서울대박물관)

123) 제123회 한국역사연구회 공동연구발표회 : 고려후기 금석
    문과 불교

 □ 일시 : 2010년 11월 27일 오후 2시-6시
 □ 장소 : 대우재단빌딩 8층 제2세미나실
 □ 주최 : 한국역사연구회 중세1분과 고려후기금석문연구반
 ○ 사회 : 강재광(서강대)
1. 고려후기 승려들에 대한 봉군과 그 의미
 발표 : 이정훈(연세대)
 토론 : 박윤진(고려대)
2. 圓鑑國師 충지의 행적과 사상 - 비문과 문집 비교를 중심으로-
 발표 : 라정숙(숙명여대)
 토론 : 박영제(서울대)
3. 고려후기 금석문을 통해 본 불교의례의 새로운 동향
 발표 : 안지원(서울대)
 토론 : 김수연(이화여대)
4. 고려후기 고승의 질병과 치료
 발표 : 이현숙(연세대)
 토론 : 김남일(경희대)

124) 제124회 한국역사연구회 공동연구발표회 : 조선후기 比摠
制的 재정체계의 형성과 그 政治性

□ 일시 : 2011년 3월 26일 오후 1시-6시
□ 장소 : 동국대학교 명진관 A103
□ 주최 : 한국역사연구회 중세2분과 중앙재정연구반
○ 사회 : 송양섭(충남대)
1. 조선후기 比摠制 재정의 비교사적 관점 -명·청 재정과의 비교-
 발표 : 손병규(성균관대)
2. 18세기 중반 度支定例類 간행의 흐름과 재정적 특성
 발표 : 최주희(고려대)
3. 正祖 前半期 貢市散貸策과 通共策 施行의 意味 ; 정조 8년(1784)~정조
 11(1787)을 중심으로
 발표 : 김정자(국민대)
4. 조선후기 부세의 운영과 감사의 역할
 발표 : 권기중(성균관대)
5. 조선후기 감영의 재정구조와 운영-慶尙監營을 중심으로
 발표 : 윤은미(성균관대)
 사회 : 고동환(카이스트)
 토론 : 김재호(전남대), 김덕진(광주교대), 정수환(한국학중앙연구원), 이철성
  (건양대), 김태웅(서울대)

125) 제125회 한국역사연구회 공동연구발표회 : 문자자료를 통해
본 한국 고대의 정치와 사회

□ 일시 : 2010년 4월 30일 오후 1시 30분
□ 장소 : 동국대학교 명진관 A103
□ 주최 : 한국역사연구회 고대사분과 문자자료학습반
○ 사회 : 박윤선
1. 울주천전리서석의 을사명과 기미명의 관계
 발표 : 이용현
2. 포항중성리신라비를 통해 본 외위체계의 기원과 구조
 발표 : 이성호

3. 이성산성 출토 문자유물을 통해서 본 신라 지방사회의 문서행정

　발표 : 이경섭

4. '南宮之印' 銘 기와에 대한 기초적 검토

　발표 : 이현태

5. 광개토왕비문에 보이는 天帝之子 관념의 신화적 배경과 정립

　발표 : 이승호

6. 신라 백지묵서화엄경사경 발원자와 사경장소

　발표 : 박미선

종합토론

○ 사회 : 박남수

　종합토론 : 박성현, 윤선태, 윤성용, 이동주

126) 제126회 한국역사연구회 공동연구발표회 : 당론서를 통해서 본 조선후기 정치사 인식

□ 일시 : 2010년 10월 1일 오후 2
□ 장소 : 동국대학교 학술관 S307
□ 주최 : 한국역사연구회 중세2분과 당론서반
○ 사회 : 백승철(연세대 국학연구원)

1. '黨論書'를 통해 본 懷尼是非 - 『甲乙錄』과 『의백록

　발표 : 이용현

2. 포항중성리신라비를 통해 본 외위체계의 기원과 구조

　발표 : 이성호

3. 이성산성 출토 문자유물을 통해서 본 신라 지방사회의 문서행정

　발표 : 이경섭

4. '南宮之印' 銘 기와에 대한 기초적 검토

　발표 : 이현태

5. 광개토왕비문에 보이는 天帝之子 관념의 신화적 배경과 정립

　발표 : 이승호

6. 신라 백지묵서화엄경사경 발원자와 사경장소

　발표 : 박미선

종합토론

○ 사회 : 박남수

　종합토론 : 박성현, 윤선태, 윤성용, 이동주

127) 제127회 한국역사연구회 공동연구발표회 : 두 왕조에 출사한 지식인, 권근

□ 일시 : 2011년 11월 26일 토요일 14:00~18:00
□ 장소 : 동국대학교 명진관 103호
□ 주최 : 한국역사연구회 중세1분과 고려후기 인물연구반
○ 사회 : 남동신(서울대)
권근의 유교 정치 이념과 정도전과의 관계
 발표 : 도현철(연세대)
권근의 자아정체성-『양촌집』의 시문을 중심으로
 발표 : 김인호(광운대)
『동현사략』의 자료적 특성과 가치
 발표 : 박종기(국민대)
고려말 관인의 유배, 종편 생활과 교유-권근을 중심으로-
 발표 : 채웅석(가톨릭대)
종합토론
 토론 : 김훈식(인제대), 이봉규(인하대), 이종묵(서울대)

128) 제128회 한국역사연구회 공동연구발표회 : "북한의 체제 형성 – 식민지 유산의 연속인가 단절인가?"

□ 일시 : 2012년 3월 31일(토) 14시~18시
□ 장소 : 대우학술재단 7층 2세미나실
□ 주최 : 한국역사연구회 현대사분과 북한사반
○ 사회 : 이주환(민주평화통일자문회의)
1. 북한의 계급정책과 계급위계구조의 확립(1945~1950)
 발표 : 김재웅(고려대)
 토론 : 김지형(한양대 비교역사문화연구소)
2. 북한의 상업정책과 소비조합의 활동(1945~1948)
 발표 : 이주호(고려대)
 토론 : 한모니까(가톨릭대)
3. 북한 공군의 창설과정과 그 특징 - 일본군과 소련군의 영향을 중심으로

발표 : 김선호(한국학중앙연구원)
토론 : 박동찬(군사편찬위원회)
4. 한국전쟁 시기 북한 전시생산기반의 붕괴와 중·소의 지원
발표 : 조수룡(경희대)
토론 : 박영실(한국학중앙연구원)

129) 제129회 한국역사연구회 공동연구발표회 : 고려전기 정치제도 운영에 미친 송제의 영향

□ 일시 : 2012년 4월 28일(토) 14시~18시
□ 장소 : 대우학술재단 7층 1세미나실
□ 주최 : 한국역사연구회 중세1분과 고려정치제도사반
○ 사회 : 정요근(덕성여대)
1. 고려전기 중앙관제와 唐宋制
발표 : 김대식(성균관대)
토론 : 이정란(고려대)
2. 고려전기의 學士職 운영
발표 : 신수정(성신여대)
토론 : 이정훈(연세대)
3. 고려전기 臺諫의 운영 방식
발표 : 박재우(성균관대)
토론 : 김보광(고려대)
4. 고려전기의 行職과 守職
발표 : 권영국(숭실대)
토론 : 최종석(동덕여대)

130) 제130회 한국역사연구회 공동연구발표회 : "고문서를 통해 본 17세기 조선 사회"

□ 일시 : 2012년 5월 26일(토) 14시~18시
□ 장소 : 대우학술재단(서울역) 7층 2세미나실
□ 주최 : 한국역사연구회 중세2분과 고문서반

○ 사회 : 김현영(국사편찬위원회)

1. 조선시대 사송(詞訟) 판결의 두 양태 -해남윤씨가 소장 결송입안(決訟立案)을
   중심으로-
   발표 : 한상권(덕성여대)
   토론 : 임상혁(숭실대)

2. 소송을 통해 본 17세기 노비 횡탈의 양상 -해남윤씨가 '안심(安心)' 자녀 피탈
   (被奪) 사건 소송을 중심으로-
   발표 : 한효정(성신여대)
   토론 : 김경숙(조선대)

3. 속량(贖良) 문서를 통해 본 17세기 조선 정부의 사노비(私奴婢) 통제 양상
   발표 : 박경(이화여대)
   토론 : 심재우(한국학중앙연구원)

4. 17세기 전후 해남윤씨가의 묘위토(墓位土) 설치와 그 의미
   발표 : 문숙자(한국학중앙연구원)
   토론 : 정긍식(서울대)

131) 제131회 한국역사연구회 공동연구발표회 : 한국 고대의 축제

□ 일시 : 2012년 6월 23일(토) 14시
□ 장소 : 대우학술재단(서울역) 7층 2세미나실
□ 주최 : 한국역사연구회 고대사분과 습속연구반
○ 사회 : 박준형(연세대)

1. [총론] 한국 고대사 속 "축제"의 의미
   발표 : 고현아(가톨릭대)

2. 百戲雜技를 통해 살펴 본 고대의 축제와 놀이
   발표 : 김경화(인하대)
   토론 : 한영화(성균관대)

3. 고구려 국중대회 東盟의 구성과 축제적 요소
   발표 : 이준성(연세대)
   토론 : 이정빈(경희대)

4. 신라 가배(嘉排)와 여성 축제
   발표 : 윤성재(숙명여대)
   토론 : 서영대(인하대)

5. 신라 불교의례에 나타난 축제성

발표 : 박미선(대림대)

토론 : 채웅석(가톨릭대)

132) 제132회 한국역사연구회 공동연구발표회 : 식민지 조선에서 전문직의 형성과 사회적 위상

- □ 일시 : 2012년 12월 1일(토) 14시~18시
- □ 장소 : 동국대학교 명진관 A103호
- □ 주최 : 한국역사연구회 근대사분과 근대엘리트연구반
- ○ 사회 : 박윤재(경희대)
1. 일제하 조선인 기자 집단의 형성과 정체성

발표 : 장 신(역사문제연구소)

토론 : 장인모(고려대)
2. 일제하 변호사의 자격유형과 사회적 위상

발표 : 전병무(가천대 아시아문화연구소)

토론 : 문준영(부산대 법학전문대학원)
3. 식민공간에서 학문하기 - 전문학교의 교수들

발표 : 정준영(한림대 일본학연구소)

토론 : 이기훈(목포대)

133) 제133회 한국역사연구회 공동연구발표회 : 한반도를 찾아온 중국사신

- □ 일시 : 2013년 3월 30일(토) 14:00~18:30
- □ 장소 : 대우학술재단 빌딩 7층 2세미나실
- □ 주최 : 한국역사연구회 중세1·2분과 중세국제관계사 연구반
- ○ 사회 : 이규철(가톨릭대)
1. 주제 : 9세기 당나라에서 신라에 파견한 환관사신

발표 : 고미야 히데타카(서울대)

토론 : 이기천(서울대)
2. 주제 : 거란의 고려국왕 賀生辰使 파견과 국제관계

발표 : 이승민(가톨릭대)
토론 : 이미지(국사편찬위원회)
3. 주제 : 元 世祖代 대고려 사신의 내왕과 양국 외교 관계의 변화
발표 : 김윤정(연세대)
토론 : 김보광(고려대)
4. 주제 : 명초 洪武 연간의 對고려 사신
발표 : 정동훈(서울대 국사학과)
토론 : 권용철(고려대)
5. 주제 : 淸朝의 頒詔使와 조선의 지위
발표 : 김창수(서울시립대)
토론 : 김선민(고려대 민족문화원구원)

134) 제134회 한국역사연구회 공동연구발표회 : 여말선초 금석문과 불교

□ 일시 : 2013년 6월 1일(토) 14:00~18:00
□ 장소 : 대우학술재단 빌딩 7층 1세미나실
□ 주최 : 한국역사연구회 중세1분과 여말선초 금석문 연구반
○ 사회 : 박광연(동국대)
1. 주제 : 고려말 보우의 삼산비명 비교·검토
발표 : 김흥삼(한국불교역사연구소)
토론 : 곽승훈(충남대)
2. 주제 : 고려후기 불사리신앙 - 진신과 분신사리 신앙 -
발표 : 김혜완(금석문반)
토론 : 김영미(이화여대)
3. 주제 : 고려후기 어대제(魚袋制)의 변화
발표 : 이현숙(연세대)
토론 : 김보광(고려대)

135) 제135회 한국역사연구회 공동연구발표회 : 1950년대 동북아 안보체제의 변동과 한반도

□ 일시 : 2014년 11월 29일 토요일 오후 1시 30분
□ 장소 : 대우학술재단 빌딩 7층 1세미나실
□ 주최 : 한국역사연구회 현대사분과 현대한국군사반
○ 사회 : 박동찬(한양대)
1. 주제 : 제네바정치회담 실패원인과 영향 - 미국의 대한반도정책을 중심으로 -
발표 : 안정애(여성평화연구원)
토론 : 박영실(한국학중앙연구원)
2. 주제 : 제네바정치회담 실패원인과 영향 - 미국의 대한반도정책을 중심으로 -
발표 : 안정애(여성평화연구원)
토론 : 박영실(한국학중앙연구원)
3. 주제 : 1950년대 한국후방관구사령부(KComZ)의 창설과 해체를 통해 본 한국전쟁과 '후방'
발표 : 이동원(서울대)
토론 : 노영기(조선대)
4. 주제 : 1950년대 중반 한국의 대미군사외교
발표 : 윤시원(성균관대학교)
토론 : 이현진(국민대)
5. 주제 : 한국전쟁과 일본의 재군비 -『大陸硏究』를 통해 본 일본의 재군비 -
발표 : 이상호(건국대)
토론 : 박성진(한국학중앙연구원)

136) 제136회 한국역사연구회 공동연구발표회 : 고종 초 합설 의정부의 구조와 성격 - 『육전조례』를 중심으로 -

□ 일시 : 2013년 7월 6일(토) 14:00~18:00
□ 장소 : 대우학술재단 빌딩 7층 1세미나실
□ 주최 : 한국역사연구회 중세2분과 육전조례연구반
○ 사회 : 이규철(가톨릭대)
1. 주제 : 총론
발표 : 홍순민(명지대학교)

2. 주제 : 합설 의정부의 직능과 위상
　발표 : 홍순민(명지대)
3. 주제 : 합설 의정부의 구성과 공사색의 위상
　발표 : 이경동(고려대)
4. 주제 : 합설 의정부의 "문부(文簿) 거행(擧行)" 체계
　발표 : 이근호(명지대)
5. 주제 : 합설 의정부의 공시(貢市) 문제 대응과 시전(市廛) 상황
　발표 : 김정자(국민대)
종합토론
　사회 : 한상권(덕성여대)
　토론 : 김세은(한국학중앙연구원) 명경일(국학진흥원) 최주희(한국학중앙연구원)

137) 제137회 한국역사연구회 공동연구발표회 : 외교의례를 통해 본 11~15세기 한중관계

□ 일시 : 2015년 3월 28일 토요일 오후 1시 30분
□ 장소 : 대우학술재단 빌딩 7층 1세미나실
□ 주최 : 한국역사연구회 중세1·2분과 중세국제관계사연구반
○ 사회 : 김창수(서울시립대)
1. 주제 : 총론
　발표 : 정동훈(서울대)
2. 주제 : 거란의 高麗使 관련 의례 성립과 양국 외교관계의 의미 -『遼史』賓儀
　條 분석을 중심으로 -
　발표 : 이바른(고려대)
3. 주제 : 高麗의 對거란 외교 의례 성립과 의미 -『高麗史』禮志 賓禮條의 北朝
　使 의례를 중심으로-
　발표 : 박윤미(숙명여대)
4. 주제 : 외교 의례를 통해 본 11~14세기 고려의 국제적 위상
　발표 : 정동훈(서울대)
5. 주제 : 문종 즉위년 책봉의례를 통해 본 대명의식
　발표 : 윤승희(숙명여대)
6. 주제 : 조선 성종대 외교의례를 둘러싼 조명(朝明) 갈등과 대명의식
　발표 : 이규철(명지대)

종합토론
  토론 : 최종석(동덕여대)

138) 제138회 한국역사연구회 공동연구발표회 : 고승 비문의 건립과 신라 사회

  □ 일시 : 2015년 4월 25일 토요일 오후 2시
  □ 장소 : 대우학술재단 7층 1세미나실
  □ 주최 : 한국역사연구회 고대사분과 고대문자자료연구반
  ○ 사회 : 정동준(한성대)
  1. 주제 : 총론
   발표 : 이용현(국립대구박물관)
  2. 주제 : 「형원사 수철화상비」의 판독과 찬자·서자에 대한 검토
   발표 : 최경선(연세대학교)
  3. 주제 : 보림사 보조선사탑비로 본 헌안왕의 선종 정책
   발표 : 박미선(대림대학교)
  4. 주제 : 신라 고승비문의 구성과 건립의 프로세스
   발표 : 이용현(국립대구박물관)
  종합토론
   사회 : 곽승훈(목원대)
   토론 : 정동락(대가야박물관), 라정숙(숙명여대), 곽승훈(목원대)

139) 제139회 한국역사연구회 공동연구발표회 : 원 법전을 통해 본 고려후기의 제도와 사회

- □ 일시 : 2015년 9월 19일 토요일 오후 2시
- □ 장소 : 연세대학교 외솔관 526호
- □ 주최 : 한국역사연구회 중세1분과 원법제학습반
- ○ 사회 : 김윤정(연세대)
1. 주제 : 총론 : 원법제 연구의 필요성과 시의성
  발표 : 이강한(한국학중앙연구원)
2. 주제 : 13세기 다루가치의 등장과 고려의 반응 - 다루가치를 통한 몽골 지배방식의 경험
  발표 : 김보광(고려대)
  토론 : 조원(한양대)
3. 주제 : 고려후기 장애자 정책 - 간질, 폐질, 독질을 중심으로
  발표 : 이현숙(연세대)
  토론 : 김순자(연세대)
  ○ 사회 : 이현경(연세대)
4. 주제 : 고려 만호부(萬戶府) 제도의 도입과 전개, 그리고 유산
  발표 : 최봉준(가톨릭대)
  토론 : 권순형(이화여대)
5. 주제 : 14세기 원의 부계친족 중심 婚俗 도입 문제와 고려의 반응
  발표 : 이강한(한국학중앙연구원)
  토론 : 윤훈표(연세대)

140) 제140회 한국역사연구회 공동연구발표회 : 조선후기 중앙군 문의 역할과 국가재정

▫ 일시 : 2016년 4월 30일 토요일 13:00~18:00
▫ 장소 : 고려대학교 서관 132호
▫ 주최 : 한국역사연구회 중세2분과 국가와사회연구반
○ 사회 : 한상우(성균관대)
1. 주제 : 총론 : 조선후기 중앙군문의 역할과 국가재정
  발표 : 송기중(충남대)
2. 주제 : 17세기 후반~18세기 초 강화유수부 군향곡의 이전과 의미
  발표 : 조낙영(서울대)
3. 주제 : 균역법 시행 이후 훈련도감의 재정운영 양상
  발표 : 최주희(한중연)
4. 주제 : 균역법 실시와 어영청 재정운영의 변화
  발표 : 송기중(충남대)
5. 주제 : 18·19세기 금위영의 역할과 재정운영
  발표 : 유현재(서울대)
6. 주제 : 장용영 내영의 위상변화와 재정확보과정
  발표 : 박 범(고려대)
7. 주제 : 17~18세기 도감의 雇價마련과 군문재원 활용
  발표 : 나영훈(한중연)
종합토론
  사회 : 권내현(고려대)
  토론 : 서태원(목원대), 정해은(한중연), 이근호(명지대), 정수환(한중연),
       최성환(수원시정연구원), 이왕무(한중연)

6. 대중강좌

1) 제1회 안양청년학당 한국사강좌

일시: 1989년 10월 12일~12월 8일
강사: 손호정, 전덕재, 오종록, 도면회, 이애숙, 김광운, 정창현

2) 제2회 안양청년학당 한국사강좌

일시: 1990년 3월 5일
강사: 이평래, 양상현, 강정숙, 김광운, 최영묵

3) 제1회 문예아카데미 한국역사교실

일시: 1992년 3월 19일~

4) 제2회 문예아카데미 한국역사교실

일시: 1992년 9월 17일~12월 3일(총 12회)
강좌
고대사회의 국가와 민(民)/ 임기환
중세사회 성립기의 사회와 농민/ 채웅석
고려시기의 사회발전과 농민항쟁/ 채웅석
조선전기 농민의 생활/ 남원우
중세사회의 해체와 민(民)의 성장/ 남원우
19세기 사회변동과 부르조아 개혁/ 이영학
변혁주체의 성장과 1894년 농민전쟁/ 이영학
일제의 식민지 지배와 민중수탈/ 이준식
민족해방 운동의 분화와 발전/ 이준식
자주민족국가 건설운동/ 노경채
분단정부의 수립과정/ 노경채

5) 제1회 한국역사연구회 노원, 도봉강북지역시민단체주관인문학강좌

주제: 사극 그 상상력과 역사적 진실의 사이
일시: 2009년 4월 10일(금) - 6월 26일(금) 오전 10:00~12:00
장소: 상계백병원 17층 대강당
주최: 한국역사연구회, 노원도봉시민사회단체
강좌
태왕사신기, 주몽: 그 화려한 고대사의 진설과 허구 /송호정(한국교원대학교)
천추태후 - 고려사회와 동아시아 질서 /김기덕(건국대교수)
쌍화점 - 고려여인의 삶과 사랑 /홍영의(숙명여대연구교수)
대왕세종 - 세종의 즉위는 태종의 작품인가 /신병주(건국대교수)
경복궁 답사: 조선시대 왕들의 공간 궁궐과 정치사 /홍순민(명지대 교수)
영원한 제국: 정조가 꿈꾸던 세상과 개혁사상 /이경구(한림대인문한국연구조교수)
답사: 갑신정변의 3일천하의 길을따라 /박은숙(서울시사편찬위원회)
명성황후 - '여우사냥'과 불편한 진실들 /장영숙(상명대인문과학연구소전임연구원)
도마 안중근 - 일본의 심장을 쏘다 /한성민(동국대학교대외교류연구원)
놈 놈 놈 - 일제시대 만주붐과 식민통치의 실상 /이송순(친일반민족행위자재산조
        사위원회)
태극기 휘날리며 - 한국전쟁 /박태균(서울대국제대학원교수)
스카우트, 화려한휴가 - 5.18 짧았지만 긴 '희망'찾기 /노영기(성균관대강사)

6) 제2회 한국역사연구회 노원, 도봉강북지역시민단체주관인문학강좌

주제 : 지역 사람들은 근현대를 어떻게 살았을까?
일시 : 2009년 10월 13일(화)~11월 24일(화) 오전 10:00~12:00
장소 : 상계백병원 17층 대강당
주최 : 한국역사연구회, 노원도봉시민사회단체
강좌
전통마을에서 근대사회로 '지역'은 어떻게 바뀌었을까? /이용기(성균관대학교동
아시아학술원연구교수)
식민지 시대 지역주민은 어떻게 대응했을까? /한상구(역사문제연구소 연구위원)
식민지 시대 '기부'를 통해서 주민의 공동체의식을 본다 /한상구(역사문제연구소
연구위원)

식민지 시대 지역개발 어떻게 보아야할까 /한상구(역사문제연구소 연구위원)
해방전후 서울의 '동회' 살펴보기 /김영미(국민대학교 연구교수)
새마을 운동, 어떻게 볼것인가/ 김영미(국민대학교 연구교수)
근현대에서 현대까지 우리 동네, 노원과 도봉은 어떤역사를가졌을까 /박은숙
(서울시사편찬위원회연구원)
도봉지역 역사유적지 답사 /박은숙(서울시사편찬위원회연구원)

7) 노원도봉시민단체와 함께 하는 시민강좌 2010년 제1차

주제: (New) 조선시대 사람들은 어떻게 살았을까
일시: 2010년 4월 16일부터 6월 11일까지 매주 금요일 오전 10시~12시
장소: 도봉구민회관
주최: 한국역사연구회와 노원, 도봉 시민단체 공동주최
강좌
(총론) 우리역사: 조선시대를 어떻게 보아야 하나 /한상권(중세2분과)
교정과 잔혹의 사이, 형벌과 고문 /심재우(중세2분과)
정치판의 싸움, 인민의 투쟁 의식 /오수창(중세2분과)
중국과 일본의 사이에서 : 조선의 전쟁과 외교 /한명기(중세2분과)
과거 급제의 꿈 /박현순(중세2분과)
조선시대의 혼인과 연애 풍속도 /정해은(중세2분과)
조선후기 노비의 삶 : 도망간 자, 도망가지 않은 자 /김건태(중세2분과)
한국사 속의 임진강 유역 /정요근(중세1분과)
황금알을 낳는 국제무역, 거상들의 치부 /고동환(중세2분과)

8) 노원도봉시민단체와 함께 하는 시민강좌 2010년 제2차

주제: 우리가 알아야 할 100년의 역사이야기
일시: 10월 22일부터 12월 10일까지 매주 금요일 오전 10시~12시
장소: 은명교회(창동역 1번 출구 앞)
주최: 한국역사연구회와 노원, 도봉 시민단체 공동주최
강좌
김주열과 이승만 /한모니까(현대사분과)

장면 정부와 시민들 /김지형(현대사분과)
전쟁과 평화 /김태우(현대사분과)
협상과 전투의 이중주 /김보영(현대사분과)
대한제국, 마지막 외교투쟁을 벌이다 /정숭교(근대사분과)
친일 반민족행위에 대한 과거사정리에 시효는 없다 /박철하(근대사분과)
'5.18' 그 10일 간의 흔적 /노영기(현대사분과)
나에게 다가오는 5월 광주 /김정인(근대사분과)

9) 노원도봉시민단체와 함께 하는 시민강좌 2011 제1차

주제: 문학작품으로 만나는 우리 역사
장소: 마들역(지하철 7호선) 노원 문화의 집
일시: 4월 22일부터 6월 17일까지 매주 금요일 오전 10~12시
고려시대 지식인들의 천하 인식 - 동명왕편과 제왕운기 /정요근(중세1분과)
새로운 이상세계를 꿈꾸다 - 홍길동전, 전우치전, 정감록 /노대환(중세2분과)
남한산성 답사 - 산성일기와 김훈의 남한산성 /한상권(중세2분과)
우리에게 풍수는 무엇인가 - 도선비기에서 택리지까지 /김기덕(중세1분과)
당쟁의 복판에서 나온 정치 풍자 - 김만중의 사씨남정기 /홍순민(중세2분과)
조선, 새로운 문물에 눈뜨다 - 박지원의 열하일기 /정재훈(중세2분과)
민족해방을 꿈꾼 사회주의 혁명가 - 님 웨일즈의 아리랑 /한홍구(근대사분과)
해방공간의 좌우갈등 - 조정래의 태백산맥 /한모니까(현대사분과)

10) 노원도봉시민단체와 함께 하는 시민강좌 2011 제2차

주제: 라이벌을 통해 읽는 우리 역사 이야기
장소: 마들역(지하철 7호선) 노원 문화의 집
일시: 9월 20일부터 11월 8일까지 매주 화요일 오전 10시~12시
근초고왕과 고국원왕 /여호규(고대사분과)
왕건과 궁예 /채웅석(중세1분과)
김부식과 묘청 /정요근(중세1분과)
정도전과 이방원 /김인호(중세1분과)
파주지역(율곡 이이 관련 유적 중심) 답사 /한상권(중세2분과)

송시열과 윤선도 /김용흠(중세2분과)
차미리사와 김활란 /한상권(중세2분과)
백선엽과 장준하 /박한용(근대사분과)

11) 노원도봉시민단체와 함께 하는 시민강좌 2012 제1차

주제: 여성, 역사속에서 만나다
장소: 도봉어린이문화정보센터
일시: 4월 9일부터 5월 21일까지 매주 월요일 오전 10시~12시
강좌
건국신화 속의 여성 /조경철(한중연)
7세기 신라의 위기와 여왕의 등장 /하일식(연세대)
노국공주와 기황후, 그 엇갈린 운명 /정요근(덕성여대)
신사임당과 어우동 끝나지 않은 이야기 /정해은(한중연)
혜경궁 홍씨와 정순왕후 /최성환(고전번역원)
식민지 조선의 여성이여 /이준식(연세대)
남한강을 따라가는 여주역사기행 /정재훈(경북대)
근대국가의 역린과 여성의 저항 /권김현영(이화여대)

12) 노원도봉시민단체와 함께 하는 시민강좌 2012 제2차

주제: 살아있는 과거, 한국 현대사를 말한다
장소: 노원문화의 집
일시: 10월 9일부터 11월 20일까지 매주 화요일 오전 10시~12시
강좌
38선을 베고 쓰러질지언정 /김상태(서울대)
대한민국 정부수립과 제헌헌법의 이념 /한홍구(성공회대)
이승만의 일제하 독립운동 방법론과 해방 후 정치노선 /김재홍(경기대)
헌법이 부정한 5.16 구국혁명론 /박한용(민문연)
"근로기준법을 준수하라" : 박정희식 경제개발과 비참한 노동현실 /이현진(국민대)
경기도 남부의 유서깊은 고장, 안성 지역 답사 /정요근(덕성여대)
'연희동 빨간 바지'의 원조 : 토건족의 강남 개발과 땅 투기의 신화 /오제연(규장각)
4월9일, 국제 사법사상 암흑의 날 : 유신정권과 국가폭력 /황병주(역문연)

13) 노원도봉시민단체와 함께 하는 시민강좌 2013

주제: 그들이 꿈꾸었던 세상
장소: 노원구 상계 백병원 강당
일시: 10월 8일부터 11월 19일까지 매주 화요일 오전 10시~12시
강좌
진골귀족 특권 없는 세상을 위하여 - 최치원 /김창석
황제국 건설의 꿈과 희망 - 윤언이와 묘청 /이상국
못다핀 재상중심의 국가운영 - 정도전 /박진훈
시대의 이단아인가 불세출의 혁명가인가 - 정여립과 허균 /정호훈
농민들의 세상을 꿈꾼 녹두장군 - 전봉준 /하원호
의열단 투쟁의 선봉 - 김원봉 /장 신
통일 독립국가 수립에 온몸을 바치다 - 여운형 /오제연
원주 답사 /정요근

14) 제1회 한국역사연구회, 청년통일문화센터푸른공감 주최 인문학강좌

주제: 조선의 꿈, 오늘을 말하다
일시: 2009년 10월 21일(수) - 11월 4일 매주 수요일 오후 7:30, 11/7~8(토일)
답사
장소: 함께일하는재단 교육장(홍대역 1번 출구)
주최: 한국역사연구회, 청년통일문화센터푸른공감
주관: 청년통일문화센터푸른공감 / 서울청년단체협의회 / 청년회
강좌
개방과 자존의 시각에서 본 세종시대 /정재훈(서울대 인문학연구원 HK연구교수)
정조의 꿈과 21세기 한국사회의 길 /이경구(한림대 연구교수)
광해군의 꿈과 좌절 /한명기(명지대교수)
역사기행 : 영남 남인의꿈, 삶 그리고 좌절/ 이욱(한국국학진흥원연구원)

15) 의왕문화원, 한국역사연구회 공동주최 인문학강좌

주제: 사극, 그 상상력과 역사적 진실의 사이
일시: 2009년 11월 10일(화)~12월 15일(화) 오전 10:00~12:00
장소: 의왕문화원 3층 대강당
주최: 한국역사연구회, 의왕문화원
강의:
의왕의 역사와 문화 이해 /박철하 ((전)의왕시사편찬위원회 상임위원)
태왕사선기 주몽 - 화려한 고대사의 진실과 허구 /송호정(한국교원대학교교수)
천하를 품은 여성 군주와 그의 시대 /임기환(서울교육대학교교수)
천추태후 - 어제는 남성, 내일은 여성시대 /윤성재(숙명여자대학교다문화통합
　　　연구소 연구원)
이산 - 정조, 새로운 조선을 꿈꾸다/김준혁(수원시 화성박물관 학예연구사)
명성황후 - '여우사냥'과 불편한 진실들 /장영숙(한양대학교동아시아문화연구소박
　　　사후연구원)

16) 2010 의왕문화원 시민강좌

형식: 의왕문화원 주최 시민강좌에 5명의 강사 파견
주제: 조선시대 사람들은 어떻게 살았을까
장소: 의왕문화원(경기도 의왕시 오전동)
일시: 2010년 4월 23일부터 6월 12일까지 매주 금요일 2시~4시
강좌
조선시대 의왕의 역사와 문화 /박철하(의왕문화원, 근대사분과)
교정과 잔혹의 사이, 형벌과 고문 /심재우(중세2분과)
당쟁은 과연 난장판이었을까? /오수창(중세2분과)
왜란과 호란의 경험 /한명기(중세2분과)
"추노" 그 사회적 배경, 평민과 노비의 삶 /김건태(중세2분과)
조선시대에도 신데렐라가 있었을까? 여성들의 삶과 생활 /정해은(중세2분과)
모락산에 얽힌 임영대군의 전설을 찾아 떠나는 여행 /문화원 자체 주관

17) 2011 의왕문화원 시민강좌

주제 : 사극으로 보는 역사
장소 : 의왕문화원
일시 : 2011년 11월 7일부터 12월 5일까지 매주 월요일 오전 10시~12시
강좌
공주의 남자 /이규철(중세2분과)
근초고왕 /조경철(고대사분과)
뿌리깊은 나무 /김성희(중세2분과)
무사 백동수 /경희대 후마니타스 김준혁 교수(자체섭외)
사극 속 등장인물과 의왕지역 역사문화의 상관성 /박철하(근대사분과)

18) 성북구청 인문학강좌

형식 : "한국역사연구회와 함께 하는 지역 주민을 위한 인문학 강좌"
주제 : 사극, 그 상상력과 역사적 진실의 경계 사이에서
장소 : 성북아트홀(성북구청 4층)
일시 : 2010년 10월 27일부터 12월 1일까지 매주 수요일 오전 10시~12시
강좌
선덕여왕, 천하를 품은 여성군주와 그녀의 시대 /김선주(고대사분과)
천추태후, 고려시대 왕을 만든 여성 /윤성재(중세1분과)
장희빈과 동이, 두 여성의 인생역전을 통한 조선후기 탕평정치의 단초 /김정자
(중세2분과)
명성황후, 여우사냥과 불편한 진실들 /김영수(근대사분과)
놈놈놈, 일제시대 만주붐과 식민통치 /이태훈(근대사분과)
포화 속으로 및 태극기 휘날리며, 한국전쟁 /김태우(현대사분과)

19) 성북구청 상반기 시민강좌

주제 : 역사 속 인물, 그들이 살았던 세상
장소 : 성북구청
일시 : 2011년 5월 6일부터 7월 8일까지 매주 금요일 오전 10시~12시
강좌

백제 무왕, 미륵사의 꿈과 사랑 /조경철(고대사분과)
연개소문의 성공과 실패 /김지영(고대사분과)
해상'왕'이 된 장보고 /박미선(고대사분과)
광종, 글로벌 코리아를 외치다 /한정수(중세1분과)
이의민과 그의 시대 /전경숙(중세1분과)
공민왕, 쌍화점을 노래하다 /김인호(중세1분과)
답사 : 화성 건설의 의의와 시설물(수원 화성) /김태완(중세2분과)
이경석, 책임지는 정치가의 초상 /김용흠(중세2분과)
독단과 공존, 이념과 학문이 결별하는 지점 /이경구(중세2분과)
고종, 명성황후와 맞이한 개방·개혁의 시대 /장영숙(근대사분과)

20) 2012년 상반기 성북구청 시민강좌

주제: 우리 역사 속의 라이벌
장소: 성북구청
일시: 3월 30일부터 6월 1일까지 매주 금요일 오전 10~12시
강좌
'민족사'의 영웅은 누구인가? - 연개소문과 김춘추 /이정빈(경희대)
난세, 패권의 시대 - 궁예, 견훤, 왕건 /고현아(가톨릭대)
과연 사대주의자와 전통주의자의 대결이었을까? - 당대 맥락에서의 김부식과 묘청 읽기 /최종석(성균관대)
충렬왕과 충선왕 - 그 부자간의 대결 /이강한(한중연)
누가 한양을 조선의 수도로 정했나? - 정도전과 무학 /장지연(서울시립대)
궁중암투의 주인공이었나? 한국정치의 희생양이었나? - 장희빈과 인현왕후 /임혜련(숙명여대)
병자호란 속의 라이벌 - 최명길과 김상용(남한산성 답사) /김태완(서울시립대)
새로운 조선의 주역은 누구인가? - 김옥균과 전봉준 /홍문기(서울대)
나라를 건 시부갈등 - 대원군과 명성황후 /정상우(서울대)
해방공간 우익의 쌍두마차 - 김구와 이승만 /김태우(서울대)

21) 2012년 하반기 성북구청 시민강좌

주제: 지난 100년간의 우리 역사 이야기
장소: 성북구청
일시: 10월 12일부터 11월 9일까지 매주 금요일 오전 10시~12시
강좌
시장이야기 - 남대문시장에서 화신백화점 /박은숙(고려대)
조선, 조약으로 세상을 만나다. /한승훈(고려대)
땅이야기 - 농민, 권력, 지배 /남기현(성균관대)
38선 이야기 /류승주(한양대)
한국전쟁 이야기 /김태우(서울대)

22) 2013년 상반기 성북구청 시민강좌

주제: 우리 선조들의 생활사 이야기
장소: 성북구청
일시: 4월 5일부터 6월 14일까지 매주 금요일 오전 10~12시
강좌
반복되는 전쟁과 수탈 속에 농민으로 산다는 것 -삼국 시대 민중의 삶- /하일식
(연세대)
연일 음주가무로 날을 지새우니... -고대인들의 축제와 놀이 문화- /전덕재(단국대)
고대에도 서울 사람, 지방 사람이 있었다 -고대 왕경인과 지방민- /이현태(경희대)
바다를 건너온 보따리 장사 부대 -고려의 국제 무역- /이승민(가톨릭대)
삼별초는 무엇을 위해 싸웠나? -삼별초 항쟁과 민중- /김순자(한국외대)
남성 부럽지 않은 고려의 여성 -고려 시대 여성들의 이미지- /이정란(고려대)
세종대왕의 치세, 과연 태평성대였을까? -조선 초기의 국왕들- /이규철(가톨릭대)
과거, 출세가 보장된 가시밭길 -조선 시대의 과거 시험- /박현순(서울대)
조선시대에도 신데렐라가 있었을까? -조선 여성들의 삶과 생활- /박경 (이화여대)
당쟁은 과연 난장판이었을까? -조선 붕당의 역사- /이근호(한국학중앙 연구원
장서각)

23) 2013년 하반기 성북구청 시민강좌

주제: 승자의 역사에 가려진 영웅들의 이야기
장소: 성북구청
일시: 9월 27일부터 10월 25일까지 매주 금요일 오전 10시~12시
강좌
신라시대 왕좌를 향한 2대에 걸친 도전, "김주원과 김헌창" /이현태(경희대)
고려시대 서경에서 새로운 고려를 꿈꾼 몽상가, "묘청" /윤성재(숙명여대)
얻기 어려운 것은 시기요, 놓치기 쉬운 것은 기회이다. "조광조" /송웅섭(서울대)
조선의 킹메이커, 라이벌을 만나다 "정도전, 그리고 이방원" /이규철(가톨릭대)
3일 동안 천하를 움켜쥔 젊은 정치가, 그가 그렸던 조선의 미래는? "김옥균" /
박은숙(고려대)

24) 2014년 상반기 성북구청 시민강좌

주제: 역사의 흐름을 바꾼 결정적 순간들
장소: 성북구청 평생학습관
일시: 3월 14일부터 5월 16일까지 매주 금요일 오전 10~12시
강좌
나제동맹의 결렬과 신라의 한강 진출 -국운을 건 진흥왕의 도전이 바꾼 역사- /
박성현
나당동맹에서 나당전쟁으로 -신라의 통일 전쟁 과정과 그 의미- /강성봉
삼한의 주인이 된 왕건의 색다른 비전 -견훤에겐 없었고 왕건에겐 있었다- /고현아
몽고의 침략과 삼별초의 대몽항쟁 -30년 대몽항쟁이 고려에 남긴 것- /김인호
위화도 회군과 조선의 개국 -위화도에서 말머리를 돌린 이성계- /홍영의
세종의 치세와 조선의 중흥 -성군의 치세는 태평성대를 일구었나?- /이규철
광해군과 인조 시대, 조선을 둘러싼 국제 정세 -병자호란 역사가 우리에게 전하는
메시지- /한명기
정조의 치세와 정조 시대 이후의 조선 -성군 정조가 조선에게 가져다준 것- /이근호
명성황후를 바라보는 현대인들의 눈 -명성황후가 국모가 되기까지- /김영수
고종의 대한제국, 역사의 뒤안길로 -고종의 야심찬 프로젝트, 대한제국이 실패한
이유- /장영숙

25) 2014년 하반기 성북구청 시민강좌

주제: 사극, 그 상상력과 역사적 진실의 경계 사이에서
장소: 성북구청 평생학습관
일시: 9월 26일부터 10월 31일까지 매주 금요일 오전 10시~12시
강좌
드라마《기황후》: 고려 출신의 궁녀가 황후에 오르는데... /윤성재
드라마《정도전》: 이성계의 머리가 되어 조선을 설계하다 /최봉준
영화《명량》: 임진왜란 종결자, 이순신을 다시 보다 /이규철
영화《역린》: 사도세자의 아들에서 대왕 정조가 되기까지 /최성환
영화《군도》: 조선 철종 13년, 참지 못한 백성이 일어나다 /권내현

26) 2015년 상반기 성북구청 시민강좌

주제: 그들의 선택이 역사를 바꾸다
장소: 성북구청 평생학습관
일시: 3월 16일부터 4월 13일까지 매주 월요일 오전 10~12시
강좌
김춘추, 외교전쟁의 승리자 -신라의 삼국통일 /이창훈
서희, 고려의 운명을 담판짓다 -고려·요 전쟁 /김우택
정도전, 조선을 구상하다 -조선의 개국과 개혁정치 /장지연
안중근, 단 하나의 총탄으로 바꾼 역사 -안중근의사의 하얼빈의거 /한성민
김일성, 분단을 확정하다 -한국전쟁 /조수룡

27) 2015년 하반기 성북구청 시민강좌

주제: 역사 속의 라이벌
장소: 성북구청 평생학습관
일시: 9월 10일부터 10월 8일까지 매주 목요일 오전 10~12시
강좌
진흥왕과 성왕 -한강유역을 둘러싼 치열한 대립 /장미애
김부식과 묘청 -당대의 맥락에서 묘청의 난 읽기 /정요근

정도전과 이방원 -정도전이 꾼 꿈, 이방원이 완성하다 /장지연
이회영 대 이완용 -국망 앞에서의 다른 선택 /이준식
김일성과 조만식 -북한의 라이벌 /김선호

28) 2016년 상반기 성북구청 시민강좌

주제: 사극, 그 상상력과 역사적 진실 사이
장소: 성북문화원
일시: 3월 3일~5월 12일 목요일 오전
강좌
독립운동과 친일을 직시한 영화 <암살> /이준식
<선덕여왕>, 덕만이 근혜에게 묻다 /조경철
드라마 <기황후> 고려 출신의 궁녀, 황후에 오르다 /김순자
드라마 <육룡이 나르샤>, 시대의 절망 앞에 조선을 꿈꾸다 /황향주
드라마 <징비록>, 유성룡이 돌아 본 임진왜란사 /이규철
영화 <사도>, 살아남은 자들의 역사 바로 세우기 /김정자
<평양성>과 <황산벌>, 이른바 삼국통일전쟁의 양상과 남북국시대의 전개 /강진원
영화 <대호> 일제의 해수구제 정책과 사라진 조선호랑이 /이준식
영화 <국제시장>이 말하지 않는 한국현대사 /김선호
영화 <남영동 1985>, 국가 폭력과 트라우마 /황윤희

29) 성북구청 2016 하반기 시민강좌

주제: 주제를 통해 본 조선시대의 풍경들
장소: 성북문화원
일시: 9월 2일~ 11월 11일 매주 금요일
강좌
임금의 공간, 서울 1 /홍순민
임금의 공간, 서울 2 /홍순민
영조와 정조가 꿈꾼 나라 ; 유교국가의 이상 /임성수
무엇을 얼마나 거두었나? ; 조세와 재정의 생활사 /임성수
원시림의 나라 조선, 언제 어디로 갔는가? /김동진

전쟁은 전염병을 어떻게 바꾸었는가? /김동진
사랑과 전쟁, 결혼과 가족의 사회사 /정해은
병자호란, 아픈 역사에서 교훈을 얻다 /정해은
세종, 우리 영토를 확정하다 /이규철
조선과 여진, 그 숙명의 관계 /이규철

30) 서초구청 관내 초등학교 역사특강

형식 : 서초구청 관내 초등학교 6학년 학생들을 대상으로 진행된 역사특강
주제 : 쉽게 이해하는 한국사 특강 교실
장소 : 서초구 관내 초등학교(16개 학교 85학급 2,250명)
일시 : 2010년 4월~6월까지 학교별로 진행
강의
신라에는 왜 여왕이 있었을까? /고현아(고대사분과)
주몽은 과연 신의 아들이었을까? /이정빈(고대사분과)
엘리자베스의 한국 그리기 /윤성재(중세1분과)
조선은 왜 망했을까? /이규철(중세2분과)
조선의 형벌제도 /김태완(중세2분과)
쇄국과 개항 /김민석(근대사분과)
왜 그들은 걷고 또 걸어야만 했을까요? /한승훈(근대사분과)
38선은 누가 나누었을까요? /권오수(현대사분과)
한국전쟁과 38선 /류승주(현대사분과)

31) 2011 중랑구청 시민강좌

주제: 역사 속 인물, 그들이 살았던 세상
장소: 중랑구청
일시: 2011년 9월 6일부터 10월 11일까지 매주 화요일 10시~12시
강좌
연개소문 가문의 성쇠 /김지영(고대사분과)
고려시대 소외된 자들의 외침- 왕후장상의 씨가 따로 없다던데 /신안식(중세1분과)
조선후기 탕평정치의 단초 : 장희빈과 동이 /김정자(중세2분과)

일제시기를 살았던 사람들의 일상 : 그들의 일기 /장신(근대사분과)

현대사의 등불 : 장준하 /김선호(현대사분과)

32) 2012년 상반기 중랑구청 시민강좌

주제: 설화와 문학 속의 역사 이야기

장소: 중랑구청

일시: 4월 17일부터 5월 22일까지 매주 화요일 14시~16시

강의

건국시조의 신격화 : 동명성왕 /김지영(숙명여대)

세계제국 속의 고려 : 쌍화점 /정동훈(서울대)

당쟁의 복판에서 나온 정치 풍자 : 김만중의 사씨남정기 /홍순민(명지대)

암행어사, 출세길? 고생길? - 박문수 /김성희(동국대)

사라진 제국의 사람들 : 아리랑 1부 "아! 한반도" /남기현(성균관대)

33) 2012년 하반기 중랑구청 시민강좌

주제: 한국 역사 속의 여성, 그녀들의 이야기

장소: 중랑구청

일시: 10월 9일부터 10월 30일까지 매주 화요일 오후 14시~16시

강의

건국 신화 속의 여성들 /이준성(연세대)

노국공주와 기황후, 두 여인의 삶 /정요근(덕성여대)

신사임당과 어우동, 조선시대의 여인상 /송웅섭(규장각)

식민 땅의 여성들 /박정애(숙명여대)

34) 2013년 중랑구청 시민강좌

주제: 사극, 그 상상력과 역사적 진실의 경계

장소: 중랑구립정보도서관

일시: 4월 9일부터 5월 28일까지 매주 화요일 10시~12시

강좌

드라마 「대왕의 꿈」 : 김춘추가 꿈꾼 신라의 미래는? /고현아

드라마 「무신」 : 시대를 군림했던 무인들의 이야기 /강재광

드라마 「대풍수」 : 이성계가 조선을 세우기까지 /김인호

드라마 「뿌리 깊은 나무」 : 성군(聖君)의 그림자 /김성희

영화 「광해」 : 성군과 폭군, 광해군의 두 얼굴 /한명기

35) 2014년 중랑구청 시민강좌

주제: 역사의 흐름을 바꾼 결정적 순간들

장소: 중랑구립정보도서관

일시: 4월 1일부터 4월 22일까지 매주 화요일 오후 2시~4시

강좌

신라 국운을 건 진흥왕의 도박 -나제동맹 파기와 한성 지역 급습 작전- /박성현

위화도에서 말머리를 돌린 이성계 -위화도 회군과 조선의 개국- /홍영의

병자호란 역사가 우리에게 전하는 메시지 -광해군과 인조 시대 조선을 둘러싼

국제 정세- /한명기

단 하나의 총탄으로 바꾼 역사 -안중근 의사의 하얼빈 의거- /한성민

36) 2015년 하반기 중랑구청 시민강좌

주제: 사극, 그 상상력과 역사적 진실의 경계

장소: 중랑구청

일시: 10월 8일부터 11월 26일까지 매주 목요일 오전 10~12시

강좌

고려 무신시대 다시 보기 -드라마, '무신시대' /김인호

천하를 품은 여성군주, '선덕여왕' /임기환

고려왕조의 위기 속에 두 남자의 선택 -영화 '쌍화점'과 드라마 '정도전' /김인호

영화 '광해'에 나타난 조선후기 사회 변동 /유현재

영화 '역린'으로 본 정조 /유현재

'태극기 휘날리며'를 통해 본 한국전쟁 /김보영

'공동경비구역 JSA'로 보는 정전체제 /김보영

드라마 '연개소문'으로 보는 그의 시대 /임기환

37) 중랑구 구립정보도서관 역사강좌

주제: 사극, 그 상상력과 역사적 진실 사이
일시: 2016년 12/8~29 매주 목요일
장소: 중랑구 구립정보도서관
강좌
드라마 '광개토대왕' 추모의 자손 담덕, 대륙을 호령하다! /조경철
영화 '사도', 역사상 가장 비극적인 가족사 /임혜련
영화 '암살', 경성을 뒤흔든 총성, 일본을 쏘다 /이준식
영화 '국제시장', 격변의 시대를 살아온 아버지의 이야기와 그 이면 /김선호

38) 2012년 상반기 동대문구청 시민강좌

주제: 사극, 그 상상력과 역사적 진실의 경계
장소: 동대문구청
일시: 5월 2일부터 6월 27일까지 매주 화요일 오후 19시~21시
강좌
천하를 품었던 여성 - 선덕여왕 /박성현(연세대)
1,600년 이어온 담덕의 꿈 - 광개토대왕 /이준성(연세대)
시대를 군림했던 무인들 - 무신 /윤성재(숙명여대)
사극을 통해 본 조선시대 놀이문화 - 성균관스캔들 /김현정(서울시립대)
성군(聖君)의 그림자 - 뿌리깊은 나무 /이규철(가톨릭대)
명성황후, 여우사냥과 불편한 진실들 /김영수(동북아역사재단)
제국의 심장을 쏘다 - 도마 안중근 /한성민(동국대)
고지전 - 한국전쟁의 '얼굴' /조수룡(경희대)

39) 2012년 하반기 동대문구청 시민강좌

주제 : 우리 역사 속의 라이벌
장소 : 동대문구청
일시 : 9월 6일부터 10월 4일까지 매주 목요일 오후 19시~21시
강좌

'민족사'의 영웅은 누구인가? - 연개소문과 김춘추 /이정빈(경희대)
충렬왕과 충선왕 - 그 부자간의 대결 /이강한(한중연)
광해군과 인목대비 - 권력, 모자의 인연을 끊다 /김창수(서울시립대)
병자호란 속의 라이벌 - 최명길과 김상용 /김태완(서울시립대)
서인과 남인 - 윤휴와 송시열 /이동인(한중연)

40) 2012년 부천시 여성회관 시민강좌

주제 : 역사 속에서 만난 여성들 1
장소 : 부천시 여성회관
일시 : 12월 3일부터 12월 24일까지 매주 월요일 오후 16시~18시
강좌
차미리사와 김활란 /한상권(덕성여대)
한국고대사 속의 여성 - 신라의 여왕들 /고현아(가톨릭대)
고려여성 - 염경애 /윤성재(숙명여대)
조선시대 결혼 생활과 여자의 공간 /탁신희(서울시립대)

41) 2013년 교하도서관 시민강좌

주제 : 문학작품으로 만난 우리역사
장소 : 경기도 파주시 교하도서관
일시 : 11월 1일부터 11월 29일까지 매주 금요일 오후 17시~19시
강좌
고려시대 지식인들의 천하 인식 -「동명왕편」과 『제왕운기』- /김인호(광운대)
고립무원 47일 간의 남한산성에서는...-김훈의 『남한산성』- /한명기(명지대)
18세기 조선을 설명하는 코드명, 정조 -이인화의 『영원한 제국』- /최성환(한국고전번역원)
민족해방을 꿈꾼 사회주의 혁명가 /-님 웨일즈의 『아리랑』- /장신(서울시립대)
해방공간 속 좌우갈등 -조정래의 『태백산맥』- /박창희(민주화운동기념사업회)

42) 2014년 파주 가람도서관 시민강좌

주제 : 조선시대, 역사 속의 라이벌
장소 : 경기도 파주 가람 도서관 2층 문화강의실
일시 : 9월 3일부터 11월 5일까지 매주 화요일 오후 7시 30분~9시
강좌
개혁과 역서혁명의 기로에서 : 정몽주와 정도전 /이규철
왕좌를 두고 벌어진 가문의 유혈사태 : 이성계와 이방원 /이규철
고집 센 왕과 고집 센 신하가 만났다 : 세종과 최만리 /이규철
구국의 영웅을 시기했던 왕 : 선조와 이순신 /이규철
廢主와 敗主 : 광해군과 인조 /송웅섭
남한산성 농성의 두 주역 : 최명길과 김상헌 /송웅섭
북벌의 추억 : 효종과 송시열 /송웅섭
정적인가 측근인가 : 정조와 심환지 /송웅섭

43) 파주가람도서관 주간 특강

주제 : 시대의 책을 읽다 - 징비록
장소 : 파주 가람도서관
일시 : 2015년 4월 17일 오후 7시30분~9시
강사 : 이규철

44) 2015년 하반기 송파구청 시민강좌

주제 : 역사 속의 라이벌
장소 : 송파여성문화회관 5층
일시 : 11월 10일부터 12월 15일까지 매주 화요일 오전 10~12시
강좌
진흥왕과 성왕 - 한강유역을 둘러싼 치열한 대립 /장미애
정도전과 이방원 - 정도전이 꾼 꿈, 이방원이 왕성하다 /이민우
김일성과 박헌영 - 북한의 라이벌 /김선호
광해군과 인조 시대, 조선을 둘러싼 국제 정세 -병자호란 역사가 우리에게 전하는
메시지 /나종현
영화 <명량> : 임진왜란 종결자, 이순신을 다시 보다 /이규철
영화 <역란> : 사도세자의 아들에서 대왕 정조가 되기까지 /최성환

45) 푸른역사아카데미 역사강좌

일시 : 2016년 9월 6일~10월 25일, 매주 화요일 저녁 7:30-9:30
내용 :『조선시대사』- 정치, 외교, 의학, 일상
장소 : 푸른역사아카데미(종로구 사직로 8길 5, 3층)
강좌
이조 당쟁사? 조선 정치사! /홍순민
조선사, 조선정치사의 흐름 /홍순민
조선의 의료문화 /김호
조선의 죄와 벌 : 검안의 문화사 /김호
조선의 일상 : 식생활 /정연식
조선의 일상 : 여행길 /정연식
"끼인 나라" 조선의 험난한 외교사1 /한명기
"끼인 나라" 조선의 험난한 외교사2 /한명기

46) 한겨레 21 '시민을 위한 역사' 기획

2016. 02. 23 - 하일식(고대) /'어떤 데자뷔' 무소불위 여왕의 시대
2016. 03. 09 - 조경철(고대) /고려는 하나의 나라가 아니다
2016. 03. 16 - 김인호(중세1) /권력도, 혼란도 총구에서 나온다
2016. 04. 06 - 이종서(중세1) /영웅이 아니라 나라가 이겼다
2016. 04. 20 - 전덕재(고대) /누가 혜공왕을 시해했을까
2016. 05. 11 - 이익주(중세1) /아첨꾼을 사랑한 임금
2016. 05. 20 - 오항녕(중세2) /지우개를 쓰지 않는 역사
2016. 06. 02 - 계승범(중세2) /'웃픈' 승리, 나선정벌
2016. 06. 16 - 홍순민(중세2) /사초를 탐한 조선의 왕들
2016. 07. 14 - 홍종욱(근대) /제국의 위협자들
2016. 08. 17 - 고태우(근대) /일제강점기 토건 피라미드
2016. 08. 30 - 김선호(현대) /'반탁' 네트워크의 비극
2016. 09. 06 - 이하나(현대) /문화까지 지배하라
2016. 09. 29 - 이정은(현대) /지배연합을 지배한 재벌

7. 한국역사특강

1) 제1회 한국역사특강 : 현단계 한국사인식의 과제와 전망

장소: 역사문제연구소
일시: 1989.1.12~2.28
강의
올바른 한국사인식을 위하여/ 한상권
일제하의 한국사인식 1 - 식민주의 역사학 - / 백승철
일제하의 한국사인식 2 - 반식민주의 역사학 - / 김현영
통일민주국가 건설기의 한국사인식/ 한홍구
북한의 한국사인식/ 이세영
남한의 한국사인식 1/ 이영호
남한의 한국사인식 2/ 이영학
총괄토론/ 방기중

2) 제2회 한국역사특강 : 한국사인식의 성과와 과제

장소 : 한국역사연구회
일시 : 1990.1.17~2.14
강의
한국사를 어떻게 볼 것인가/ 한상권
일제하의 한국사인식/ 방기중
북한의 한국사인식/ 정창현
남한의 한국사인식 1 / 이영호
남한의 한국사인식 2/ 도진순

3) 제3회 한국역사특강 : 한국근현대사의 쟁점

장소 : 한국역사연구회
일시 : 1990.7.13~8.17
강의

한국 근현대사를 어떻게 볼 것인가/ 이세영
봉건사회해체기의 제문제/ 김인걸
한국근현대사회 성격 논쟁/ 오미일
일제하 민족해방운동의 흐름/ 임경석
민족분단과 한국전쟁/ 정용욱
통일지향의 현대사/ 김광운

4) 제4회 한국역사특강 : 한국 근현대사의 과학적 이해를 위하여

장소 : 대우학술재단
일시 : 1991.1.15~1.30
강의
역사를 어떻게 볼 것인가 /하일식
역사는 어떻게 발전되어 왔는가 /안병우
우리 역사는 특이하게 발전해 왔는가 /남원우
우리 역사는 근대사회로 어떻게 이행했는가 /도면회
우리 민중은 제국주의 지배하에 어떻게 성장했는가 /지수걸
한국현대사는 어떻게 전개되었는가 /김광운

5) 제5회 한국역사특강 : 변동기를 통해 본 한국사

장소 : 수운회관
일시 : 1991.7.9~7.25
강의
국가성립과 상고사논쟁 /권오영
신라말 고려초의 사회변동 /이인재
고려말 조선초의 사회변동 /오종록
개항전후의 사회변동 /이영학
해방전후의 사회변동 /도진순
현대사회의 사회변동 /이세영

6) 제6회 한국역사특강 : 근현대 변혁운동과 국가건설론

장소 : 대우학술재단
일시 : 1992.1.14~1.30
강의
총론: 변혁운동과 국가건설론 /지수걸
개화차의 국가건설론 /주진오
일제하 민족주의세력의 국가건설론 /김점숙
일제하 사회주의세력의 국가건설론 /임경석
해방직후의 국가건설론 /윤덕영
현단계 통일국가건설론 /김광운

7) 제7회 한국역사특강 : 역사 속의 권력과 민중

장소 : 대우학술재단
일시 : 1992.6.29~7.15
강의
총론 - 정치권력의 역사적 본질 - /홍순민
국가권력의 발생과 지배원리 /전호태
중세 정치질서의 발전과 저항 /이익주
역성혁명과 민본정치 /오종록
붕당정치에서 세도정치까지 /오수창
민중의 등장과 민족국가 수립운동 /도면회

8) 부산한국사특강 : 시민 교사 학생을 위한 한국역사 교실
한국사의 과학적 이해를 위하여

장소 : 부산일보사
일시 : 1992.7.7~7.17
강의
역사를 어떻게 볼 것인가 /이세영
우리 역사는 어떻게 발전되어 왔는가 /구산우

우리 역사는 특이하게 발전해 왔는가 /남원우
우리 역사는 근대사회로 어떻게 이행하였는가 /홍순권
우리 민중은 제국주의 지배하에서 어떻게 성장했는가 /이귀원
한국 현대사는 어떻게 전개되었는가 /김광운

9) 제8회 한국역사특강 : 한국사상사의 과학적 이해를 위하여 - 우리의 삶·사회·사상 -

장소 : 대우학술재단
일시 : 1993.1.7~1.20
강의
신화와 제의 /전호태
불교의 대중화와 새로운 인간형 /김영미
성리학의 이해와 왕도 민본 /고영진
외압과 저항, 개화와 척사 /박찬승
민족해방운동의 사상적 기초 /노경채
자주민족국가 건설을 둘러싼 사상적 대립 /방기중

10) 제9회 한국역사특강 : 한국역사에서의 개혁

장소 : 대우학술재단
일시 : 1993.7.5~7.16
강의
안팎의 도전과 대응: 충선왕 /박종기
도학정치가의 이상: 조광조 /오종록
왕좌의 옆자리: 흥선대원군 /홍순민
근대화의 기로에서: 갑오 광무개혁 /이세영
개발과 독재: 박정희 /도진순
총론: 개혁 그 이상과 현실 /김인걸

11) 제10회 한국역사특강 : 한국고대사를 다시본다

장소 : 대우학술재단
일시 : 1994.1.17~1.27
강의
단군신화와 고조선/ 권오영
삼국의 성립과 시조설화/ 강종훈
고분벽화의 세계/ 전호태
임나일본부와 한일관계사/ 강봉룡
삼국통일과 영웅들/ 임기환
신라붕괴기의 군상/ 하일식
기획답사 : 국립중앙박물관/ 전호태

12) 제11회 한국역사특강 : 국제관계속의 한국역사

장소 : 대우학술재단
일시 : 1994.7.18~7.28
강의
세력균형, 대결 그리고 통일 : 삼국통일과 동아시아/ 강봉룡
저항과 종속의 갈림길 : 몽고침략과 고려의 항쟁/ 이익주
명분과 실리의 줄타기 : 명청교체와 조선의 외교/ 한명기
개항과 외세의 물결 : 제국주의 침략과 민족의 대응/ 최덕수
빼앗긴 조국을 찾아서 : 세계대전과 민족해방운동/ 이준식
강요된 질서, 왜곡된 발전 : 냉전체제와 한국사회/ 홍석률

13) 제12회 한국역사특강 : 한국역사에서의 전쟁

장소 : 대우학술재단
일시 : 1995.1.16~1.27
강의
대륙의 천하질서를 거부한 고구려 - 고구려의 대수당전쟁/ 임기환
세계제국 몽고와 맞선 고려 - 대몽고 전쟁/ 오영선
피와 눈물로 얼룩진 조선의 양대란 - 임진왜란/병자호란/ 정홍준

제국주의 열강의 전쟁터가 된 조선 - 청일전쟁/러일전쟁/ 조재곤
끝나지 않은 전쟁 - 한국전쟁/ 박태균
전쟁을 어떻게 볼 것인가 - 전쟁론/ 오종록

14) 제13회 한국역사특강 : 해방 50년! −이승만과 박정희정권−

장소 : 대우학술재단
일시 : 1995.7.24~8.2
강의
이승만 독립운동의 허상과 실상/ 고정휴
분단국가 수립과 이승만/ 박태균
5.16 군사쿠테타와 박정희/ 홍석률
박정희의 경제개발정책의 신화/ 최영묵
이승만과 박정희의 역사적 평가/ 노경채

15) 제14회 한국역사특강 : 한국역사 속의 쿠데타

장소 : 대우학술재단
일시 : 1996.1.15~1.26
강의
총론 - 한국역사에서 쿠데타에 대한 평가와 심판 : 80년 군사쿠데타를 중심으로/
　　　안병욱
세조 - 쿠데타는 치적으로 정당화되는가/ 남지대
연개소문 - 반역아와 혁명가의 두 얼굴/ 여호규
무신정권 - 무신, 외세, 그리고 민중/ 오영선
인조반정 - 반정인가, 찬탈인가/ 한명기
5.16 군사쿠데타 - '근대화'의 허상, 대외종속의 실상/ 정병준

16) 제15회 한국역사특강 : 조선시대 생활사 산책

장소 : 대우학술재단
일시 : 1996.7.8~7.19
강의
왕, 그 '절대권력'의 크기/ 홍순민
양반관료의 일상생활/ 최이돈
농민조직과 농민생활/ 이해준
여성의 지위와 삶/ 백옥경
식생활과 음식문화/ 정연식
신나는 놀이문화/ 심승구

17) 제16회 한국역사특강 : 또 하나의 전통, 고려사회

장소 : 대우학술재단
일시 : 1997.1.13~1.24
강의
왕실 - 근친혼을 강요당한 공주/ 김기덕
관료 - 귀향은 형벌이었다/ 최연식
승려 - 결사, 불교개혁의 횃불/ 박영제
군인 - 군대가는 사람 따로있다/ 권영국
여성 - 여성도 호주가 된다/ 이정란
노비 - 만적이 공경장상이 되고자한 까닭/ 신안식

18) 제17회 한국역사특강: 권력의 그늘-한국 역사 속의 정치공작

장소 : 대우학술재단
일시 : 1997.7.14~7.25
강의
조선초 왕자의 난과 태종의 왕권 세우기/ 남지대
신임옥사(辛壬獄事) : 왕세제(王世弟)의 줄타기/ 홍순민
최초의 황제, 밀려난 황제 고종/ 이윤상
민족을 분열시켜라 : 총독부와 친일파/ 김민철

소용돌이 속의 정치 : 이승만 정권기의 정치파동/ 홍석률
한국적 민주주의 : 박정희와 정치공작/ 김지형

19) 제18회 한국역사특강 : 근·현대의 자화상

장소 : 대우학술재단
일시 : 1998.1.12~1.23
강의
가족과 가문의 사회사/ 조성윤
지역감정의 역사/ 김상태
음식문화의 역사/ 김영미
돈과 빽의 역사/ 지수걸
고시와 출세의 역사/ 임대식
물가와 도량형의 역사/ 하원호

20) 제19회 한국역사특강 : 삼국시대 생활 엿보기

장소 : 대우학술재단
일시 : 1998.7.13.~7.22
강의
결혼과 성(性)의 풍속/ 강봉룡
돌과 흙의 연금술사/ 이한상
죽음, 새로운 시작/ 권오영
의식주, 삶의 밑바탕/ 오영찬
신라의 유명 수출브랜드/ 윤선태
전쟁과 성곽에 담긴 역사/ 임기환

21) 제20회 한국역사특강 : 한국과 일본 - 새로운 만남을 위한
    올바른 역사인식

장소 : 대우학술재단
일시 : 1999.1.13~1.22
강의
올바른 한일관계의 정립을 위하여/ 강창일
불행한 관계의 시작 : 일본의 한국 침탈/ 도면회
과거사가 아니라 현재사이다 : 청산해야 할 식민지 시기의 유산/ 김민철
일본인의 근·현대 한국관계사 인식/ 나가모리 미쯔노부
1965년 한일협정과 그 반대운동/ 김보영
신대동아 공영권론의 부상 : 현 한일관계, 바람직한가?/ 김지형

22) 제21회 한국역사특강 : 국사교과서의 '민족' 이해(2000.1.25~1.27)

장소 : 전쟁기념관
일시 : 2000.1.25~1.27
강의
단군과 고조선/ 송호정
대몽항쟁사 서술의 시각/ 이익주
일제하 '독립운동'과 '민족해방운동'/ 박종린
독립운동사 수업방안/ 엄기환
근대 민족의 형성과 시각/ 차선혜
교육과정과 교과서 편찬의 문제/ 양정현

23) 제22회 한국역사특강 : 20세기의 분열, 21세기의 통일

장소 : 숙명여대
일시 : 2000.7.19~7.26
강의
단군릉, 신화와 역사 - 남북한의 역사인식 - / 송호정
정통성 경쟁을 넘어서 - 임시정부의 법통과 항일무장투쟁의 혁명전통 - / 한홍구

공동의 기억을 둘러싼 갈등 - 한일협정과 조일수교 - / 김민철
끝나지 않은 전쟁 - 한국전쟁 - / 박태균
혈맹과 원쑤를 넘어서 - 탈냉전 이후 남북관계와 미국 - / 김지형
연합과 연방 사이에서 - 남북한의 통일방안 - / 김보영

24) 제23회 한국역사특강 : 권력과 인물

장소 : 한양대
일시 : 2001.1.8~1.12
강의
장보고와 골품제사회/ 전덕재
이색과 신흥사대부/ 도현철
광해군과 북인정권/ 한명기
홍종우와 황실세력/ 조재곤
윤치호와 친일파/ 김상태
박정희와 군부/ 노영기

25) 제24회 한국역사특강 : 일본역사교과서, 무엇이 문제인가

장소 : 세종문화회관 컨퍼런스홀
일시 : 2001.5.21~5.24
강의
왜곡과 침략의 역사적 뿌리/ 강창일
조작과 왜곡의 이중주/ 하종문
일본 우익은 어디로 가고 있는가?/ 이원덕
우리의 역사교육은 올바른가?/ 지수걸

26) 제25회 한국역사특강 : 전쟁, 외세, 그리고 한반도-외국군
   주둔의 한국사

장소 : 영풍문고
일시 : 2001.10.29~11.1
강의
침략군 보다 무서운 구원군 : 명군/ 한명기
근대개혁의 진압군 : 청군/ 구선희
식민지배의 첨병 : 일본군/ 신주백
해방군인가, 점령군인가 : 미군/ 박태균

27) 제26회 한국역사특강 : 영상으로 역사읽기

장소 : 세종문화회관 컨퍼런스홀
일시 : 2002.5.13~5.16
강의
역사가 영화를 만났을때/ 주진오
사극열풍! 그 상상력 어디까지?/ 오영선
애니메이션이 과거를 말할 때/ 김덕영
역사 다큐멘터리로 역사읽기/ 김기덕

8. 회칙

제1장 총 칙
제1조(명칭) : 본회는 한국역사연구회라 칭한다.

제2조(위치) : 본회의 본부는 서울에 두며 지부를 둘 수 있다.

제3조(목적) : 본회는 과학적 실천적 역사학의 수립을 통해 우리 사회의 자주화와 민주화에 기여함을 목적으로 한다.

제4조(사업) : 본회는 제3조의 목적을 달성하기 위하여 다음과 같은 사업을 한다.
 1. 공동연구
 2. 연구성과의 대중화
 3. 회지, 웹진 발간 및 대중을 위한 출판 보급 활동
 4. 기타 본회의 목적에 맞는 사업

제2장 회 원
제5조 (자격) : 본회의 회원은 본회의 목적에 찬동하는 자로서 구성함을 원칙으로 한다.

제6조 (구성) : 회원은 연구회원과 일반회원, 특별회원으로 구성한다.
 1. 연구회원은 공동연구, 공동학습, 사업 활동에 참여하는 회원으로 한다.
 2. 일반회원은 본회에서 발간하는 정기간행물을 구독하는 회원으로 한다.
 3. 특별회원은 연구회원이나 일반회원이 아니면서 본회의 취지에 찬동하는 개인 또는 단체로 한다.

제7조(가입)
 1. 연구회원은 회원 2인 이상의 추천을 받아 분과의 승인을 거쳐 가입한다.
 2. 일반회원은 회비를 납부함으로써 가입된다.
 3. 특별회원은 운영위원회의 승인을 얻음으로써 가입된다.

제8조(권리) : 회원은 본회의 활동과 운영에 참여할 수 있고 본회에서 관장하는 사업의 혜택을 받을 수 있다.

제9조(의무) : 회원은 회칙 및 본회의 제반 의결사항을 준수하며 회비 또는 후원금을 납부하여야 하고, 말과 행동에서 서로를 존중하여야 한다.

제10조(징계) : 회원으로서 본회의 명예를 훼손하거나 회원의 의무를 심각하게 저버렸을 경우 운영위원회의 의결에 의해 징계할 수 있다.

제3장 기 구

제11조(총회)

 1. 구성 : 총회는 연구회원으로 구성한다.

 2. 기능 : 총회는 회칙을 개정하고 회장·부회장 및 감사를 선출하며 기타 본회의
    주요사항을 심의의결한다.

 3. 회의 : 총회는 매년 12월에 개최하며 필요에 따라 운영위원회 또는 연구회원
    4분의 1이상의 요구로 임시총회를 개최할 수 있다. 총회의 의장은 회장이
    맡는다.

제12조(회장) : 회장은 총회에서 선출하며 임기는 1년으로 한다. 회장은 본회를
    대표하며 연구위원장, 편집위원장, 미디어 위원장, 사무국장을 임면한다.

제13조(부회장) : 부회장은 총회에서 선출하며, 임기는 1년으로 한다. 부회장은
    회장을 보좌한다.

제14조(자문위원회)

 1. 구성 : 자문위원회는 회장이 운영위원회의 추천을 받아 구성한다.

 2. 기능 : 자문위원회는 본회의 사업에 관한 자문에 응한다.

 3. 회의 : 자문위원회는 필요에 따라 회장이 소집한다.

제15조(운영위원회)

 1. 구성 : 운영위원회는 회장, 부회장, 연구위원장, 연구분과장, 편집위원장, 미디
    어위원장, 사무국장으로 구성한다.

 2. 기능 : 운영위원회는 본회의 제반활동을 관장한다.

 3. 회의 : 운영위원회 회의는 정기적으로 개최한다.

제16조(연구위원회)

 1. 구성 : 연구위원회는 연구위원장, 연구분과장, 연구위원으로 구성한다.

 2. 기능 : 연구위원회는 본회의 제반 연구활동을 관장하며, 특별연구반을 둘 수
    있다.

 3. 회의 : 연구위원회 회의는 정기적으로 개최한다.

제17조(연구윤리위원회)

 1. 구성 : 연구윤리위원회는 회장, 부회장, 연구위원장, 편집위원장, 미디어위원장
    을 포함한 10명이내의 위원으로 구성하며, 위원장은 연구위원장이 맡는다.

 2. 기능 : 연구윤리 관련 제도 수립 및 회원들의 연구부정 행위와 관련한 문제를
    조사, 심의하여 한국역사연구회 연구윤리규정에 의해 처리한다.

 3. 회의 : 연구윤리위원회는 필요에 따라 위원장이 소집한다.

제18조(연구분과)

1. 구성 : 연구분과는 시대별로 설치하며, 각 분과에는 연구반과 학습반을 둔다.

2. 기능 : 각 연구분과는 본회의 목적에 맞는 제반 연구활동을 수행한다.

제19조(사무국)

1. 구성 : 사무국은 사무국장과 상임위원으로 구성한다.

2. 기능 : 사무국은 본회의 활동에 따른 제반 사무를 관장한다.

제20조(편집위원회)

1. 구성 : 편집위원회는 편집위원장, 편집위원으로 구성한다.

2. 기능 : 편집위원회는 회지의 기획 및 편집, 간행에 관한 업무를 관장한다.

3. 회의 : 편집위원회 회의는 정기적으로 개최한다.

제21조(미디어위원회)

1. 구성 : 미디어위원회는 미디어위원장과 미디어간사, 미디어위원으로 구성한다.

2. 기능 : 미디어위원회는 웹진의 기획 및 편집, 제작, 간행 및 기타 미디어 관련 업무를 관장한다.

제22조(인권위원회)

1. 구성 : 인권위원회는 부회장, 연구위원장, 편집위원장, 미디어위원장을 포함한 10명 이내의 위원으로 구성하며, 위원장은 부회장이 맡는다. 회장은 회원 중 2명을 상임 인권위원으로 임명하여 총회에 보고한다.

2. 기능 : 회원 상호 존중 의무를 저버린 경우에 대하여 조사, 심의하여 한국역 사연구회 인권위원회 규정에 따라 처리한다.

3. 회의 : 인권위원회는 필요에 따라 위원장이 소집한다.

제23조(감사) : 감사는 2인을 두며 총회에서 선출하고 임기는 1년으로 한다. 감사 는 본회의 운영 및 재정을 감사하여 총회에 보고한다.

제24조(법인) : 본회는 운영과 목적사업을 원활하게 수행할 수 있도록 공익법인 의 설립운영에 관한 법률의 규정에 따라 사단법인을 설립할 수 있다.

제4장 재 정

제25조(재정) : 본회의 재정은 기금, 회비, 후원금, 기타 사업수익금으로 충당한다.

제5장 부 칙

제26조(의결) : 본회의 일반적 의결은 출석회원 과반수의 찬성으로 한다.

제27조(회칙개정) : 회칙은 운영위원회 또는 연구회원 4분의 1이상의 발의에 의 해 총회출석회원 3분의 2이상의 찬성으로 개정할 수 있다.

제28조(회기) : 회기는 매년 1월부터 12월까지로 한다.

제29조(내규) : 기타회칙에 규정되지 않은 사항은 내규에 따른다. 내규는 운영위원회에서 정한다.

제30조(해산) : 본회는 연구회원 과반수의 출석과 출석회원 3분의 2이상의 찬성으로 해산할 수 있다.

제31조 (효력) : 본 회칙은 2017년 12월 16일부터 그 효력을 발생한다.

제 정: 1988. 9. 3
제 1차 개정: 1988. 9. 30
제 2차 개정: 1989. 8. 19
제 3차 개정: 1991. 6. 22
제 4차 개정: 1992. 6. 20
제 5차 개정: 1993. 6. 26
제 6차 개정: 1995. 2. 18
제 7차 개정: 1995. 6. 24
제 8차 개정: 1996. 6. 22
제 9차 개정: 1998. 6. 20
제10차 개정: 1998. 12. 19
제11차 개정: 1999. 12. 28
제12차 개정: 2001. 12. 8
제13차 개정: 2002. 12. 21
제14차 개정: 2004. 12. 11
제15차 개정: 2008. 5. 31
제16차 개정: 2008. 12. 20
제17차 개정: 2009. 4. 25
제18차 개정: 2016. 12. 17
제19차 개정: 2017. 12. 16

9. 내규

1. 연구회 일반

1) 회원

(1) 연구회원

① 연구회원에 가입하기 위해서는 창립취지, 회칙, 내규를 숙지한 후 회칙규정에 따라 입회원서를 제출해야 한다.
   모든 연구회원은 분과에 소속, 활동하여야 한다.

② 연구회원은 연구회에서 실시하는 교육을 받아야 한다.

③ 연구회원은 회칙에 규정된 요건에 의해 경고·자격정지·제명 등의 징계를 받을 수 있다.

(2) 일반회원

① 일반회원의 자격과 권리는 1년 단위로 유지된다.

② 일반회원은 본회에서 발간하는 회지, 기타 자료를 받아 볼 수 있으며, 분과의 요구에 의해 운영위원회가 승인한 경우 공동연구와 공동학습에 참관할 수 있다.

(3) 회원관리

① 신입회원이 소속하기를 희망하는 분과에서 사무국에 명단을 제출한다.

② 사무국은 회원의무 이행 여부를 일정 기간 확인한 뒤에 연구회원으로 승인한다.

2) 재정

(1) 연구회원 회비 : 월 1만원 이상으로 하되, 석사과정회원은 5천원으로 한다.

(2) 일반회비 : 연 5만원으로 한다. 단 대학생은 3만원으로 한다.

(3) 기금 : 연구회원은 기금 10만원 이상을 납부할 의무가 있으며, 대학 전임 교원인 회원은 기금 100만원 이상을 납부할 의무가 있다.

(4) 수익금 : 연구회 명의로 추진된 사업의 수익금 중 20%를 연구회에 귀속시킴을 원칙으로 한다. 구체적인 액수는 사안별로 운영위원회에서 결정한다.

(5) 예산과 결산 : 예산은 사무국장 책임하에 편성하여 총회의 승인을 받아 집행하며, 결산내역은 감사의 소견서를 첨부하여 총회의 승인을 받아야 한다.

(6) 재정의 출납 : 재정은 사무국장이 관장한다.

3) 회의

(1) 회장은 운영위원회 의사진행을 위해 필요한 회원의 참석을 요청할 수 있다.

(2) 연구위원장은 연구위원회 의사진행을 위해 필요한 회원의 참석을 요청할 수

있다.

(3) 편집위원장은 편집위원회 의사진행을 위해 필요한 회원의 참석을 요청할 수 있다.

2. 운영위원회

1) 회의 : 운영위원회 회의는 매월 1회 개최하는 것을 원칙으로 하며, 의결은 출석위원 $\frac{2}{3}$ 이상의 찬성으로 한다.

2) 회의 자료 : 사무국 및 연구위원회·편집위원회·웹진위원회 보고는 문서로 제출하며, 상정할 안건은 운영위원회 회의 개최일 3일 전까지 사무국장에게 제출한다.

3. 연구위원회

1) 구성 : 연구위원회는 연구위원장, 연구분과장, 연구위원, 연구위원회 간사로 구성한다.

2) 회의 : 연구위원회 회의는 매월 1회 개최하는 것을 원칙으로 하며, 의결은 출석위원 $\frac{2}{3}$ 이상의 찬성으로 한다.

3) 분과

(1) 연구분과는 본회의 기간 연구조직으로서 고대사분과, 중세사 1분과, 중세사 2분과, 근대사분과, 현대사분과를 둔다.

(2) 연구분과에는 분과장과 분과총무를 둔다. 분과장은 해당 분과의 활동 전반을 관장한다.

　분과총무는 분과의 조직관리 및 연락의 책임을 맡고, 사무국과의 긴밀한 협조 속에 본회의 활동과 관련된 분과업무를 맡는다.

(3) 분과총회는 매월 1회 개최함을 원칙으로 한다. 분과총회는 분과장 및 분과총무 선출, 연구반과 학습반의 신설 및 해체, 분과내 발표회 등의 업무를 토론·의결한다.

(4) 분과운영회의는 분과장, 분과총무, 각 반장, 분과 편집위원 등으로 구성되며, 분과 활동의 방향과 내용을 심의 기획한다.

4) 반

(1) 연구반과 학습반은 연구회원의 발의로 구성되며, 연구위원회의 승인을 받아야 한다.

　연구반과 학습반에서는 연구 또는 학습성과의 처리에 대한 계획안을 연구위원회에 제출하여야 한다.

(2) 연구반과 학습반에는 각각 반장과 총무를 둔다.

(3) 연구반이 연구비나 활동비를 받아 사업을 추진할 경우, 활동 및 활동비 수입·지출내역을 연구위원회와 운영위원회에 보고하여 감독을 받는다.

(4) 연구반·학습반을 해산하고자 할 때에는 활동 총괄보고서를 반장과 해당 분과장이 연구위원회에 제출하여 승인을 받아야 한다.

4. 편집위원회

1) 구성 : 편집위원회는 회장, 편집위원장, 편집위원(분과 및 지역편집위원), 상임편집위원, 편집위원회 간사로 구성한다.
   편집위원은 연구위원회의 심의를 거쳐 회장이 위촉한다.

2) 담당업무 : 편집위원회는 회지의 기획과 편집, 간행에 관한 제반 업무를 관장한다.

3) 회의 : 편집위원회 회의는 매월 1회 개최하는 것을 원칙으로 한다. 회의에는 편집위원장, 편집위원, 상임편집위원, 편집위원회 간사 등이 참석하며, 필요에 따라 회장 또는 부회장이 배석할 수 있다.

4) 편집위원회의 제반 사항은 '한국역사연구회 편집위원회 규정'에 별도로 정한다. 회지에 관한 제반 사항은 '역사와 현실 간행 규정'에 별도로 정한다.

5. 웹진위원회

1) 구성 : 웹진위원회는 웹진위원장, 웹진위원, 웹진위원회 간사로 구성한다.

2) 담당업무 : 웹진위원회는 본회의 홈페이지의 운영·관리를 담당한다.

3) 회의 : 웹진위원회 회의는 웹진의 운영 및 기획을 위한 정례회의를 매월 1회 개최하는 것을 원칙으로 한다.

6. 사무국

1) 구성

(1) 사무국은 사무국장의 관할 하에 총무부장 및 각 위원회 간사로 구성한다.

(2) 사무국은 한시적인 특정 업무를 위해 간사를 둘 수 있다.

2) 담당업무

(1) 사무국장은 본회의 전반적인 조직 관리를 담당하며, 본회의 재정과 사무국 활동을 관장한다.

(2) 총무부는 다음과 같은 업무를 관장한다.

① 본회의 연구회원과 일반회원 관리 및 문서정리, 연구실 관리

② 본회의 활동과 관련된 행정 업무

7. 상임회의

1) 상임회의는 사무국장과 상임으로 구성하며, 매월 1회 개최함을 원칙으로 한다.

2) 연구회 상임은 사무국의 총무부장과 연구위원회·편집위원회·웹진위원회 간
사가 겸임한다.
연구회 상임은 연구회에 상근하며 연구회의 대내외 중요 행사 및 사업의 실
무를 관장한다.

3) 사무국장과 상임에게는 매월 활동비를 지급함을 원칙으로 한다. 활동비는 운
영위원회에서 정한다.

8. 부칙

1) 내규 수정 : 내규는 사무국의 발의에 의해 운영위원회에서 출석인원 $\frac{2}{3}$ 이상
의 찬성으로 수정할 수 있다.

2) 효력 : 본 내규는 2013년 1월 11일부터 그 효력을 발생한다.

제 정 : 1988. 9. 3
제 1차 개정 : 1988. 9. 30
제 2차 개정 : 1989. 8. 19
제 3차 개정 : 1990. 8. 18
제 4차 개정 : 1991. 9. 28
제 5차 개정 : 1992. 9. 19
제 6차 개정 : 1993. 9. 18
제 7차 개정 : 1994. 10. 8
제 8차 개정 : 1995. 9. 25
제 9차 개정 : 1999. 5. 15
제10차 개정 : 2000. 6. 29
제11차 개정 : 2000. 11. 24
제12차 개정 : 2001. 6. 29
제13차 개정 : 2008. 9. 22
제14차 개정 : 2013. 1. 1

10. 역대 연구회 주소

1. 서울시 관악구 봉천11동 1657-21
2. 서울시 동작구 사당2동 132-15 농협 2층
3. 서울시 서초구 서초3동 1489-8 미양빌딩 3층
4. 서울시 영등포구 양평동 4가 161-5 정원빌딩 4층
5. 서울시 마포구 새창로 52 현대1차아파트 상가 213호

11. 수입-지출 내역

1) 흑자 최대 : 제23차(2010년) 21,823,273원

(1) 2010년 법인 수입지출 내역

날짜	수입(원)	지출(원)	잔액(원)	내용
2010-01-01			10	전년 이월
2010-01-22	1,000,000		1,000,010	회비 납부(안병욱 이사장)
2010-01-29		540,164	459,846	대출이자 납부
2010-02-24	150,000		609,846	회비 추가납부(안병욱 이사장)
2010-03-02		522,739	87,107	대출이자 납부
2010-03-23	600,000		687,107	회비 납부(김인걸 이사)
2010-03-29		505,315	181,792	대출이자 납부
2010-04-20	600,000		781,792	회비납부(안병우 이사)
2010-04-29		540,164	241,628	대출이자 납부
2010-05-19	600,000		841,628	회비납부(한상권 이사)
2010-05-31		522,739	318,889	대출이자 납부
2010-06-12	159		319,048	결산이자

날짜	수입(원)	지출(원)	잔액(원)	내용
2010-06-21	600,000		919,048	회비납부(이영호 감사)
2010-06-29		538,191	380,857	대출이자 납부
2010-07-21	1,000,000		1,380,857	회비 납부(노경채 이사)
2010-07-28		424,090	956,767	재산세 납부
2010-07-29		463,561	493,206	대출이자 납부
2010-08-17		62,500	430,706	법인 주민세 납부
2010-08-23	500,000		930,706	회비납부(이영학 감사)
2010-08-30		479,013	451,693	대출이자 납부
2010-09-27	500,000		951,693	회비납부(정요근 회원)
2010-09-29		479,013	472,680	대출이자 납부
2010-09-30	700,000		1,172,680	회비납부(여호규 회원)
2010-09-30		668,130	504,550	재산세 납부
2010-09-30		27,000	477,550	환경개선부담금 납부
2010-10-21	1,000,000		1,477,550	회비납부(채웅석 회원)
2010-10-21	1,000,000		2,477,550	회비납부(이인재 회원)
2010-10-21		226,560	2,250,990	교통유발부담금
2010-10-25		368,500	1,882,490	한국중세사연구자 모임 답사활동 지원
2010-10-29		463,561	1,418,929	대출이자 납부
2010-11-26		73,100	1,345,829	한국고대사연구자 모임 답사활동 지원
2010-11-26		534,890	810,939	한국근세사연구자 모임 답사활동 지원
2010-11-26	1,000,000		1,810,939	회비납부(고동환 회원)
2010-11-26	1,000,000		2,810,939	회비납부(박진훈 회원)
2010-11-29		479,013	2,331,926	대출이자 납부
2010-11-30			2,331,926	2011년으로 잔액 이월

2) 적자 최대

제20차(2007년) -19,485,001원: 총회자료에 자세한 수입 지출 내역이 확인되지 않아 아래와 같은 대략의 예산안 내역 첨부.

(1) 수입

내 역	세 부 내 역	18차 연도 수입	19차 연도 수입	20차 연도 예산
회비	연 구 회 비	50,298,360	52,185,000	55,000,000
	일 반 회 비	8,670,040	5,564,750	8,000,000
	소 계	58,968,400	57,749,750	63,000,000
인세	청 년 사	12,000,000	19,000,000	23,000,000
	역 사 비 평 사	9,000,000	7,000,000	3,000,000
	누 리 미 디 어	910,243	1,013,162	-
	역 민 사	1,000,000	1,000,000	-
	푸 른 역 사	-	-	6,000,000
	휴머니스트(웹진기획출판)		200,000	-
	한국역사영문판저작권료	-	236,625	·
	풀 빛	-	-	2,300,000
	소 계	22,910,243	28,449,787	34,300,000
시대사	시대사 기획(푸른역사)	1,450,000	-	-
연구비	고 구 려 연 구 재 단	-	-	-
	연 구 비 귀 속 분	6,838,000	-	800,000
	소 계	6,838,000	-	800,000
만화한국사	녹 색 지 팡 이 감 수 료	4,670,000	4,835,000	-
	소 계	4,670,000	4,835,000	-
심포지엄	심 포 지 엄	16,000,000	-	5,000,000
	소 계	16,000,000	-	5,000,000
회지	회 지 간 행 지 원 금	5,400,000	4,592,000	-
	초 과 게 재 료	1,602,600	1,213,600	1,500,000
	영 문 번 역 료	953,500	788,200	1,000,000
	도 서 판 매 대 금	4,100,260	1,599,180	2,500,000
	연 구 비 수 탁 게 재 료	2,200,000	1,600,000	2,000,000
	소 계	14,256,360	9,792,980	7,000,000
기타	사 무 기 기 사 용 료	101,000	42,940	100,000
	이 자 수 입	605,506	21,610	20,000
	잡 수 익	352,575	397,019	400,000
	잡 지 협 회 지 원 금	118,800	100,000	100,000
	기 금 이 자 → 경 상 회 비	-	3,861,451	4,000,000
	학진데이타베이스작업비	-	256,000	-
	상임급여이중지급환불	800,000	-	-
	회 계 정 리	-	590,626	-
	소 계	1,977,881	5,269,646	4,620,000
계		127,070,884	106,097,163	114,720,000

(2) 기금

내역	세부 내역	18차 연도 수입	19차 연도 수입	19차 연도 예산
기금	기금	3,500,000	700,000	2,000,000
	기금 이 자	3,875,670	3,879,355	4,000,000
계		7,375,670	4,579,355	6,000,000

(3) 지출

내역	세부 내역	18차 연도 지출	19차 연도 지출	20차 연도 예산
임대료	임 대 료	12,870,000	14,450,500	14,870,000
사무비	발 송 료	515,830	476,970	500,000
	사 무 용 품 구 입	2,426,290	2,106,320	2,000,000
	컴퓨터관련기기구입비	651,000	207,000	-
	전 화 기 구 입 비	18,500		-
	에 어 컨 구 입	1,830,000		-
	소 계	5,441,620	2,790,290	2,500,000
공과금	전 기, 통 신, 신 문	2,423,620	2,044,477	2,500,000
	인 터 넷 계 정 사 용 료	598,500	876,700	600,000
	소 계	3,022,120	2,921,177	3,100,000
회비	학 단 협 회	840,000	840,000	840,000
	국 제 역 사 학 회	100,000	100,000	-
	교 과 서 운 동 본 부	100,000	500,000	100,000
	역 사 연 구 단 체 협 의 회	100,000	-	-
	한 반 도 평 화 주 간	100,000	-	-
	F T A 반 대 국 민 회 의	-	100,000	100,000
	민간인학살진상규명위원회	-	30,000	30,000
	역 사 과 교 육 포 럼	-	100,000	100,000
	소 계	1,240,000	1,670,000	1,170,000
활동비	사 무 국 활 동 비	39,400,000	40,400,000	38,400,000
	사무간사급여및상여금	14,300,000	14,300,000	15,000,000
	소 계	53,700,000	54,700,000	53,400,000

내 역	세 부 내 역	18차 연도 지출	19차 연도 지출	20차 연도 예산
도서 구입비	도 서 구 입 비	1,512,000	470,000	248,100
	소　　　계	1,512,000	470,000	248,100
회지	회 지 인 쇄 비	19,604,000	19,342,000	20,000,000
	심사·번역·원고·교정	2,361,500	1,922,500	2,000,000
	발　　송　　비	2,324,900	2,412,480	2,300,000
	소　　　계	24,290,400	23,676,980	24,300,000
시대사 (푸른역사)	시 대 사 원 고 료	-	-	-
	회　　의　　비	-	-	-
	교　　열　　비	-	1,800,000	-
	소　　　계	-	1,800,000	-
만화한국사	녹 색 지 팡 이 감 수 료	7,400,000	1,200,000	-
	소　　　계	7,400,000	1,200,000	-
연구비	연　　구　　비			-
	소　　　계	-	-	-
심포지움	원　　고　　료	13,000,000	-	-
	간 사 활 동 비	-	-	-
	행 사 진 행 비	3,000,000	1,789,030	2,000,000
	토　　론　　비	-	200,000	-
	소　　　계	16,000,000	1,989,030	2,000,000
기타	행　　사　　비	5,524,390	8,257,160	5,000,000
	상 임 급 여 이 중 지 급	800,000	-	-
	수 수 료 및 조 의 금	851,700	1,172,100	1,000,000
	기타(면허세, 비품폐기 外)	758,000	25,540	-
	퇴 직 금 적 립	-	-	5,000,000
	인　　세　　세　　금	740,850	864,600	1,131,900
	기 금 납 부 자 화 분 선 물	256,800	-	-
	회　　계　　정　　리	-	14,444	-
	웹 진 개 선 계 약 금	-	700,000	-
	소　　　계	8,931,740	11,033,844	12,131,900
예비비	예　　비　　비	-	-	1,000,000
계		134,407,880	116,701,821	114,720,000

3) 기타 : 제10차(1996년)

(1) 수입(96년 6월~97년 5월)

	96년 6월	7월	8월	9월	10월	11월	12월
연구회비	3,110,000	2,275,000	1,890,000	1,575,000	3,973,000	5,981,000	2,575,000
일반회비	216,000	448,000	216,000	685,000	1,180,000	178,000	674,000
연구지원비				5,000,000			3,000,000
조선시대 사람들~						10,000,000	10,000,000
한국역사				8,500,000			
한국중세사회 해체기의~			415,380				
고대사산책				1,500,000			
농민전쟁귀속분							
한국역사입문			6,424,200				
연구비귀속분 (왕반)							
상업DB계약금	3,000,000						
편집국 귀속분	370,000	400,000					
특강수입		733,150					
책값	216,730	324,400	158,000	244,000	1,150,400	929,700	745,000
이자	50,241	2,267		45,943	1,030	10,637	95,614
복사비	70,000	65,000	75,000	55,000	40,000	55,000	45,000
기타*	20,000			20,450			
계	7,052,971	4,247,817	9,178,580	17,625,393	6,344,430	17,154,337	17,134,614

	97년 1월	2월	3월	4월	5월	계	비율(%)
연구회비	2,020,000	1,743,000	2,560,000	2,291,000	2,440,000	32,433,000	22.73
일반회비	1,076,000	524,000	896,000	486,000	916,000	7,495,000	5.25
연구지원비						8,000,000	5.61
조선시대 사람들~	10,000,000	10,000,000	10,000,000	10,000,000		60,000,000	42.05
한국역사						8,500,000	5.96
한국중세사회해체기의~						415,380	0.29
고대사산책			3,000,000			4,500,000	3.15
농민전쟁귀속분			640,000	400,000		1,040,000	0.73
한국역사입문						6,424,200	4.50
연구비귀속분(왕반)	1,000,000					1,000,000	0.70
상업DB계약금						3,000,000	2.10
편집국 귀속분						770,000	0.54
특강수입	1,309,460	30,000				2,072,610	1.45
학단협지원비				100,000		100,000	0.07
책값	1,090,600	57,500	165,500	219,900	708,800	6,010,530	4.21
이자	1,410		86,158		15,918	309,218	0.22
복사비	40,000	50,000	60,000	10,000	20,000	585,000	0.41
기타*	1,200					41,650	0.03
계	16,538,670	12,404,500	17,407,658	13,506,900	4,100,718	142,696,588	100.00

* 기타 : 프린터 사용료 및 사진값
　┌ 월평균 연구회비 : 2,702,750원(예산안 270만원의 100.1%)
　└ 월평균 일반회비 : 624,583원(예산안 56만원의 111.5%)

(2) 지출

	96년 6월	7월	8월	9월	10월	11월	12월
임대료	575,000	575,000	575,000	575,000	575,000	575,000	575,000
발송료	18,120	152,960	4,860	83,260	505,320	53,260	667,100
사무용품·비품	69,300	328,410	301,260	385,860	176,460	1,235,150	315,000
복사기 사용료	263,000	228,000	246,000	242,000	274,000	132,000	170,000

	96년 6월	7월	8월	9월	10월	11월	12월
신문구독료	16,000	16,000	16,000	16,000	16,000	16,000	16,000
정간물구독료*			70,000	70,000			
전기요금	74,620	95,370	132,560	120,380	87,710	92,640	97,400
전화요금	62,100	67,240	79,010	85,280	86,090	127,260	122,960
컴퓨터통신 사용료	25,476	21,516	23,628	30,624	46,059	30,360	31,710
학단협회비	50,000	50,000	50,000	50,000	50,000	50,000	50,000
사무국·자료 국활동비	3,300,000	2,900,000	3,500,000	2,900,000	3,500,000	2,900,000	3,500,000
편집국활동비	930,000	750,000	750,000	750,000	750,000	750,000	750,000
교육부활동비			100,000				
사업부활동비							
전자부활동비							
문자부활동비	50,000	50,000	50,000	50,000	50,000	50,000	50,000
문자부도서 구입비	100,000	100,000	100,000	100,000	100,000	100,000	100,000
도서구입비					234,000	126,000	2,283,000
연구지원비**						2,000,000	
대출금 이자							1,130,000
연체 활동비 지급	5,700,000						
인쇄					750,000	360,000		840,000
행사	2,432,630	52,390	879,080	164,300	332,800	2,869,020	555,590
원고료		480,000	50,000		4,298,000	7,265,000	2,008,000
기타	13,430	550,090	3,220	54,100	258,800	12,450	9,810
계	13,679,676	6,416,976	6,930,618	6,426,804	11,700,239	18,384,140	13,271,570

	97년 1월	2월	3월	4월	5월	계	비율(%)
임대료	575,000	575,000	575,000	575,000	575,000	6,900,000	5.79
발송료	92,120	281,210	128,250	457,190	11,760	2,455,410	2.06
사무용품·비품	335,300	199,340	141,650	230,300	278,400	3,996,430	3.35
복사기 사용료	189,000	217,000	246,000	183,000	183,000	2,573,000	2.16
신문구독료	16,000	16,000	16,000	16,000	16,000	192,000	0.16
정간물구독료					140,000	280,000	0.23
전기요금	93,220	99,030	102,940	102,480	92,270	1,190,620	1.00
전화요금	109,000	92,650	89,220	102,970	96,470	1,120,250	0.94
컴퓨터통신사용료	16,730	15,959	46,631	54,527	59,937	403,157	0.34
학단협회비	50,000	50,000	50,000	50,000	50,000	600,000	0.50
사무국·자료국 활동비	2,900,000	3,500,000	2,900,000	3,500,000	2,900,000	38,200,000	32.06
편집국활동비	750,000	750,000	750,000	850,000	750,000	9,280,000	7.79
교육부활동비						100,000	0.08
사업부활동비			100,000			100,000	0.08
전자부활동비		100,000				100,000	0.08
문자부활동비	50,000	50,000	50,000	50,000	50,000	600,000	0.50
문자부도서구입비	100,000	100,000	100,000	100,000	100,000	1,200,000	1.01
도서구입비			910,000			3,553,000	2.98
연구지원비	2,000,000					4,000,000	3.36
대출금 이자						1,130,000	0.95
연체 활동비 지급						5,700,000	4.78
인쇄	365,000			600,000		2,915,000	2.45
행사		203,670	181,500	300,000	500,000	8,470,980	7.11
원고료	86,000		470,000	7,220,000	193,750	22,070,750	18.52
기타	380,100	165,050	258,100	58,600	258,500	2,022,250	1.70
계	8,107,470	6,414,909	7,115,291	14,450,067	6,255,087	119,152,847	99.98

* 정간물 구독료 : 『말』『길』『한겨레21』『미디어 오늘』
** 연구지원비 : 나말여초금석문반(96년 11월 200만원), 중세2분과 지원금(97년 1월 200만원)

(3) 일반회계 잔고

전년도 이월금액	총수입	총지출	계
-20,461,400	142,696,588	119,152,847	3,082,341

(4) 기금현황

	96년 6월	7월	8월	9월	10월	11월	계
기금	3,010,000	200,000	0	100,000	500,000	1,100,000	4,910,000
	96년 12월	97년 1월	2월	3월	4월	5월	계
기금	140,000	0	0	0	0	0	140,000

전년도 이월금액	수입	계
87,109,000	5,050,000	92,159,000

▸ 이월금액 중 현 연구회 전세금(60,000,000원) 포함
▸ 연구회 보관 기금 32,159,000원

(5) 특별기금

51,268,656원(97년 1월 50,000,000원＋97년 5월 이자 수입 1,268,656원)

(6) 대출금 상환

	10월	12월	계
대출금	4,500,000	4,500,000	9,000,000

(7) 총잔고(기금, 특별기금 포함)

전년도 이월금액	총수입	총지출	기금수입	특별기금	대출금상환	계
75,647,600	142,696,588	119,152,847	5,050,000	51,268,656	9,000,000	146,509,997

▸ 이월금액 중 현 연구회 전세금(60,000,000), 활동비 미지급분(5,700,000)포함
▸ 연구회 보관 총잔고 86,509,997원

12. 회원현황

1) 1988년 분과별 인원예상

	고대사	중세사1	중세사2	근대사1	근대사2	현대사
석사과정	8	23(2)	7	3	36	4
석사이상	2	27(3)	26	32	13	5
계	10	50(5)	33	35	49	9

* ( )안은 통일신라 연구자 숫자. 총 186명

2) 1989년 (2차)

(1) 연구회원

고대	중세1	중세2	근대1	근대2	현대	특별관리	합계
13	51	33	44	48	18	33	240

(2) 일반회원 총 192명

3) 1990년 (3차)

(1) 연구회원 : 284명

전임교수	박사 졸	박사과정	석사 졸	석사과정	학부 졸
33	8	110	47	114	5

(2) 일반회원: 196명

4) 1997년

(1) 회원 현황

분과	총원	회원 현황				연구반 소속 현황		
		활 동	비활동	휴 가	지방거주	연구반수	소속인원	비율(%)
고 대	30(4)	22(1)	3(-1)	1	4	4	21(-1)	70
중세1	48(3)	31(-9)	13(13)	4(-1)	4(1)	5	28(-12)	58
중세2	91(11)	72(18)	10(-11)	0(-5)	9	6(-2)	54	59
근대1	48(2)	29(-1)	7(-4)	5	7	4	21(-8)	44
근대2	74(-9)	52(-1)	9(-18)	4(1)	9(2)	5(1)	46(-7)	62
현 대	58(3)	41(2)	5 (-8)	11(8)	1	3(-2)	20(-19)	34
계	349(12)	247(10)	47(3)	25(3)	35(4)	27(-3)	190(-47)	54(-16)

(2) 학력별 직업별 현황

분과	학력별 현황				직업별 현황				
	박 사	박사과정	석 사	석사과정	교수	강 사	연구원 학예사 기타	교사	학 생
고대	7(3)	12(-1)	3(1)	8(1)	5(1)	9(-1)	7(2)	0	9
중세1	17(2)	21(2)	4(-3)	6(2)	9	23(6)	6	2	8(-3)
중세2	29(8)	31(-2)	15(7)	16(-2)	18(3)	21(7)	19(11)	2(1)	31(-11)
근대1	16(3)	17(-3)	5	10(2)	15(1)	10	8(2)	1	14(-2)
근대2	16(3)	29(-5)	9(-6)	19(-3)	13(2)	15(3)	15(10)	0	31(-23)
현대	6(1)	29(7)	8(-4)	15(-1)	3	11	12(7)	0	24(12)
計	91(20)	139(-2)	44(-5)	74	63(7)	89(15)	67(32)	5(1)	117(-49)

* 괄호안의 숫자는 8차년도에 대한 9차년도 현황의 증감을 나타냄

(3) 일반회원 현황

시 기	19호	20호	21호	22호	23호
일반회원수	152	154	161	164	177

5) 2000년 (14차)

(1) 활동회원현황

분 과	회원 현황			연구반 현황		
	총 원 (지방거주)	활 동	비활동 (휴가)	연구반수	연구반 소속	
					인 원	비율(%)
고 대	53(9)	48	5(1)	6	41	77.3
중세1	59(3)	55	4(2)	7	34	57.6
중세2	99(11)	72	27(2)	7	57	57.6
근대1	50(7)	39	11(9)	3	14	28
근대2	80(10)	58	22(1)	3	30	37.5
현 대	70(5)	61	9(4)	5	34	48.6
계	411(44)	333	78(19)	31	210	51.1

(2) 학력별 직업별 현황

분 과	학 력 별 현 황				직 업 별 현 황				
	박사	박사과정	석사	석사과정	교수	강사	연구원 학예사 기타	교사	학생
고 대	14	18	5	16	8	10	16	0	19
중세1	27	19	2	11	11	28	3	0	17
중세2	39	39	8	13	26	18	17	1	37
근대1	19	16	6	9	15	12	13	1	9
근대2	26	39	8	7	17	24	15	0	24
현 대	14	32	6	18	6	11	29	2	22
계	139	163	35	74	83	103	93	4	128

(3) 일반회원 현황

시 기	1999.12(34호)	2000.3(35호)	2000.6(36호)	2000.9(37호)
일반회원수	232	253	243	232

6) 2007년 (21차)

(1) 연구회원 현황

분과	회원 현황				연구반 현황		
	총원	지방거주	활동	휴가	연구반수	인원	비율
고대사	78	18	75	3	5	62	79.49%
중세사1	78	16	78	-	6	57	73.08%
중세사2	122	18	120	2	5	44	36.07%
근대사1	58	11	46	-	3	26	44.83%
근대사2	100	14	82	4	1	11	11.00%
현대사	94	12	91	3	4	25	26.60%
계	530	89	492	12	24	225	42.45%

(2) 연구회원 학력별 직업별 현황

구분	학력별 현황				직업별 현황				
	박사	박사과정	석사	석사과정	교수	강사	연구원/학예사 外	교사	학생
고대사	26	36	7	9	13	4	21	-	40
중세사1	51	20	2	5	25	20	15	-	18
중세사2	65	34	9	14	34	6	30	1	51
근대사1	34	15	6	3	19	9	20	-	10
근대사2	48	35	8	9	22	8	38	-	32
현대사	30	39	11	14	10	13	39	4	28
계	254	179	43	54	123	60	163	5	179

(3) 웹진가입 현황

분과	고대사	중세사1	중세사2	근대사1	근대사2	현대사	계
기입인원	62/78	43/78	71/122	44/58	44/100	46/94	307/530
가입율	78.21%	55.13%	56.56%	75.86%	44.00%	48.94%	57.92%

(4) 일반회원 현황

시기	2006.12(62호)	2007.3(63호)	2007.6(64호)	2007.9(65호)
일반회원 수	176	111	154	156

7) 2010년 (24차)

(1) 활동회원 현황

분과	총원	지방거주 (해외)	수도권거주	연구반 현황		
				연구반수	인원	비율
고대사	82	18	64	8	104	78.84%
중세사1	87	16	71	7	69	79.31%
중세사2	135	20	115	6	56	41.48%
근대사	169	24	145	4	40	23.66%
현대사	98	56	42	3	29	29.59%
계	571	0	437	28	298	52.18%

(2) 학력별 / 직업별 현황

구분	학력별 현황					직업별 현황				
	박사	박사 과정	석사	석사 과정	소계	교수	연구원 학예사外	강사 外	교사	소계
고대사	28	40	5	9	82	12	25	45	-	82
중세사1	54	21	1	11	87	25	19	43	-	87
중세사2	79	35	7	14	135	45	32	56	2	135
근대사	83	54	24	8	169	34	53	81	1	169

구분	학력별 현황					직업별 현황				
	박사	박사 과정	석사	석사 과정	소계	교수	연구원 학예사外	강사 外	교사	소계
현대사	33	43	7	15	98	10	41	44	3	98
계	277	193	44	57	571	126	170	269	6	571

(3) 웹진가입현황

분과	고대사	중세사1	중세사2	근대사	현대사	계
가입인원	73	55	95	107	60	390
가입율	89.02%	63.22%	70.37%	63.31%	61.22%	68.30%

(4) 일반회원 현황

시기	2009.12(74호)	2010.3(75호)	2010.6(76호)	2010.9(77호)
일반회원수	130	117	115	115

8) 2017년

(1) 연도별 연구회원 현황

년도	2011년 (24차년도)	2012년 (25차년도)	2013년 (26차년도)	2014년 (27차년도)	2015년 (28차년도)	2016년 (29차년도)	2017년 (30차년도)
회원 수	599명	636명	656명	694	723	768	785

(2) 분과별 연구회원 현황

분과	고대사	중세사1	중세사2	근대사	현대사	불명	계
총원	133	119	194	204	132	3	785
(신입회원)	(6)	(5)	(13)	(6)	(3)	(1)	(34)

(3) 일반회원 현황

시기	2016.12(102호)	2017.3(103호)	2017.6(104호)	2017.9(105호)
일반회원 수	94	89	92	91

한국역사연구회 연표

연월일	사건	내용	장소
1988년 9월 3일	창립총회		학술진흥재단대강당
1988년 9월 30일	제1회 평의원회		마리스타수녀원
1988년 10월 1일	회보 창간호 발간		
1988년 10월 22일	제1회 학술대토론회	한국근대의 변혁운동과 민족문제	연세대 장기원기념관
1988년 11월 26일	제1회 연구발표회	한말 일제초기의 농업구조	대우학술재단
1988년 12월 11일	제2회 평의원회		
1988년 12월 17일	제2회 연구발표회		
1989년 1월 12일	제1회 한국사특강(~2월 28일)	현단계 한국사인식의 과제와 전망	역문연
1989년 1월 28일	동계수련회(~29일)		수원 그린파크
1989년 2월 17일	중학교국사교과서 개정본 분석 심포지움		
1989년 2월 25일	3.1운동 70주년 학술심포지움		프레스센터 국제회의장
1989년 2월 25일	『한국사강의』 출간		한울아카데미
1989년 2월 28일	회보 제2호 발간		
1989년 3월 11일	제3회평의원회		
1989년 5월 27일	임시평의원회	남북역사학자 회담 대처 방안 논의	
1989년 6월 10일	회지 『역사와 현실』 창간호 발간		
1989년 7월 8일	제2차 정기총회		
1989년 8월 4일	여름수련회(~8월 5일)		경기도 하남캠프
1989년 8월 19일	2차년도 제1회 평의원회		
1989년 12월 9일	제2회 학술대토론회	한국중세사회의 지배구조와 '민'의 성장	홍익대 와우관
1990년 1월 17일	제2회 한국사특강(~2월 14일)	한국사인식의 성과와 과제	
1990년 1월 20일	동계수련회(~21일)		
1990년 3월 5일	안양청년학당 제2회 한국사강좌		
1990년 3월 10일	연구회 사당시장으로 이전		
1990년 5월 12일	농민전쟁 100주년기념 심포	갑오농민전쟁의 사회경제적 배경	연세대 장기원기념관
1990년 6월 22일	제3차 정기총회		대우학술재단
1990년 7월 13일	제3회 한국사특강(~8월 17일)	한국 근현대사의 쟁점	
1990년 8월 6일	여름수련회(~8월 7일)	현시기 민족민주운동 진영의 동향과 향후 과제	경기도 하남캠프
1990년 10월 20일	『조선정치사 1800~1863』 출간		
1990년 11월 3일	신입회원 교육(~11일)		장흥국제캠프, 연구회
1991년 1월 15일	제4회 한국사특강(~30일)	한국사의 과학적 이해를 위하여	
1991년 1월 31일	동계수련회(~2월 1일)	민중사학론의 성과와 과제	속리산
1991년 4월 27일	회원교육	사적유물론의 진로(김창호) 자본론에 나타난 역사와 이론 (김수행)	

연월일	사건	내용	장소
1991년 4월 10일	『한국현대사』 발간		
1991년 6월 22일	제4회 정기총회		연세대 장기원기념관
1991년 7월 9일	제5회 한국사특강(~25일)	변동기를 통해 본 한국사	대우재단 강연실
1991년 8월 12일	하기수련회(~14일)		무주 한길사 수련장
1991년 8월 9일	신입회원 교육(~1992년 2월 10일)		
1991년 9월 5일	『한국현대사』 1-4권, 『일제하 사회주의운동사』 출판기념회		대우재단 대강당
1991년 11월 7일	제3회 학술대토론회	식민지시대의 지식인과 민족해방론	학술진흥재단대강당
1992년 1월 14일	제6회 한국사특강(~30일)	한국근현대 변혁운동과 국가건설론	대우재단 강연실
1992년 1월 25일	겨울수련회(~27일)	한국사인식과 역사서술	동학사 원천장여관
1992년 3월 14일	『한국역사』 출판기념회		출판문화회관
1992년 3월 19일	한국역사교실(~7월 2일)	『한국역사』 강의	문예아카데미
1992년 5월 16일	농민전쟁연구 3차년도 심포지움	1894년 농민전쟁의 정치사상적 배경	연세대 장기원기념관
1992년 6월 20일	제5회 정기총회		연세대 장기원기념관
1992년 6월 24일	남북역사학자회담 논의 전개 (~7월 18일)	북한조선력사학회장 전영률의 제의와 연구회의 답신	
1992년 6월 29일	제7회 한국사특강(~7월 15일)	역사 속의 권력과 민	
1992년 7월 7일	부산 한국사특강(~17일)	한국사의 과학적 이해를 위하여	부산일보사 10층대강당
1992년 7월 22일	교사와 연구자가 함께 하는 올바른 역사교육(~24일)		
1992년 8월 7일	여름수련회(~9일)	남북역사학자 회담의 현황과 전망	전북장수군 한길사역사 수련장
1992년 8월 26일	신입회원 교육(~11월 6일)		
1992년 9월 17일	제2회 한국역사교실(~12월 3일)		문예아카데미
1992년 10월 24일	연구회 체육대회		서울대 운동장
1993년 1월 7일	제8회 한국사특강(~20일)	한국사상사의 과학적 이해	대우재단 강연실
1993년 2월 3일	사무간사 교체	최수미 ⇒ 이경희	
1993년 2월 13일	겨울수련회(~14일)	연구반활동과 과학적실천적 역사학	대성리 남사당
1993년 3월 8일	소식지 22호 발간		
1993년 6월 26일	제6차 정기총회		연세대 장기원기념관
1993년 8월 13일	여름수련회(~15일)		수안보 유스호스텔
1993년 9월 5일	연구회 이전	사당시장 → 방배동	
1993년 8월 5일	신입회원교육(~11월 5일)		
1993년 12월 18일	『1894년 농민전쟁연구』 제3권 출판기념회		
1994년 1월 17일	제10회 한국사특강(~27일)	한국 고대사를 다시 본다	대우재단 강연실

연월일	사건	내용	장소
1994년 1월 29일	동계수련회(~30일)	분과와 연구반의 위상	가평 새터호반
1994년 4월 23일	『문답으로 엮은 한국고대사 산책』 『14세기 고려의 정치와 사회』 『역사와 현실』(계간혁신호) 출판 기념회		
1994년 5월 20일	1894년 농민전쟁 100주년기념 학술심포지움(~21일)	1894년 농민전쟁의 역사적 성격	세종문화회관 대회의장
1994년 6월 25일	제7차 정기총회		고려대
1994년 7월 18일	사무간사 교체	이경희 → 유해정	
1994년 7월 18일	제11회 한국역사특강(~28일)	국제관계 속의 한국역사	
1994년 8월 19일	여름수련회(~21일)	동북아질서 재편과 남북관계	청원군 현도면 매포 수양관
1994년 8월 29일	신입회원교육(~9월 29일)		
1994년 9월 23일	일본아리랑문화센터 공개강좌	이영호 1894년 농민전쟁과 근대 화개혁	
1994년 9월 30일	연구회 체육대회		서울고등학교 운동장
1994년 10월 30일	연구회 체육대회		서울고등학교 운동장
1995년 1월 16일	제12회 한국역사특강	한국역사에서의 전쟁	
1995년 2월 11일	겨울수련회(~12일)		수원 아카데미하우스
1995년 4월 29일	해방50주년 기념 심포지움	해방50주년, 분단의 역사, 통일의 역사	연세대 장기원기념관
1995년 6월 24일	제8차 정기총회		연세대 장기원기념관
1995년 7월 14일	제12회 한국역사특강(~8월 12일)	해방50년 -이승만과 박정희-	
1995년 8월 10일	『한국역사입문』 ①② 발간		
1995년 8월 18일	여름수련회(~20일)	대학교육 개혁과 인문과학의 장래	영월군 관광회관
1995년 8월 12일	신입회원교육(~10월 13일)		
1995년 8월 25일	『한국근현대 청년운동사』 발간		
1995년 11월 11일	전임교수 특별모임	한국사교육의 변화와 대책 논의	
1995년 11월 15일	『1894년 농민전쟁연구』4 발간		
1995년 12월 28일	송년회 겸 출판기념회	대한제국의 토지조사 사업, 한국 역사 입문, 한국근현대청년운동사, 1894년 농민전쟁 연구	
1996년 1월 15일	제14회 한국역사특강(~26일)	한국역사 속의 쿠데타	
1996년 2월 10일	겨울수련회(~11일)	연구회의 현황과 전망	여주
1996년 2월 23일	특별워크샵	지방사 연구방법을 위한 워크샵	
1996년 2월 26일	『한국역사입문』 3 발간		
1996년 2월 28일	"교양 한국사 강의" 설문분석 발표 및 시범강의 및 사례발표		
1996년 3월 23일	1996년도학술대토론회	세계화시대의 역사교육	세종문화회관 대회의실
1996년 5월 10일	제11회 심산학술상 수상		성균관대 종합강의동

연월일	사건	내용	장소
1996년 6월 6일	연구회 체육대회		서울대기숙사운동장
1996년 6월 7일	학술심포지움	식민지근대화론의 비판적 검토	대우재단 강연실
1996년 6월 22일	제9차 정기총회		서울교대 인문관
1996년 7월 8일	제15회 한국역사특강(~19일)	조선시대 생활사 산책	
1996년 8월 9일	신입회원교육(~27일)		
1996년 8월 16일	여름수련회(~18일)	한국역사입문 평가	충남 홍성 학생수련장
1996년 9월 15일	연구회 CUG 개설		나우누리
1996년 9월 22일	『조선시대 사람들은 어떻게 살았나』 발간		청년사
1996년 11월 12일	『역주 나말여초 금석문』(상.하) 발간		혜안
1996년 11월 23일	학술심포지움	한국의 역사기록 보존, 어떻게 할 것인가	대우재단 강연실
1996년 12월 20일	연구회 송년회겸출판기념회	『한국역사입문』 3, 『조선시대사람 들은 어떻게 살았나』 『역주 나말 여초 금석문』	
1997년 1월 13일	제16회 한국역사특강	또 하나의 전통, 고려사회	
1997년 2월 14일	겨울수련회(~15일)	연구회10주년 기념사업 토론회	철원
1997년 4월 15일	『고려시대 사람들은 어떻게 살았나』 발간		
1997년 6월 21일	제10차 정기총회		서울교대 인문관
1998년 1월 12일	제18회한국역사특강(23일)	근현대의 자화상	대우재단빌딩 3층 강연실
1998년 1월 31일	연구회회보 31호 발간		연구회
1998년 2월 13일	연구회 수련회 및 답사(~14일)		강화도
1998년 3월 14일	[삼국시대사람들은 어떻게 살았을까 출간		청년사
1998년 4월 4일	제59회 연구발표회	공산주의그룹의 형성과 당통일 운동	서울교육대학 인문관 시청각실
1998년 4월 29일	한상권선생님 복직을 위한 시민 학생 한마당 행사 참가		덕성여자대학교
1998년 5월 2일	제60회 연구발표회	여말선초 정치체제의 변화와 사회 정책의 추진	연구회 대회의실
1998년 5월 10일	제2회 학술단체연합회 체육대회 참가		서초고등학교
1998년 4월 29일	제11차년도 총회준비위원회 구성		연구회
1998년 5월 8일	제11차년도 총회준비위원회 2차 회의		연구회
1998년 5월 30일	연구회회보 32호 발간		연구회
1998년 5월 16일	제2차 평위원회		연구회 대회의실

연월일	사건	내용	장소
1998년 6월 20일	제11차 정기총회		서울교육대학 인문관 시청각실
1998년 6월 30일	회지 [역사와 현실] 28호 간행		연구회
1998년 7월 13일	제19회 한국역사특강(22일)	삼국시대 생활 엿보기	대우재단빌딩 3층 강연실
1998년 7월 16일	제11차년도 신구임원 수련회 (17일)		숭실대 사회봉사관
1998년 8월 3일	제11차년도 신입회원교육(12일)		연구회 및 숭실대학교 사회봉사관
1998년 9월 26일	연구회 창립 10주년 기념 학술 심포지움 및 기념식		서울교육대학 인문관 시청각실, 합동강의실
1998년 9월 30일	회지 [역사와 현실] 29호 발간		연구회
1998년 9월 31일	연구회회보 33호 발간		연구회
1998년 11월 6일	[우리는 지난 100년 동안 어떻게 살았을까]1,2 간행		역사비평사
1998년 11월 7일	제61회 연구발표회	조선시기 향촌사회사 연구의 성과와 전망	연구회 대회의실
1998년 11월 28일	제11차년도 제 1차 평의원회	연구회 10년의 활동 평가, 회지 발간 기금문제	연구회 대회의실
1998년 12월 5일	제62회 연구발표회	조선민족해방운동과 코민테른	연세대학교 장기원 기념관
1998년 12월 19일	임시총회 및 송년회		연세대학교 장기원 기념관
1999년 1월 13일	제20회 한국역사특강(22일)	한국과 일본 : 새로운 만남을 위한 올바른 역사인식	대우재단빌딩 3층 강연실
1999년 1월 22일	연구회회보 34호 간행		연구회
1999년 2월 5일	연구회 겨울수련회		강원도 원주 화승레스 피아콘도
1999년 2월 9일	한상권선생님 복직을 위한 집회 참가		기독교 회관 앞
1999년 3월 6일	제63회 연구발표회	조선후기 경자양전의 역사적 성격	연구회 대회의실
1999년 3월 31일	회지 [역사와 현실] 31호 발간		연구회
1999년 4월 10일	제64회 연구발표회	법전을 통해 본 조선후기 정치 세력의 존재양태와 국가관리	서울교육대학교 인문 사회관
1999년 4월 20일	연구회회보 35호 발간		연구회
1999년 5월 1일	제65회 연구발표회	지방사연구의 현황과 실제	목포대학교 교수회관 2층 대회의실
1999년 5월 15일	제12차년도 제1차 평의원회		연구회 대회의실
1999년 5월 20일	역사문제연구소, 역사학연구소와 함께 [역사적 반성없는 박정희		연구회

연월일	사건	내용	장소
	기념관 건립에 반대한다」성명서 발표		
1999년 6월 5일	제66회 연구발표회	해방직후 사회적 동원과 남한사회	대우재단빌딩 3층 강연실
1999년 6월 30일	회지 [역사와 현실] 32호 발간		연구회
1999년 7월 20일	연구회회보 36호 발간		연구회
1999년 8월 16일	1999년 신입회원교육		연구회 대회의실
1999년 9월 4일	제67회 연구발표회	4세기 동아시아 국제질서와 삼국의 대외관계	이화여자대학교 인문관 11호
1999년 9월 30일	역사와 현실(회지) 33호 발간		연구회
1999년 10월 23일	광주학생독립운동 70주년 기념 학술심포지엄	11.3 광주학생독립운동의 역사적 의의	세종문화회관 대회의실
1999년 10월 20일	연구회회보 37호 발간		연구회
1999년 10월 28일	광주학생독립운동 70주년 기념 학술심포지엄2	11.3 광주학생독립운동의 발발 배경	전남대학교 용봉홀
1999년 11월 1일	우리는 지난 100년 동안 어떻게 살았을까3 간행		연구회
1999년 11월 13일	정기학술심포지엄	한국사 속의 세계화와 민족의식	한국방송통신대학교 별관 세미나실
1999년 12월 4일	제68회 연구발표회	1920년대 전반기 민족주의와 사회주의	이화여자대학교 박물관 시청각실
1999년 11월 29일	총회준비위원회		연구회 대회의실
1999년 12월 20일	제12차년도 제2차 평의원회		연구회 대회의실
1999년 12월 28일	제13차 정기총회		연세대학교 인문관 110호
2000년 1월 20일	연구회회보 38호 발간		연구회
2000년 1월 22일	신구임원 수련회(~23일)		숭실대 사회봉사관
2000년 1월 25일	제21회 한국역사특강(~26일)	국사교교서의 민족이해	용산전쟁기념관 전우회관
2000년 2월 9일	제40회 백상출판문화상 저작상	우리는 지난 100년동안 어떻게 살았을까	한국일보사
2000년 2월 12일	연구회 겨울수련회		충청남도 예산 수미원 호텔
2000년 3월 4일	제69회 연구발표회	조선후기 경자양전의 시행배경과 양전론	숙명여대 대학원관 309호
2000년 3월 31일	호지 [역사와 현실] 35호 발간		연구회
2000년 4월 15일	제70회 연구발표회	4월 민중항쟁과 민족통일론	숙명여대 대학원관 소극장
2000년 4월 20일	연구회회보 39호 발간		연구회

연월일	사건	내용	장소
2000년 4월 30일	[조선은 지방을 어떻게 지배했는가] 간행		연구회
2000년 5월 6일	제71회 연구발표회	고려시대 개경의 구조와 기능	숙명여대 대학원관 소극장
2000년 5월 12일	제1회 인접학문과의 만남	대화와 제언, 새로운 역사학을 위하여	숙명여대 본관 대회의실
2000년 6월 10일	한국전쟁 50주년 학술심포지엄 : 한국전쟁의 재인식, 분단을 넘어 통일로		세종문화회관 컨퍼런스홀
2000년 6월 29일	제13차년도 제1차 평의원회		연구회 대회의실
2000년 6월 30일	회지 [역사와 현실] 36호 발간		연구회
2000년 7월 19일	제22회 한국역사특강	20세기의 분열, 21세기의 통일	숙명여대 본관 대회의실
2000년 7월 20일	연구회회보 40호 발간		연구회
2000년 8월 2일	2000년 신입회원교육(9, 16, 23일)		연구회 대회의실 및 덕수궁
2000년 8월 25일	특별학술토론회	평양남북정상회담의 역사적 의미와 한국사학계의 과제	대한출판문화협회 강당
2000년 9월 2일	제72회 연구발표회	1920년대 초 자치에 관한인식-자치론의 사상사적 배경	대우재단빌딩 3층 강연실
2000년 9월 30일	회지 [역사와 현실] 37호 발간		연구회
2000년 9월 30일	[신보수교집록] 발간		연구회
2000년 10월 20일	연구회회보 41호 발간		연구회
2000년 10월 21일	제37회 연구발표회	한국 역사기록의 관리와 발전방안	대전대학교 지산도서관 5층 회의실
2000년 10월 25일	[한국 고대의 신분제와 관등제] 간행		연구회
2000년 11월 5일	[20세기 역사학, 21세기 역사학] 간행		연구회
2000년 11월 4일	제2회 인접학문과의 만남	무엇을 위한 역사인가-역사비평을 통한 물음과 대답	대우재단빌딩 3층 강연실
2000년 11월 18일	제74회 연구발표회	한국 근현대사 지방사연구	숙명여대 대학원관 소극장
2000년 11월 24일	제13차년도 제2차 평의원회		연구회 대회의실
2000년 12월 1일	단재 신채호 선생탄신 120주년 기념학술대회		세종문화회관 컨벤션센터
2000년 12월 5일	[광주학생운동연구] 간행		연구회
2000년 12월 9일	제75회 연구발표회	조선사회구조의 재인식을 위하여1-단성호적의 전산화와 사료적 성격	성균관대 600주년 기념관
2000년 11월 29일	총회 준비위원회		연구회 대회의실

연월일	사건	내용	장소
2000년 12월 6일	제14차 정기총회		연세대학교 종합관 101호
2000년 12월 16일	웹진 창간호		연구회
2001년 1월 8일	제23회 한국역사특강(12일)		한양대 인문관 멀티 미디어실
2001년 1월 16일	신구임원 수련회(~17일)		경기도 남양주시 화도읍 통나무가든
2001년 2월 10일	겨울수련회 : 정보화시대의 역사 대중화(~11일)		경기도 파주시 유일레저
2001년 3월 24일	제76회 연구발표회	5.16과 미국	숙명여대 교수회관
2001년 3월 31일	회지 [역사와 현실] 39호 발간		연구회
2001년 3월 31일	웹진 2호		연구회
2001년 4월 14일	제77회 연구발표회	4세기 백제의 대외관계 진전과 지배체제의 정비	숙명여대 교수회관
2001년 4월 30일	[4.19와 남북관계] 간행		민연
2001년 5월 12일	제78회 연구발표회	1950~60년대 한국군과 미국의 감군정책	숙명여대 대학원관 소강당
2001년 5월 21일	일본 역사교과서 왜곡, 무엇이 문제인가(24일)		세종문화회관 컨퍼런스홀
2001년 5월 30일	[한미관계 20년사] 간행		연구회
2001년 6월 9일	제79회 연구발표회	단성호적을 통해 본 직역과 신분	성균관대 600주년 기념관
2001년 6월 22일	한국역사연구회 심포지엄	북한 역사학의 어제와 오늘	세종문화회관 컨벤션 센터
2001년 6월 21일	제14차년도 제1차 평의원회		연구회 대회의실
2001년 6월 30일	회지 [역사와 현실] 40호 간행		연구회
2001년 6월 30일	웹진 3호		연구회
2001년 7월 30일	[모반의 역사] 간행		연구회
2001년 7월 30일	[수교집록] 간행		연구회
2001년 8월 2일	2001년 신입회원 오리엔테이션 (9, 11, 23일)		연구회 대회의실
2001년 8월 31일	웹진 4호		연구회
2001년 9월 1일	제80회 연구발표회	삼국 및 통일신라의 재정운영과 수취구조	대우재단빌딩 8층 제2 세미나실
2001년 9월 30일	회지 [역사와 현실] 41호 간행		연구회
2001년 10월 6일	답사보고회	중국 답사를 통해 본 한국고대문화	국립중앙박물관 강당
2001년 10월 29일	제25회 한국역사특강(11월 1일)	전쟁, 외세, 그리고 한반도	영풍문고 이벤트홀
2001년 11월 10일	제81회 연구발표회	조선후기 호적대장의 호	성균관대 600주년 기념관

연월일	사건	내용	장소
2001년 11월 17일	제82회 연구발표회	1950년대 한국자본주의의 발전과 부산	부산대학교 인덕관 소회의실
2001년 11월 19일	제14차연도 제2차 평의원회		연구회 대회의실
2001년 11월 6일	제1차 총회준비위원회		연구회 대회의실
2001년 12월 1일	제83회 연구발표회	고려전기 동북아 각국의 상호 인식과 교류	대우학술재단 8층 제2 세미나실
2001년 12월 8일	제15차 정기총회		서울대 동창회관
2001년 12월 26일	신구임원 수련회(~27일)		파주 유일레저
2001년 12월 30일	웹진 5호 간행		연구회
2002년 1월 23일	회지 [역사와 현실] 42호 간행		연구회
2002년 3월 23일	제84회 연구발표회	통감부시기 권력구조와 정치세력	대우학술재단 8층 제2 세미나실
2002년 3월 31일	회지 [역사와 현실] 43호		연구회
2002년 5월 13일	제26회 한국역사특강(~16일)	영상으로 역사읽기	세종문화회관 컨퍼런스홀
2002년 6월 1일	제45회 전국역사학대회	한국사상 혈연조직의 전통과 변질: 가족, 친족, 문중	건국대학교 종합강의동 117호
2002년 6월 29일	지역사연구와 사료	강원역사학회와 공동개최	강원대 박물관 시청각실
2002년 6월 30일	남면 가정리 의암 유인석 관련 유적지 답사	강원역사학회	춘천
2002년 6월 30일	회지 [역사와 현실] 44호 간행		연구회
2002년 7월 20일	기획발표회	조선후기 사회를 어떻게 볼것인가 (1)-소농사회론을 중심으로	연세대 100주년 기념관 지하 시청각실
2002년 8월 9일	2002년 신입회원 오리엔테이션	신입회원 상견례 및 연구회 소개	연구회
2002년 8월 17일	연구회 여름수련회(~18일)	연구회 조직 개편안 및 공주 강경 일대 답사	충남교육연구소
2002년 8월 30일	웹진 8호 간행		연구회
2002년 9월 30일	회지 [역사와 현실] 45호 간행		연구회
2002년 10월 5일	제85회 연구발표회	한국근대국민국가 형상과 왕권	고려대 서관 132호
2002년 10월 26일	제86회 연구발표회	1920년대 전반기 민족운동과 물산 장려논쟁	대우학술재단 8층 제2 세미나실
2002년 10월 21일	총회준비위원회(11월 4일, 18일, 12월 9일, 16일)		연구회
2002년 11월 9일	한국사교과서 제3차 심포지움	21세기 한국사교과서와 역사 교육의 방향	성균관대 경영관 지하 1층 계단강의실
2002년 12월 7일	제87회 연구발표회	원간섭기 유교지식인의 사상적 지형	대우학술재단 8층 제2 세미나실
2002년 12월 4일	제15차년도 평의원회		연구회
2002년 12월 21일	제16차 정기총회		연세대 외솔관 110호
2003년 1월 18일	신구임원 MT		숭실대학교 사회봉사관

연월일	사건	내용	장소
2003년 3월 8일	기획발표회	조선후기 사회를 어떻게 볼 것인가 (2) -조선후기 신분제 신분변동의 재검토	백범기념관 제2교육장
2003년 3월 31일	〈역사와 현실〉 47호 발간		
2003년 4월 26일	제88회 연구발표회	6.25 전쟁과 전후재건	대우재단빌딩 8층 제2세미나실
2003년 5월 31일	제46회 전국역사학대회	韓國史上 전쟁기억 - 전쟁의 사회사	서울대학교 인문대 7동 106호
2003년 6월 21일	기획발표회	한국 고대사회를 어떻게 볼 것인가	동국대학교 90주년기념 문화관 덕암 제1세미나실
2003년 6월 30일	〈역사와 현실〉 48호 발간		
2003년 8월 12일	제89회 연구발표회	일제의 토지조사사업	대우재단빌딩 8층 제2세미나실
2003년 8월 16일	연구회 여름수련회	역사정보통합시스템 사업의 현황과 과제 / 폐사지 답사	강원도 원주
2003년 9월 20일	제90회 연구발표회	1960년대 한반도와 국제정세	대우재단빌딩 8층 제2세미나실
2003년 10월 8일	정기 학술심포지엄	사회, 교육 환경의 변화와 대학 한국사 교육의 진로	동국대학교 90주년기념 문화관 덕암 제1세미나실
2003년 10월 15일	웹진 11호 발간		
2003년 10월 20일	총회준비위원회 구성		
2003년 11월 22일	제91회 연구발표회	전시체제기(1937~45)의 '국민' 만들기	대우재단빌딩 8층 제2세미나실
2003년 11월 28일	제17차년도 평의원회		연구회 대회의실
2003년 12월 6일	제92회 연구발표회	18세기 정치.사상연구반: 영조대 탕평정국의 재검토	대우재단빌딩 8층 제2세미나실
2003년 12월 13일	제17차 정기총회		고려대학교 서관 132호
2003년 12월 31일	〈역사와 현실〉 50호 발간		
2004년 1월 12일	신구임원 간담회		연구회 대세미나실
2004년 3월 16일	전국역사교수 성명서 발표	대통령 탄핵에 관해 우리 사회의 민주적 발전을 염원하는 전국 역사학교수 성명서	
2004년 3월 20일	기획발표회	테러 피압박 민족의 저항수단인가?	백범기념관 제1교육장
2004년 3월 31일	〈역사와 현실〉 51호 발간		
2004년 4월 24일	제93회 연구발표회	현대사분과: 신화가 된 군인들- 한국전쟁 관련 사령관 재조명	성균관대학교 퇴계 인문관 31512호
2004년 5월 29일	제47회 전국역사학대회	전쟁기 민간인 학살과 국가의 책임	서울대학교 인문관 8동 002호.
2004년 6월 1일	한국역사연구회 웹진 재창간		

연월일	사건	내용	장소
2004년 6월 26일	제94회 연구발표회	중세2분과: 조선후기 유수부의 군사체제와 재정	대우재단빌딩 6층 제2 세미나실
2004년 6월 30일	〈역사와 현실〉 52호 발간		
2004년 7월 9일	신입회원 교육 및 상견계		연구회 대회의실
2004년 8월 15일	연구회 여름수련회	과거청산과 역사가의 할 일	속리산 일대 알프스 청소년수련관
2004년 9월 11일	기획발표회	한·중 역사인식의 접점, 고구려사를 어떻게 볼 것인가?	서울역사박물관 대강의실
2004년 9월 30일	〈역사와 현실〉 53호 발간		
2004년 10월 15일	역사학관런 학술단체 연합 심포지움	한국근현대사 고등학교 검정 교과서 편향성 시비를 따진다 - 집필에서부터 교육현장까지-	대우재단빌딩 8층 제2 세미나실
2004년 10월 15일	의견서 발표	한국근현대사 교과서 편향성 시비에 대한 역사연구단체들의 의견서 발표	
2004년 10월 23일	정기 학술심포지엄	한미 지식인의 상호인식	서울역사박물관 대강의실
2004년 11월 20일	합동 학술대회	접점에서 본 역사와 문학 - 역사학과 문학사 연구자들이 『개벽』을 함께 읽다	서울역사박물관 대강의실
2004년 12월 11일	제18차 정기총회 및 송년회		고려대학교 서관 132호
2004년 12월 18일	제95회 연구발표회	나말여초 호족 연구	대우재단빌딩 8층 제1 세미나실
2004년 12월 31일	〈역사와 현실〉 54호 발간		
2005년 1월 15일	신구임원 간담회		봉천동 부회장(홍순민) 연구실
2005년 3월 5일	공동학술대회	일본역사교과서에 대한 한·일 양국의 시각과 공동대응 방안	
2005년 3월 5일	제96회 연구발표회	동도서기연구반: 동도서기론의 정치·사상적 구조와 전개	건국대학교 교수연구동 301호
2005년 3월 31일	역사연구단체협의회	결정 및 참가	
2005년 3월 31일	〈역사와 현실〉 55호 발간		
2005년 4월 2일	제97회 연구발표회	고문서연구반: 문서를 통해 본 15세기 국가와 사회	대우재단빌딩 8층 제2 세미나실
2005년 4월 7일	역사연구단체협의회 공동기자 회견	일본 교과서의 역사인식과 사실 왜곡을 우려한다	프레스센터
2005년 4월 22일	역사연구단체협의회 학술대회	일본 중학교 교과서의 역사서술과 역사인식	서울역사박물관 대강당
2005년 5월 23일	역사교육 정상화 및 교과독립을 위한 연구단체협의회 서명운동	역사교육정상화, '교과' 독립이 아니고는 불가능하다	

연월일	사건	내용	장소
2005년 5월 28일	제48회 전국역사학대회	20세기 초 서구사상의 수용과 변용-번역과 식민지적 근대	국민대학교
2005년 6월 4일	제98회 공동연구발표회	북한사연구반 : 인제군을 통해 본 해방 이후 북한사회	대우재단빌딩 8층 제2세미나실
2005년 6월 16일	역사교육 정상화 및 교과독립을 위한 연구단체협의회 추가 서명 운동		
2005년 6월 18일	연구회 여름수련회	답사 : 조선시대 봉화. 안동지역 양반생활 / 일본역사교과서 문제 및 역사교육 정상화 관련 보고, 한국역사연구회, 무엇이 문제인가-80~90년대 학번이 보는 연구회	봉화 안동 일대
2005년 6월 30일	〈역사와 현실〉 56호 발간		
2005년 7월 8일	역사연구단체협의회 국제학술대회	일본교과서의 근대사 인식과 역사교육	프레스센터 12층 국제학술회의장
2005년 9월 3일	제99회 연구발표회	개경사연구반: 고려시대 개경의 공간기능과 시설	대우재단빌딩 8층 제2세미나실
2005년 9월 30일	〈역사와 현실〉 57호 발간		
2005년 10월 16일	국사편찬위원회 주관 학술대회	광복 60년-한국의 변화와 성장, 그리고 희망	국사편찬위원회 대강당
2005년 11월 25일	정기 학술심포지엄	을사조약에 대한 한·중·일 삼국의 인식	서울역사박물관 대강당
2005년 12월 1일	제100회 연구발표회	국제관계사연구반: 6~8세기 동아시아 국제정세와 삼국. 남북국의 대외관계	대우재단빌딩 8층 제2세미나실
2005년 12월 31일	〈역사와 현실〉 58호 발간		
2006년 1월 20일	신구임원 간담회		
2006년 2월 6일	베트남 답사		
2006년 2월 27일	교과서포럼 관련 내부 워크샵 참가		
2006년 3월 29일	한미 FTA저지 범국민운동본부 발족 및 참가		
2006년 3월 30일	〈역사와 현실〉 59호 발간		
2006년 4월 1일	제101회 공동연구발표회	중세1분과: 이색의 삶과 생각	대우재단빌딩 8층 제2세미나실
2006년 4월 7일	특별토론회	과거사 진상규명 어떻게 할 것인가	국가인권위원회 배움터1
2006년 5월 20일	특별심포지엄	교과서 논쟁, 이렇게 하자 (연구회 외 5개 단체)	세종문화회관 컨퍼런스홀

연월일	사건	내용	장소
2006년 5월 26일	제49회 전국역사학대회	역사에서의 중앙과 지방	충북대학교
2006년 6월 3일	제102회 공동연구발표회	중세2분과: 임진왜란 시기 경상도 지역의 전쟁 대응	대우재단빌딩 8층 제2 세미나실
2006년 6월 30일	〈역사와 현실〉 60호 발간		
2006년 6월 30일	연구회 여름수련회		목포 영산강문화권
2006년 9월 23일	가을집담회	문화 콘텐츠와 역사 연구	연세대학교 위당관 215호
2006년 9월 30일	〈역사와 현실〉 61호 발간		
2006년 10월 28일	제103회 공동연구발표회	조선시대 형률의 운용과 대명률	대우재단빌딩 8층 제2 세미나실
2006년 11월 3일	심포지엄	일제하 조선인 엘리트의 사회적 기반과 정체성	동국대 문화관 제3 세미나실
2006년 12월 22일	제21차 정기총회		덕성여대 평생교육원 406호
2006년 12월 31일	〈역사와 현실〉 62호 발간		
2007년 1월 19일	신구임원 간담회		
2007년 3월 24일	제104회 공동연구발표회	근대1분과: 일제하 토지조사사업의 역사적 의의	대우재단빌딩 8층 제2 세미나실
2007년 3월 31일	〈역사와 현실〉 63호 발간		
2007년 4월 28일	제105회 공동연구발표회	중세1분과: 고려시대 어떻게 연구할 것인가	대우재단빌딩 8층 제2 세미나실
2007년 6월 1일	제50회 전국역사학대회	동북아의 평화와 역사서술- 자국사와 지역사 /연구회 발표주제 : 한국사에서의 여성의 정치참여	서강대학교
2007년 6월 16일	제106회 공동연구발표회	고문서를 통해 본 16세기 소송 절차와 실태	대우재단빌딩 8층 제2 세미나실
2007년 6월 22일	여름수련회	대마도	
2007년 9월 30일	〈역사와 현실〉 64호 발간		
2007년 10월 6일	제108회 공동연구발표회	『부역실총』을 통해 본 조선왕조의 재정구조	대우재단빌딩 8층 제2 세미나실
2007년 11월 10일	심포지엄	일제하 지방지배를 보는 두 개의 시각	덕성여대 평생교육원 406호
2007년 11월 21일	심포지엄	언론매체를 통해 본 친일의 논리	프레스센터 기자회견실
2008년 3월 29일	한국역사연구회, 충남대 충청문화연구소 공동연구발표회	"지방으로부터 보는 조선시대 재정"(중앙재정연구반)	대전대학교 지산도서관 5층 회의실
2008년 4월 26일	제110회 공동연구발표회	"한국전쟁과 한미관계"(한국현대 정치사연구반)	대우재단빌딩 8층 제2 세니마실
2008년 6월 10일	역사연구단체 6.10 시국성명 발표	"이명박 대통령은 거국내각을 구성하여 국민의 뜻을 수용하라" 주관	
2008년 5월~6월	촛불집회 참석	광우병 촛불 집회 연구회 단체 참석	광화문

연월일	사건	내용	장소
2008년 5월 31일	역사학대회 분과발표	근대전환기 동아시아 주요 정치가의 개혁구상과 대외정책	서강대학교 마태오관 203호
2008년 5월 31일	임시총회 소집	연구윤리위원회 설치 및 연구윤리 규정 마련을 위한 회칙 개정 / 성희롱 등의 예방 및 금지규정 산설	
2008년 6월 28일	제111회 공동연구발표회	"고려전기 금석문에 보이는 불교 관계"(고려전기금석문학습반)	대우재단빌딩 8층 제2 세니마실
2008년 8월	CMS 서비스 이용 방안 논의	연구회 회비 정례적 수합을 위한 CMS 서비스 이용 및 활용 방안 논의	
2009년 9월 26일	대한민국 수립 60주년 기념 대토론회	"대한민국의 건국이념과 국민 형성"	고려대학교 하나스퀘어 강당
2008년 10월 11일	제112회 공동연구발표회	"조선중기 미암일기를 통해 본 유희춘의 관계망"(생활사반)	덕성여대 평생교육원 D관 306호
2008년 10월 25일	제113회 공동연구발표회	"고려전기 정치제도의 정비" (고려시대정치제도사연구반)	대우재단빌딩 8층 제2 세니마실
2008년 11월 11일	교과부 교과서 수정 작업에 대한 전국 및 해외 역사학자 선언문	선언문 작성 및 한겨레 신문 광고 주도	
2008년 11월 14일	20주년 기념행사 진행	연구회 설립 20주년 기념행사 및 기념 심포지엄 진행 - 과학적 실천적 역사학의 과거와 미래 / 국사편찬 위원회, 한국학술진흥재단 후원	건국대 새천년관 국제 회의장
2008년 11월 29일	제114회 공동연구발표회	"식민지배와 지역사회의 변동" (일제시기지역유지연구반)	대우재단빌딩 8층 제2 세니마실
2008년 12월 5일	21차년도 평의원회	제21차년도 사업활동 및 22차년도 사업 일정 심의 의결 / 예산안 심의 및 의결 / 평의원회 폐지 의결	연구회 대회의실
2008년 12월 20일	제22차 정기총회	제22차 정기총회 개최	덕성여대 평생교육원
2008년 12월	영문 웹진 1차 시연		
2008년 6월 4일	특별 기금 모금 취지서 발송	연구회 공간 마련을 위한 특별 기금 마련 활동 : 2009년 12월 16일 기준 1억 2천 268만 원 모금	
2009년 2월 18일	공간마련 추진위원회 구성		
2009년 2월 26일	3·1운동 90주년기념 학술심포 지엄	"3·1운동, 기억과 기념"	서울역사박물관 대강당
2009년 3월 20일	전국역사학대회 불참 통보	전국역사학대회 불참 통보 공문 발송	
2009년 3월 28일	연구회 법인화 공청회	민족문제연구소, 역사문제연구소 관계자(방학진, 이태훈)을 초빙하여 법인 설립을 위한 공청회 실시	

연월일	사건	내용	장소
2009년 4월 20일	역사학자시국선언문 발표	"이명박 정부는 독재정권은 반드시 붕괴된다는 역사적 교훈을 잊었는가?"	
2009년 4월 25일	임시총회 개최	법인 설립을 위한 임시총회 개최	연구회 대회의실
2009년 4월 25일	제115회 공동연구발표회	"삼국유사를 통해 본 고대의 종교와 신앙"(습속연구반)	덕성여대 평생교육원 306호
2009년 6월 27일	제116회 공동연구발표회	"대명률의 적용과 집행"(대명률연구반)	대우재단빌딩 8층 제2 세미나실
2009년 7월 8일	전국역사학대회협의회 참석	역사학대회 개최 학회 순환 결정	
2009년 9월 25일	역사 교육 위기 대응책 마련을 위한 역사단체 공동 기자회견 및 공동토론회	역사교육의 위기, 어떻게 대응할 것인가 - 교과부의 역사교육 정책을 비판한다	덕성여대 평생교육관
2009년 9월 26일	제117회 공동연구발표회	"한국의 위인 만들기와 그 역사"(인물사연구 특별반)	대우재단빌딩 8층 제2 세미나실
2009년 10월 6일	연구회 공간 계약	서울시 마포구 도화동 현대1차아파트상가 12동 21호 계약(분양면적 61평/전용면적 약 40평)	
2009년 10월 30일	11·3학생 독립운동 80주년 기념식 및 학술심포지움	"항일독립운동과 나주"	나주시청소년수련관 2층 강당
2009년 11월 28일	제118회 공동연구발표회	"고려전기 겸직제의 운영"(고려 정치제도사연구반)	대우재단빌딩 8층 제2 세미나실
2009년 11월 30일	친일 진상규명 작업에 관한 역사학계의 견해 기자회견		흥사단
2009년	JAMS 도입	역사와현실 논문 투고시스템 JAMS 도입	
2009년 12월	영문 웹진 오픈	영문 웹진 오픈	
2010년 1월 19일	연구회 이사	연구회 동화동 시대 개막	
2010년 2월 19일	연구회 집들이	도화동 연구회 사무실 집들이	연구회 대회의실
2010년 3월 27일	제119회 공동연구발표회	"일제의 창녕지역 토지조사사업"(토지대장연구반)	대우재단빌딩 8층 제2 세미나실
2010년 4월 24일	제120회 공동연구발표회	"고문서로 본 조선사회"(고문서연구반)	대우재단빌딩 8층 제2 세미나실
2010년 4월 17일	4.19 50주년, 광주항쟁 30주년 기념 공동주관 대토론회	"열광과 좌절의 싸이클을 넘어"	대우재단빌딩 8층 제2 세미나실
2010년 5월 28일	광복 65주년 역사학계 공동성명서 발표	일본의 한국 강점 100주년, 광복 65주년을 맞이하는 역사학계 공동성명서 발표 주관	
2010년 5월 29일	역사학대회 분과발표	"한국역사속의 외세"	고려대학교
2010년 6월 19일	한국전쟁 60주년 기념 심포지움	"한국전쟁기 전쟁수행과 그 영향"	덕성여대 평생교육원

연월일	사건	내용	장소
2010년 7월 9일	4월 혁명 50주년 기념 학술회의	"한국 민주화운동의 논리와 지향성의 재평가"	서울역사박물관 대강당
2010년 8월 6일	학술지 인쇄사 변경	경인문화사 방문하여 인쇄 계약 체결	
2010년 8월 20일	강제병합 100년 학술회의	"강제병합 100년에 되돌아보는 일본의 한국 침략과 식민통치 체제의 수립"	서울역사박물관 대강당
2010년 9월 18일	제121회 공동연구발표회	"제국신문을 통해 본 대한제국기 사회경제상"(제국신문강독반)	대우재단빌딩 8층 제2 세미나실
2010년 10월 21일	공동학술회의	"역사교육의 위기와 검정한국사 교과서"	흥사단 강당
2010년 11월 5일	제122회 공동연구발표회	"개경 연구의 새로운 모색 - 인적 네트워크와 경관"(개경지역사 연구반)	숙명여대 진리관 B101호(중강당)
2010년 11월 27일	제123회 공동연구발표회	"고려후기 금석문과 불교" (고려 후기금석문반)	대우재단빌딩 8층 제2 세미나실
2010년	시민강좌 업무 사무국 이관	시민강좌가 4개 기관으로 확장됨에 따라 연구위원회에서 사무국으로 업무 이관	
2010년	연구기획소위원회 구성 및 활동	중장기 연구회 활성화 방안 마련을 위한 활동 계획 수립	
2010년	연구회 웹진 소규모 개편	연구회 회원공간 월간계획표 및 근무자 명단 신설	
2011년 1월 13일 ~27일	제1회 예비-초보 전문가를 위한 한국사교실	학부 3, 4학년 및 대학원 석사과정 생을 대상으로 한 한국사 교실 진행	연구회 대회의실
2011년 3월 26일	제124회 공동연구발표회	"조선후기 비총제적 재정체계의 형성과 그 정치성"(중앙재정연구반)	동국대 명진관 A103
2011년 4월 17일	매장문화재법 토론회/기자 간담회	"2011 매장문화재법 시행규칙과 발굴조사 규정에 나타난 두 가지 현안과 해결방안"	덕성여대 평생교육원 406호
2011년 4월 30일	제125회 공동연구발표회	"문자자료를 통해 본 한국 고대의 정치와 사회"(문자자료학습반)	동국대 명진관 A103
2011년 5월 14일	5.16 군사정부수립 50년 학술회의	"5.16 군사정부의 정책구상과 실제"	동국대 학림관 J111
2011년 6월 18일	고대사기획반 학술회의	"한국 고대의 국경과 변경"	연세대 박물관 시청각실
2011년 10월 1일	제126회 공동연구발표회	"당론서를 통해서 본 조선후기 정치사 인식"(당론서반)	동국대 학술과 S307
2011년 10월 7일	공동토론회	"초중고 역사교과서의 현대사 서술과 민주주의"	덕성여대 평생교육원 406호

연월일	사건	내용	장소
2011년 11월 2일	2011 역사교육과정 및 집필 기준 개악에 대한 역사학계 공동성명		
2011년 11월 5일	역사학대회 분과발표	"한국 역사 속의 귀화와 이방인"	고려대학교
2011년 11월 26일	제127회 공동연구발표회	"두 왕조에 출사한 지식인, 권근" (고려시대 인물사반)	동국대 명진관 A103
2011년 11월 29일	2011역사교육과정·중학역사 집필기준재고시(再告示)요청	2011 역사 교육과정·중학 역사 집필 기준 재고시(再告示)요청 및 이주호 교육과학기술부 장관 해임 건의	
2011년 12월 16일	역사교육과정 특별위원회 구성	역사교육과정 및 집필 기준 개악 저지를 위한 역사교육과정 특별위 원회 구성	
2011년	회원 전체 문자 발송 체계 구축		
2011년	연구회 OI 선정	한반도 역사를 상징하는 모양의 OI 선정	
2012년 3월 31일	제128회 공동연구발표회	"북한의 체제형성 - 식민지 유산의 연속인가 단절인가?"(북한사반)	대우학술재단 7층 2세미나실
2012년 4월 28일	제129회 공동연구발표회	"고려전기 정치제도 운영에 미친 송제의 영향"(고려정치제도사반)	대우학술재단 7층 1세미나실
2012년 5월 26일	제130회 공동연구발표회	"고문서를 통해 본 17세기 조선 사회"(당론서반)	대우학술재단 7층 2세미나실
2012년 6월 23일	제131회 공동연구발표회	"한국 고대의 축제"(습속연구반)	대우학술재단 7층 2세미나실
2012년 9월 14일~15일	유신선포 40년 역사4단체 연합 학술회의	역사가, '유신시대'를 평하다	덕성여대 평생교육원
2012년 10월 15일	연구회 Facebook 페이지 개설 및 웹진 게시물 연계		
2012년 10월 26일 ~27일	제55회 전국역사학대회 개최	역사학대회 순환 개최 결정 이후 최초로 전국역사학대회 주관 : "역사 속의 민주주의"	대전 KAIST
2012년 10월 26일	교육과학기술부와 한국연구 재단은 왜곡된 우수학술지 지원 정책을 즉각 중단하라 성명서 발표		
2012년 10월 27일	역사학대회 분과발표	"한국 역사 속의 민과 국가권력"	KAIST 창의학습관 201호
2012년 12월 1일	제132회 공동연구발표회	"식민지 조선에서 전문직의 형성과 사회적 위상"(근대엘리트연구반)	동국대 명진관 A104
2012년	시민강좌 9개 기관으로 확대		
2012년	웹진 메뉴 및 UI 개편		

연월일	사건	내용	장소
2013년 1월	연구회 사무국 조직 개편	사무국장 1인 및 상인 3인 체제로 사무국 개편	
2013년 3월 30일	제133회 공동연구발표회	"한반도를 찾아온 중국사신" (중세국제관계사 연구반)	대우학술재단 7층 2세미나실
2013년 4월 20일	한국역사연구회 성균관대학교 동아시아학술원 공동주최 학술회의	"조선후기 재정제도의 지속과 변동"(중앙재정연구반)	성균관대 600주년기념관 6층 제2-3세미나실
2013년 6월 1일	제134회 공동연구발표회	"여말선초 금석문과 불교"(여말선초 금석문 연구반)	대우학술재단 7층 2세미나실
2013년 6월 20일	'유영익 국편위원장 내정 철회를 요구하는 성명서' 발표		
2013년 7월 6일	제135회 공동연구발표회	"1950년대 동북아 안보체제의 변동과 한반도"(한국 현대 군사반)	대우학술재단 7층 2세미나실
2013년 7월 4일	국정원 선거개입을 규탄하는 전국 역사학자 시국선언 : '전국의 역사학자가 국민께 드리는 글' 발표		
2013년 9월 10일	뉴라이트 교과서(교학사 고등학교 한국사) 검토설명회		
2013년 9월 12일	'교육부의 뉴라이트 교과서 비호에 대한 역사단체의 입장' 성명서 발표		
2013년 9월 28일	한국역사연구회 성균관대학교 동아시아학술원 공동주최 학술회의	"조선시대 '공' 담론의 새로운 모색"(공과 사 정치문화사반)	성균관대 600주년 기념관 6층 첨단강의실
2013년 10월 26일	역사학대회 분과발표	"공존과 배려 : 한국 역사 속의 기억과 경험"	부산대 인문과 210호
2013년 11월 30일	한국역사연구회 한성백제박물관 공동 주최 학술회의	"고대 동아시아 도성의 공간구조와 의례의 재구성"(동아시아 국제관계사 연구반)	한성백제박물관 대강당
2013년 12월 16일	한국사교과서논란결산: 7개학회 공동검토회		
2013년	회지 게재료 신설 논의	연구회 재정 안정화 방안과 연계	
2013년	재정 안정화 방안 논의	사무국장 및 연구위원회 활동비 삭감	
2014년 3월 22일	한국역사연구회 연세대 역사문화학과 BK21+사업팀 공동 주최 학술회의	"식민주의 사학의 실상과 허상"(일제시기 고대사연구 검토반)	연세대 교육과학관 303호
2014년 4월 19일	한국사 교과서 검정파동 분석과 한국사 교과서 국정화 시도 대비 공동 심포지엄 기획과 주최	"한국사 교과서 검정 파동과 발행(검정)제도 개선방안"	고려대 운초우선교육관 302호
2014년 5월 24일	연구회 기획 학술회의	"한국 역사에서의 매카시즘"	서울대 인문대학 신양 인문학술정보관 309호

연월일	사건	내용	장소
2014년 5월 31일	공동연구 학술회의	"조선후기 재정운영과 시장의 변화 양상"(중앙재정연구반)	대우학술재단 7층 1세미나실
2014년 6월 28일	한국역사연구회 한성백제박물관 공동 주최 학술회의	"동아시아적 관점에서 본 한국 고대 군제"(동아시아 국제관계사 연구반)	한성백제박물관 대강당
2014년 8월 13일	'수사권 및 기소권을 보장한 세월호 특별법'을 위한 광화문 단식농성 부분 참여		
2014년 8월 28일	한국역사교육학회, 한국역사 연구회 공동 주최 기획 발표회	"한국사교과서 국정화, 무엇이 문제인가"	대우학술재단 7층 1세미나실
2014년 8월 28일	한국역사학계 7개 대표학회의 기자회견과 성명서 발표	한국사 국정화 저지를 위한 기획 발표회 기획과 주최 : 한국사교과서 국정화의 문제점과 부작용	대우학술재단 7층 1세미나실
2014년 9월 27일	공동연구 학술회의	"제국신문을 통해 본 대한제국기 사회문화의 변화와 인식"	동국대 명진관 207호
2014년 11월 1일	역사학대회 분과발표	"독재 권력의 역사 기억 통제 : 내용과 방식"	서강대 정하상관 327호
2014년 11월 29일	제136회 공동연구발표회	"고종 초 합설 의정부의 구조와 성격 - 육전조례를 중심으로" (육전조례 연구반)	
2014년	회원 연락처 발간 방식 변경	이메일로 PDF 파일 발간 방식으로 변경	
2015년 2월	회지 간행 규정 개정	논문심사 원칙 규정 개정	
2015년 3월 28일	제137회 공동연구발표회	"외교의례를 통해 본 11~15세기 한중관계"(중세 국제관계사 연구반)	대우학술재단 7층 1세미나실
2015년 4월 25일	제138회 공동연구발표회	"고승 비문의 건립과 신라 사회" (고대 문자자료 연구반)	대우학술재단 7층 1세미나실
2015년 5월 29일	종로구 공평동 조선초기 골목길 유적 답사		
2015년 5월 30일	한국역사연구회 성균관대학교 동아시아학술원 공동주최 학술회의	"조선후기 부세수취 관행과 '중간 비용'"(재정사연구반)	성균관대 동아시아 학술원
2015년 6월 22일	한국역사연구회 기획 발표회	"대학에서 역사(한국사) 교육"	대우학술재단 7층 2세미나실
2015년 8월	연구회 30주년 기념사업위원회 구성		
2015년 8월 5일	전국역사학대회협의회 소속 20개 학회 공동성명서 발표	광복 70주년, 한일수교 50주년을 맞아 일본군 '위안부' 문제 해결을 촉구한다	

연월일	사건	내용	장소
2015년 8월 13일	해방70주년기념 역사3단체 공동 학술회의	"역사학과 민주주의, 그리고 해방"	서울역사박물관 애오개홀
2015년 9월 9일	"한국사 교과서 국정화에 반대하는 역사·역사교육 연구자 선언" 기자회견		
2015년 9월 19일	제139회 공동연구발표회	"원 법전을 통해 본 고려후기의 제도와 사회"(원법제사 연구반)	연세대 외솔관 526호
2015년 10월 30일	전국역사학대회협의회 소속 학회 및 역사학 관련 28개 학회 공동 성명서 발표	역사교과서 국정화 철회를 엄중히 요구하며 국정 역사교과서 제작 불참을 촉구한다	
2015년 10월 31일	역사학대회 분과발표	"대학에서 역사(한국사) 교육"	서울대 사범대학 11동 101호
2015년 11월 21일	한국역사연구회 동북아역사재단 공동주최 학술회의	"당대 묘지명을 통해 본 고구려, 백제 유민 일족의 동향"(한국고대 금석문 연구반)	연세대 위당관 6층 문과대학백주년기념홀
2015년	웹진 이용 오류 수정	해외 접속 문제 수정 / 스팸게시물 방지를 위한 단어 필터링 적용	
2016년 3월 19일	역사와 현실 "100호 특집 기획 발표회"	"한국 역사학의 위기 : 진단과 모색"	서울시립대 자연과학관 2층 국제회의실
2016년 4월 6일	역사학3단체 성명 발표	서울시는 '옥바라지 골목'을 보존하라!	
2016년 4월 30일	제140회 공동연구발표회	"조선후기 중앙군문의 역할과 국가재정"(재정사연구반)	고려대 서관 132호
2016년 5월 28일	국사편찬위원회 후원 학술회의	"숲과 권력 - 생태환경사로 한국사 읽기"(생태환경사연구반)	연세대 외솔관 110호
2016년 6월 30일	역사와 현실 100호 발간		
2016년 7월 2일	연구위원회 기획발표회	"시민을 위한 새로운 한국사, 어떻게 쓸 것인가"	방배동 마지 아카마지홀
2016년 8월 22일	역사학계 시국성명 발표	위기의 대한민국, 현 시국을 바라보는 역사학계의 입장	
2016년 8월 26일	제141회 공동연구발표회	"한국 근대의 토지와 농민"(토지대장 연구반)	한국외대 글로벌캠퍼스 국제사회교육원 연구동 307호
2016년 9월 24일	한국역사연구회 규장각 경희대 인문학연구원 공동연구 학술회의	"1950년대 사회주의 블록과 북한 - 국제주의와 민족주의 사이에서" (북한사연구반)	
2016년 10월 29일	역사학대회 분과발표	"기록의 생성과 유통 그리고 굴절"	서울여자대 50주년기념관 519호
2016년 11월 1일	역사학계 시국성명 발표 : 박근혜 최순실 국정농단 관련	현 시국에 대한 역사학계의 요구	

연월일	사건	내용	장소
2016년 11월 11일	역사교육연대회의 긴급토론회	국정농단과 최순실 교과서	
2017년 12월 3일	한국연구재단 후원 학술회의	"한국경제부흥론과 경제개발 계획의 연속성"(경제사연구반)	덕성여대 평생교육원 407호
2016년 12월 17일	회칙 개정	웹진위원회를 미디어위원회로 변경	
2016년	한겨레 21 "시민을 위한 역사" 투고 기획		
2016년	한국역사연구회 대중화·연구 사업단STARTUP		
2016년	웹진 개편 진행		
2017년 4월 29일	한국역사연구회/입명관대학 코리아연구센터/고려대 BK21+ 한국사학미래인재양성사업단/ 건국대 통일인문학연구단/고려대 한국사연구소/평택시민신문/ 평택홍사단 공동주최 학술회의	"남북한 민간 및 학술 교류의 현황 과 미래지향적 전망"	고려대 문과대학 서관 132호
2017년 5월 27일	동북아역사재단 후원 학술회의	"한중관계에서의 요동"(중세국제 관계사연구반)	대우학술재단 7층 1세미나실
2017년 5월 30일	백제풍납통성·삼표레미콘 소송 관련 시국성명		
2017년 6월 24일	한국연구재단 후원 학술회의	"설화로 본 고대 습속의 원형과 변형, 성과 속"(습속연구반)	대우학술재단 7층 2세미나실
2017년 9월 23일	국사편찬위원회 후원 학술회의	"19세기, 그림자의 시대 : 제도와 정책을 대상으로"(19세기학습반)	고려대 문과대학 서관 132호
2017년 10월 28일	역사학대회 분과발표	"한국사의 유토피아 - 만들고 싶은 나라, 만들어진 국가"	고려대 운초교육우선관 204호
2017년 10월 27일	전국역사학대회 전시	"유사역사학과 60년"	
2017년 11월 6일	역사학계 적폐청산(블랙리스트 규탄)을 위한 성명	"반헌법, 반국민, 반학문적 역사 학계 블랙리스트 엄정 수사와 엄중 처벌만이 미래를 연다"	홍사단 강당
2017년 11월 18일	서울역사편찬원 후원 학술회의	"메타 역사로서의 3.1운동사 연구, 3.1운동 인식사의 재검토" (3.1운동 100주년 기획위원회)	덕성여대 평생교육원 406호
2017년 12월 2일	한국역사연구회 규장각한국학 연구원 공동개최 학술회의	"숲과 권력, 그리고 재해 - 생태환경 사로 한국사 읽기2"(생태환경사 연구반)	건국대 경영관 207호
2017년	한국역사연구회 대중화 연구 사업단 STARTUP 구성		
2017년 12월 16일	연구회 인권위원회 구성		

제31차년도 연구회 운영위원

- 회　장 : 이익주(중세1)
- 부회장 : 이진한(중세1)
- 감　사 : 오수창(중세2), 노영구(중세2)
- 연구위원회
  - 위원장 : 김정인(근대사)
  - 간　사 : 서민수(고대사)
    * 고대사분과 : 분과장-이준성, 분과총무-권순홍
    * 중세1분과 : 분과장-최봉준, 분과총무-이상민
    * 중세2분과 : 분과장-구도영, 분과총무-이혜원
    * 근대사분과 : 분과장-한성민, 분과총무-곽금선
    * 현대사분과 : 분과장-이정은, 분과총무-정유진

- 편집위원회
  - 위원장 : 손병규(중세2)
  - 간　사 : 엄기석(중세2)

- 미디어위원회
  - 위원장 : 한모니까(현대사)
  - 간　사 : 이민성(근대사)

- 인권위원회
  - 위　원　장 : 이진한(중세사1)
  - 상임위원 : 한모니까(현대사), 김아람(현대사)

- 사무국
  - 사무국장 : 홍종욱(근대사)
  * 총무부장(상임) : 양자량(고대사)
  * 연구위간사(상임) : 서민수(고대사)
  * 편집위간사(상임) : 엄기석(중세사2)
  * 미디어위간사(상임) : 이민성(근대사)

[편찬위원회의 구성과 활동]

* 편찬위원회
 편찬위원장 : 이영호
 편 찬 위 원 : 도면회·김인호·김보영·이규철·박광명
 총   무 : 이규철
 자료정리위원 : 이규철·김은진·나유정

* 분담
 제1부 역사 30년
 제1장 이영호 집필
 제2장 도면회 집필
 제3장 김보영·김인호 집필
 제4장 박광명 집필
 제2부 기억 30년 : 연구회원 집필
 제3부 자료 30년 : 도면회·김보영·김인호·박광명 선정
 제4부 현장 30년 : 도면회·김보영·김인호·박광명 선정
 제5부 부록 : 이영호·이규철·김은진·나유정 작성
 제6부 연표 : 도면회·김보영·김인호·박광명 작성
 자료 정리 및 디지털화 : 이규철·김은진·나유정·박광명 작업

한국역사연구회 30년

1988~2017

2018년 08월 24일 초판 인쇄
2018년 08월 31일 초판 간행

편 저 자   한국역사연구회
발 행 인   한정희
발 행 처   경인문화사
출판신고   제406-1973-000003호
주   소   파주시 회동길 445-1   경인빌딩 B동 4층
대표전화   031-955-9300   팩 스   031-955-9310
홈페이지   http://www.kyunginp.co.kr
이 메 일   kyunginp@chol.com

ISBN 978-89-499-4766-2 93910
값 48,000원